Quellen und Darstellungen zur Zeitgeschichte
Herausgegeben vom Institut für Zeitgeschichte

Band 24

R. Oldenbourg Verlag München 1987

Alfred Kube

Pour le mérite und Hakenkreuz

Hermann Göring im Dritten Reich

2. Auflage

R. Oldenbourg Verlag München 1987

CIP-Kurztitelaufnahme der Deutschen Bibliothek

Kube, Alfred:
Pour le mérite und Hakenkreuz, Hermann Göring
im Dritten Reich / Alfred Kube. – 2. Aufl. –
München : Oldenbourg, 1987.
    (Quellen und Darstellungen zur Zeitgeschichte Bd. 24)
    ISBN 3-486-53122-0
NE: GT

© 1986 R. Oldenbourg Verlag GmbH, München

Umschlaggestaltung: Dieter Vollendorf

Gesamtherstellung: R. Oldenbourg Graphische Betriebe GmbH, München

ISBN 3-486-53122-0

Inhalt

Vorwort

Für das politische Gesicht des „Dritten Reiches" in den Jahren 1933 bis 1939 ist Hermann Göring in gewisser Weise mehr repräsentativ als Hitler. An der skrupellosen nationalsozialistischen Machtdurchsetzung 1933/34 war er ebenso an führender Stelle beteiligt wie an dem Ausbau der gewonnenen Macht mit Hilfe des übernommenen Staatsapparates, an der Anbahnung neuer Wege der nationalsozialistischen Außenpolitik, der rasanten Wiederaufrüstung mit modernstem Kriegsgerät und der Entwicklung einer neuen Form von Staatslenkung und Unternehmerintegration auf dem Gebiet der Autarkie- und Rüstungswirtschaft (Vierjahresplan). Beim populärsten Triumph nationalsozialistischer Außenpolitik, dem „Anschluß" Österreichs im März 1938, bildete Görings Zielstrebigkeit und Kaltblütigkeit mehr als das mit Rücksicht auf Mussolini eher zögerliche Verhalten Hitlers eine entscheidende Voraussetzung dafür, daß der erpresserische Coup gelang.

Als Hitler 1939 aber mit der Besetzung Böhmens und Mährens und dem Angriff auf Polen die stärker wirtschaftsimperialistischen Zielsetzungen Görings übersprang und, geleitet von seinen rassen- und raumpolitischen Weltanschauungsvisionen, den Zweiten Weltkrieg provozierte, führte dies auch zum Ausscheiden Görings aus dem außenpolitischen Entscheidungszentrum. Hinter der Fassade der öffentlichen Designation Görings zum Nachfolger Hitlers bei Kriegsbeginn und der Verleihung des Reichsmarschallranges nach dem Frankreichfeldzug begann spätestens seit 1941 der rapide Macht- und Prestigeverfall Görings.

Der Höhepunkt von Görings Geltung in den Jahren 1935 bis 1938 fiel zusammen mit der innen- und außenpolitischen Konsolidierung des „Dritten Reiches" in einer Phase, in der sowohl die politische Verfassung des Regimes wie seine faktische Innen- und Außenpolitik noch stark geprägt waren von der konfliktreichen Allianz der alten nationalkonservativen Führungsschichten mit den dynamischen Kräften der NS-Bewegung. Unter den besonderen Bedingungen dieses Gleichgewichts- und Kompromißzustandes konnte ein Mann wie Hermann Göring als „zweiter Mann des Dritten Reiches" beachtliche Handlungsfreiheit gewinnen und mit seiner Ämterfülle eine typische Verkörperung dieses Verfassungs- und Politikzustandes werden.

Der mit dem „Pour le mérite" ausgezeichnete Fliegerhauptmann des Ersten Weltkrieges hatte schon vor 1933 als politischer Beauftragter Hitlers in Berlin und beziehungsreicher Vermittler zum Lager der konservativen und wirtschaftlichen Eliten eine bedeutende Ausnahmestellung in der Partei innegehabt. Göring war auch als kaum entbehrlicher Unterhändler am Zustandekommen der Berufung Hitlers zum Reichskanzler wesentlich beteiligt. Keinem anderen Gefolgsmann zollte Hitler in den Jahren danach soviel Respekt wie Hermann Göring, der auch außerhalb der Partei eine gute Figur zu machen verstand. Keinem ließ er nach 1933 soviel Handlungsspielraum. Auch Göring verdankte letzten Endes Hitlers Gunst die Vielzahl seiner Kompetenzen und repräsentativen Aufgaben, die er oft anstelle Hitlers wahrnahm. Seine Aktivität war aber weit weniger von Hitler abgeleitet und seine Eigenständigkeit und Eigeninitiative waren erheblich größer als die anderer und späterer Günstlinge Hitlers. Göring war von den völkisch-rassentheoretischen Elementen der NS-Weltanschauung weit weniger geprägt als die meisten „alten Kämpfer", mehr soldatischer Nationalist und Nationalrevolutionär als Weltanschauungsfanatiker. Und nach 1933 dachte er, ähnlich wie Mussolini, eher in den Kategorien des totalitären Staates als der totalitären Bewegung.

Von Hitler zwar schließlich ebenso abhängig wie alle anderen Würdenträger des „Dritten Reiches", stellte Hermann Göring unter diesen doch persönlich und politisch zeitweilig am ehesten eine Alternative zu Hitler dar und prägte wesentlichen Entwicklungen und institutionellen Erscheinungsformen des „Dritten Reiches" seine Handschrift auf.

Mit dieser These unterscheidet sich die folgende Darstellung, in deren Zentrum die Hauptaktivitäten Görings in den Jahren 1933 bis 1939 stehen, von der bisherigen, meist wenig ausführlichen und oft nur populärwissenschaftlichen Göring-Literatur. Der hybride Hitler-Absolutismus, zu dem die NS-Herrschaft schließlich während des Zweiten Weltkriegs führte, und die katastrophale Schlußbilanz der Weltanschauungspolitik Hitlers haben den unvoreingenommenen Blick auf andere Zentralfiguren des „Dritten Reiches" lange Zeit verstellt und Göring nur als „Paladin des Führers" erscheinen lassen.

Der Mangel dieses Kenntnisstandes, aus dem sich die Fragestellungen dieser Darstellung ergeben haben (vgl. dazu das wissenschaftliche Nachwort am Ende dieses Buches), trug auch dazu bei, daß das Charakterbild Hermann Görings noch immer stark an den parteiischen Beurteilungen orientiert ist, die Göring-freundliche oder -feindliche Zeitgenossen schon zu seinen Lebzeiten abgaben. Das Gegensätzliche dieser Charakterisierungen, teils auch eine Folge der widersprüchlichen Natur des Mannes, ist im Falle Görings besonders bemerkenswert: Neben dem Bild vom „eisernen" politischen Kämpfer steht das des „Gummilöwen"; neben der Vorstellung vom brutalen politischen Al Capone das Zerrbild vom faulen, morphium- und genußsüchtigen, kindisch eitlen „Nero", dessen Staatsgäste in „Carinhall" die überdimensionierte Spielzeugeisenbahn, die Phantasie-Uniformen, Jagdtrophäen und zusammengerafften Kunstschätze des Luftwaffenchefs und Reichsjägermeisters bewundern mußten. Der unbestreitbaren Popularität Görings, der aufgrund seiner Jovialität auch für viele Volksgenossen des „Dritten Reiches" eine weniger sinistre Spielart des Nationalsozialismus verkörperte als Hitler, Goebbels oder Himmler, steht der populäre Spott und sarkastische Witz gegenüber, der sich besonders an der Selbstgefälligkeit und dem Großsprechertum des fettleibigen Potentaten mit der ordenüberladenen Uniformbrust weidete.

Die folgende Darstellung, eingeleitet durch eine biographische Skizze, soll auch dazu beitragen, das Göring-Bild von solchen Klischees zu befreien. Nicht aber die private Person, sondern die Politik Görings und die Grundlagen seiner Machtstellung stehen im Vordergrund dieses Buches. Der weitgespannte Aktionsradius Görings als preußischer Ministerpräsident, Außenpolitiker, Luftwaffenchef und Wirtschaftsdiktator in den Jahren 1933 bis 1939 und die zeitliche Stufenfolge der daraus folgenden Tätigkeiten bestimmen auch die Gliederung der Darstellung. Mit diesen vielfältigen Bereichen Göringscher Aktivität weitet sie sich zwangsläufig aus zu einer Geschichte zentraler Kapitel der nationalsozialistischen Innen-, Außen- und Wirtschaftspolitik bis zum Zweiten Weltkrieg. Die Beziehung Görings zu Hitler bildet dabei immer wieder einen roten Faden der Darstellung, die im Schnittpunkt personenbezogener und strukturalistischer Geschichtsbetrachtung am Beispiel Görings auch die hitlerzentristische Sicht des Nationalsozialismus zu relativieren geeignet ist.

I. Politische Biographie 1893–1946

Die Mutter Hermann Görings, Franziska Göring, soll einmal geseufzt haben: „Hermann wird entweder ein großer Mann oder ein großer Krimineller werden"[1]. Man wird dies als frühen Hinweis auf die gute Begabung wie auf die trotzig-jähzornige, oft „böse" Art des jungen Göring verstehen können. Daß Hermann Göring als Kind widersetzlich und schwer erziehbar war und einen mutwilligen, egozentrischen Charakter entwickelte, hing offenbar mit der elternfernen Erziehung in der frühen Kindheit und den auch später zerrütteten Verhältnissen der Eltern zusammen[2].

Kindheit und Ausbildung

Göring wurde am 12. Januar 1893 im Sanatorium Marienbad bei Rosenheim in Oberbayern geboren und evangelisch getauft. Die Wahl der Vornamen Hermann Wilhelm geschah zu Ehren des vom Vater verehrten Kaisers Wilhelm und des von der Mutter verehrten engen Freundes der Familie, Dr. Hermann Epenstein. Der Vater, Dr. Heinrich Ernst Göring, war nach juristischem Studium und der begonnenen Laufbahn eines richterlichen Beamten, wo er es zum Landgerichtsrat gebracht hatte, in den Kolonialdienst übergewechselt. Schließlich „Kommissar für das Südwest-afrikanische Schutzgebiet", hatte er in dieser deutschen Kolonie eine bedeutende Stellung erlangt[3]. Nach dem Tod seiner ersten Frau, die ihm fünf Kinder geboren hatte, heiratete der aus Westfalen stammende Kolonialbeamte die aus einer bayerisch-österreichischen Bauernfamilie stammende, sechsundzwanzig Jahre jüngere Franziska Tiefenbrunn, die ihm weitere fünf Kinder gebar.

Hermann Göring war das vierte Kind aus dieser zweiten Ehe. Er kam zur Welt, als der Vater gerade eine neue Stelle als deutscher Generalkonsul in Haiti und Santo Domingo angetreten hatte. Nur zur Entbindung war Franziska Göring nach Deutschland zurückgekommen. Schon sechs Wochen nach der Geburt fuhr sie nach Haiti zurück und ließ Hermann bei der Pflegefamilie Graf in Fürth, wo der kleine Junge getrennt von seinen Eltern und Geschwistern in den ersten drei Jahren seines Lebens aufwuchs. Dann, 1896, wurde der 56jährige Vater wahrscheinlich aus gesundheitlichen

---

* Auf häufiger zitierte Veröffentlichungen, die im Quellen- und Literaturverzeichnis aufgeführt sind, wird in den Anmerkungen nur in Kurzform unter dem Verfasser- bzw. Herausgebernamen verwiesen. Hingegen werden nur einmal zitierte Titel, die grundsätzlich nicht in das Quellen- und Literaturverzeichnis aufgenommen wurden, mit vollen bibliographischen Angaben wiedergegeben.

[1] Zit. bei Gilbert, S. 213.
[2] Die folgenden Daten trug der Verf. aus Biographien und anderen Quellen zusammen und überprüfte sie soweit wie möglich anhand von amtlichen Quellen und Nachschlagewerken. Die Berichte über die Kindheit Görings stammen von seiner Schwester Olga und von Görings Fürther Pflegefamilie Graf. Sie sind zitiert bei Fraenkel/Manvell und Mosley.
[3] Heinrich Görings Kolonialtätigkeit ist beschrieben bei J. H. Esterhuyse, South West Africa 1880–1894. The Establishment of German Authority in South West Africa, Cape Town 1968, S. 99 ff.

Gründen vorzeitig pensioniert. Die Görings kehrten nach Deutschland zurück, ließen sich in Berlin nieder und holten nun auch Hermann in die Familie, so daß die Eltern erstmals mit den Kindern vereint waren. Glaubwürdige Informationen über die Lebensumstände der Familie sind aus dieser Zeit nicht überliefert. Aus einem Bericht seiner Schwester Olga kann geschlossen werden, daß Hermann Göring sich bereits in Fürth zu einem schwierigen Kind entwickelt und offensichtlich schwer unter der fehlenden mütterlichen Geborgenheit gelitten hatte[4]. Bei der ersten Begegnung mit seinen ihm fremden Eltern reagierte er emotional sehr verstört und vermochte dieses Verhalten auch später nicht abzulegen.

Mit sieben Jahren wurde Hermann Göring zur Einschulung nach Fürth zurückgeschickt und bei einem Lehrer in Pension gegeben. Ein Jahr später (1901) folgte die ganze Familie und bezog Quartier auf der Burg Veldenstein bei Neuhaus/Pegnitz, 50 km von Fürth entfernt. Die Burg gehörte dem vermögenden Hermann Epenstein, seit dem Kolonialdienst des Vaters ein enger Freund der Familie, dessen Namen der junge Göring erhalten hatte und der von nun an im Leben der Görings eine besondere Rolle spielte. Er war nicht nur ihr Gastgeber, sondern stand auch mit Franziska Göring in einem intimen Verhältnis. Vom Vater Heinrich Göring wird berichtet, daß er in den folgenden Jahren, in sich gekehrt und kränkelnd, nur noch ein Schattendasein am Rande der Familie führte. Dafür rückte Epenstein für die nächsten zwölf Jahre in den Mittelpunkt und wurde für Hermann Göring bald zum Vorbild und Ersatzvater.

Epenstein hatte die Görings als Arzt im Kolonialdienst kennengelernt. Der Junggeselle jüdischer Abstammung verfügte über ein beträchtliches Vermögen, das ihn in die Lage versetzte, ohne Probleme den Lebensunterhalt der Görings mitzubestreiten. Außer Burg Veldenstein erwarb sich Epenstein das nahe der bayerischen Grenze gelegene Schloß Mauterndorf in Österreich, das ebenso wie Veldenstein später in Hermann Görings Besitz übergehen sollte. Epenstein hatte eine Vorliebe für Burgen und Schlösser, ritterliche Kostümierungen und mittelalterliche Umgangsformen. 1910 ging sein Wunsch in Erfüllung, den Titel „Ritter von Epenstein" tragen zu dürfen. Der Glanz der Uniformen, in denen Epenstein umherzuwandeln pflegte, und die Burgenromantik prägten nachhaltig die Vorstellungswelt des jungen Hermann Göring. Diese Erlebnisse und Erfahrungen wurzelten tief im Bewußtsein des Heranwachsenden und wirkten sich seit 1933 mit zunehmendem Wohlstand im privaten und öffentlichen Leben Görings vielfältig aus. In der späteren Erwachsenentraumwelt des Jagdhofes „Carinhall" suchte Göring diese Kindheitserinnerung wiederzubeleben. Insbesondere in den Jahren des Zweiten Weltkriegs flüchtete er allzugern aus der politischen Realität in diese romantische Umgebung.

Als Zehnjähriger wurde Göring im Jahr 1904 aus der Burgenromantik Veldensteins herausgerissen. Die nach vier Jahren Volksschule von den Eltern vorgesehene weitere Ausbildung im Internat von Ansbach erlaubte nicht mehr wie von Fürth aus die regelmäßige Rückkehr nach Veldenstein. Die endgültige Trennung und Verpflanzung in die unromantische Gymnasialwelt führte zur Rebellion. Hermann Göring kam mit den schulischen Zwängen nicht zurecht, an ein ordnungsgemäßes Lernen war nicht zu denken. Die Görings zogen die Konsequenzen und verschafften ihm mit Hilfe der Beziehungen Epensteins bereits im darauffolgenden Jahr einen Platz in der Kadettenan-

---

[4] Mosley, S. 33 f.; Gilbert, S. 211 ff.; Miale/Selzer, S. 97, sprechen von einer „maternal deprivation as a small child".

stalt von Karlsruhe. Dort herrschte zwar noch strengere Zucht und Ordnung als im Ansbacher Internat, aber es ging dabei militärisch zu. Das Tragen der Uniform, der Reit- und Fechtunterricht, die Erziehung im Geist von „Preußens Gloria" entsprachen eher Görings schwärmerischem jugendlichen Sinn. Er bewährte sich und wurde 1909 in die Hauptkadettenanstalt von Großlichterfelde bei Berlin versetzt, die er im März 1911 mit Auszeichnung abschloß[5]. Mit Patent vom 22. Juni 1912 zum Leutnant befördert, wurde Göring schließlich am 10. Januar 1914 als Batallions-Adjutant in den Regimentsstab des 4. Badischen Infanterieregiments Nr. 112 „Prinz Wilhelm" nach Mühlhausen im Elsaß versetzt. Schon vorher war es zu Zwistigkeiten zwischen Epenstein und der Familie Göring gekommen, die 1913 Veldenstein verließ und in München Wohnung bezog. Am 6. Dezember 1913 verstarb hier Heinrich Göring.

Weltkrieg und Eintritt in die NSDAP 1918–1926

Den Beginn des Ersten Weltkrieges erlebte Göring in Mühlhausen. Bald danach mit Gelenkrheumatismus Ende 1914 ins Freiburger Lazarett eingewiesen, lernte er dort Bruno Loerzer kennen. Loerzer war Flugzeugführer und begeisterte Göring für die Abenteuer der jungen kaiserlichen Fliegertruppe[6]. Göring meldete sich zu den Fliegern. Nachdem er bereits seit Oktober 1914 in den Fliegerersatzabteilungen 3 und 25 als Flugzeugbeobachter zum Einsatz gekommen war, absolvierte er von Juni bis September 1915 in Freiburg einen Pilotenlehrgang. Am 1. Oktober 1915 rückte Göring mit der Feldfliegerabteilung ins Feld. Eine abermalige Erkrankung und ein längerer Genesungsurlaub in München bei seiner Mutter und in Mauterndorf bei Epenstein unterbrachen den Fronteinsatz. Am 9. Juli 1916 wurde er der Kampfstaffel in Metz überstellt. Von dort wechselte er zu den Jagdstaffeln 7 und 5. Ende 1916 trug er bei einem Luftkampf einen schweren Hüftschuß davon und wurde erneut ins Lazarett eingewiesen. Am 15. Februar 1917 trat er in die Jagdstaffel 26 ein. Aufgrund seines mutigen, riskanten Einsatzes wurde Göring am 17. Mai 1917 die Führung der neugegründeten Jagdstaffel 27 übertragen und am 18. August zum Oberleutnant ernannt. Seit Februar 1918 war Görings Jagdstaffel 27 dem Jagdgeschwader 3 unterstellt. Wegen 18 anerkannter Luftsiege und für besondere Tapferkeit wurde Göring am 2. Juni 1918 mit dem selten verliehenen hohen Orden „Pour le mérite" ausgezeichnet.

Nicht nur diese besondere Auszeichnung, sondern vor allem auch die bald darauf folgende Ernennung zum Kommandeur des berühmten Jagdgeschwaders „Manfred Freiherr von Richthofen" reihten Göring in den Kreis der bekanntesten Jagdflieger des Ersten Weltkrieges ein. Am 21. April 1918 war der Kommandeur des legendären „Fliegenden Zirkus", Manfred Freiherr von Richthofen, tödlich abgestürzt, und sein erster Nachfolger Reinhard hatte schon zweieinhalb Monate später ebenfalls den Tod gefunden[7]. Mit Befehl vom 6. Juli wurde Göring zum neuen Nachfolger des „Roten

---

[5] Göring bestand die Fähnrichprüfung im Königlich-Preußischen Kadettenkorps mit den Noten „ziemlich gut" in Latein, Französisch und Englisch, „gut" in Planzeichnen und -lesen, „sehr gut" in Deutsch, Geschichte, Mathematik und Physik und „vorzüglich" in Erdkunde. Endgebnis: „Vorzüglich". In Anerkennung seiner hervorragenden Leistungen erhielt er „Allerhöchste Belobigung". Boog, S. 217, Anmerk. 11.

[6] Vgl. die Propagandadarstellung aus den dreißiger Jahren von Matthias, S. 55–90.

[7] Die nachfolgenden Ausführungen stützen sich auf die Erinnerungen und das Diensttagebuch von Karl Bodenschatz, Jagd in Flanderns Himmel. Aus den sechzehn Kampfmonaten des Jagdgeschwaders Freiherr von Richthofen, München 1942, u. vor allem Boog, S. 217.

Barons" bestellt. Mit seinem zweiundzwanzigsten und gleichzeitig letzten Luftsieg vom 17. Juli 1918 führte er sich als neuer Geschwaderkommandeur ein. Göring zeigte sich fortan mit Richthofens „Geschwaderstock" und ahmte dessen Rituale nach. Görings Übernahme des Geschwaders fiel bereits in die Zeit des Niedergangs der deutschen fliegenden Verbände. Angesichts der zahlenmäßigen Überlegenheit der Gegner kam es nur noch selten zu regelrechten Luftkämpfen. Göring war der Nachlaßverwalter einer einst glorreichen, jetzt aber mehr und mehr auseinanderbrechenden Fliegertruppe. Daß er der letzte Kommandant des Richthofen-Geschwaders war, sicherte ihm gleichwohl im In- und Ausland große Bekanntheit in der Nachkriegszeit[8].

Nach dem Waffenstillstand flog Göring am 12. November 1918 von der Westfront nach Darmstadt. Sieben Tage später wurde das Geschwader in Aschaffenburg verabschiedet und Göring im Rang eines Hauptmanns aus der Armee entlassen. Nach einem kurzen Aufenthalt mit seinem Fliegerkollegen Ernst Udet in Berlin fand sich Göring schließlich zum Jahreswechsel 1918/19 bei seiner Mutter in München ein. Vermutlich unterhielt er hier vorübergehend flüchtige Kontakte zu den Wehrverbänden unter General Ritter von Epp, bevor ihn Anfang 1919 eine Anstellung als Vertreter der Fokker-Flugzeugwerke zu einer Flugzeugschau nach Kopenhagen führte[9].

In Schweden und Dänemark schlug sich Göring in den darauffolgenden Jahren mit wechselnden Beschäftigungen durch. Er organisierte Kunst- und Rundflüge, war Flieger bei der Svenska-Lufttrafik, beförderte Luftpost und betätigte sich als Vertreter für Heiniken-Fallschirme. Im Winter 1920/21 fand sein unstetes Privat- und Wanderleben ein überraschendes Ende. Er lernte die Schwedin Carin von Kantzow kennen, eine geborene Baroness von Fock, die ihn mit ihrer schwärmerischen und romantischen Natur tief beeindruckte[10]. Göring schien in dieser älteren verheirateten Frau die mütterlichen Züge entdeckt zu haben, die er in seiner Kindheit vermißt hatte und die nun seinem ruhelosen Leben einen Bezugspol boten. Carin von Kantzow fand Gefallen an dem deutschen Flieger, verließ Mann und Sohn Thomas und übersiedelte zusammen mit Hermann Göring im Sommer 1921 nach Deutschland.

Am 3. Februar 1922 heiratete Göring Carin von Kantzow, nachdem ihr Mann in die Scheidung eingewilligt hatte. Damit war Carin Göring von ihren schwedischen Einkünften abgeschnitten. Die Jungvermählten waren nun auf ihre Ersparnisse angewiesen, die es ihnen immerhin ermöglichten, ein Haus in München-Obermenzing zu erwerben[11]. In dieser Zeit veröffentlichte Göring einige Aufsätze über seine Weltkriegserfahrungen[12], immatrikulierte sich an der Universität München für das Studium der Fächer Geschichte und Nationalökonomie und gehörte vermutlich vorübergehend einem Freikorps an[13].

---

[8] Seit Anfang der dreißiger Jahre unterstützte Göring diese Pressepropaganda. Vgl. z.B. Matthias, S.55–90; Hermann Göring, „des Führers treuester Paladin", in: Zuerl, S.183–189.
[9] Fraenkel/Manvell, S.30ff.; Mosley, S.84ff.; Zuerl, S.188; Görings Erzählung über seine „tollsten Jahre" in Skandinavien bei Bross, S.31f., 198–211.
[10] Wilamowitz-Moellendorff, S.50ff.
[11] Zu Görings Wohnsitz in der Reginbaldstraße vgl. die polizeilichen Unterlagen im StAM, Akten der Polizeidirektion, Nr.10061 Göring, Hermann.
[12] Hermann Göring, Die Taktik der Jagdgeschwader, in: Georg Paul Neumann (Hrsg.), In der Luft unbesiegt. Erlebnisse im Weltkrieg erzählt von Luftkämpfern, München 1923, S.132–137; ders., Aus dem Tagebuch eines Jagdfliegers, ebd., S.209–214.
[13] Francis L. Carsten, Reichswehr und Politik 1918–1933, Köln 1964, S.189, 342; Mosley, S.84. Die Angaben zum Studium entnommen aus: Reichstags-Handbuch, IV. Wahlperiode 1928, Berlin 1928, S.329.

Im Oktober oder November 1922 traf Göring auf einer politischen Versammlung mit Adolf Hitler zusammen und entschloß sich kurz darauf, der NSDAP beizutreten. Vor dem Internationalen Militärgericht in Nürnberg suchte er am 13. März 1946 glaubhaft zu machen, daß er durch Hitler „damals zum ersten Male eine wundervolle und tiefe Erklärung des Begriffes Nationalsozialismus, der Vereinigung der beiden Begriffe Nationalismus auf der einen, Sozialismus auf der anderen Seite" erfahren habe. Aufschlußreicher sind hingegen Görings Äußerungen im Zusammenhang mit den Ereignissen des Münchener November-Putsches von 1923. Sie legen den Schluß nahe, daß er, auch aus Existenzgründen, ebenso jeder anderen nationalrevolutionären Bewegung hätte beitreten können: „... so war ich – ich habe ja kein Hehl daraus gemacht – von Anfang an bereit, mich an jeder Revolution zu beteiligen, gleichgültig wo und von wem sie ausging, außer wenn sie von links gekommen wäre ..."[14]. Es war eher zufällig, daß der arbeitslose Offizier Göring gerade in Hitlers Partei ein neues Betätigungsfeld fand, das er zu seinem Beruf machen zu können glaubte.

Als eigentliche politische Führer der nationalen Bewegung in Bayern betrachtete Göring zunächst Ludendorff und Lossow. In diesem Sinne äußerte er sich auf einer SA-Führerbesprechung in München am 23. Oktober 1923: „Es kann noch einige Wochen dauern, vielleicht erfolgt die Proklamation der Reichsdiktatur schon in den allernächsten Tagen. Reichsdiktator General Ludendorff, Reichswehrminister General v. Lossow. Hitler gleichfalls in der Regierung." Es war für ihn „natürlich", daß Ludendorff die Diktatur übernehmen würde[15]. Hitler war für Göring zunächst nur die Anlaufstelle, der Organisator der Bewegung.

Für Hitler war Göring, wie von verschiedener Seite übereinstimmend bezeugt wird, vor allem als „Pour le mérite"-Träger eine werbewirksame neue Figur[16]. Göring selbst gab in Nürnberg zu Protokoll, Hitler „habe immer daran gedacht, entweder einen Pour le Mérite-Flieger oder einen Pour le Mérite-U-Bootmann" mit der SA-Führung zu beauftragen[17]. Von gleichrangiger Bedeutung waren für Hitler wahrscheinlich Görings Beziehungen zu einflußreichen Kreisen der Gesellschaft[18]. Es war von vornherein eine Zweckgemeinschaft, die sich zwischen diesen Männern bildete, nicht in erster Linie begründet durch weltanschauliche Übereinstimmung.

Im Frühjahr 1923 übernahm Göring die ihm von Hitler angetragene Führung der „Sturmabteilungen" (SA) der Partei. Seine Stellung innerhalb der „Bewegung" war von Anfang an umstritten. Daß die SA unter Görings Führung bis zum November einen enormen Aufschwung nahm, war keineswegs allein Görings Verdienst, der die tägliche Kleinarbeit der Organisation weitgehend Alfred Hoffmann, dem Chef des Stabes im Oberkommando der SA, überließ[19]. Göring gefiel sich lieber in der Rolle desjenigen, der die SA nach außen repräsentierte und in politischen Verhandlungen mit anderen Kampfbünden stand[20].

---

[14] Görings Aussage in: IMG, Bd. 9, S. 271, 274.
[15] Zit. bei Thoss, S. 335, 336.
[16] Hanfstaengl, Hitler, S. 72 f.; Ludecke, S. 106 ff., 129; weitere Belege bei Franz-Willing, Bd. 1, S. 133.
[17] Görings Aussage in: IMG, Bd. 9, S. 272.
[18] Hanfstaengl, Hitler, S. 71 f.; Heiden, S. 387; Wagener, S. 317; Weber, Hitler, S. 37.
[19] Franz-Willing, Bd. 2, S. 62 f.
[20] Material zu Görings politischen Verhandlungen im BAK, Kleine Erwerbungen NSDAP NS 20/ 10 Oberkommando der SA. Vgl. dazu auch Werner, S. 100 f.

Der stark repräsentative politische Führungsstil Görings stieß in den Reihen seiner SA-Untergebenen auf Kritik, wie aus einem Brief eines Hundertschaftführers an Hitler hervorgeht, der der Sorge Ausdruck gab, daß der Führung der Kontakt zur Bewegung verloren ginge und deshalb die SA direkt Hitler unterstellt sehen wollte[21]. Auch der innerparteiliche Konflikt zwischen den bayerischen und nichtbayerischen Elementen spielte dabei eine Rolle[22]. Obwohl Göring von Geburt Süddeutscher war, betrachtete er sich doch primär als Repräsentant des preußischen Offizierstyps[23] und bezog frühzeitig Stellung gegen den bayerischen Kern der Partei, den er als „eine Bande von Biersäufern und Rucksackträgern mit engstirnigem, provinziellem Horizont" verachtete. Hanfstaengl, der in dieser Frühzeit engen Kontakt mit Göring hatte, berichtet von zahlreichen Auseinandersetzungen innerhalb der Partei, in die Göring bereits 1923 verwickelt war und die zum Teil bis in die Zeit nach der „Machtergreifung" andauerten.

Nicht nur wegen seines unbekümmerten, großsprecherischen Auftretens, auch aufgrund seines geringen Interesses für ideologische Diskussionen eckte Göring bei zahlreichen Parteigängern Hitlers an[24]. Die darauf beruhenden Auseinandersetzungen mit Heß und Rosenberg blieben für Göring nicht ohne Folgen. Nach dem fehlgeschlagenen Münchener Putsch vom 9. November 1923 schlugen die Rivalitäten zwischen den engsten Mitarbeitern Hitlers in offene Feindschaft um[25]. Die fehlende Verankerung im Parteiapparat erwies sich nun für Göring als verhängnisvoll. Göring hatte sich lediglich Hitler verpflichtet gefühlt und sich nicht um einen Rückhalt in der Partei bemüht. Hitlers Verhaftung nach dem Scheitern des Putsches stoppte jäh Görings politische Karriere.

Bei dem Marsch zur „Feldherrnhalle" hatte Göring eine lebensgefährliche Schußverletzung an der Hüfte erlitten und war auf ärztliche Hilfe angewiesen[26]. Göring verbarg sich zunächst in Garmisch und entzog sich der polizeilichen Verfolgung dann durch den Übertritt über die österreichische Grenze[27]. Während der mehrmonatigen Behandlung im Innsbrucker Krankenhaus wurden ihm zur Linderung der Schmerzen, die ihm die immer wieder eiternde Wunde bereitete, morphiumhaltige Spritzen verabreicht. Die überstürzte Flucht ins Exil brachte Göring in finanzielle Schwierigkeiten. Trotz der Besuche, die seine Frau Carin Ludendorff und Hitler abstattete, blieb die erhoffte finanzielle Unterstützung aus. Von Hitler erhielt Carin Göring in Landsberg lediglich ein handsigniertes Hitler-Portrait[28].

Ende April 1924 setzte sich Göring nach Italien ab, um der drohenden Ausweisung

[21] Franz-Willing, Bd. 2, S. 95 f.; Werner, S. 86 f.; Thoss, S. 307 f.; Bloch, S. 15.
[22] Franz-Willing, Bd. 3, S. 201 ff.
[23] Noch in einer späteren Selbstdarstellung betonte Göring, daß er „nicht bajuvarischen Stammes" sei, sondern „einem niedersächsisch-westfälischen Geschlecht" angehöre, was väterlicherseits auch zutreffend war. Vgl. Hanns Möller, Geschichte der Ritter des Ordens „pour le mérite" im Weltkrieg, Bd. 1, Berlin 1935, S. 377.
[24] Hanfstaengl, Hitler, S. 72, 73, 111.
[25] Horn, S. 174.
[26] Zu Görings effektvollem Auftreten während des Putsches vgl. Deuerlein, Aufstieg, S. 194; Ursachen, Bd. 5, S. 429 ff.; Ernst Deuerlein, Der Hitler-Putsch. Bayerische Dokumente zum 8./9. November 1923, Stuttgart 1962; Bracher, Diktatur, S. 124 ff.; Hanns Hubert Hofmann, Der Hitlerputsch. Krisenjahre deutscher Geschichte 1920–1924, München 1961, S. 162 f.
[27] Röhm, S. 256 f.
[28] Wilamowitz-Moellendorff, S. 108 f.

durch die österreichischen Behörden zu entgehen[29]. Möglicherweise im Einvernehmen mit Hitler bemühte sich Göring dabei um Kontakte mit italienischen Faschisten. Aus seinem Briefwechsel mit Leo Negrelli[30] aus den Jahren 1924/25 geht hervor, daß er über Negrelli finanzielle Unterstützung und die Zusage Mussolinis zu einem Empfang Hitlers, sobald dieser aus der Haft entlassen sei, zu erhalten suchte. Görings Bemühungen brachten jedoch keinen Erfolg. Sein Versprechen, die Nationalsozialisten würden als „Gegenleistung" „die italienischen Ansprüche auf Südtirol öffentlich .. unterstützen", war den Italienern zu vage[31].

Das einjährige italienische Exil hatte Göring für das faschistische Italien offenbar wenig erwärmt. Der plötzliche Entschluß, im Frühjahr 1925 die beschwerliche Reise nach Schweden unter Umgehung von Deutschland auf sich zu nehmen, kann als das Eingeständnis seines politischen Mißerfolges in Italien gewertet werden[32]. Die Gründe hierfür lagen aus Görings Sicht nicht nur in der reservierten Haltung der italienischen Faschisten, sondern auch in der mangelnden Unterstützung durch Hitler. In einem Brief vom 26. Juni 1925 an seinen ehemaligen Kriegskameraden Lahr, der in München-Obermenzing Görings Villa verwaltete, führte er vom Stockholmer Exil bittere Klage über die ehemaligen „Parteigenossen". Seine „ganze Existenz" sei „durch die geradezu brutale Rücksichtslosigkeit der Partei, die nicht einen Funken von Verantwortungsgefühl und Kameradschaft hat, restlos zerstört"[33].

In dieser Zeit seines schwedischen Exils, in der Göring auch gesundheitlich noch stark angegriffen war und mehrmals eine Nervenklinik aufsuchen mußte, um sich von seiner medikamentösen Morphiumsucht kurieren zu lassen[34], scheint er sich von der NS-Bewegung stark abgewendet und sich um ihre Reorganisation nach Hitlers Entlassung aus Landsberg (Dezember 1924) und um die Neugründung der NSDAP (Februar 1925) wenig gekümmert zu haben. In dem Brief an Lahr vom 26. Juni 1925 warnte er diesen noch aufgrund seiner Erfahrung, „nicht allzu blind" zu sein gegenüber „jenen völkischen Kreisen", die „in ihren Worten und in der Theorie überströmen von Sittlichkeit, hoher Moral, etc. und deren Praxis in so krassem Widerspruch zu ihren Phrasen" stehe. Wahrscheinlich übertreibend, behauptete er Lahr gegenüber, daß er sein gesamtes Vermögen für den Aufbau der SA und die Vorbereitung des Münchener Putsches eingesetzt habe, ohne eine Entschädigung erhalten zu haben, und beschwerte sich darüber, daß „in unserer Bewegung ... nur das Strebertum, die Jagd nach der Futterkrippe Trumpf" sei. Auch Hitler, den er vorher „glühend verehrt" habe, sah er nun

[29] Material zu den Stationen und zum Verlauf von Görings Italienreise findet sich im BAK, Hauptarchiv der NSDAP NS 26/ 1225 Personalakte Göring.

[30] Die 16 Dokumente sind vorhanden als „Correspondence Between Goering and Negrelli 1924/25", in: Graduate School and University Center of the City University of New York. Sie bestätigen die Annahmen der bisherigen Forschungen: Hoepke, S. 309 ff.; Schreiber, S. 39; Mosley, S. 129; Fraenkel/Manvell, S. 51.

[31] Palumbo, S. D1038 ff., hat die zehn Briefe Görings an Negrelli ausgewertet. Negrelli war Journalist beim „Corriere d'Italia" und Funktionär in Mussolinis Partei.

[32] Laut Polizeiakte wurde Göring aufgefordert, „das Land zu verlassen, was auch geschehen ist". BAK, NS 26/ 1225 Personalakte Göring.

[33] Das Original des Briefes befindet sich in Privatbesitz. Hier zitiert nach der Abschrift im GStA, Preußisches Staatsministerium Annex B: Preußischer Ministerpräsident Rep. 90 B/ Nr. 286.

[34] Vgl. den Abdruck von Görings Einweisungsschein in die Nervenheilanstalt von Langbro, in: Braunbuch über Reichstagsbrand und Hitler-Terror, Basel 1933, S. 57. Göring wurde am 1. Sept. 1925 in Langbro eingewiesen und Ende November entlassen. Ein späterer Rückfall machte eine erneute Behandlung notwendig.

in einem anderen Licht: „Obwohl ich ... an den Führer schrieb ... erhielt ich nur leere Trostworte". Wie sehr es ihn verärgert hatte, daß seine Frau Carin von Hitler in Landsberg mit einer signierten Fotographie abgespeist worden war, zeigen die den Brief abschließenden Worte: „Ich habe heute von Ludendorff oder Hitler noch nicht einen Pfennig, wohl aber einen Berg von Versprechungen bekommen und die Fotografien mit der Widmung ‚Treu um Treue' "[35].

Auch wenn man die Situation psychischer Labilität in Betracht zieht, in der Görings Brief entstand, so ist er doch in mancher Hinsicht aufschlußreich. Göring war nicht nur aus weltanschaulich-politischer Überzeugung zu Hitlers Partei gestoßen. Er hatte in ihr nicht zuletzt einen soldatisch-nationalen Verband gesehen, in dem „Treue" und „Kameradschaft" galten, so wie sie Göring in seiner Offiziersausbildung und vor allem in der Fliegerkumpanei im „Richthofen-Zirkus" kennengelernt hatte. Seine politische Maxime war ganz allgemein die „Liebe zum Vaterland". Sein Feindbild bestand aus „Juden und Kommunisten". Gegen die „Unfähigkeit von Parlamentsregierungen"[36] erstrebte er eine starke nationale Regierung und sah in Hitler den geeigneten Mann, den Weg dahin zu bahnen. Auffällig ist immerhin, daß Hitler, den er „noch verehre", in dem Brief an Lahr milder beurteilt wird als die „Partei".

Während der Kämpfe um die Parteiführung, die nach Hitlers Inhaftierung in Landsberg ausbrachen, rächte es sich, daß Göring nur auf die persönliche Beziehung zu Hitler gebaut und darauf verzichtet hatte, sich in der Partei eine Hausmacht zu verschaffen. Zur Zeit der Inhaftierung Hitlers geriet er deshalb in die Isolierung. Auf seine anscheinend aus dem italienischen Exil gerichtete Anfrage nach einer Wiederverwendung beim Neuaufbau der als „Frontbann" getarnten SA erfuhr er – wie er Lahr schrieb –, „dass die S.A. eine Privatsache Hitlers gewesen sei" und man „deshalb nichts dafür tun könne"[37]. In Italien von dem Geschehen in Deutschland ausgeschlossen, mußte er es hinnehmen, daß bereits Mitte Mai 1924 die Leitung der SA auf Ernst Röhm übertragen worden war[38]. Kurz darauf strich Rosenberg Göring aus der Dienst- und Mitgliederliste der Partei[39]. Göring bemerkte dies erst in den Jahren nach der „Machtergreifung" und bemühte sich, seine alte Mitgliedsnummer aus der Gründungszeit der NSDAP wieder zugeteilt zu bekommen[40]. Sein Versuch, als Berufspolitiker Karriere zu machen, schien 1925 gescheitert. Die späteren offiziellen Parteischriftsteller gaben sich Mühe, diese Phase in seiner Biographie mit erfundenen Ruhmestaten zu überbrücken[41]. Göring hatte zwar das Interesse Hitlers geweckt, es war ihm aber nicht gelungen, in der NSDAP Fuß zu fassen.

[35] Göring an Lahr v. 26. Juni 1925, GStA, Rep. 90 B/ Nr. 286.
[36] Göring-Rede, zit. bei Franz-Willing, Bd. 3, S. 171.
[37] Göring an Lahr, GStA, Rep. 90 B/ Nr. 286.
[38] Horn, S. 199.
[39] Hanfstaengl, Hitler, S. 118. Mosley, S. 131 f., behauptet ohne Quellen anzuführen, Hitler hätte dies auf Intervention von Carin Göring rückgängig gemacht.
[40] Material dazu im BDC, Personalakte Göring. Später wurde Görings „2. Eintritt" in die Partei auf den 1. April 1928 datiert.
[41] A. Knesebeck-Fischer, Hermann Göring's Werdegang bis zum Staatsmann (Nationalsozialistische Bücherserie Nr. 2), Berlin o. J. (1933); Sommerfeldt, Goering; Gritzbach läßt die Vorgeschichte ganz aus der Betrachtung.

Zweiter Anlauf zur politischen Karriere

Die politische Amnestie von 1926 ermöglichte Göring im Herbst 1927 die Rückkehr nach Deutschland[42]. Nach seiner eigenen Aussage traf er Hitler zum ersten Mal 1927 bei einer kurzen Besprechung in Berlin wieder, kam dann jedoch monatelang mit ihm nicht mehr in Berührung. Hanfstaengl berichtet, daß Göring von den Parteigenossen nicht gerade mit offenen Armen empfangen wurde[43]. Tatsächlich wurde Göring zunächst auch nicht politisch tätig, sondern faßte als Vertreter von Zulieferfirmen der aufkommenden Luftfahrtindustrie in Berlin Fuß, bemüht um die „nahrhafte Rolle eines umworbenen, spesenbegnadeten Lobbyisten der Flugzeugindustrie"[44]. Er habe – so seine spätere Aussage – sich „erst wieder eine unabhängige Position schaffen" wollen, bevor er sich stärker politisch engagierte[45].

Die Spekulation auf einen Anlauf zur politischen Karriere scheint sich aber schnell eingestellt zu haben. Bereits für die Reichstagswahlen im Mai 1928 kandidierte Göring auf der NSDAP-Liste und beteiligte sich aktiv am Wahlkampf. Hanfstaengls Bericht, wie es dazu kam, ist nicht sicher bezeugt. Im Februar oder März habe er sich mit Göring zu einem entscheidenden Gespräch zu Hitler begeben, wobei Göring ultimativ einen Platz auf der Kandidatenliste gefordert habe, verbunden mit der Drohung, daß sie sonst für immer als Feinde auseinandergehen würden[46].

Dem steht später Görings Version gegenüber, daß Hitler ihn von sich aus habe kommen lassen, um ihm die Reichstagskandidatur vorzuschlagen[47]. Für diese Version spricht auch ein von Mosley zitierter unveröffentlichter Brief Carin Görings, in dem es heißt: „... der Führer bat seinen alten Mitkämpfer um einen Besuch und empfing ihn mit offenen Armen, glücklich zu sehen, wie gesund und wohlhabend er aussah. Er bat ihn, sich wieder unter die Fahne der Partei zu stellen und in den Wahlen im Mai für die Befreiung Deutschlands zu kämpfen"[48].

Wie immer es sich damit verhielt: Als sehr wahrscheinlich kann angenommen werden, daß Hitler damals – vor dem Hintergrund der innerparteilichen Kontroversen um die programmatische Linie der Partei – eine Kandidatur Görings nicht unlieb war, durch die er den revolutionären Parteitheoretikern, wie Gregor Straßer, Goebbels und Feder, auf der Kandidatenliste einen eher nationalkonservativen Mann an die Seite stellen konnte. Ein sichtbares Zeichen der persönlichen Gunst Hitlers war die Tatsache, daß Göring nach seiner Wahl in den Reichstag als eine Art politischer Beauftragter Hitlers in Berlin fungierte[49], sehr zum Unwillen des Berliner Gauleiters Joseph Goebbels, der nach wie vor Antikapitalismus, Sozialismus und die deutsch-russische Freundschaft propagierte[50].

---

[42] Der Haftbefehl wurde erst am 12. Nov. 1925 aufgehoben und das Verfahren wegen Hochverrats am 14. Mai 1926 eingestellt. BAK, NS 26/ 1225 Personalakte Göring. Zum Reichsamnestie-Gesetz vom 17. Aug. 1925 und die sich daran anschließenden Verfügungen vgl. Werner, S. 429.

[43] Göring-Aussage am 13. März 1946, in: IMG, Bd. 9, S. 275; Hanfstaengl, Hitler, S. 142: „The Party hacks were still suspicious of him and Hitler's reception was distinctly cool".

[44] Hanfstaengl, 15 Jahre, S. 190; Mosley, S. 140. Irving, Tragödie, S. 45, behauptet, „daß Göring vor seiner Wahl von der Lufthansa finanziell unterstützt worden war", kann dazu jedoch keine Quellen angeben.

[45] Göring-Aussage am 13. März 1946, in: IMG, Bd. 9, S. 275.

[46] Hanfstaengl, Hitler, S. 143. Hanfstaengl war bei dieser angeblichen Auseinandersetzung selbst nicht anwesend. Vgl. auch Straßer, S. 119.

[47] IMG, Bd. 9, S. 275.

[48] Zit. bei Mosley, S. 144.

[49] Ludecke, S. 321.

[50] Stachura, Wendepunkt, S. 72 f.

In den darauffolgenden beiden Jahren gelang es Göring, vielfältige gesellschaftliche Kontakte zu knüpfen, so daß man durchaus von einem „Göring-Kreis" sprechen kann[51]. Unterstützt wurde Göring von einem kleinen Mitarbeiterstab aus ehemaligen Weltkriegskameraden wie Paul Körner und Bruno Loerzer. Auffallend ist, daß dem Göring-Kreis kaum Parteifunktionäre angehörten. Der Großindustrielle Fritz Thyssen, der vormalige Reichsbankpräsident Hjalmar Schacht und Emil Georg von Stauss von der Deutschen Bank, mit denen Göring spätestens seit dem Winter 1930/31 Kontakt aufnahm, waren die herausragenden Persönlichkeiten unter zahlreichen Finanz- und Wirtschaftsleuten[52]. Hierzu gesellte sich eine beträchtliche Zahl von Adligen, darunter auch der jüngere Bruder des deutschen Kronprinzen, August Wilhelm[53].

Es ist auffällig, daß Göring sehr gern in höchsten adeligen Kreisen aus dem rechtskonservativen Lager verkehrte. Allein daraus aber läßt sich noch nicht schließen, daß Göring „von jeher ein überzeugter Monarchist"[54] gewesen sei, wenn monarchistische Anklänge bei ihm auch nicht zu übersehen sind. Auf jeden Fall pflegte er den Kontakt mit dem ehemaligen Kaiserhaus, wie seine Kaiserbesuche in Doorn im Januar 1931 und Mai 1932 beweisen. Bei seinem ersten Besuch soll Göring geäußert haben, „daß wohl der Kaiser zurückkehren müsse, aber die anderen deutschen Fürsten dürften nicht mehr auf ihre Throne zurück!"[55]. Konkrete Zielsetzungen lassen sich aus solchen Good-Will-Erklärungen in Doorn aber schwerlich ableiten. Die Besuche dürften in erster Linie Görings Streben nach Aufwertung der eigenen Person entsprungen sein, wobei freilich auch sein Hang zu monarchistischem Romantizismus mitgespielt haben dürfte.

Zu Görings politischem Kreis zählten nicht nur deutsche Gesprächspartner. Schon zeitig verstand er es, auch das Interesse ausländischer Diplomaten auf sich zu lenken. Als einer der wenigen Nationalsozialisten war er durch seine Schulbildung und frühe Auslandsreisen in einigen Fremdsprachen (Französisch, Italienisch und Schwedisch) bewandert[56]. Besonders intensive Kontakte pflegte er mit der italienischen Botschaft und Renzetti, dem Berliner Mittelsmann Mussolinis[57]. Kontakte nach England suchte Göring vor allem aufgrund seiner Flieger-Vergangenheit zu knüpfen und machte wiederholt durch Telegramme an das englische Luftfahrtministerium auf sich aufmerksam[58]. In englischen Kreisen war er bekannt als „Fliegeras und Kommandeur des berühmten Richthofen-Geschwaders"[59].

[51] Mosley, S.143, 155; Granier, S.137, Anmerk.435.
[52] Schacht, S.350f.; Gisevius, Bd.1, S.56; Irving, Tragödie, S.48; Hallgarten, S.99f., 112.
[53] Der Brief Carin Görings vom 28.Feb.1930 nennt sieben verschiedene Adelsfamilien, die zu diesem Zeitpunkt im Hause Göring verkehrten. Wilamowitz-Moellendorff, S.126ff.
Seit seiner Zeit als Fliegeroffizier im Weltkrieg stand Göring in Kontakt mit Kronprinz Wilhelm und vermittelte Hitler dessen Bekanntschaft. Vgl. Paul Herre, Kronprinz Wilhelm und seine Rolle in der deutschen Politik, München 1954, S.199. Zu Görings Beziehung zu Victor Prinz zu Wied vgl. Wittmann, S.82f.
[54] So Mosley, S.83.
[55] Sigurd von Ilsemann, Der Kaiser in Holland. Bd.2: Monarchie und Nationalsozialismus (1924–1941). Aufzeichnungen des letzten Flügeladjutanten Kaiser Wilhelms II., hrsg. v. Harald von Koenigswald, München 1968, S.152ff., 192ff.; Granier, S.160, 296f.
[56] DNB-Rohmaterial vom 29.Okt.1934, BAK, Reichskanzlei R 43 II/ 1399 Auswärtige Politik im allgemeinen, Bd.4; BAK, Sammlung Karl Brammer ZSg. 101/ 27 Informationsberichte und vertrauliche Informationen 1934, Bl.261.
[57] Brüning, S.275; Hoepke, S.307f; Bericht des ital. Presseattachés in Berlin, Francesco Antinori, an Orsini über sein Gespräch mit Göring vom 18.Feb.1930, in: DDI, 7/VIII, Nr.377, S.438f.
[58] BAK, NS 26/ 1225 Personalakte Göring, S.2.
[59] Yenken (Berlin) an das Foreign Office vom 24.Nov.1931, in: DBFP, 2/2, Nr.302, S.347.

Zwar kam Göring gelegentlich auch in die Münchener Zentrale der NSDAP und hielt mitunter Reden vor Parteigenossen und Anhängern, so z. B. bei seinem gemeinsamen Auftritt mit Hitler in einer Parteiveranstaltung im Münchener Mathäserbräu am 17. Dezember 1928. An der harten täglichen Organisations- und Agitationsarbeit der Partei, wie Gregor Straßer oder Goebbels in Berlin sie betrieben, beteiligte er sich aber kaum[60]. Auch die Geschicke der SA, die er vor dem Hitler-Putsch 1923 geleitet hatte, schienen ihn nicht mehr sonderlich interessiert zu haben, wenn er auch mit manchen der ehemaligen Offiziere und Freikorpsführer, die inzwischen zu SA-Führern geworden waren, auf gutem Fuße stand. Das gilt anscheinend auch für den Berliner SA-Führer Stennes, ehe dieser 1931 mit Hitler brach. Als Stennes nach der nationalsozialistischen Machtübernahme 1933 als Gegner der NSDAP in ein Konzentrationslager gebracht wurde, war es Göring, der seine Freilassung erwirkte und es ihm zu emigrieren ermöglichte.

Der Abstand, den Göring zu der Partei und ihrer Kleinarbeit hielt, und seine – offenbar im Einverständnis mit Hitler – statt dessen bevorzugte Konzentration auf politische, gesellschaftliche und auch internationale Kontaktpflege zu Kräften des nationalkonservativen Lagers, an deren Unterstützung und Kooperation Hitler gelegen war, machten ihn in den Jahren bis 1930 in der Partei eher unbeliebt. Dazu trug sicher auch bei, daß er kaum einen Hehl daraus machte, daß er nicht wenige der Parteiaktivisten wegen ihres beschränkten Horizonts, ihrer Manieren oder ihres abstrusen völkisch-weltanschaulichen Sektierertums als „Kanaillen" verachtete, und dem auch Ausdruck gab.

Zu denen, die Göring aus solchen Gründen besonders haßten, gehörte u.a. Alfred Rosenberg, der Schriftleiter des „Völkischen Beobachters"[61], aber auch Gregor Straßer, der aktive und fähige Organisationsleiter der NSDAP, der damals schon an Görings Drohnendasein Anstoß nahm und in den folgenden Jahren noch häufig Gelegenheit hatte, sich über die – ihm schwer verständlichen – besonderen Gunstbeweise Hitlers für Göring zu erregen.

Auch in der zwischen 1928 und 1930 nur zwölf Mann starken NSDAP-Fraktion im Reichstag spielte Göring, der auf dem 7. Listenplatz gestanden hatte, damals noch kaum eine Rolle. In den Debatten des Reichstages nahm er in dieser Zeit nur einmal das Wort, als es um Luftverkehrsfragen ging und Göring sein Steckenpferd reiten konnte, indem er höhere Subventionen für die Entwicklung der Luftfahrt forderte[62].

Politischer Beauftragter Hitlers in Berlin 1928–1932

Den Tagebüchern von Joseph Goebbels aus dieser Zeit ist zu entnehmen, daß Göring sich gegenüber den meisten Fraktionsgenossen eher durch Überheblichkeit bemerk-

---

[60] Zu Görings politischer Karriere in den Jahen 1928–1932 befindet sich zahlreiches Material, auf das hier im einzelnen nicht eingegangen werden kann, im IfZ. Sehr ergiebig sind hier vor allem die unveröffentlichten Tagebücher von Joseph Goebbels.

[61] Arno Schickedanz (Leiter des Berliner Büros des „VB") an Hauptmann Weiss (München) vom 30. Juni 1931, IfZ, MA-251 Microcopy T-454, Roll 78; Schickedanz an Rosenberg vom 19. April 1932, zit. bei Kissenkoetter, S. 65 f.

[62] Debattenübersichten bei Wilhelm Frick, Die Nationalsozialisten im Reichstag 1924–1931, München 1932. Im November 1930 wurde Göring Leiter der Fliegerstaffel in der NSDAP-Kreisgruppe Frankfurt/Main, im Oktober 1931 Führer des „Nationalen Deutschen Luftfahrtverbandes" und im Dezember Inspekteur der „Inspektion für Flugwesen der NSDAP".

bar machte. Nur mit einigen der seriöseren Fraktionskollegen vom rechten, ordnungsstaatlichen Flügel, z. B. mit Frick und Epp, scheint er häufiger und auch privat verkehrt zu haben. Bis 1929 scheint Göring auch wenig Wert auf näheren Umgang mit dem Berliner Gauleiter Goebbels gelegt zu haben, der fast in allem das Gegenteil von ihm darstellte, zu dem der von Natur und sozialer Umwelt verwöhnte Göring aber von Anfang an eine Haß-Liebe entwickelte, die schnell von schärfster Kritik zu enthusiastischer Verehrung umschlug. Erst im Jahr 1930, nachdem Goebbels' kaum ersetzbare Rolle für die nationalsozialistische „Eroberung" Berlins offenkundig geworden war, besserte sich das Verhältnis, und vorübergehend wurde es sogar recht eng. In diesem Jahr war Goebbels häufig in Görings „konservativem" Kreis zu Gast. Göring vermittelte ihm auch manche Beziehungen, unterstützte ihn bei seiner Auseinandersetzung mit der Straßer-Presse in Berlin, nahm ihn auf eine mehrtägige Schwedenreise mit oder legte für ihn ein gutes Wort bei Hitler ein, damit er auf Kosten der Partei einen Dienstwagen gestellt bekam.

Der große nationalsozialistische Wahlerfolg vom 14. September 1930, zu dem Göring selber wenig beigetragen hatte, bedeutete gleichwohl eine fast ruckartige Steigerung seiner Bedeutung und seines Einflusses. Auf diesen Tag datierte auch der spätere Verfasser der Parteichronik (Volz) Görings Ernennung zum politischen Beauftragten Hitlers. Mit dem sensationellen Wahlerfolg, der die NSDAP mit 108 Abgeordneten zur zweitstärksten Fraktion des Reichstages machte, war die NSDAP über Nacht zu einem politischen Faktor geworden, mit dem alle politischen Kräfte und Parteien rechnen mußten. Und um sich in dieser Lage ins politische Spiel zu bringen, kam es jetzt auch für Hitler mehr denn je darauf an, Beziehungen zu denjenigen Personen, Institutionen und Gruppen im bürgerlichen und konservativen Lager zu finden, von deren Einschätzung und Unterstützung auf dem Weg zur Macht vieles abhing. Göring mit seinen Beziehungen und seinem Prestige bei Offizieren, Aristokraten, Leuten der Wirtschaft und Verwaltung wurde jetzt unentbehrlich für Hitler, zumal er durch seine ständige Anwesenheit in der Reichshauptstadt den Ereignissen und Repräsentanten des politischen Lebens auf Reichsebene näher war als Hitler in München. Seit dem Herbst 1930 wurde Göring Hitlers wohl wichtigste Schaltstation bei Verhandlungen mit Vertretern vor allem aus Politik und Wirtschaft. In der Folgezeit führte er auch oft allein im Auftrag Hitlers wichtige politische Gespräche, insbesondere mit Vertretern der Deutschnationalen Volkspartei, des „Stahlhelms", der Reichwehr und der Industrie[63]. Den Verhandlungspartnern erschien er dabei oft als eigenständige politische Potenz der NSDAP, kaum minder wichtig als Hitler selbst[64]. Hitler nahm dabei sowohl diese Selbständigkeit Görings wie dessen extrovertierte Art und sein pomphaftes

---

[63] Zahlreiches Material zu Görings vielfältigen und parteiüberspannenden Verhandlungen seit 1930 liefern: Granier, Dok. 31 ff., S. 280 ff.; Brüning, S. 390 f., 587, 633; De Felice, S. 234 ff.; Morsey, Zentrumspartei, S. 319 ff.; Ursachen, Bd. 8, S. 371 ff.; Volker Berghahn, Der Stahlhelm. Bund der Frontsoldaten 1918–1935, Düsseldorf 1966, S. 206 f.; Vogelsang, Reichswehr, S. 143, 606; Thyssen, S. 100; Broszat, Staat, S. 80 f.; Bruhn, S. 77.

[64] Brüning, S. 272; Görings eigener Aussage zufolge war er „politischer Beauftragter des Führers" (BDC, Personalakte Hermann Göring) bzw. „politischer Bevollmächtigter des Führers" (Arenz, S. 525). An anderer Stelle wurde er etwas bescheidener mit „bevollmächtigter Berliner Unterhändler Hitlers" (Ursachen, Bd. 8, S. 372) oder dagegen im Superlativ mit „politischer Generalbevollmächtigter von Hitler" tituliert (Brüning, S. 514).

Auftreten in Kauf und entschuldigte dies innerhalb der engeren Parteiklientel mit dem besonderen politischen Format und Beziehungsreichtum Görings[65]. Schon am 5. Oktober 1930 begleitete Göring (zusammen mit Frick) Hitler bei dessen erstem Gespräch mit Reichskanzler Brüning. Und es war wohl Hitlers Machtwort zuzuschreiben, daß Göring nun auch in der neuen zahlreichen NS-Reichstagsfraktion als zweiter Stellvertreter hinter dem Fraktionsvorsitzenden Frick und dem ersten Stellvertreter Gregor Straßer ein wichtiges Amt erhielt[66]. Bezeichnend war, daß Hitler den Abend nach der von ihm geleiteten Fraktionssitzung im Hotel „Rheingold" am 13. Oktober 1930, auf der diese Beschlüsse gefaßt wurden, in Görings Wohnung im großen Kreis von Göring-Freunden zubrachte (darunter Goebbels, Prinz August Wilhelm, der Prinz von Hessen, der Prinz und die Prinzessin zu Wied, Paul Kaiser, Ritter von Epp und Erhard Milch). Die damalige Wohnung Görings in der Badenschen Straße in Berlin-Schöneberg, in der Carin Göring bis zu ihrem Tod als Gastgeberin offenbar eine anziehende Rolle spielte, war für Hitler immer wieder Treffpunkt für wichtige neue Kontakte, die Göring herstellte, so am 5. Januar 1931, als Hitler hier ausführlich mit Hjalmar Schacht und Fritz Thyssen konferierte. Göring war über Hitlers Berlin-Aufenthalte stets gut im Bilde und half dabei, politische Gespräche zu arrangieren, so z. B. mit Hugenberg und Treviranus im August 1931.

Besonders wichtig war der „Pour le mérite"-Träger Göring, um Hitler beim Reichspräsidenten Hindenburg Entrée zu verschaffen, der Hitler lange Zeit als „böhmischen Gefreiten" recht geringschätzig behandelte. Wie das erste Gespräch, das Hitler am 10. Oktober 1931 mit Hindenburg führte, waren auch alle weiteren Besprechungen Hitlers mit dem Reichspräsidenten von Göring vorbereitet, der spätestens seit dem Herbst 1931 auch den Kontakt zur engsten Umgebung des Reichspräsidenten (Sohn Oskar von Hindenburg, Otto Meißner) intensiv zu pflegen begann.

Als im Januar 1932 die Frage der Verlängerung der Amtszeit des Reichspräsidenten zur Debatte stand, diente wiederum Görings Wohnung als Ort für ein wichtiges Gespräch, das Hitler hier am 9. Januar mit dem Führer der Deutschnationalen, Alfred Hugenberg, führte. Und bei dem Treffen, das Hitler im Anschluß an seine berühmte Rede vor dem Industrieklub in Düsseldorf am nächsten Tage (27. Januar 1932) auf Fritz Thyssens Landsitz mit führenden Industriellen (Poensgen, Vögler) hatte, befand sich wiederum Göring in Hitlers Begleitung. Bei den häufigen internen Beratungen, die Hitler in den politisch entscheidungsschweren Jahren 1931/32 in seiner „Berliner Residenz", dem Hotel Kaiserhof, abhielt, gehörte Göring in aller Regel zu seinen engsten Ratgebern. Auch bei der zweiten Unterredung mit Hindenburg am 30. Mai 1932, als es um die Tolerierung des neuen Kabinetts Papen durch die NS-Bewegung ging, war Göring Hitlers einzige Begleitperson; ebenso bei Hitlers Besprechung mit Papen am 13. Juni 1932, als die Aufhebung des SA-Verbots erörtert wurde.

Hitler trug Görings Verhandlungsgeschick auch dadurch Rechnung, daß er ihn bereits 1930 zum „Reichsschlichter" der Partei bestellte, „der bei Meinungsverschiedenheiten zwischen den jeweiligen Führern auf Gauebene angerufen werden sollte" und, so die Hitler-Anordnung, „als mein Vertreter mit unbedingten Vollmachten ausge-

[65] Wagener, S. 317. Zum „Prozeß der Salonfähigmachung der NSDAP" vgl. auch Martin Broszat, Zur Struktur der NS-Massenbewegung, in: VfZ 31 (1983), S. 52–76, hier: S. 62.
[66] Hanfstaengl, Hitler, S. 148; Deuerlein, Aufstieg, S. 342. Gleichzeitig wurde Göring im Reichstag zum vorläufigen Schriftführer ernannt. Figge, S. 68 f.

stattet ist und dessen Entscheidung Rechtskraft hat"[67]. Diese Sonderaufgabe sollte Görings Position gegenüber den Parteifunktionären stärken, zu denen sein Verhältnis nach wie vor problematisch war, was selbst ausländischen Beobachtern nicht verborgen blieb[68]. Vor allem stand er in Rivalität mit der Berliner Gauleitung unter Goebbels und der Reichsorganisationsleitung der Partei unter Gregor Straßer. Auch in der Münchener Parteizentrale bestanden starke Vorbehalte ihm gegenüber[69]. Ein anschauliches Zeugnis für die sowohl politische wie persönliche Abneigung, die Göring von seiten zahlreicher Parteifunktionäre entgegengebracht wurde, sind die Aufzeichnungen Otto Wageners[70].

Obwohl Görings Parteirückhalt ähnlich gering blieb wie zur Zeit der Vorgeschichte des Münchener Putsches, war es ihm jedoch nun gelungen, einflußreiche gesellschaftliche Verbindungen als Basis für eine unabhängige und starke Position zu nutzen. Anders als 1923 war er nun für Hitler, der jetzt auf legalem Wege zur Macht strebte, ein wichtiger Faktor geworden. Göring trug vor allem wesentlich dazu bei, die NS-Bewegung salonfähig erscheinen zu lassen und ihr Zutritt zur besten politischen Gesellschaft zu verschaffen. Auch bei der Beschaffung von finanziellen Mitteln aus der Großindustrie spielte er keine geringe Rolle.

Göring betätigte sich jedoch nicht nur im nationalen Rahmen als Hitlers Wegbereiter. Bereits frühzeitig knüpfte er an die Bemühungen bei seinem ersten Italienaufenthalt in den zwanziger Jahren an und setzte sich ganz im Sinne von Hitlers Plänen für eine politische Annäherung an das faschistische Italien ein. Das brachte ihn schon im November 1930 auch in Verdacht, „Landesverrat" begangen zu haben[71]. Der Abwehrabteilung im Reichswehrministerium war es gelungen, ein Telegramm des italienischen Botschafters Orsini an das Außenministerium in Rom vom 30. Oktober 1930 abzufangen und zu entziffern. Daraus konnte entnommen werden, daß Göring geheime Verhandlungen des Reichstagsausschusses für auswärtige Angelegenheiten bezüglich der Entwaffnungsfrage und des Youngplans der italienischen Botschaft mitgeteilt hatte. Aus dem Dossier ging ferner hervor, daß Göring damals schon Gespräche mit Reichsaußenminister Curtius über das deutsch-italienische Verhältnis geführt und Curtius dabei gedrängt hatte, eine stärker proitalienische Politik einzuschlagen, wofür er in einer Rede Mussolinis günstige Anknüpfungspunkte erblickt habe[72].

Ende April/Anfang Mai 1931 suchte Hitler Görings italienische Kontakte zu nutzen, indem er „seinen vertrauenerweckenden Verbindungsmann" zu politischen Ver-

---

[67] Horn, S. 406. Kurz darauf ernannte Hitler Göring mit außerordentlichen Vollmachten zum politischen Kommissar „Oberost", der als Zentralstelle alle Ausschlußverfahren im „Fall Stennes" zu prüfen hatte. Werner, S. 533.

[68] François-Poncet, Berlin, S. 87.

[69] Carl Severing, Mein Lebensweg, Bd. 2: Im Auf und Ab der Republik, Köln 1950, S. 289; Sommerfeldt, Ich, S. 17; Kissenkoetter, S. 65 ff., 73; Stachura, Strasser, S. 85, 106.

[70] Wagener, z. B. S. 221 ff., 314, 441.

[71] Vgl. das Schreiben des Leiters der Abwehrabt. vom 17. März 1931, IfZ, Ma-23 Nachlaß Gen. Maj. a. D. von Bredow.

[72] Vgl. das Schreiben vom 3. Nov. 1930 („Wiedergabe eines von der Abwehr-Abt. entzifferten Telegramms des italienischen Botschafters Orsini an das Außenministerium in Rom vom 30. Okt. 1930"), ebd. Die Angelegenheit beschäftigte Abwehr und Auswärtiges Amt bis März 1931. Göring, der von den Untersuchungen in Kenntnis gesetzt worden war, bat Brüning, „Aufklärung zu schaffen, mit der Zusicherung, daß er niemals die ihm zur Last gelegten Äußerungen getan habe" (Brüning, S. 275). Schleicher teilte Brüning auf Anfrage am 13. März 1931 mit, daß „nach nochmaliger Durchsicht aller einschlägigen Akten" Göring nicht belastet werde. Schleicher an Brüning v. 13. März 1931, BA-MA, Nachlaß Schleicher N 42/ 25 Die NSDAP (1924–1932).

mittlungszwecken zum Vatikan und zu Mussolini entsandte[73]. Es ging dabei nicht zuletzt um das Ziel, den kritischen Hirtenbriefen der deutschen katholischen Bischöfe in bezug auf den Nationalsozialismus entgegenzuwirken.

Über Görings Empfang im Vatikan gibt der Bericht des bayerischen Gesandten beim Hl. Stuhl, Otto Freiherr von Ritter zu Groenesteyn, an Ministerpräsident Heinrich Held vom 11. Mai 1931 Auskunft. Göring hatte „mit einem direkt an den Herrn Kardinalstaatssekretär gerichteten Schreiben diesen gebeten, von ihm empfangen zu werden". Der Papst entschied aber, daß Göring sich mit einer Audienz bei Guiseppe Pizzardo, dem Sekretär der Kongregation für die außerordentlichen kirchlichen Angelegenheiten, begnügen müsse. Göring führte bei seinem Gesprächspartner Klage über die deutschen Bischöfe und das Zentrum, „die mit ihren Kundgebungen der nationalsozialistischen Partei kirchenfeindliche Bestrebungen zu unterschieben versuchten"[74]. Er bemühte sich, die Toleranz der NSDAP gegenüber der Kirche glaubwürdig zu machen, und versicherte, daß seine Partei die Dogmen der Kirche und die Autorität des Papstes anerkenne. Gleichzeitig ließ er es jedoch auch nicht an drohenden Tönen fehlen, indem er erklärte, daß die Kirche ihre geistlichen Zuständigkeiten überschreite, wenn sie sich in den politischen Kampf der Parteien einmische. Im Vatikan war man von Göring nicht sonderlich beeindruckt[75]. Dieser selbst wertete seine Reise hingegen als vollen Erfolg, vor allem, da sie breiten Niederschlag in der deutschen und vor allem italienischen Presse fand[76].

Bei seinem Rombesuch gelang es Göring erstmals, auch mit Mussolini zusammenzutreffen[77]. Über den Inhalt des Gesprächs mit Mussolini gibt es keine Aufzeichnungen. Der Umstand, daß Göring eine signierte Fotografie Mussolinis für Hitler mit nach Deutschland brachte, liefert den schlüssigen Beweis, daß Göring tatsächlich mit Mussolini zusammentraf, da Portraits des „Duce" nur von Mussolini persönlich ausgehändigt wurden. Am 26. April hatte Göring bereits dem italienischen Kammerpräsidenten Giuriati einen Besuch abgestattet, wobei er versicherte, daß die Südtirol-Frage in den Beziehungen eines künftigen nationalsozialistischen Deutschland mit dem faschistischen Italien keine Rolle mehr spielen würde. Gleichzeitig hob Göring die Bedeutung des gemeinsamen Kampfes gegen den Kommunismus hervor[78].

Als einer der ersten Nationalsozialisten knüpfte Göring über einflußreiche Mittelsmänner wie Renzetti, Philipp von Hessen, der ein Schwiegersohn des italienischen Königs war, und Luftfahrtminister Italo Balbo unmittelbare Kontakte zur italienischen Staatsführung. Gleichzeitig trat er als einer der Hauptverfechter der innerhalb der NSDAP noch umstrittenen proitalienischen Politik hervor. Auch in der Folgezeit versuchte Göring wiederholt, über Renzetti für sich und Hitler Reisen zu Mussolini zu organisieren, was jedoch an der vorsichtigen Zurückhaltung der Italiener scheiterte[79].

[73] Fest, S. 417; Fraenkel/Manvell, S. 64; Mosley, S. 159; Anthony Rhodes, Der Papst und die Diktatoren. Der Vatikan zwischen Revolution und Faschismus, Wien 1980, S. 143; Deuerlein, Katholizismus, S. 53; Volk, Reichskonkordat, S. 65.
[74] Zit. bei Deuerlein, Katholizismus, S. 53, 54.
[75] Ebd., S. 53, 56; Volk, Reichskonkordat, S. 65.
[76] Fraenkel/Manvell, S. 64.
[77] De Felice, Nr. 24 (Renzetti-Bericht vom 12. Feb. 1931), S. 227.
[78] Ebd., S. 218 f., 317 f.
[79] Petersen, S. 44 f., 104 f.; Schreiben von Schubert (Botschaft Rom) an das AA vom 9. Dez. 1931, PAB, Abt. Inland/Ref. Deutschland/ Po 5 Nationalsozialistische Bewegung, Bd. 1. Vgl. das Dementi von Bülow vom 12. Dez. 1931, ebd.

Der nächste nachweisbare Italienbesuch Görings fand erst im November 1932 statt, zu einem Zeitpunkt, als sich Nationalsozialismus und Faschismus zumindest propagandistisch etwas angenähert hatten. Die Bedeutung dieses Besuches und des erneuten Treffens mit Mussolini wurde jedoch dadurch gemindert, daß neben Göring zahlreiche deutsche Politiker und Wissenschaftler eine Einladung zu dem am 14. November beginnenden „Volta-Kongreß" erhalten hatten[80]. Dem Auswärtigen Amt entging nicht, daß Göring von den Italienern keine besonders bevorzugte Stellung eingeräumt worden war. Nicht nur Göring, sondern auch Rosenberg und der Vorsitzende des Bundes der Frontsoldaten, Franz Seldte, wurden von Mussolini empfangen, und Mussolini schien sich dabei um eine Verständigung zwischen dem „Stahlhelm" und den Nationalsozialisten besonders zu bemühen[81].

Ob Göring bereits damals ein eigenes außenpolitisches Konzept besaß, ist eher fraglich. Enttäuschung spiegelt sich zum Beispiel in dem Bericht der britischen Botschaft in Berlin über eine Unterredung zwischen Botschaftssekretär Yencken und Göring am 23. November 1931. Göring sprach dabei fast zweieinhalb Stunden ohne Unterbrechung und schnitt dabei in einem politischen Rundumschlag zahlreiche Themen an, blieb in bezug auf die nationalsozialistischen Zielsetzungen in der Außenpolitik aber ziemlich belanglos, ohne auch die Bedeutung Englands und Italiens in den nationalsozialistischen Vorstellungen konkreter zu bezeichnen. Fast scheint es, daß Göring den Eindruck erwecken wollte, daß die nationalsozialistische Partei sich bündnispolitisch noch nicht festgelegt habe. Seine Bemerkung, daß die NSDAP eine andere Reparationsregelung als Brüning verfolgen würde und daß Hjalmar Schacht mit den Auffassungen der nationalsozialistischen Bewegung übereinstimme[82], sollten den Engländern wohl vor allem die Verhandlungsbereitschaft einer kommenden nationalsozialistischen Regierung signalisieren. Jedenfalls rekurrierten Görings Ausführungen nicht auf die programmatischen außenpolitischen Vorstellungen Hitlers aus „Mein Kampf". Görings außenpolitische Kontakte in dieser Zeit waren eher taktisch-propagandistischer Natur und dienten vor allem dem Ziel, die NS-Führung als eine verantwortungsvolle, verhandlungsbereite Kraft erscheinen zu lassen.

Einen vorübergehenden Rückschlag erfuhren Görings politische Aktivitäten durch den Tod seiner seit langem kranken Frau Carin, die am 17. Oktober 1931 in Stockholm starb. Mit dieser ersten Frau hatte sich Göring, offenbar auch im politischen Bereich, in starker seelischer und geistiger Übereinstimmung befunden. Ihr Verlust mag dazu beigetragen haben, daß Göring in den folgenden Jahren in mancher Hinsicht an Spannkraft verlor, daß auch die Neigung zur Fettleibigkeit zunahm.

Zunächst war davon wenig zu spüren und es schien eher, daß der Verlust Carins Görings politische Aktivität noch steigerte. Aus den verschiedensten Quellen wird zudem fragmentarisch erkennbar, daß Göring seit dem Winter 1931/32 zahlreiche wichtige Verhandlungen führte. Er war eine zentrale Figur bei den politischen Gesprächen mit den Deutschnationalen und Stahlhelm-Führern, als es um die wochenlang diskutierte Frage der Amtsverlängerung Hindenburgs bzw. die Aufstellung eines gemeinsa-

[80] Zur Liste der Teilnehmer vgl. Hoepke, S. 312, Anmerk. 214, u. S. 293 f.; Denis Mark Smith, Mussolini's Roman Empire, London 1976, S. 46 f.; Petersen, S. 108 f.
[81] AA-Schreiben an das RMI vom 19. Nov. 1932, PAB, Abt. Inland/Ref. Deutschland/ Po 2 Politische Beziehungen Deutschlands zum Auslande, Bd. 5.
[82] DBFP, 2/2, Nr. 302, S. 347, 349.

men Gegenkandidaten bei den Reichspräsidentenwahlen ging. Auch in den Gesprächen mit Schleicher und von Papen vor und nach der Entlassung Brünings, die vor
allem die Aufhebung des SA-Verbots betrafen, spielte er neben Hitler eine zentrale
Rolle.

Nach den Wahlen zum preußischen Landtag im April 1932, die die NSDAP zur
stärksten Partei gemacht hatten, trat auch die Frage einer möglichen künftigen Regie-
rungsführung in Preußen an Göring heran und begann seine Spekulation zu beschäfti-
gen. Deshalb mußte es für Göring auch eine herbe Enttäuschung sein, daß durch den
sogenannten „Preußenschlag" vom 20. Juli 1932 diesen nationalsozialistischen Ambitionen ein deutlicher Dämpfer verabreicht wurde[83].

Eine nicht unbedeutende Kompensation ergab sich für Göring durch seine Wahl
zum Reichstagspräsidenten nach den Neuwahlen am 31. Juli 1932[84]. Das protokoll-
mäßig hochrangige Amt erleichterte ihm auch den Zugang zum Reichspräsidenten,
mit dessen Sohn Oskar Göring ohnehin schon längere Zeit in engem Kontakt stand[85].
Die Nominierung Görings, der auch mit den Stimmen des Zentrums gewählt wurde,
war das Ergebnis seiner erfolgreichen Vorverhandlungen[86]. Göring glaubte zu diesem
Zeitpunkt eine Übernahme der Regierung durch die NSDAP in greifbare Nähe gerückt. Im Laufe der vorbereitenden Parteiengespräche war Göring für das Amt des
Reichskommissars in Preußen oder für das des preußischen Innenministers im Gespräch[87]. Angesichts der innerparteilichen Flügelkämpfe der NSDAP hatte er aber,
wie Zeugen berichteten, in der Folgezeit alle Hände voll zu tun, um „bei der zu erwartenden Regierungsvereinbarung nur ja nicht abseits zu stehen"[88].

Nach dem Scheitern der Verhandlungen zwischen Hindenburg, Hitler, Papen und
Göring am 13. August 1932 verschärfte sich der Konflikt zwischen Papen und den
Nationalsozialisten. Ausdruck der neuen Linie war die spektakuläre Übertölpelung Papens durch Göring bei der Abstimmung im Reichstag am 12. September, als Göring
Papens Wortmeldung mit der Absicht, die Auflösung des Reichstags zu verkünden,
geflissentlich übersah und über das von den Nationalsozialisten unterstützte Miß-
trauensvotum gegen Papen abstimmen ließ, das diesem eine vernichtende Niederlage
einbrachte[89]. Aufgrunddessen verstärkte sich auch die persönliche Animosität zwischen Papen und Göring[90].

Im Zusammenhang mit der Ablösung Papens durch Schleicher Anfang Dezember
1932, als wiederum ein Eintritt der NSDAP in die Regierung Gegenstand mehrerer
geheimer Verhandlungen war, ergab sich für Göring erneut die Hoffnung auf eine füh-

[83] Schulze, S. 744 f.; Trumpp, S. 147 ff.; Ludwig Biewer, Reichsreformbestrebungen in der Weimarer Republik.
    Fragen zur Funktionalreform und zur Neugliederung im Südwesten des Deutschen Reiches, Frankfurt a. M.
    1980, S. 135 ff.; Höner, S. 313 ff.
[84] Domarus, Bd. I, S. 132; Figge, S. 184 f.
[85] Aufzeichnungen über die Empfänge des Reichstagspräsidiums beim Reichspräsidenten, BA-MA, Nachlaß
    Kurt von Schleicher N 42/ 11 Innenpolitik und Parteien in der Zeit des Reichskabinetts Papen; Meissners
    Aktenvermerk vom 11. Dez. 1931, in: Maurer/Wengst, Nr. 48, S. 259 ff.; Brüning, S. 467.
[86] Cuno von Horkenbach (Hrsg.), Das Deutsche Reich von 1918 bis Heute. Das Jahr 1932, Berlin 1933; Mor-
    sey, Zentrumspartei, S. 320.
[87] Besprechung Hitlers vom 19. Juli 1932 über Einsetzung eines Reichskommissars in Preußen, in: Domarus,
    Bd. I, S. 118.
[88] Zit. bei Kissenkoetter, S. 154.
[89] Bruhn, S. 99 ff., 104 ff.
[90] Domarus, Bd. I, S. 136 f.; Rumbold an Simon vom 12. u. 13. Sept. 1932, in: DBFP, 2/4, Nr. 23 u. 24, S. 48-52;
    Schwerin von Krosigk, Staats-Bankrott, S. 139; Kissenkoetter, S. 156; Vogelsang, Reichswehr, S. 279.

rende Position in Preußen. Lange Zeit war dafür allerdings Gregor Straßer in Vorschlag gebracht worden. Erst im Laufe der sich im Oktober/November anbahnenden Kontroverse zwischen Hitler und Straßer über die Frage einer Regierungsbeteiligung der NSDAP begann Göring offen seine Ansprüche auf das Amt des Ministerpräsidenten anzumelden. Ende November war sich Göring seiner Sache bereits so sicher, daß er Erhard Milch ein Amt als Staatssekretär in Preußen antrug[91]. Gleichzeitig hatte Göring auch die Unterstützung Hitlers gefunden, der jetzt dazu bereit war, statt Straßer „einen anderen Mann" zum preußischen Ministerpräsidenten vorzuschlagen[92].

Görings Rolle in der Frage der Regierungsbeteiligung der NSDAP, die seit der Niederlage der Partei bei den Wahlen vom 6. November 1932 heftige innerparteiliche Konflikte ausgelöst hatte, läßt sich aufgrund der spärlichen Quellen bis heute nicht genau einschätzen. Sicher ist, daß Göring aus persönlichem politischen Ehrgeiz gegen Straßer Partei nahm[93]. Die höchst persönlichen Verhandlungen, die er wie auch Straßer separat mit Reichskanzler Schleicher führte, deuten jedoch darauf hin, daß Göring, ähnlich wie Straßer, damals bereit gewesen wäre, im Reich in die Regierung einzutreten, auch wenn den Nationalsozialisten das Kanzleramt verwehrt blieb.

Eintritt ins Reichskabinett und Machtaufstieg

Als dann im Januar 1933 überraschend die Bildung eines Reichskabinetts mit Hitler als Reichskanzler in den Bereich des Möglichen rückte, traten für Göring für einige Wochen die preußischen Fragen in den Hintergrund. Sein Hauptaugenmerk war nun darauf gerichtet, sich ein Kabinettsamt im Reich zu sichern. An allen wichtigen Besprechungen über die Regierungsbildung war Göring beteiligt. Nicht zuletzt wegen seines vertrauten Umgangs mit nationalkonservativen Kreisen wurde er nach der vorentscheidenden Besprechung mit Oskar von Hindenburg am Abend des 22. Januar im Hause Ribbentrops von Hitler zum „Bevollmächtigten für weitere Verhandlungen" bestimmt[94].

Renzetti meldete bereits in seinem Bericht vom 23. Januar die zu erwartende Zusammensetzung des neuen Kabinetts nach Rom. Seine Liste beginnt mit „Kanzler: Hitler. Vizekanzler und Außenminister: Von Papen" und endet mit „Präsidentschaft und Inneres in Preußen: ein Nazi"[95]. Hieraus kann geschlossen werden, daß innerhalb der NSDAP die zukünftige Ämterverteilung in Preußen nach wie vor ungeklärt war. Überraschen muß weiterhin, daß Renzetti mit keinem Wort Görings Ambitionen auf ein Reichsluftfahrtministerium erwähnt. Dagegen behauptet Lüdecke, daß Göring zunächst für sich das Amt des Reichsaußenministers beansprucht habe und erst, als er damit erfolglos war, ein Reichsluftfahrtministerium nach italienischem Vorbild für sich forderte[96]. Es muß auch offenbleiben, ob Hitler tatsächlich von Ribbentrop und Göring zum Verzicht auf das Reichskommissariat in Preußen bewegt werden mußte[97].

[91] Milchs Tagebucheintrag vom 27. Nov. 1932, BA-MA, Nachlaß Milch N 179/ Nr. 36, Tagebuch 1932.
[92] Aufzeichnung des Abg. Grass (Berlin) vom 26. Nov. 1932, in: Matthias/Morsey, S. 427.
[93] Horn, S. 369 f.; Kissenkoetter, S. 78. Eingeschränkt wird diese Behauptung Kissenkoetters durch die Angabe Lüdeckes, wonach sich Straßer ihm gegenüber geäußert habe, „there'll be no Goebbels in that cabinet. Goering might get the Air Ministry, as Hitler said, but that's about all" (Ludecke, S. 448).
[94] Vogelsang, Reichswehr, S. 374; Ludecke, S. 673.
[95] Rapporto del Magg. G. Renzetti: 23 Gennaio 1933, in: De Felice, S. 248.
[96] Ludecke, S. 534 f.; Meissner, S. 263.
[97] Vogelsang, Reichswehr, S. 389.

Einer Auflage Hindenburgs zufolge war nicht Göring, sondern Papen als Vizekanzler in Personalunion für den „Posten des preußischen Ministerpräsidenten" vorgesehen[98]. Es war Göring jedoch vorbehalten, zusammen mit Papen die personelle Besetzung des Kabinetts auszuhandeln[99]. Görings Verdienst um den schließlich erfolgreichen Gang der Verhandlung war zweifellos nicht gering. Nervenstärker als Hitler, ließ er sich von starken Irritationen, zum Beispiel durch Hugenbergs hartnäckige Forderungen, nicht von der einmal verfolgten Linie abbringen. Vor allem dieser Nervenstärke in den entscheidenden Verhandlungen vor dem 30. Januar 1933 verdankte er den Ruf des „eisernen" Mannes. Auch Goebbels kam nicht umhin, in seinen offiziellen Tagebuchaufzeichnungen ein Loblied auf Göring anzustimmen, der als „Schildknappe" dem Führer „unerschütterlich " ergeben gewesen und als „aufrechte(r) Soldat mit dem Kinderherzen ... sich selber treu geblieben" sei[100].

Bei der Kabinettsbildung am 30. Januar erhielt Göring endlich den Lohn für seine Bemühungen. Die von Hindenburg und Hitler unterzeichnete Urkunde ernannte ihn „zum Reichsminister ohne Geschäftsbereich und zum Reichskommissar für den Luftverkehr". Gleichzeitig wurde er zum Reichskommissar für das Preußische Innenministerium bestellt[101].

Mit der „Machtergreifung" der NSDAP setzte sich ab 1933 auch Görings weiterer zielstrebiger Aufstieg fort, der in den folgenden Darstellungen im einzelnen zu schildern ist. Zur Abrundung der biographischen Skizze sollen hier nur kursorisch einige der wichtigsten Daten, auch persönlicher Natur, vorweggenommen werden.

Görings Machtstellung im Reich war zunächst „von zweifelhaftem Wert"[102] und schien „lediglich Görings Eitelkeit (zu) befriedigen"[103]. Mosleys Behauptung, daß Göring trotzdem zufrieden gewesen sei[104], wird durch Görings eigene Aussage widerlegt. Das Reichsamt ohne Geschäftsbereich verhalf ihm lediglich zur Teilnahme an den Kabinettssitzungen. Die Beauftragung als „Reichskommissar für die Luftfahrt, also eines ganz untergeordneten, kleinen Ressorts, einer Absplitterung einer kleinen Abteilung Luftfahrt vom Verkehrsministerium"[105], wurde von keinem ernst genommen. Auch die Kabinettsbürokratie, die bis zum Frühsommer 1933 Görings Namen falsch notierte (Göhring), schenkte dem am Ende der Anwesenheitsliste rangierenden Letzten der drei Nationalsozialisten im Reichskabinett nur geringe Beachtung[106].

Aber auch in Preußen stand Göring zumindest nominell unter der Aufsicht Papens. So schien es selbst Georg Dertinger, der in seinem vertraulichen Presse-Informationsbericht vom 2. Februar schrieb: „Die Macht des Reichskanzlers Hitler wird kontrolliert durch Herrn von Papen und seinen Einfluß auf Hindenburg. Die Wehrmacht ist den Nationalsozialisten überhaupt nicht ausgeliefert worden und Herr Göring als preußischer Polizeiminister untersteht ebenfalls dem Reichskommissar von Papen"[107].

[98] Göring-Aussage am 13. März 1946, in: IMG, Bd. 9, S. 282.
[99] Vogelsang, Reichswehr, S. 397.
[100] Goebbels, Kaiserhof, S. 250 f.
[101] Ernennungsurkunde: BAK, Reichskanzlei R 43 I/ 1483 Reichsminister ohne Geschäftsbereich, Bd. 2, Bl. 41. Zur Kabinettsliste vgl. Domarus, Bd. I, S. 185 f.
[102] Ludecke, S. 494.
[103] Fest, S. 506.
[104] Mosley, S. 179.
[105] Göring-Aussage am 13. März 1946, in: IMG, Bd. 9, S. 282.
[106] Vgl. die Kabinettsprotokolle der Anfangsmonate, BAK, R 43 I/ 1459–1465.
[107] Dertinger-Informationsbericht vom 2. Feb. 1933, BAK, Sammlung Karl Brammer ZSg. 101/ 26 Informationsberichte und vertrauliche Informationen 1933, Bl. 93.

Sehr bald wurde jedoch die politische Brisanz sichtbar, die in Görings Verfügungsgewalt als kommissarischer preußischer Innenminister über die preußische Polizei lag[108]. Von dieser Position aus hat Göring es vermocht, eine bedeutende Rolle bei der innenpolitischen Durchsetzung des Nationalsozialismus zu spielen[109]. Auch nachträgliche nationalsozialistische Propagandapublikationen priesen Göring als wichtigsten Mann in der ersten Phase des „Dritten Reiches" nach der „Machtergreifung"[110]. Durch die „Verordnung des Reichspräsidenten über den Reichskommissar für das Land Preußen" vom 31. Januar 1933 waren zwar die Befugnisse des Reichskanzlers als Reichskommissar in Preußen dem Vizekanzler Papen übertragen worden[111], der damit die höchste Instanz in Preußen war, aber „eben nur noch nominell; in Wahrheit regierte Göring"[112]. Als neuer Chef im Preußischen Innenministerium hatte er „das Gesetz des Handelns an die Nationalsozialisten gebracht"[113].

Göring war entschlossen, rücksichtslos der neuen nationalsozialistischen Führung zum Durchbruch zu verhelfen. Bereits in seinem „Schießbefehl" vom 17. Februar wies Göring seine Polizeitruppen an, „gegen Gegner der nationalen Front während des Wahlkampfes mit allen Mitteln der Gewalt ohne Rücksicht auf die Folgen des Schußwaffengebrauchs vorzugehen"[114].

Der Brand des Reichstages am 27. Februar erlaubte Göring eine weitere Eskalation des Vorgehens gegen die „marxistischen" Gegner. Görings Mittäterschaft an der Brandstiftung ist von Zeitgenossen von Anfang an hartnäckig behauptet worden[115]. Göring selbst bestritt seine Beteiligung noch nach dem Krieg in Nürnberg[116]. Enge Mitarbeiter Görings bestätigten, daß Göring „einigermaßen von dieser Brandstiftung betroffen war"[117] und nichts mit deren Planung oder Durchführung zu tun gehabt habe. Jedoch nutzte Göring den Reichstagsbrand, der den Kommunisten in die Schuhe geschoben wurde, um mit den politischen Gegnern des Nationalsozialismus aufzuräumen und „sich damit zum Herrn der Situation in Preußen"[118] aufzuschwingen. Der Erlaß der Notverordnung „zum Schutz von Volk und Staat" vom 28. Februar und Görings Ausführungsbestimmungen vom 3. März bedeuteten „den Wegfall der verfassungsmäßigen und gesetzlichen, liberal-rechtsstaatlichen Schranken primär für die Bekämpfung ‚kommunistischer staatsgefährdender Gewaltakte', sie bildete(n) die pseudorechtliche Grundlage für die Verfolgung und Verhaftung tausender vor allem kommunistischer Funktionäre in den ersten Märztagen"[119].

Die heftige Auslandsreaktion auf Görings Polizeimaßnahmen in Preußen hatte

---

[108] Meissner, S. 264; François-Poncet, Berlin, S. 122 f.
[109] Beck, Death, S. 198 ff.; Bracher, Stufen, S. 142 f.
[110] Sommerfeldt, Goering, S. 60.
[111] Ursachen, Bd. 9, S. 85.
[112] Bracher, Stufen, S. 143; Höner, S. 450 ff.
[113] Diels, S. 171.
[114] Shlomo Aronson, Reinhard Heydrich und die Frühgeschichte von Gestapo und SD, Stuttgart 1971, S. 68.
[115] Aus der Vielzahl seien stellvertretend genannt: Gisevius, Bd. I, S. 21, 103, 105; Rauschning, Gespräche, S. 76 f.; Eidesstattliche Erklärung von Franz Halder, Nürnberg, 6. März 1946, IfZ, PS-3740; das angebliche „Testament" von Ernst, in: Ursachen, Bd. 9, S. 61 ff.
[116] Haensel, S. 43 f. Zu Görings Rechtfertigung der Polizeimaßnahmen vgl. Hermann Göring, Der Kampf gegen Marxismus und Separatismus, in: Wilhelm Kube (Hrsg.), Almanach der nationalsozialistischen Revolution, Berlin 1934, S. 155–160.
[117] Sommerfeldt, Ich, S. 25.
[118] Schulz, S. 69. Wie wenig Göring die Kommunistenverfolgung vorbereitet hatte, zeigt Bahne, S. 689; vgl. auch Diels, S. 200 ff.
[119] Graf, S. 222.

nachhaltige Bedeutung für die Verschlechterung von Görings Ruf im Ausland[120], wie dieser bereits auf der Ministerbesprechung am 2. März feststellte[121]. Sein in den Jahren vor der „Machtergreifung" mühsam aufgebautes Prestige bei Diplomaten des westlichen Auslands wurde dadurch stark belastet. Vor der „Machtergreifung" war Göring als Informant über interne parteipolitische Fragen ein geschätzter Gesprächspartner. Seine Polizeimaßnahmen bewirkten jedoch einen Stimmungswandel. Wurde Göring in den Botschaftsberichten vor 1933 noch vorsichtig charakterisiert, so galt er nun als „öffentliche Gefahr". Man erinnerte sich plötzlich der Gerüchte über Görings schillernde Vergangenheit, ab jetzt haftete ihm das Stigma des „Drogensüchtigen" an. Görings politischen Standort zu bestimmen, fiel nach wie vor schwer. Im britischen „Foreign Office" war man der Auffassung, daß Göring „als der wahre Faschist in Hitlers Partei" zu gelten habe, andererseits aber „ein überzeugter Monarchist" sei[122].

Unbeirrbar suchte Göring aber auch weiterhin die nationalsozialistische Führung auf diplomatischem Parkett salonfähig zu machen. Nicht nur in Grenzen pronationalsozialistisch eingestellte Botschafter wie Nevile Henderson, sondern auch erbitterte Kritiker und Kenner des NS-Regimes wie André François-Poncet bescheinigten Göring diplomatische Gewandtheit und benutzten diesen gerne, um an interne Hintergrundinformationen heranzukommen[123]. Ein nicht zu unterschätzender organisatorischer Rahmen für zwanglose Treffen mit Auslandsdiplomaten war Görings Jagdleidenschaft. Das ihm am 3. Juli 1934 übertragene Amt des Reichsjägermeisters gab ihm dafür besondere Möglichkeiten. Obwohl die Diplomaten sich oft über Görings kostümierte Auftritte anläßlich dieser Jagdveranstaltungen lustig machten[124], ließen sie keine seiner Einladungen aus und regten oft selbst Jagdveranstaltungen bei ihm an[125]. Göring übernahm auf diesem Gebiet Hitlers Repräsentationsaufgaben, da dieser die Jagd verabscheute[126].

Die gesamteuropäische Krise der Diplomatie tat ein übriges, um Göring ein problemloses Eindringen in traditionelle Zuständigkeitsbereiche des Auswärtigen Amtes zu ermöglichen, zumal bei den in Deutschland akkreditierten Diplomaten oftmals eklatante Unkenntnis über das nationalsozialistische Regierungssystem herrschte. Einige Geschäftsträger waren für den diplomatischen Dienst aus persönlichen Gründen völlig ungeeignet oder hatten keinen Einblick in die tatsächlichen Machtverhältnisse. Daher konnte Göring auch als der „typische Deutsche" gelten, der am ehesten Auskunft über die Meinung des Volkes geben könnte[127]. Seine außenpolitischen Aktivitäten wurden außerdem dadurch begünstigt, daß viele ausländische Diplomaten lieber

---

[120] Rolf Kieser, Englands Appeasementpolitik und der Aufstieg des Dritten Reichs im Spiegel der britischen Presse (1933–1939). Ein Beitrag zur Vorgeschichte des Zweiten Weltkrieges, Winterthur 1964, S. 19–27; Sauer, S. 237. Zu Görings ungeschicktem Auftreten im Reichstagsbrandprozeß vgl. die einseitige, aber materialreiche Sammlung: Georgi Dimitrov, Reichstagsbrandprozeß. Dokumente, Briefe und Aufzeichnungen von Georgi Dimitroff, Berlin 1946.

[121] Niederschrift über die Ministerbesprechung am 2. März 1933, in: ADAP, C, I/1, Nr. 44, S. 92 f.; vgl. dazu auch Meissner, S. 334 f.

[122] Rumbold (Berlin) an Simon (London) vom 1. März 1933, in: DBFP, 2/4, Nr. 246, S. 431.

[123] Henderson, S. 78, 87; François-Poncet, Berlin, S. 282.

[124] Phipps (Berlin) an Simon vom 13. Juni 1934, in: DBFP, 2/6, Nr. 452, S. 749 ff.

[125] Göring rechtfertigte die Jagdveranstaltungen mit den Worten: „Die Jagd ist auch in politischer Hinsicht wichtig. Diplomaten folgen gern einer Jagdeinladung. Auf der Pirsch lassen sich die Probleme oft leichter meistern als am grünen Tisch." Hoffmann, Hitler, S. 174.

[126] Dietrich, S. 220.

[127] Picker, Anmerk. S. 309.

mit den für sie anscheinend interessanteren Nationalsozialisten als mit Beamten der Wilhelmstraße Kontakt suchten[128]. Görings Person wurde durch das weit verbreitete Gerücht aufgewertet, daß er der diplomatische Beauftragte und Repräsentant Hitlers sei[129].

Regelmäßig tauchten bei den ausländischen Diplomaten in Berlin Spekulationen auf, nach denen Göring in absehbarer Zeit Reichsaußenminister werden würde[130]. Es spricht einiges dafür, daß Göring in der Tat zeitweise hoffte, von Hitler an die Spitze des Auswärtigen Amtes gesetzt zu werden. Nachdem er seine Stellung gefestigt hatte, fand er offensichtlich Gefallen am diplomatischen Metier. Erhard Milch bestätigte um die Jahreswende 1933/34 dem amerikanischen Generalkonsul Messersmith, daß es Görings Lieblingstraum sei, Außenminister zu werden. Noch nach dem Krieg hielt Milch an dieser Version fest[131]. Auch Hammerstein und Hanfstaengl war es bekannt, daß Göring nach dem Amt des Außenministers strebte[132]. 1934 schien Göring dieses Ziel in greifbare Nähe gerückt zu sehen, da er dem Grafen Gottfried von Bismarck „die Übernahme in den auswärtigen Dienst in Aussicht"[133] stellte.

Der Tod des Reichspräsidenten Hindenburg im August 1934 gab im In- und Ausland erneut Anlaß zu Spekulationen über ein Revirement in der politischen Führung des „Dritten Reiches". Weit verbreitet war in diplomatischen Kreisen die Annahme, daß Hitler Reichspräsident und Göring Kanzler werden würde[134]. Angeblich sprach sich Göring im vertrauten Kreis selbst dafür aus[135]. Bereits seit Mitte 1933 waren bei Beobachtern Gerüchte im Umlauf, daß Göring und Goebbels um das Amt des Reichskanzlers rivalisierten[136]. 1934 war hierfür nur noch Göring im Gespräch. Die Ursache für diese Entwicklung glaubte man dem Umstand zu sehen, daß Hitler von Göring politisch immer mehr in den Hintergrund gedrängt würde. Beispielhaft sind hierfür die Berichte des österreichischen Gesandten in Berlin, Tauschitz, der die Auffassung vertrat, daß Hitler „persönlich ein verständiger und gutmütiger Mensch (sei), der jedoch die Entwicklung der Dinge nicht mehr ganz in der Hand habe". Hitler würde zunehmend vor allem von Göring bei wichtigen Entscheidungen ausgeschaltet und es sei zu erwarten, daß dieser an Hitlers Stelle als Reichskanzler vorrücke[137]. Für die Öf-

---

[128] Kordt, S.63.

[129] François-Poncet, Berlin, S.279; Hoßbach, S.27. Sogar Rosenberg, der sich gerne selbst als Außenminister gesehen hätte, trug Görings Popularität in diplomatischen Kreisen dadurch Rechnung, daß er ihn bat, einen Vortrag in seinem „Außenpolitischen Amt" zu halten, um auf diese Weise seinem Amt bei den Diplomaten Aufmerksamkeit zu verschaffen (Rosenbergs Schreiben an Göring vom 1. Okt. 1934, BAK, NS 8/ 167, Bl. 154).

[130] Cerruti an das Außenministerium Rom vom 15. Mai 1933, BAK, ZSg. 133/ 27; Aufzeichnung der „Deutschen Sendung" aus Moskau vom 13. März 1933, PAB, Abt. IV/ Polen Politik 3 Politische Beziehungen Polens zu Deutschland, Bd. 38, Bl. 103 f.; vgl. dazu auch Jacobsen, Außenpolitik, S. 359.

[131] Messersmith-Papers, BAK, ZSg. 133/ 27, S.9; Aussagen Milchs am 8. April 1957, IfZ, ZS 1230 Erhard Milch, GFM, Bl. 2. Laut Milch „hätte Göring die Anlagen zu einem hervorragenden Politiker gehabt und bestimmt einen Außenminister abgegeben, unter dem es nicht zum Kriege gekommen wäre".

[132] Christian Frhr. von Hammerstein, Mein Leben (unveröffent. Manuskript), IfZ, ED 84, S. 107; Hanfstaengl, Hitler, S. 227.

[133] Aufzeichnung Mackensens (AA) vom 8. Feb. 1938, PAB, Büro St. S./ Aufzeichnungen über interne Angelegenheiten, Bd. 1.

[134] François-Poncet (Berlin) an Barthou (Paris) vom 1. Aug. 1934, in: DDF, 1/VII, Nr. 39, S. 62.

[135] Ludecke, S. 676.

[136] Informationsberichte Dertingers vom 13. u. 17. Juni 1933 und Kauschs Bericht vom 23. Aug. 1933, BAK, ZSg. 101/ 26, Bl. 453, 457, 519, 521.

[137] Bericht eines V-Mannes der NSDAP-Landesleitung für Österreich vom 4. Mai 1933 an die Reichskanzlei, BAK, R 43 II/ 1475 Österreich, Bl. 232.

fentlichkeit bestand Anlaß, in Göring den eigentlichen „geschäftsführenden Vizekanzler"[138] zu sehen. Durch seine Vorliebe für öffentliche Auftritte und publikumswirksame Vorstellungen drängte sich Göring vielfach in Repräsentationsaufgaben, die eigentlich von jeher dem Reichspräsidenten und Reichskanzler zufielen. Ermöglicht wurde dies zum einen durch das fortgeschrittene Alter und den gesundheitlichen Zustand Hindenburgs und zum anderen durch Hitlers bekannte Abneigung gegen Repräsentationspflichten, die er gerne an Göring abgab[139].

Sicherlich kann man dem Urteil zustimmen, daß Göring, obwohl er „Jovialität und menschliche Wärme auszustrahlen wußte, ... ein von maßlosem Ehrgeiz und unverkennbarem Machthunger besessener Renaissance-Typ (blieb), der sich durch Prunksucht und Eitelkeit auszeichnete"[140]. Hierbei wird aber übersehen, daß Görings Vorliebe für Orden und Auszeichnungen erst in späteren Jahren eine Manie wurde, in der Anfangsphase des Regimes jedoch einen Bestandteil seiner Auffassung von Staat und politischer Führung darstellte. Bereits auf der Reichsministersitzung am 7. April 1933 brachte Göring einen „Entwurf eines Gesetzes über Titel, Orden und Ehrenzeichen" ein, der die Zustimmung des Kabinetts fand und den er mit seiner Überzeugung begründete, „daß die Weimarer Republik nicht zum mindesten infolge ihres Mangels an Ehrenauszeichnungen, Orden usw. sowie an der Unfähigkeit, populäre Feiern zu veranstalten, zugrunde gegangen sei"[141]. Göring glaubte erkannt zu haben, „wie das Volk seine Oberen sehen wolle"[142], und knüpfte hierbei an monarchistische Traditionen an. Es ist nicht zu leugnen, daß er damit Erfolg hatte. Nicht zufällig war Göring der populärste der NS-Führer und wurde in späteren Jahren von Hitler immer wieder bewußt ausgewählt, wenn es galt, der Öffentlichkeit unpopuläre Maßnahmen anzukündigen.

Besonders in der Anfangsphase des „Dritten Reiches" war Göring Hitlers nützlichstes Werkzeug zur Systemstabilisierung und politischen Machtarrondierung des Nationalsozialismus. Gleichzeitig mit seiner Ernennung zum Preußischen Ministerpräsidenten war Göring am 11. April 1933 zum Preußischen Innenminister bestellt worden und verfügte dadurch über die wichtigsten innenpolitischen Polizeiorgane des Staates. Die uneingeschränkte Ausweitung der „Schutzhaft"-Bestimmungen und die Einrichtung der ersten Konzentrationslager für politische Häftlinge waren die wichtigsten Instrumente zur Beseitigung politischer Gegner[143].

Durch Görings außerparteiliche Machtstellung, die sich auf die preußischen Polizeiorgane stützte, spielte er für Hitler eine bedeutende Rolle. Dies demonstrierte sein Eingreifen in die Beseitigung der alten SA-Führung im Juni 1934. Inwieweit Göring anläßlich der Morde an Röhm und dessen Kumpanen in einer eigenmächtigen Auftragserweiterung die Aktion auf politisch unbequeme Gegner ausdehnte, wie es aus Oppositionskreisen seinerzeit behauptet wurde[144], oder nur als „Sicherheitsventil"

---

[138] Kehrl, S. 133.
[139] Krogmann, S. 187. Göring führte nach Hitler die Liste derer an, denen Ehrenausschüsse, Ehrenbürgerschaften und Umbenennungen von öffentlichen Gebäuden, Straßen und Plätzen nach seinem Namen angetragen wurden. Mitteilungen des Hauptbüros des Preußischen Staatsministeriums vom Januar 1933 bis Dezember 1935, PAB, Büro RM/ RM 6a Teilnahme von Mitgliedern der Reichsregierung an öffentlichen Veranstaltungen; vgl. auch GStA, Rep. 90 B/ Nr. 66, 80, 87, 92.
[140] Jacobsen, Außenpolitik, S. 359 f.
[141] Niederschrift der Ministerbesprechung vom 7. April 1933, BAK, R 43 I/ 1461, Bl. 107.
[142] Diels, S. 88.
[143] Graf, S. 273 ff.
[144] Gisevius, Bd. I, S. 232 ff., 265; Deutschland-Berichte, Jg. 1934, Nr. 3 (Juni/Juli 1934), S. 270.

Hitlers fungierte[145], ist bislang noch nicht überzeugend geklärt worden. Es war wohl kaum Zufall, daß Hitler die Durchführung der Maßnahmen in Görings Hände legte und ihn später als Retter des Staates präsentierte[146]. Görings außerparteilicher Polizeiapparat erwies sich für Hitler als willkommenes Disziplinierungsinstrument gegenüber aufsässigen Parteikadern und sollte gleichzeitig der Reichswehr demonstrieren, daß der Offizier Göring bereit war, ihre Sache gegenüber der Partei zu vertreten. Hitler und Göring zeigten sich der Öffentlichkeit als in einmütiger Geschlossenheit handelnd und gaben einander überschwengliche Dankes- und Treueerklärungen ab[147]. Göring mußte sich durch die gemeinsame Aktion mit Hitler in seinem bisherigen politischen Standpunkt bestätigt fühlen. Von daher entstand bei zeitgenössischen Beobachtern nicht von ungefähr der Eindruck, daß die enge Beziehung zwischen Hitler und Göring erst mit den gemeinsam durchgeführten SA-Morden ihren Anfang nahm[148].

Machthöhepunkt und Machtverfall als zweiter Mann im „Dritten Reich"

Bis zum Sommer 1934 war Göring Hitlers Feuerwehr in brenzligen Situationen. Aber Görings Ehrgeiz verlangte Belohnung, und Hitler kam dem frühzeitig nach. Bereits am 5. Mai 1933 war Göring zum Reichsminister für Luftfahrt ernannt worden. Es folgte am 30. August 1933 seine Beförderung zum General der Infanterie. Zwar mußte Göring am 1. Mai 1934 das Preußische Innenministerium an das Reichsinnenministerium abgeben, dafür erhielt er jedoch mit Wirkung vom 3. Juli 1934 das Reichsforst- und Reichsjägermeisteramt im Rang einer Obersten Reichsbehörde. Mit dem Ende des Jahres 1934 endeten auch Görings innenpolitische Säuberungsaktionen zur Beseitigung unliebsamer politischer Gegner. Am 20. November 1934 gab Göring die Führung der Geheimen Staatspolizei an Heinrich Himmler ab. Göring blieb zwar nominell weiterhin Chef der „Gestapo", deren verantwortliche Führung lag nun jedoch ganz in Himmlers Händen[149].

Der Entzug der Gestapo-Führung zog für Göring eine Verlagerung des Schwerpunktes der politischen Tätigkeiten nach sich. Göring wechselte von der Rolle als Hitlers Polizeiminister in die Rolle des Diplomaten und politischen Repräsentanten der nationalsozialistischen Bewegung. Durch verschiedene Sonderaufträge Hitlers erhielt Göring nun auch politisches Gewicht in der Führung des „Dritten Reiches". Hitlers Geheim-Erlaß vom 7. Dezember 1934, der die Stellvertreterfrage regelte, und vor allem der Geheim-Erlaß vom 19. Dezember 1934, der Göring zum Nachfolger Hitlers bestellte, signalisierten Görings gewichtige politische Bedeutung in Hitlers Einschätzung. Ende 1934 hatte Göring sein persönliches politisches Ziel, das ihm seit den zwanziger Jahren vor Augen schwebte, erreicht. Er war zweiter Mann im „Dritten Reich" und hatte die Zuversicht, nach Hitlers Tod die Führung der Regierung des Deutschen Reiches anzutreten.

Noch mehr als bisher fühlte sich Göring nun den täglichen Dingen der organisato-

[145] Fraenkel/Manvell, S. 123.
[146] Speer, Erinnerungen, S. 64.
[147] Hitler-Rede vom 13. Juli 1934 vor dem Reichstag, in: IMG, Bd. 4, S. 594; Domarus, Bd. I, S. 410 ff.; Görings Rede vom 13. Juli 1934 vor dem Reichstag, ebd., S. 424 f.
[148] Thyssen, S. 109 f.
[149] Graf, S. 212 ff.

rischen und politischen Kleinarbeit entrückt. Es begann die Zeit, in der Göring Ämter und Sonderaufgaben wie Orden sammelte, sie aber dann nach einer kurzen, meist stürmischen Anfangsphase sich selbst überließ und dadurch das bestehende Zuständigkeitschaos im Reich noch vergrößerte. Göring widmete sich mit Vorliebe der „Großen Politik" und bemühte sich, der Öffentlichkeit und seinen Gesprächspartnern zu demonstrieren, daß er allein der „zweite Mann" im Staate war. Seine Heirat mit der Schauspielerin Emmy Sonnemann am 11. April 1935 trug wesentlich zu dieser Selbststilisierung mit bei. Die „Hochzeit des Jahres" erregte internationales Aufsehen und bescherte Emmy Sonnemann die Rolle der „First Lady" des Reiches[150]. Der Rahmen der standesamtlichen wie kirchlichen Trauung zeigte stark monarchistische Anklänge und rief die Verwunderung ausländischer Beobachter hervor[151]. Daß Emmy Göring nie mit politischen Ansprüchen in der Öffentlichkeit auftrat, steigerte ihre Popularität bei der Bevölkerung sowie bei ausländischen Diplomaten. Am 2. Juni 1938 gebar sie Görings einziges Kind, die Tochter Edda.

Mitte der dreißiger Jahre befand sich Göring im Hochgefühl privaten Glücks und politischen Erfolgs. Am 1. März 1935 wurde er zusätzlich zum Reichsminister für Luftfahrt zum Oberbefehlshaber der neugegründeten Luftwaffe ernannt. Göring war damit auch zu einem militärischen Faktor ersten Ranges in der Führung des Reiches geworden und repräsentierte die Luftwaffe als jetzt selbständigen dritten Wehrmachtsteil neben Heer und Marine. Darüber hinaus stärkte der Aufbau der Luftwaffe Görings persönliche Macht und politische Bedeutung. Dies erleichterte sein Eindringen in außenpolitisches Terrain und motivierte seine Beschäftigung mit wirtschaftspolitischen Fragen und Zuständigkeiten.

Göring war bereits 1933 dreimal in außenpolitischen Missionen nach Italien gereist und mit Mussolini zu politischen Gesprächen zusammengetroffen. Er betrachtete sich daher als außenpolitischer „Spezialbevollmächtigter" für Italien und demonstrierte durch zwei weitere Rombesuche im Jahre 1937 und längere Italienaufenthalte Anfang 1939 seine Vorliebe für Deutschlands südlichen „Achsenpartner". Seine Beziehungen zu Mussolini waren jedoch gespannt. Görings zahlreiche Südosteuropareisen schürten immer wieder aufs neue das italienische Mißtrauen gegenüber Görings Politik mit den Ländern der italienischen Einflußsphäre.

Im Mai 1934 startete Göring seine Südosteuropa-Initiative mit einer ausgedehnten Reise zu den Staatsmännern des Donauraums. Er vertiefte seine politischen Kontakte auf einer weiteren Südosteuropa-Rundreise im Mai/Juni 1935. Kürzere Besuche folgten in den Jahren 1936 und 1937. Im Stil Stresemannscher „Mitteleuropa"-Politik versuchte Göring hier imperialistische Expansionskonzepte zu verwirklichen, die eine politische wie wirtschaftliche Durchdringung Südosteuropas zum Ziel hatten.

Görings Südosteuropapläne wurden durch eine aktive Politik gegenüber Polen abgerundet. Ursprünglich ging Görings Eingreifen in die Polenpolitik auf einen direkten Auftrag Hitlers zurück, der Göring im Januar 1935 erstmals zu politischen Gesprächen nach Warschau führte. In der Folgezeit bemühte sich Göring, die politischen Beziehungen zu Polen zu stabilisieren und den östlichen Nachbarn für ein antirussisches

---

[150] Zur Person von Emmy Sonnemann vgl. Fromm, Eintrag vom 12. April 1935, S. 172 ff.

[151] Milchs Tagebucheintrag vom 10. April 1935, BA-MA, Nachlaß Milch N 179/ Nr. 36, Tagebuch 1935; Domarus, Bd. I, S. 500; Krogmann, S. 185; Mosley, S. 239 ff.; Bericht von Phipps an Simon vom 17. April 1935, in: DBFP, 2/12, Nr. 733, S. 925 ff.

Bündnis zu gewinnen. Regelmäßige jährliche Polenreisen dienten diesen Bestrebungen, die erst durch Hitlers Kurswechsel gegenüber Polen zu Beginn des Jahres 1939 unterbunden wurden. Bis zum Zweiten Weltkrieg betrachtete Göring die Ost- und Südosteuropapolitik als seine außenpolitische Domäne. Besonders im Verhältnis zu Südosteuropa präzisierten sich Görings außenpolitische Grundanschauungen, die hier weniger Hitlers nationalsozialistischem Expansionskonzept als vielmehr älterem nationalkonservativem und wirtschaftsimperialistischem Gedankengut verpflichtet waren.

Seit Görings Beschäftigung mit Aufrüstungsfragen der Luftwaffe fanden in seiner Außenpolitik auch wirtschaftspolitische Zielsetzungen eine stärkere Berücksichtigung. Am 4. April 1936 wurde Göring durch Hitler zum „Rohstoff- und Devisenkommissar" bestellt. Am 18. Oktober 1936 folgte die Ernennung zum „Beauftragten für die Durchführung des Vierjahresplans". Vom 27. November 1937 bis zum 31. Januar 1938 war Göring sogar kommissarischer Reichswirtschaftsminister. Der Aufbau der „Hermann-Göring-Werke" seit Juli 1937 zum größten Stahlkonzern Europas demonstrierte Görings wirtschaftspolitische Macht.

Die Verquickung der militärischen, außenpolitischen und wirtschaftspolitischen Zuständigkeiten Görings führte zu einer einzigartigen Stellung im „Dritten Reich". Durch seine „Überkompetenz" war Göring seit Mitte der dreißiger Jahre zum „Staat im Staate" geworden. Sein Aufstieg schien unaufhaltsam zu sein. Anfang 1938 deuteten sich jedoch die Grenzen von Görings politischer Machtausdehnung an. Anläßlich der Entlassung Blombergs und Fritschs aus der militärischen Führung hegte Göring Hoffnungen auf das nun vakante Amt des Reichswehrministers. Hitler machte ihm aber einen deutlichen Strich durch die Rechnung und entschädigte Göring am 4. Februar 1938 lediglich durch die Beförderung zum Generalfeldmarschall.

Die außenpolitischen Triumphe des Jahres 1938 halfen Göring über die Enttäuschung hinweg. Anfang März wurde Görings erstes großes außenpolitisches Anliegen Wirklichkeit, der „Anschluß" Österreichs ans Deutsche Reich. Göring hatte einen beträchtlichen Anteil am Gelingen dieses außenpolitischen Erfolges und bezeichnete sich mit gewissem Recht später als den „Organisator des Anschlusses". Beim Zustandekommen des „Münchener Abkommens" vom September des gleichen Jahres zeigte sich Göring wiederum erfolgreich auf diplomatischer Bühne. Er war mit an den Vorverhandlungen der Vereinbarung beteiligt und äußerte sich befriedigt über das friedliche Gelingen dieser territorialen Revision des Versailler Vertrages. Erstmals wurden hier jedoch Anzeichen offenkundig, daß Görings außenpolitische Marschroute nicht mehr im bisherigen Maße mit Hitlers forcierter Expansionspolitik übereinstimmte.

Während Göring noch bis zum Sommer 1939 glaubte, daß Hitler zu einer nichtkriegerischen Pressionspolitik zurückkehren würde, nahm dieser seit Anfang 1939 keine Rücksicht mehr auf Görings mehr gemäßigte außenpolitische Linie. Bei der Besetzung Prags im März 1939 war Göring am politischen Entscheidungsprozeß schon gar nicht mehr beteiligt. Göring wurde von Ribbentrop aus dem politischen Entscheidungszentrum gedrängt, der unbedenklicher als Göring die Risiken eines lokalisierten Krieges für kalkulierbar hielt und hierin mit Hitlers politischer Einschätzung übereinstimmte.

Göring bemühte sich vergebens, durch englische Gesprächspartner internationale Verhandlungen über Hitlers territoriale Expansionsziele herbeizuführen, die nach Görings Wunschvorstellungen eine Lösung im Stile der „Münchener Vereinbarungen" ermöglichen sollten. Seit 1935 verfügte Göring bereits über ausgeprägte Kontakte zu britischen Politikern. Im Sommer 1939 erwiesen sich diese Verbindungen jedoch als politisch bedeutungslos und zudem als untauglich, um ernsthafte beiderseitige Gespräche zu initiieren. Nicht nur, weil Görings britische Kontakte lediglich bis zu Politikern der zweiten Garnitur reichten, sondern auch, weil Göring im Foreign Office nie als politischer Faktor ernst genommen wurde, können Görings Bestrebungen lediglich als aussichtslose Versuche einer Englandpolitik gedeutet werden. Die Anzahl der Gespräche, die er insbesondere mit britischen Politikern führte, kann nicht darüber hinwegtäuschen, daß es Göring nie gelang, mit Großbritannien und Frankreich ernsthafte und politisch bedeutungsvolle Kontakte herzustellen.

Der Schwerpunkt der Untersuchung über Görings Rolle in der Politik des „Dritten Reiches" muß daher auf die Zeit vor dem Zweiten Weltkrieg gelegt werden. Görings politische Entmachtung im Jahre 1939 degradierte ihn zum willenlosen Werkzeug in der Hand seines „Führers". Der Zweite Weltkrieg markierte Görings persönlichen und politischen Niedergang. Seine Beförderung zum „Reichsmarschall des Großdeutschen Reiches" nach erfolgreichem Abschluß des Frankreich-Feldzuges am 19. Juli 1940 war ebenso ein routinemäßiger Akt in Hitlers Herrschaftspraxis wie Görings öffentliche Bestellung zum Hitler-Nachfolger am 1. September 1939 und am 29. Juni 1941. Görings politisches und militärisches Versagen im Verlauf des Zweiten Weltkrieges äußerte sich in einer Kette von Fehlurteilen und -entscheidungen, die zum Teil auf krankhafte Veränderungen von Görings psychischem und physischem Zustand zurückzuführen sind. Erst in den letzten Kriegsmonaten unternahm Göring den schwachen Versuch, dem sinnlos gewordenen Töten durch Verhandlungen mit den alliierten Gegnern ein Ende zu bereiten. Daraufhin enthob Hitler vom eingeschlossenen Bunker der Berliner Reichskanzlei aus am 23. April 1945 Göring aller Ämter und schloß ihn im „Politischen Testament" vom 29. April aus der NSDAP aus. Neun Tage später begab sich Göring in amerikanische Gefangenschaft.

Seit dem März 1946 hatte sich Göring vor dem Nürnberger Militärgerichtshof zu verantworten. Göring nutzte die vorausgegangenen zehn Monate Haft, um sich von seiner Paracodeinsucht zu kurieren, und zeigte sich im Gerichtssaal zunächst in glänzender Verfassung. In Nürnberg hatte Göring einen Teil seiner ursprünglichen Vitalität und Schlagfertigkeit zurückgewonnen und hinterließ selbst bei der ausländischen Öffentlichkeit einen starken Eindruck. Er präsentierte sich keineswegs als der demütige Verlierer, sondern arbeitete in großsprecherischer Manier an seinem eigenen Denkmal. Am 1. Oktober 1946 befand das Gericht Göring in allen vier Anklagepunkten für schuldig und verurteilte ihn zum Tod durch Erhängen. Am 15. Oktober, in der Nacht vor der geplanten Urteilsvollstreckung, entzog sich Göring dem Spruch der Richter durch Selbstmord in seiner Zelle, hervorgerufen durch eine mysteriöse Giftkapsel, deren Herkunft nie ganz geklärt wurde. Görings letzte Worte im Nürnberger Gerichtssaal hatten in stolzer Überzeugung verkündet: „Das deutsche Volk ist frei von Schuld!"[152]

---

[152] Zit. bei Haensel, S. 322. Zur Wirkung von Görings Auftritten vor dem Nürnberger Militärgericht vgl. ebd., S. 42 ff.; Gründler/Manikowsky, S. 148–170. Aus dem Blickwinkel eines Beteiligten: Viktor Frhr. von Lippe, Nürnberger Tagebuchnotizen. November 1945 bis Oktober 1946, Frankfurt a. M. 1951, S. 173 ff., 180 ff. („Man muß auch heute Görings Auftreten vollauf bewundern." Ebd., S. 185).

II. Hauptfelder und Grundlagen des Machtaufstiegs nach 1933

1. Der preußische Ministerpräsident

Bei der Bildung des Kabinetts Hitler am 30. Januar 1933 waren Franz von Papen zum Reichskommissar in Preußen und Göring zum kommissarischen preußischen Innenminister ernannt worden. Göring verfügte über die preußische Exekutive und vermochte schon im Februar 1933 im größten Land des Reiches die nationalsozialistische Durchsetzung mit der Absicht der nationalsozialistischen Machtmonopolisierung kräftig voranzutreiben. Es war aber zunächst noch offen, wer letzten Endes Herr in Preußen sein würde.

Der durch den Papenschen „Preußenschlag" am 20. Juli 1932 ausgelöste Verfassungsstreit hatte die „Machtergreifung" überdauert. Aufgrund des Urteils des Staatsgerichtshofs vom Oktober 1932 amtierten noch immer Vertreter der entmachteten Regierung Otto Braun als legale preußische Repräsentanten sowohl im Reichsrat wie im preußischen Staatsrat. Um diesen für die Nationalsozialisten unerträglichen Zustand zu beseitigen, beantragte der nationalsozialistische Präsident des Preußischen Landtags, Hanns Kerrl, bereits am 4. Februar 1933 im Drei-Männer-Kollegium des Preußischen Staatsrats die Auflösung des Preußischen Landtags und die Abhaltung von Neuwahlen am 5. März. Als dieser Antrag verworfen wurde, setzte Papen als Reichskommissar in Preußen eine erneute, klar verfassungswidrige Notverordnung des Reichspräsidenten vom 6. Februar 1933 zur „Wiederherstellung geordneter Regierungsverhältnisse in Preußen" durch. Die Verordnung kassierte alle bisherigen, der Regierung Braun noch verbliebenen Rechte und übertrug diese dem Reichskommissar. Der Weg zu Landtagswahlen in Preußen war damit frei. Sie erbrachten den Regierungsparteien (NSDAP und Kampffront Schwarz-Weiß-Rot) auch in Preußen die absolute Mehrheit[1]. Damit stellte sich aber auch die Frage, ob Papens Rolle des Reichskommissars in Preußen fortgelten oder auf der Basis der Regierungsmehrheit ein neuer preußischer Ministerpräsident förmlich gewählt werden sollte, wofür sich Göring schon seit langem in Vorschlag gebracht hatte und was seine Haupthelfer, Kerrl sowie der NS-Fraktionsvorsitzende Wilhelm Kube, auch aus eigenem Interesse anstrebten[2].

Über diese Frage kam es hinter den Kulissen in den vier Wochen nach der Wahl zu heftigen Meinungsverschiedenheiten innerhalb der NS-Führung[3]. Hitler hat dabei of-

[1] Ehni, S. 287 f.; Bracher, Stufen, S. 94 f.; Höner, S. 438 ff.; Broszat, Staat, S. 92; Beck, Death, S. 199; Bay, Preußenkonflikt, S. 274 f.; Schulze, S. 778 f.; Morsey, Beginn, S. 88 f.

[2] Material dazu in: GStA, Preußisches Ministerium des Innern: Staatssekretariat Grauert Rep. 77/ 2 Personalveränderungen 1933–1939.

[3] BAK, Sammlung Brammer ZSg. 101/ 26 Berichte Ende Februar–Anfang April. An dem Wahrheitsgehalt als Quelle zweifelt nicht Bracher, Stufen, S. 539.

fenbar zunächst Papen unterstützt, wohl nicht zuletzt, weil er sich, was dessen Stellung in Preußen betraf, dem Reichspräsidenten gegenüber aufgrund der Verhandlungen vor dem 30. Januar 1933 im Wort fühlte[4]. Um seine Position zu stärken, hatte Göring schon vorher Kube zum kommissarischen Oberpräsidenten von Brandenburg und Berlin bestellt und Kerrl das Preußische Justizministerium in Aussicht gestellt[5]. Während Kube Mitte März in einigen Artikeln öffentlich die Wahl Görings zum preußischen Ministerpräsidenten ankündigte[6], faßte der neugewählte Landtag am 22. März 1933 einen Beschluß, der die Wahl eines neuen (nationalsozialistischen) Ministerpräsidenten ausdrücklich vorbehielt, aber die Weiterführung der Amtsgeschäfte in Preußen durch die eingesetzten Reichskommissare bestätigte. Wie Georg Dertingers vertraulicher Pressedienst vom gleichen Tag zu berichten wußte, war sich Hitler inzwischen bewußt geworden, daß er in Preußen „mit einem Befehl gegen die Fraktion nicht durchkomme" und für Papen eine Abfindung durch eine andere Aufgabe finden müsse[7]. Die ohnehin schon eingeleitete Beauftragung Papens mit den Konkordatsverhandlungen in Rom boten sich dabei als Tröstung an[8]. Bis Anfang April hatte sich Hitler aber offenbar in der Preußenfrage noch nicht definitiv entschieden. Erst als Landtagspräsident Kerrl ohne Wissen Hitlers, aber sicherlich nach Absprache mit Göring, für den 8. April eine Sitzung des preußischen Landtags zur Wahl eines neuen Ministerpräsidenten anberaumte, sah sich Hitler zu einer Entscheidung gezwungen[9]. Er ließ die Landtagssitzung abberufen, bestellte aber nun von sich aus am 11. April Göring zum neuen preußischen Ministerpräsidenten unter Beibehaltung seiner bisherigen Befugnisse als preußischer Innenminister.

Es ist offenkundig, daß Göring diese Regelung mit seinen preußischen Helfern gegen Hitlers zunächst erkennbaren Widerstand und gegen dessen Zögern durchgesetzt hat. Nicht zu Unrecht argwöhnte Hitler wohl, daß Göring sich mit Hilfe des preußischen Staatsapparates eine Machtstellung aufbauen könnte, die seinem, Hitlers, unmittelbarem Einfluß kaum noch zugänglich sein würde. Um so mehr versuchte Göring den Konflikt anschließend durch pathetische, in der Presse veröffentlichte Ergebenheitsadressen an Hitler herunterzuspielen[10].

Die Berufung Görings zum Ministerpräsidenten in Preußen war auch deshalb besonders heikel, weil das erst am 7. April erlassene Reichsstatthaltergesetz noch vorgesehen hatte, daß in Preußen der Reichskanzler, d.h. Hitler, selbst die Funktion des Reichsstatthalters ausüben sollte. Um Görings inzwischen erfolgte Ernennung gesetzeskonform zu machen, blieb Hitler nichts anderes übrig, als die ihm aus dem Reichsstatthaltergesetz für Preußen zustehenden Rechte formell an Göring zu delegieren[11].

[4]   Bay, Preußenkonflikt, S. 282, Anmerk. 1523.
[5]   GStA, Rep. 77/ 76 Zentralabteilung: Geschäftsführung Oberpräsident Brandenburg, Bl. 104. Kube war zuvor Oberpräsident von Ostpreußen und der Grenzmark.
[6]   Informationsbericht vom 30. März 1933, BAK, ZSg. 101/ 26, Bl. 221.
[7]   Informationsbericht vom 22. März 1933, ebd., Bl. 199 f.
[8]   Volk, Reichskonkordat, S. 59; Scholder, Vorgeschichte, S. 535–570.
[9]   Informationsbericht Dertingers vom 4. April 1933, BAK, ZSg. 101/ 26, Bl. 259. Zu Papens Reaktion und Darstellung der Vorgänge aus seiner Sicht vgl. den Brief von R. Buttmann vom 10. Juli 1933, zit. bei Volk, Reichskonkordat, S. 92, Anmerk. 11.
[10] Wolff-Meldung vom 12. April 1933, BAK, R 43 I/ 2282, Bl. 417 ff. Bracher weist nach, daß bereits Formulierungen in einer Propagandaschrift Görings aus dem Jahre 1933 Rückschlüsse auf die Unfreiwilligkeit von Papens Ämterverzicht zulassen. Bracher, Stufen, S. 287 u. S. 504, Anmerk. 7, S. 539, Anmerk. 164.
[11] Dertingers Informationsbericht Nr. 8 vom 27. April 1933, BAK, ZSg. 101/ 26, Bl. 287–297.

Göring war sich seiner Sache in der Preußenfrage offenbar so sicher gewesen, daß er an dem entscheidenden Tag gar nicht in Berlin blieb, sondern seinem Konkurrenten Papen auf dessen Romreise folgte[12]. In Rom erfuhren am 11. April 1933 nacheinander Göring und Papen in Telegrammen des Auswärtigen Amtes von der Neuregelung der preußischen Führungsverhältnisse[13]. Göring wußte sehr wohl, weshalb er die Funktion des Ministerpräsidenten in Preußen angestrebt hatte. Das preußische Staatsministerium wurde künftig seine zentrale Macht- und Schaltstelle, in der die Fäden seiner vielfältigen Aktivitäten zusammenliefen.

Die Entlassung der Kommissare des Reiches[14], der Erlaß über die Beamtenernennungen in Preußen und die Ernennungen der ersten preußischen Minister[15] waren Maßnahmen von weitreichender Bedeutung für Görings Machtkonsolidierung. In wichtigen preußischen Ämtern fanden sich sehr bald die Männer wieder, die Görings preußische Pläne schon vor der „Machtergreifung" unterstützt hatten: Hanns Kerrl wurde preußischer Justizminister, Bernhard Rust als preußischer Kultusminister bestätigt, Wilhelm Kubes Befugnisse als Oberpräsident wurden auch auf die Grenzmark Posen-Westpreußen ausgedehnt, und seinem Mittelsmann in Italien, Philipp Prinz von Hessen, besorgte Göring umgehend das Oberpräsidium der preußischen Provinz Hessen-Nassau[16]. Seiner eigenen Auffassung zufolge stand Göring nunmehr der Landeskirche vor[17] und war für das Oberpräsidium der Rheinprovinz zuständig[18].

Die Machtkonsolidierung in Preußen und die Sicherstellung seiner Position als Reichsminister veranlaßten Göring zu einer enthusiastischen Treueerklärung gegenüber Hitler. Am 18. Mai 1933 bekundete er vor dem preußischen Landtag, daß Hitlers Wille sein Wille geworden sei. Göring hob hervor, daß er die preußische Staatsführung „in erster Linie als treuester Paladin seines Führers Adolf Hitler" übernehme[19].

2. Italienmissionen

Schon bald nach der nationalsozialistischen Machtübernahme versuchte Göring sich in der Außenpolitik. Das erste Feld war dabei Italien, wo er sich schon vor 1933 als Hitlers Mittelsmann zu Mussolini betätigt hatte. Wegen Görings Intervention in den deutsch-italienischen Beziehungen kam es bereits im Februar 1933 zu einer ersten Auseinandersetzung zwischen ihm und Außenminister Neurath[1].

---

[12] Schreiben Orsenigos an Pacelli vom 24. März 1933, in: Volk, Akten, Nr. 1, S. 3 ff.

[13] Zum Wortlaut vgl. BAK, R 43 II/ 1363a, Bl. 5 f.

[14] Görings Runderlaß vom 3. Mai 1933, in: Ursachen, Bd. 9, S. 291.

[15] Erlaß über Beamtenernennungen in Preußen vom 22. April 1933, BAK, R 43 I/ 2282, Bl. 525; Wolff-Nachrichten vom 22. April 1933, ebd., Bl. 419.

[16] Sitzungsbericht des Preußischen Staatsministeriums vom 29. Mai 1933, GStA, Rep. 90/ Nr. 404, Bl. 330 ff. Gegen die Amtseinführung von Hessens gab es zahlreiche Proteste seitens der SA, vgl. das Protokoll der Sitzung der Reichstagsfraktion der SPD vom 10. Juni 1933, zit. bei Matthias/Morsey, S. 262.

[17] Wolff-Nachrichten vom 19. Okt. 1933, PAB, Pol. Abt. II/ Vatikan Politik 2 Nr. 1, Bd. 11, Pag. E 580070.

[18] Schriftwechsel Rosenbergs mit Göring, BAK, Kanzlei Rosenberg NS 8/ 167 Schriftwechsel Göring, Bl. 145 ff.

[19] Ursachen, Bd. 9, S. 114. Göring beschrieb hier sein Verhältnis zu Hitler mit einem Zitat, das früher auf Gregor Straßer angewendet wurde. Vgl. Stachura, Strasser, S. 111.

[1] Renzetti-Bericht vom 5. Feb. 1933, in: De Felice, S. 254; zum Verhältnis Göring–Neurath Anfang 1933 vgl. Heineman, S. 73 f.

Gegenstand der Kontroverse war der außenpolitische Kurs, den das neue Kabinett Italien gegenüber einschlagen sollte. Bei der Eröffnung einer Ausstellung der modernen italienischen Kunst am 15. Februar im Kronprinzenpalais in Berlin gab Göring in Anwesenheit des italienischen Botschafters bei der Eröffnungsansprache eine „Liebeserklärung an Italien" ab[2]. Göring betonte, daß „der Faschismus ... in seiner geistigen und weltanschaulichen Einstellung der nationalsozialistischen Bewegung aufs engste verwandt (sei)". Die „überschwenglichen politischen Ausführungen des H. RM Göring"[3] wurden im Auswärtigen Amt als völlig deplaziert mit Empörung zur Kenntnis genommen. Beruhigend wirkte allerdings die Tatsache, daß der italienische Botschafter Cerruti mit einer vorbereiteten, rein kulturpolitischen Rede geantwortet hatte. Auch die italienische Presse, die Görings Ansprache ausführlich wiedergab, wobei der Passus über die Notwendigkeit einer künftigen Vertiefung der deutsch-italienischen Beziehungen wörtlich zitiert wurde, enthielt sich jeden Kommentars[4].

Der Auftakt: Die Romreise Ostern 1933

Trotz der italienischen Zurückhaltung trat Göring bereits im März mit Plänen für eine Romreise an die Öffentlichkeit. Es ging ihm dabei, wie schon angedeutet, auch darum, seinen Rivalen Papen, der wegen der Konkordatsfrage nach Rom zu reisen hatte, dort nicht allein das Feld zu überlassen. Da Göring keine offizielle Einladung der italienischen Regierung besaß, deklarierte er seine Reise als Erwiderung des privaten Besuchs, den Luftmarschall Balbo Göring im Dezember 1932 abgestattet hatte[5]. Das Auswärtige Amt dementierte offiziell jede politische Bedeutung des Besuchs und verbreitete die Version, daß es dabei „um die Luftschiffahrtsbeziehungen zwischen Deutschland und Italien" gehe[6]. Mussolini wertete Görings Besuch eher unfreiwillig dadurch auf, daß er am 28. März dem deutschen Botschafter Hassell gegenüber auf die Möglichkeiten der „Zusammenarbeit in der Luftwaffe, die für beide Länder im Grunde am wichtigsten" sei, hinwies[7]. Auch das Reichswehrministerium zeigte sich über Görings Reiseabsichten beunruhigt. Um sich die Angelegenheit der Luftfahrt nicht ganz aus der Hand nehmen zu lassen, versuchte man, Oberst Bohnstedt, den neuen Chef des Luftschutzamtes im Reichswehrministerium, Göring als amtlichen Begleiter mitzugeben, was von Göring jedoch verhindert wurde[8].

Einen zusätzlichen politischen Aspekt erhielt die Reise durch das italienische Projekt eines Viermächtepaktes zwischen Großbritannien, Frankreich, Deutschland und Italien, das der italienische Botschafter Cerruti am 14. März Neurath angetragen hatte. Während sich das Auswärtige Amt diesem Vorschlag gegenüber eher zurückhaltend verhielt, begrüßte ihn Hitler in seiner Reichstagsrede vom 23. März enthusiastisch. Für Göring war dies ein weiterer Anreiz, als Wegbereiter einer deutsch-italienischen

[2] Artikelüberschrift im „Vorwärts" v. 15. Feb. 1933, PAB, Büro St. S./ RM Schriftwechsel mit dem Herrn Reichsminister sowie Aufzeichnungen des Herrn Reichsministers, Bd. 3.
[3] Handschriftliche Aufzeichnung von Bülow für Neurath v. 15. (oder 25.?) Feb. 1933, ebd., Bl. E 197 611.
[4] Hassell (Rom) an das AA v. 17. Feb. 1933, PAB, Deutsche Botschaft Rom/ Paket 691 b, Pol 2a 1 Deutsch-italienische Beziehungen, Bd. 10.
[5] Milchs Tagebucheintrag vom 10. Dez. 1932, BA-MA, Nachlaß Milch N 179/ Nr. 36, Tagebuch 1932; zum Balbo-Besuch vgl. Petersen, S. 109; zu Görings Form der Selbsteinladung Baur, S. 94 ff.
[6] Aufzeichnung von Bülow vom 19. April 1933, in: ADAP, C, I/1, Nr. 166, S. 303.
[7] Hassell (Rom) an das AA vom 28. März 1933, ebd., Nr. 122, S. 226.
[8] AA-Aufzeichnung vom 3. April 1933, BAK, ZSg. 133/ 27, Pag. D 540 159.

Verständigung im Sinne seines „Führers" auf sich aufmerksam zu machen. Am 31. März ließ sich Göring von Neurath in die Diskussion um den Viermächtepakt einweisen und mit den nötigen Unterlagen versehen[9]. Neurath ließ es sich dabei nicht entgehen, Göring über die kühle italienische Reaktion auf seine Selbsteinladung zu unterrichten. Vor allem der deutsche Botschafter in Rom, Neuraths Schwiegersohn von Hassell, hatte empfohlen, den Besuch auf einen späteren Zeitpunkt zu verschieben[10]. In den folgenden Tagen ergab es sich, daß vor allem Hassell selbst Görings Reise zu verhindern suchte. Neurath wies Hassell schließlich an, keine weiteren Schritte gegen den Besuch zu unternehmen, da Göring „privatim" reise[11].

Am 4. April wurden die deutschen Botschaften beim Vatikan und in Rom offiziell über den Doppelbesuch Göring–Papen unterrichtet. Am Tage darauf sprach der deutsche Botschafter beim Heiligen Stuhl bei Pacelli vor, um die Audienzen beim Papst und Kardinalstaatssekretär Pacelli festzulegen[12]. Gleichfalls am 5. April setzte Hassell den italienischen Außenminister Aloisi von der Ankunft der deutschen Minister in Kenntnis. Abweichend von Neuraths Instruktionen bezeichnete Hassell dabei Görings Reise als „offizielle Visite", während er ankündigte, daß Papen „inkognito ankomme, um mit dem Papst zu verhandeln"[13]. Hassell hatte offenbar eher als Neurath in Erfahrung gebracht, daß es Göring schließlich doch gelungen war, in Rom als offizieller Staatsgast empfangen zu werden, was Neurath am 8. April veranlaßte, Göring noch eine geheime Aufzeichnung des Auswärtigen Amtes über die Viererpakt-Verhandlungen zu übermitteln[14].

Schon diese Verwirrung über den Status und Zweck der Reise löste im Ausland Spekulationen über den auffälligen Doppelbesuch aus. Dabei stand vor allem Göring im Mittelpunkt des Interesses. Der französische Botschafter in Berlin, François-Poncet, vermutete, daß Hitler seine Abgesandten nach Rom schicke, um das Haupthindernis einer deutsch-italienischen Annäherung, die Österreichfrage, aus dem Weg zu räumen und Mussolini zu versichern, daß sich Österreich nie zu einem Streitpunkt zwischen Deutschland und Italien entwickeln würde[15]. Das französische Interesse wurde nicht zufällig auf die österreichische Frage gelenkt. Anfang April hielt sich der österreichische Bundeskanzler Dollfuß ebenfalls in Rom zu Besprechungen auf. Die französische Beunruhigung wegen einer möglichen deutsch-italienischen Annäherung ließ die britische Diplomatie aber unberührt. Hier sah man in Görings Besuch eher eine Möglichkeit, daß die italienische Regierung Göring „den guten Rat" gebe, die „Exzesse der deutschen Aktionen gegen die Juden" und die Gegner des Regimes, die in diesen Tagen und Wochen in Großbritannien mit besonderer Entrüstung aufgenommen worden waren, zu mäßigen[16].

Auch die italienische Presse hatte ihre Probleme mit den unerwarteten Gästen, wobei man sich noch am ehesten auf Papens Absichten einen Reim machen konnte. So

[9] Jarausch, S. 51; Petersen, S. 167.
[10] AA-Aufzeichnung vom 31. März 1933, PAB, Büro RM/ 8 Italien, Bd. 10.
[11] Hassells Telegramm an Neurath vom 4. April 1933 mit handschriftlichen Vermerken Neuraths, ebd., Bl. 39.
[12] Volk, Reichskonkordat, S. 93, 223 f.
[13] Aloisi, Eintrag vom 5. April 1933, S. 106.
[14] Neurath an Göring vom 8. April 1933, PAB, Büro RM/ 70 Kurie, Bd. 3.
[15] François-Poncet (Berlin) an Paul-Boncour (Paris) vom 5. April 1933, in: DDF, 1/III, Nr. 92, S. 168 f.
[16] Simon an Graham (Rom) vom 10. April 1933, in: DBFP, 2/5, Nr. 72, S. 137.

berichtete der „Lavoro Fascista" vom 8. April, daß Papen, der der katholischen Religion angehöre, im Vatikan über die Rolle der katholischen Bewegung im neuen deutschen Regime verhandele. Über die Hintergründe von Görings Besuch war man hingegen weitgehend auf Mutmaßungen angewiesen und mußte eingestehen, daß hierüber nichts bekannt sei. Man beschränkte sich auf die Mitteilung, daß Göring wahrscheinlich Minister Italo Balbo einen Besuch abstatte, um mit ihm über den zivilen Luftverkehr zu sprechen. Weiterhin glaubte man erfahren zu haben, daß Hitlers Delegierter wichtige Themen mit dem „Duce" erörtern wolle[17]. Ähnlich vage kündigten die deutschen Blätter die Reisen an. Man betonte die „ganz private Form" der Reise Papens und erwähnte den Vatikan mit keinem Wort. Als Thema von Görings Verhandlungen in Italien wurde nur „die Ausgestaltung der deutsch-italienischen Luftverkehrsbeziehungen" genannt[18].

Papen traf am 9. April, einen Tag vor Göring, mit der Bahn in Rom ein, während Göring per Flugzeug anreiste, begleitet von seinem Staatssekretär Milch und Hauptmann a. D. Bolle vom Reichskommissariat für Luftfahrt, vom italienischen Luftattaché in Berlin, Oberst Senzadenari, weiterhin von Paul Körner, Görings „Mädchen für alles" in persönlichen, organisatorischen und politischen Fragen, und seinen Mittelsmännern Renzetti und Philipp von Hessen. Der Besuchsablauf war charakteristisch für Görings spätere Auslandsaufenthalte. Treffen mit den Regierungsspitzen waren bei längeren Auslandsreisen eingebettet in ein lockeres Besuchs- und Erholungsprogramm. Göring pflegte sich auf seinen Reisen Zeit zu nehmen, besuchte öffentliche Veranstaltungen, zeigte sich auf der Straße nicht unnahbar und tat alles, um sich in Szene zu setzen. Seine Offenheit gegenüber der Presse war sprichwörtlich. Immer fand er passende Worte, um sich als Freund des italienischen Volkes herauszustellen.

Aus den verstreuten Quellenhinweisen ergibt sich folgender Ablauf der Reise Görings[19]:

10. 4. Ankunft in Rom
11. 4. erste Unterredung mit Mussolini; abends Diner in der Deutschen Botschaft mit Mussolini
12. 4. Audienz beim Papst und bei Pacelli; anschließend Frühstück bei Mussolini
13. 4. gemeinsamer Presseempfang Görings und Papens; Kranzniederlegungen; abends Diner bei Balbo
14. 4. bis
17. 4. Flug Görings nach Neapel und Sizilien zu Besichtigungen
17. 4. abends Diner in der Deutschen Botschaft beim Hl. Stuhl
18. 4. Audienz beim italienischen König; Göring und Mussolini gemeinsam auf der parlamentarischen Handelskonferenz; abends Göring und Papen gemeinsam zu Gast bei der „Deutschen Vereinigung Roms"
19. 4. Flug nach Mailand; Besuch einer Mustermesse
20. 4. Rückflug nach Deutschland.

---

[17] „Lavoro Fascista" und „Piccolo" vom 8. April 1933, PAB, Deutsche Botschaft beim Hl. Stuhl/ Nr. 202 Besuche ab April 1933, Bd. 1.
[18] Presseschau in PAB, Pol. Abt. II/ Vatikan Pol. 2, Bd. 4.
[19] Die wesentlichsten Stationen sind aufgeführt in Hassells Bericht an das AA vom 20. April 1933, PAB, Pol. Abt. II/ Italien Politik 2, Bd. 8, Bl. 101–106.

Der Besuchsablauf macht deutlich, daß das offizielle Thema „Luftverkehrsverhand-lungen" nur Alibifunktion hatte. Arbeitsbesprechungen mit Balbo waren für Göring gar nicht vorgesehen. Die wenigen Verhandlungen, die über Luftfahrtfragen stattfan-den, wurden von Milch in alleiniger Verantwortung geführt[20]. Göring ging es offen-sichtlich weniger um Detailverhandlungen über Sachfragen als um einen propagandi-stisch wirkungsvollen Staatsbesuch, der die Bedeutung seiner eigenen Person unter-streichen sollte.

In dieser Hinsicht war Görings Rombesuch sicherlich erfolgreich. Dem Bericht des deutschen Botschafters Hassell zufolge gelang es Göring, bei seinen öffentlichen Auf-tritten Aufmerksamkeit und Sympathien zu wecken[21]. Aber Hassells Bericht enthält wenige Andeutungen über die politische Seite des Besuchs. Obwohl Göring dreimal mit Mussolini zusammentraf, existieren darüber keine deutschen Gesprächsaufzeich-nungen. Wie so oft bei seinen späteren Missionen verweigerte Göring den Mitgliedern des deutschen auswärtigen Dienstes jede konkrete Auskunft über den Verlauf seiner Besprechungen. Er berief sich stets darauf, daß er Hitler persönlich Bericht erstatten werde.

Um so mehr streichen die italienischen Quellen den politischen Charakter des Be-suchs heraus. Dabei ist es bemerkenswert, daß führende italienische Diplomaten, z. T. offenbar zweckbestimmt, den Eindruck zu vermitteln suchten, Görings Äußerungen zur deutschen Haltung gegenüber Österreich hätten bei Mussolini zu einer tiefen Ver-stimmung geführt[22]. Wie Aloisi vermerkte, stand die Österreich-Frage vor allem bei der Unterredung zwischen Göring und Mussolini am 12. April zur Debatte. Aloisi will erfahren haben, daß Göring hierbei unmißverständlich die deutschen Ansprüche auf eine Einverleibung Österreichs anmeldete[23]. Auch der italienische Botschafter in Großbritannien, Dino Grandi, bezeichnete dem britischen Außenminister Simon ge-genüber die „Anschluß"-Frage als eines der Hauptgesprächsthemen zwischen Göring und Mussolini. Göring habe darauf bestanden, daß die Nazi-Partei in Österreich an die Macht kommen müsse und daß dies im Herbst durch Wahlen erreicht werden solle. Dafür wolle Deutschland für alle Zeiten auf Tirol verzichten. Laut Grandi habe Mus-solini erfolglos versucht, Göring vom Gedanken eines „Anschlusses" Österreichs ab-zubringen. Der Besuch habe gezeigt, daß Deutschland und Italien wegen der Öster-reich-Frage tief zerstritten seien. Als besonders unglücklich habe sich die Gleichzeitig-keit der Besuche Papens, Görings und Dollfuß' erwiesen[24].

Grandis Äußerungen waren offenbar bewußt untertrieben und sollten im Zusam-menhang mit den Viererpakt-Verhandlungen Frankreich und Großbritannien von der italienischen Zuverlässigkeit überzeugen. Grandi wollte keinen Zweifel daran lassen, daß die bisherige außenpolitische Linie Italiens durch die neue nationalsozialistische Regierung in Deutschland nicht beeinträchtigt werden würde. Seine Bemerkungen über die Mißstimmung zwischen Göring und Mussolini sollten zur Beruhigung der westlichen Alliierten beitragen. Konkrete Anhaltspunkte dafür, daß Mussolini tatsäch-

[20] Milchs Tagebucheinträge vom 10. bis 20. April 1933, BA-MA, Nachlaß Milch N 179/ Nr. 36, Tagebuch 1933.
[21] Hassells Bericht an das AA vom 20. April 1933, PAB, Pol. Abt. II/ Italien Politik 2, Bd. 8, Bl. 101 ff.
[22] Petersen, S. 169.
[23] Aloisi, Eintrag vom 12. April 1933, S. 108.
[24] Simon an Graham (Rom) vom 25. April 1933, in: DBFP, 2/5, Nr. 90, S. 162.

lich über Görings Ausführungen verstimmt war, gibt es nicht[25]. Fraglich ist auch, ob Görings Nürnberger Äußerungen von 1946 als bare Münze genommen werden können, wonach er bereits 1933 den Standpunkt vertreten habe, daß, bei allen „sonstigen Übereinstimmungen auf ... philosophischer Grundlage" zwischen Faschismus und Nationalsozialismus, ihm der „Anschluß" Österreichs erheblich wichtiger war: Wenn der „Anschluß" „nicht mit Mussolini ginge, müßte es gegen Mussolini gehen"[26].

Feststeht, daß Göring die Österreich-Frage mit Mussolini erörterte, die wichtigste Frage, die einer deutsch-italienischen Annäherung im Wege stand. Das Gespräch hinterließ zwar bei Mussolini keine tiefe Verstimmung, aber doch ein starkes Mißtrauen. Noch am gleichen Abend traf er mit Dollfuß zusammen und unterrichtete ihn über Görings Äußerungen[27]. Was Dollfuß dabei erfuhr, trug offenbar dazu bei, daß er in den nächsten Tagen zwar mit Papen zusammentraf[28], jedoch einer Zusammenkunft mit Göring auswich[29].

Hauptzweck der Unterredungen Görings mit Mussolini war offenbar, dessen Einstellung gegenüber der neuen deutschen Regierung zu erfahren. Es ist unwahrscheinlich, daß Göring hierbei konkrete Forderungen in der Österreich-Frage vorbrachte. Vielmehr lag ihm sicherlich eine Werbung für den Nationalsozialismus am Herzen. Die Gerüchte über Görings angebliche Ansprüche auf Österreich scheinen von italienischer Seite absichtlich in Umlauf gebracht worden zu sein, um in der österreichischen Frage die unveränderte italienische Distanz auch gegenüber einem nationalsozialistischen Deutschland zu demonstrieren. Ebenso verhielt sich Göring bei der Erörterung des Viererpakts, ähnlich wie Papen, offenbar eher zurückhaltend[30]. Gleichermaßen bemühte sich Göring bei seinen Unterredungen mit dem Papst und Pacelli um einen maßvollen Eindruck und sprach sich gegen einen Kulturkampf aus[31]. Seine beruhigenden Ausführungen verfehlten allem Anschein nach nicht ihre Wirkung auf den Papst[32]. Göring versuchte auch später noch, sich in die Konkordatsverhandlungen einzuschalten, mußte dieses Feld aber doch im wesentlichen Papen überlassen[33].

Hassells Beobachtungen zufolge gelang es Göring dank seinem „frischen und der italienischen Mentalität sehr zusagenden ungezwungenen Auftreten", „einen starken persönlichen Erfolg zu verzeichnen". Dies gelte auch für die „mit grossem Beifall aufgenommene Rede des Ministerpräsidenten Göring bei der Eröffnung der internationalen parlamentarischen Handelskonferenz, die sich zu einem grossen Prestige-Erfolg für die deutsche Sache" gestaltet habe. Es fiel Hassell jedoch auf, daß das „herzliche Einvernehmen zwischen Deutschland und Italien nach aussen hin ... nicht in vollem Masse in die Erscheinung" trat. Er führte dies darauf zurück, daß die italienische „Re-

[25] Nadolny, S. 134; Petersen, S. 169.
[26] Göring-Aussage am 14. März 1946, in: IMG, Bd. 9, S. 331 f.
[27] Aloisi, Eintrag vom 12. April 1933, S. 108.
[28] Hassell an das AA vom 20. April 1933, in: ADAP, C, I/1, Nr. 173, S. 316.
[29] Ross, S. 31. Zu Görings angeblichen Fühlern bei Dollfuß über Suvich vgl. Lajos Kerekes, Abenddämmerung einer Demokratie. Mussolini, Gömbös und die Heimwehr, Wien 1966, S. 138.
[30] Hassell an das AA vom 19. April 1933 u. Neurath an die Botschaft Rom vom 22. April 1933, in: ADAP, C, I/1, Nr. 165, S. 299, u. Nr. 176, S. 322.
[31] W. T. B.-Meldung vom 12. April 1933, PAB, Pol. Abt. II/ Vatikan Politik 2, Bd. 4, Bl. 258; Telegramm von Bergens an das AA vom 12. April 1933, ebd., u. Aufzeichnung Bernings vom 15.–17. Mai 1933, in: Volk, Akten, Nr. 15, S. 33.
[32] Bericht des bayerischen Gesandten beim Hl. Stuhl, von Ritter, vom 12. April 1933, in: Kupper, S. 17, Anmerk. 1; Bericht von Bergens an das AA vom 18. April 1933, in: ADAP, C, I/1, Nr. 162, S. 296.
[33] Schreiben Pacellis an Faulhaber vom 22. Mai 1933, in: Volk, Akten, Nr. 18, S. 50.

gierung in dem gegenwärtigen Zeitpunkt, in dem um die Annahme des Viererpakts Mussolini's gekämpft wird, alles vermeiden wollte, was zu einer Beunruhigung der öffentlichen Meinung des Auslandes, insbesondere Frankreichs, hätte führen können"[34]. Görings Romreise war aber nicht nur ein persönlicher Erfolg. Die nationalsozialistische Führung demonstrierte mit der Reise auch einen neuen Stil unmittelbarer Diplomatie unter weitgehender Vernachlässigung des Auswärtigen Amtes. Dieser außenpolitische Stil war der faschistischen Außenpolitik wesensverwandt. Auch Mussolini präsentierte sich als der eigentliche Außenminister und mied den Apparat des Palazzo Chigi. Durch seine erste Mission in Rom konnte sich Göring als eine Art Sonderaußenminister für Italien einführen.

Wie später noch oft hatte das Auswärtige Amt bei Görings Osterreise nach Italien das Nachsehen. So erfuhr man erst durch den Umweg über den ungarischen Gesandten Hory in Rom, daß Göring mit Mussolini über Österreich gesprochen habe[35], und wartete bis Ende Mai 1933 vergeblich auf einen Bericht Görings. Den Diplomaten, die deswegen anfragten[36], antwortete das Auswärtige Amt ausweichend, es habe sich bei Görings Visite „um rein private Gespräche ... unter vier Augen" gehandelt[37]. Den eigenen Standpunkt zur Österreich-Frage bekräftigte man dahingehend, daß der „Anschluß nicht als eine Frage der aktuellen Politik" zu betrachten und „jede Einmischung in die innere Politik Österreichs" abzulehnen sei.

Die Italienreise hatte ohne Zweifel Görings Prestige verstärkt. Im Ausland mußte man nun davon ausgehen, daß der Polizeiminister Göring auch Hitlers engster Vertrauter in außenpolitischen Fragen war. Auch Hitler konnte mit Görings Italienreise zufrieden sein, die jedenfalls geeignet war, der drohenden Isolierung entgegenzuwirken. Außerdem war es Göring gelungen, erste Beziehungen zu Mussolini zu knüpfen und dessen Standpunkt kennenzulernen. Es lag für Hitler deshalb nahe, Göring auch mit weiteren außenpolitischen Sondermissionen zu beauftragen.

Die Sondermission im Mai und ihre Folgen

Nach seiner Rückkehr aus Rom in seinem Selbstbewußtsein gestärkt, machte sich Göring in der Folgezeit zum Hauptfürsprecher für Mussolinis Viererpaktprojekt. Bereits Ende April trat er zu dessen Verblüffung an den französischen Botschafter François-Poncet mit dem Vorschlag heran, die feindselige Stimmung zwischen Frankreich und Deutschland abzubauen. Er stellte dabei in Aussicht, demnächst nach Paris zu kommen, um ähnlich wie in Rom über ein internationales Luftfahrtabkommen zu verhandeln. François-Poncet verhielt sich jedoch passiv. Auf französischer Seite war man nicht gewillt, unter Umgehung des Auswärtigen Amtes förmliche außenpolitische Kontakte mit führenden Nationalsozialisten aufzunehmen[38].

[34] Hassells Bericht an das AA vom 20.April 1933, PAB, Pol. Abt. II/ Italien Politik 2, Bd.8, Bl.105.
[35] Schoen (Budapest) an Köpke (AA) vom 17.April 1933, PAB, Geheimakten 1920–1936/ Österreich Pol 2 Politische Beziehungen Österreich–Deutschland einschließlich der Anschlußfrage, Anlage 2033/21, Bd.2.
[36] Nadolnys Telegramm an das AA vom 25.April 1933, PAB, Büro RM/ 18 Nr.1 Abrüstung, Bd.14, Bl.99.
[37] Köpke (AA) an Schoen (Budapest) vom 23.Mai 1933, PAB, Geheimakten 1920–1936/ Österreich Pol 2, Anlage 2033/21, Bd.2.
[38] François-Poncet (Berlin) an Paul-Boncour (Paris) vom 29.April 1933, in: DDF, 1/III. Nr.218, S.376. Zum französischen Standpunkt bzgl. Görings Verhandlungsinitiativen vgl. auch Paul-Boncour an de Jouvenel (Rom) vom 19.Mai 1933, ebd., Nr.295, S.523.

Offensichtlich hatte sich Göring nach seiner Rückkehr aus Rom mit Hitler über eine offizielle Sprachregelung in bezug auf die Österreich-Frage verständigt. Nachdem Göring erkannt hatte, wie stark Mussolinis Mißtrauen in diesem Punkt war, bemühte er sich nun, jeden Verdacht einer aggressiven deutschen Politik zu zerstreuen. Überschwenglich gab er Anfang Mai Cerruti gegenüber seinem Vertrauen in die Freundschaft Italiens Ausdruck und erklärte dabei, daß er „im Kabinettsrat den Antrag stellen werde, das Reich solle den Beschluss fassen, hinsichtlich Österreichs nichts zu tun und auch die österreichischen Nationalsozialisten nach der Machtübernahme nichts tun zu lassen ohne voraus gegangene völlige Verständigung mit der Kgl. Regierung". Um nicht an Glaubwürdigkeit zu verlieren, sah er sich im Mai auch genötigt, eine möglicherweise tatsächlich insgeheim geplante Reise nach Österreich abzusagen, bzw. ausdrücklich Cerruti gegenüber zu dementieren[39].

Die internationalen Verhandlungen über den Viermächtepakt-Entwurf hatten für die NS-Führung jetzt absoluten Vorrang, nachdem Hitler am 17. Mai 1933 vor dem Reichstag in der Kroll-Oper erneut den Viererpakt-Vorschlag lebhaft begrüßt und sein Interesse bekräftigt hatte. Auch Neurath war schließlich bereit, den italienischen Vertragsentwurf als Verhandlungsgrundlage anzuerkennen. Am 19. Mai überreichte er Cerruti den deutschen Gegenvorschlag für eine Neuformulierung des umstrittenen Artikels 3, der die Frage der Rüstungsgleichberechtigung Deutschlands behandelte. Am gleichen Tag begab sich Göring zu seiner zweiten Italienreise nach Rom. Er hatte den Auftrag, mit Mussolini den endgültigen Vertragstext abzustimmen[40].

Görings Mission wurde nicht von Neurath, der auf deutscher Seite die Vertragsverhandlungen führte, sondern von Hitler selbst initiiert. Hitler gab Göring insgeheim Verhandlungsinstruktionen mit, die über das hinausgingen, was Neurath für politisch vertretbar hielt[41]. Dies entsprach Hitlers Absicht, unter allen Umständen zu einem Vertragsabschluß zu kommen, zumal zu diesem Zeitpunkt auch das Reichskonkordat noch nicht ratifizierungsreif war. Göring, der sich bis zum 21. Mai in Rom aufhielt, traf mehrfach mit Mussolini, Aloisi und dem französischen und englischen Botschafter zusammen. Er zeigte sich von seiner konziliantesten Seite und war zu mehreren Zugeständnissen, was Vertragsdauer und Abrüstungsklauseln anbelangte, bereit[42]. Die von ihm in Rom ausgehandelten Entwürfe stießen jedoch auf Neuraths strikte Ablehnung. Der Vertragsentwurf war jetzt nach Neuraths Dafürhalten „gänzlich wertlos geworden" und enthalte „Bindungen, die … in einem späteren Zeitpunkt sehr unbequem (für Deutschland) werden könnten"[43]. Mit dieser Auffassung konnte sich Neurath einen Tag später auch in einer Konferenz mit Hitler, Blomberg, Papen und Göring durchsetzen[44], ehe Hitler durch einen Brief Mussolinis wieder umgestimmt wurde und aufgrund dessen Anfang Juni die deutsche Zusage endgültig zustandekam[45].

Die Viererpaktverhandlungen waren jedoch nicht das einzige Anliegen, das Göring nach Rom führte. Es ging Hitler und Göring vor allem darum, erneut das Gespräch

[39] Von der deutschen Abwehr abgefangenes Telegramm Cerrutis vom 13. Mai 1933, BAK, ZSg. 133/ 27.
[40] Jarausch, S. 139–141, der den Ankunftstag allerdings irrtümlich auf den 18. Mai 1933 datiert.
[41] Neuraths Aufzeichnung vom 20. Mai 1933, in: ADAP, C, I/2, Nr. 254, S. 466 f.
[42] Graham (Rom) an Simon vom 19. Juni 1933, in: DBFP, 2/5, Nr. 216, S. 367; Aloisi, Eintrag vom 19. Mai 1933, S. 123; Hassells Telegramm an das AA vom 21. Mai 1933, PAB, Büro RM/ 19a, Bd. II, Bl. 130–132.
[43] Aufzeichnung Neuraths vom 22. Mai 1933, in: ADAP, C, I/2, Nr. 258, S. 474.
[44] Aufzeichnung Neuraths vom 24. Mai 1933, ebd., Nr. 260, S. 477.
[45] Zum Entscheidungsprozeß für die letzte Phase vor der Vertragsentwurfannahme vgl. Jarausch, S. 143 ff.; Petersen, S. 172–179.

auf die Österreich-Frage zu bringen. Die Anfangsmonate des Regimes hatten der nationalsozialistischen Führung gezeigt, daß die außenpolitischen Nahziele des „Anschlusses" und des deutsch-italienischen Bündnisses sich in der Praxis gegenseitig ausschlossen, was auch durch Görings Osterbesuch in Italien bestätigt worden war. Bei dem Maibesuch suchte Göring von vornherein zu beschwichtigen und versicherte bereits bei seinem ersten Zusammentreffen mit Mussolini, daß es in der nächsten Zeit nicht notwendig sei, über Österreich zu verhandeln[46].

Hitlers Hauptzweck bei der Entsendung Görings war neben den Viererpakt-Verhandlungen die Herabstufung der Österreich-Frage, um die Hindernisse eines deutsch-italienischen Dialogs aus dem Weg zu räumen. Gegenüber dem römischen Berichterstatter der „Kölnischen Zeitung" erklärte Göring rundheraus: „Zwischen Italien und Deutschland gibt es ‚einfach keine österreichische Frage', und deshalb besteht sie auch für mich nicht"[47]. Er dementierte sogar, über dieses Problem mit Mussolini gesprochen zu haben. Neurath gegenüber gab er allerdings zu, „er habe die Zweifel Mussolinis über unsere Österreichpolitik nunmehr aufgrund der Instruktionen des Reichskanzlers gänzlich ausgeräumt"[48]. Er bestätigte damit, daß seine Mission mit Hitler genau abgesprochen war. Die Verärgerung des Auswärtigen Amtes über Görings Rombesuch[49] wurde zusätzlich dadurch erhöht, daß Mussolini Görings Bemerkungen zur Österreich-Politik öffentlich als deutsche Verzichterklärung auf Österreich interpretierte[50].

Auch nach seiner Rückkehr aus Italien versuchte Göring sich wiederholt in die Verhandlungen über den Viererpakt einzuschalten[51]. Gegen den Widerstand des Auswärtigen Amtes und die Bedenken Blombergs scheint er als einziger Hitler zur Zustimmung gedrängt zu haben[52]. Dabei ging es Göring nicht nur um die deutsch-italienische Annäherung, sondern auch um eine allgemeine Demonstration des außenpolitischen deutschen Kooperationswillens. Als sich Ende der ersten Juniwoche eine Einigung über den Vertragstext abzeichnete, forderte Göring, den Abschluß der Verhandlungen bis unmittelbar vor Beginn der Weltwirtschaftskonferenz hinauszuschieben[53], um dieser eine Demonstration der politischen Einheit der Großmächte voranzustellen. Dieses Vorhaben scheiterte aber am Einspruch Mussolinis, der befürchtete, daß sein Pakt „dann im Trubel der Ereignisse der Weltwirtschaftskonferenz nicht gebührend zur Geltung kommen würde"[54].

Der Monat Juli brachte für das nationalsozialistische Deutschland mit der Unterzeichnung des Viererpaktes und dem Abschluß des Reichskonkordats zwei außenpolitische Achtungserfolge. Gleichzeitig versuchte Hitler, die Frage des „Anschlusses"

---

[46] Aloisi, Eintrag vom 19. Mai 1933, S. 123.
[47] „Kölnische Zeitung" vom 21. Mai 1933 („Göring über seine Reise nach Rom"), PAB, Büro RM/ 19a, Bd. II, Bl. 138 (Hervorhebung im Original).
[48] Aufzeichnung Neuraths vom 22. Mai 1933, in: ADAP, C, I/2, Nr. 258, S. 473.
[49] Bülows Schreiben an Neurath vom 1. Aug. 1933, ebd., Nr. 385, S. 700–703, bes. S. 701.
[50] Phipps (Wien) an Simon (London) vom 2. Juni 1933, in: DBFP, 2/5, Nr. 197, S. 312, u. ebd., Nr. 198, S. 313.
[51] Aufzeichnung Köpkes (AA) vom 3. Juni 1933, PAB, Büro RM/ 19a, Bd. II, Bl. 256 f.
[52] Milchs Tagebucheinträge vom 25. Mai u. 7. Juni 1933, BA-MA, Nachlaß Milch N 179/ Nr. 36, Tagebuch 1933; vgl. auch François-Poncet (Berlin) an Paul-Boncour vom 4. Juni 1933, in: DDF, 1/III, Nr. 359, S. 646–651, bes. S. 650.
[53] Bülows Aufzeichnung vom 6. Juni 1933, PAB, Büro RM/ 19a, Bd. I, Bl. 272.
[54] Cerruti zu Bülow am 6. Juni 1933, ebd.

Österreichs aus der internationalen Debatte zu nehmen. Auf der Ministerbesprechung am 26. Mai verfügte er, daß die „Anschlußfrage vorläufig ganz zurückgestellt werden"[55] müsse, und ließ einen Monat später der Presse die geheime Anweisung geben, das „Wort Deutsch-Österreichischer Anschluß" nicht mehr zu verwenden[56]. Die außenpolitischen Konstellationen des Sommers 1933 zeigten jedoch, daß die Gefahr einer politischen Isolierung Deutschlands trotz des Viererpaktabschlusses nicht überwunden war.

Hauptgrund war das latente Mißtrauen, das vor allem Italien gegen die deutschen Pläne zur Einverleibung Österreichs hegte. Vor allem die Aktivitäten der österreichischen Nationalsozialisten erzeugten eine permanente Beunruhigung. Aber auch Görings Äußerungen während seines Osterbesuches zeigten noch immer ihre ungünstige Wirkung. Wenn Mussolini anläßlich seiner Besprechungen mit Dollfuß über den Abschluß einer Militärkonvention im Sommer 1933 erklärte: „Italien sei fähig und willens, die Regierung Dollfuß zu beschützen, falls diese sich nicht mehr selbst verteidigen könne"[57], so wurde diese Warnung vor allem auch an die Adresse Görings gerichtet. Görings beschwichtigende Worte vom 19. Mai hatten keineswegs schon vermocht, Mussolinis Argwohn zu beseitigen.

Göring hatte dazu Anfang Juni selbst neuen Anlaß geboten. Die Ausweisung der österreichischen Nationalsozialisten Habicht und Cohrs durch die Dollfuß-Regierung war von Göring damit beantwortet worden, daß er im Gegenzug den österreichischen Presseattaché in Berlin, Wasserbäck, inhaftieren ließ. Das Auswärtige Amt hatte Mühe, einen größeren diplomatischen Konflikt zu verhindern, und erreichte durch Hitler die Freilassung Wasserbäcks[58]. Die darauf zurückzuführende erneute Verstimmung Mussolinis über Göring äußerte sich drastisch in einem Gespräch mit dem englischen Botschafter Graham, dem der „Duce" erklärte, die deutsche Politik befinde sich in der Hand von zwei Männern, die nicht über Vernunft und logisches Denken verfügten. Der eine von ihnen, Hitler, sei ein Träumer und der andere, Göring, ein ehemaliger Insasse einer Irrenanstalt[59].

Um die Italiener zu beschwichtigen, entschloß sich Göring, einen ständigen Kontaktmann nach Rom zu entsenden. Mit Schreiben vom 24. Mai 1933 an das Auswärtige Amt teilte er diesem mit, daß er den Hauptmann a. D. Otto Hoffmann von Waldau zum Luftattaché an der Botschaft in Rom ernannt habe[60]. Trotz erheblicher Bedenken des Auswärtigen Amtes und der Deutschen Botschaft in Rom und wochenlanger Verhandlungen über Rang, Status und Aufgaben des Bevollmächtigten konnte sich Hoffmann von Waldau schließlich doch als Luftfahrt-Attaché durchsetzen und wurde in der Folgezeit Görings wichtigste Kontaktperson in Rom. Hoffmann von Waldau belieferte Göring nicht nur mit geheimen Informationen aus dem Bereich der Streitkräfte, sondern berichtete vor allem über politische Gespräche, Intentionen und

[55] Niederschrift über die Ministerbesprechung vom 26. Mai 1933, in: ADAP, C, I/2, Nr. 262, S. 481–486, hier: S. 485.

[56] Geheime Presseanweisung vom 24. Juni 1933, BAK, ZSg. 101/1 Bestellungen, Mitteilungen, Rundrufe, Bl. 28.

[57] Petersen, S. 195.

[58] Jacobsen, Außenpolitik, S. 771; Bülow an Lammers (Reichskanzlei) vom 13. Juni 1933, in: ADAP, C, I/2, Nr. 307, S. 551 f.

[59] Graham an Wellesley (London) vom 11. Okt. 1933, in: DBFP, 2/5, Nr. 44, S. 674.

[60] Göring an das AA vom 24. Mai 1933, PAB, Abt. II F-Luft/ Luftattaché Rom, Personalangelegenheiten, Bd. 1.

Notenwechsel der italienischen Führungsspitze[61]. Die bedeutende Rolle, die Waldau durch sein enges Verhältnis zu Göring spielte, wurde bald auch auf italienischer Seite erkannt. Da er nicht so sehr wie Hassell im Rampenlicht der Öffentlichkeit stand, war es ihm leichter möglich, unauffällige Kontakte mit Mussolini und dessen Mitarbeitern zu pflegen. Mit der Zeit erkannte man im deutschen Auswärtigen Amt die politische Bedeutung der Kontakte des Luftattachés und ließ sich neben den Berichten des Botschafters auch von Hoffmann von Waldau regelmäßig politische Berichte schicken, so daß dieser in Italien bald die Rolle eines Nebenbotschafters spielte.

Die Zwiespältigkeit der Italienpolitik Görings war schon 1933 unverkennbar. Auch aus eigener Einschätzung folgte er rückhaltloser als das Auswärtige Amt der Zielsetzung Hitlers zur Neuorientierung der deutschen Außenpolitik nach Italien und bemühte sich intensiv um italienische Kontakte. Aufgrund seiner vielfältigen Beziehungen zu diesem Lande fühlte er sich außenpolitisch für Italien zuständig und betrachtete die deutsch-italienischen Beziehungen als seine Domäne[62]. Dabei zeigte er jedoch wenig Respekt vor Italiens politischen Interessen an der Erhaltung der Unabhängigkeit Österreichs. In italienischen Führungskreisen war man genau darüber informiert, daß Göring in der österreichischen Frage weiterhin eine entschiedene Haltung einnahm. Man interpretierte dies als ein Zeichen von Görings mangelnder Intelligenz und nahm befriedigt jede Meldung zur Kenntnis, wonach dieser innerhalb der deutschen Führung an Einfluß verliere[63].

Die Ergebnisse von Görings ersten außenpolitischen Vorstößen in Richtung Großbritannien waren ähnlich zwiespältig. Ende Mai berichtete die britische und deutsche Presse übereinstimmend, Göring wolle in absehbarer Zeit England einen Besuch abstatten[64]. „Sein Vertrauter, Hauptmann Bolle, sei bereits nach London unterwegs um festzustellen, ob Besuch willkommen wäre"[65]. Das Vorhaben wurde mit den stockenden Viererpaktverhandlungen in Zusammenhang gebracht. Seit Mai bemühte sich Göring über verschiedene Kanäle, Kontakte zu britischen Regierungskreisen herzustellen. Wie bei seinem Einstieg in die deutsch-italienischen Beziehungen versuchte er auch hier Verbindungen zu englischen Luftfahrtkreisen zu knüpfen. Ende Mai sollte eine deutsche Delegation von Luftfahrtexperten unter der Führung Bruno Loerzers nach London zu Gesprächen und Besichtigungen reisen[66]. Das Foreign Office ließ jedoch über die deutsche Botschaft mitteilen, daß ihm der Besuch zum gegenwärtigen Zeitpunkt sehr ungelegen käme und Anlaß zu Mißdeutungen geben könnte, zumal ein aktiver Generalstabsoffizier daran teilnehme. Die Deutsche Botschaft in London teilte diese Befürchtung und tat das Ihre, den Besuch zu verhindern[67].

Auch in der Folgezeit bemühte sich Göring um Kontakte zu dem englischen Geschäftsträger Newton, und bei dem Besuch des britischen Präsidenten der Abrü-

---

[61] Einen Eindruck vermitteln die an das AA weitergeleiteten Berichte Waldaus in PAB, Abt. II F-Luft/ Berichte (von Waldau), Bd. 1 u. 2.

[62] Suvich zu Hassell am 4. Okt. 1933, BAK, ZSg. 133/ 27.

[63] Aloisi, Eintrag vom 27. Okt. 1933, S. 156.

[64] „Deutsche Allgemeine Zeitung" vom 24. Mai 1933 („Besuch Görings in London?"), PAB, Büro RM/ 19a, Bd. I, Bl. 133.

[65] Undatierte DNB-Meldung von Ende Mai 1933, ebd., Bl. 151.

[66] Kordts Aufzeichnung vom 19. Mai 1933, PAB, Büro St. S. von Bülow/ A I Aufzeichnungen St. S. betr. Interne Dienstanweisungen, Stellungnahmen zu Sachfragen, G. A. usw., Bd. 2, Pag. E 190 937 f.

[67] Aufzeichnung Dieckhoffs (AA) vom 24. Juli 1933, PAB, Büro RM/ 18-1 Abrüstung, Bd. 16, Bl. 190.

stungskonferenz, Henderson, im Juli in Berlin schob er sich in die vorderste Reihe[68].
Trotzdem gelang es Göring 1933 nicht, in den deutsch-britischen Beziehungen zu
einem Achtungserfolg zu kommen. Zum einen brachte ihn seine Rolle bei den politischen Säuberungen in Preußen im Anschluß an den Reichstagsbrand bei der englischen Presse nachhaltig in Mißkredit. Göring galt nicht nur als Reichstagsbrandstifter,
sondern auch als der radikalste Nationalsozialist[69]. Zum anderen blockierte Göring
seine Bemühungen um eine Annäherung an England selbst durch seine unnachgiebige Haltung in den Abrüstungsverhandlungen[70]. Mit seinem wiederholt vorgetragenen Verlangen nach dem Ankauf von Flugzeugen für die deutsche Polizei forderte er
den britischen Protest geradezu heraus. Seine Forderungen beeinflußten die Haltung
der Westmächte in den Abrüstungsverhandlungen sehr negativ und beschäftigten die
diplomatischen Dienste den Sommer über damit, die Wogen wieder zu glätten[71].

    Anders als der verschlagenere Hitler mutete Göring sowohl Italien wie England von
vornherein die Anerkennung deutscher Revisionsforderungen und damit einer neuen
deutschen Großmachtrolle zu und suchte auf dieser Basis eine Annäherung (was damals noch nicht erreichbar war). Dabei wirkten sicher auch innenpolitische Motive
mit. Durch gleichzeitig unnachgiebiges Auftreten und Bemühen um Verständigung
suchte Göring nicht ohne Erfolg, sein Ansehen in Partei und Regierung zu stärken.

    Görings außenpolitische Aktivitäten blieben schon 1933 nicht auf Italien und England beschränkt. Im Juni und Oktober 1933 reiste Göring zu offiziellen Besuchen
nach Schweden, wo er unter anderem auch vom schwedischen König empfangen
wurde[72]. Seit Juni pflegte er sogar Kontakte zu sowjetischen Politikern[73] und benutzte
den deutsch-sowjetischen Journalistenkonflikt, um sich im Oktober aktiv in die bislang nur von Hitler und den Vertretern des Auswärtigen Amtes bestimmte Rußland-
Politik einzuschalten[74]. Görings vermittelnde Intervention führte zu einer weitgehenden Eindämmung der antisowjetischen Pressekampagne und bewirkte eine Verbesserung der angespannten deutsch-sowjetischen Beziehungen. In diesem Fall deckten
sich Görings Schlichtungsbemühungen auch mit seinen innenpolitischen Zielsetzungen, die staatlichen Organe gegen die Übergriffe der Partei zu schützen. Hitler duldete
dies stillschweigend, da Görings außenpolitische Aktivitäten und innenpolitische Maßnahmen gleichermaßen der damals vorrangigen Stabilisierung des NS-Regimes zu dienen schienen.

[68] Programm für den Aufenthalt des Präsidenten der Abrüstungskonferenz, Henderson, am 17. u. 18. Juli
    1933, ebd., Bl. 160.
[69] Zeitungsausschnitte aus der englischen Presse und Auszüge aus dem „Braunbuch" der englischen Regierung über den Reichstagsbrand, in denen Göring als Haupttäter bezeichnet wird, PAB, Abt. Inland/Ref.
    Deutschland/ Po 5 N. E. Nr. 5 Reichstagsbrandstiftung, Bd. 1.
[70] Niederschrift über die „Chefbesprechung" am 12. Juli 1933, in: ADAP, C, I/2, Nr. 359, S. 640 f.
[71] Dieckhoffs Aufzeichnung vom 24. Juli 1933, PAB, Büro RM/ 18–1 Abrüstung, Bd. 16, Bl. 190; zur englischen Pressereaktion vgl. die „Times"-Artikel vom 25. u. 26. Juli 1933, ebd., Bl. 194 f.; zum Protest des britischen Geschäftsträgers Newton vgl. Bülows Schreiben an die Deutsche Botschaft London vom 29. Juli 1933,
    in: ADAP, C, I/2, Nr. 380, S. 688 f.
[72] Milchs Tagebucheinträge vom 15. u. 18. Juni, 20. u. 24. Okt. 1933, BA-MA, Nachlaß Milch N 179/ Nr. 36,
    Tagebuch 1933; vgl. auch Jacobsen, Außenpolitik, S. 777.
[73] Dirksen (Moskau) an Neurath vom 5. Juni 1933, in: ADAP, C, I/2, Nr. 284, S. 513 f.
[74] Wollstein, S. 258 f., 265; zur Vorgeschichte und Entstehung des Journalistenkonflikts vgl. McMurry,
    S. 105 ff.

Durchbruch als Sondergesandter: Blitzbesuch im November 1933

Göring wurde Hitlers bevorzugter außenpolitischer Sonderemissär. Dies zeigte sich deutlich nach dem deutschen Austritt aus den Genfer Abrüstungsbesprechungen im Oktober 1933. Infolge der sehr erregten Reaktion Mussolinis[75] sah sich Hitler veranlaßt, diesem die Gründe für seine Entscheidung schriftlich mitzuteilen. Göring wurde von Hitler dazu ausersehen, diesen Brief Mussolini zu überbringen und zu erläutern[76]. Hinzu kamen noch schriftliche Weisungen des Reichswehrministeriums als Grundlage für weitere Rüstungsbesprechungen[77]. Beide Schreiben wurden auch einer Reihe anderer wichtiger deutscher Auslandsmissionen in Abschrift übermittelt, da sie von grundlegender Bedeutung für die künftige deutsche Politik in der Abrüstungsfrage seien[78].

Görings Rombesuch vom 6./7. November 1933 diente jedoch nicht allein der Erläuterung des Völkerbundaustritts[79]. Göring sollte vor allem auch einen neuen Versuch machen, Italien in der Österreichfrage zu beschwichtigen. In diese Richtung zielten seine erneute Verzichterklärung auf Südtirol und die feierliche Versicherung, „daß das Reich bereit sei, schriftlich zu erklären, daß Deutschland Österreich nicht annektieren wolle"[80]. Dies mußte von Mussolini als ein Triumph gewertet werden, der ihn zweifellos in gute Laune versetzte. Endlich schien er einem politischen Ausgleich mit Deutschland nahe zu sein, während sich gleichzeitig die deutschen Beziehungen zu den Westmächten verschlechterten. Bezeichnender Ausdruck dieses Zweckoptimismus war es, daß Mussolini jetzt dem englischen Botschafter Drummond versicherte, daß er Göring sehr sympathisch fände, „insbesondere, weil er ihn für völlig aufrichtig halte"; das gelte auch für Görings Versicherung, „daß Deutschland Friede und nicht Krieg wünsche"[81].

Zweifel in Mussolinis Aufrichtigkeit sind angebracht. Tatsächlich hatte Göring neben der Erklärung des Verzichts auf Österreich in seinen römischen Besprechungen recht militante Töne anklingen lassen und bemühte sich, zwischen Italien und die Westmächte einen Keil zu treiben. Mit Österreich als Lockmittel in der Hand, kritisierte er scharf die französischen und britischen Positionen bei den Abrüstungsverhandlungen[82]. Dabei ging er ganz offensichtlich über die schriftlichen Instruktionen des Reichswehrministeriums hinaus und vertrat gegenüber Suvich die Auffassung, Deutschland müsse auf dem Marinegebiet volle Parität verlangen. Dies überraschte die italienische Seite, die davon ausging, daß Deutschland in der Abrüstungsfrage be-

[75] Suvich zu Hassell am 20. Okt. 1933, Hassell an das AA vom 20. Okt. 1933, PAB, Büro RM/ 18–1 Abrüstung, Bd. 18; zur Frage nach den Hintergründen von Mussolinis Reaktion vgl. Wollstein, S. 236 f.; Petersen, S. 253 f.
[76] Vermerk Völkers (AA) vom 25. Okt. 1933, PAB, Büro RM/ 18–1 Abrüstung, Bd. 18.
[77] Aufzeichnung ohne Unterschrift vom 4. Nov. 1933 („Notizen für Ministerpräsident Göring"), in: ADAP, C, II/1, Nr. 45, S. 76 f.
[78] Bülows Rundschreiben an die wichtigsten Missionen vom 18. Nov. 1933, PAB, Abt. II F-Abrüstung/ Abr. 41 Mussolini Vorschläge und Abrüstungsverhandlungen nach dem Austritt Deutschlands aus der Abrüstungskonferenz, Bd. 1, Pag. H 179 062.
[79] Petersen, S. 262–266; Wollstein, S. 237 ff.; Robertson, Mussolini, S. 62 f.; Poulain, Außenpolitik, S. 99 f.
[80] Aloisi, Eintrag vom 6. Nov. 1933, S. 160.
[81] Drummond (Rom) an Simon vom 8. Nov. 1933, in: DBFP, 2/6, Nr. 20, S. 19.
[82] In bezug auf Frankreich verstieg sich Göring zu der Erklärung, „que si la France veut prendre des sanctions, ce sera la guerre". Aloisi, Eintrag vom 6. Nov. 1933, S. 159.

sonderen Wert auf die englische Unterstützung lege[83]. Görings Äußerungen verunsicherten daher die italienische Regierung im gleichen Maße wie sie sie beruhigten. Trotz der sehr willkommenen deutschen Verzichterklärung auf Österreich war man in Rom keineswegs bereit, überstürzte Schritte zugunsten Deutschlands zu unternehmen[84].

Mussolini, der Görings Österreich-Erklärung dahingehend interpretierte, daß Deutschland bereit sei, in Österreich nichts gegen den Willen Italiens zu unternehmen[85], war immerhin zu einer Geste des Entgegenkommens bereit. Als Göring Mussolini am 7. November eröffnete, daß der italienische Botschafter Cerruti in Berlin nicht länger „persona grata" sei[86], versprach der „Duce" die Abberufung des Botschafters. Mussolini wollte damit offenbar auch den negativen Eindruck wettmachen, den die kurz zuvor – ausgerechnet an Görings Ankunftstag – erfolgte Entlassung des italienischen Luftmarschalls Italo Balbo[87], eines engen Vertrauten Görings, auf diesen gemacht haben muß. In den folgenden Wochen vermerkte Hassell ebenso wie ein für Deutschland arbeitender italienischer V-Mann in Rom auch eine deutlich positive Wandlung der italienischen Pressepolitik und in den öffentlichen und inoffiziellen Verlautbarungen gegenüber Deutschland[88]. Hassell sprach Göring das Verdienst zu, in den deutsch-italienischen Beziehungen die Basis des Vertrauens wiederhergestellt und gefestigt zu haben.

Nicht nur in der französischen Botschaft in Rom rätselte man darüber, „was GÖRING denn MUSSOLINI mitgeteilt haben könnte, um das Wunder zu vollbringen, den französenfreundlichen Kurs plötzlich abzustoppen und Deutschland abermals in den Vordergrund der Interessen, der Sympathie, ja der Lobpreisung zu rücken"[89]. Auch im Auswärtigen Amt und im Reichswehrministerium wartete man zunächst vergeblich auf Informationen aus erster Hand über die römischen Besprechungen[90]. Erst am 17. November fand sich Göring bei Neurath ein und berichtete in groben Umrissen über seine Verhandlungen mit Mussolini[91]. Er ging dabei wenig über das hinaus, was bereits durch öffentliche Presseverlautbarungen bekannt war[92]. Auch der englische und französische Botschafter bemerkten schnell, daß es dem Auswärtigen Amt an Informationen mangele und „Baron von Neurath immer noch im Unklaren über Herrn Hitlers Absichten ist"[93].

[83] Vermerk von Frohwein (AA) vom 28. Nov. 1933 über ein Gespräch Hassells mit Suvich, PAB, Abt. II F-Abrüstung/ Abr. 41, Bd. 2, Bl. 121.
[84] Di Nolfo, S. 68 f.
[85] Hassell an das AA vom 23. März 1934, in: ADAP, C, II/2, Nr. 354, S. 652 f.
[86] Aloisi, Einträge vom 7. u. 18. Nov. 1933, S. 160, 162.
[87] Hoffmann von Waldaus Bericht vom 10. Nov. 1933, PAB, Abt. II F-Luft/ Berichte (von Waldau), Bd. 1; zur italienischen Begründung dieses Vorgehens vgl. den Vermerk Frohweins (AA) vom 14. Nov. 1933, PAB, Abt. II F-Abrüstung/ Abr. 41, Bd. 1, Pag. H 179 033 f.
[88] Hassell (Rom) an das AA vom 17. Nov. 1933, ebd., Bd. 2, Bl. 89–93.
[89] ND-Bericht vom 2. Dez. 1933, PAB, Pol. Abt. II/ Italien Politik 2, Bd. 8, Bl. 276.
[90] Frohwein an Köpke vom 11. Nov. 1933, PAB, Pol. Abt. II/ Italien Politik 2 D, Bd. 2, Pag. H 030 134.
[91] Neuraths Aufzeichnung vom 20. Nov. 1933, in: ADAP, C, II/1, Nr. 78, S. 139 f.
[92] Pressekommuniqué und die deutsche Version der Gesprächsthemen in der „Berliner Börsen-Zeitung" vom 7. Nov. 1933 („Ein Brief Hitlers an Mussolini"), PAB, Büro RM/ 18–1, Bd. 19, Bl. 31; vgl. ebd., Bl. 186, die ausführliche italienische Berichterstattung im „Messaggero" vom 7. Nov. 1933 („Goering giunge in volo a Roma").
[93] Phipps (Berlin) an Simon vom 10. Nov. 1933, in: DBFP, 2/6, Nr. 29, S. 28; vgl. François-Poncet (Berlin) an Paul-Boncour vom 9. Nov. 1933, in: DDF, 1/IV, Nr. 413, S. 733 f.

Besonders schwer taten sich in der Folgezeit die Abrüstungsexperten des Auswärtigen Amtes mit dem in diplomatischen Kreisen diskutierten „Göring-Plan" zu den Rüstungsbegrenzungsverhandlungen. Verwirrung entstand vor allem dadurch, daß man die schriftlichen Instruktionen des Reichswehrministeriums nicht in Einklang mit den sich in Umlauf befindlichen Gerüchten über diesen Plan bringen konnte[94]. Anfragen von Diplomaten begegnete das Auswärtige Amt mehr mit Mutmaßungen als mit genauen Informationen[95]. Nach dem Rückzug von den Genfer Abrüstungsverhandlungen hatte man im Auswärtigen Amt die Initiative in den weiteren Abrüstungsgesprächen endgültig aus der Hand gegeben.

Auch in den deutsch-italienischen Beziehungen wurde das Auswärtige Amt in eine Nebenrolle gedrängt. Das zeigte sich erneut anläßlich des Besuches des Unterstaatssekretärs im italienischen Außenministerium, Suvich, in Berlin im Dezember 1933. Göring hatte Suvich bei seinem November-Besuch in Rom offiziell eingeladen[96], betrachtete ihn jedoch als seinen persönlichen Gast, um mit ihm das in Rom begonnene Gespräch fortzusetzen und „um hier gewissermaßen den Besuch Görings zu erwidern"[97]. Die organisatorische Planung des Besuchs lag nicht beim Auswärtigen Amt, sondern beim Preußischen Staatsministerium. Unter Görings persönlichem Vorsitz fanden die vorbereitenden Besprechungen statt[98]. Auch das Besuchsprogramm veranschaulichte Görings dominante Rolle gegenüber dem Reichsaußenminister[99]. Im gesellschaftlichen Rahmenprogramm trat er als Gastgeber auf und präsentierte sich während des Besuches als „Protektor" des italienischen Gastes. Hitler zog in seinen Gesprächen mit Suvich alle Register seiner Verharmlosungs- und Verschleierungstaktik, freilich ohne seinen Gesprächspartner beeindrucken zu können. Vor allem an dem von den österreichischen Nationalsozialisten gehaßten und von der Parteipresse im Reich wegen seiner Unterdrückung der NS-Bewegung in Österreich scharf angegriffenen österreichischen Bundeskanzler Dollfuß schieden sich nach wie vor die Geister. Suvich ließ keinen Zweifel daran, daß die italienische Regierung Dollfuß weiterhin unterstützen werde[100].

Die optimistischen Berichte über einen Stimmungsumschwung zugunsten Deutschlands nach Görings Rombesuch fielen bald wieder in sich zusammen. Görings ausgesuchte Höflichkeit gegenüber Suvich machte ihn bei diesem eher verdächtig[101]. Nach seiner Rückkehr äußerte sich Suvich recht abschätzig über Göring und brachte ihn bei der italienischen Regierung erneut in Mißkredit. Er erschien den Italienern wieder als Hauptverantwortlicher für die feindselige deutsche Haltung gegenüber Österreich[102], zumal Österreich im Zusammenhang mit Mussolinis ehrgeizigen Bal-

---

[94] AA-Aufzeichnung von Ende 1933 über diesen Fragenkomplex, PAB, Abt. II F-Abrüstung/ Abr. 41, Bd. 3.
[95] Aufzeichnung Schwendemanns (AA) über ein Gespräch mit dem ungarischen Gesandten Masirevich vom 29. Dez. 1933, ebd., Bl. 186 ff.
[96] Aloisi, Eintrag vom 6. Nov. 1933, S. 160.
[97] Göring zu Neurath am 17. Nov. 1933, in: ADAP, C, II/1, Nr. 78 (Aufzeichnung Neuraths vom 20. Nov. 1933), S. 139.
[98] Aufzeichnung Altenburgs (AA) vom 8. Dez. 1933, PAB, Büro RM/ 8 Italien, Bd. 10, Bl. 130 f.
[99] Köpkes AA-Rundschreiben vom 20. Dez. 1933, PAB, Pol. Abt. II/ Italien Politik 2, Bd. 8, Bl. 285; Minutenprogramm für Suvichs Besuch in Berlin, BAK, R 43 II/ 1447 Beziehungen zu auswärtigen Staaten: Italien, Bl. 179 f.
[100] Petersen, S. 288 f.
[101] Aloisi, Eintrag vom 17. Dez. 1933, S. 168.
[102] Phipps (Berlin) an Simon vom 21. Dez. 1933, in: DBFP, 2/6, Nr. 142, S. 211.

kan-Plänen zum Jahreswechsel ins Zentrum der italienischen Außenpolitik rückte. Auch Görings Interview mit Ward Price im Februar „über die Notwendigkeit der deutschen Gleichberechtigung in der Luft"[103] und sein Artikel über „Deutschland und die Abrüstung" in der „Berliner Börsen-Zeitung", in dem er für die Wiedereinführung der Wehrpflicht in Deutschland plädierte (Juni 1934)[104], wurden in Italien Anlaß zu neuem Mißtrauen gegenüber Göring[105]. Da half es auch wenig, daß sich Göring anläßlich der Berliner Ausstellung über „italienische futuristische Malerei" im März 1934 erneut als Freund Italiens präsentierte[106].

Sichtbarstes Zeichen des italienischen Mißtrauens gegenüber Göring war der von Rom bei der Vorbereitung des Treffens zwischen Hitler und Mussolini in Venedig im Juli 1934 signalisierte Wunsch, daß Hitler auf eine Begleitung durch Göring verzichten möge[107]. Ursache für diese brüske Ablehnung war Görings erste Balkanreise im Mai 1934, mit der er, wie noch zu zeigen sein wird, italienische Empfindlichkeiten besonders herausgefordert hatte.

Die außenpolitischen Aktivitäten Görings im ersten Jahr des NS-Regimes dienten nicht zuletzt der Prestigestärkung des Preußischen Ministerpräsidenten und der Führungsriege des „Dritten Reiches" und halfen seine Machtstellung auszubauen. Hitler benutzte das schon vorher in schwierigen innenpolitischen Verhandlungen erprobte Geschick Görings, um – oft am Auswärtigen Amt vorbei – erste Akzente einer neuen nationalsozialistischen Außenpolitik zu setzen und vor allem um die 1933 drohende außenpolitische Isolierung des Reiches abzuwenden, und ließ dabei Göring beachtliche Handlungsfreiheit.

Ehe wir den Faden der weiteren außenpolitischen Aktivitäten Görings wieder aufnehmen, wollen wir die Stärkung seiner damit eng verbundenen innenpolitischen Macht betrachten.

3. Der Aufbau der Luftwaffe

Wichtige Faktoren beim Aufbau der Machtstellung Görings waren sein Einsatz für den Aufbau einer militärischen Luftstreitmacht und sein Aufstieg vom Reichsminister für Luftfahrt zum Oberbefehlshaber der Luftwaffe. Ähnlich wie im innerparteilichen und im innerstaatlichen Bereich stieß Görings Eindringen in die Militärpolitik zunächst auf erhebliche Widerstände. In der militärgeschichtlichen Forschung wird Görings Rolle bei dem Aufbau der Luftwaffe im allgemeinen eher gering veranschlagt, da er sich wenig um konzeptionelle, organisatorische und technische Detailfragen gekümmert hat. In der Tat war Görings Staatssekretär Erhard Milch „der Mann, der die Knochenarbeit im Ministerium leistete"[1]. Dennoch ist es gerechtfertigt, Göring als den Schöpfer der Luftwaffe zu bezeichnen, da es seinem Ehrgeiz zu verdanken war,

---

[103] Nachmittagsausgabe des Deutschen Nachrichtenbüros Nr. 377 vom 20. Feb. 1934, PAB, Büro RM/ 18–1, Bd. 20, Bl. 300 f.
[104] „Berliner Börsen-Zeitung " vom 17. Juni 1934, ebd., Bd. 21, Bl. 298.
[105] Aloisi, Eintrag vom 12. März 1934, S. 182.
[106] Rosenbergs Schreiben an Göring vom 29. März 1934, BAK, NS 8/ 167, Bl. 155.
[107] Petersen, S. 344.

[1] Deichmann, S. 71.

daß sich die Luftwaffe als neuer, selbständiger Wehrmachtteil neben den traditionellen Waffengattungen von Heer und Marine etablieren konnte.

Bis zum Ende des Ersten Weltkrieges waren die fliegenden Verbände dem Heer und der Marine angegliedert. Nach dem verlorenen Krieg verbot Artikel 199 des Versailler Vertrages Deutschland, zu Lande oder zu Wasser Luftstreitkräfte zu unterhalten. Erst am 5. Mai 1922 wurden die Baubeschränkungen für Luftfahrzeuge weitgehend aufgehoben[2]. Trotz des entwicklungstechnischen Rückstandes kam es schnell zu einem Aufschwung in der deutschen Verkehrsluftfahrt, die durch Reichsanleihen des Verkehrsministeriums subventioniert wurde. Durch eine geschickte Konzentrationspolitik gelang es dem Ministerialdirektor und Leiter der Luftverkehrsabteilung im Reichsverkehrsministerium, Ernst Brandenburg, eine Fusionsgesellschaft für Luftverkehr zu gründen, die bald in Deutschland eine Monopolstellung einnahm und eng mit dem Verkehrsministerium kooperierte. Eines der drei Vorstandsmitglieder dieser Anfang 1926 gegründeten Gesellschaft mit dem Namen „Deutsche Lufthansa A.G." war Erhard Milch, der zuvor bei der Fluggesellschaft „Junkers-Luftverkehr" tätig gewesen war. Bis zu seiner Bekanntschaft mit Göring hatte der Weltkriegsoffizier Milch keinerlei Ambitionen, den Wiederaufbau der nach wie vor verbotenen militärischen Luftfahrt zu planen oder durchzuführen.

Göring knüpfte bald nach seiner Rückkehr nach Deutschland im Jahre 1927 Kontakte zur „Lufthansa", als deren Sprecher er sich im Reichstag gerne ausgab. Die Weltwirtschaftskrise unterbrach allerdings den Aufstieg des deutschen Luftverkehrs und bewirkte eine Streichung der Reichsanleihen. Dies stürzte die Flugzeugindustrie ab 1931 in eine schwere Krise. Göring bemühte sich um das Vertrauen der Luftfahrtindustriellen und -gesellschafter, indem er neue öffentliche Subventionen forderte. Seine Bemühungen führten schließlich zu einer engen Zusammenarbeit mit Milch, der sich jedoch zunächst wenig mit Görings Plänen einer militärischen Luftrüstung anfreunden konnte[3].

Politische Durchsetzungsschwierigkeiten im Jahre 1933

Göring bezog seine Anregungen für eine neue Luftrüstung nicht aus Reichswehrkreisen, obwohl die Reichswehr seit Mitte der zwanziger Jahre auf russischem Boden geheime Pilotenausbildungen und Flugtests durchführte[4]. Görings Luftwaffen-Konzept entsprach nicht den traditionellen Planungen der Reichswehr[5]. Spätestens seit seiner Italienreise im Jahr 1931 gab es für Göring ein großes Vorbild: Italo Balbo. Als einer der ersten Staaten in Europa verfügte Italien über ein Luftfahrtministerium und eine Luftwaffe als eigenständige Teilstreitkraft. Görings Ziel war, dieses Konzept auch in Deutschland zu verwirklichen. Mit dem italienischen Luftfahrtminister Balbo ver-

---

[2] Gehrisch, S. 36 ff.
[3] Irving, Tragödie, S. 39 ff., 55 ff.
[4] Absolon, Bd. I, S. 68 ff.; Hans W. Gatzke, Russo-German Military Collaboration During the Weimar Republik, in: American Historical Review 63 (1958), S. 565–597.
[5] Somit löst sich auch Völkers Rätsel, wieso Göring keine Kontakte zu den Angehörigen der Fliegerführungsstäbe des RWM pflegte. Vgl. Völker, Luftwaffe, S. 11. Köhler u. Hummel vermuten, daß Göring die Idee zur Schaffung der Luftwaffe als selbständigen Wehrmachtteil aus einer Denkschrift vom März 1916 von Hermann von der Lieth-Thomsen bezog, bleiben den Nachweis, daß Göring diese Denkschrift kannte, jedoch schuldig. Köhler/Hummel, S. 508 f.

band Göring frühzeitig eine enge Freundschaft, die er in Deutschland propagandistisch zu nutzen verstand[6]. Im Dezember 1932 war Balbo einer Einladung Görings nach Berlin gefolgt, wobei er auch Görings Forderungen nach Einrichtung eines Reichsluftfahrtministeriums nach italienischem Vorbild unterstützt hatte[7].

Görings weitreichende Pläne ließen sich in den Verhandlungen zur Bildung des Hitler-Kabinetts nicht verwirklichen. Mit seiner Ernennung vom 30. Januar 1933 zum „Reichskommissar für den Luftverkehr" hatte Göring sein Ziel keineswegs erreicht. Formal war er mit diesem kleinen Ressort noch dem Reichsverkehrsministerium unterstellt. Immerhin war es ihm aber gelungen, Erhard Milch für das Amt des stellvertretenden Reichskommissars zu gewinnen[8]. In dieser Entscheidung kam ein Grundzug seiner Personalpolitik zum Ausdruck. Göring achtete bei der Auswahl seiner engeren Mitarbeiter weniger auf das nationalsozialistische Parteibuch als auf fachliche Eignung. Seine zahlreichen Ämter ließen sich nur dadurch bewältigen, daß er sich fähige Mitarbeiter suchte, die ihm die tägliche Arbeit abnahmen und auch in der Lage waren, selbständig zu handeln. Göring besaß seit 1922 keine Flugerfahrung mehr. In diesen zehn Jahren hatte die technische Entwicklung große Fortschritte gemacht. Anläßlich einer Besichtigung der Luftfahrt-Erprobungsstelle Rechlin am 29. März 1933 äußerte sich Göring zu Milch über das technische Niveau der Konstruktion von Flugzeugen und Ausrüstung: „Ich habe nicht geahnt, daß Sie so weit sind. Um so besser!"[9] Göring bemühte sich erst gar nicht, diese Innovationen selbst zu erproben. Statt dessen zog er in Milch einen fähigen Praktiker heran, der sich auf der Höhe der Forschung und luftfahrttechnischen Entwicklung befand und für Göring die technische und organisatorische Arbeit erledigen konnte.

Göring verstand sich als der politische Wegbereiter und Schirmherr der künftigen Luftwaffe. Bereits auf der Ministerbesprechung am 1. Februar 1933 teilte er mit, daß er sein Kommissariat für den Luftverkehr in „Reichskommissariat für Luftfahrt" umbenennen werde[10]. Dahinter verbarg sich nicht nur ein Wechsel des Etiketts, der neue Name signalisierte die Trennung vom Reichsverkehrsministerium[11] und bedeutete die Höherstufung des Reichskommissariats zu einer eigenständigen Obersten Reichsbehörde. Göring hatte sich damit die Basis für den Aufbau einer Organisation geschaffen, die seiner alleinigen und unabhängigen Führung unterlag.

Tatsächlich lag es weniger an der Rücksichtnahme auf das Ausland als an inneren Widerständen, vor allem von seiten der Reichswehrführung und der Marine, daß für Göring nicht von Anfang an ein Reichsministerium geschaffen worden war. Die gegensätzlichen Positionen traten deutlich auf einer Besprechung am 6. Februar 1933 zwischen Blomberg, Reichenau, Bohnstedt, Göring und Milch hervor. Göring erläu-

6   Görings Geleitwort in: Italo Balbo, Der Marsch auf Rom. Tagebuch der Revolution 1922. Mit einem Geleitwort von Ministerpräsident Hermann Göring, Leipzig o.J. (1933), S.5ff.
7   Milchs Tagebucheintrag vom 10. Dez.1932, BA-MA, Nachlaß Milch N 179/ Nr.36, Tagebuch 1932; Ludecke, S.534f.
8   Irving, Tragödie, S.61f.
9   Zit. bei Karl-Heinz Völker, Die Entwicklung der militärischen Luftfahrt in Deutschland 1920 bis 1933. Die Planung und Maßnahmen zur Schaffung einer Fliegertruppe in der Reichswehr, in: Beiträge zur Militär- und Kriegsgeschichte, Bd.3, Stuttgart 1962, S.121–292, hier: S.230.
10 Niederschrift der Ministerbesprechung vom 1.Feb.1933, BAK, R 43 I/ 1459 Protokolle Ministerbesprechungen ab 30.1.33.
11 Zu Görings organisatorischen Aufbaumaßnahmen vgl. Völker, Luftstreitkräfte, S.199ff.; Absolon, Bd.I, S.60–74.

terte freimütig sein Konzept, nach dem die „zivile Luftfahrt unter seiner Leitung ...
nur Tarnungsmittel für die Wehrmachtluftfahrt sein" sollte. Die richtungsweisende
Zusammenfassung seiner Pläne lautete: „Das gesamte Luftkommissariat ist nur eine
Reserve für die Wehrmacht"[12]. Blomberg stimmte zwar grundsätzlich zu, lehnte aber
mit dem Hinweis auf außenpolitische Gründe eine „Vermischung Militär und Nicht-
militär" ab und pochte auf die Zuständigkeit der Reichswehr. Noch entschiedener bekämpfte die Marineführung die potentielle Konkurrenz ihrer Marineflieger. Noch
Jahre später beharrte die Marine in oft kleinlicher Weise auf ihrem Ressortpartikularismus und wehrte sich energisch gegen den Gesamtbegriff „Luftwaffe" als dritten Wehrmachtsteil[13].

Es ist fraglich, inwieweit Görings Initiative mit Hitler abgesprochen war[14]. Anläßlich der Diskussion über den Nachtragshaushalt für das Luftkommissariat führte Hitler auf der Ministerbesprechung am 16. Februar 1933 aus, „dass es sich bei der Einrichtung des Reichskommissariats für Luftfahrt darum handele, dem deutschen Volk
in getarnter Form zu der Luftwaffe zu verhelfen, die ihm bisher wegen der Bestimmungen des Versailler Vertrages vorenthalten worden sei ... Der Reichswehr werde
damit zu der wichtigsten Waffe für die Zukunft verholfen."[15] In der weiteren Auseinandersetzung lassen sich jedoch keine darüber hinausgehenden Interventionen Hitlers
nachweisen. Es scheint, daß er sich angesichts der wenig kompromißbereiten Haltung
der Reichswehrführung davor hütete, abrupt in die traditionellen Organisationsberei-
che der Spitzengliederung einzugreifen.

Um seine Ziele zu erreichen, hatte Göring weniger Hemmungen als Hitler, der vermeiden wollte, schon kurz nach seinem Regierungsantritt Konflikte mit der Reichswehr auszutragen. Görings Richtlinien für die Abrüstungsverhandlungen in den Luft-
fahrtkommissionen zeigen, daß er im Unterschied zu Hitler keineswegs daran dachte,
behutsam und abwartend seinen Zielen näherzukommen. Deutscher Unterhändler in
Genf war Ministerialdirektor Brandenburg als Chef der Zivilluftfahrtabteilung im
Reichsverkehrsministerium. Er wurde nach dem Regierungswechsel Göring unterstellt. Ende Februar erhielt er von Göring die Anweisung, wenn die deutsche Gleichberechtigung nicht umgehend anerkannt werde, solle die deutsche Delegation in der
Luftfahrtkommission sofort aufstehen und den Saal verlassen, „und zwar so, daß man
die Tür auf der ganzen Konferenz zufallen hört"[16]. Daraufhin bemühte sich Neurath,
auf Brandenburg einzuwirken, „keinesfalls eine ultimative Erklärung abzugeben und
wenn irgend möglich, einen Bruch zu vermeiden"[17]. Neuraths Mahnung konnte jedoch nicht verhindern, daß die westlichen Verhandlungspartner über die veränderte
deutsche Gesprächsposition bald im Bilde waren. Bei den französisch-britischen Ministerbesprechungen wurde auf höchster Ebene in Paris am 10. März 1933 festgestellt,

[12] Aufzeichnung ohne Unterschrift über die Besprechung am 6. Feb. 1933, BA-MA, Marinekommandoamt
RM 20/ 875 Luftministerium (1933–1937).
[13] Aktenvorgänge ebd.; Gemzell, S. 173 f.; Raeder, Bd. 1, S. 261; Dönitz, S. 131 f.
[14] Raeder hatte die „Empfindung", daß Hitler mehr ihm als Göring zugestimmt habe. Vgl. Raeder, Bd. 2,
S. 112, 118 f.
[15] Niederschrift über die Ministerbesprechung am 16. Feb. 1933, BAK, R 43 I/ 1459, Bl. 412.
[16] Zit. bei Schmidt, Statist, S. 260.
[17] Aufzeichnung Neuraths vom 26. Feb. 1933, PAB, Büro Reichsminister/ 1c Nr. 1 Sammlungen von Aufzeichnungen des Reichsministers, Bd. 3, Bl. 134.

daß Göring dabei sei, „eine richtige militärische Luftstreitmacht zu organisieren, ohne Rücksicht auf die Vertragsbedingungen, die dies verbieten"[18].

Göring verstärkte diesen Eindruck durch seine im Ausland Aufsehen erregende Essener Rede vom 11. März 1933 über die deutsche Luftrüstung. In pathetischen Worten erinnerte er an das „Vermächtnis" des Ersten Weltkriegs und sprach von der Notwendigkeit, die deutsche Luftfahrt neu aufzubauen. „Heute seien die alten Gegner Deutschlands in Genf schon wieder am Werke, die deutsche Luftfahrt, die kaum begonnen habe, sich wieder aufzurichten, abermals zu vernichten"[19]. Zwei Tage später verständigten sich die Außenminister der demokratischen Staaten in Genf auf einen offiziellen Protest gegen die Göring-Rede[20]. Zuvor war sogar die Frage erörtert worden, ob unter diesen Umständen die Abrüstungskonferenz überhaupt noch sinnvoll fortgeführt werden könne. Schließlich beließ man es bei einem formellen Protest der Botschafter bei Neurath[21]. Kaum zufällig präsentierte sich Göring in Essen als Reichsminister für die Luftfahrt[22]. Dieses Ministerium existierte bislang nur in Görings Wunschträumen. Noch immer kämpfte er um seine ministerielle Verankerung im Reich, die von Anfang an sein Hauptanliegen war.

Ein wichtiger Schritt auf dem Weg zu diesem Ziel war die Osterreise nach Italien, die offiziell als Besuch bei Luftfahrtminister Balbo deklariert worden war und bei der Görings Mitarbeiter Milch und Loerzer mit dem italienischen Luftfahrtministerium verhandelt hatten[23]. Durch diese offiziellen Verhandlungen mit dem italienischen Luftfahrtminister fühlte sich Göring genügend legitimiert, in der Ministerbesprechung am 28. April 1933 mitzuteilen, „er habe den Wunsch, das Reichskommissariat für Luftfahrt in ein Reichsministerium für Luftfahrt umzuwandeln. Demnach werde er künftig auch nicht mehr Reichskommissar für Luftfahrt, sondern Reichsminister für Luftfahrt heissen"[24]. Mit Hilfe seiner außenpolitischen Initiative konnte er die Einsprüche und Bedenken der Marine und der Reichswehrführung nunmehr bedeutungslos machen. Am 5. Mai 1933 unterzeichneten Hindenburg und Hitler die Ernennung Görings zum „Reichsminister der Luftfahrt"[25].

---

[18] Record of a Meeting in Paris between British and French Ministers, March 10, 1933, in: DBFP, 2/4, Nr. 290, S. 503.

[19] Nachricht von Wolff's Telegraphischem Büro, Nr. 554 vom 11. März 1933 „Reichsminister Göring über die Notwendigkeit des Wiederaufbaus der deutschen Luftfahrt", PAB, Büro RM/ 18-1 Abrüstung, Bd. 13, Bl. 194.

[20] Record of a Conversation at Geneva between Mr. MacDonald, Sir J. Simon and M. Benes, March 13, 1933, in: DBFP, 2/4, Nr. 298, S. 520 ff.

[21] Neurath-Aufzeichnung vom 14. März 1933, PAB, Büro RM/ 1c Nr. 1, Bd. 3, Bl. 153. Am 14. März telegrafierte Nadolny an Neurath und stellte ihm anheim, ob es nicht „vielleicht zweckmäßig wäre, wenn von Seiten des Herrn Reichskanzlers eine Äußerung erfolgte, die eine abwiegelnde Wirkung im unnötig aufgeregten Ausland herbeiführen könnte". Nadolny an Neurath vom 14. März 1933, PAB, Büro RM/ 18-1 Abrüstung, Bd. 13, Bl. 169.

[22] Wolff-Meldung vom 11. März 1933, ebd., Bl. 194.

[23] Aussagen Erhard Milchs am 8. April 1957, IfZ, ZS 1230 Erhard Milch, Bl. 2 f.

[24] Niederschrift über die Ministerbesprechung vom 28. April 1933, BAK, R 43 II/ 1151 Reichsluftfahrtministerium, Bl. 26.

[25] Ernennungsurkunde vom 5. Mai 1933, BAK, R 43 II/ 1151a RLM – Personalangelegenheiten des Ministers, Bl. 3.

Organisation der Luftrüstung und Durchbruch im Jahre 1933

Nach den Durchsetzungsschwierigkeiten zu Beginn des Jahres 1933 beschleunigte Göring nun mit Nachdruck den geheimen Aufbau der Luftwaffe. In langwierigen Absprachen mit Blomberg erreichte es Göring, daß ihm vier Heeresoffiziere im Oberstenrang zur Verfügung gestellt wurden, um den Mangel an qualifizierten Führungskräften auszugleichen. Am 1. September 1933 wurden Wever zum Chef des Luftkommandoamtes, Stumpff zum Chef des Personalamtes und Wimmer zum Chef des Technischen Amtes ernannt. Ihnen folgte am 1. Oktober 1933 Kesselring als Chef des Verwaltungsamtes[26]. Um dem Vorgesetztenverhältnis Görings zu diesen Offizieren auch in Form des militärischen Ranges Ausdruck zu geben, hatte er es ferner durchgesetzt, schon am 30. August 1933 von Hindenburg vom Hauptmann a. D. zum General der Infanterie befördert zu werden, was eine sehr ungewöhnliche Beförderung war. Nach wie vor fand sich die Reichswehrführung nur widerstrebend mit Görings Selbständigkeit als Luftwaffenchef ab[27].

Im Zusammenhang mit dem Aufbau der sogenannten „Risiko-Luftwaffe" sah sich Göring seit dem Spätsommer 1933 in zunehmendem Maße auch mit rüstungs- und wirtschaftspolitischen Fragen konfrontiert. „Bereits seit Sommer 1933 lagen ... konkrete Pläne für die Aufstellung einer militärischen Luftflotte vor, für deren Bau auch noch im selben Jahr die notwendigen wirtschaftlichen und fabrikatorischen Maßnahmen ergriffen wurden."[28] Zur Beschleunigung des Aufbaus hatte man sich gegen eine strategische und für eine taktische Bomberflotte entschieden, da man von der Annahme ausging, daß hierfür ein wesentlich geringerer Einsatz von Flugmaterial ausreichte[29].

Die Aufbauphase der Luftwaffe war durch eine luftkriegstheoretische Konzeptionenvielfalt gekennzeichnet, die in zahlreichen Denkschriften ihren Niederschlag fand. Für einzelne Konzepte läßt sich nachweisen, daß sie Göring zur Kenntnisnahme vorgelegt wurden[30]. Hieraus folgt jedoch nicht zwingend, daß Göring auf die Diskussion selbst Einfluß nahm. Luftkriegstheoretische Äußerungen Görings lassen sich kaum finden. Ausschlaggebend für die „Massenproduktion mittlerer Bomber und das Einpendeln der luftkriegstheoretischen Diskussion in Deutschland auf eine mittlere Linie" zwischen den Extremen einer strategischen oder operativen Luftwaffe, war vor allem Milchs zurückhaltende Position gegenüber den Auffassungen des international viel diskutierten Luftkriegstheoretikers Douhet[31].

Seit September 1933 fanden im Reichsluftfahrtministerium Besprechungen mit Industrievertretern zur Vorbereitung des rüstungstechnischen Aufbaus der Luftwaffe statt. Für den 20. Oktober 1933 berief Göring die führenden Persönlichkeiten der deutschen Industrie zu einer geheimen Sitzung nach Berlin. Anwesend waren „nicht nur die Führer der Flugzeugwerke und des Motorenbaues, sondern auch die leitenden

---

[26] Absolon, Bd. I, S. 64. Vgl. auch Blombergs Schreiben vom 10. Mai 1933, in: Völker, Luftwaffe, Anlage 1, S. 224 f.

[27] Völker, Dokumente, S. 111–132.

[28] Volkmann, NS-Wirtschaft, S. 241.

[29] Gehrisch, S. 232 f.; Boog, S. 151 ff.

[30] Bernhard Heimann u. Joachim Schunke, Eine geheime Denkschrift zur Luftkriegskonzeption Hitler-Deutschlands vom Mai 1933, in: Zeitschrift für Militärgeschichte 3 (1964), S. 72–86.

[31] Boog, S. 173.

Herren der Industrie, die leichte und schwere Rohstoffe erzeugt und verarbeitet". Göring verkündete feierlich, „er habe vom Führer den Auftrag erhalten, ‚binnen einem
Jahr' die Wende in der Stellung Deutschlands auf dem Gebiet der Luftfahrt herbeizuführen"[32]. Im Februar 1934 forderte er in einem Interview auch in aller Öffentlichkeit
die Gleichberechtigung der deutschen Luftwaffe mit den Luftstreitkräften anderer
Länder[33].

In der Folgezeit bestimmten Aufträge des Reichsluftfahrtministeriums weitgehend
die Beschäftigung der in Frage kommenden Zulieferindustrien, deren Produktionska-
pazität durch das Ankurbelungsprogramm binnen kurzem ausgelastet wurde[34]. Schon
seit Herbst 1933 hatte Göring seinen eigenen Rüstungsstab, das „C-Amt", aufzubauen
begonnen, der sich allmählich der Kontrolle des Reichswehrministeriums entzog und
auch seine eigene wirtschaftliche Mobilmachung zu betreiben suchte[35]. Die enormen
organisatorischen Leistungen Görings und seines Staatssekretärs Milch in dieser Aufbauphase der Luftwaffe sind durch neuere Studien klar herausgearbeitet worden[36].
Wenn Göring dabei nicht sein ganzes politisches Gewicht in die Waagschale geworfen
hätte, wären diese ehrgeizigen Rüstungspläne im Luftsektor kaum durchsetzbar gewesen.

Auch bei der Gliederung und Rekrutierung der Führungsspitze der Luftwaffe ging
Göring selbständige Wege[37]. Auffallend war ihre Zweiteilung in einen militärischen
und zivilen Sektor. Besonders letzteren versuchte Göring weitgehend mit ihm persönlich ergebenen Freunden aus der Zeit des Ersten Weltkrieges ohne Rücksicht auf das
Parteibuch zu besetzen[38]. Die Luftwaffe wurde damit auch ein persönliches Macht-
instrument in der Hand des Mannes an ihrer Spitze.

Die Möglichkeiten, die dieses Herrschaftsinstrument bot, wurden von Göring früh
und klar erkannt. Auch deswegen setzte er alles daran, den organisatorischen und rüstungstechnischen Aufbau der Luftwaffe beschleunigt voranzutreiben und alle wirtschaftlichen Hindernisse aus dem Weg zu räumen. Dabei führte die angespannte Rohstofflage zum Jahreswechsel 1933/34 dazu, daß Göring begann, sich stärker auch in
wirtschaftspolitischen Entscheidungsbereichen zu engagieren, um die Aufrüstung der
Luftwaffe sicherzustellen. Görings künftiger Aufstieg zum Wirtschaftsdiktator hatte
darin seinen Ursprung und war weitgehend rüstungspolitisch motiviert. Ein charakte-
ristisches Beispiel dafür, daß in der personalistisch-führerstaatlichen Struktur des
„Dritten Reiches" die Durchsetzung von Prioritäten im persönlichen Machtbereich
fast automatisch zu immer weiteren Kompetenzüberschreitungen führte.

In diesem Zeitraum begann auch Görings Eingreifen in die Südosteuropapolitik des
„Dritten Reiches". Vor allem Jugoslawien verfügte über reiche Vorkommen an Bauxit,
das für die Aufrüstung der Luftwaffe in großen Mengen dringend benötigt wurde.

---

[32] Heinrich Koppenberg, Die Entwicklung von „Dessau" im Jahre 1934, Dessau Anfang Januar 1935 (verviel-
      fältigtes Manuskript), Vorwort, zit. nach Zumpe, S. 81.
[33] Nachmittagsausgabe des DNB Nr. 377 vom 20. Feb. 1934, PAB, Büro RM/ 18–1, Bd. 20, Bl. 300 f.
[34] Zumpe, S. 82 ff.; Meinck, S. 11; Homze, S. 62 ff., 76.
[35] Sauer, S. 185.
[36] Homze, S. 62.
[37] Vgl. dazu Völker, Luftstreitkräfte, S. 199–213.
[38] Homze, S. 57 f., 60 f. Vgl. Boog, S. 530: „Es war insbesondere Stumpff der, von Göring gedeckt, in den An-
      fangsjahren eine NS-Politisierung des aktiven Offizierskorps zu verhindern wußte. Es wurde vor allem
      Loyalität verlangt."

Durch den Ausbau der politischen Beziehungen zu Jugoslawien suchte Göring auch unmittelbar den Rohstoffimport der Luftrüstung zu sichern. Anfang 1935 erreichte Göring schließlich sein Ziel. Mit Erlaß vom 26. Februar 1935 trat am 1. März die Reichsluftwaffe als dritter Wehrmachtteil neben das Reichsheer und die Reichsmarine[39]. Die öffentliche Bestätigung der Existenz einer deutschen Luftwaffe[40] ging auf Görings Anstoß zurück[41]. Görings Drängen, das Anlaufen der deutschen Luftrüstung auch öffentlich bekanntzugeben, stand im Zusammenhang mit den europäischen Luftpaktverhandlungen, die zu diesem Zeitpunkt vor dem Simon-Besuch in Berlin in ein entscheidendes Stadium traten. Über den Meinungsaustausch über die Luftkonvention, der bisher ganz in den Händen des Auswärtigen Amtes lag, war Göring erst Mitte Februar 1935 von Neurath informiert worden[42]. Mit der Erwähnung der deutschen Luftwaffe in einem öffentlichen Interview wollte Göring offenbar die deutsche Verhandlungsposition stärken und die Luftwaffe in die internationalen Spitzengespräche über Abrüstung, Rüstungsbegrenzung und machtpolitischen Interessenausgleich mit einbeziehen. Die Zuständigkeit für die Luftpaktfrage ging nun auf deutscher Seite eindeutig an Göring über[43]. Zu Görings Verhandlungspartnern zählte auch der britische Luftfahrtminister Lord Londonderry, der bald häufig privaten Kontakt mit Göring pflegte[44].

Militär- und innenpolitisch stärkte die Enttarnung der Luftwaffe Göring den Rükken im Kampf um die Rohstoffe. Als selbständiger dritter Wehrmachtteil erkämpfte sich die Luftwaffe nicht nur gleiches Recht im Rüstungsbereich, sondern durchbrach auch die Kontrolle des Reichswehr-, beziehungsweise Reichskriegsministeriums[45]. Durch die weitgehende Abhängigkeit der Flugzeugindustrie vom Reichsluftfahrtministerium[46] erlangte Göring auch in der Rüstungswirtschaft eine eigenständige Position, unabhängig vom Reichskriegsminister, dessen Vorgesetztenverhältnis ohnehin an Bedeutung verloren hatte[47]. Aber auch außenpolitisch erfuhr Göring mit der Luftwaffe eine deutliche Aufwertung. Der „Nimbus der Stärke" der deutschen Luftwaffe, der durch Görings Propaganda systematisch genährt wurde, trug wesentlich dazu bei, das innen- und außenpolitische Prestige Görings zu stärken. Der Oberbefehl über die Luftwaffe war eine der wesentlichsten Voraussetzungen für Görings Machtaufstieg im „Dritten Reich". In kurzer Zeit war er in die militärische Spitzenführung des Reiches gelangt und hatte die traditionelle Organisationsgliederung der Wehrmacht entscheidend verändert.

[39] „Erlaß des Führers und Reichskanzlers über die Reichsluftwaffe vom 26.2.1935" als Anlage zur Niederschrift über die Ministerbesprechung vom 27. Feb. 1935, in: ADAP, C, III/2, Nr. 507, S. 942 ff.

[40] Görings Interview mit dem Sonderkorrespondenten der „Daily Mail", G. Ward Price, das am 11. März 1935 in der „Daily Mail" erschien. Auszüge auch in: Ursachen, Bd. 10, S. 315.

[41] Görings Aussage im Nürnberger Prozeß, in: IMG, Bd. 9, S. 315 ff.

[42] Neurath an Göring vom 15. Feb. 1935 einschließlich der Anlagen über den Verhandlungsstand, NAW, T-120, Roll 2621/ Serial 5482 H Stabsamt des Ministerpräsidenten Generalfeldmarschall Göring, Pag. E 382 079 ff.

[43] Vgl. zur weiteren Entwicklung die Niederschift über die Ministerbesprechung am 13. Dez. 1935, in: ADAP, C, IV/2, Nr. 400, S. 896 f.

[44] Vgl. z. B. Milchs Tagebucheintrag vom 30. Jan. 1936, BA-MA, Nachlaß Milch N 179/ Nr. 36, Tagebuch 1936.

[45] Der Hitler-Erlaß verfügte, daß nicht etwa Blomberg als Reichswehrminister die Durchführungsbestimmungen erlassen sollte, sondern Blomberg zusammen mit Göring. Vgl. ADAP, C, III/2, Nr. 507, S. 944.

[46] Bagel-Bohlan, S. 165 ff.

[47] Durch das Wehrgesetz vom 21. Mai 1935 wurde Göring am 1. Juni 1935 zum „Reichsminister der Luftfahrt und Oberbefehlshaber der Luftwaffe" ernannt. Köhler/Hummel, S. 528.

Gleichzeitig mit seiner Kompetenzvermehrung betrieb Göring den organisatorischen und personellen Aufbau einer Verwaltungs- und Informationszentrale. Nur damit konnte er sich Macht und Einfluß auf Dauer sichern. Die planmäßige Struktur von Görings „Stabsamt" verdeutlicht, daß es ihm bei seinen außen-, militär- und wirtschaftspolitischen Unternehmungen um mehr als um einen abwechslungsreichen Zeitvertreib ging[48].

4. Mitarbeiter und Stabsamt

Göring hatte zweifellos organisatorische Fähigkeiten. So betätigte er sich auch auf dem Gebiet der Außenpolitik keineswegs dilettantisch. Er schuf sich mit der Einrichtung seines „Stabsamtes" einen leistungsfähigen Apparat für seine außenpolitischen Aktivitäten. Görings Arm reichte, im Gegensatz beispielsweise zu Ribbentrops „Büro", über die deutschen Grenzen hinaus. Zusammen mit dem Auswärtigen Amt und der Auslandsorganisation der NSDAP war Göring der einzige NS-Führer, der neben den militärischen und politischen Geheimdienststellen über eigene Informationsquellen im Ausland verfügte[1]. Eine besondere Rolle spielten hierbei die von Göring neu geschaffenen Luftfahrtattachés. Nachdem Göring in Rom Hoffmann von Waldau unterbringen konnte, erhoben das Auswärtige Amt und das Reichswehrministerium gegen die Entsendung von Rittmeister Carl Bolle nach London erneut Einspruch[2]. Mit der Bildung einer besonderen Attachégruppe im Reichsluftfahrtministerium unter Major Hanesse im Juni 1935 begann die Einsetzung von Luftfahrtattachés auf breiter Basis. Neben London waren nun selbständige Luftfahrtattachéstellen in Paris, Warschau, Moskau, Washington und Tokio vorgesehen[3].

Neben diesen offiziellen Abgesandten zählte eine Reihe angesehener Adliger zu Görings Informanten. Vor allem aus Großbritannien erhielt er Berichte über die politische und personelle Situation und die Stimmung in britischen Regierungskreisen. Namentlich der Herzog von Coburg und Max von Hohenlohe[4] belieferten Göring mit ausführlichen politischen Berichten. Aus dem Kreis seiner persönlichen Vertrauten konnte Göring dem Prinzen von Wied sogar zu dem Amt des deutschen Gesandten in Schweden verhelfen, was ihm dieser mit einer bevorzugten Berichterstattung honorierte[5]. Daneben gelang es Göring, in den wichtigsten europäischen Hauptstädten einheimische V-Leute anzuwerben. Diese versorgten das Geheime Staatspolizeiamt (Gestapa) mit vertraulichen Informationen, die dann im geheimen Nachrichtendienst des

---

[48] Dies behauptet Jacobmeyer, Einführung, in: Mosley, S. 20 f.

[1] Schellenberg, S. 63. Schellenberg war der letzte Chef des deutschen Spionagedienstes unter Hitler.
[2] Bülows Aufzeichnung vom 23. Jan. 1934, PAB, Büro St. S./ AB Aufzeichnungen St. S von Bülow über Besuche und Gespräche mit Nicht-Diplomaten, Bd. 2, Bl. 1. Göring sah sich gezwungen, die Geschäfte des Luftattachés durch den Militärattaché Geyr von Schweppenburg vertreten zu lassen. Daß es Göring weniger um militärische Dinge und traditionelle Aufgabenbereiche der Militärattachés ging, zeigt die Tatsache, daß Bolle von luftfahrttechnischen Dingen nichts verstand, dafür ein enger politischer und persönlicher Vertrauter Görings noch aus der Zeit vor der „Machtergreifung" war.
[3] Aufzeichnung Frohweins (AA) vom 18. Juni 1935, PAB, Geheimakten 1920–1936/ II FM. 6 Militär- und Marineattachés allgemein, Bd. 5, Bl. 122–124; AA-Rundschreiben vom 20. Juni 1935, PAB, Abt. II F-Luft/ Luftattaché Wien, Personalangelegenheiten, Bd. 1.
[4] Vgl. NAW, T-120, Roll 2621/ Serial 5482 H, Stabsamt Göring, Pag. E 382 055 ff., E 381 998 ff.
[5] Wagener, S. 315; Wittmann, S. 82 f.

Gestapa weiterverbreitet wurden. Die Nachrichten unterlagen der strengsten Geheimhaltungspflicht. Die Anfertigung von Abschriften war nicht gestattet[6]. Nur ausgesuchte Meldungen wurden gelegentlich dem Auswärtigen Amt zur Einsicht zugeleitet.

Personalpolitik und persönliche Vertraute

Koordiniert wurden diese verschiedenen Aktivitäten in Görings Stabsamt. Dieses befand sich nicht wie bislang angenommen, bei Görings Luftfahrtministerium[7], sondern im Preußischen Staatsministerium. Letzterem kam von jeher ein besonderes politisches Gewicht zu. Es war vergleichsweise weitgehend von nationalsozialistischen Einflüssen freigeblieben[8]. Dies lag zum Teil an dem Umstand, daß seine Beamten sich im besonderen Maße wilhelminischen Traditionen und Vorstellungen verpflichtet fühlten[9]. Nach den Reichsstatthaltergesetzen und der Übertragung der preußischen Rechte des Reichskanzlers auf den Ministerpräsidenten besaß das Staatsministerium sogar eine mächtigere Stellung als je zuvor. Nach anfänglichen Handhabungs- und Ausgleichsschwierigkeiten mit den einzelnen Ressorts, die Göring dadurch überwand, daß er zum alten Grundsatz der Kollegialität zurückkehrte[10], gelang es ihm, sich eine persönliche Hausmacht zu schaffen, mit der er „die SA zu überflügeln hoffte und mit der er ungewollt den Grund legte für eine noch weit gewaltiger zentralisierte Macht, allerdings nicht mehr außerhalb, sondern innerhalb des Staates"[11].

Fraglich ist, ob die innere preußische Verwaltung unter Göring tatsächlich die schärfsten personalpolitischen Eingriffe im Rahmen der Säuberungsmaßnahmen erlebte[12]. Schon Bracher wies darauf hin, daß es eine beträchtliche Anzahl demokratisch gesinnter Beamter gab, die nicht einfach beseitigt werden konnten, und bereits Broszat fiel auf, daß sich im Preußischen Innenministerium das Revirement noch in Grenzen hielt[13]. In Einzelfällen läßt sich sogar nachweisen, daß Göring bei Ämterneubesetzungen nicht auf eingeschworene Parteileute, sondern auf Personen, „die in der Parteihierarchie keine oder eine wenig bedeutende Rolle spielten und nach Karriere und Stand eher den deutschnationalen Honoratioren zuzurechnen waren", zurückgriff[14]. Selbst betroffene Zeitgenossen bescheinigten Göring eine maßvolle Politik in Ämterfragen[15]. Bekannt ist weiterhin, daß Göring sogar versuchte, qualifizierte SPD-Mitglieder zur Mitarbeit zu gewinnen[16].

---

[6] Nachrichten des Geheimen Staatspolizeiamtes vom 27. Aug. 1933, PAB, Abt. IV/ Polen Politik 2, Bd. 40, Bl. 82.

[7] Petersen, S. 165.

[8] Horst Möller, Die preußischen Oberpräsidenten der Weimarer Republik als Verwaltungselite, in: VfZG 30 (1982), S. 1–26, hier: S. 6 ff.

[9] Ehni, S. 37.

[10] Schulz, S. 127, 134 f.; Mommsen, S. 40.

[11] Schulz, S. 131.

[12] Neuerdings noch behauptet von Wolfram Wette, Ideologien, Propaganda und Innenpolitik als Voraussetzungen der Kriegspolitik des Dritten Reiches, in: Das Deutsche Reich, Bd. I, S. 145, und auch von Höner, S. 416 ff.

[13] Bracher, Stufen, S. 241.

[14] Broszat, Staat, S. 140, mit Beispielen. Zu Görings Personalpolitik mit Deutschnationalen vgl. auch Hiller von Gaertringen, S. 598.

[15] Gustav Noske, Erlebtes aus Aufstieg und Niedergang einer Demokratie, Offenbach 1947, S. 314.

[16] Schulz, S. 155.

Es muß bezweifelt werden, daß Göring ein Beamtenrevirement aus Rücksicht auf
Hindenburg in erträglichen Grenzen halten wollte. Eher läßt sich darin ein grundsätzlicher Zug von Görings Verhältnis zum Parteibuchbeamtentum erkennen. Bezeichnenderweise berief sich Göring gegenüber Reichsinnenminister Frick zur Abschir-
mung seiner Beamtenpolitik auf ominöse Weisungen, die von Hindenburg oder von
Hitler stammen sollten[17]. Es entsprang durchaus Görings eigener ideologischer und
staatspolitischer Grundauffassung, daß er in beamtenpolitischer Hinsicht eher den
Staat als die Partei zu stärken suchte. Dadurch, daß er sich auf einen weitgehend intak-
ten Beamtenapparat in Preußen stützen konnte, gelang es ihm, seine in SA- und radikalen Parteikreisen umstrittene Machtstellung zu sichern. Selbst den ressortmäßigen
Übergriffen des Reichsinnenministeriums wußte er somit geschickt entgegenzutreten[18].

Eine wichtige Voraussetzung für Görings relativ eigenständige Machtstellung war,
daß er zur personellen Rekrutierung nicht auf NSDAP-Führungskader zurückzugrei-
fen brauchte. Die Leitung von Stabsamt, Presse- und Nachrichtendiensten, innerer
Verwaltung Preußens und den später folgenden Vierjahresplan-Abteilungen lag in der
Regel nicht in Händen von Parteifunktionären. Görings Führungskreis setzte sich aus
ehemaligen Weltkriegskameraden[19], persönlichen Vertrauten aus der Zeit vor der
„Machtergreifung" oder parteiungebundenen Spezialisten aus Verwaltung und Wirtschaft zusammen. Bezeichnend ist, daß er selbst für ein so wichtiges Amt wie das des
Berliner Polizeipräsidenten einen alten Marineoffizier, den mit ihm seit längerem befreundeten Admiral von Levetzow, einem Parteimann vorzog[20]. Durch seine relativ
umgängliche und maßvolle Beamtenpolitik verschaffte sich Göring rasch bei den
übernommenen Beamtenstäben Anerkennung, so daß seine Untergebenen sich eher
ihm als Hitler verpflichtet fühlten[21].

Görings engste politische Mitarbeiter waren seine alten Duzfreunde Paul Körner
und Karl Bodenschatz. Bodenschatz war Görings Adjutant im Richthofen-Geschwa-
der während des Ersten Weltkrieges gewesen[22]. Körner hatte zusammen mit Göring
nach dem Weltkrieg Fallschirme verkauft[23]. Mit beiden stand Göring bereits in den
zwanziger Jahren in enger persönlicher Verbindung[24]. Ihre Dienste stellten sie ausschließlich Göring, nicht der Partei zur Verfügung. Bezeichnenderweise trat Bodenschatz erst am 1. März 1941 der NSDAP bei[25]. Bodenschatz wurde Görings erster militärischer Adjutant nach der „Machtergreifung" und der erste Chef des Stabsamtes[26].

[17] Zu den Rivalitäten zwischen Göring und Frick anläßlich der Beamtengesetzgebung vgl. Mommsen, S. 50 ff.
      Göring spielte in der Auseinandersetzung mit Heß und Frick um die Beamten- und Verwaltungsgesetzge-
      bung bis 1940 eine wichtige Rolle, die bisher erst ansatzweise beleuchtet ist (vgl. ebd., S. 101 f., 112 f.). Zu
      Görings Taktik der „Führerweisungen" vgl. die Aufzeichnung über die Ministerratsbesprechung vom
      25. April 1933, ebd., Quellenanhang, Dok. 5b, S. 161 f.
[18] Schulz, S. 267 f.
[19] Galland, S. 29.
[20] Diels, S. 216; Dülffer, S. 50 ff., und vor allem Granier, S. 189 f.
[21] Diels, S. 172 ff.; Hassell, S. 86.
[22] Mosley, S. 63. Zu Bodenschatz' politischer Einstellung vgl. Below, S. 21 f.
[23] Sommerfeldt, Ich, S. 21.
[24] Wilamowitz-Moellendorff, S. 56, 114.
[25] BDC, Personalakte Karl Bodenschatz.
[26] Formal wurde Görings persönlichem Stab mit Göring-Erlaß vom 4. Juli 1936 das Etikett „Stabsamt des
      Preußischen Ministerpräsidenten Generaloberst Göring" verliehen. Bodenschatz stand zu diesem Zeitpunkt
      als Oberst dem Stabsamt vor. Absolon, Bd. III; S. 455, der jedoch die Aufgaben des Stabsamtes irrtümlich
      auf den militärischen Sektor begrenzt.

Zu diesem Kreis der Weltkriegsbekannten zählten weiterhin Bruno Loerzer und Ernst Udet[27], die von Göring mit leitenden Aufgaben im Reichsluftfahrtministerium betraut wurden und dafür sorgten, daß der Einfluß von Erhard Milch nicht zu übermächtig wurde[28]. Staatssekretär Milch im Reichsluftfahrtministerium zählte weniger zu Görings politischen Vertrauten, wie seine zahlreichen Kontroversen mit Göring beweisen.

Auch für die Leitung der inneren Verwaltung in Preußen und für Koordinationsfragen mit der Reichsregierung zog Göring parteiferne Verwaltungs- und Rechtsexperten heran. Dazu zählte vor allem Ludwig Grauert, der bisher Leiter der Arbeitgeberverbände der nordwestdeutschen Eisen- und Stahlindustrie gewesen war. Er gehörte seit längerem zu Görings intimen Beratern aus der Industrie und stand den Deutschnationalen nahe[29]. Ihm wurde als Staatssekretär im Preußischen Innenministerium die Umorganisation der Behörde und der Landesverwaltung übertragen. Weiterhin sind hier Friedrich Gramsch, der einer von Görings Hauptberatern in Fragen der Reichsreform wurde, und Erich Neumann zu nennen. Der Deutschnationale Neumann gehörte bereits unter Otto Braun der preußischen Ministerialbürokratie an. Göring beauftragte den Juristen und Volkswirtschaftler als Ministerialdirektor mit der Zentralisation des Staatsministeriums und Fragen der Verwaltungsreform[30]. Später wurde er Abteilungsleiter in der „Vierjahresplan"-Behörde. Der Vierte im Bunde von Görings leitenden Verwaltungsexperten war Hans Pfundtner. Ebenfalls von den Deutschnationalen kommend, war er Görings Haupttheoretiker zur Reform der Verwaltungs- und Beamtengesetzgebung. Seine Maxime war die Entpolitisierung des Beamtentums und Wiederherstellung eines Berufsbeamtentums alter Vorstellung[31].

Eine besondere Vertrauensstellung bei Göring nahm Erich Gritzbach ein. Vorher Mitglied der DNVP, trat er am 1. Mai 1933 der NSDAP bei[32]. Er war bereits unter Papen Ministerialrat beim Preußischen Staatsministerium und zur Zeit des Reichskommissariats Persönlicher Referent des Vizekanzlers. Göring übernahm ihn als Persönlichen Referenten und übertrug ihm später die Leitung seines Stabsamtes[33]. Gleichzeitig war Gritzbach enger Vertrauter des kommissarischen preußischen Finanzministers Johannes Popitz. Popitz, der von Göring zum Preußischen Finanzminister bestellt wurde und dieses Amt gegen alle Angriffe des Reichsfinanzministeriums verteidigen konnte, entwickelte sich vom Gegner zum Mitarbeiter Görings, ohne jemals voll dem Nationalsozialismus zuzuneigen[34].

Zu Görings Vertrauten aus engeren NSDAP-Führungskreisen zählten lediglich Bernhard Rust und Hanns Kerrl. Beide waren von jeher preußisch ausgerichtet und hatten Göring 1932 bei seinem Versuch der „Machtergreifung" in Preußen unterstützt. Göring ernannte 1933 Rust zum Kultusminister und Kerrl zum Justizminister

[27] Mosley, S. 49, 61, 80.
[28] Irving, Tragödie, S. 152 f.
[29] Broszat, Staat, S. 92. Zu Grauerts Rekrutierung durch Göring vgl. auch Hallgarten, S. 105.
[30] Broszat, Staat, S. 158; Affidavit Erich Neumann vom 23. Sept. 1947, IfZ, NG-HG-2648.
[31] Schulz, S. 59–63; Höner, S. 416 f.
[32] Affidavit Erich Gritzbach vom 23. Sept. 1947, IfZ, NG-HG-2647, und BDC, Personalakte Erich Gritzbach.
[33] Eidesstattliche Erklärung Rudolf Diels vom 29. Nov. 1946, IfZ, ZS 537 Rudolf Diels, Chef Gestapo, Bl. 9; Affidavit Erich Gritzbach vom 23. Sept. 1947, IfZ, NG-HG-2647, Bl. 1 f.
[34] Schulz, S. 132 f.

in Preußen. Ein Jahr später wurden beide Reichsminister, wobei für Kerrl ein Reichsministerium für kirchliche Angelegenheiten geschaffen wurde. Kerrl brachte Göring vorbehaltlose Verehrung entgegen und begleitete ihn in späteren Jahren bei zahlreichen Auslandsreisen.

Im Laufe der Jahre änderte sich der Kreis von Görings Mitarbeitern nicht wesentlich. Je nach den zu bewältigenden Aufgaben nahm Göring Umverteilungen vor, wobei der Stamm der „Göringianer" der gleiche blieb. Mit der Einrichtung des Vierjahresplans wurden einige weitere parteiunabhängige Wirtschaftsmanager hinzugezogen. Seit Beginn des Zweiten Weltkrieges fanden Luftwaffenoffiziere in Görings Stab eine stärkere Berücksichtigung. Diels, der als der erste Chef der Gestapo für eine kurze Zeit zu Görings engerem Mitarbeiterstab zählte, erinnerte sich, daß persönliche Treue das Kriterium für Görings Mitarbeiterauswahl war. Er habe Göring immer wieder betonen hören, daß „die Gesetze der Kameradschaft" die ordnenden Prinzipien seines Stabes seien[35]. Göring zeigte sich hier im gleichen soldatischen Denken verwurzelt, das ihn bereits 1925 in Konfrontation zur NSDAP-Spitze gebracht hatte.

Unabhängig von jeglicher Parteidoktrin gewährleisteten ihm seine Mitarbeiter eine diskrete und loyale Haltung. Sein Stab bestand aus rund 25 Mitgliedern[36], die sämtliche Aktivitäten Görings nach Sachgebieten koordinierten und zentralisierten. Nur so wird verständlich, daß Göring trotz seiner Ämterfülle in späteren Jahren nicht den Überblick verlor. Bei den einzelnen Behörden entstand umgekehrt freilich der Eindruck, daß Göring sich nicht um die jeweiligen Aufgaben kümmere, da er selten in der Dienststelle anwesend war.

Die Organisationszentrale: Das Stabsamt des Preußischen Ministerpräsidenten

Görings Stabsamt gliederte sich in drei Abteilungen, denen die „Abteilung A: Sachgebiete direkt beim Chef des Stabsamts" übergeordnet war[37]. Hier wurden die einzelnen Ressorts von Bodenschatz, später von Gritzbach, koordiniert, Presse- und Personalangelegenheiten geregelt. Im übrigen hatte das Stabsamt folgende Gliederung:

– Organisationsgliederung des Stabsamtes –

Abteilung I: Politischer Sektor
1. Allgemeine politische Angelegenheiten
2. Angelegenheiten der NSDAP, ihrer Gliederungen und angeschlossenen Verbände
3. Verbindungen zur Kanzlei des Führers
4. Angelegenheiten der Geheimen Staatspolizei
5. Angelegenheiten des Reichstags
6. Angelegenheiten der Preußischen Staatstheater
7. Repräsentationsangelegenheiten; Kartei

---

[35] Diels, S. 101, 98, 296 f.
[36] Namens- und Dienstgradverzeichnis sowie Daten der Mitglieder des Stabsamts (ca. 1942), IfZ, MA-144/ 3 Provenance: Reichsmarschall des Grossdeutschen Reiches, Stabsamt, Abt. I, Pag. 6071.
[37] Organisationsplan des Stabsamtes, ebd., Pag. 6008 ff. (undatiert, von Göring unterzeichnet).

8. Vorbereitung und Organisation der Reisen Görings
9. Verwaltung und Sicherung des Motorbootes, Verwaltung und Sicherung des Sonderzuges, Angelegenheiten des Reichsverkehrsministeriums
10. Dienstaufsicht der Häuser in Berlin, Carinhall, Berchtesgaden und Jagdhütte Röth, Rominten, Pait, Darss, Wenningstedt
11. Bauliche Angelegenheiten
12. Dienstaufsicht, Dienstregelung und Personalangelegenheiten der Amtsdiener und Fernsprechzentrale

Abteilung II: Zentralsekretariat und privater Sektor
I.   1. Posteingang etc.
     2. Hauptabrechnung
     3. Private Angelegenheiten
     4. Vermögensverwaltung
     5.–7. Dienstaufsichten
     8. Theaterkarten
     9. Bildstelle und Bildarchiv
II. 1.–4. Inventar des gesamten Besitzes
     5. Archiv und Geheimarchiv

Abteilung III: Militärischer Sektor, Adjutantur
     1. Allgemeine militärische Angelegenheiten
     2. Geschäfte der Chefadjutanten des Reichsluftfahrtministers
     3. Regelung der ständigen Begleitung
     4. Dienstregelung, Ordonnanz
     5. Termingestaltung
     6. Angelegenheiten Reichsluftfahrtministerium
     7. Führung des Tagebuchs
     8. Ausweise
     9. Gesamtsicherung
    10.–11. Wachgestellung
    12. Fahrzeugpark
    13. Dienstaufsicht Kraftfahrer
    14. Verwaltung, Betreuung Pferdematerial
    15. Dienstaufsicht Stallmeister und Pferdewärter.

Die in dieser Aufstellung fehlenden Geschäfte des Vierjahresplans wurden später in der „Abteilung A" direkt dem Chef des Stabes unterstellt. Die Auflistung der Tätigkeitsfelder scheint auf den ersten Blick ungeordnet. Verbindungen zu Hitler werden mit baulichen Angelegenheiten, militärische Fragen mit Pferdematerial in jeweils einer Organisationsabteilung zusammengefaßt. In Abteilung II, die Görings private Angelegenheiten zu regeln hatte, taucht als letzter Punkt unvermittelt Görings Archiv und Geheimarchiv auf.

Zum Teil haben diese Vermischungen personelle Gründe. Abteilung II wurde von Görings Privatsekretärin Grundtmann geleitet, der auch die aktenmäßige Registratur des anfallenden Informationsmaterials zufiel. In Görings Archiv, von dem Teile in amerikanischen Beständen entdeckt werden konnten[38], wurden wichtige Rundschreiben und Informationen von Parteidienststellen und Auswärtigem Amt, Berichte der Geheimdienste und sonstigen Informanten, geheime Noten und persönliche Aufzeichnungen Görings registriert. Fast alle erhalten gebliebenen Auslandsberichte tragen die Paraphe und sonstige handschriftliche Notizen Görings.

Die Etikettierung der Abteilungen I und III vermittelt den Eindruck einer klaren Trennung der Zuständigkeitsbereiche. Tatsächlich überschnitten sie sich gegenseitig. Hierfür waren ebenfalls personelle Gründe verantwortlich. Erster Adjutant Görings nach der „Machtergreifung" war Karl Bodenschatz, dessen Tätigkeiten sich nicht nur auf militärische, sondern auch auf außenpolitische Gebiete erstreckten. Er war mehrmals mit geheimen Sondermissionen betraut. Seine außenpolitischen Aufträge ließen sich leicht durch Luftfahrtgeschäfte tarnen. Von daher lag es nahe, daß er auch Görings politisches Tagebuch führte. In dieses Tagebuch wurden kurze, im Telegrammstil gehaltene Angaben über vorwiegend außenpolitische Besprechungen Görings eingetragen[39].

Insofern gibt der Organisationsplan des Stabsamtes zwar einen Überblick über Görings vielfältige Tätigkeitsfelder, läßt jedoch das Gewicht der einzelnen Bereiche nicht erkennen. Im Gegenteil: Im organisatorischen Bereich, der als Spiegel von Görings Neigungen interpretiert werden kann, hatte weder die Innen- noch die Außen- oder Militärpolitik ein Übergewicht. In diesem äußerlichen Bild zeigen sich Görings politische Tätigkeiten als geschlossene Einheit. Von daher scheitern bislang alle Versuche, Görings Politik aus isolierten Gesichtspunkten wie den militärischen oder innenpolitischen Aspekten heraus zu interpretieren. Zwischen Görings politischen Aufgabenbereichen gab es vielfältige Überschneidungen, die eine vollkommen auf einen Bereich isolierte Betrachtungsweise unmöglich machen.

So kann auch der Sektor der Außenpolitik nicht allein für sich untersucht werden. Görings Rolle im „Dritten Reich" rein unter dem außenpolitischen Aspekt zu interpretieren, wäre eine einseitige und zu einfache Sichtweise. Seine außenpolitischen Aktivitäten standen zu Beginn des „Dritten Reiches" vielfach in Verbindung mit innenpolitischen Durchsetzungs- und Machtkonsolidierungsstrategien. Im Laufe der Zeit orientierte sich seine Außenpolitik dann zunehmend auch an wirtschaftspolitischen Maximen.

Das Stabsamt erlaubte es Göring, planmäßig organisiert, umfassend auf politischem Gebiet tätig zu werden. Das eigene Referat zur Vorbereitung und Organisation der Reisen beleuchtet die Bedeutung der Reisediplomatie. Die Führung des politischen Tagebuchs gewährleistete einen genauen Überblick über frühere politische Kontakte und Besprechungsgegenstände. Göring legte besonders auf einen umfassenden Informations- und Nachrichtenapparat Wert. Auf diesem Gebiet standen ihm eine Vielzahl von bereits vorhandenen oder von ihm neugeschaffenen Möglichkeiten zur Verfügung. Als Ministerpräsident war Göring gleichzeitig Chef der preußischen Archivverwaltung, was er auch für seine eigenen politischen Belange zu nutzen wußte[40]. Vom

---

[38] NAW, T-120, Roll 2621/ Serial 5482 H, Asservat 150: Stabsamt des Ministerpräsidenten Generalfeldmarschall Göring – Auslandsberichte, Meldungen aus den Jahren 1933–1939.

[39] Bodenschatz an Dieckhoff (AA) vom 25. Feb. 1937, PAB, Büro St. S./ Politischer Schriftwechsel, Bd. 1, Pag. 470 479.

[40] Göring und das preußische Archivwesen: BAK, R 43 II/ 1357b; Archivzusammenstellungen für Göring in GStA, Rep. 90 B/Nr. 290.

Preußischen Geheimen Staatsarchiv ließ er Presseauszüge zusammenstellen, die in seinen Behörden zirkulierten[41]. Bekannt ist auch, daß er geheime Dossiers über mehrere NS-Größen führen ließ und sich nicht scheute, dieses Material je nach Bedarf erpresserisch einzusetzen[42].

Informationsdienste und Pressepolitik

Neben dem Nachrichtendienst des Geheimen Staatspolizeiamtes waren die Ergebnisse der Telefon- und Telegrammüberwachung, die Göring durch das sogenannte „Forschungsamt der Luftwaffe" betreiben ließ, „von unschätzbarem Wert und einschüchternder Drohwirkung"[43]. Broszat hat bereits darauf hingewiesen, daß das „Forschungsamt in Wirklichkeit weder mit dem Luftfahrtministerium noch mit ‚Forschung' etwas zu tun (hatte), sondern ... eine getarnte, der Dienstaufsicht des Preußischen Staatsministeriums (Staatssekretär Koerner) unterstehende Nachrichtensammelzentrale mit Hunderten von Technikern, Dechiffrier-Spezialisten und Übersetzern (war), die sich besonders auf das Abhören von Telefongesprächen im Reich, ausländischer Rundfunksender sowie diplomatischer und militärischer Geheimsender spezialisierte"[44]. Das Forschungsamt war Informations- und Machtorgan zugleich, da es nicht nur Görings politische Tätigkeit unterstützte, sondern ihm auch den Zugang zu Hitler, der auf nachrichtendienstliche Informationen besonderen Wert legte, erleichterte. Nach Görings eigenen Worten diente der Apparat dazu, „vor allen Dingen die auswärtigen Missionen, die wichtigsten Persönlichkeiten, die mit dem Ausland telephonierten, telegraphierten und funkten ... zu überwachen (und) zu dechiffrieren"[45]. Görings erste morgentliche Lektüre bestand aus den Abhörberichten („Braune Blätter") seines Forschungsamtes[46].

Göring ließ ausgesuchte Meldungen auch dem Auswärtigen Amt, dem Reichswehrministerium und später den rüstungswirtschaftlichen Stellen zukommen. Die Berichte, von denen keine Abschriften hergestellt werden durften, mußten nach einem genau festgelegten Schlüssel dem Amt zurückgegeben werden und wurden von diesem vernichtet[47]. Wenn daher auch die für Historiker wertvollen Informationsberichte als verloren gelten müssen, so ermöglichen doch verstreute Spuren dieser Abhörtätigkeit eine Vorstellung vom politischen Informationswert dieser Quelle[48]. Sie waren des öfteren Anlaß für Görings außenpolitische Interventionen.

Daß Görings Organisation[49] nicht nach Neuraths Geschmack war[50], ist begreiflich.

---

[41] Walter Geisler (Breslau) an Schwarz (AA), PAB, Geheimakten 1920–1936/ Polen Pol 2b Propaganda, Bd. 2.
[42] Diels, S. 104 ff.
[43] Petersen, S. 165.
[44] Broszat, Staat, S. 348.
[45] Göring-Aussage am 14. März 1946, in: IMG, Bd. 9, S. 325; vgl. auch ebd., S. 490 f.
[46] Diels, S. 231.
[47] Über die „Richtlinien für Geheimhaltung der Forschungsergebnisse des Forschungsamtes (F. A.) bei den Behörden" geben wiederaufgefundene Unterlagen Auskunft: BA-MA, Reichsminister der Luftfahrt und Oberbefehlshaber der Luftwaffe RL 1/ 25 Forschungsamt der Luftwaffe (1938–1945), Bl. 70 ff.
[48] Auflistung der „Braunen Blätter" aus der Zeit vom November 1935 bis April 1936. In dieser Zeit wurden rund 8400 Vorgänge registriert, BAK, Persönliche Adjutantur des Führers und Reichskanzlers NS 10/ 35 Schriftwechsel mit Reichs- und Länderministerien, Bd. 5, Bl. 242 f., 239.
[49] Über Geschichte, Entwicklung, Organisation des Forschungsamtes und das Bild der britischen Politik in den „Braunen Blättern" gibt bislang den besten Überblick Donald C. Watt in seiner Einleitung zu: Irving, Breach, S. 15–42.
[50] Heineman, S. 119.

Mit ihr verschaffte sich Göring Zutritt zu bislang dem Auswärtigen Amt vorbehaltenen Terrain. Göring versuchte dem Protetst des Auswärtigen Amtes mit der scheinheiligen Versicherung zu begegnen, er wolle „sich an der Außenpolitik, soweit sie nicht seine Zuständigkeit beträfe, desinteressieren und ordne deshalb an, dass der Nachrichtendienst des Gestapa, soweit es sich um Nachrichten aus dem Ausland handele, allmählich abgebaut würde, um schließlich ganz eingestellt zu werden"[51]. Auch Hitler befürwortete eine Ausweitung von Görings Informations- und Spionagemonopols nicht. Der Ende 1933 geplanten Einrichtung einer „Reichsnachrichtenzentrale" und eines „Reichspolizeiamtes für die Geheime Staatspolizei" unter der Leitung Görings versagte er die Zustimmung[52].

Ebenso wehrten sich die Reichsbehörden vereint gegen Görings Eindringen in den Pressesektor. Die in Essen vom Gauleiter Terboven herausgegebene „National-Zeitung" galt als das Sprachrohr Görings[53]. Terboven war ein enger Freund Görings und eine seiner Kontaktpersonen zur Schwerindustrie[54]. Die vor der „Machtergreifung" stets in Geldnöten schwebende „National-Zeitung" wurde Anfang 1933 durch unbekannte Geldgeber schlagartig saniert. In der Folgezeit vermutete man in Göring den Hauptaktionär[55]. Anfang September 1933 schloß sich anläßlich eines Artikels der „National-Zeitung" zum Reichskonkordat die Front gegen das Blatt. Die umfassenden Absprachen und Protestmaßnahmen des Auswärtigen Amtes, Reichsinnen- und Reichspropagandaministeriums wurden damit begründet, daß der Angelegenheit „umso größere Bedeutung" zukomme, als die „Nationalzeitung amtliches Blatt (des) preussischen Ministerpräsidenten sei"[56]. Der Protest des römischen Kardinalstaatssekretärs war zunächst an das Auswärtige Amt gelangt, das sich sogleich mit dem Reichspropagandaministerium über Sanktions- und Gegenmaßnahmen verständigte. Dieses griff zusammen mit dem Reichsinnenministerium den Vorfall dankbar auf, um auf diesem Wege Görings Sonderinteressen, die Goebbels' und Fricks Zentralisationsbestrebungen zuwiderliefen, entgegenzutreten. Görings Staatssekretär Grauert war schließlich gezwungen, sich der Maßregelung der Zeitung, die „das Auswärtige Amt im Einvernehmen mit dem Reichsministerium für Volksaufklärung und Propaganda und Ministerialdirektor Buttmann vom Reichsministerium des Innern" erwirkt hatte, anzuschließen und der „National-Zeitung" eine Verwarnung zukommen zu lassen[57].

Der Affäre war ein Streit zwischen Goebbels und Göring um die Ausgestaltung des Pressegesetzes vorausgegangen. Goebbels bemühte sich darum, „alle pressepolitischen Entscheidungen ausschließlich in seiner Hand zum mindesten als letzte Instanz zu vereinigen"[58]. Im Gegensatz dazu versuchte Göring den Einfluß der Länderregierungen aufrechtzuerhalten. In der von persönlicher Rivalität geprägten Auseinandersetzung konnte sich Goebbels nur teilweise durchsetzen. Während bis 1936 die übrigen Länder zwar alle Pressekompetenzen an Goebbels' Ministerium abgeben mußten, war

---

[51] Aufzeichnung von Bülow-Schwante (AA) vom 17.Jan.1934, PAB, Abt. Inland/ Inland II A/B/81–17/18
      Preussische Staatsräte – Preussisches Staatsministerium – Geheimes Staatspolizeiamt, Pag. 265 141.
[52] Aufzeichnung Grauerts vom 4.Okt.1933, GStA, Rep. 77/ 12 Interimsbericht, Fragen 1933–1936, Bl. 7.
[53] Dertingers Informationsbericht Nr. 17 vom 3.Juni 1933, BAK, ZSg. 101/ 26, Bl.419.
[54] Thyssen, S.3; Oron J. Hale, Presse in der Zwangsjacke 1933–1945, Düsseldorf 1965, S.63 f.
[55] Wilfried Böhnke, Die NSDAP im Ruhrgebiet 1920–1933, Bonn 1974, S. 167 f.; Mosley, S. 274.
[56] Klee an das AA vom 5.Sept.1933, in: Kupper, Nr. 158, S. 356.
[57] Vgl. den Vermerk auf der Aufzeichnung Hüffers vom 6.Sept.1933, ebd., Nr. 161, S. 361; Aufzeichnung
      Hüffers vom 9.Sept. 1933, ebd., Nr. 174, S. 376.
[58] Informationsbericht Dertingers Nr. 18 vom 10.Juni 1933, BAK, ZSg. 101/ 26, Bl.441.

es Göring für Preußen gelungen, die eigene Pressestelle des Preußischen Staatsministeriums zu erhalten und sich so Goebbels' Kontrolle zu entziehen[59]. Auch im Schau-
spiel- und Theaterbereich führten die beiden NS-Führer noch bis Kriegsbeginn heftige Kämpfe um die Zuständigkeit[60].

Görings eigensinniges Beharren auf seinen preußischen Machtkompetenzen entsprang nur zum Teil egoistischen Sonderinteressen zur Sicherung seiner Machtposition. Er unterschied sich grundsätzlich in seiner Staatsauffassung von der vorherrschenden Parteilinie. Seine Konsolidierungspolitik in Preußen zeigte, daß er weniger
zur Herrschaft der Partei beitrug, sondern der Stärkung der Staatsmacht Präferenzen
einräumte. Diese Art von Staatsideologie war für Görings Politik von grundlegender
Bedeutung. Durch seine Verwurzelung in eher konservativ-autoritären Denkkatego-
rien war sein politisches Konzept an anderen Eckwerten als denen der Parteitheoretiker orientiert. Teilweise stand er damit auch in Opposition zu Hitler.

5. Vom Polizeiminister zum designierten Nachfolger Hitlers

Göring war in Preußen nicht „bloß ausführendes Organ Hitlers"[1]. Preußen entwickelte
sich zu Görings Bastion im Gegeneinander der Fraktionen innerhalb der Partei. Eine
Stärkung der preußischen staatlichen Organe war daher die Voraussetzung für die Fe-
stigung von seiner Machtposition. In seinen öffentlichen Reden und Kundgebungen
betonte er immer wieder die Notwendigkeit, Preußen zu erhalten und den Staat nach
„preußischen Traditionen" zu festigen und zu reorganisieren[2]. Hierbei befand er sich
nicht im Einklang mit Hitler.

Staatsideologie und Stellung zwischen den Machtpolen

Hitler blieb demonstrativ der Eröffnungsfeier des von Göring neugebildeten „Preußischen Staatsrates" am 15. September 1933 fern[3]. Letzterer legte den alten Staatsrat,
den die Parteiorganisation unter der Führung Leys beherrschte, lahm[4]. Im Preußischen Staatsrat hatte Göring seine preußischen Helfer und überparteiliche Honoratioren aus Militär und Wirtschaft um sich versammelt[5]. Zum großen Teil fand sich hier
der Göring-Kreis aus der Zeit vor der „Machtergreifung" wieder. Hinzu kam eine

[59] Bestellung für die Redaktionen vom 25. Juli 1936, ebd., Bd. 8, Bl. 61. Die Tatsache blieb in der Forschung
     weitgehend ohne Beachtung. Eine Untersuchung über die Pressepolitik des Preußischen Staatsministeriums
     steht noch aus.
[60] Schreiben von Hans Hinkel (Ministerialrat im Propagandaministerium) an Julius Schaub (Chefadjutant Hit-
     lers) vom 10. Jan. 1945, BAK, Nachlaß Karl Haushofer NL 122/ 833 (Diverses).
[1]   So Schulz, S. 134.
[2]   Görings Regierungserklärung im Preußischen Landtag vom 18. Mai 1933, BAK, R 43 II/ 1362 Preußen –
     Allgemeines und Verfassung, Bd. 2, Bl. 31 ff.
[3]   Zu Görings Kontroversen mit Hitler und der Partei anläßlich seines Gesetzes über die Bildung des Staatsra-
     tes vom 7. Juli 1933 vgl. Schulz, S. 181 f.; Beck, Death, S. 212; Höner, S. 478 ff.; Thyssen, S. 127 f. Die Staats-
     rats-Eröffnung fand am 15 Sept. 1933 statt. PAB, Abt. Inland/Ref. Deutschland/ Po 5 Nr. 4 Landtag und
     Staatsrat im Freistaat Preussen, Bd. 1.
[4]   Schulz, S. 181.
[5]   Zur Mitgliederliste vgl. PAB, Abt. Inland/Ref. Deutschland/ Po 5 Nr. 4, Bd. 1, u. Handbuch über den Preu-
     ßischen Staat, S. 1 ff.; zur Funktion des Staatsrates vgl. Höner, S. 476 ff.

Reihe von SA- und SS-Führern sowie die Gauleiter der NSDAP, die auf diesem Wege in eine staatliche Organisation eingebunden werden sollten. Es lag bei Göring selbst, Persönlichkeiten seiner Wahl in den Staatsrat zu berufen. Mit diesem selbstherrlichen Akt demonstrierte Göring, wie er sich die zukünftige Leitung der Staatsgeschäfte vorstellte. Auf der Pressekonferenz am 8. Juli 1933 führte er erläuternd dazu aus: „Nachdem nun die Totalität des Staates erreicht ist, das heisst zu deutsch: Vernichtung der Parteien, ist die grosse nationalsozialistische Freiheitsbewegung das Fundament des neuen Staates geworden"[6]. Göring sah damit die alte NSDAP-Organisation als erledigt an.

Dies entsprach im Tenor der Stellungnahme, die Staatssekretär Grauert Göring in einer Aufzeichnung vom 18. April 1933 vorgelegt hatte. Darin vertrat Grauert die Auffassung, „die Partei sei mit der Machtergreifung als Massenorganisation überflüssig geworden und müsse zu einem kleinen Orden, der die Funktion der politischen Führungsauslese übernehmen solle, zurückgebildet werden"[7]. Gleichzeitig bemerkte er jedoch, daß ihm dieser Standpunkt „in Kreisen der Partei übelgenommen wurde". Göring distanzierte sich daher ausdrücklich von dem Verdacht, er rücke mit der Staatsratsbildung wieder in die Nähe parlamentarischer Staatsverfassungen. Er betonte bei der Pressekonferenz, es gäbe nun kein Abstimmen mehr, keinen „Begriff der Mehrheit, jenen anonymen Majoritätsbegriff, der die Feigheit der Zahl zum Herrn erhoben hatte"[8].

Die Bildung des Staatsrates vollzog sich parallel zu den Bemühungen der Reichsregierung, die preußischen Ministerien aufzulösen und den jeweiligen Reichsministerien zu unterstellen. Vor allem Frick drängte auf eine baldige Aufhebung des Ämterdualismus. Zeitgenossen vermuteten, daß diese Bestrebungen von Hitler initiiert wurden, um Göring in die Schranken zu verweisen[9]. Erst im Frühjahr 1934 zeichnete sich eine Einigung in den komplizierten Verhandlungen ab. Im Reichsinnenministerium war man lange Zeit über Görings Befugnisse als „Preußischer Ministerpräsident" und seine Stellung gegenüber den preußischen Fachministerien im unklaren[10]. Auf Vorschlag Pfundtners einigte man sich schließlich auf dem Tauschwege[11]. Göring erhielt für die Abgabe des Preußischen Innenministeriums das neugeschaffene „Reichsforstamt" als Oberste Reichsbehörde. An dessen Spitze stand Göring nun als „Reichsforstmeister", der in Jagdangelegenheiten die Amtsbezeichnung „Reichsjägermeister" führte. In der historischen Forschung wird dieses Amt vielfach nur zitiert, um Görings zwanghafte Kostümierungssucht zu karikieren. Übersehen wird dabei, daß das Reichsforstamt noch vor Görings Tätigkeit im Rohstoff- und Devisenstab und im Vierjahresplan ihm

---

[6] Conti-Nachrichten vom 8.Juli 1933, GStA, Preußisches Staatsministerium Rep. 90/ Nr. 2274 Neueinrichtung, Geschäftsführung usw. des Staatsrates (1933).

[7] Zit. bei Mommsen, S. 36.

[8] Conti-Nachrichten vom 8.Juli 1933, GStA, Rep. 90/ Nr. 2274.

[9] Diels, S. 92; Gisevius, Bd. I, S. 210 f.; Presse-Informationsbericht vom 19.Okt. 1933 („Hitler gegen Göring"), BAK, ZSg. 101/ 43, Bl. 20. Bereits Baum, S. 45, vermutete, daß Hitler hiermit Görings Macht einengen wollte.

[10] Vgl. die Anweisung Fricks vom 13.März 1934, „für die abschließenden Verhandlungen mit dem Herrn Preußischen Ministerpräsidenten" hierüber umgehend eine genaue Übersicht anzufertigen, BAK, Reichsministerium des Innern, R 18/ 5437 Reichsreform: Neuaufbau des Reiches (1934–1942).

[11] Denkschrift Pfundtners vom 2.Juli 1934, BAK, R 18/ 5440 Auflösung und Zusammenlegung von preußischen Ministerien 1933–1941, Bl. 23–29.

ein Mitspracherecht bei wirtschaftlichen Entscheidungen einräumte. Gleichzeitig war es in den folgenden Jahren ein willkommener Vorwand für Auslandsreisen, um dort bei Jagdveranstaltungen unauffällig Gespräche mit ausländischen Regierungsspitzen zu führen[12].

Rechtzeitig sicherte sich Göring durch Erlaß vom 9. März 1934 die oberste Leitung der Landespolizei, die er vom Preußischen Innenministerium auf den Ministerpräsidenten übertrug, bevor er am 1. Mai 1934 von Hitler von seinem Amt als Preußischer Minister des Innern entbunden wurde[13]. Dieses Amt ging offiziell am 1. November 1934 an Fricks Ministerium über[14]. In einer nicht unterschriebenen und undatierten Denkschrift aus Fricks Ministerium von Ende 1934 wurde die Zusammenlegung als „gewaltiger Schritt zur Reichsreform" gefeiert[15]. Man glaubte, Görings Widerstand gebrochen zu haben. In der Folgezeit wurden sämtliche preußischen Ministerien an das Reich abgegeben. Lediglich Popitz konnte sich den Plänen für ein „Reichsschatzministerium" erfolgreich widersetzen und behielt das Finanzministerium als einziges der preußischen Ministerien, außer dem Staatsministerium, in seiner alten Form.

Ein weiterer Streit zwischen Preußen und dem Reich entstand anläßlich der Gestapo-Zuständigkeit. Nach einem erbitterten Tauziehen mit Frick und Himmler[16], das bis ins Ausland Wellen schlug[17], gab Göring mit Schreiben vom 20. November 1934 de facto die Geschäfte der Gestapo-Führung an Himmler ab, wenn er auch weiterhin als deren oberster Leiter geführt wurde[18]. Angesichts dieser Kämpfe mit den Reichsbehörden kann weder uneingeschränkt behauptet werden, daß Göring die Gleichschaltung von Reich und Preußen energisch vorangetrieben noch daß er die angeblich von Papen intendierte „Restauration der bismarckisch-wilhelminischen Verquickung von Reichsleitung und preußischer Staatsregierung" bekräftigt habe[19]. Göring widersetzte sich auch Hitlers und Fricks Plänen zur Reichsreform. Wahrscheinlich drohte er sogar zur Verhinderung der Pläne mit seinem Rücktritt. Angesichts dieser Umstände zeigte Hitler in der Folgezeit wenig Neigungen, die Diskussion um die Reichsreform voranzutreiben[20]. Nachdem Göring sich bei Hitler versichert hatte, daß die Reichsreform ohnehin mindestens ein Jahrzehnt zur Durchführung benötige, entwickelte er seinerseits Vorschläge zur künftigen verwaltungstechnischen Neugestaltung

---

[12] Görings Leistungen und Erfolge als oberster Jagd- und Forstbeamter beschreibt Mosley, S.216ff. Zu Görings Jagd- und Naturschutzpolitik, deren Leistungen im Widerspruch zur sonstigen NS-Politik stehen, vgl. Heinrich Rubner, Naturschutz, Forstwirtschaft und Umwelt in ihren Wechselbeziehungen, besonders im NS-Staat, in: Hermann Kellenbenz (Hrsg.), Wirtschaftsentwicklung und Umweltbeeinflussung (14.–20.Jahrhundert), Wiesbaden 1982, S.105–124, hier: S.109–120.

[13] Göring-Erlaß vom 9. März 1934 über die Landespolizei, BAK, R 18/ 5439 Neuaufbau des Reiches (1933–1936), Bl.25; Entlassungsschreiben Hitlers vom 1.Mai 1934, BAK, R 43 II/ 1363a Preußisches Staatsministerium und Preußischer Ministerpräsident, Bd. 2, Bl. 23.

[14] Pressenotiz in BAK, R 18/ 5440, Bl. 39.

[15] Aufzeichnung des RMI über die „Zusammenlegung der Innenministerien des Reiches und Preußens", ebd., Bl.249–255.

[16] Presse-Informationsberichte vom 21.April u. 4.Mai 1934, BAK, ZSg. 101/ 27, Bl.95ff., 115f.; vgl. auch Diels, S. 290, 326ff., 342, 408; Gisevius, Bd.1, S.170f.; Ludecke, S.674.

[17] Zusammenstellung des Reichssicherheitshauptamtes, BAK, Reichssicherheitshauptamt R 58/ 227 Sonderbericht: Ausländische Meldungen über Machtkämpfe zwischen Parteiführern

[18] Göring-Schreiben an die Reichs- und Preußischen Ministerien vom 20.Nov.1934, PAB, Inland II A/B/ Paket 11, 81–17 Preußische Staatsräte – Preußisches Staatsministerium – Geheimes Staatspolizeiamt.

[19] Bracher, Stufen, S.192; Broszat, Staat, S.145.

[20] Krogmann, S.186; Aussage Gramschs, zit. in: Broszat, Staat, S.158.

des Reiches. Hierbei verfolgte Göring das Ziel, seine eigene politische Zukunft zu sichern. Sein Konzept sah vor, daß von neun Einheiten der „Reichsfachverwaltung" zwei in seinen Händen liegen sollten[21].

Das Verhältnis Reich–Preußen blieb auch weiterhin eines der permanenten Diskussionsthemen zwischen Göring und Hitler[22]. Als Göring von Hitler Ende 1935 die Zusicherung erhielt, daß „in absehbarer Zeit mit einer Fortsetzung der Reichsreform in territorialer Richtung (Reichsgaue) nicht gerechnet werden" könne und daß „die Länder … vielmehr voraussichtlich noch auf Jahre hinaus bestehen bleiben" würden, sah er sich in der Auffassung bestätigt, „daß die Verantwortung für die Verwaltung nach wie vor bei den Leitern der Landesregierungen läge". Er betonte vor dem preußischen Ministerrat, „daß er unter diesen Umständen nicht in der Lage sei, die Verantwortung, die er als Chef der Preußischen Regierung weiter trage, irgendwie einschränken zu lassen"[23]. Damit waren Fricks Pläne zum Scheitern verurteilt.

Görings Politik wurde nicht nur durch eigene Machtinteressen, sondern auch durch die Bekämpfung von Übergriffen der Parteiorgane auf den Staat geprägt. In der Kirchenfrage vertrat er eine weitaus gemäßigtere Haltung als die generelle Parteilinie[24]. Er unterstützte offen Justiz, Auswärtiges Amt und Reichswehr gegen Ausschreitungen radikaler Parteivertreter, namentlich von seiten der SA[25]. Die Spannungen zwischen Göring und der Partei griffen auch auf die neugeschaffene Luftwaffe über. In geheimen Richtlinien wies Göring seine Fliegersoldaten an, sich bei Zusammenstößen mit Mitgliedern der Parteiorganisationen zu wehren und sich nicht zusammenschlagen zu lassen[26]. Göring forderte wiederholt schriftlich von Heß und Hitler, eine Säuberungsaktion nicht nur in der SA, sondern darüber hinaus in allen Gliederungen der Partei mit dem Ziel durchzuführen, den Parteiapparat „von Elementen, an denen das Volk mit Recht Anstoß nimmt" zu befreien[27]. Seine Auseinandersetzungen mit Goebbels, Heß, Himmler und Rosenberg in machtpolitischen und ideologischen Fragen wurden im Ausland mit Interesse zur Kenntnis genommen und erweckten hier den Eindruck,

---

[21] Göring-Denkschrift „Bemerkungen zur Reichsreform" vom März 1934, IfZ, Fa-199/42 NSDAP-Hauptarchiv, Bl. 9.

[22] Görings Mitteilungen auf der Sitzung des Preußischen Ministerrats vom 4. Feb. 1935, GStA, Rep. 90/ Nr. 404 Berufung des Staatsministeriums zu Sitzungen (1853–1936), Bl. 359.

[23] Göring-Vortrag vor dem Preußischen Ministerrat vom 12. Dez. 1935 über seine Besprechung mit Hitler am 11. Dez., ebd., Bl. 369.

[24] Kaas an Papen (ca. 29. Juli 1933), in: Kupper, Nr. 127, S. 312; John S. Conway, Die nationalsozialistische Kirchenpolitik 1933–45. Ihre Ziele, Widersprüche und Fehlschläge, München 1969, S. 55, 134, 219; Oskar Söhngen, Die Reaktion der „amtlichen" Kirche auf die Einsetzung eines Staatskommissars durch den nationalsozialistischen Staat, in: Zur Geschichte des Kirchenkampfes. Gesammelte Aufsätze II, Göttingen 1971, S. 35–78, hier: S. 55 f.

[25] Diels, S. 95, 248, 278; Gisevius, Bd. I, S. 158 ff.; Meissner, S. 284, 362; Ludecke, S. 676; Schwerin von Krosigk, Memoiren, S. 168; Informationsbericht vom 15. Jan. 1935, BAK, ZSg. 101/ 28, Bl. 5. Beispielhaft Görings Äußerungen zu Löbe anläßlich der Pressezensur: Paul Löbe, Erinnerungen eines Reichstagspräsidenten, Berlin 1949, S. 151 f.; vgl. auch Klaus Scholder, Einleitung zu: Die Mittwochs-Gesellschaft. Protokolle aus dem geistigen Deutschland 1932 bis 1944, hrsg. u. eingeleitet von Klaus Scholder, Berlin 1982, S. 17.

[26] Richtlinien des Reichsministers der Luftfahrt vom 15. Mai 1934, in: Völker, Dokumente, Nr. 74, S. 187 f. Messerschmidt weist nach, „daß Göring nicht daran dachte, seine Hausmacht, die Luftwaffe, der Partei auszuliefern". Messerschmidt, Wehrmacht, S. 182.

[27] Göring an Heß vom 31. August 1934, BAK R 43 II/ 1263 Innere Politik im allgemeinen und politische Lage, Bd. 4, Bl. 235, 236.

daß sich Göring zunehmend von den Parteikreisen entferne und wilhelminisch-soldatischen Positionen zuneige[28].

Görings Kritik richtete sich nicht nur gegen die „Münchener Partei-Spießer", sondern schloß auch Hitler manchmal mit ein[29]. In seiner Auffassung vom Verhältnis von NSDAP und Staat unterschied er sich grundlegend von seinem „Führer" und der übrigen Parteispitze. Obwohl Hitler, die Münchener Parteileitung und die Gauleiter nicht als Einheit mit einem identischen Herrschaftskonzept gesehen werden können, so herrschte doch ein Grundkonsens in der Auffassung, daß der Staat stufenweise abzubauen sei[30]. Auf dem Nürnberger Parteitag 1934 verkündete Hitler, daß nicht der Staat der Partei, sondern die Partei dem Staat zu befehlen habe[31]. In Görings politischer Ideologie spielte hingegen der Staat gegenüber der Partei die eindeutig primäre Rolle: „Alle Macht dem Staate! das war seine Parole". Görings Ideologie von einer Diktatur des Staates stellte den „Staat als militantes Wesen" in den Mittelpunkt[32]. Stärker als Hitler setzte Göring auf die Staatsmacht als Herrschaftsorgan und bediente sich staatlicher Kompetenzen und Einrichtungen für den Ausbau seiner Machtstellung. Dabei darf jedoch nicht übersehen werden, daß Göring gleichzeitig staatszersetzend wirkte, indem er eine Fülle ihm unmittelbar unterstellter Sonderinstanzen und Bevollmächtigter neben den ordentlichen Staatsorganen ins Leben rief.

Görings Verwurzelung in militant-autoritären nationalistischen Traditionen ist aus Schlüsselerlebnissen in Kindheit, Ausbildung und Soldatenzeit abzuleiten. Quellenmäßig vielfach belegt ist die Tatsache, daß Görings politisches Denken an soldatischen Ordnungsprinzipien orientiert war[33]. Immerhin war Göring professioneller Offizier, den die Beschränkungen des Versailler Vertrages und anschließend seine politische Verfolgung an der Weiterausübung seines Berufes gehindert hatten[34]. Aber ebenso wie er als Offizier vielen „alten Kämpfern" und Theoretikern der NSDAP suspekt war, wurde ihm auf der anderen Seite von der Reichswehr Mißtrauen entgegengebracht. Man ging davon aus, daß Göring sich bei der Reichswehr einschmeicheln wollte, um sie für parteipolitische Zwecke zu nutzen[35]. Görings höchst unorthodoxe Ernennung vom Hauptmann a. D. zum General durch Hindenburg, Ende August 1933, fand ver-

---

[28] Hanfstaengl, Hitler, S. 231; Dertinger-Informationsberichte vom 13., 17. Juni, 28. August 1933, BAK, ZSg. 101/ 26, Bl. 453, 457, 459, 519, 521; François-Poncet an Laval vom 17. Okt. 1934, in: DDF, 1/VII, Nr. 487, S. 779; Thyssen, S. 109; Ludecke, S. 394; Körners Aussagen vor dem Nürnberger Militärgericht, in: IMG, Bd. 9, S. 61, 176.

[29] Speer, Erinnerungen, S. 58; Schwerin von Krosigk, Memoiren, S. 168.

[30] Peter Diehl-Thiele, Partei und Staat im Dritten Reich. Untersuchungen zum Verhältnis von NSDAP und allgemeiner innerer Staatsverwaltung 1933-1945, 2. Aufl. München 1971, Vorwort S. VII, 8.

[31] Leitartikel des „Völkischen Beobachters" vom 8. Sept. 1934, IfZ, Z 1. Zum Prinzip der „Vorherrschaft der Partei über den Staat" vgl. ausführlich Majer, S. 61 ff.

[32] Diels, S. 286 u. auch S. 176; Aussage von Karl Friedrich Otto Wolff (SS-OGF, Adjutant Himmlers) vom 7./8. Sept. 1952, IfZ, ZS 317, Bl. 1.

[33] Görings Potsdamer Rede vom 10. März 1934, abgedruckt in der Nacht-Ausgabe des DNB, Nr. 518 vom 10. März 1934, PAB, Büro RM/ 18-1, Bd. 20, Bl. 414; Görings Ansprache am 20. März 1936 („Kameradschaft, Pflichterfüllung und Opferbereitschaft"), in: Göring, Reden, S. 226-245; Diels, S. 96, 102.

[34] In einem Vortrag auf der Nachrichtenkonferenz am 28. April 1930 heißt es: „In Göring ... sprach ein typischer Vertreter des von der Gegenwart enttäuschten Frontgeschlechts, das nach dem Krieg nicht wieder in die Bürgerlichkeit zurückgekehrt ist und das die wertvollsten Menschen der NSDAP stellt". In: Maurer/ Wengst, Nr. 6, S. 44.

[35] Bezeichnenderweise charakterisierte Keitel Göring als „politischen General". Görlitz, S. 167; vgl. auch Raeder, Bd. 2, S. 130. Daß die „Öffnungspolitik" der Reichswehrführung Göring ausklammerte, weist nach: Müller, Heer, S. 68 ff., 72.

ständlicherweise keine Zustimmung in Reichswehrkreisen. Die Reichswehrführung fand sich nur widerstrebend mit Görings Selbständigkeit als Luftfahrtchef ab und widersetzte sich bis 1935 der Einrichtung der Luftwaffe als dritten Wehrmachtste.l[36]. Ab 1935 befand sie sich dann in anhaltendem Konflikt mit Göring in dem Bereich der Rüstungswirtschaft. Selbst innerhalb der Luftwaffe blieb Görings Führungsstil nicht unkritisiert. Man hatte den Eindruck, daß Göring sich aus Prestigegründen gern mit der Luftwaffe schmückte, für die laufende Arbeit jedoch kein Interesse zeige[37].

Von daher ergab sich für Göring eine eigentümliche Stellung zwischen den innenpolitischen Fronten. Die Partei, mit der er an die Regierung gekommen war, betrachtete ihn von jeher mit Mißtrauen. Für viele ihrer Führer war Göring nicht nationalsozialistisch genug. In ihm sah man eher den Offizier Göring, einen Vertreter der alten Ordnung, der sich ihnen aus selbstsüchtigen Gründen angeschlossen hatte. Gleichermaßen versagte ihm jedoch auch die Reichswehrführung das Vertrauen. Für sie war Göring weniger der hochdekorierte Weltkriegsteilnehmer als der nationalsozialistische Emporkömmling, der in die Reichswehr eindringen wollte, um die alte Führung auszuschalten und um die Reichswehr für politische Zwecke verfügbar zu machen. Gerade dadurch, daß er neben dem militärischen auch auf anderen Gebieten politisch tätig war und der nationalsozialistischen Parteiführung zugerechnet wurde, machte er sich bei den konservativen Militärs verdächtig. Sichtbares Zeichen dieser Exklusivität war die Tatsache, daß er von seiten der Reichswehr bis Ende 1936 nie mit seinem militärischen Rang, sondern stets mit „Preußischer Ministerpräsident" etikettiert wurde. Auch die nationalsozialistisch unterwanderten Reichsministerien verdächtigten Göring, er verfolge abweichlerische Ziele und eigene Sonderinteressen. Das Auswärtige Amt hielt hingegen Göring für einen Parteispießer und Dilettanten[38]. Somit wurde Görings Machtausdehnung von den Machtträgern des Reiches und der Partei gleichermaßen als bedrohlich angesehen.

Ab 1935 gelang Göring auch das Eindringen in wirtschaftspolitische Entscheidungsbereiche. Sein Verhältnis zur Wirtschaftsführung blieb jedoch ebenfalls zwiespältig. Die deutsche Industrie kam zwar Görings Plänen zur staatlichen Investitionslenkung weitgehend kooperativ entgegen, beobachtete aber den Aufbau der „Hermann-Göring-Werke" mit grundsätzlichem Mißtrauen. Man profitierte von Görings Arbeitsbeschaffungsmaßnahmen und Produktionsaufträgen, sah sich jedoch auch oftmals Görings reglementierenden Zwängen und drohenden Anweisungen ausgesetzt. Daher gestaltete sich Görings Zusammenarbeit mit den Führern der Privatwirtschaft keineswegs so harmonisch, wie es für Partei- und Reichswehrführung den Anschein hatte. Diese betrachteten Görings wirtschaftspolitische Ambitionen mit Mißtrauen.

[36] Völker, Dokumente, Nr. 44: Erlaß über die Reichsluftwaffe als dritter Wehrmachtsteil vom 26. Feb. 1935, S. 134 f.; vgl. auch Sauer, S. 66 ff., 151 f.; Hoßbach, S. 10.

[37] Thyssen, S. 237; Völker, Luftwaffe, S. 42; Irving, Tragödie, S. 63, 74, 84, 87; Richard J. Overy, The German Pre-War Aircraft Production Plans, November 1936–April 1939, in: English Historical Review 90 (1975), S. 778–798, hier: S. 778 f.

[38] Bezeichnend ist hierfür die Äußerung des Ministerialdirektors Köpke von Anfang 1933, der Hitler „selbst als einen gemäßigten, seiner Verantwortung bewußten, von idealer Zielsetzung durchdrungenen Politiker (bezeichnete), in dessen Partei jedoch gefährliche radikale Strömungen bestehen, deren Exponent in erster Linie die Person Görings sei. Es werde sich nun zeigen müssen wie weit der Kanzler sich diesen gefährlichen Einflüssen zu entziehen vermag." Zit. nach Gustav Otruba, Die Wirtschafts- und Gesellschaftspolitik des Nationalsozialismus im Spiegel der österreichischen Gesandtschaftsberichte 1933/34, in: Friedrich-Wilhelm Henning (Hrsg.), Probleme der nationalsozialistischen Wirtschaftspolitik, Berlin 1976, S. 43–97, hier: S. 51 f.

Görings Zwischenstellung zwischen Partei, Staat, Wehrmacht und Wirtschaft glich einer magnetisierten Nadel, die infolge ihrer mehrfachen Aufladung von allen Polen gleichermaßen abgestoßen und herumgelenkt wurde. Der Antagonismus der Machtträger und Görings spezifische Ausnahmeposition zwischen den innenpolitischen Fronten verhinderten, daß Göring sich dauerhaft auf einen Pol einpendelte. Auf diese Weise hatte er eine Brücken- und Klammerfunktion zwischen den oftmals rivalisierenden nationalsozialistischen und rechtskonservativen Lagern, die er rücksichtslos zu eigener Machtarrondierung nutzen konnte. Aufgrund dieser Sonderstellung war Göring für Hitler der prädestinierte Nachfolger. Göring konnte am ehesten ähnlich wie Hitler auf die widerstreitenden gesellschaftlichen Machtfaktoren des „Dritten Reiches" eine integrierende und ausgleichende Wirkung ausüben. Hitler und Göring unterschied dabei aber grundlegend, daß Hitler weder Militarist, Diplomat oder Bürokrat noch Wirtschaftsführer war, während Göring von all dem etwas anhaftete.

Hitlers Erlasse zur Regelung der Stellvertretung und Nachfolgefrage

Görings Eingreifen in die Beseitigung der alten SA-Führung im Juni 1934 demonstrierte seine wichtige Sonderstellung. Görings außerparteilicher Polizeiapparat war für Hitler das geeignete Disziplinierungsinstrument, das zwischen den rivalisierenden Kontrahenten Reichswehr und SA angesiedelt war. Hitler konnte darauf vertrauen, daß Göring sich dieser heiklen Aufgabe loyal und pflichtbewußt entledigte, ohne daß Hitlers nach außen unparteiische Stellung dadurch Schaden erlitt. Göring konnte somit als direkter Arm Hitlers in mehreren staats- und auch staatsparteilichen Bereichen eingesetzt werden. Hitler wurde dadurch in die Lage versetzt, sich selbst aus allen Machtkonflikten herauszuhalten.

Spätestens anläßlich der Beseitigung der alten SA-Führung gelangte Hitler zu der Erkenntnis, daß eine auf Dauer beständige und erfolgreiche Staatsführung einen ausgleichenden Vermittler erforderte, der zwischen Partei, Wehrmacht und staatlichen Instanzen geschickt taktierte. In der Anfangsphase des „Dritten Reiches", das als Erbe der Weimarer Republik zahlreiche widerstreitende Interessen zu berücksichtigen hatte, führte dies zwangsläufig zu einer Herrschaftspraxis, die von widersprechenden Anweisungen, sich überschneidenden Kompetenzen, dem Neben- und Gegeneinander der Akteure geprägt war.

Daß Hitler diese Herrschaftstechnik bewußt aufgriff und handhabe, zeigen seine von der Forschung bislang wenig beachteten Erlasse von Anfang Dezember 1934 zur Regelung der Stellvertretung und Nachfolgefrage. Mit Erlaß vom 7. Dezember 1934 bestimmte Hitler Göring, Blomberg und Heß zu seinen Stellvertretern für den Fall, daß er in der Ausübung der in seiner Person vereinigten Ämter des Reichskanzlers und Reichspräsidenten verhindert sei, „und zwar derart, daß der Reichswehrminister von Blomberg zuständig ist für alle Angelegenheiten, die die Wehrmacht und die Verteidigung des Reiches betreffen, Reichsminister Hess für alle Angelegenheiten der Nationalsozialistischen Deutschen Arbeiterpartei und ihrer Beziehung zum Staat, Ministerpräsident G ö r i n g in allen übrigen Angelegenheiten der Staatsführung"[39]. Hit-

---

[39] Handsignierter Hitler-Erlaß vom 7. Dez. 1934, BAK, R 43 II/ 1660 Stellvertretung und Nachfolge des Führers und Reichskanzlers (1934–1944), Bl. 26 (Hervorhebung im Original).

ler trug der Fragmentarisierung des Staatswesens dadurch Rechnung, daß er für jeden Machtbereich einen Repräsentanten nominierte. Da er diese Regelung nur für den Fall vorsah, bei dem er vorübergehend aus den Regierungsgeschäften ausschied, legte er Wert darauf, daß der Antagonismus der Machtträger durch ein Triumvirat aufrecht erhalten wurde. Hitler konnte jederzeit seine Rolle als integrierender Faktor wieder einnehmen. Die drei Männer standen zwar zu Hitler in einem servilen Verhältnis, rivalisierten jedoch untereinander, so daß eine Machtkonzentration auf der einen oder anderen Seite nicht zu befürchten war.

Beachtenswert ist, daß Hitler Göring und nicht etwa einen Vertreter der politischen Verwaltung wie etwa Frick mit der Führung der Staatsgeschäfte beauftragte. Anscheinend sah Hitler in Göring weniger den Chef der (noch) inoffiziellen Luftwaffe als den Politiker und Staatsmann. Göring sollte kraft Autorität in der Lage sein, in der Reichsregierung Entscheidungen herbeizuführen, ohne eines der traditionellen Spitzenämter des Kabinetts innezuhaben. Für Hitler war Göring ein politischer Faktor in persona, gestützt auf seine preußische Machtstellung. Nicht unerwähnt bleiben sollte weiterhin, daß zu den recht undefiniert gebliebenen „übrigen Angelegenheiten der Staatsführung" auch der Bereich der Außenpolitik zu zählen war. Gerade weil Göring sich außen- und innenpolitisch betätigte, ohne an Ämter gebunden zu sein, bot er sich für Hitler als der geeignete dritte Mann in seiner Stellvertreterregelung an.

Hitler schätzte Görings Bedeutung hoch ein. Das allen Göring-Biographen bisher entgangene „Gesetz über den Nachfolger des Führers und Reichskanzlers vom 13. Dezember 1934"[40] legte fest, daß Hitler bis zur Schaffung einer neuen Verfassung seinen Nachfolger selbst bestimmte. Nicht erst am 23. April 1938[41] oder mit Kriegsbeginn 1939[42], sondern bereits im Dezember 1934 wurde Göring heimlich von Hitler zum Nachfolger bestimmt! In seinem Erlaß vom 19. Dezember 1934, der in einer späteren Abschrift auf den 7. Dezember zurückdatiert wurde[43], nominierte Hitler Göring zu seinem Nachfolger mit der Formel: „Er hat unmittelbar nach meinem Tode die Mitglieder der Reichsregierung, die Wehrmacht des Deutschen Reiches sowie die Formationen der SA und SS auf seine Person zu vereidigen"[44]. Öffentlich wurde Göring erst am 1. September 1939 und dann noch einmal am 29. Juni 1941 zu Hitlers Nachfolger ernannt. Die drei Exemplare der Nachfolgeregelung von 1934 verblieben jeweils bei Hitler, Blomberg und im Tressor des Amtszimmers von Lammers als Chef der Reichskanzlei. Göring wurde nur mündlich informiert[45]. Erst 1936 wurden die übrigen Reichsminister in Kenntnis gesetzt[46]. Göring konnte jedoch nicht umhin, diesen Triumph diskret weiteren Personen mitzuteilen[47]. Auch zu den Mitgliedern

[40] Anlage I zu dem Nürnberger Dokument NG-1206, IfZ, MA-5(2).

[41] Am 23. April 1938 ordnete Hitler einen „Führer-Erlaß" an, der Göring zum Nachfolger bestellte. BAK, R 43 II/ 1660, u. IfZ, Dok. PS-1159.

[42] Absolon, Bd. I, S. 137, Anmerk. 695, wonach Hitler „niemals" einen Stellvertreter ernannt habe. Erst am 1. Sept. 1939 sei die Nachfolgerfrage geregelt worden. Vgl. auch Jacobmeyer, Einführung zu Mosley, Göring, S. 16.

[43] „Führer-Erlaß" vom 7. Dez. 1934, BAK, R 43 II/ 1660, Bl. 11; handschriftliche Fassung von Lammers mit Hitlers Unterschrift, ebd., Bl. 9.

[44] Nürnberger Dokument NG-1206 (2), IfZ, MA-5(2).

[45] Göring-Aussage vom 14. März 1946, in: IMG, Bd. 9, S. 344.

[46] Bross, S. 68.

[47] François-Poncet, Berlin, S. 277; Speer, Erinnerungen, S. 148.

von Hitlers engerem Kreis der Vertrauten scheint die Kunde von der Nachfolgeregelung von 1934 gedrungen zu sein[48].

Hitler traute Göring noch am ehesten zu, Partei, Wehrmacht und Staatsführung zu einigen. Freilich war er davon überzeugt, daß Göring nicht so genial wie er selbst sei und daß er nie einen echten Nachfolger finden würde[49]. Aber immerhin hatte sich Göring in Konfliktsituationen bewährt. Er war opportunistisch genug, jede der Machtgruppen für sich zu nutzen und doch keine zu bevorteilen. Seine Distanz gegenüber der Partei garantierte, daß das Regime nicht durch ein Überhandnehmen der Parteiausschreitungen gegen staatliche Organe unregierbar wurde. Die Nachfolgeregelung von 1934 zeigt, daß Hitler zu diesem Zeitpunkt Führungs- und Durchsetzungseigenschaften höher bewertete als ideologische Überzeugung.

Aus den bisherigen Ausführungen zu Görings Politik in der Anfangs- und Konsolidierungsphase des „Dritten Reiches" wird deutlich, daß Görings Aktivitäten bis dahin keiner festgelegten Programmatik folgten. Seine Mitarbeiter der frühen Jahre vermochten keine weltanschauliche Ausrichtung bei ihm zu entdecken[50]. Sicherlich stand bei ihm der Kampf gegen den Kommunismus innenpolitisch im Vordergrund. Dies blieb bis dahin jedoch ohne Auswirkungen auf seine Außenpolitik. Göring kannte Hitlers Ausführungen in „Mein Kampf" schon Ende der zwanziger Jahre, doch lag ihm, seiner eigenen Aussage zufolge, dessen „biologisch-geographische Rechtfertigung" nicht[51]. Aufgrund von Görings sozialer Herkunft, politischer Entwicklung und weltanschaulicher Tradition erscheint dies glaubhaft.

---

[48] Dietrich, S. 204.
[49] Hitler zu Diels 1934/35, in: Diels, S. 83 f.
[50] Ebd., S. 292.
[51] Bross, S. 110; Göring-Aussage, in: IMG, Bd. 9, S. 297 f.

III. Außenpolitische Sondermissionen 1934/35

1. Südosteuropa

Görings außenpolitisches Interesse an Ost- und vor allem Südosteuropa seit Anfang 1934 stand nicht unbedingt mit Hitlers außenpolitischem Programm in Einklang. Deutsche Ambitionen in Südosteuropa mußten zwangsläufig mit Mussolinis Vorherrschaftsplänen kollidieren, was ein zusätzliches Hindernis für eine deutsch-italienische Annäherung schuf. Aus diesem Grunde spielte Südosteuropa bis dahin in nationalsozialistischen politischen Strategien eine geringe Rolle. So konnte sich Göring in der Folgezeit nahezu unbedrängt zum Protektor der Südosteuropa-Außenpolitik des „Dritten Reiches" entwickeln.

Südosteuropa-Konzeptionen zu Beginn des „Dritten Reiches"

Bereits ältere Arbeiten bemerkten eine gewisse „Undurchsichtigkeit der deutschen Südost-Politik" im „Dritten Reich", eine Feststellung, die besonders für die Anfangsjahre des Regimes auch von neueren Studien bestätigt wird[1]. Kontrovers wird bislang die Frage beantwortet, ob die nationalsozialistische Südosteuropa-Politik in der Kontinuität Weimarer Außenpolitik zu sehen ist[2] oder eher eine neue Dimension eröffnete und somit einen Bruch mit der Tradition vollzog[3]. Die Historiker, die der letztgenannten Auffassung zuneigen, sehen zum Teil diesen Neuansatz bereits im Jahre 1934, andere erst in der zweiten Hälfte der dreißiger Jahre[4]. Von den wirtschaftsgeschichtlichen Untersuchungen, die durchweg im Jahr 1934 den Beginn der deutschen Südost-Initiative sehen, gehen die älteren Studien davon aus, daß die deutsche Offensive mit Schachts „Neuem Plan" im Herbst 1934 ihren Anfang nahm[5], während man neuerdings bereits im deutsch-jugoslawischen Handelsabkommen vom Mai 1934 den Ausgangspunkt sieht[6].

Zum gleichen Zeitpunkt, an dem die Handelsbeziehungen allmählich ihren Aufschwung nahmen, führte Göring im Mai 1934 eine zehntägige Rundreise durch verschiedene Südoststaaten durch. Göring hatte bis dahin kaum wirtschaftspolitische Ambitionen gezeigt. Er verfolgte mit diesen Reisen zunächst politische Ziele, die im Zusammenhang mit seiner in bezug auf die österreichische „Anschluß"-Frage ge-

---

[1] Broszat, Deutschland, S. 54; Schröder, 1929–1936, S. 23.
[2] Entschiedene Verfechter der Kontinuitätsthese sind: Stegmann, S. 203–221; Schröder, Südosteuropapolitik, S. 343–360.
[3] Roland Schönfeld, Deutsche Rohstoffsicherungspolitik in Jugoslawien 1934–1944, in: VfZG 24 (1976), S. 215–258; Treue, Reich, S. 45–64.
[4] Wuescht, S. 38; Fabry, Balkan-Wirren, S. 10; Broszat, Deutschland, S. 45.
[5] Treue, Reich, S. 47 ff.; Gittler, S. 8 f.; Volkmann, Verhältnis, S. 105.
[6] Schröder, Empire, S. 83 ff.

scheiterten Italienpolitik standen. Zum Verständnis und zur politischen Gewichtung von Görings Südost-Initiative erscheint es aber unerläßlich, einen Blick auf die Hauptprobleme der politischen und wirtschaftlichen Situationen der Südoststaaten, auf die Traditionen und die verschiedenen Konzeptionen der deutschen Südosteuropa-Politik bis 1934 zu werfen.

Der folgenschwere Vertrag von Trianon (6. Juni 1920) bewirkte eine Spaltung der Länder Mittel- und Südosteuropas in „Revisionisten" und „Antirevisionisten", wodurch die zentraleuropäische Staatenblockbildung in den Südosten verlängert wurde. Bereits im Sommer 1920 vollzog sich eine vertragsmäßige Annäherung zwischen Jugoslawien und der Tschechoslowakei, der im Frühjahr 1921 Rumänien formell beitrat. Dieser Dreibund, der von den Großmächten spöttisch „Kleine Entente" genannt wurde, organisierte sich mit dem politischen Ziel, bulgarischen und ungarischen Revisionsbestrebungen sowie einer österreichischen Restauration entgegenzuwirken. Als Garantiemacht der Friedensbedingungen sicherte sich Frankreich durch eine Serie bilateraler Abkommen mit den Mitgliedern der Kleinen Entente Einfluß auf die politischen Absprachen im Südosten[7] und propagierte in der Folgezeit wiederholt das Projekt eines „Donaubundes", der die Kleine Entente, Österreich und Ungarn umfassen sollte.

Die französischen Bestrebungen kollidierten jedoch mit den ehrgeizigen italienischen Plänen. Italien betrachtete den Südosten als italienisches Hinterland und hoffte, die revisionistischen Staaten für sich zu gewinnen[8]. Die imperiale Konzeption Italiens stieß auf den heftigen Widerstand Jugoslawiens, das sich allen italienischen Bestrebungen zur Auflösung der Kleinen Entente erfolgreich widersetzte. Eine weitere Verschlechterung der italienischen Position trat Mitte Mai 1928 ein, als Chamberlain seine bisher wohlwollende Haltung gegenüber Italien aufgab und sich Frankreichs südosteuropäischer Interventionspolitik anschloß. Einhergehend mit dieser politischen Offensive, erwachte wieder das „Interesse des englischen Finanzkapitals an Investitionen auf dem Balkan und insbesondere in Jugoslawien"[9].

Österreich spielte eine besondere Rolle in Mussolinis Plänen. Es war nicht nur als Puffer zwischen Italien und dem Deutschen Reich gedacht, sondern sollte in erster Linie Italiens Zugang zum Balkan offenhalten. Im Unterschied zu der deutschen Betrachtungsweise, in der die Österreich-Frage ein nationales Problem darstellte, wurde Österreich in italienischen Konzeptionen stets im Zusammenhang mit Italiens südosteuropäischen Ambitionen gesehen. Die immer wieder vorgetragenen deutschen „Anschluß"-Forderungen identifizierte Mussolini daher grundsätzlich mit dem Schlagwort der „deutschen Gefahr an der Donau"[10].

Seit Mitte der zwanziger Jahre stieg das deutsche Interesse an dieser Region vor allem aus wirtschaftlichen Gründen. Stresemann und besonders Curtius forcierten die deutsche Handelsoffensive im Osten und Südosten durch ein staatlich gestütztes Exportförderungssystem und unterstützten die direkte ökonomische Infiltration in die

---

[7] Zu den Verträgen zwischen dem Mitgliedern der Kleinen Entente und Frankreich vgl. die Zusammenstellung und Interpretation des deutschen AA vom 11.Nov.1936, PAB, Abt. Pol. IV/ Po 4 Kleine Entente, Bd.2; eine Auflistung der wichtigsten Südostverträge befindet sich in PAB, Büro St.S./ Italien: Führerreise, Bd.1, Pag.201 588 f.

[8] Jarausch, S. 109; Poulain, Außenpolitik, S. 12 ff.; Meiß, S. 9 ff.

[9] Zamboni, S. 489.

[10] Aloisi, Eintrag vom 4.Okt. 1932, S. 12.

österreichische Schwerindustrie[11]. Sichtbares Zeichen der wiedererwachten wirtschaftlichen Interessen am Südosten war die Gründung des „Mitteldeutschen Wirtschaftsvereins" 1924 mit Sitz in Wien und Landesgruppen in Deutschland und Ungarn, der sich später in „Mitteleuropäischer Wirtschaftstag" (MWT) umbenannte[12]. Den Vorsitz übernahm Thilo Freiherr von Wilmowsky, Schwager von Gustav Krupp und Vorsitzender des Aufsichtsrates der Friedrich Krupp AG. Geschäftsführer wurde Max Hahn, bislang zweiter Geschäftsführer des Langnam-Vereins in Düsseldorf. Mit der Verlegung nach Deutschland wurde der deutschen Industrie ein ausschlaggebender Einfluß eingeräumt.

Das Scheitern der deutsch-österreichischen Zollunion im März 1931 versetzte den deutschen Südosteuropaplänen einen empfindlichen Rückschlag[13]. Alle weiteren deutschen wirtschaftlichen oder politischen Hoffnungen in bezug auf Österreich oder Südosteuropa begegneten in der Folgezeit erhöhtem Mißtrauen des Auslandes. Die „deutsche Gefahr an der Donau" war jedoch mehr Mythos als politische Realität. Deutsche Kapitalinvestitionen bewegten sich im Rahmen des internationalen Niveaus, wobei der durchschnittliche Kapitaleinsatz, von Österreich einmal abgesehen, im internationalen Maßstab eher zurückblieb[14]. Die deutsche Außenhandelsbilanz mit dem Südosten wies selbst bei tendenziöser Interpretation keine überdurchschnittlichen Besonderheiten auf, die Entwicklung stagnierte eher[15]. Bis 1934 kann man im ökonomischen Sektor kaum von einem einheitlichen deutschen Konzept ausgehen. Nach Aussage eines beteiligten Zeitgenossen herrschte hier ein wirres Durcheinander[16].

Daran änderten selbst die vielfach propagierten Südosteuropapläne des Mitteleuropäischen Wirtschaftstages zunächst nichts. Auch das Kieler „Institut für Mittel- und Südost-Europäische Wirtschaftsforschung" von Hermann Groß beschäftigte sich seit Jahren mit Theorien einer deutschen Wirtschaftsverflechtung mit den Südoststaaten, ohne Erfolge vorweisen zu können. Die Auswirkungen der Weltwirtschaftskrise, die besonderen wirtschaftlichen Strukturmerkmale der Länder Südosteuropas[17] und die bislang funktionierende wirtschaftliche und politische Protektion durch Kapitalinvestitionslenkung und Einflußnahme auf den dominanten Agrarsektor durch Frankreich, Großbritannien und vor allem die USA[18] minderten das deutsche Interesse an einem übermäßig starken wirtschaftlichen Engagement in Südosteuropa.

Die „Machtergreifung" der Nationalsozialisten brachte für den deutschen Südosteuropahandel zunächst keinerlei Veränderungen. Wenn man dem MWT-Rundschreiben vom 10. April 1933 glauben darf, fanden bereits Anfang 1933 eine Reihe von Ver-

[11] Stegmann, S. 212.
[12] Schwarzenau, S. 40 ff.
[13] Poulain, Außenpolitik, S. 21 ff., 129 ff.; Machray, S. 64 ff.
[14] Teichova, Wirtschaftsinteressen, S. 278 ff.; Wendt, England, S. 486 ff.; Meiß, S. 15 ff.
[15] Zur Außenhandelsbilanz vgl. Gross, S. 228 ff.; Teichova, Wirtschaftsinteressen, S. 285 ff.; Poulain, Außenpolitik, S. 138 f.
[16] Helfferich, S. 20.
[17] Teichova, Besonderheiten, S. 131–150; Kurt Wessely, Die Wirtschaftsverflechtungen im Donauraum seit 1918, in: Der Donauraum 14 (1969), S. 43–66.
[18] Vgl. den Beitrag von Hans-Jürgen Schröder in: Manfred Knapp u.a., Die USA und Deutschland 1918–1975. Deutsch-amerikanische Beziehungen zwischen Rivalität und Partnerschaft, München 1978, bes. S. 145 ff.; Recker, S. 250 ff.; Joza Tomasevich, Foreign Economic Relations, 1918–1941, in: Robert J. Kerner (Hrsg.), Yugoslavia, Berkeley 1949, S. 169–214.

handlungen der Geschäftsführung der Deutschen Gruppe des Mitteleuropäischen Wirtschaftstages mit maßgebenden politischen und wirtschaftlichen Funktionären der NSDAP statt. Hieraus zog man den Schluß, „daß nunmehr die Richtung der offiziellen Handels- und Außenpolitik sich vollkommen deckt mit den allgemeinen wirtschaftlichen und wirtschaftspolitischen Zielen der Deutschen Gruppe des Mitteleuropäischen Wirtschaftstages"[19]. Praktische Konsequenzen zeigte diese angebliche Übereinstimmung jedoch nicht. Aus dem Rundschreiben geht hervor, daß bis dahin die offizielle Handels- und Außenpolitik des Deutschen Reiches keineswegs mit den Plänen der MWT-Führung übereinstimmte.

Bereits im August 1926 wurde im Auswärtigen Amt eine Denkschrift über die „Deutsche Politik gegenüber Südosteuropa" angefertigt, die wirtschaftspolitischen Gesichtspunkten in starkem Maße Rechnung trug. Man erkannte, daß die Länder der mittleren und unteren Donau für Deutschland „ein natürliches Absatzgebiet" seien, und zog hieraus den Schluß, daß das deutsche Bestreben dahin gehen müsse, „durch vertragliche Regelung den wirtschaftlichen Beziehungen (Handelsverkehr, Fremdenrecht, Rechtshilfe usw.) geeignete Grundlagen für deutsche wirtschaftliche Betätigung nach und in diesen Ländern zu schaffen"[20]. In der Praxis des Auswärtigen Amtes zeigte dieses Programm einer aktiven Südosteuropa-Politik jedoch geringe Wirkung, da man sich innerhalb des Ministeriums nicht auf ein einheitliches Konzept einigen konnte. So vertraten Neurath, Bülow und Köpke auch nach dem 30. Januar 1933 unterschiedliche Standpunkte, die sich gegenseitig behinderten oder ausschlossen. Sowohl Bülow wie Neurath setzten sich mit den deutschen Möglichkeiten im Südosten eher vorsichtig auseinander, warnten vor dem „Anschluß" Österreichs und empfahlen angesichts der italienischen Lauerstellung ein äußerst behutsames Vorgehen. In seinem Schreiben an Hassell vom 7. Februar 1933 dementierte Neurath jede Absicht eines erneuten deutschen Drangs nach Osten.

Namentlich der Leiter der Politischen Abteilung II (West-, Süd-, Südosteuropa) des Auswärtigen Amtes, Gerhard Köpke, war ein entschiedener Gegner einer expansiven Südosteuropa-Politik. In seinem ausführlichen Schreiben vom 20. Februar 1933 an Hassell erinnerte er diesen daran, daß die deutschen politischen Interessen zweifellos nicht mit den italienischen im Südostraum parallel liefen. Er erörterte sogar die Möglichkeit, den Italienern als Gegenleistung für ein Entgegenkommen in der österreichischen Frage offen zu erklären, daß man „den Plänen der italienischen Politik im Gebiete des Donau-Raums keinerlei Schwierigkeiten bereiten" wolle[21].

Im weiteren Verlauf des Jahres 1933 legte sich das Auswärtige Amt aus Rücksicht auf die italienische Empfindlichkeit in der „Anschluß"- und Südosteuropa-Frage eine deutliche Zurückhaltung auf. Dies verdeutlicht eine nicht unterzeichnete Aufzeichnung der Politischen Abteilung II vom 22. September 1933, in der die Frage der Besuchsstationen des Reichsaußenministers bei einer geplanten Südostreise diskutiert wurde. Man kam zu dem Schluß, daß Ungarn, Bulgarien und der Türkei ohne Bedenken Besuche abgestattet werden könnten. Ein politisch bedeutsamer Besuch in Bel-

---

[19] Rundschreiben der Deutschen Gruppe des MWT vom 10. April 1933, in: Schumann/Nestler, Nr. 86, S. 232.
[20] Undatierte Aufzeichnung ohne Unterschrift im Band des Büro St.S. „Übersicht über die politische Lage in Südosteuropa", Bd. 2 (August 1926), abgedruckt in: Hans-Adolf Jacobsen (Hrsg.), Mißtrauische Nachbarn. Deutsche Ostpolitik 1919–1970. Dokumente und Analyse, Düsseldorf 1970, Nr. 12, S. 49–52, hier: S. 50.
[21] Köpke an Hassell vom 20. Feb. 1933, BAK, ZSg. 133/ 3, Bl. III

grad, „der bei der offensichtlichen jugoslawischen Tendenz einer gewissen politischen Annäherung an das neue Deutschland an sich nicht unerwünscht erscheinen könnte", wurde aus „Rücksicht auf den jugoslawisch-italienischen Gegensatz und unsere Freundschaft zu Italien" als inopportun abgelehnt[22].

Einen abweichenden Standpunkt in der Frage der zukünftigen deutschen Südosteuropa-Politik nahm der deutsche Botschafter in Rom, Ulrich von Hassell, ein. Hassell ging „von einer formulierten Gesamtkonzeption der deutschen Außenpolitik" aus. Darin war eine aktive deutsche Politik im Südosten ein fester Bestandteil und gleichzeitig „außenpolitischer Ansatzpunkt für ein Wiedererstarken Deutschlands". Durch eine enge Zusammenarbeit mit Italien und Ungarn hoffte Hassell, „in Übernahme der österreichisch-ungarischen Erbschaft und in Wiederbelebung älterer Mitteleuropavorstellungen, ‚Südosteuropa in den deutschen politischen Interessenkreis' einbeziehen" zu können[23]. Trotz einer Flut von Memoranden und persönlichen Briefen verhallten Hassells Vorschläge zur Südosteuropa-Politik im Auswärtigen Amt ungehört[24]. Hassell wurde auch des öfteren bei Göring damit vorstellig und fand in späteren Jahren sogar ein Vertrauensverhältnis zu ihm[25]. Es ist nicht auszuschließen, daß er indirekt zur Auslösung von Görings Südost-Initiative vom Mai 1934 mit beitrug, da er die Südosteuropa-Problematik mit Göring bereits 1933 bei dessen Rombesuchen erörtert hatte.

So gab es zwar zu Beginn des „Dritten Reiches" eine Reihe wirtschaftspolitischer und politischer Theorien, die Südosteuropa in die deutsche Interessensphäre einbezogen, ihre Verwirklichung scheiterte jedoch sowohl an wirtschaftlichen sowie vor allem politischen Hindernissen. Die Führung des Auswärtigen Amtes erkannte dies nüchtern und legte sich in ihren Verlautbarungen zur Südosteuropa-Politik Zurückhaltung auf.

Die Südosteuropa-Forschung geht überwiegend davon aus, daß Hitler über ein geschlossenes Südosteuropa-Konzept verfügt habe, das bereits vor der „Machtergreifung" entwickelt war[26]. Bei Durchsicht der Quellen kommt man jedoch eher zu dem gegenteiligen Schluß, daß Südosteuropa in Hitlers Europakonzept keine Rolle spielte. In seiner grundlegenden Schrift „Mein Kampf" finden die Länder Südosteuropas überhaupt keine Beachtung. Selbst das Sachverzeichnis listet, abgesehen von Österreich, keine Südoststaaten auf. Ebenso fehlen die Sammelbegriffe „Balkan", „Mitteleuropa" oder „Südosteuropa"[27].

In Hitlers „Zweitem Buch" werden die Südoststaaten aus „völkischen Gesichtspunkten" durchweg abwertend beurteilt. In seiner Skizze der europäischen Mächtekonstellationen tauchen sie nicht auf. Der Balkan war für Hitler Ort der italienisch-französischen Auseinandersetzung im Rahmen des internationalen Kampfes um wirtschaftliche und politische Interessengebiete. Die Einflußzonen Deutschlands und Italiens lagen nach Hitlers Auffassung „in glücklichster Weise so weit auseinander, daß es keine natürlichen Reibungsflächen" gab. Da er davon ausging, daß das „natürliche Ge-

[22] AA-Aufzeichnung vom 22. Sept. 1933, PAB, Pol. Abt. II/ Griechenland Politik 2 B, Bd. 1, S. 4 der Aufzeichnung.
[23] Petersen, S. 77, 78.
[24] Poulain, Außenpolitik, S. 84–93; Robertson, Mussolini, S. 60 f.; Wollstein, S. 66 f.
[25] Petersen, S. 117, Anmerk. 78.
[26] So Hoensch, Revisionismus, S. 31 f.; Adám, Les pays, S. 1–26.
[27] Hitler, Mein Kampf, S. VII ff.

biet der italienischen Expansion ... das Randbecken des italienischen Meeres" war, ist anzunehmen, daß bei Hitler der Südosten im Rahmen seiner programmatischen außenpolitischen Zielvorstellungen keine Rolle spielte. Eine Ausnahme bildete lediglich Ungarn, dem Hitler eine Satellitenrolle im Südosten gegen Frankreich einräumte. Die „Feindschaft Ungarns gegen Jugoslawien, das von Frankreich dabei gestützt wird", ließ nach Hitlers Ansicht Ungarn geeignet erscheinen, der „Interessengemeinschaft" Deutschlands, Italiens und Englands, „wenn auch nur im stillen", beizutreten[28].

Da in Hitlers programmatischen Äußerungen vor der „Machtergreifung" dem Außenhandel oder wirtschaftlichen Gesichtspunkten keine Bedeutung zukam, spielten auch unter diesem Blickwinkel die Länder Südosteuropas in Hitlers außenpolitischen Vorstellungen keine Rolle. In diesem Sinne reagierte er in unangemessen scharfer Form abweisend, als Rumänien im Mai 1933 wegen der Handelsfrage vorstellig wurde[29]. Man kann somit davon ausgehen, daß bis zur Verschärfung der Situation der deutschen Außenhandelsbilanz im Laufe des Jahres 1934 Hitler Südosteuropa nur unter politischen Vorzeichen zweiter Ordnung betrachtete. Dabei hatte er insbesondere gegen die Kleine Entente eine Abneigung[30], da sie „nur auf den Zeitpunkt (warte), wo ihr Österreich in den Schoß fällt"[31].

Im Gegensatz zu Hitler erkannte Rosenbergs „Außenpolitisches Amt der NSDAP" (APA) die politische und wirtschaftliche Bedeutung Südosteuropas wesentlich früher. Bereits 1933 knüpfte man Beziehungen zu Ungarn und strebte eine Annäherung an Rumänien auf dem Weg über Kompensationsgeschäfte an[32]. Eine besondere Rolle spielten die Länder Südosteuropas dabei in den Überlegungen zu einem späteren „kontinentaleuropäischen Wirtschaftsraum". Der Experte des APA der NSDAP für „Großraumfragen", der völkische Theoretiker Werner Daitz, trat bereits seit 1932 mit diesbezüglichen Konzepten in die Öffentlichkeit. Daitz propagierte eine „kontinentaleuropäische Großraumwirtschaft"[33], die unter der Parole „Europa den Europäern"[34] über die ideologische Kontinuität traditioneller Auffassungen hinausging. Spezifisch nationalsozialistisch wurde die Großraumwirtschaft, die „von Gibraltar bis zum Ural und vom Nordkap bis zur Insel Zypern" reichen sollte, auf zwei Wurzeln zurückgeführt: den Rassen- und den Raumgedanken[35].

Die angeblich so „klare Abgrenzung der Interessen-Sphären" der Welt durch die Parteitheoretiker übersah jedoch, daß ihre Südosteuropa-Ambitionen mit den Interessen des faschistischen Italiens in Konflikt geraten konnten, zumal man gerade erst begonnen hatte, die ideologischen Gemeinsamkeiten als neuen Faktor in der Außenpolitik zu feiern. So forderte Daitz im März 1934 zwar nach wie vor den natürlichen

[28] Hitlers Zweites Buch, S. 51, 92, 93, 177, 187, 216.
[29] Neuraths Aufzeichnung vom 27. Mai 1933, in: ADAP, C, I/2, Nr. 265, S. 487 f.
[30] Von daher ist das Zeugnis von Hitlers Chefdolmetscher Paul Schmidt sehr wahrscheinlich, „that Hitler had always taken the position that Germany had no essential political interests of a positive nature in the region of the Mediterranean, and this also applied to Southeastern Europe as a whole". Interrogation Paul Otto Gustav Schmidt in Nürnberg, IfZ, MA-1300/3, Microcopy 679, Roll 3, Pag. 272.
[31] Hitler auf der Ministerbesprechung am 26. Mai 1933, in: ADAP, C, I/2, Nr. 262, S. 485.
[32] „Kurzer Tätigkeitsbericht des Außenpolitischen Amtes der NSDAP" vom Oktober 1935, in: IMG, Bd. 25, Dok. 003-PS, S. 20 f.
[33] Daitz in einer Rede von 1934, in: Daitz, Teil 2, S. 10.
[34] Daitz in einer Rede vom Oktober 1934 über den „Organischen Aufbau von Volks- und Großraumwirtschaft", ebd., Teil 1, S. 74.
[35] Artikel „Großraumwirtschaft" von Daitz im „Handwörterbuch der Betriebswirtschaft" (2. Auflage 1938), zit. ebd., S. 51 f., 44 ff.

Anschluß der Völker des Donauraums und des Balkans an die sich herausbildende kontinentaleuropäische Großraumwirtschaft, mußte jedoch bedauernd zugestehen, daß zuvor „alle politischen Hemmungen, die der Wiedereinspielung des natürlichen Waren- und Kulturkreislaufes entgegenstehen, gelöst werden"[36] müßten.

Unter diesen politischen Hemmungen verstand das APA zunächst das französische Bündnissystem im Südosten. Man versuchte dies durch eine Auflösung der Kleinen Entente zu überwinden. Die Bemühungen, vor allem mit Rumänien in Kontakt zu kommen, wurden jedoch durch eine Intervention Neuraths vereitelt, so daß die Pläne des Außenpolitischen Amtes vorläufig scheiterten[37]. Als man später bei einem erneuten Anlauf in Jugoslawien Fuß zu fassen versuchte, stellte man fest, daß bereits „andere deutsche Reichsbehörden im gleichen Sinne tätig geworden" waren, so daß hier kein Raum für eigene Initiativen blieb[38]. Bei diesen „Reichsbehörden" handelte es sich um Görings Mittelsmänner, die später unter dem Deckmantel des Vierjahresplans alle politischen und wirtschaftlichen Beziehungen Jugoslawiens nach Deutschland und umgekehrt kontrollierten. Andere Parteidienststellen wurden erst Ende der dreißiger Jahre in Südosteuropa, von der Tschechoslowakei einmal abgesehen, tätig[39].

Besonderes Interesse wurde den südosteuropäischen Staaten von seiten der Reichswehr entgegengebracht. Die Berichte von Abwehr, Truppenamt (TA)/Abt. Fremde Heere und Heeresleitung widmeten sich nicht nur militärischen Aspekten, sondern auch globalstrategischen, politischen Gesichtspunkten der Entwicklungsmöglichkeiten im Südosten. Seit Ende 1933/Anfang 1934 wuchs die Aufmerksamkeit für Südosteuropa um ein Vielfaches, da man eine Veränderung in der politischen Konstellation festzustellen glaubte. Man ging davon aus, daß allmählich die Balkanstaaten danach strebten, „sich der Bevormundung durch die Westmächte, die vor allem auf finanziellem und militärischem Gebiet drückend empfunden wird, zu entziehen"[40].

In einem Geheim-Bericht der Abwehr vom 24. März 1934 wurde festgestellt, daß in Jugoslawien geradezu Erbitterung gegen Italien und gleichfalls Verstimmung gegen Frankreich herrsche. Von daher richte Jugoslawien nun seinen Blick auf Deutschland: „Hat die deutsche Politik in Belgrad festen Fuß gefaßt, dann kann Deutschland der Protektor der italienisch-jugoslawischen Verständigung werden, die von den zu Deutschland neigenden Belgrader Politikern als unumgänglich notwendig angesehen wird". In Kreisen der Reichswehr sah man eher in Italien als in Frankreich den Gegner der deutschen Südosteuropa-Politik und warnte vor dem Scheitern einer deutsch-jugoslawischen Annäherung, da in diesem Fall „Italien einen Vorsprung in Süd-Ost-

[36]   Werner Daitz, „Nationalsozialismus, Faschismus und Südosteuropa", in: „Der Völkische Beobachter" vom 10. März 1934, IfZ, Z 1.

[37]   „Kurzer Tätigkeitsbericht des Aussenpolitischen Amtes der NSDAP" vom Oktober 1935, in: IMG, Bd. 25, Dok. 003-PS, S. 21.

[38]   „Kurzer Tätigkeitsbericht des Außenpolitischen Amtes der NSDAP von 1933–1943", ebd., Dok 007-PS, S. 86.

[39]   Mac Alister Brown, The Third Reich's Mobilization of the German Fifth Column in Eastern Europe, in: Journal of Central European Affairs 19 (1959/60), S. 128–148; Martin Broszat, Faschismus und Kollaboration in Ostmitteleuropa zwischen den Weltkriegen, in: VfZG 14 (1966), S. 225–251, bes. S. 241 ff.

[40]   Studie von Pappenheim (Abt. Chef H. L.) vom Februar 1934 „Lage auf dem Balkan", IfZ, MA-273, Pag. 6407, Bl. 3.

europa (hat), der sich gegen Deutschland richtet, nicht aber Frankreich auf die Dauer schädigen wird"[41].

Die außenpolitischen Betrachtungen der Reichswehr trugen nicht nur machtpolitischen, sondern auch wirtschaftlichen Aspekten Rechnung[42]. Anders als im Auswärtigen Amt und beim APA der NSDAP ging man bei der Reichswehr davon aus, daß die deutsch-italienische Kontroverse um Österreich auf dem Balkan entschieden werde. Die Reichswehr forderte eine eigenständige deutsche Initiative, die sich die Rivalität zwischen Frankreich und Italien zu Nutzen machen sollte. Durch maßvolles Vorgehen müsse man das Vertrauen Jugoslawiens und Rumäniens gewinnen. Eine besondere Hilfe sah man dabei in den Möglichkeiten, die die Handelsbeziehungen bieten konnten: „Als agrarische Ausfuhrländer kommen diese Länder umgekehrt für deutsche Industrieexporte in Frage, ein Verhältnis, das für diese Staaten weder in den Beziehungen zu Frankreich noch zu Italien gegeben ist"[43].

Die außenpolitische Südosteuropa-Konzeption der Reichswehrführung verdeutlicht, wie wenig Hitlers außenpolitische Programmatik in der ersten Hälfte der dreißiger Jahre in Reichswehrkreisen eine Rolle spielte. Während man sich im Auswärtigen Amt mit Hitlers außenpolitischen Maximen zumindest auseinandersetzte und nach einem gangbaren Weg suchte, blieben große Teile der konservativen Militärs zunächst von nationalsozialistischen Bündnisvorstellungen unberührt. Für Görings Südosteuropa-Initiativen im Jahre 1934 war diese Sachlage von ausschlaggebender Bedeutung. Seine außenpolitischen Vorstellungen leiteten sich weniger von Hitlers „Programm" ab als von alldeutsch-nationalistischen Konzeptionen wirtschaftsimperialistischer Prägung, wie sie vor allem von der Reichswehr vertreten wurden.

Die „Machtergreifung" des Nationalsozialismus änderte zunächst wenig an der Außenpolitik der südosteuropäischen Staaten gegenüber Deutschland. Nur Ungarns Ministerpräsident Gömbös ergriff die Gelegenheit, um Hitler seine Grüße zu übermitteln und den Wunsch nach Verbesserung der wirtschaftlichen Beziehungen vorzubringen[44]. So war er auch der erste Staatsmann, der Hitler bereits im Juni einen Besuch abstattete und dabei vor allem die ungarischen Revisionsansprüche zur Sprache brachte. Hitlers unverbindliche Stellungnahmen enttäuschten jedoch die ungarischen Hoffnungen[45], da sich Hitler aus Rücksicht auf den Viererpaktabschluß Zurückhaltung auferlegte. Der Viererpakt erregte den scharfen Protest der Kleinen Entente, die sich gerade erst durch den „Organisationspakt" neu formiert hatte und sich nun politisch als fünfte Großmacht verstand. Frankreichs beruhigende Einwirkungen auf die Mitglieder der Kleinen Entente schürten Mussolinis Unwillen, der dahinter eine Sabotage seines Vertragswerkes vermutete[46]. Erneut verschärfte sich die Balkanfront zwischen Frankreich und Italien.

[41] „Geheim-Bericht über Politische Lage in Jugoslawien vom 24. März 1934", BA-MA, OKW/Amt Ausland/ Abwehr RW 5/ v. 475 Ausland: Jugoslawien (März-Dez. 1934).

[42] Reichswehr-Aufzeichnung ohne Unterschrift von Anfang/Mitte 1934: „Die Entwicklung der Lage auf dem Balkan unter besonderer Berücksichtigung der Kleinen Entente", BA-MA, RW 5/ v. 348 Außenpolitische Berichte, Auslandsstimmen (März-Dez. 1934), bes. S. 24.

[43] Aufzeichnung von Stülpnagels (TA/Abt. Fremde Heere) über die „Lagebeurteilung Südoststaaten, Italien, Frankreich, Polen" vom 7. Nov. 1934, BA-MA, Nachlaß L. Beck N 28/ 1, S. 3.

[44] Gömbös' Schreiben an Khuen-Héderváry vom 1. Feb. 1933, in: Kerekes, Allianz, Nr. 1, S. 107 f.; Gömbös' Schreiben an Hitler vom 22. April 1933, in: ADAP, C, I/1, Nr. 179, S. 324 f.

[45] Dokumente in: Elek Karsai, The Meeting of Gömbös and Hitler in 1933 (Documentation), in: The New Hungarian Quarterly 3 (1962), S. 170–196.

[46] Jarausch, S. 29, 98 f., 147 f., 190 f.

Ende Februar 1934 fanden die deutsch-ungarischen Wirtschaftsverhandlungen ihren Abschluß in einem neuen Handelsvertrag[47], dessen politische Bedeutung angesichts der Tatsache, daß Ungarn im Mai ein ähnliches Abkommen mit Italien einging[48], im allgemeinen überschätzt wird. Seit Anfang 1934 suchte auch die zweite revisionistische Macht im Südosten die Wiederannäherung an Deutschland. Am 28. Februar traf der bulgarische Zar Boris zum ersten offiziellen Staatsbesuch in Deutschland ein[49]. Zuvor hatten die antirevisionistischen Südoststaaten im „Balkanpakt" vom 9. Februar 1934 ihre Entschlossenheit bekräftigt, Ungarns und vor allem Bulgariens Forderungen entschieden entgegenzutreten.

Bereits seit Februar stand auch Göring mit offiziellen bulgarischen Stellen in Verbindung und verhandelte über die Abschiebung des im Reichstagsbrandprozeß angeklagten bulgarischen Kommunisten Dimitroff und seiner beiden Genossen[50]. Darüber hinaus machte Göring am 19. April die persönliche Bekanntschaft mit dem bulgarischen Ministerpräsidenten Muschanoff bei dessen Besuch in Berlin[51].

Im Auswärtigen Amt vermied man trotz dieser Kontakte eine offene Parteinahme für die revisionistischen Bestrebungen in Südosteuropa, zumal man gleichzeitig mit Jugoslawien in Wirtschaftsverhandlungen stand, die im Handelsvertrag am 1. Mai 1934 ihren Abschluß fanden[52]. Dieses Abkommen eröffnete zwar die Möglichkeit zur Intensivierung der Handelsbeziehungen auf der Basis der Meistbegünstigung zwischen Deutschland und Jugoslawien, bedeutete jedoch noch keinen Durchbruch zu einer politischen Annäherung. Angesichts der verschiedenen deutschen Südosteuropa-Konzeptionen, die sich zum Teil gegenseitig blockierten, kann man wohl kaum ohne Einschränkung davon ausgehen, daß die deutsche Südosteuropa-Politik im Zeitraum von 1933 bis 1939 primär von wirtschaftlichen Zielsetzungen bestimmt wurde[53]. Zumindest bis Schachts „Neuem Plan" im Herbst 1934, der auch politisch zum Umdenken führte, dachte man im Auswärtigen Amt und in Parteikreisen eher daran, über den Weg wirtschaftlicher Zusammenarbeit zu *politischen* Erfolgen im Südosten zu kommen[54].

Görings Balkan-Rundreise im Mai 1934

Die politische Bedeutung Südosteuropas wurde nach dem Abschluß der „Römischen Protokolle" Mitte März 1934 noch erhöht. Dieser Konsultativpakt zwischen Italien, Österreich und Ungarn unterstrich nicht nur das italienische Interesse am Donausektor, sondern hatte gleichzeitig eine deutliche Spitze gegen deutsche „Anschluß"-Be-

---

[47] Berend/Ranki, S. 330 ff.; Kiszling, Teil 2, S. 123 f.; Schröder, Südosteuropapolitik, S. 25 f.
[48] Bericht der Deutschen Gesandtschaft Budapest vom 18. Jan. 1935 über „Wirtschaftliche Fragen", PAB, Abt. III-Wirtschaft/ Ungarn Wirtschaft 1, Allgemeine wirtschaftliche Lage, Bd. 3.
[49] Hoppe, S. 36, 45.
[50] Aufzeichnung von Gaus vom 2. März 1934, PAB, Geheimakten 1920–1936/ Bulgarien Pol. 2 Politische Beziehungen Deutschland-Bulgarien, Bl. 3; zu Görings bulgarischen Kontakten vgl. auch Diels, S. 370.
[51] Köpkes Schreiben an die Deutsche Gesandtschaft Sofia vom 7. Mai 1934 („Inhalt: Bulgarischer Ministerpräsident Muschanoff in Berlin 19.–21. April 1934"), PAB, Pol. Abt. II/ Bulgarien Politik 2, Bd. 2.
[52] Poulain, Drang, S. 143 f.; Schröder, Empire, S. 75 f., 83.
[53] Dies behauptet Schröder, ebd., S. 70.
[54] Vor allem im AA, in dessen Händen die Wirtschaftsverhandlungen lagen, ohne daß bislang ein Parteieinfluß nachgewiesen werden konnte, herrschte noch weitgehend das traditionelle Revisionsdenken vor, dessen primäres Ziel zunächst darin lag, „die italienischen und französischen Pläne im Donauraum zu durchkreuzen". Geheime Presseanweisung Nr. 357 vom 15. März 1934, BAK, ZSg. 101/ 3, Bl. 121.

strebungen. Er demonstrierte zur Bestürzung der deutschen Führung die italienische Entschlossenheit, die staatliche Integrität Österreichs soweit wie möglich gegen deutsche Einflüsse abzusichern. Mussolinis Angebote von Ende März, im Südosten eine umfassende deutsch-italienische Zusammenarbeit aufzunehmen, stießen im Auswärtigen Amt auf Ablehnung, da man eine implizite Anerkennung der italienischen Garantieerklärung für Österreich unbedingt vermeiden wollte[55]. Hitler teilte die Bedenken des Auswärtigen Amtes hingegen nicht. Seit Anfang April bereitete er eine persönliche Zusammenkunft mit Mussolini vor, die Mitte Mai schließlich zustande kam[56].

Die verschiedenen Linien der deutschen Außenpolitik gegenüber Italien wurden offenkundig, als bekannt wurde, daß Göring zum gleichen Zeitpunkt Vorbereitungen zu einer ausgedehnten Südosteuropa-Reise traf. Zwar wurde offiziell Griechenland als Ziel von Görings „privatem Pfingstausflug" angegeben[57], die Staatsempfänge und politischen Gespräche bei den Zwischenstationen in Belgrad und Budapest waren allerdings wenig geeignet, diese Version glaubhaft zu machen. Bereits das Zustandekommen der Reiseroute war mit einem deutlichen Affront gegenüber Italien verknüpft. Bis unmittelbar vor seinem Abflug bekundete Göring die Absicht, Zwischenstation in Rom zu machen[58]. Gleichzeitig erwartete die bulgarische Regierung eine weitere Zwischenlandung in Sofia und bat am 14. Mai um die genauen Ankunfts- und Aufenthaltsdaten[59]. Unmittelbar vor seinem Abflug sagte Göring jedoch sowohl in Sofia wie in Rom seinen Besuch ab und landete statt dessen am 16. Mai in Belgrad[60].

Nicht nur die Form der Absage, sondern vor allem die Tatsache, daß Göring den Aufenthalt bei Italiens politischem Erzrivalen im Südosten dem Besuch in Rom vorgezogen hatte, verärgerte die italienische Führung. Der italienische Botschafter in Berlin wurde angewiesen, „seine und seiner Regierung Verstimmung über den abgesagten Besuch des Ministerpräsidenten Göring in Rom und seine zunächst verheimlichte Landung in Belgrad zum Ausdruck" zu bringen[61]. Besonders der Umstand, daß Göring „bei der Absage seines Besuches in Rom zwar von einer Landung in Sofia und Budapest, nicht aber von Belgrad gesprochen hat", wurde als deutliche Spitze gegen die italienische Südosteuropa-Politik empfunden. Wenig glaubhaft führte Hassell Suvich gegenüber technische Gründe als Ursache für die Abänderung der Reiseroute an und bemühte sich zu versichern, daß der kurze Aufenthalt in Belgrad keinen offiziellen Charakter gehabt habe[62].

Hassell verschwieg auch, daß Göring bereits vor seinem Abstecher nach Belgrad am 15. Mai eine Zwischenlandung auf dem ungarischen Flugplatz Matyasföld vornahm, die offiziell mit betriebstechnischen Gründen erklärt wurde[63]. Göring wurde dabei

---

[55] Aloisi, Eintrag vom 29. März 1934, S. 185; vgl. auch Petersen, S. 324 f., 328 ff., 332 f.; Poulain, Drang, S. 146 f.

[56] Petersen, S. 332–339.

[57] Aufzeichnung Köpkes (?) vom 18. Mai 1934 über ein Gespräch mit dem ungarischen Gesandten, PAB, Büro RM/ 35 Ungarn, Bd. 3, Bl. 202.

[58] Hassells Telegramm vom 17. Mai 1934, PAB, Büro RM/ 8 Italien, Bd. 10, Bl 207 f.

[59] Telegramm von Clodius (Sofia) an das AA vom 14. Mai 1934, PAB, Pol. Abt. II/ Griechenland Politik 2, Bd. 2, Bl. 44.

[60] Heeren (Belgrad) an das AA vom 24. Mai 1934, PAB, Pol. Abt. II/ Jugoslawien Politik 2, Bd. 4, Pag. E 662 891.

[61] Aufzeichnung Bülows (AA) vom 23. Mai 1934, PAB, Büro RM/ 8 Italien, Bd. 10, Bl. 210.

[62] Hassell-Telegramm über eine Unterredung mit Suvich vom 17. Mai 1934, ebd., Bl. 208.

[63] Bericht von Mackensen (Budapest) an das AA vom 29. Mai 1934, PAB, Deutsche Botschaft Rom/ Pol 1a Ungarn, Bd. 1.

von dem Leiter des ungarischen Luftamtes, General Rakosi, namens der ungarischen Regierung begrüßt und offiziell zu einem Besuch auf seiner Rückreise eingeladen, was Göring spontan zusagte.

In Belgrad war ein zweitägiger Aufenthalt eingeplant. Wenige Tage vor seinem Abflug hatte Göring den jugoslawischen Gesandten in Berlin gebeten, „festzustellen, ob sein Besuch in Belgrad genehm sei und ob der König sich am Tage seiner voraussichtlichen Ankunft in Belgrad befinden werde"[64]. Auf jugoslawischer Seite ging man zunächst davon aus, daß es sich nur um einen kurzen Zwischenaufenthalt handelte, und war deshalb um so überraschter, als Göring nachträglich mitteilen ließ, daß er gedenke, in Belgrad zwei Tage zu verweilen. Um seiner Absicht Nachdruck zu verleihen, ließ er Balugdžič wissen, daß dies „nach Benehmen mit dem Herrn Reichskanzler auf dessen besonderen Wunsch" geschähe. In Belgrad war man darüber nicht gerade glücklich, da man zur gleichen Zeit „den lange angekündigten Besuch der französischen Munizipalbeamten erwartet(e), die eine Rundreise auf dem Balkan machten". So brachte man verschiedene Einwände gegen den Zeitpunkt von Görings Besuch vor und versuchte, ihn auf einen späteren Termin zu verschieben. Trotz dieser reservierten jugoslawischen Reaktion und obwohl der König sich zu diesem Zeitpunkt nicht in Belgrad aufhielt, war Göring nicht von seinem Vorhaben abzubringen.

Die deutsche Reisegesellschaft, deren prominenteste Mitglieder neben Göring Justizminister Kerrl, Prinz Philipp von Hessen und die Staatssekretäre Milch und Körner waren[65], traf am 16. Mai 1934 in Belgrad ein. Zur Begrüßung hatten sich neben zahlreichen Pressevertretern und allen prominenten Mitgliedern der „reichsdeutschen Kolonie" die Beamten der deutschen Gesandtschaft und ein Vertreter des Außenministeriums eingefunden, der Göring im Namen der jugoslawischen Regierung willkommen hieß und sich ihm für den Aufenthalt in Belgrad zur Verfügung stellte. Abends fand in den Räumen der Gesandtschaft ein Diner statt, an das sich ein Empfang anschloß, zu dem unter anderem eine größere Anzahl prominenter Vertreter der Belgrader politischen und wirtschaftlichen Kreise geladen war[66]. Am nächsten Vormittag traf Göring zu außergewöhnlich früher Stunde mit Außenminister Jevtič zusammen, ehe er gegen Mittag nach Athen weiterflog.

In Athen landete die deutsche Maschine nach einer Zwischenlandung in Saloniki am Nachmittag des 17. Mai. Das Empfangskomitee bestand aus den Mitgliedern der deutschen Gesandtschaft und Vertretern des griechischen Außen- und Luftfahrtministeriums. Während der ganzen Dauer des Aufenthalts waren die Besucher Gäste der griechischen Regierung, obwohl der Besuch als Urlaubs- und Erholungsfahrt deklariert worden war. Bevor Göring sich auf eine mehrtägige Rundreise zu den Sehenswürdigkeiten und historischen Stätten Griechenlands begab, wurde er vom Staatspräsidenten, dem Ministerpräsidenten und dem Außenminister empfangen. Mit Außenminister Maximos traf er sogar mehrmals zu politischen Gesprächen zusammen. Göring überbrachte den griechischen Staatsmännern „die Grüsse des Herrn Reichskanz-

---

[64] Köpkes Aufzeichnung vom 23. Mai 1934, PAB, Pol. Abt. II/ Jugoslawien Politik 2, Bd. 4, Pag. E 662 890 f.

[65] Zur Teilnehmerliste vgl. das Schreiben Eisenlohrs (Athen) an das AA vom 25. Mai 1934, PAB, Pol. Abt. II/ Griechenland Politik 2, Bd. 2, Bl. 45–46.

[66] Bericht von Heeren (Belgrad) an das AA vom 24. Mai 1934, PAB, Pol. Abt. II/ Jugoslawien Politik 2, Bd. 4, Pag. E 662 892 f.

lers und sprach von dessen besonderen Interessen für Griechenland"[67]. Maximos wurde zu einem Gegenbesuch nach Deutschland eingeladen.

Während des Aufenthalts wurden in Telegrammwechseln und Telefongesprächen mit den Gesandtschaften in Sofia und Budapest die Dispositionen für die Rückreise getroffen. Aufgrund der sich zuspitzenden bulgarischen Kabinettskrise zog es Göring endgültig vor, auf den Abstecher nach Sofia zu verzichten. Er sagte zu, ihn zu einem späteren Zeitpunkt, „ausser Zusammenhang mit anderen Besuchen, nachzuholen". Göring legte seine aus technischen Gründen erforderliche Zwischenstation auf der Rückreise kaum zufällig in eines der revisionistischen Länder. Die ungarische Regierung begrüßte Görings Besuch ganz besonders, wie der ungarische Gesandte Masirevich Köpke mitteilte, „weil sein Aufenthalt in Belgrad auf der Hinreise nach Athen bereits unangenehm vermerkt worden sei und in der ungarischen Öffentlichkeit allerhand unliebsame Kommentare ausgelöst habe"[68].

So bemühte sich die ungarische Führung im besonderen Maße um ihre deutschen Besucher. Nicht nur, daß Göring von Reichsverweser Horthy, dem Außenminister und Ministerpräsident Gömbös empfangen wurde, sondern er verbrachte auch die Nacht vom 25. auf den 26. Mai als privater Gast von Gömbös in dessen Jagdhaus und nutzte diese Gelegenheit zu vertraulichen Gesprächen. Gerade diesem Ausflug wurde von Beobachtern besondere Bedeutung beigemessen, da Gömbös dadurch auf die persönliche, protokollarisch erforderliche Teilnahme an dem Empfang des zu einem offiziellen Besuch eintreffenden finnischen Ministerpräsidenten verzichten mußte.

Dieses ungewöhnliche Entgegenkommen kollidierte ganz offensichtlich mit der offiziell verbreiteten Version vom rein privaten Charakter des Göring-Besuches, der in den Berichten des deutschen auswärtigen Dienstes allenthalben überbetont wurde. Dies wurde als Grund angeführt, um die allgemeine Uninformiertheit über Görings Gespräche mit den Staatsoberhäuptern zu entschuldigen. Der deutsche diplomatische Dienst war zwar bei allen Empfängen und Veranstaltungen der Gastgeberländer anwesend, Görings Spitzengespräche fanden jedoch unter vier Augen oder im vertrauten Kreis seiner Mitarbeiter statt. Görings Mitteilungen beschränkten sich auf seine Eindrücke vom Gastland oder von den Persönlichkeiten seiner Gastgeber. Über den Inhalt seiner Unterredungen wahrte er hingegen Stillschweigen. Er begründete dies damit, daß er darüber „nach seiner Rückkehr dem Herrn Reichskanzler persönlich zu berichten beabsichtige"[69]. Durch diese Formel, die er bereits bei seinen Italienbesuchen des vorangegangenen Jahres angewendet hatte, ließ Göring das Auswärtige Amt bewußt im unklaren. Verärgert distanzierte man sich daher von Görings Alleingang und ließ nachträglich der ungarischen Regierung die Mitteilung zukommen, alle Äußerungen des Ministerpräsidenten Göring wären als vollkommen privat anzusehen und man werde dafür keinerlei Verantwortung übernehmen[70].

So waren auch die ausländischen Beobachter auf Spekulationen über die Hintergründe der Göring-Reise angewiesen. Anlaß zur Verunsicherung bot Görings überraschender Abstecher nach Jugoslawien. Dies wurde als taktische Variante im Rahmen

---

[67] Bericht von Eisenlohr (Athen) vom 25. Mai 1934 („Besuch des Ministerpräsidenten Göring in Athen"), PAB, Pol. Abt. II/ Griechenland Politik 2, Bd. 2, Pag. E 660 617 ff.

[68] Aufzeichnung Köpkes vom 23. Mai 1934, PAB, Pol. Abt. II/ Jugoslawien Politik 2, Bd. 4, Pag. E 662 890.

[69] Politischer Bericht von Mackensen (Budapest) vom 29. Mai 1934 („Besuch des preußischen Ministerpräsidenten in Budapest"), PAB, Deutsche Botschaft Rom/ Pol. 1a Ungarn, Bd. 1, Bl. 4 des Berichts.

[70] Binder, S. 265, nach den österreichischen Gesandtschaftsakten.

der deutschen „Anschluß"-Bestrebungen gewertet. Die britische Presseagentur „inpress" verbreitete die Nachricht, daß Göring in Belgrad den Vorschlag einer „deutschjugoslavischen Entente" mit dem Ziel „Aufteilung Österreichs" zur Sprache gebracht habe[71]. Als Lockmittel habe Göring Jugoslawien die Abtretung Kärntens nach dem „Anschluß" Österreichs versprochen. Weiterhin sei die „Bildung eines Pufferstaates zwischen Jugoslavien und der Tschechoslovakei bestehend aus Steiermark, Niederösterreich und Burgenland" diskutiert worden. Diese Version wurde in diplomatischen Kreisen der Westmächte als bare Münze gehandelt[72].

Französische Diplomaten sahen darüber hinaus Görings jugoslawische Gespräche als Teil einer groß angelegten Kampagne zur Wiederbelebung des alten Konzepts des deutschen „Drangs nach Osten"[73]. Sie verfolgten daher Görings Abstecher von Anfang an mit besonderem Interesse, zumal man darin die deutliche Spitze gegen Italien erkannte. In der französischen Presse wurden sogar Spekulationen verbreitet, „Göring bemühe sich, die Balkanentente zu untergraben und den Bulgaren zu einem territorialen Ausgang zum Ägäischen Meer zu verhelfen"[74].

Auch dem österreichischen Gesandten in Belgrad lagen Informationen vor, nach denen Göring „die Kärntner Frage ziemlich eingehend besprochen und das bekannte Projekt der Übergabe eines Teiles des Abstimmungsgebietes in den Grundzügen festgelegt" habe[75]. Auf österreichischer Seite zeigte man sich davon aber keineswegs beunruhigt, da man von der Nutzlosigkeit einer solchen Absprache überzeugt war. Zwar ging man davon aus, daß die jugoslawische Regierung den deutschen „Anschluß"-Plänen „das grösste Verständnis" entgegenbringen würde, vertraute im übrigen aber darauf, daß „nach der restlosen Ausnützung aller deutschen Freundschaftsbeweise ... sich Jugoslawien höchstwahrscheinlich auf den Widerstand Frankreichs berufen und die getroffenen Abmachungen sehr bald vergessen" werde. Seinen Bericht abschließend, beruhigte der Gesandte das Wiener Bundeskanzleramt mit dem Fazit, „dass Deutschland hier eine gänzlich verfehlte und fruchtlose Politik" betreibe, da die „wahre und wirkliche Belgrader Politik ... von Berlin nie durchschaut werden" könne.

Weniger gelassen reagierte die italienische Regierungsspitze auf Görings Südost-Initiative. Cerruti führte zwar bei Bülow die italienische Verstimmung auf Görings abgesagten Rombesuch[76] zurück, den eigentlichen Grund für das in Italien Deutschland gegenüber herrschende „unverkennbare Missvergnügen"[77] stellte jedoch Görings Besuch in Belgrad dar. Die Schärfe der italienischen Berichterstattung[78] bewies nach

[71] Inpress-Meldung vom 8. Juni 1934, zit. im Presseüberblick vom 11. Juni 1934, BAK, ZSg. 101/ 44 Informationen aus dem Ausland (Juni-August 1934), Bl. 15.

[72] Nach Ansicht des amerikanischen „Deutschland-Experten" George S. Messersmith bestand „nur sehr geringer Zweifel" am Wahrheitsgehalt dieser Meldung. Erklärung von George S. Messersmith (2385-PS, S. 5), in: IMG, Bd. 2, S. 433.

[73] Vienne (Budapest) an Barthou (Paris) vom 6. Juni 1934, in: DDF, 1/VI, Nr. 295, S. 631–634; vgl. auch die „Note de la sous-direction d'Europe" vom 10. Juni 1934, ebd., Nr. 318, S. 670–674, bes. S. 673 f.

[74] Eisenlohr (Athen) an das AA vom 5. Juni 1934, PAB, Pol. Abt. II/ Griechenland Politik 2, Bd. 2, Bl. 185.

[75] Von der deutschen Abwehr abgefangener Bericht des österreichischen Gesandten in Belgrad an das Bundeskanzleramt vom 25. Mai 1934, PAB, Geheimakten 1920–1936/ Österreich Pol. 29, Bd. 2, Pag. E 452 860.

[76] Aufzeichnung Bülows (AA) vom 23. Mai 1934, PAB, Büro RM/ 8 Italien, Bd. 10, Bl. 210.

[77] Politischer Bericht von Hassell (Rom) an das AA vom 24. Mai 1934, PAB, Pol. Abt. II/ Jugoslawien Politik 2, Bd. 4, S. 1 des Berichts.

[78] Zur italienischen Pressereaktion auf Görings Südost-Reise vgl. den Bericht des deutschen Konsulats in San Remo an die deutsche Botschaft Rom vom 5. Juni 1934, PAB, Deutsche Botschaft Rom/ Paket 692b, Pol. 2a 1 Deutsch-italienische Beziehungen, Bd. 12.

Hassells Ansicht, „mit welcher Nervosität die italienische Aussenpolitik die Entwicklung der Dinge auf dem Balkan verfolgt und wie empfindlich sie vor allem auf jeden Vorfall reagiert, der geeignet erscheinen könnte, die Position Jugoslawiens im Südosten zu verstärken"[79]. Ähnlich wie in österreichischen Diplomatenkreisen ging man auch in Italien davon aus, daß Görings Besuch im Zusammenhang mit den deutschjugoslawischen Wirtschaftsverhandlungen stünde und „dass der Besuch in Belgrad dazu bestimmt sein könnte, die Annäherung zwischen Berlin und Belgrad auf wirtschaftlichem Gebiete durch ein politisches Arrangement zu vertiefen und Jugoslawien damit eine weitere Rückendeckung gegen Italien zu verschaffen".

Die italienische Verstimmung äußerte sich nicht nur gegenüber Deutschland, sondern entlud sich auch in einer heftigen Pressekampagne gegen Jugoslawien, die zu einer erneuten Spannung zwischen den beiden Ländern führte, „wie man sie noch vor einigen Monaten nicht erwartet hätte". Hassell rechnete zwar für die Zukunft angesichts der bevorstehenden italienisch-jugoslawischen Wirtschaftsverhandlungen mit einer politischen Klimaverbesserung, momentan stehe jedoch „das politische Barometer jedenfalls wieder einmal auf ‚Schlecht Wetter' und das Kriterium der italienischen Südostpolitik ... (sei) eine starke Unsicherheit".

Knapp drei Wochen vor seinem geplanten Treffen mit Hitler leitete Mussolini eine Pressepolemik gegen die deutsche Politik ein. Wohl kaum lag der Grund für diese Kampagne allein in der Zunahme der politisch motivierten Gewalttätigkeiten in Österreich, bei denen insbesondere die österreichischen Nationalsozialisten eine Rolle spielten[80]. Viel schwerwiegender mußte in italienischen Regierungskreisen die deutsche politische Offensive im Südosten gewertet werden. Schon einen Tag nach dem Abschluß der Römischen Protokolle hatte Mussolini in einer programmatischen Rede die italienische Expansion im Süden und Osten angekündigt[81]. Bereits wenige Wochen später mußte er feststellen, daß man auf deutscher Seite nicht daran dachte, Südosteuropa als italienisches politisches und wirtschaftliches Einflußgebiet stillschweigend anzuerkennen. Von daher kam Mussolini Hitlers Italienbesuch zu diesem Zeitpunkt ganz gelegen, da er die Gelegenheit bot, die unbereinigte „Anschluß"- und Südostfrage zur Sprache zu bringen und unmißverständlich die italienischen Ansprüche klarzumachen.

Die spektakuläre Belgrad-Visite[82] drängte Görings Griechenland-Aufenthalt in der Öffentlichkeit in den Hintergrund. Dieser war jedoch nicht nur Aufhänger für Görings politische Initiative in Jugoslawien. Mit diesem Besuch steckte Göring den Rahmen seiner Südosteuropa-Politik ab und demonstrierte mit großem Aufwand das deutsche Interesse am südosteuropäischen Raum bis einschließlich der Ägäis. Mit großzügigen Geldgeschenken, Ehrenbezeugungen und überschwenglichen Stellungnahmen in Interviews[83] bemühte sich Göring, die deutsche Freundschaft zum griechischen Volk glaubhaft zu machen. Bei seinem ersten Gespräch mit Ministerpräsident

[79] Hassell (Rom) an das AA vom 24. Mai 1934, PAB, Pol. Abt. II/ Jugoslawien Politik 2, Bd. 4, S. 1 des Berichts.
[80] Petersen, S. 341 f.
[81] Poulain, Drang, S. 146.
[82] Göring hielt sich am 16. u. 17. Mai in Belgrad auf und traf am 24. Mai von Athen kommend in Budapest ein, wo er bis zum 26. Mai zu Gast weilte.
[83] Eisenlohr (Athen) an das AA vom 4. Juni 1934, PAB, Pol. Abt. II/ Griechenland Politik 2, Bd. 2, Pag. E 660 624 f.; Eisenlohr an das AA vom 25. Mai 1934, ebd., Bl. 45 f.; „Le Messager d'Athènes", Nr. 3776 vom 24. Mai 1934 („M. Goering parle à la presse"), ebd., Bl. 56.

Tsaldáris übermittelte Göring die Grüße Hitlers „und sprach von dessen besonderem Interesse für Griechenland"[84]. Ob sich hieraus ein Auftrag Hitlers ableiten läßt, ist kaum zu beantworten. Hätte Göring auf direkte Anweisung Hitlers gehandelt, so wäre dies wahrscheinlich in Griechenland deutlicher zur Sprache gekommen, um Görings Mission noch mehr Gewicht zu verleihen. Zumindest war Hitler von Görings Griechenland-Besuch aber vorher ebenso in Kenntnis gesetzt worden wie andere Reichsminister[85].

Typisch für Görings Reisediplomatie, verknüpfte der Griechenland-Aufenthalt Urlaubsreise und politische Sondierungen. Am Rande traf man Absprachen zur Zusammenarbeit auf kulturellem und verkehrstechnischem Gebiet[86]. Der Gesamteindruck, den Görings Besuch in Griechenland hinterließ, wurde vom deutschen Gesandten Eisenlohr in den höchsten Tönen gelobt. Nicht nur, daß man nach Ansicht Eisenlohrs in griechischen Regierungskreisen nun davon überzeugt sei, „in dem mit so spontaner Herzlichkeit aufgenommenen Ministerpräsidenten Göring einen aufrichtigen Freund gewonnen zu haben", sondern Görings Aufenthalt habe ganz allgemein bewirkt, „dass kein fremdes Volk hier beliebter ist als das deutsche"[87].

Neben Görings planmäßig organisiertem und vorbereitetem Griechenland-Besuch trugen die Abstecher nach Belgrad und Budapest Merkmale kurzfristig improvisierter Arrangements. Der Budapester Aufenthalt auf dem Rückweg von Griechenland war erst durch ungarische Einladung während der Zwischenlandung auf dem Hinflug zustande gekommen[88]. So kann man ausschließen, daß Göring aufgrund einer Hitler-Weisung Ungarn besuchte. Die Aufnahme in Budapest war freilich weniger ungetrübt als in Athen, da man über Görings Aufenthalt in Belgrad offensichtlich verstimmt war[89]. Der ungarische Gesandte in Berlin bemühte sich zwar, Köpke gegenüber zu versichern, daß man dem Besuch „mit Freude entgegensehe", brachte aber gleichzeitig die Bitte vor, zunächst keine Ankündigungen in der Presse zu bringen, da Gömbös „den Besuch bis zum letzten Augenblick geheim zu halten" wünsche. Die ungarischen Befürchtungen vor antideutschen Kundgebungen verdeutlichen den Stimmungsumschwung, den Görings Belgrader Besprechungen in Ungarn hervorgerufen hatten. Gömbös' Anstrengungen, mit Hitler zu einer Verständigung hinsichtlich der revisionistischen Ziele zu kommen, waren durch Görings Kontaktaufnahme mit Jugoslawien öffentlich in Frage gestellt worden. Die Gerüchte über Görings politische Absprachen mit Belgrad gaben der ungarischen Verärgerung genügend Nahrung. Außenminister Kánya wurde wegen Görings Besuch in Budapest in einer außenpolitischen Debatte des ungarischen Abgeordnetenhauses heftig angegriffen[90]. Die scharfen Sicherheits-

---

[84] Eisenlohr an das AA vom 25. Mai 1934, ebd., Pag. E 660 619.
[85] Schreiben Görings an Darré vom 16. Mai 1934, BDC, Personalakte Hermann Göring.
[86] Die Verhandlungsführung lag hierbei auf deutscher Seite einerseits bei Kultusminister Rust und andererseits bei Generaldirektor Dorpmüller und Willy Hof, Vorstandsmitglieder der „Reichsautobahn" und Reichsbahnrat Sommer, die von Rom kommend zur Göringschen Reisegesellschaft gestoßen waren. Vgl. Eisenlohr an das AA vom 25. Mai 1934, PAB, Pol. Abt. II/ Griechenland Politik 2, Bd. 2, Pag. E 660 617 u. 660 621.
[87] Ebd., Pag. E 660 621.
[88] Mackensen (Budapest) an das AA vom 29. Mai 1934, PAB, Deutsche Botschaft Rom/ Pol. 1a Ungarn, Bd. 1, S. 1 des Berichts.
[89] Aufzeichnung von Köpke (AA) vom 23. Mai 1934 über ein Gespräch mit dem ungarischen Gesandten in Berlin, PAB, Pol. Abt. II/ Jugoslawien Politik 2, Bd. 4, Pag. E 662 890.
[90] Binder, S. 265.

maßnahmen, die Görings Budapester Aufenthalt kennzeichneten"[1], waren sichtbarer Ausdruck des sich verschlechternden politischen Klimas.

Allem Anschein nach unternahm Göring nur geringe Anstrengungen, dem ungarischen Mißtrauen entgegenzuwirken. Anders als in Athen und Belgrad zeigte er sich in Budapest stark zurückhaltend und war erst nach Drängen der ungarischen Regierung zu öffentlichen Verlautbarungen bereit. Er betonte mehrfach den „rein privaten Charakter seines diesmaligen Besuches". Ganz offensichtlich bemühte sich Göring, nicht den Eindruck zu erwecken, als sei man mit dem ungarischen Verhalten beim Abschluß der Römischen Protokolle einverstanden. Der Ablauf seiner Südostreise mußte als Demonstration gegen Mussolinis Österreich- und Südostpolitik interpretiert werden, als öffentliche Kampfansage an die italienische Vormachtstellung und Expansionspolitik in Mittel- und Südosteuropa.

Die neue Ausrichtung der jugoslawischen Außenpolitik wurde daher weniger durch den Abschluß des Handelsvertrages mit Deutschland bewirkt als durch Görings demonstrativen Besuch in Belgrad. Während Mitte März 1934 die Belgrader „Stampa" noch Schmähartikel gegen Göring veröffentlicht hatte[92], bedauerte der jugoslawische König Alexander I. im Juni, die Anwesenheit Görings in Belgrad verpaßt zu haben, da „er von allen Seiten höre, welch sympathischen Eindruck Göring hier hinterlassen habe". Alexander kam gegenüber von Heeren von sich aus auf die österreichische Frage zu sprechen und gab seinem Willen Ausdruck, einer Habsburger-Restauration entgegenzutreten. Er stimmte von Heeren sogar darin zu, daß man deutscherseits unter der Unabhängigkeit Österreichs „die Freiheit des deutschen Volkes in Österreich, sich selbst zu regieren"[93], verstehe. Alexander hoffte, daß es Deutschland gelingen werde, mit Frankreich zu einer Verständigung zu kommen, um somit vereint auf dem Balkan den italienischen Bestrebungen Paroli zu bieten.

Bereits am 20. Mai hatte die Belgrader „Politika" einen Artikel publiziert, in dem sie die freundschaftlichen Beziehungen zu Deutschland betonte und die Auffassung vertrat, daß „das Jugoslawische Volk immer nur Achtung für das deutsche Volk" empfunden habe , obwohl man „Gegner auf dem Schlachtfelde" gewesen sei[94]. Keine Rede war mehr von Angriffen gegen die Person Görings: Statt dessen wurde die Meinung vertreten, Göring sei „eine von denjenigen Persönlichkeiten, die bei uns nur Sympathien und Achtung geniessen, die man einer der grossen Persönlichkeiten der deutschen Armee und der deutschen Politik immer schuldet". Der Grund, warum man sich plötzlich darum bemühte, „die Freundschaft mit dem deutschen Volke zu pflegen", und „die Entwicklung möglichst enger Beziehungen" anstrebte, lag in dem Umstand, daß „Deutschland gerade in den Augenblicken der grössten Intrigen" der Belgrader Nachbarn die jugoslawischen Staatsgrenzen „loyal als endgültige anerkannte"[95].

---

[91] Mackensen (Budapest) an das AA vom 29. Mai 1934, PAB, Deutsche Botschaft Rom/ Pol. 1a Ungarn, Bd. 1, S. 2 f. des Berichts.

[92] Telegramm von Heerens (Belgrad) an das AA vom 15. Mai 1934, PAB, Pol. Abt. II/ Jugoslawien Politik 2, Bd. 4, Pag. E 662 853.

[93] Bericht von Heerens an das AA vom 22. Juni 1934 über ein Gespräch mit dem König, in: ADAP, C, III/1, Nr. 27, S. 66 f.

[94] Übersetzter Artikel der „Politika" vom 20. Mai 1934 („Intriguen um die Durchreise Görings durch Belgrad"), PAB, Pol. Abt. II/ Jugoslawien Politik 2, Bd. 4, Pag. E 662 897.

[95] Von Heeren vermutete, daß der Artikel der „Politika", „der führenden Belgrader Tageszeitung", „ein ganz offensichtlich offiziöser Artikel" sei. Vgl. den „Politischen Bericht" von Heerens an das AA vom 24. Mai 1934, ebd., Pag. E 662 896.

Unterstützt durch den Abschluß des von Jugoslawien als günstig erachteten Handelsvertrages, sah man sich durch Görings politische Mission veranlaßt, „die freundschaftliche Einstellung Jugoslaviens zu Deutschland vorbehaltlos zum Ausdruck" zu bringen. Görings Besprechungen in Belgrad standen in keinem Kausalzusammenhang mit den deutsch-jugoslawischen Handelsvertragsverhandlungen, die bereits am 9. März begonnen hatten und für deren positiven Abschluß keine politischen Versprechungen notwendig waren[96]. Motiviert wurde Görings Südost-Initiative vorwiegend von politischen Gründen. Die unnachgiebige italienische Haltung in der Österreich-Frage veranlaßte Göring, eine aktive deutsche Südosteuropa-Politik einzuleiten, die in Jugoslawien als Schwachstelle des südosteuropäischen Staatensystems den Hebel ansetzte.

Den Anstoß für den Entschluß zu seiner Südostreise gab für Göring der Abschluß der Römischen Protokolle, die in Deutschland große Bestürzung hervorgerufen hatten. Der konkrete Zeitpunkt für Görings Reise wurde durch Hitlers Italien-Besuch mitbestimmt. Dieser Zusammenhang zeigt, daß Göring nun davon überzeugt war, daß sich die Österreich-Frage nicht auf dem Verhandlungsweg mit Italien lösen ließ. Er gelangte bereits Anfang 1934 zu der Auffassung, daß eine revisionistische Außenpolitik nur dann Aussicht auf Erfolg hatte, wenn sie nicht bedingungslos mit, sondern gegen Italien ihre Pläne zu verwirklichen suchte. Diese taktische Variante entsprach der außenpolitischen Konzeption der Reichswehr, von der Göring einen Großteil seines politischen und weltanschaulichen Gedankengerüsts erhalten hatte. Göring betrachtete in der Folgezeit die Beziehungen zu Südosteuropa als seine persönliche Angelegenheit. Dabei verfolgte er zunächst das politische Ziel, auf diesem Wege die italienische Vorherrschaft ins Wanken zu bringen, um zur Lösung der Österreich-Frage freie Hand zu erhalten.

Göring faßte von Anfang an umfassende politische Sondierungen in Südosteuropa ins Auge. Unmittelbar nach seiner Rückkehr nach Berlin sandte er ein persönliches Schreiben an den bulgarischen König Boris, um seinen nicht zustande gekommenen Besuch in Sofia nachzuholen[97]. Das Auswärtige Amt wurde wiederum von diesen erneuten Reiseplänen vorher nicht in Kenntnis gesetzt und verlangte vom deutschen Gesandten in Sofia nähere Informationen. Rümelin teilte am 17. Juni Neurath mit, daß König Boris mit dem Besuch Görings einverstanden war. Mit Rücksicht auf die Wirren bei der bulgarischen Kabinettsumbildung sollte der Besuch jedoch erst im Herbst stattfinden. Die politischen Gewalttaten im Sommer und Herbst 1934 verdrängten diese Reisepläne. Das Marseiller Attentat auf König Alexander ermöglichte Göring statt dessen einen erneuten Besuch in Belgrad anläßlich der Beisetzungsfeierlichkeiten für den ermordeten König. Angesichts der politischen Verstimmung im deutsch-italienischen Verhältnis im Sommer 1934 lag in Görings erneuten Südosteuropa-Gesprächen besondere politische Brisanz.

---

[96] Poulain, Drang, S. 143 f.
[97] Telegramm von Rümelin (Sofia) an das AA vom 15. Juni 1934, PAB, Pol. Abt. II/ Bulgarien Politik 2, Politische Beziehungen zu Deutschland, Bd. 2, Pag. E 660 307.

Der Belgrad-Besuch im Oktober 1934

Als Hitler am 14. Juni 1934 morgens gegen 10 Uhr auf dem Flugplatz San Nicolò zu seinem ersten Italienbesuch eintraf, befand sich in seiner Begleitung nur Außenminister Neurath und nicht etwa Göring als Hitlers Sonderbeauftragter für italienische Fragen. Dies überraschte um so mehr, da Göring bei Suvichs Besuch in Deutschland die Kompetenzen des deutschen Außenministers für sich beansprucht und bei offiziellen Veranstaltungen während des Staatsbesuches den Platz hinter Hitler und vor Neurath eingenommen hatte. Bereits Petersen vermutete, daß Göring bei Hitlers Venedigbesuch „auf Wunsch der Italiener in Berlin zurückbleiben" mußte[98]. Der nicht gerade feinsten diplomatischen Gepflogenheiten entsprechende Einspruch der Italiener zeigt, wie empfindlich man auf Görings Gespräche in Jugoslawien reagierte.

Durch Görings überraschende Südost-Initiative entstand in Rom der Eindruck, daß Göring nun mit seinen Österreich-Plänen Ernst machte: Er bedrohte Italiens Einfluß auf dem Balkan und verstärkte hier die antiitalienische Front. Die Folge war, daß Mussolini verärgert den Kontakt mit Göring in den nachfolgenden Jahren zu meiden suchte. Nachdem Göring im Jahr 1933 dreimal zu Besuchen in Italien geweilt hatte, dauerte es über drei Jahre, bis er das gemeinsame deutsch-italienische Engagement im Spanischen Bürgerkrieg zum Anlaß nehmen konnte, um wieder einmal bei Mussolini vorzusprechen. Göring war zwar einerseits für die deutsch-italienische Politik und Annäherung ein ernstzunehmender Faktor, andererseits war seine Politik aber eine der Hauptursachen für das italienische Mißtrauen gegenüber den nationalsozialistischen Plänen. Seine unbedingte Befürwortung des „Anschlusses" und die Verknüpfung mit einer in ihren Auswirkungen antiitalienischen Südosteuropa-Politik beunruhigten die italienische Führung.

Von daher ist es verständlich, daß Mussolini gegenüber Hitlers maßvollen und behutsam vorgetragenen Äußerungen bezüglich Österreichs mißtrauisch blieb. Gemäß seinem ideologischen Grundprogramm erörterte Hitler die „Anschluß"-Frage als nationale Frage, losgelöst von einer Südosteuropa integrierenden Gesamtkonzeption wie sie Göring vertrat[99]. Hierbei handelte es sich um zwei grundsätzlich verschiedene Konzepte. Dies wird durch die Tatsache verdeutlicht, daß Hitler und Mussolini zwar das Donauproblem berührten, Hitler aber weder den Balkanpakt noch die Römischen Protokolle zur Sprache brachte.

Die Wochen nach der propagandistisch groß angelegten Zusammenkunft der beiden Diktatoren brachten eine weitere Verschlechterung des deutsch-italienischen Verhältnisses. Die Morde im Zusammenhang mit der Beseitigung der SA-Führung und der fehlgeschlagene Putsch der österreichischen Nationalsozialisten, der zur Ermordung des österreichischen Bundeskanzlers Dollfuß und zum Aufmarsch italienischer Divisionen am Brenner führte, entfesselten nicht nur eine heftige antideutsche Presse-

---

[98] Petersen, S. 344. Petersen konnte allerdings keine Gründe dafür angeben, da ihm Görings Südost-Reise vom vorangegangenen Monat unbekannt blieb.
Daß man in diplomatischen Kreisen damit gerechnet hatte, daß Göring Hitler nach Italien begleiten würde, zeigt Dodd, Eintrag vom 14. Juni 1934, S. 132. Bella Promm will von Göring persönlich gehört haben, daß er auf Anordnung Hitlers zu Hause bleiben mußte, obwohl Göring beabsichtigte, mit nach Venedig zu fahren. Fromm, S. 148.

[99] Zu den Gesprächen zwischen Hitler und Mussolini vgl. die Dokumente in: ADAP, C, III/1, Nr. 5, 6, 7, 10, S. 10 ff.

kampagne in Italien, sondern veranlaßten Mussolini, aufs neue die politische Abstimmung mit Frankreich und Großbritannien zu suchen[100].

Die Entsendung Papens als „außerordentlichen Gesandten" nach Wien wurde im Zusammenhang mit dessen im Ausland vielbeachteter Marburger Rede[101] allgemein als deutliches Zeichen gewertet, daß Hitler demonstrativ von der radikalen Linie der österreichischen Nationalsozialisten abrückte[102]. Papen unterstand nicht etwa dem Auswärtigen Amt, sondern direkt Hitler und schickte daher seine Berichte an die Reichskanzlei und nicht in die Wilhelmstraße. Papens Nominierung konnte auch als Absage an Görings radikale Österreich-Politik interpretiert werden.

Die italienische Pressekampagne nach dem Dollfuß-Mord richtete sich gegen Hitler, aber vor allem auch gegen die Person und Politik Görings, der als einer der Hauptverschwörer angesehen wurde[103]. Nach den Verdächtigungen im Zusammenhang mit dem Reichstagsbrand trugen die Röhm-Morde und der fehlgeschlagene Putsch gegen die Regierung Dollfuß wesentlich dazu bei, im Ausland das Bild von Göring als verbrecherischem Handlanger Hitlers zu formen. Besonders in Italien, Frankreich und Großbritannien wurde Göring in den folgenden Jahren immer wieder als radikalster Nationalsozialist eingestuft, der mit sämtlichen dunklen Machenschaften des Regimes in Zusammenhang gebracht wurde[104]. Der Umstand, daß er außerdem Chef der neuen deutschen Luftwaffe war, trug nicht gerade zur Beruhigung des Auslandes bei. So berichtete der deutsche Luftattaché in London im Sommer 1934 wiederholt davon, daß in England „geradezu eine Luft-Panik" verbreitet sei und daß „gegen das Reichsluftfahrtministerium größtes Mißtrauen herrsche"[105]. Dieser üble Ruf haftete Göring bis Ende der dreißiger Jahre an und erschwerte ihm die diplomatische Kontaktaufnahme vor allem mit Frankreich und Großbritannien. Deren Diplomaten begegneten Göring mit äußerster Vorsicht und erhöhtem Mißtrauen, so daß bedeutende Kontaktaufnahmen hier nie zustande kamen. Erst mit dem Bekanntwerden der Rolle Himmlers und mit der Durchsetzung eines aggressiven außenpolitischen Kurses durch Ribbentrop änderte sich wieder Görings Einschätzung durch das westliche Ausland.

Im faschistischen Italien zeigte man sich dagegen weniger durch Görings Innenpolitik beunruhigt als durch dessen außenpolitische Pläne, die den eigenen Absichten in die Quere kamen. Der fehlgeschlagene Putsch in Österreich hatte nach Aloisis Ansicht die italienische Position in bezug auf Österreich sogar verbessert[106]. Die italienischen Donaupakt-Pläne, die das Patronat Frankreichs und Italiens über Österreich errichten sollten, erhielten erneuten Auftrieb[107]. Die größte Gefahr für die italienische

[100] Petersen, S. 363 f.; Poulain, Drang, S. 148 f.
[101] Zu Papens Rede vor dem Universitätsbund in Marburg am 17. Juni 1934 vgl. den vertraulichen Informationsbericht in BAK, ZSg. 101/ 27, Bl. 217 ff.
[102] Bülows Aktennotiz vom 27. Juli 1934, in: ADAP, C, III/1, Nr. 122, S. 243 f.; zu Hitlers Auftrag an Papen vom 26. Juli 1934 vgl. ebd., Nr. 123, S. 245.
[103] Petersen, S. 363 f.
[104] Artikel über Göring in der „Zürcher Post" vom 7. Aug. 1934, BAK, ZSg. 101/ 27, Bl. 279 ff.
[105] Aufzeichnung von Bülow über ein Gespräch mit Oberst von Geyr vom 16. Juli 1934, in: ADAP, C, III/1, Nr. 90, S. 169 f.; vgl. weiterhin die Aufzeichnung Bülows vom 19. Juli 1934, ebd., Nr. 98, S. 183 f. und den Bericht des Botschafters Hoesch (London) an Bülow vom 19. Juli 1934, ebd., Nr. 99, S. 184-187. Als Reaktion auf die britische Beunruhigung verfügte das Reichspropagandaministerium auf der geheimen Pressekonferenz am 1. Sept. 1934, daß der Göring-Ausspruch „Das deutsche Volk müsse ein Volk von Fliegern werden" aus „aussenpolitischen Gründen aus der deutschen Presse verschwinden" sollte. BAK, ZSg. 101/ 4, Bl. 87.
[106] Aloisi, Eintrag vom 27. Juli 1934, S. 206.
[107] Petersen, S. 367 ff.; Poulain, Außenpolitik, S. 158 f.

Politik im Südosten sah man in dem Abschluß eines deutsch-jugoslawischen Abkommens, das man seit Görings Besuch in Belgrad als Ziel der deutschen Politik ansah. Als Gegenmaßnahme schlug Aloisi den Plan einer italienisch-jugoslawischen Entente vor was in der Praxis jedoch auf erhebliche Widerstände stieß[108]. So entbrannte der deutsch-italienische Konflikt im Sommer 1934 weniger an der Österreich-Frage, die man in Italien im Griff zu haben glaubte, als an den deutschen Aktivitäten in Jugoslawien. Diese gaben gleichfalls Ungarn Anlaß zu erhöhter Besorgnis[109].

Im Sommer 1934 erlebte das alte Schlagwort vom „deutschen Drang nach Osten" in den diplomatischen und journalistischen Kreisen des Auslands eine Wiedergeburt[110]. Der fehlgeschlagene nationalsozialistische Putsch in Österreich hatte nach allgemeiner Auffassung den Weg der Infiltration offenbart und die geheimen deutschen Pläne desavouiert. Um ähnliche Zwischenfälle zu vermeiden und um dem außenpolitischen Klimasturz beruhigend entgegenzuwirken, versuchte Hitler in Abstimmung mit dem Auswärtigen Amt eine koordinierte und zentralisierte Politik gegenüber Österreich zu betreiben. „Um eine einheitliche Politik ... zu gewährleisten", ordnete Hitler in seinem Runderlaß vom 8. August 1934 an, „daß künftig weder von Parteistellen noch von anderer Seite Fragen, welche die deutsch-österreichische Politik berühren, im Rundfunk oder in der Presse behandelt werden dürfen, ohne daß zuvor eine Einigung darüber zwischen dem Herrn Reichspropagandaminister und dem derzeitigen Gesandten in Wien, Herrn von Papen, erzielt ist"[111]. Außerdem verfügte er, daß Einreisegenehmigungen nach Österreich nicht mehr durch die Geheime Staatspolizei oder örtliche Polizeistellen erteilt werden dürften, „sondern nur vom Reichsinnenminister im Einvernehmen mit dem Auswärtigen Amt".

Dieser Erlaß wurde ergänzt durch Papens „Leitsätze für die deutsche Politik gegenüber Österreich für die nächste Zeit", die er am 13. August mit Hitler abgestimmt hatte[112]. Hitler und Papen kamen überein, daß „jede Einschaltung von Parteistellen im Reich in die österreichischen Dinge ... zu unterbinden" sei. Als Handlungsmaxime sollte „vor allem (die) Beruhigung der Atmosphäre ohne falsche Rücksicht auf Prestige" gelten.

Entsprechend nervös reagierte das Auswärtige Amt auf eine englische Pressestimme, die von einer geplanten Reise Görings nach Sofia Kenntnis erhalten hatte. Umgehend erkundigte sich das Auswärtige Amt beim Preußischen Staatsministerium nach dem Wahrheitsgehalt dieser Meldung und erhielt von dort die Auskunft, daß „vor irgendwelchen Dispositionen für eine Reise des Herrn Ministerpräsidenten nach Sofia ... im Ministerbüro nichts bekannt"[113] sei. Anfang Oktober bot sich für Göring jedoch überraschend eine Gelegenheit, erneut in den Südosten zu reisen. Nach dem

[108] Zanboni, S. 482 f.

[109] Vg. den Bericht von Starhemberg, Hitler, S. 141, über sein Gespräch mit Horthy im Juni 1934; dazu die Stellungnahme des ungarischen Außenministers Kánya zur „Österreich-Frage" in seiner Unterredung mit Hitler am 6. Aug. 1934, in: ADAP, C, III/1, Nr. 150, S. 286–290.

[110] Bericht von Vienne (Budapest) an Barthou (Paris) vom 6. Juni 1934, in: DDF, 1/VI, Nr. 295, S. 631 ff.; weiterhin die „Note de la Sous-Direction d'Europe", ebd., Nr. 318, S. 670 ff., und die „Note de la Direction Politique" vom 29. Sept. 1934, ebd., 1/VII, Nr. 394, S. 625 ff.

[111] Hitler-Erlaß vom 8. Aug 1934 an alle Reichsminister, Reichsstatthalter und Landesregierungen, PAB, Geheimakten 1920–1936/ Österreich Pol. 29 Nationalsozialismus, Bd. 2.

[112] Vermerk auf der Abschrift der Anlage zu II Oe 2224/34 vom 19. Aug. 1934, ebd., Pag. E 452 938.

[113] Aufzeichnung von Renthe-Fink (AA) vom 24. Sept. 1934, PAB, Pol. Abt. II/ Bulgarien Politik 2, Bd. 2, Pag. E 610 309.

Marseiller Attentat auf den jugoslawischen König Alexander I. und den französischen Außenminister Jean Barthou am 9. Oktober 1934 schob sich Göring ostentativ als Vertreter des „Dritten Reiches" bei der Beisetzung des ermordeten jugoslawischen Königs in den Vordergrund und benutzte diesen Anlaß zu einer aufsehenerregenden Südostreise.

Das Attentat belastete – wegen des offensichtlich von faschistischen Verschwörercliquen in Italien und Ungarn gedeckten Attentäters – nachhaltig die italienisch-jugoslawischen und ungarisch-jugoslawischen Beziehungen[114]. Dies suchte Göring sofort zu nutzen. Während die deutsche Presse die Weisung erhielt, die Meldungen über das Attentat nicht zu groß herauszubringen[115], erklärte Göring öffentlich und absichtsvoll, daß an der Vorbereitung und Durchführung der Morde keinerlei Reichsdeutsche beteiligt gewesen seien[116]. Diese Sympathiekundgebung für Jugoslawien weckte sofort den französischen Argwohn, daß Göring das Attentat für eigene Südostpläne auszubeuten suche.

Die Entsendung Görings zu den Beisetzungsfeierlichkeiten in Belgrad erregte international sofort beträchtliches Aufsehen[117]. Im Auswärtigen Amt teilte man dem italienischen Geschäftsführer Diana auf Anfrage mit, daß die Reise Görings „auf unmittelbare Weisung des Führers und Reichskanzlers zurückzuführen"[118] sei. Um politischen Komplikationen aus dem Wege zu gehen, versicherte Köpke Diana, die Entsendung stelle „lediglich eine kameradschaftliche Aufmerksamkeit des Oberhaupts der deutschen Wehrmacht gegenüber dem ehemaligen Gegner dar". Tatsächlich suchte Göring die Gelegenheit bewußt zu nutzen, um seine im Mai in Belgrad eingeleiteten politischen Besprechungen fortzuführen. Daß die Initiative von ihm selbst und nicht von Hitler ausging, ist daraus ersichtlich, daß Hitler zunächst am 12. Oktober den Gesandten von Keller als außerordentlichen Botschafter mit seiner Vertretung bei der Beisetzung beauftragt hatte[119]. Von einer Teilnahme Görings war zunächst keine Rede gewesen. Seitens der deutschen Wehrmacht war General von Falkenhorst, der deutsche Militärattaché in Prag, nach Belgrad abkommandiert worden, wo er am 16. Oktober eintraf. Inzwischen aber hatte Göring sich einen Auftrag Hitlers verschafft. Am Abend des 16. Oktober erhielt Falkenhorst in Belgrad die telefonische Mitteilung von der Entsendung Görings, wodurch Falkenhorsts Aufgabe „in Wegfall kam"[120]. Göring trat nun selbst als offizieller Repräsentant der deutschen Wehrmacht auf[121], und Falkenhorst schloß sich der Göringschen Sonderdelegation an[122], die am Nachmittag des 17. Oktober in Belgrad eintraf. Daß man deutscherseits die Version aufrechterhielt, Göring sei als Abgesandter der Wehrmacht in Belgrad, ging auch aus Görings Kranz-

[114] Poulain, Außenpolitik, S. 144; Kónya, S. 309 f.; Reichert, S. 99 f.
[115] Anweisung Nr. 847, BAK, ZSg. 101/ 4, Bl. 154.
[116] François-Poncet, Berlin, S. 220 f.
[117] Aufzeichnung von Köpke (AA) vom 18. Okt. 1934, PAB, Büro RM/ 8 Italien, Bd. 10, Bl. 225.
[118] Ebd., Bl. 225 f.
[119] Presseveröffentlichung, BAK, ZSg. 133/ 27 Göring.
[120] Oktober-Bericht von Falkenhorst (Prag) an das RWM vom 27. Okt. 1934, PAB, Geheimakten 1920–1936/ Tschechoslowakei II FM. 18 Militärattaché Prag, Pag. E 431 634, S. 3 des Berichts.
[121] François-Poncet, Rom, S. 223.
[122] Falkenhorst (Prag) an das RWM vom 27. Okt. 1934, PAB, Geheimakten 1920–1936/ Tschechoslowakei II FM. 18 Militärattaché Prag, Pag. E 431 634, S. 3 des Berichts.

inschrift hervor[123]. Dadurch vermied man protokollarische Ungereimtheiten, da auch Frankreich den Kriegsminister zu den Feierlichkeiten delegiert hatte.

Göring suchte in der ihm eigenen Manier Beachtung zu gewinnen und hatte damit vollen Erfolg[124]. Sein „ritterlicher Auftritt" mit Prachtuniform und Degen bei den Beisetzungsfeierlichkeiten und seine Ehrenbezeugungen für König Alexander fanden in der jugoslawischen Öffentlichkeit stärkste Beachtung. Seine Entsendung als Sonderbotschafter Hitlers wurde in Jugoslawien „überall als eine Geste besonderer Freundschaft gewürdigt". Man sah sich geschmeichelt, „daß der Führer des deutschen Volkes sich auch in seiner Eigenschaft als Oberbefehlshaber der deutschen Wehrmacht vertreten" ließ und „noch dazu durch eine Persönlichkeit, die als sein intimster Mitarbeiter gilt und hier seit dem kurzen Besuch im letzten Frühling in bester Erinnerung steht". Auch von Heeren, der deutsche Gesandte in Belgrad, bestätigte, daß die Wirkung des Besuchs „schlechthin überwältigend" und „ganz durchschlagend" gewesen sei. Das Interesse der Presse und der Bevölkerung galt in erster Linie Göring. „Erst in zweiter Linie stand der greise Marschall Pétain, während das französische Staatsoberhaupt Lebrun fast unbeachtet blieb."[125] Um so größere Irritierung rief das Faktum bei den Delegationen der mit Jugoslawien traditionell befreundeten Staaten der „Entente" hervor, zumal das jugoslawische Protokoll Göring eine bevorzugte Stellung einräumte. Als einziger Staatsgast wurde er bereits bei seiner Ankunft von Prinzregent Paul in langer Audienz empfangen.

In den Besprechungen mit dem Prinzregenten bekräftigte Göring seine Zusicherungen vom Mai-Besuch und sprach sich für ein starkes und machtvolles Jugoslawien aus, das auf Deutschlands Hilfe vertrauen könne. Konkret scheint er darüber hinaus „der jugoslawischen Regierung versichert (zu) haben, daß Hitler den ungarischen Anspruch auf die Bácska und das Banat nicht unterstützen werde" und gegen das jugoslawische „Versprechen, sich an keiner anti-deutschen Koalition beteiligen zu wollen", bereit sei, „eine Garantie für die territoriale Integrität Jugoslawiens abzugeben"[126]. Der Prinzregent äußerte sich sehr zufrieden über diese fast einstündige Unterredung[127].

Göring nutzte den Aufenthalt in Belgrad auch zu weiteren Gesprächen mit dem jugoslawischen Außenminister Jevtić, Ministerpräsident Usunowić, Kriegsminister Wilowanowić und Generalstabschef Medić. Am 19. Oktober wurde er von der Königin-Witwe Maria auf Schloß Dedinje in persönlicher Audienz empfangen. Daran schloß sich ein weiterer Empfang durch die Königin-Mutter Maria von Rumänien und schließlich durch König Carol von Rumänien an, mit dem Göring eine längere Unterredung führte[128]. In modifizierter Form gab Göring dabei ähnliche Versicherungen Rumänien gegenüber ab und dementierte jeden Gedanken einer deutschen Unterstützung der ungarischen Revisionsbestrebungen[129].

---

[123] Die Inschrift lautete: „Ihrem einstigen heroischen Gegner in schmerzlicher Ergriffenheit. Die deutsche Wehrmacht." BAK, ZSg. 133/ 27 Göring.

[124] Eine Auflistung der älteren Literatur und der veröffentlichten Quellen dazu findet sich bei Reichert, S. 114, Anmerk. 762; die ausführlichste Darstellung gibt Ormos, S. 29 ff.

[125] Heeren (Belgrad) an das AA vom 22. Okt. 1934, in: ADAP, C, III/1, Nr. 263, S. 501–503.

[126] Hoensch, Revisionismus, S. 36.

[127] Heeren (Belgrad) an das AA vom 9. Nov. 1934 über eine Audienz beim Prinzregenten, PAB, Geheimakten 1920–1936/ Jugoslawien Politik 2, Bd. 1, Pag. E 448 688, S. 3 des Berichts (der Bericht trägt den Vermerk: „RK hat Kenntnis").

[128] DNB-Meldung Nr. 2227 vom 20. Okt. 1934, PAB, Pol. Abt. II/ Jugoslawien Politik 2, Bd. 4.

[129] Petersen, S. 374; Broszat, Deutschland, S. 49.

Der Auftritt in Belgrad war ganz nach Görings Herzen. Im Umgang mit Königen und Prinzen konnte er seine Person gehörig zur Schau stellen. In wärmsten Worten über das jugoslawische Könighaus gab er seiner Vorliebe für Monarchie und Hofstaat Ausdruck[130]. Er gefiel sich in der Rolle des dekorierten Weltkriegsteilnehmers und suchte während der offiziellen Veranstaltungen immer wieder die Nähe von Marschall Pétain, mit dem er kurze Unterredungen führte, die nicht ohne Eindruck auf die Öffentlichkeit blieben[131].

Görings konzilianter Umgang mit der französischen Delegation, der den jugoslawischen Wünschen entgegenkam, und seine antirevisionistischen Äußerungen waren ganz dazu angetan, den friedliebenden Charakter der diplomatischen Mission Görings zu unterstreichen[132]. In der Österreich-Frage blieb Göring hingegen hart. Nach wohlklingenden Worten über Jugoslawien, die Kleine Entente, Pétain und die Franzosen gab er in einem Interview unumwunden zu, daß Österreich „der schwarze Punkt" sei und das dortige „gegenwärtige Regime nicht andauern könne. Es laufe dem Völkerbund und der Gerechtigkeit zuwider."[133]

Diese Äußerung gab Anlaß zu phantastischen französischen Spekulationen. Der Belgrader Sonderberichterstatter des „Paris-Soir" wollte sogar in Erfahrung gebracht haben, Göring habe in seiner Unterredung mit Jevtić „Südslawien den südlichen Teil von Kärnten, Villach, Klagenfurt und Bleiburg angeboten, falls es die deutschen Bestrebungen unterstützen würde"[134]. Die deutsche Presse kommentierte Görings Belgrader Auftritt eher reserviert. Auf der internen Pressekonferenz des Reichspropagandaministeriums am 22. Oktober wurde die Anweisung gegeben, alles zu vermeiden, was Anlaß geben könnte, Görings Aufnahme in Belgrad „als allzu grossen deutschen Erfolg zu werten"[135]. Man bemühte sich in Berlin, mit Rücksicht vor allem auf das angespannte deutsch-italienische Verhältnis, Görings Mission nicht übermäßig herauszustellen.

Göring selbst hingegen verlieh seinen Versicherungen gegenüber Rumänien und Jugoslawien dadurch Nachdruck, daß er auf dem Rückflug am 20. Oktober bei der technisch notwendigen Zwischenlandung in Budapest einer Einladung zu einem Gespräch mit dem ungarischen Reichsverweser Horthy demonstrativ auswich[136]. Ungarische Mißfallensäußerungen hatten Görings Reise von Anfang an begleitet. Am 19. Oktober war der ungarische Gesandte in Berlin bei Staatssekretär Bülow vorstellig geworden und hatte der Besorgnis Ausdruck gegeben, Görings Reise lasse den Schluß zu, daß sich Deutschland von Italien zu lösen und dafür engere Beziehungen mit Jugosla-

[130] DNB-Rohmaterial Nr. 316 vom 29. Okt. 1934 über ein Göring-Interview in Belgrad am 19. Okt. 1934, BAK, R 43 II/ 1399 Auswärtige Politik im allgemeinen, Bl. 171 f.
[131] Gesprächsthema zwischen Göring und Pétain war vor allem die „bolschewistische Gefahr in Europa", vgl. François-Poncet (Berlin) an Laval (Paris) vom 27. Okt. 1934, in: DDF, 1/VII, Nr. 538, S. 874 f. Vgl. dazu auch das DNB-Rohmaterial Nr. 316 vom 29. Okt. 1934, BAK, R 43 II/ 1399, Bl. 172.
[132] Zur jugoslawischen Presse vgl. das Telegramm von Heeren (Belgrad) an das AA vom 20. Okt. 1934, PAB, Pol. Abt. II/ Politik 4 Kleine Entente: Das Bündnis zwischen Jugoslawien, Rumänien und der Tschechoslowakei, Bd. 13.
[133] DNB-Rohmaterial Nr. 361 vom 29. Okt. 1934, BAK, R 43 II/ 1399, Bl. 172.
[134] DNB-Meldung „Paris, 22. Oktober 1933" (richtig muß die Datierung heißen: 1934), PAB, Büro RM/ 58 Jugoslawien, Bd. 3, Bl. 131.
[135] Presseanweisung Nr. 847 vom 22. Okt. 1934, BAK, ZSg. 101/ 4, Bl. 154.
[136] Ormos, S. 30.

wien aufzunehmen beabsichtige[137]. Nach dem Bekanntwerden von Görings Besprechungen mit Prinzregent Paul und König Carol hagelte es Proteste von ungarischen Politikern. In einer Unterredung mit Hassell am 22. Oktober brachte der ungarische Außenminister Kánya das Mißtrauen Budapests gegen die deutschen Absichten einer Annäherung an die Kleine Entente zum Ausdruck, das durch die „Äußerungen Generals Göring in Belgrad neu verstärkt worden" sei[138]. Kánya wiederholte seine Beschwerde am 25. Oktober gegenüber Papen in Wien und berief sich dabei ausdrücklich auch auf italienische Quellen[139].

Die ungarischen Befürchtungen verstärkten sich offenbar noch, nachdem der ungarische Gesandte in Berlin, Masirevich, vom Inhalt des Gesprächs erfuhr, das Göring nach seiner Rückkehr aus Belgrad am 22. Oktober mit dem rumänischen Gesandten in Berlin, Petrescu-Comnen, über seine Unterredung mit König Carol geführt hatte. Die Unterredung zwischen Masirevich und dem deutschen Gesandten Schnurre in Berlin vom 6. November 1934 verdeutlicht dies[140].

Durch Görings Südost-Initiative verunsichert, suchte Ungarn verstärkten Rückhalt bei Italien. Anfang November weilte der ungarische Ministerpräsident zu Besprechungen mit Mussolini in Rom und brachte bei einem Zusammentreffen mit Hassell die ungarische Verstimmung gegenüber Deutschland zur Sprache. Nach Gömbös' Auffassung betrieb Göring ganz zielbewußt eine Politik der Annäherung an die Kleine Entente. Gömbös kam dabei auch auf Gerüchte über eine bevorstehende Reise Görings nach Bukarest zu sprechen, die von Hassell dementiert wurden[141]. Hassell versuchte den ungarischen Ministerpräsidenten durch den Hinweis zu beschwichtigen, daß Göring ja nicht der Leiter der deutschen Außenpolitik sei. Der deutsche Botschafter berief sich dabei auf eine Besprechung Neuraths mit Masirevich von Ende Oktober, bei der Neurath zum Ausdruck gebracht hatte, daß sich an der deutschen „Politik gegenüber Ungarn durch die Teilnahme des Reichsministers Göring an den Beisetzungsfeierlichkeiten in Belgrad nichts geändert habe"[142].

Den zahlreichen Versicherungen der Beamten des Auswärtigen Amtes schenkte Gömbös indessen wenig Glauben. In seiner Besprechung mit dem deutschen Gesandten Schnurre am 1. November gab er zu erkennen, daß Budapest sich von Göring hintergangen fühlte. Gömbös reagierte besonders empfindlich darauf, daß Göring in Belgrad „nicht nur seine Wünsche für eine machtvolle Entwicklung des jugoslawischen Staates zum Ausdruck gebracht, sondern auch gesagt (habe), daß es den deutschen Minderheiten in Jugoslawien sehr viel besser ginge als in Ungarn". Görings Visite in Belgrad, so Gömbös, stehe in auffallendem Gegensatz zu seinem vorangegangenen Be-

---

[137] Aufzeichnung Bülows vom 19. Okt. 1934, PAB, Pol. Abt. II/ Italien Politik 2, Bd. 9, Pag. H 029 037; zur Verschlechterung des deutsch-ungarischen Verhältnisses nach Görings Belgrad-Besuch vgl. Hoensch, Revisionismus, S. 36 ff.

[138] AA-Rundschreiben von Renthe-Fink vom 24. Okt. 1934, PAB, Pol. Abt. II/ Österreich Politik 5 Nr. 1 Stellung Deutschlands zum Putsch vom 25.7.34, Bd. 1.

[139] Papen (Wien) an Hitler vom 26. Okt. 1934, BAK, R 43 II/ 1399.

[140] Aufzeichnung von Schnurre (Budapest) vom 6. Nov. 1934, PAB, Pol. Abt. II/ Rumänien Politik 2, Bd. 2, Bl. 260–262.

[141] AA-Rundschreiben von Renthe-Fink vom 10. Nov. 1934, PAB, Pol. Abt. II/ Italien Politik 2, Bd. 9, Pag. H 029 083 f.

[142] Vertrauliches AA-Rundschreiben von Köpke an die deutschen Botschaften bei den drei Großmächten und die Gesandtschaften in den Südoststaaten vom 30. Okt. 1934, PAB, Pol. Abt. II/ Ungarn Politik 2, Bd. 5, Pag. E 673 404.

such in Budapest im Mai, bei dem Göring „in politischer Hinsicht absolut zurückhaltend gewesen" sei und „nur über unpolitische Sachen mit ihm gesprochen" habe[143]. Aus diesen Äußerungen wird deutlich, daß man im nachhinein auf ungarischer Seite davon überzeugt war, es mit einem genau geplanten deutschen Komplott im Südosten zu tun zu haben. Befürchtungen, die bereits bei Görings Mai-Reise entstanden waren, sah man durch den Belgrad-Besuch im Oktober bestätigt.

Noch kritischer war die italienische Reaktion, was unter anderem auch die deutsche Abwehr bei der Sammlung italienischer Pressestimmen über Görings Anwesenheit in Belgrad feststellte[144]. Besonders bemerkenswert war ein Artikel im „Rassegna italiana" vom 24. Oktober, der Görings Südost-Initiative in den Gesamtzusammenhang der deutschen Außenpolitik zu stellen suchte. Bislang sei man auf italienischer Seite davon ausgegangen, „dass sich die politische und wirtschaftliche Tätigkeit Deutschlands dem Osten (Polen, Baltikum) zugewandt habe, während sich die italienischen politischen und wirtschaftlichen Bemühungen auf das Donaubecken und den Balkan richteten (Österreich, Ungarn, Jugoslawien, Bulgarien)"[145]. Durch Görings Vorstoß in Jugoslawien sei diese Auffassung überholt, Berlin bedrohe nun offenbar auch die italienischen Stellungen im „Donau- und Balkaneuropa". Der Verfasser schloß seinen Artikel mit der Warnung: „Wenn Berlin diese Politik weiterführt, so könnte der Europäische Friede zu einem bloßen Mythos werden, ein tiefgehender deutsch-italienischer Gegensatz könnte zu der deutsch-französischen Uneinigkeit hinzutreten."

Den Ernst dieser Warnungen bestätigten Hassells Eindrücke von der italienischen Reaktion auf Görings Belgrader Besuch[146]. Ende Oktober/Anfang November schickte Hassell dem Auswärtigen Amt eine ganze Reihe von Berichten, in denen er vor einer deutsch-italienischen Konfrontation warnte, da „Italien von einem starken Mißtrauen gegenüber der deutschen Politik, vor allem gegen die deutsche Aktivität im Südosten erfüllt" sei, „wobei der jüngste Besuch General Görings in Belgrad eine besondere Rolle" spiele[147]. Neurath versuchte gegenüber dem italienischen Botschafter Görings politische Sondierungen abzuschwächen und bekräftigte, daß Berlin keineswegs auf die Revision des Versailler Vertrages verzichte[148]. Hassell gab er die Weisung, diese Auffassung ebenfalls nachdrücklich zu vertreten[149]. Die beschwichtigenden Verlautbarungen des Auswärtigen Amtes zeigten schließlich doch eine gewisse Wirkung. Mitte November glaubte man im deutschen diplomatischen Dienst feststellen zu können, daß sich in italienischen Führungskreisen die Aufregung über die deutschen Absichten im Südosten wieder etwas gelegt habe. Aufgrund der klaren Haltung des deutschen Auswärtigen Amtes sei man in Rom zu der Auffassung gelangt, daß es falsch sei, „von irgend einem großen Plan zu reden, den die deutsche Außenpolitik verfolge",

[143] Aufzeichnung von Schnurre (Budapest) vom 2. Nov. 1934 als Anlage I zu seinem Schreiben an Köpke vom 6. Nov. 1934, in: ADAP, C, III/2, Nr. 305, S. 568 f.
[144] Abwehr-Bericht für den Chef H. L. vom 25. Okt. 1934 über „Italienische Pressestimmen zur Anwesenheit des Ministerpräsidenten Göring in Belgrad", IfZ, MA-273, Microcopy T-78, Roll 356 (OKW), Pag. 6315.
[145] „Rassegna italiana" vom 24. Okt. 1934, zit. nach dem Abwehr-Bericht vom 27. Okt. 1934, ebd., Pag. 6317.
[146] Bericht Hassells (Rom) an Köpke (AA) vom 18. Okt. 1934, PAB, Geheimakten 1920–1936/ Italien Politik 2, Bd. 3.
[147] Hassell-Telegramm vom 26. Okt. 1934, PAB, Pol. Abt. II/ Italien Politik 2, Bd. 9, S. 7.
[148] Aufzeichnung Neuraths vom 2. Nov. 1934 über ein Gespräch mit dem italienischen Botschafter, PAB, Büro RM/ 8, Bd. 10, Bl. 229.
[149] Telegramm von Köpke (AA) an die Botschaft Rom vom 3. Nov. 1934, PAB, Geheimakten 1920–1936/ Rumänien Politik 2, Bd. 1, Pag. E 456 412.

wahrscheinlich sei, daß man in Berlin noch nicht recht wisse, „was man wolle und deshalb bald hier, bald dort herumexperimentiere"[150].

Auch Mussolinis Stellungnahme zu Görings Südost-Initiative war von auffallender Zurückhaltung geprägt. Er brachte zwar in einem Gespräch mit Hassell starken Argwohn zum Ausdruck und wiederholte dieses Mißtrauen in einer Unterredung mit Gömbös[151], äußerte jedoch keine offenen Drohungen gegen Deutschland. Der „Duce" war offenbar überzeugt, die deutsche Außenpolitik „experimentiere ohne festes Ziel"[152] und habe daher auch eine geringe Durchschlagskraft im Südosten. Sowohl Hitler wie auch das Auswärtige Amt hatten ihm gegenüber die revisionistische Zielsetzung in der Außenpolitik betont und bislang keine politischen oder wirtschaftlichen Ansprüche im Südosten angemeldet. Nur Göring schien eine Politik zu verfolgen, die von dieser Linie abwich. Beruhigend wirkte dabei auf Mussolini, daß man sich seitens der offiziellen deutschen Diplomatie von Görings Äußerungen in Belgrad eher distanzierte, beziehungsweise diese uminterpretierte[153]. So verstärkte der Belgrad-Besuch vor allem das italienische Mißtrauen gegenüber der Person und Politik Görings, der in Rom als ein politischer Unsicherheitsfaktor angesehen wurde. Ein Zurückdrängen Görings aus der deutschen Führung wäre daher ganz in Mussolinis Sinne gewesen[154].

Vorübergehend leistete der diplomatische Wirbel um Görings Unterredungen in Belgrad den Italienern sogar eine Hilfestellung bei der Verwirklichung anderer außenpolitischer Nahziele. Er lenkte zeitweise von Mussolinis Vorbereitungen für ein gewaltsames Vorgehen gegen Abessinien ab[155]. Außerdem kam Görings Südost-Vorstoß auch Mussolinis Annäherungspolitik an Frankreich zugute, wo Görings Belgrader Gespräche besonders alarmierend gewirkt hatten[156]. Als Schutzmacht der Kleinen Entente erkannte Frankreich die Gefahr, die von Görings Initiative für die französische Position im Südosten ausgehen konnte. Der französische Militärattaché in Belgrad interpretierte die jugoslawische publizistische Resonanz auf den Besuch als Reflex einer sich abzeichnenden politischen Neuorientierung Jugoslawiens. Deutschland habe es darauf abgesehen, Frankreichs Platz in Jugoslawien einzunehmen[157]. Gleichzeitig bemerkte man aber auch, daß sich Görings Südosteuropa-Initiative gegen die italienische

---

[150] Geheime Aufzeichnung des Wehrmachtsamtes: „Reichswehrministerium Ausland" vom 17. Nov. 1934, BA-MA, RW 5/ v. 423.

[151] Hassells Telegramm vom 23. Okt. 1934 über ein Gespräch mit Mussolini, PAB, Pol. Abt. II/ Italien Politik 2, Bd. 9; AA-Rundschreiben von Renthe-Fink vom 10. Nov. 1934 über eine Unterredung zwischen Gömbös und Hassell, ebd., Pag. H 029 083 f.

[152] Vortragsnotiz des Wehrmachtsamtes vom 20. Nov. 1934, BA-MA, RW 5/ v. 423.

[153] AA-Rundschreiben von Köpke vom 30. Okt. 1934 über Unterredungen Neuraths mit Masirevich am 25. u. 26. Okt., PAB, Pol. Abt. II/ Ungarn Politik 2, Bd. 5, Pag. E 673 404 f.; vgl. auch die Aufzeichnung von Renthe-Fink vom 2. Nov. 1934 über die Spekulationen anläßlich Görings Belgrader Äußerungen, PAB, Geheimakten 1920–1936/ Rumänien Pol. 2, Bd. 1, Pag. E 456 407.

[154] In diesem Sinne kann auch eine Unterredung zwischen Mussolini und dem deutschen Militärattaché in Rom interpretiert werden, bei der sich Mussolini danach erkundigte, warum die deutsche Luftwaffe nicht auch dem Generaloberst Blomberg unterstehe. Schreiben des Militärattachés Rom an das RWM vom 23. Nov. 1934, BA-MA, RW 5/ v. 423.

[155] Petersen, S. 376; Funke, Sanktionen, S. 30 ff.

[156] Bericht von François-Poncet (Berlin) an Laval (Paris) vom 24. Okt. 1934, in: DDF, 1/VII, Nr. 518, S. 837–843.

[157] Anlage von Béthouart (Belgrad) vom 13. Nov. 1934 zum Schreiben von Naggiar an Laval vom 23. Nov. 1934, ebd., 1/VIII, Nr. 130, S. 194–197.

Position im Südosten richtete und daher indirekt zur Stärkung der Kleinen Entente beitragen könne.

Auch in Großbritannien und Rußland fand Görings Belgrad-Besuch stärkste Beachtung[158], obwohl man nicht genau wußte, „was eigentlich in Belgrad geschehen ist". Der dadurch ausgelöste Stimmungswandel in Jugoslawien gegenüber Deutschland sei aber unübersehbar. Man glaubte allen Grund zu haben, dies vor allem auf Görings politische Zusicherungen zurückzuführen, die „das übliche diplomatische Maß überschritten"[159], weniger auf den vorangegangenen deutsch-jugoslawischen Handelsvertrag, dessen Auswirkungen sich in so kurzer Zeit noch nicht bemerkbar machen konnten[160].

Göring hatte in Belgrad keinen Hehl aus der Wiederaufrüstung Deutschlands gemacht, mit dem Ziel, eine machtpolitische Parität mit Frankreich und Italien auch auf militärischem Gebiet wiederzuerlangen[161]. Um diesem Aspekt Nachdruck zu verleihen, regte Göring unmittelbar nach seiner Rückkehr aus Belgrad bei Admiral Raeder an, der Kreuzer „Emden" solle bei seiner Mittelmeerreise auch einen jugoslawischen Hafen anlaufen. Das Vorhaben scheiterte jedoch am Einspruch des Auswärtigen Amtes. Bülow setzte Raeder die „Bedenken wegen des Besuches im Schwarzen Meer auseinander und teilte ihm ferner mit, welche Aufregung gewisse Erklärungen des Ministerpräsidenten (Göring) über die Balkanprobleme ausgelöst hätten"[162]. Ausschlaggebend für das Auswärtige Amt war dabei wiederum eine „eventuell unfreundliche" Reaktion Italiens. Bülow wollte unbedingt vermeiden, den Gerüchten über deutsche Absichten im Südosten neue Nahrung zu geben.

Aus alledem ist schon ersichtlich, daß Görings Alleingang in der Südosteuropa-Politik auf große Widerstände des Auswärtigen Amtes stieß. Nach seiner Rückkehr aus Belgrad soll es „einen fürchterlichen Zusammenstoß mit Neurath gegeben"[163] haben. Der Außenminister und seine Beamten bemühten sich, Görings Initiative bei der Kleinen Entente herunterzuspielen und ihr den Wind aus den Segeln zu nehmen. Nach wie vor galten im Auswärtigen Amt als Maximen der Südosteuropa-Politik gute Beziehungen zu Ungarn und ein entspanntes Verhältnis zu Italien. Görings Ziel hingegen war die Verbesserung der Beziehungen mit Jugoslawien und Rumänien und eine auf diesem Wege erreichbare Schwächung der Kleinen Entente ohne besondere Rücksicht auf Ungarn und Italien. Seine politischen Initiativen dienten vor allem dem Ziel, der italienischen Hegemonialpolitik im Südosten einen Riegel vorzuschieben,

[158] Zur ersten britischen Reaktion vgl. das Telegramm von Henderson (Belgrad) an Simon (London) vom 21. Okt. 1934, in: DBFP, 2/12, Nr. 146, S. 164; zur russischen Reaktion vgl. den Bericht des deutschen Botschafters in Moskau, Graf von der Schulenburg, an Bülow (AA) vom 22. Okt. 1934, in: ADAP, C, III/1, Nr. 265, S. 506 f.
[159] RWM-Vortrag vor den Militärattachés über die außenpolitische Lage vom Oktober 1934 (ohne Unterschrift), BA-MA, RW 5/ v. 348 Außenpolitische Berichte, Auslandsstimmen März-Dezember 1934, S. 5 des Vortrages.
[160] Zur wirtschaftspolitischen Interpretation von Görings Belgrad-Aufenthalt im Oktober 1934 vgl. vor allem Broszat, Deutschland, S. 50, und Robertson, Mussolini, S. 85 f.; beide Autoren können jedoch keinen Nachweis für die wirtschaftspolitischen Hintergründe der Reise bringen.
[161] Im RWM wunderte man sich in diesem Zusammenhang, daß die Äußerungen Görings zur „Luftaufrüstung in der Welt nicht den Entrüstungssturm hervorrufen, auf den man immerhin gefaßt sein mußte". RWM-Vortrag vom Oktober 1934, BA-MA, RW 5/ v. 348, S. 5 des Vortrages.
[162] Aufzeichnung Bülows (AA) vom 3. Nov. 1934 über ein Gespräch mit Admiral Raeder, PAB, Büro RM/ 58 Jugoslawien, Bd. 3, Bl. 149.
[163] RWM-Auslandsmeldung vom 17. Nov. 1934, BA-MA, RW 5/ v. 423.

um zur Lösung der Österreich-Frage freie Hand zu erhalten. Es zeichnete sich hier eine neue Linie in der Außenpolitik des „Dritten Reiches" ab, die die bisher vorherrschende offizielle Auffassung ignorierte und die zumindest bis zu einem gewissen Grade Hitlers Rückendeckung fand, wenn es auch klar Göring war, der dabei die Initiative hatte.

Anders als im Falle Jugoslawiens, wurde Görings Zusicherung an die Adresse Rumäniens dort zunächst eher mit Reserve aufgenommen[164]. Rumänischen Berichten zufolge hatte Görings Absage an jegliche Revisionspolitik im Südosten auch eine Garantieerklärung der rumänischen Grenzen und die Zusicherung einer aktiven Unterstützung der rumänischen Aufrüstung eingeschlossen. Im Gegenzug sollte Rumänien garantieren, daß man sowjetischen Truppen das Durchmarschrecht verweigere. Deutschland verlange jedoch nicht, daß sich Rumänien aus den Banden der Kleinen Entente löse[165].

Die vielfachen Fraktionen und rivalisierenden Lager der rumänischen Diplomatie verhinderten aber eine rasche Wirkung der Offerte, die bezeichnenderweise über rumänische Kanäle nach Budapest weitergeleitet wurde und entsprechenden ungarischen und italienischen Protest hervorrief[166]. Das anhaltende rumänische Mißtrauen gegenüber Görings Zugeständnissen äußerte sich bei mehreren folgenden Besuchen des rumänischen Gesandten in Berlin, Petrescu-Comnen, und des rumänischen Geschäftsführers Petala bei verschiedenen Dienststellen des Auswärtigen Amtes, zumal sich dabei eine offizielle Bestätigung des neuen außenpolitischen Kurses nicht einholen ließ. Die Beamten des Auswärtigen Amtes reagierten mit Zurückhaltung, dann mit entschiedenen Dementis auf die Frage des angeblichen Verzichts auf eine Revisionspolitik des „Dritten Reiches"[167].

Neurath war nicht bereit, diesen Vorfall auf die leichte Schulter zu nehmen. Er verlangte von Göring eine ausführliche Stellungnahme zu den Gerüchten über seine Äußerungen gegenüber den Rumänen. Göring antwortete in einem Schreiben vom 8. November 1934, in dem er nur in sehr allgemeiner Art über seine Gespräche mit König Carol und Petrescu-Comnen Auskunft gab: Er habe dargelegt, daß Deutschland Ungarn nicht bei seinen Revisionsbestrebungen unterstützen werde. Außerdem ließ er Neurath lakonisch wissen, daß er anläßlich seiner Besprechung mit König Carol II. über die Verbesserung der deutsch-rumänischen Beziehungen eine Einladung nach Rumänien erhalten habe, der er gelegentlich nachzukommen gedenke. Die Gerüchte, er versuche, die Entente zu sprengen, deklarierte Göring als eine Erfindung des rumänischen Gesandten, fügte allerdings hinzu, daß er darin nichts Verwerfliches sehe, weder für Deutschland noch für Rumänien. Abschließend beschwerte er sich über die

---

[164] Bülows Aufzeichnung vom 30. Okt. 1934 über ein Gespräch mit Nicolae Petrescu-Comnen, in: ADAP, C, III/1, Nr. 284, S. 532 f.

[165] Zu Görings Offerten an Petrescu-Comnen und G. Bratianu vgl. auch Sturdza, S. 66–72.

[166] Köpke (AA) an Mackensen (Budapest) vom 1. Nov. 1934, PAB, Geheimakten 1920–1936/ Rumänien Pol. 2, Bd. 1, Pag. E 456 403. Dem AA waren die dunklen Wege der rumänischen Nachrichtenübermittlung durchaus bekannt. Aufzeichnung von Renthe-Fink (AA) vom 2. Nov. 1934, ebd., Pag. E 456 407, u. Köpkes Telegramm an die Botschaft Rom vom 3. Nov. 1934, ebd., Pag E 456 412.

[167] Aufzeichnung Bülows (AA) vom 30. Okt. 1934, in: ADAP, C, III/1, Nr. 284, S. 532 f.; Aufzeichnung von Busse (AA-Referat II Balk./R.) vom 17. Nov. 1934, PAB, Pol. Abt. II/ Rumänien Politik 2, Bd. 2, Bl. 266; Aufzeichnung Neuraths vom 10. Dez. 1934 über ein Gespräch mit Petrescu-Comnen, in: ADAP, C, III/2, Nr. 384, S. 714 f.

deutschfeindliche Art Petrescu-Comnens, den er für einen „parfümierte(n) Lügenbeutel" hielt, mit dem er keine Politik zu machen gedenke[168].

Neurath verschaffte sich hierauf bei Hitler die Gewißheit, daß dieser „niemals auf (die) Revision des Versailler Vertrages verzichtet"[169] habe, und unterband Kontaktaufnahmen des Außenpolitischen Amtes der NSDAP mit rumänischen Stellen[170]. Die Differenzen zwischen Neurath und Göring wurden von ausländischen Beobachtern mit Interesse verfolgt. Der im allgemeinen gut informierte französische Botschafter bemühte sich, seiner Regierung die verschiedenen Südost-Konzepte „der Wilhelmstraße und der verschiedenen nationalsozialistischen Führer" zu erläutern[171]. Ende Januar 1935 legte Rosenberg auf Hitlers Veranlassung diesem den „Fall Comnen–Göring–Neurath" in einer schriftlichen Ausarbeitung vor. Da Hitler überzeugt war, daß Comnen die Sache falsch darstellte, gedachte er diesen Vorfall zum Anlaß zu nehmen, den unbequemen Gesandten endlich aus Berlin loszuwerden[172]. Hitler selbst unternahm jedoch nichts zur Klärung des deutsch-rumänischen Verhältnisses oder der zukünftigen Südostpolitik des Deutschen Reiches.

Mit Recht kann die diplomatische Situation in Europa Ende 1934/Anfang 1935 als chaotisch bezeichnet werden. Dies lag nicht nur an den sich abzeichnenden Frontstellungen im bevorstehenden italienisch-abessinischen Konflikt, die durch Hitlers geheimes Waffenangebot an Haile Selassie im Dezember 1934 auch für das „Dritte Reich" an Bedeutung gewannen[173]. Ähnlich wie Göring in Südosteuropa verfolgte Hitler mit seiner geheimen Unterstützung für Abessinien die Absicht, Italien an periphere politische Schauplätze zu binden und gleichzeitig in den Widerspruch zur Großmachtpolitik Frankreichs und Großbritanniens zu bringen. Während die Unterstützung für Abessinien geheim gehalten werden mußte, stiftete Göring gerade durch die propagandistische Wirkung seiner Südost-Besuche diplomatische Verwirrung. Daß Hitler Görings Südost-Initiative zwar duldete, sie jedoch nicht angeregt hatte, macht deutlich, daß der Südostraum Ende 1934 in Hitlers globalstrategischem außenpolitischen Gesichtskreis noch kaum eine Rolle spielte. Immerhin darf man annehmen, daß Görings politischen Südost-Initiativen positiver gegenüberstand als das Auswärtige Amt, das zwar politische Möglichkeiten in Südosteuropa erkannte, aus Rücksicht auf die angespannten internationalen Beziehungen, insbesondere im Hinblick auf Italien, sich jedoch eine aktive, zielgerichtete Politik im Südostraum versagte.

Während gleichzeitige Versuche des von Rosenberg geleiteten Außenpolitischen Amtes der NSDAP, engere Fäden nach Rumänien zu spannen, auf Betreiben des Auswärtigen Amtes bald im Keim erstickt wurden, war Göring auf Anhieb erfolgreich. Durch seine Reisediplomatie gewann er nicht nur zahlreiche Mittelsmänner im Südosten, auf die er in späteren Jahren zurückgreifen konnte, sondern kam auch in direkten Kontakt mit den Staatsoberhäuptern dieser Region. In der Folgezeit bedurfte es

[168] Schreiben Görings an Neurath vom 8. Nov. 1934 als Anlage zur Aufzeichnung Köpkes (AA) vom 13. Nov. 1934, in: ADAP, C, III/2, Nr. 323, S. 607 f.
[169] Vermerk Neuraths vom 2. Nov. 1934 auf der Aufzeichnung von Renthe-Fink vom 2. Nov. 1934, PAB, Geheimakten 1920–1936/ Rumänien Pol. 2, Bd. 1, Pag. E 456 407.
[170] „Kurzer Tätigkeitsbericht des Aussenpolitischen Amtes der NSDAP vom Oktober 1935", in: IMG, Bd. 25, Dok. 003-PS, S. 20 f.
[171] François-Poncet (Berlin) an Laval (Paris) vom 13. Dez. 1934, in: DDF, 1/VIII, Nr. 248, S. 376 f., hier: S. 377.
[172] Rosenbergs Aufzeichnung vom 2. Feb. 1935, in: Rosenberg, S. 68.
[173] Petersen, S. 389 ff.; Robertson, Hitler, S. 237 f.; Poulain, Außenpolitik, S. 152.

keiner großen Sondierungen, um weitere politische Gespräche aufzunehmen. Bereits im Frühjahr 1935 brach Göring zu einer weiteren Südosteuropa-Reise auf, die die ersten konkreten politischen Früchte trug. Das Auswärtige Amt versuchte vergebens, seinen eigenständigen Aktivitäten einen Riegel vorzuschieben. Dadurch, daß er die deutschen auswärtigen diplomatischen Vertretungen überging und in der Regel direkt mit den ausländischen Regierungsstellen verhandelte, scheiterten alle Versuche Neuraths, Görings politische Bestrebungen zu kontrollieren. Göring setzte sich über alle Verbote und Beschränkungen des Auswärtigen Amtes hinweg und öffnete sich im Zweifelsfall dadurch alle Türen, daß er sich auf Hitler berief. Jugoslawien gegenüber trat er auch in der Folgezeit mit dem Anspruch auf, im Auftrag Hitlers das „sehr schlechte deutsch-jugoslawische Verhältnis zu verbessern"[174], und band auf diese Weise die Kontakte mit Belgrad stark an seine Person. Bis Ende der dreißiger Jahre blieb Göring ein wichtiger Faktor in der Jugoslawien-Politik des „Dritten Reiches". Gegenüber seinen verschiedenen Mittelsmännern hatten die Beamten des Auswärtigen Amtes das Nachsehen.

Somit hatte Göring bereits Ende 1934 seine Stellung als „Diplomat der Bewegung" unterstrichen und gefestigt[175]. Seine außenpolitische Rolle beschränkte sich von nun an keineswegs auf eine sporadische Reisediplomatie. In der Südosteuropa-Politik war er in der Folgezeit vor dem Auswärtigen Amt und dem Außenpolitischen Amt der NSDAP die wegweisende Instanz. Nur Albanien blieb dem Einfluß Italiens überlassen. Indessen respektierten die Staatsmänner Jugoslawiens, Rumäniens, Bulgariens, Ungarns und Griechenlands in der Folgezeit Görings wichtige Funktion als politische Vertrauensperson Hitlers. Die Vorteile dieser unbürokratischen und unverbindlicheren Art der Kontaktpflege lagen für sie auf der Hand.

Ein ähnlicher Prozeß mit mancherlei Parallelen bahnte sich seit 1934 in den deutsch-polnischen Beziehungen an. Auch hier konnte sich Göring durch persönliche Besuche innerhalb kurzer Zeit als wichtiger Vermittler einschalten. Die unmittelbare räumliche Nachbarschaft und Görings Zuständigkeit als preußischer Ministerpräsident in gewissen Wirtschafts- und Zollfragen gaben ihm dafür manchen äußeren Anlaß.

2. Polen

Im ersten Jahr nach der „Machtergreifung" spielte Göring im deutsch-polnischen Verhältnis eine untergeordnete politische Rolle. Die Spannungen zwischen Deutschland und Polen, die sich vor allem an dem Westerplatte-Zwischenfall und Piłsudskis Präventivkriegsplänen gegen Deutschland[1] entzündeten, wirkten sich auch in einer hefti-

---

[174] Göring Ende 1937 zurückschauend auf die Anfänge seiner Südostpolitik im „Tagesbericht" über die Besprechung zwischen Göring, Darányi und Kánya vom 22. Nov. 1937, in: Kerekes, Allianz, Nr. 19, S. 152.

[175] Bezeichnenderweise verpflichtete Rosenberg Göring zu einem Vortrag zur Eröffnung der Reihe der Empfangsabende des APA für das diplomatische Korps im Dez. 1934. Rosenberg vermerkte befriedigt in seinem Tagebuch, daß zu einer gleichzeitig stattfindenden Jahresfeier des Kulturkreises, zu der auch die Diplomaten eingeladen waren, niemand ging, statt dessen bei seiner Veranstaltung mit Göring „fast das ganze dipl. Korps vertreten" war. Rosenberg, Eintrag vom 26. 12. (1934), S. 62 f.

[1] Zu den deutschen Befürchtungen vor einer polnischen Offensive vgl. Hitlers Darstellung der „Lage an der polnischen Grenze" am 25. April 1933, BAK, R 43 II/ 1480 Beziehungen zu auswärtigen Staaten: Polen, Bd. 11, Bl. 231; sowie Moltke (Warschau) an das AA vom 23. April 1933, in: ADAP, C, I/1, Nr. 180, S. 326 ff.

gen polnischen Pressekampagne gegen Göring aus, dessen Polizeieinsätze in Preußen zum Anlaß genommen wurden, um ihn als einen besonders brutalen neuen national-sozialistischen Machthaber zu charakterisieren[2]. Angesichts der als bedrohlich emp-fundenen Lage an der deutsch-polnischen Grenze versuchte Göring jedoch seit der Westerplatte-Aktion, kraft seiner Befugnisse als preußischer Innenminister, der SA im grenznahen Bereich größte Zurückhaltung aufzuerlegen[3]. Er bemühte sich außerdem um Kontakte zu dem polnischen Botschafter Alfred Wysocki, der daran aber wohl auch wegen seiner bevorstehenden Ablösung wenig Interesse zeigte[4].

Piłsudskis Direktiven an Wysocki vom 21. Juli 1933 bahnten schließlich die Wende in der polnischen Deutschland-Politik an. Die Akkreditierung von Józef Lipski als Nachfolger Wysockis am 18. Oktober 1933 unterstrich die beabsichtigte politische Annäherung. Bereits bei Lipskis erstem Zusammentreffen mit Hitler am 15. Novem-ber wurden die Weichen für eine vertragsmäßige Bereinigung des deutsch-polnischen Verhältnisses gestellt, die zum Nichtangriffspakt vom 26. Januar 1934 führte[5]. Die neuen Wege der nationalsozialistischen Polen-Politik brachen mit der traditionellen Ostpolitik der Weimarer Republik und zwangen Auswärtiges Amt und Reichswehr gleichermaßen zum Umdenken.

Es brauchte seine Zeit, bis die Neuorientierung in der Polen-Politik von den Beam-ten des Auswärtigen Amtes nachvollzogen wurde. Lipski stellte bereits nach wenigen Wochen fest, daß es erhebliche Diskrepanzen zwischen Hitlers und Neuraths außen-politischen Richtlinien gab[6]. Nach Auffassung des polnischen Botschafters war es viel erfolgversprechender, direkt mit den Nationalsozialisten zu verhandeln, als den tradi-tionellen Instanzenweg des Auswärtigen Amtes einzuhalten.

Seit Mitte 1933 hatte auch Goebbels sich auf propagandistischem Weg um eine Entspannung der deutsch-polnischen Beziehungen bemüht. Ein Vorfall im Juni 1934 diskreditierte Goebbels aber empfindlich aus polnischer Perspektive. Am 15. Juni war der polnische Innenminister Pieracki einem Attentat der „Organisation Ukrainischer Nationalisten" (OUN) zum Opfer gefallen, während Goebbels in Krakau weilte. Der zeitliche Zusammenhang und die Kontakte der OUN zu deutschen Führungskreisen führten nicht nur zu einer momentanen Verstimmung im deutsch-polnischen Ver-hältnis, sondern desavouierten in polnischen Augen vor allem Goebbels[7]. Man war „in Warschau von der moralischen Mitschuld des deutschen Ministers überzeugt"[8], so daß Goebbels in der Folgezeit als Vermittler in den deutsch-polnischen Beziehungen we-nig geeignet war.

Die Auswirkungen des Attentats boten dagegen Göring Anlaß, sich in die deutsch-polnischen Beziehungen einzuschalten. Bereitwillig entsprach er dem polnischen Er-suchen, ein soeben nach Deutschland geflüchtetes Mitglied der OUN an Polen auszu-liefern. Entgegen dem internationalen Recht wurde der vermeintliche Attentäter ohne

[2]   Bericht des frz. Botschafters in Warschau, Laroche, an Paul-Boncour (Paris) vom 13.Nov.1933, in: DDF, I/V, Nr.2, S.3.

[3]   Roos, S.70; Bracher, Stufen, S.345 f.

[4]   Aufzeichnung des Leiters der Ostabteilung des AA, Meyer, vom 2.Juni 1933, PAB, Abt. IV/ Polen Politik 9 Diplomatische und konsularische Vertretungen Polens in Deutschland, Bd. 8, Bl. 340.

[5]   Wojciechowski, S. 70 ff.

[6]   Bericht von Laroche (Warschau) an Paul-Boncour über ein Gespräch mit Lipski vom 1. Dez. 1933, in: DDF, I/V, Nr. 70, S. 142.

[7]   Lipski, S. 135–142.

[8]   Roos, S. 153, Anmerk. 67.

Auslieferungsverfahren auf Veranlassung Görings umgehend im Flugzeug nach Polen gebracht[9]. Dieser Zwischenfall besserte Görings Bild in der polnischen Presse und verstärkte seine Kontakte zu Lipski, mit dem er seit Ende 1933 von Zeit zu Zeit zusammengekommen war[10]. Anscheinend hatte Göring zusammen mit Lipski schon im März 1934 an einer Jagd im polnischen Białowieża teilgenommen[11].

Der Auftakt: Jagdbesuch im Januar 1935

Ein neuer, jetzt groß aufgemachter Jagdbesuch Görings im Januar 1935 war der eigentliche Auftakt der besonderen diplomatischen Rolle, die Göring gegenüber Polen zu spielen begann. Die berühmten Jagdbesuche Görings in Polen[12] wiederholten sich von nun an im jährlichen Abstand bis 1938 im Białowiezer Forst[13]. Die Initiative für den Besuch im Januar 1935 ging von polnischer Seite aus. Am 14. Januar berichtete Lipski in einem Gespräch mit Bülow, daß er in den nächsten Tagen Göring zur Jagd des polnischen Staatspräsidenten einzuladen gedenke[14]. Um politischen Spekulationen keinen Vorschub zu leisten, bemerkte Lipski, daß die Zahl der Jagdteilnehmer sehr beschränkt sei und nur „wenige Warschauer Diplomaten" teilnehmen würden. Er empfahl sogar, „der Presse von der Einladung gar nichts mitzuteilen oder sie erst zu informieren, wenn die Jagdveranstaltung vorüber sei". Man dachte auf polnischer Seite zunächst keineswegs daran, aus der Jagdeinladung eine politische Staatsaktion zu machen. Man entsprach damit lediglich Görings Wunsch vom Vorjahr, an einer Jagd auf Luchse und Wölfe teilzunehmen. Dementsprechend waren für Görings Aufenthalt in Polen zunächst nur zwei Tage vorgesehen[15].

Lipskis Bitte entsprechend, gab auch das Propagandaministerium am 21. Januar 1935 die geheime Presseanweisung heraus, daß über „einen etwaigen Jagdbesuch des preussischen Ministerpräsidenten Göring in Polen ... in der Presse vorläufig nichts gemeldet werden"[16] sollte. Gleichzeitig erschienen jedoch in Paris, London, Rom und Wien Meldungen, daß „Göring in den nächsten Tagen unter dem Vorwande eines Jagdbesuches einen politischen Besuch in Warschau abstatten werde"[17]. Außerdem lagen dem Auswärtigen Amt Informationen vor, nach denen der Besuch von polnischer Seite aus nun doch politisch aufgewertet werden sollte. Es war die Rede davon, daß Göring mit einer „Reihe von hohen polnischen Würdenträgern"[18] zusammengebracht

---

[9] Ebd., S. 154; Erich Kordt, Wahn und Wirklichkeit. Die Außenpolitik des Dritten Reiches, Stuttgart 1948, S. 144.

[10] Lipski an Beck vom 11. Jan. 1934, in: Lipski, Dok. 27, S. 131–134.

[11] Wojciechowski, S. 244, zitiert in Anmerk. 2 einen Bericht Lipskis vom 31. März 1934 aus dem polnischen Auswärtigen Archiv.

[12] Budurowycz, S. 67.

[13] Göring kam nicht zuletzt aus Jagdleidenschaft immer wieder nach Białowieża. Das Terrain gefiel ihm so gut, daß er im Juli 1941 die Räumung des Białowiezer Forstes zur Schaffung eines persönlichen Jagdgebietes anordnete. Dieser Maßnahme fielen rund 100 Siedlungen zum Opfer, die unter dem Kommando des stellvertretenden Reichsjägermeisters Scherping niedergebrannt wurden. Die Korrespondenz zu diesen Vorgängen aus den Monaten Juli bis Oktober 1941 findet sich in IfZ, Gs 05.08.

[14] Aufzeichnung Bülows vom 14. Jan. 1935, PAB, Büro RM/ 10 Polen, Bd. 15, Bl. 226.

[15] Szembek, Eintrag vom 23. Jan. 1935, S. 24.

[16] DNB-Rundruf vom 21. Jan. 1935, Anweisung Nr. 1050, BAK, ZSg. 101/ 5, Bl. 18.

[17] Pressebericht Moltkes (Warschau) an das AA vom 4. Feb. 1935, PAB, Abt. IV/ Polen Politik 2, Bd. 45, Bl. 399.

[18] Aufzeichnung von Meyer (AA) vom 26. Jan. 1933, ebd., Bl. 292.

werden sollte. Hitler wurde von dieser Entwicklung umgehend in Kenntnis gesetzt und gab Göring in einem Gespräch am 25. Januar vorsorglich eingehende Instruktionen mit auf den Weg[19]. Lipski gegenüber faßte Göring sie folgendermaßen zusammen: Hitler „ist bereit, vertragsgemäß anzuerkennen, daß die Frage des Korridors kein Streitobjekt zwischen den beiden Staaten darstellt, jedoch muß, um völlig aufrichtig zu sein, die deutsche Politik in Zukunft eine Expansion in irgendeiner Richtung suchen. Diese Expansion kann Deutschland im Einvernehmen mit Polen im Osten finden, wobei das Interessengebiet für Polen in der Ukraine, für Deutschland im Nordosten festgelegt werde."[20] Diese antirussische Offerte war für Lipski nichts Neues. Bereits wenige Tage zuvor hatte Hitler anläßlich seines Neujahrsempfangs für das diplomatische Korps Lipski auf die Möglichkeit eines gemeinsamen zukünftigen Krieges gegen die Sowjetunion hingewiesen[21].

Insofern war der polnischen Führung Görings politisches Anliegen bereits vor dem Besuch bekannt. Offenbar auf höchste Weisung bemühte man sich in Warschau auffallend, Görings Aufenthalt in Polen so aufwendig und angenehm wie möglich zu gestalten[22]. Göring traf am Sonntagmorgen, dem 27. Januar 1935, in Lipskis Begleitung in Warschau ein[23] und wurde von General Fabrycy, dem Kabinettschef des polnischen Außenministeriums, Dembicki, und dem Protokollchef Graf Lubienski empfangen[24]. An eine Besichtigungsfahrt durch Warschau schloß sich ein Frühstück bei Außenminister Beck an, an dem unter anderen der Vizeminister des Auswärtigen, Graf Szembek, der Chef des polnischen Flugwesens, General Rajski, und der Sektionschef im Außenministerium, Graf Potocki, teilnahmen. Am Nachmittag reisten Göring und seine deutsche und polnische Begleitung im Sonderzug zur Jagd nach Białowieza, wo man einen Tag länger als geplant blieb[25]. Mit auf der Jagd befanden sich neben den Mitgliedern des diplomatischen Korps die Spitzen der polnischen Generalität, darunter die Armeeinspekteure Sosnkowski und Fabrycy. Am 31. Januar traf Göring wieder in Warschau ein. Auf der deutschen Botschaft gab er ein Essen für den Ministerpräsidenten, den Außenminister, den Innenminister sowie für die engsten militärischen Berater des Marschalls. Nachmittags fand dann eine Audienz beim Marschall Piłsudski statt, die durch ihre ungewöhnlich lange Dauer von zwei Stunden die Aufmerksamkeit der Öffentlichkeit hervorrief.

---

[19] Hitler gab gegenüber Blomberg zu, Göring genaue Instruktionen mitgegeben zu haben, die dieser nicht überschritten habe (Aufzeichnung des Gen.Lt. Schindler (Militärattaché in Warschau) vom 22. Feb. 1935, BA-MA, Nachlaß L. Beck N 28/ 1). Göring betonte gegenüber Lipski ausdrücklich die Tatsache, daß er genau von Hitler über den Rahmen der politischen Offerten an Polen unterrichtet worden sei (Wojciechowski, S. 245 f.). Hingegen berief sich Göring bei seinen Südostreisen nie auf Instruktionen Hitlers, sondern überbrachte lediglich die „Grüße des Reichskanzlers".

[20] Aufzeichnung Lipskis über das Gespräch mit Göring, zit. ebd., S. 245.

[21] Lipskis Bericht an Beck (Warschau) vom 24. Jan. 1935, in: Lipski, Dok. 33, S. 163–165, hier: S. 164.

[22] Moltke (Warschau) stellte in seinem Bericht vom 1. Feb. 1935 über den Göring-Besuch fest, daß man polnischerseits „die Bedeutung des Besuches durch Empfänge, Stellung von Sonderzügen, Begleitung durch Minister usw. noch ganz besonders unterstrichen habe". PAB, Abt. IV/ Polen Politik 2, Bd. 45, Bl. 389.

[23] Zu Görings Gefolge gehörten weiterhin Generalforstmeister von Keudell, Oberlandforstmeister Hausendorf, Oberstleutnant Bodenschatz und Oberjägermeister Menthe. Aufzeichnung Meyers (AA) vom 26. Jan. 1935, ebd., Bl. 292.

[24] DNB-Meldung vom 28. Jan. 1935, ebd., Bl. 368.

[25] Da das Jagdglück „nicht in dem gewünschten Maße eintrat, wurde schließlich ein im Programm nicht vorgesehener weiterer Jagdtag eingeschoben, um das von den Polen erstrebte und tatsächlich auch erreichte Resultat zu erzielen". Moltke (Warschau) an das AA vom 1. Feb. 1935, ebd., Bl. 389.

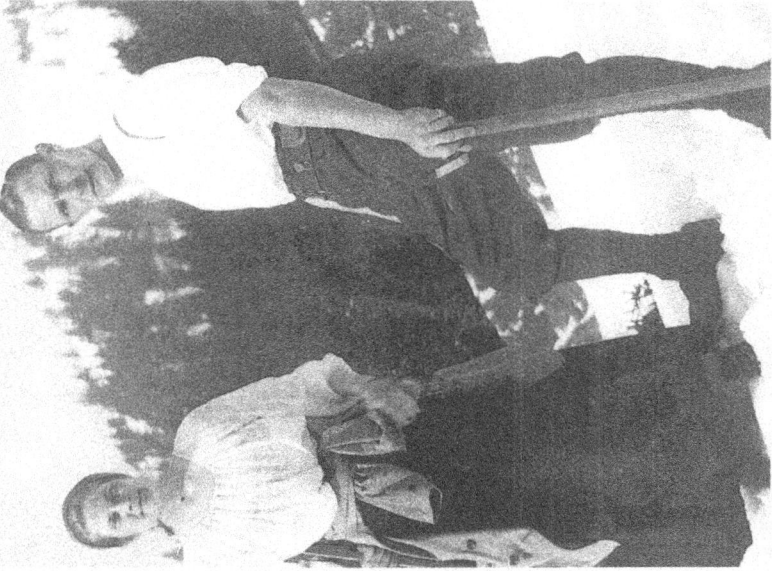

Göring auf Genesungsurlaub mit seiner Schwester Ilse: „Aufstieg zum Wendelstein. Ilse und ich, Januar 1917" (Privatalbum H. Göring)

Leutnant Göring auf Fronturlaub: „Schlafzimmer, Sofaecke, Juni 1916" (Privatalbum Hermann Göring)

Göring (ganz rechts) als Anfänger im Kreis der Feldflieger: „Im Casino von Vouziers, November 1915" (Privatalbum H. Göring)

Göring als Kommandeur des „Jagdgeschwaders Manfred Freiherr von Richthofen" mit Richthofens „Geschwaderstock". Sommer 1918

*Besprechungen auf dem
Flugplatz Berlin-Tempel-
hof, 30. November 1931:*

*Ernst Hanfstaengl, Hitler,
Göring* ▷

*Hitler, Göring, Ernst
Röhm* ▽

Göring (5. v. links) bei der Gründung der „Harzburger Front" am 11. Oktober 1931

Vertraute auf dem Weg zur „Machtergreifung": Paul Körner, Göring und Oskar von Hindenburg (von links) auf Gut Neudeck

Reichstagspräsident und Abgeordneter Göring, 1932

Der „Führer" und sein „politischer Bevollmächtigter": „Eine Aufnahme aus der Zeit seines Kampfes um das Deutsche Volk" (Pressetext)

30. Januar 1933: Hitler und Göring am Fenster der Reichskanzlei

Göring und seine engsten Mitarbeiter: Paul Körner, Erich Gritzbach, Karl Bodenschatz (von links hinter Göring), 12. Januar 1935

Göring bei der Besichtigung eines Geschenkes zu seinem 42. Geburtstag, 12. Januar 1935

Propagandawirksame Volksnähe: „Onkel Göring lädt 2000 Berliner Kinder ein" (Pressetext), Weihnachten 1937

Komplizen bei den Säuberungen des Jahres 1934: Göring, Himmler und Hitler (von links) am 8. Dezember 1934

Der „Führer" und sein „treuer Schildknappe" (Zitat Goebbels) auf dem Reichsparteitag in Nürnberg

Offizielle Übergabe von Görings Geheimer Staatspolizei an Reichsführer SS Heinrich Himmler am 20. November 1934

Göring im Kreis der Bauarbeiter beim Richtfest seiner Berliner Villa am 8. Oktober 1934

Hitler und Göring bei der Überführung von Görings verstorbener erster Frau Carin, von Schweden in die Schorfheide am 19. Juni 1934

Der „Waldhof Carinhall" in der Schorfheide, Privatresidenz Görings (3. v. rechts). Foto vom 20. Juli 1937

Göring mit seiner zweiten Frau Emmy Sonnemann nach der kirchlichen Trauung am 10. April 1935

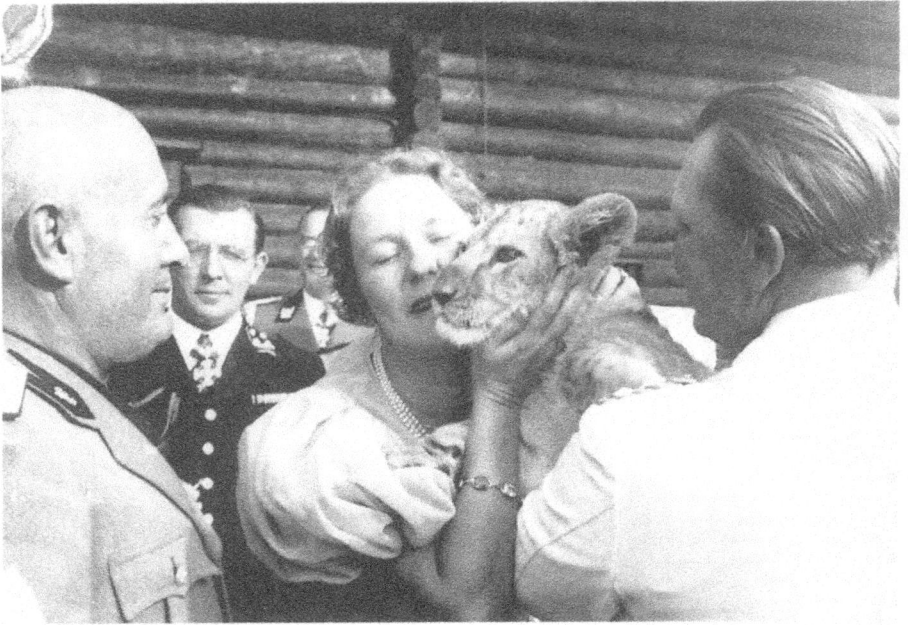

Benito Mussolini, Emmy (mit Löwenbaby) und Hermann Göring (von links) in „Carinhall", 28. September 1937

Zeitvertreib für Göring (2. v. links) und Staatsoberhäupter: Die Spielzeugeisenbahnanlage in „Carinhall"

Reichsjägermeister Göring auf Wildschweinjagd im Staatsforst Springe, November 1934

Jagdaufenthalt auf der Roeth, August 1937

Göring (rechts) und der englische Lordsiegelbewahrer Lord Halifax in der Schorfheide am 20. November 1937

Göring (2. v. links) mit dem polnischen Außenminister Beck in der Schorfheide, Juli 1935

Göring auf der polnischen Staatsjagd im Bialowiezer Forst, Ende Februar 1938

Göring (Mitte links) in Budapest als deutscher Delegierter bei der Beisetzung des ungarischen Ministerpräsidenten Gömbös, Oktober 1936

Hitler und Göring (daneben Baldur von Schirach) im Park des „Berghofes" auf dem Obersalzberg, Oktober 1936

Auf eine detaillierte Darstellung der einzelnen politischen Unterredungen Görings mit Piłsudski, Beck, Szembek, Lipski und der polnischen Generalität kann verzichtet werden[26]. Wie bereits ältere Darstellungen bemerkten, wichen Görings Ausführungen in den verschiedenen Gesprächen kaum voneinander ab. Er hielt sich genau an Hitlers Instruktionen. Göring erörterte unter anderem die Möglichkeit einer gemeinsamen Haltung gegenüber dem französischen Ostpaktplan. Aber das Hauptanliegen des deutschen Besuchers war die Verbesserung der deutsch-polnischen Beziehungen. Göring und seine Begleiter betonten, daß die Korridorfrage kein Hindernis mehr zwischen Berlin und Warschau sei[27]. Auch sollten engere Wirtschaftsbeziehungen die Annäherung beschleunigen.

Kernpunkt der Ausführungen Görings war sein Vorschlag eines antirussischen Bündnisses[28]. Er betonte die Unmöglichkeit einer deutsch-russischen Zusammenarbeit. Deutschland lege Wert auf ein starkes Polen als Schutz gegen Rußland. In einem Krieg gegen Rußland sollte Polen freie Hand in der Ukraine erhalten und Deutschland seinen Einfluß auf das Baltikum ausdehnen. In traditionell antipolnischen Reichswehrkreisen war man über diesen Punkt in Görings Unterredung mit Piłsudski besonders verstimmt, so daß Blomberg bei Hitler vorsprach, um sich aus erster Hand über Görings Sondierungen zu informieren. Hitler bestätigte Blomberg, daß der „wesentlichste Punkt bei diesem Gespräch ... die Erwähnung einer etwaigen militärischen Zusammenarbeit zur Abwehr des russischen Vordringens"[29] gewesen sei.

Göring bemühte sich, seinen polnischen Gesprächspartnern zu versichern, daß der „Hitlerismus" nicht ein vorübergehendes Phänomen sei, sondern ein nun immerwährendes System darstelle. Die deutsch-polnische Nichtangriffserklärung solle nicht nur für zehn Jahre, „sondern für ewig" gelten[30]. In seinem Gespräch mit Piłsudski stieß Göring jedoch auf polnische Forderungen, die eine weniger rosige Realität im deutsch-polnischen Verhältnis signalisierten. Ein bisher unbeachtet gebliebener Bericht des deutschen Generalkonsuls in Danzig, Radowitz, zeigt, daß zu den polnischen Anliegen, die zwischen Piłsudski und Göring erörtert wurden, nicht nur die Teschen- und Memelfrage gehörten, sondern vor allem auch die polnischen Besorgnisse wegen Danzig. Piłsudski machte eine Garantie der „vollkommene(n) Nichteinmischung – auch parteipolitisch – in die Angelegenheiten der Freien Stadt Danzig durch das Reich" zur Vorbedingung einer in Aussicht genommenen Begegnung mit Hitler[31]. Die polnischen Vorbehalte gegenüber Görings Sondierungen beruhten nicht nur auf der vorsichtigen Zurückhaltung gegenüber den Vorschlägen einer gemeinsamen antirussischen Frontstellung, sondern nicht zuletzt auf den Streitpunkten der Danziger Tagespolitik.

---

[26] Die bereits bekannten Quellen, sowie ein bislang unbekannter Bericht Lipskis, wertete Wojciechowski, S. 246–250, umfassend aus; ergänzend kann auf die ebenfalls breite Darstellung bei Roos, 11. Kapitel: „Die Mission Görings", S. 208–212, verwiesen werden.

[27] Szembeks Notizen vom 27. Jan. 1935 über das Gespräch Göring-Beck, in: Szembek, S. 28.

[28] Göring schlug den polnischen Generälen Fabrycy und Sosnkowski nicht nur „une alliance antisoviétique, ainsi qu'une marche en commune sur Moscou" vor. Tagebucheintrag Szembeks vom 1. Feb. 1935, ebd., S. 34.

[29] Aufzeichnung Schindlers vom 22. Feb. 1935 über ein Gespräch mit Blomberg, BA-MA. Nachlaß L. Beck N 28/1. Diese Quelle ist den älteren Darstellungen entgangen.

[30] Tagebucheintrag Szembeks vom 31. Jan. 1935, in: Szembek, S. 33 u. 34.

[31] Radowitz (Danzig) an das AA vom 18. Feb. 1935, PAB, Geheimakten 1920–1936/ Polen Politik 2, Bd. 16, Pag. E 463 036.

Die internationale Presse behandelte Görings Polenbesuch in großer Aufmachung. Überwiegend wurde er als Versuch gewertet, Polen als Eckpfeiler aus dem französischen Bündnissystem herauszubrechen und den polnischen Widerstand gegen den Ostpakt zu verstärken[32]. Nicht zuletzt fand die Polen-Mission als weiteres Anzeichen der verstärkten außenpolitischen Tätigkeit Görings Beachtung.

Aufsehen erregte Görings Polen-Reise nicht nur im Ausland. Ihr Verlauf und ihre Auswirkungen wurden vom Auswärtigen Amt genau mitverfolgt. Die Berichte des deutschen Botschafters in Warschau gingen nicht nur durch die Hände des zuständigen Abteilungsleiters, sondern wurden auch von Neurath und Staatssekretär Bülow persönlich abgezeichnet. Hitler nahm bereits am 4. Februar 1935 in die Berichte Einsicht[33]. Wenn Göring bei seinen Gesprächen in Polen auch nicht Hitlers politisches Ziel erreichte, so war der Besuch doch ein propagandistischer und persönlicher Erfolg. Botschafter Moltke war durch die Vielzahl der polnischen Ehrenbezeugungen für Göring fest davon überzeugt, „daß der Besuch in ganz wesentlichem Maße zu einer Vertiefung der deutsch-polnischen Beziehungen beigetragen hat".

Obwohl der Durchbruch zu einer weiterreichenden Bündnispolitik nicht gelang, ergaben sich einige unmittelbare Auswirkungen auf die deutsch-polnischen Beziehungen. Bei Görings Besuch in Polen wurde „eine Zusammenarbeit der Polizeibehörden beider Länder" in bezug auf ukrainische und kommunistische Untergrundorganisationen verabredet[34]. Außerdem kam eine Entspannung an den verhärteten Fronten im Bereich des deutsch-polnischen Eisenbahntransitverkehrs in Gang. Göring war bei der Jagd in Białowieża mit dem polnischen Vizeverkehrsminister Staatssekretär Aleksander Bobkowski, einem Schwiegersohn des polnischen Staatspräsidenten Moscicki, in Verbindung getreten und hatte direkte Kontakte mit der Deutschen Reichsbahn angeregt[35]. Eine von Bobkowski geführte Eisenbahnkommission traf bereits am 24. Februar in Berlin ein. Die Verhandlungsführung lag auf deutscher Seite bei Generaldirektor Dorpmüller, einem Vertrauten Görings, der diesen schon bei der Griechenland-Reise begleitet und mit den dortigen Behörden Verhandlungen über eine engere verkehrstechnische Zusammenarbeit geführt hatte. Der Besuch der Eisenbahnkommission sollte gleichzeitig zu politischen Gesprächen mit Göring und Goebbels genutzt werden, was das ausdrückliche Einverständnis Hitlers fand[36]. Die polnische Zurückhaltung in politischer Hinsicht wurde jedoch darin sichtbar, daß bei den Vorbesprechungen zu dem Besuch „seitens der polnischen Herren immer zum Ausdruck gebracht (wurde), ihr Besuch möchte nicht als Staatsbesuch aufgemacht werden, sondern in der Öffentlichkeit als ein Besuch der Deutschen Reichsbahn hingestellt werden"[37].

---

[32] Einen umfassenden Presseüberblick über das Echo auf Görings Polen-Besuch gibt Moltke (Warschau) in seinem Bericht an das AA vom 4. Feb. 1935, PAB, Abt. IV/ Polen Politik 2, Bd. 45, Bl. 399–404; zur französischen und belgischen Reaktion vgl. Szembeks Tagebucheinträge vom 23. u. 27. Jan. 1935, in: Szembek, S. 23 f. u. 29 f.

[33] Die Paraphen und Vermerke auf Moltkes Originalbericht vom 1. Feb. 1935 spiegeln den Dienstweg des Schriftstücks genau wider. PAB, Abt. IV/ Polen Politik 2, Bd. 45, Bl. 389–391.

[34] Wojciechowski, S. 251.

[35] Schreiben der Deutschen Reichsbahn an den „persönlichen Referenten des Führers und Reichskanzlers", Oberregierungsrat Meerwald, vom 21. Feb. 1935, BAK, R 43 II/ 1481, Bd. 14, Bl. 22.

[36] Vermerk: „Der Führer ist einverstanden" auf dem Mantelschreiben der Deutschen Reichsbahn an Meerwald vom 21. Feb. 1935, ebd., Bl. 19.

[37] Ebd., Bl. 22.

Faktisch belasteten die Korridor- und die Danziger Frage auch die polnisch-deutschen Verkehrsbeziehungen. Görings Besuch in Polen waren Anfang Januar 1935 polnische Beschwerden wegen rückständiger deutscher Zahlungen im Eisenbahnverkehr vorausgegangen[38]. Diese trugen mit dazu bei, daß sich die parteipolitischen Spannungen um Danzig im Februar 1935 verschärften. All dies verstärkte auch die polnischen Vorbehalte gegenüber einer kooperativen antisowjetischen Ostpolitik[39].

Durchbruch als Sonderbeauftragter

Eine deutsch-polnische Vereinbarung über Danzig wurde durch den Streit innerhalb der nationalsozialistischen Führung der Freien Stadt blockiert. Bis Ende 1934 versuchte Heß als Parteischlichter erfolglos in die Auseinandersetzungen zwischen Senatspräsident Rauschning und Gauleiter Forster einzugreifen. Hitler, der mehrmals von Rauschning aufgefordert wurde, eine personelle und politisch richtungsweisende Entscheidung zu treffen, entzog sich mit einer fragwürdigen Begründung der Lösung des Problems[40]. Zu den ungelösten innenpolitischen Problemen traten, verstärkt seit Anfang 1934, wirtschaftliche Schwierigkeiten, über deren Lösung die reichsdeutsche und Danziger Führung sich nicht einigen konnten. Seit April 1934 hatten sogenannte „Chefbesprechungen" über eine wirtschaftliche Unterstützung Danzigs stattgefunden, die jedoch vor allem infolge der unnachgiebigen Haltung des Reichsbankpräsidenten Schacht lange Zeit ergebnislos blieben. Rauschning war zwar schließlich von Außenminister Neurath unterstützt worden, der bei Hitler die Gewährung von Überbrückungsmaßnahmen für Danzig durchsetzte. Das verhinderte aber nicht Rauschnings Ablösung im November 1934. Die Wahl Arthur Greisers zum Nachfolger Rauschnings entschärfte die Situation in Danzig jedoch keineswegs, da Gauleiter Forster an seinem radikalen Kurs festhielt. Bei den Volkstagswahlen am 7. April 1935 erhielten die Nationalsozialisten die Quittung für die internen Reibereien: Mit 57,3% der Stimmen blieb man weit unter der angestrebten Zweidrittelmehrheit[41].

Der für die Nationalsozialisten unbefriedigende Wahlausgang, die vielfältigen Danziger Probleme personeller, wirtschafts-, zoll- und währungspolitischer Art und die vehementen polnischen Forderungen nach Zahlung der rückständigen Transitschulden ließen im April 1935 eine Bereinigung der Danziger Streitpunkte zwischen Deutschland und Polen dringender denn je erscheinen. Bereits bei seinem Januar-Besuch in Polen hatte Göring von Piłsudski persönlich erfahren, daß die ungelösten Danziger Probleme einer deutsch-polnischen Annäherung und dem Ziel einer gemeinsamen antirussischen Allianz im Wege stünden. Der Ausgang der Aprilwahlen signalisierte zudem die Schwäche der Danziger nationalsozialistischen Führung.

Göring erhielt noch im gleichen Monat von Hitler einen Sonderauftrag zur Regelung der deutsch-polnischen Beziehungen, der ein Eingreifen in die Danziger Fragen

---

[38] Aufzeichnung Bülows (AA) über ein Gespräch mit Lipski vom 8.Jan.1935, in: ADAP, C, III/2, Nr.419, S.776f.
[39] Aufzeichnung von Meyer (AA) vom 2.Mai 1935, ebd., IV/1, Nr.65, S.115–117; Schreiben von Radowitz an Meyer vom 16.Mai 1935, ebd., Nr.92, S.164f.
[40] Ramonat, S.352–363, 377.
[41] Ebd., S.378f.

einschloß[42]. Wie gewöhnlich bei Hitlers Sonderaufträgen gab es aber keine schriftlichen Weisungen, die die Befugnisse des Beauftragten genau bestimmten. Schon Anfang April griff Göring in den Danziger Wahlkampf ein und betonte in einer Rede in Danzig, daß Deutschland die Danziger Frage ausschließlich auf friedlichem Wege zu lösen beabsichtige[43]. Dies stand in klarem Gegensatz zu den starken Worten des Danziger Gauleiters Forster, dessen Reden immer wieder den polnischen Protest hervorriefen[44].

Dabei war es ausgerechnet Göring gewesen, der Hitler im Oktober 1930 im Rahmen seiner Sonderaufgabe als „Reichsschlichter" der Partei Forster als Gauleiter für Danzig vorgeschlagen hatte, als dort heftige Streitigkeiten zwischen SA- und NSDAP-Führung ausgebrochen waren. Göring hatte sich Ende 1930 auch in die politischen Besprechungen zwischen den Danziger Volksparteien eingeschaltet und über die Köpfe der Danziger Nationalsozialisten hinweg mit den Deutschnationalen über eine Koalitionsregierung verhandelt[45]. Görings Neigung, mehr praktisch als weltanschaulich motiviert Politik zu betreiben, hatte schon damals die Danziger Nationalsozialisten verärgert. Insofern war ihm das Milieu nicht unbekannt, und er bot sich auch von daher als geeigneter Mann an, 1935 in die Danziger Verhältnisse einzugreifen. Wenn man Görings Angaben gegenüber Lipski glauben darf, unterstellte Hitler am 20. April 1935 die deutsch-polnischen Beziehungen Görings besonderem Schutz[46]. Göring begründete dies gegenüber Lipski am 25. April damit, daß mit dieser wichtigen Angelegenheit Personen befaßt werden müßten, „die nicht durch die Polenpolitik der vorangehenden deutschen Regierungen belastet seien"[47]. An der Loyalität Neuraths gegenüber Hitler gäbe es zwar keinen Zweifel, aber bezüglich der übrigen Beamten des Auswärtigen Amtes sei er sich nicht sicher, ob sie sich genau an Hitlers Linie gegenüber Polen hielten. Seine Besprechung mit Lipski enthielt wie üblich die Versicherung, daß das Korridor-Problem in den deutsch-polnischen Beziehungen keine Rolle mehr spiele. Gemäß seinen Äußerungen im Januar betonte Göring die antisowjetische Haltung als gemeinsame Basis des deutsch-polnischen Verhältnisses. Gleichzeitig warnte er vor einem zu engen Kontakt Polens mit Frankreich. Gegen Ende der Unterredung brachte Göring den deutschen Wunsch eines Treffens zwischen Hitler und Beck in Berlin zum Ausdruck, das die guten deutsch-polnischen Beziehungen auch nach außen hin demonstrieren solle, und äußerte die Hoffnung, im Herbst die polnische Jagdgesellschaft von Białowieża bei sich in der Schorfheide begrüßen zu können.

Görings Gespräch mit Lipski bewegte sich ganz im Rahmen von Hitlers Instruktionen, die er für seine Warschauer Besprechungen empfangen hatte. Wiederum vermied

---

[42] Lipski (Berlin) an Beck (Warschau) vom 25. April 1935 über eine Unterredung mit Göring in „Carinhall", in: Lipski, Dok. 41, S. 188–192.
[43] Bericht Moltkes (Warschau) vom 9. April 1935 an das AA über einen Artikel der nationaldemokratischen „Gazeta Warszawska" vom 7. April über die Rede Görings, PAB, Abt. IV/ Danzig Po. 2 Dz Politische Beziehungen Danzigs zu Deutschland, Bd. 3, Bl. 136; vgl. auch die Anmerk. 4 der Hrsg. in: ADAP, C, IV/1, S. 25.
[44] Ramonat, S. 380 f.
[45] Levine, S. 28 f., 32 f., 42 f.
[46] Die Passage lautet wörtlich: „Independently of official Polish-German relations, he should take the relations between the two countries under his special protection". Lipski (Berlin) an Beck (Warschau) vom 25. April 1935, in: Lipski, Dok. 41, S. 189. Am 29. April teilte Lipski Szembek in einem Gespräch mit: „Le Chancelier a même confié à Goering le soin de veiller spécialement sur le développement amical des relations polono-allemandes". Szembek, Eintrag vom 29. April 1935, S. 67.
[47] Lipski (Berlin) an Beck (Warschau) vom 25. April 1935, in: Lipski, Dok. 41, S. 189.

er, die Danziger Probleme offen anzusprechen, was als Indiz dafür gewertet werden
kann, daß sich sowohl Hitler wie Göring über das Ausmaß des Entgegenkommens gegenüber den polnischen Wünschen zu diesem Zeitpunkt noch nicht im klaren waren.
Hitler und Göring waren keineswegs bereit, Danzig der polnischen Politik zu überlassen. Aber trotz der Danziger Konfliktpunkte war man auf polnischer Seite darüber befriedigt, daß die Protektion der deutsch-polnischen Beziehungen nun in Görings Händen lag, worin man eine Garantie der Beibehaltung des propolnischen Kurses sah[48].

Die Warschauer Gespräche im Mai 1935

Wie acht Monate zuvor im Falle Jugoslawiens ebnete wiederum ein Todesfall Göring
den Weg zu persönlichen Verhandlungen. Als am 12. Mai 1935 die Nachricht vom
Tode Piłsudskis in Berlin eintraf, stand von Anfang an fest, daß Göring als persönlicher Vertreter Hitlers an den Beisetzungsfeierlichkeiten in Polen teilnehmen würde.
Er trat unverzüglich mit dem Auswärtigen Amt und Botschafter Moltke in Warschau
in Verbindung, um nähere Informationen über den Ablauf und die zu erwartenden
ausländischen Delegationen zu erhalten[49].
    In einem Gespräch mit Lipski am 14. Mai äußerte Göring offen seine Besorgnis
über die künftige Politik Polens. Er warnte vor französischen Bestrebungen, Polen in
das französisch-russische Bündnis einzubeziehen. In diesem Fall wäre ein bewaffneter
Konflikt unvermeidlich. Um die Perspektiven der künftigen deutsch-polnischen Beziehungen zu erörtern, bat er Lipski, anläßlich der Beisetzung Piłsudskis für ihn (Göring) ein Treffen mit Beck und General Śmigły-Rydz zu arrangieren[50].
    Der Aufenthalt in Polen vom 17. bis 19. Mai 1935 wurde wiederum zum persönli-
chen Erfolg für Göring. Zahlreiche spontane Sympathiekundgebungen der Bevölkerung[51] und die Tatsache, daß Göring unter den ausländischen Gästen am meisten beachtet wurde, trugen zur politischen Aufwertung des Besuchs bei. Besonders polnische Offizierskreise waren an Göring interessiert, was sich auch darin äußerte, „daß die
Generäle Sosnkowski und Fabrycy sowie der Chef des Militärkabinetts, Oberst Gło-
gowski, trotz der streng eingehaltenen Trauer am Tage nach der Beisetzung des Marschalls einer Einladung in die Botschaft Folge leisteten, um hier mit Herrn Göring zusammenzutreffen"[52]. Göring besaß nicht zuletzt deshalb bei der polnischen Generalität besondere Sympathien, weil seine antisowjetische Linie hier am meisten Anklang
fand.

---

[48] Szembek, Eintrag vom 29.April 1935, S.67; Lipski an Beck vom 5.Mai 1935 über sein Gespräch mit Gö-
    ring am 3.Mai, in: Lipski, Dok.42, S.192–199, hier: S.197ff.
[49] Meyer (AA) an Göring vom 14.Mai 1935, PAB, Geheimakten 1920–1936/ Polen Pol.11 Nr.3, Personalien:
    „Pilsudski", Bd.2, Pag. E 466 840f.
[50] Lipskis Bericht an Beck vom 15.Mai 1935 über ein Gespräch mit Göring am Vortag, in: Lipski, Dok.43,
    S.201.
[51] Schreiben von Schillinger (Dt.Konsulat Krakau) an das AA vom 22. Mai 1935, PAB, Geheimakten
    1920–1936/ Polen Politik 11 Nr.3, Bd.2, Pag. E 466 882; vgl. auch den Artikel in „Der Montag" vom
    20. Mai 1935 („Kundgebungen für Göring"), PAB, Abt. IV/ Polen Politik 2, Bd.47, Bl.38.
[52] Moltke (Warschau) an das AA vom 21.Mai 1935 über die „Teilnahme des Ministerpräsidenten General Gö-
    ring an den Trauerfeierlichkeiten für den Marschall Pilsudski", PAB, Geheimakten 1920–1936/ Polen
    Pol.11 Nr.3, Bd.2, Pag. E 466 866–868.

Unmittelbar vor seiner Rückreise hatte Göring mit Beck eine mehr als zweistündige Unterredung, bei der Göring erneut der Besorgnis Ausdruck gab, daß nach dem Tode des Marschalls der Kurs der polnischen Außenpolitik wieder stärker in Richtung Paris zurückpendeln könnte. Obwohl Beck betonte, „daß die Kontinuität der polnischen Außenpolitik auch weiterhin gewahrt bliebe, und daß insbesondere auch hinsichtlich der deutsch-polnischen Beziehungen keine Änderungen eintreten würden", gewann Göring aus seiner Unterredung die Überzeugung, „daß auch bei einer Vertiefung der deutsch-polnischen Beziehungen das Bündnis mit Frankreich stets als eine Art Rückendeckung beibehalten werden wird". Er fuhr mit der Einsicht nach Hause, daß die polnisch-französischen Bande noch immer stark waren. Die Ziele der Polen-Politik, die Hitler in seinen Januar-Instruktionen für Göring formuliert hatte, mußten somit auf erhebliche Schwierigkeiten stoßen. Nicht nur, daß Polens Westeuropa-Bindung unterschätzt worden war, in Berlin hatte man auch die Bedeutung der antisowjetischen Komponente der polnischen Außenpolitik überbewertet. Göring gelangte deshalb zu der Überzeugung, daß eine weitere deutsch-polnische Annäherung von Bestand nur über eine Beilegung der Danziger Streitfragen zu erreichen war[53].

Görings mehr als zweistündige Besprechung mit dem französischen Außenminister Laval war das auffälligste Ereignis am Rande der Warschauer Beisetzungsfeierlichkeiten und fand in der polnischen Presse stärkste Beachtung[54]. In seiner direkten Art erörterte Göring ohne diplomatische Umschweife die damals für Berlin wichtigsten Punkte: „Abrüstung oder vielmehr deutsche Aufrüstung, zweiseitige Pakte anstatt der kollektiven Sicherheit, Vorbehalte gegenüber dem Völkerbund, ohne daß Deutschlands Wiedereintritt ausgeschlossen erschien, Luftpakt und vieles andere mehr"[55].

Obwohl sich Göring und Laval persönlich rasch näherkamen, wurde keine wesentliche Annäherung der Standpunkte erreicht. Laval gab zu verstehen, daß er die von Göring gewünschte deutsch-französische Verständigung nicht durch zweiseitige Verhandlungen, sondern nur auf multilateraler Grundlage für realisierbar hielt[56]. Trotz der starken Betonung der friedfertigen Absichten Deutschlands suchte Göring vergeblich, Laval für den Gedanken eines bilateralen deutsch-französischen Rapproachements zu erwärmen. Gegenüber Szembek bemerkte Laval bei seiner Abreise, daß man demnächst Deutschland Gelegenheit geben werde, seine Friedensliebe unter Beweis zu stellen.

Görings folgende Aktivitäten im Bereich der deutsch-polnischen Beziehungen zeigen, daß es ihm bei seinem Mai-Besuch in Polen nicht ausschließlich um „Popularitätshascherei" gegangen war[57]. Sicherlich hatte für ihn das Moment der Öffentlichkeitswirkung stets erhebliche Bedeutung, wie seine Reichstagsrede vom 21. Mai zum Gedenken Piłsudskis und sein Geleitwort zur deutschen Ausgabe von Piłsudskis „Erinnerungen" beweisen[58]. Aber auch Hitler, der sich von Göring persönlich über seinen Besuch in Polen berichten lassen und Moltkes Bericht über den Aufenthalt gelesen

[53] Wojciechowski, S. 200, entging die Berichterstattung Moltkes.
[54] Ebd., S. 197 f.
[55] Schmidt, Statist, S. 308.
[56] Köster an das AA vom 4. Juni 1935, in: ADAP, C, IV/1, Nr. 129, S. 245.
[57] Letzteres behauptet Breyer, S. 135.
[58] Wojciechowski, S. 199; Piłsudski, Erinnerungen („Mit einem Geleitwort von Ministerpräsident General Hermann Göring"), Bd. I, S. V f.

hatte[59], setzte das öffentliche Werben um Polen fort[60]. Bereits am 22. Mai empfing er Lipski, dem er lang und breit seine bekannten Argumente für eine engere deutsch-polnische Zusammenarbeit mit Spitze gegen Rußland wiederholte[61].

In der Tagespolitik ging die Initiative gegenüber Polen jetzt aber an Göring über. Hitlers Auftrag und sein jüngster Polen-Besuch verhalfen ihm zum Durchbruch. Aus eigener Anschauung hatte er erfahren, daß Danzig und die Korridorfrage Dreh- und Angelpunkt im deutsch-polnischen Verhältnis waren. Hier galt es den Hebel anzusetzen, wenn man überhaupt weiterkommen wollte. In diesem Zusammenhang wird verständlich, daß man im Auswärtigen Amt Göring recht bereitwillig das Feld räumte, da man auf die alles beherrschenden Danziger parteipolitischen Flügelkämpfe jeglichen Einfluß verloren hatte. Der Konflikt zwischen den Rivalen Forster und Greiser sowie zwischen den Parteileuten und den konservativen Beamten der Ministerialbürokratien schien nur durch eine übergeordnete, bislang unbeteiligte Instanz zu lösen zu sein.

Verhandlungen über die Danzig-Frage 1935–1937

Bereits am 20. Mai 1935, unmittelbar nach seiner Rückkehr aus Polen, fand unter Görings Vorsitz im Preußischen Staatsministerium eine sogenannte „Chefbesprechung" über Danzig statt. Anwesend waren neben Göring Außenminister Neurath, Finanzminister Schwerin von Krosigk, Innenminister Frick, Reichsbankpräsident Schacht, Staatssekretär Backe und aus Danzig Gauleiter Forster und Senatspräsident Greiser. Gegenstand der Diskussion war vor allem die Währungsfrage. Man kam zu dem Schluß, daß das Danziger Währungsniveau auf Dauer nicht zu halten und eine Unifizierung mit der polnischen Währung nicht zu umgehen sei. Über diese kurzfristige Maßnahme hinaus wurde auch die mittelfristige Planung für Danzig festgelegt: „Es wurde klar ausgesprochen, daß Deutschland die Danziger Frage z.Z. nicht lösen kann und daß die deutsche Hilfe ihre Grenzen dort findet, wo das deutsche Lebensinteresse berührt wird. Dieses erfordert z.Z. in erster Linie die Wiederherstellung der Großmachtstellung Deutschlands, die die Vollendung der Aufrüstung zur Voraussetzung hat. An der Durchführung dieser Aufgabe kann sich Deutschland durch die Stützungsansprüche Danzigs nicht behindern lassen."[62]

Diese wegweisende Feststellung kann als das Fazit aus Görings Polen-Besuchen von Anfang 1935 angesehen werden. Besonders bei seinen jüngsten Besprechungen mit Beck war ihm die polnische Strategie klar geworden. Polen beabsichtigte, sowohl an dem Bündnis mit Frankreich als auch an der Annäherung an Deutschland festzuhalten, um sich auf beiden Seiten Unterstützung zu sichern und sich nicht in die Abhängigkeit eines Staates zu begeben. Deutschland konnte wertvolle Hilfe gegen Frankreichs Ostpaktprojekt leisten. Schon weil Frankreich weiterhin im Völkerbund-Forum ein willkommener Beistand Polens gegen Danziger Ansprüche war, mußte eine deut-

---

[59] Hitlers Äußerungen zu Lipski am 22. Mai 1935 nach Lipski an Beck vom 23. Mai 1935, in: Lipski, Dok. 44, S. 203; Eingangsvermerke auf Moltkes Originalbericht an das AA vom 28. Mai 1935, PAB, Abt. IV/ Polen Politik 2, Bd. 47, Bl. 87.

[60] Wojciechowski, S. 201 f.

[61] Lipskis Bericht an Beck vom 23. Mai 1935, in: Lipski, Dok. 44, S. 202–206; vgl. auch Wojciechowski, S. 201 f.

[62] Protokoll der Sitzung vom 20. Mai in der Anlage zu Görings Schreiben an Neurath vom 21. Mai 1935, in: ADAP, C, IV/1, Nr. 97, S. 177–182.

sche Politik der Verständigung mit Polen, die solange notwendig erschien, solange die deutsche Aufrüstung nicht abgeschlossen war und die Gefahr der Isolierung Deutschlands weiterbestand, in der Danziger Frage behutsam vorgehen. Dabei braucht man nicht daran zu zweifeln, daß Göring aufrichtig einen deutsch-polnischen Ausgleich anstrebte, der in einen antirussischen Block münden sollte[63]. Dies sollte jedoch ohne politische oder territoriale Zugeständnisse, die der Wiederherstellung der Großmachtstellung Deutschlands entgegenliefen, verwirklicht werden. Nach dem „Anschluß" Österreichs und der Besetzung der Tschechoslowakei stand die Lösung der Danziger Frage Göring klar vor Augen. Aus einer Position der Stärke heraus könnten dann an Polen Forderungen gestellt werden.

1935 aber befand sich Deutschland noch in der außenpolitischen Umklammerung. Gerade hatte Göring erst die Luftwaffe enttarnt und den ersten Schritt zu einer offenen und demonstrativen Aufrüstung getan. Es war deshalb das Gebot der Stunde, die Politik der Freundschaftswerbung fortzusetzen. Ohne zu zögern war Göring bereit, außenpolitisch auch neue Wege zu gehen, die die bisherigen Linien der deutschen Politik verließen. In der Südost- wie in der Polenpolitik machte er sich zum Vorreiter eines neuen Kurses, noch ehe man in der offiziellen deutschen Außenpolitik begriffen hatte, was vor sich ging. Gegenüber Polen setzte er sich sogar über die traditionellen Vorbehalte der Reichswehr hinweg.

Für die zukünftigen Verhandlungen über Danzig und den Transitverkehr gab Göring die Losung aus, „elastisch und im übrigen dilatorisch" vorzugehen[64]. So wurde zur Vorbereitung der Währungsangleichung erst durch einen Beauftragten umständlich die Finanzsituation Danzigs geprüft, ohne daß man konkrete Schritte einleitete[65]. Während Göring sich auf einer Balkanreise befand, versuchte Neurath gemeinsam mit Greiser die Lösung der Danziger Probleme selbst in die Hand zu nehmen und bei Hitler eine Entscheidung herbeizuführen[66]. Hitler lehnte jedoch eine Stellungnahme mit dem Hinweis ab, „daß er bei einer so schwerwiegenden Frage zunächst noch vorher den Ministerpräsidenten Göring und den Reichswirtschaftsminister Schacht sprechen müßte"[67]. Außerdem ordnete er nach der Rückkehr Görings für den 8. Juni 1935 in München eine Besprechung unter seinem Vorsitz an, an der Göring, Neurath, Blomberg und Schacht teilnahmen. Später wurden auch Forster und Greiser hinzugezogen. Ein Zusammenstoß zwischen Greiser und Göring während dieser Besprechung verdeutlichte, daß Görings Politik gegenüber Polen keineswegs uneingeschränkt von der Danziger Parteiführung akzeptiert wurde. Hitler beließ es bei einigen vagen Zusagen grundsätzlicher Natur, ohne eine Entscheidung in der Währungsfrage herbeizuführen.

Um seinen Weisungen den nötigen Nachdruck zu verleihen, berief sich Göring in der Folgezeit verstärkt auf seinen Sonderauftrag, den er nun auch ausdrücklich auf die

---

[63] Aussagen Görings von 1945 zu seiner Polen-Politik, IfZ, MA-1300/1, Nr. 548 ff.
[64] Protokoll der „Chefbesprechung" vom 20. Mai 1935, in: ADAP, C, IV/1, Nr. 97, S. 182.
[65] Zur weiteren Entwicklung vgl. die Aufzeichnung von Meyer (AA) vom 24. Mai 1935, PAB, Direktoren/ Handakten Meyer, Danzig I, Pag. E 614 482 und die sich daran anschließenden Aufzeichnungen und Vermerke. Im AA drängte man auf eine schnelle Lösung der Danziger Währungsfragen, während man im Preußischen Staatsministerium die Angelegenheit bewußt hinhaltend behandelte.
[66] Neuraths Schreiben an Hitler vom 4. Juni 1935, in: ADAP, C, IV/1, Nr. 130, S. 246 f.
[67] Vermerk von Greiser vom 11. Juni 1935 über die Besprechung bei Hitler am 6. und 8. Juni 1935, ebd., Nr. 150, S. 294–300.

Danziger Frage ausweitete. Göring setzte sich beim Auswärtigen Amt und den Danziger Parteileuten für eine Fortsetzung des Dialogs mit Polen ein, um nicht wegen der Danziger Probleme die deutsch-polnische Annäherung zu gefährden. Görings Staatssekretär Körner trug im Auswärtigen Amt vor, Göring, „der vom Führer mit der Betreuung von Danzig beauftragt sei, lege entscheidenden Wert darauf, daß die Verhandlungen in Danzig sich nicht zuspitzten und die angesponnenen Fäden nicht zerrissen würden"[68]. Auch gegenüber Lipski wußte Göring sich als Garanten einer verständigungsbereiten Politik darzustellen: Er selbst übe die Kontrolle über die auseinanderstrebenden Fraktionen in der deutschen Danzig-Politik in Übereinstimmung mit Hitler aus. Göring versicherte, „daß nichts durch die deutsche Regierung getan würde, um Schwierigkeiten in den deutsch-polnischen Beziehungen zu schaffen"[69]. Als der polnisch-Danziger Währungskonflikt vom Sommer 1935 ausbrach, der von polnischer Seite auf eine Intrige des Auswärtigen Amtes zurückgeführt wurde[70], konnte Göring seine Funktion als allseits anerkannte Vermittlungs- und Lenkungsinstanz in den deutsch-polnischen Beziehungen definitiv festigen.

In der zweiten Hälfte des Jahres 1935 häuften sich Görings Chefbesprechungen über Danzig. Beck hatte bei seinem Besuch in Berlin Anfang Juli eindringlich auf das Danzig- und Transitproblem hingewiesen[71]. Anfang August spitzte sich die Lage um Danzig weiter zu. Göring war veranlaßt, sich intensiver in die Gespräche einzuschalten. In der ersten Augusthälfte führte er mehrmals täglich Verhandlungen mit den beteiligten Stellen und befahl den Danziger Nationalsozialisten eine gemäßigtere Haltung, um die momentanen Spannungen nicht auf die Spitze zu treiben[72].

Die vielfältigen Verhandlungsstränge und sich widersprechenden Anweisungen zur Beilegung der deutsch-polnischen Spannungen im August 1935 zeugen von der Komplexität der außenpolitischen Entscheidungsfindung im Konzeptionenpluralismus des „Dritten Reiches". In Konfliktsituationen, in denen Eile und eine stringente Entscheidung geboten war, hielt sich Hitler heraus und segnete gelungene Schachzüge erst im nachhinein ab. Hitler entwickelte in dieser brenzligen Situation keinerlei Eigeninitiative, sondern überließ es Göring, eine Bereinigung der Situation herbeizuführen.

Görings Intervention führte indessen nicht zu konkreten sachlichen Entscheidungen in Fragen der Währungs- und Schuldenpolitik gegenüber Polen[73]. Das eigentliche Ergebnis bestand vielmehr darin, daß es Göring endgültig gelang, seine alleinige Zuständigkeit für Danzig und die deutsch-polnischen Beziehungen durchzusetzen. Ende August fügte sich auch Greiser der Anordnung Görings, daß er „sich *ausschließlich* an die von ihm gegebenen Weisungen zu halten habe". Weisungen des Auswärtigen Am-

---

[68] Aufzeichnung von Meyer (AA) vom 19.Juni 1935, ebd., Nr.158, S.324.
[69] Schreiben Lipskis an Beck (Warschau) vom 17.Juni 1935, in: Lipski, Dok.47, S.215.
[70] Szembeks Tagebucheintrag vom 7.Aug.1935 über ein Gespräch mit Lubienski, in: Szembek, S.109f.
[71] Aufzeichnung Bülows über das Gespräch Neurath-Beck vom 4. Juni 1935, in: ADAP, C, IV/1, Nr.192, S.402.
[72] Es würde den Rahmen der vorliegenden Arbeit sprengen, im einzelnen auf die zahlreichen Gespräche Görings mit Hitler, Lipski, Schacht, Bülow, Meyer, Greiser, Forster und Helferich einzugehen. Der Verf. beabsichtigt, in einer gesonderten Abhandlung darauf zurückzukommen.
[73] Görings Intervention bewirkte eine Rücknahme der beiderseitigen Verordnungen und eine Wiederherstellung des Zustandes, der vor dem polnischen Verzollungsverbot bestand. Die eigentlichen Probleme blieben ungelöst. Vgl. Bülows Aufzeichnung vom 6.Aug.1935 über Görings Befehlsausgabe an Schacht und Bülow, BAK, ZSg.133/23, Pag. H 000 768f.

tes durfte er „nur nach eingeholter Genehmigung des Ministerpräsidenten Göring ausführen ... Bei etwaigen Divergenzen müsse er sich jedoch an die Weisungen des Ministerpräsidenten Göring halten."[74]

Die Verhandlungen von Ende 1935 zeigen aber auch, daß Göring eine Entscheidung über die Begleichung der Korridorschulden und über die politischen Zuständigkeiten in den Danziger Währungsfragen gar nicht ernsthaft anstrebte. Trotz Neuraths Drängen verschob Göring mehrfach die angekündigte Chefbesprechung über Danziger Grundsatzfragen, die schließlich am 16. Oktober unter seinem Vorsitz stattfand[75]. Die getroffenen Entscheidungen beschränkten sich jedoch ausschließlich auf Danziger Stützungsmaßnahmen und auf die Begleichung der Danziger Schulden im Reich[76]. Ein Ausräumen der Streitpunkte mit Polen stand nicht auf der Tagesordnung und wurde weiterhin dilatorisch behandelt. An Danzig sollte mit möglichst geringem Aufwand und wenig Zugeständnissen festgehalten werden, bis eine veränderte politische Großwetterlage und eine entsprechende Machtposition eine „Bereinigung" im deutschen Sinne zuließen. Unter diesen Voraussetzungen waren die Zusicherungen Neuraths und Bülows gegenüber Beck bei dessen Berlin-Besuch im Juli, man werde Polen zur Zahlung der Außenstände im Transitverkehr verhelfen, gegenstandslos geworden[77]. Lipski wurde Anfang November bei Göring und Neurath vorstellig, um gegen die Verzögerung der Transitzahlungen zu protestieren. Göring ging auch bei dieser Unterredung konkreten Abmachungen aus dem Wege und offerierte dem verblüfften Lipski den Vorschlag, „diese Angelegenheit auf dem Kompensationswege gegen Lieferung deutscher U-Boote zu bereinigen"[78].

Gegen Ende des Jahres 1935 hatte Göring seine Vermittlerfunktion in den deutsch-polnischen Beziehungen, den Verhandlungen um Danzig und die Transitstrecke und auch in der Danziger Parteipolitik ausgebaut. Anfang März 1936 wurde er weiterhin von Hitler offiziell mit der „Regelung der Korridorfrage" beauftragt. Auf polnischer Seite war man Görings Rolle als Sonderbeauftragter weithin entgegengekommen. Während demokratisch regierte Staaten wie Großbritannien und Frankreich sich weigerten, die diplomatischen Offerten nationalsozialistischer Neben-Botschafter sonderlich zur Kenntnis zu nehmen, neigten autoritär regierte Staaten wie Polen dazu, inoffizielle Kontakte, die nicht über das Auswärtige Amt liefen, zu bevorzugen. Lipski erhielt im Juni 1935 von seiner Zentrale die Anweisung, auf keinen Fall mit dem Auswärtigen Amt, sondern nur mit Göring über Danzig zu verhandeln[79]. Dies schien nicht nur die effektivere Art, Politik zu betreiben, da man in Göring den engsten Ver-

---

[74] Schreiben von Radowitz (Danzig) an Bülow (AA) vom 22. Aug. 1935, PAB, Büro St.S./ Pol. B Politischer Schriftwechsel St.S. mit Beamten des auswärtigen Dienstes, Bd. 9, Bl. 137 f. (Hervorhebung im Original).

[75] Aufzeichnung von Roediger (AA) vom 15. Okt. 1935 und in der Anlage dazu den „Vermerk über die Entwicklung der Dinge in Danzig". Der Themenkatalog des Vermerks verdeutlicht, daß das Auswärtige Amt eine umfangreichere Lösung der strittigen Fragen anstrebte. PAB, Geheimakten 1920–1936/ Polen/Danzig Pol. 2, Bd. 1, Pag. E 469 054–60.

[76] Schreiben Görings an Neurath vom 24. Okt. 1935. In der Anlage dazu das ausführliche Protokoll der Besprechung vom 16. Oktober, PAB, Geheimakten 1920–1936/ Polen/Danzig Finanzwesen 3, Bd. 5, Pag. E 468 551–556.

[77] Wojciechowski, S. 220.

[78] Schreiben Moltkes an das AA vom 28. Dez. 1935, PAB, Deutsche Botschaft Warschau/ Paket 140/V III 3a Eisenbahnzahlungen an Polen aus dem Durchgangsverkehr durch den Korridor, Bd. 1. Diese Offerte war ein reines Ablenkungsmanöver Görings, da Polen soeben an Holland einen Auftrag zur Lieferung von U-Booten vergeben hatte.

[79] Szembeks Tagebucheintrag vom 26. Juni 1935, in: Szembek, S. 101.

trauten Hitlers erblickte und Göring diese Einschätzung dadurch geschickt unterstützte, daß er bei jeder Gelegenheit betonte, er befände sich mit Hitlers Polen-Politik in voller Übereinstimmung. Man war in Polen auch der Meinung, das Auswärtige Amt und auch Wirtschaftsminister Schacht unterminierten Hitlers Verständigungspolitik mit Polen.

Im Auswärtigen Amt stand man dieser Entwicklung hilflos gegenüber. Als Göring sich Ende 1935 bei den Danziger Nationalsozialisten durchgesetzt hatte und von diesen als Kontroll- und Schaltstelle der Kontakte nach Polen anerkannt wurde, appellierte das Auswärtige Amt erfolglos an alle Danziger Stellen, den „Weg Göring–Lipski" zu meiden, der „mit aller Schärfe als politisch völlig untragbar" bezeichnet wurde[80]. Mit dem Mittel der Reisediplomatie war es Göring 1935 gelungen, zum beherrschenden Faktor in der deutschen Polen-Politik zu werden. Dem Auswärtigen Amt gelang es in der Folgezeit nicht mehr, Göring zu verdrängen.

Göring nutzte weiterhin regelmäßig die Reisediplomatie, um seine Kontakte mit der polnischen Führung zu stabilisieren und politische Fragen zu erörtern. Im Februar 1936 weilte er erneut zur traditionellen Frühjahrsjagd in Polen, bei der er mit polnischen Spitzenpolitikern zusammentraf[81]. Auch Beck ließ es zur Gewohnheit werden, bei seinen häufigen Reisen nach Genf in Berlin bei Göring Zwischenstation zu machen, wovon das Auswärtige Amt in der Regel erst im nachhinein erfuhr[82]. Außerdem weilte Szembek einige Male zu Besuch bei Göring.[83] Das zentrale Anliegen in seinen Unterredungen mit den Polen blieb für Göring weiterhin die Frage der gemeinsamen Rußland-Politik. Er wiederholte immer wieder sein Angebot, gemeinsam gegen die Sowjetunion zu marschieren, und bezeichnete diesen Krieg als unvermeidlich. Da die Polen sich weigerten, sich enger an die deutsche Politik zu binden, versuchte Göring bei seinem Jagdaufenthalt im Februar 1937[84] wenigstens Polens Beitritt zum Antikominternpakt zu erreichen, was jedoch gleichfalls mißlang[85]. An der dilatorischen Verhandlungsführung über die offenen Fragen im deutsch-polnischen Verhältnis hielt Göring auch in der Folgezeit im Bewußtsein der zunehmenden Stärke Deutschlands fest.

Die polnische Zurückhaltung gegenüber den deutschen Angeboten einer gemeinsamen Front gegen die Sowjetunion bewirkte bei Göring im Jahre 1937 einen Rückzug aus dem deutsch-polnischen Kleinkrieg um den Danziger Devisenausgleich und die Transitschulden. Seine emsige Vermittlungstätigkeit, besonders nachdem er bei Hitler im März 1936 die Beauftragung „zur Regelung der Korridorfrage" erwirkt hatte, ebbte im darauffolgenden Jahr deutlich ab. Seine Kontakte zu Polen blieben zwar bestehen, da Lipski auch weiterhin Göring als Ansprechpartner bevorzugte, Görings

---

[80] Aufzeichnung von Schwager (AA) vom 16. Nov. 1935, PAB, Geheimakten 1920–1936/ Polen/Danzig Politik 25 Kredite, Bd. 3, Pag. E 636 523 f.

[81] Moltkes Bericht an Bülow vom 26. Feb. 1936 über Görings Aufenthalt in Polen, in: ADAP, C, IV/2, Nr. 591, S. 1175 ff.

[82] Die Ratlosigkeit des AA gegenüber Becks privaten Visiten bei Göring verdeutlicht die Aufzeichnung von Lieres (AA) vom 15. Mai 1936 und der handschriftliche Vermerk, PAB, Abt. IV/ Polen Politik 2, Bd. 49, Bl. 427.

[83] Wojciechowski, S. 310 f., 312.

[84] Schreiben von Moltke an Weizsäcker vom 23. Feb. 1937, in: ADAP, C, VI/1, Nr. 227, S. 499 ff.

[85] Wojciechowski, S. 329 f. Göring betonte gegenüber Smigly-Rydz, daß Deutschland nicht den Korridor von Polen fordere; dafür solle Polen jedoch Deutschland gegen die Sowjetunion unterstützen.

verminderte Beschäftigung mit der deutsch-polnischen Tagespolitik führte jedoch zu einer Aufwertung der Position Forsters, der seit Ende 1936 eine zunehmend antipolnische Linie vertrat. Deutliches Anzeichen, daß Görings Verständigungspolitik mit Polen nicht länger mit Hitlers Absichten übereinstimmte, war die Kontroverse um die Judenpogrome in Danzig im Oktober 1937, bei der Hitler Forster gegen Görings Proteste unterstützte[86]. 1938 war die Spaltung im deutschen Lager wieder offen vollzogen. Forster und die radikalen Danziger Nationalsozialisten rebellierten gegen Görings und Gauleiter Kochs gemäßigte Linie[87].

Daß Göring nicht einen erneuten Versuch machte, sich als richtungsweisende Kontrollinstanz durchzusetzen, hat verschiedene Gründe. Sicherlich kann man davon ausgehen, daß er angesichts der permanenten polnischen politischen Zurückhaltung das Interesse an einem deutsch-polnischen Ausgleich verlor. Hitler lag an diesem Ausgleich gegen Ende der dreißiger Jahre immer weniger, was auch Göring kaum verborgen blieb. Gleichzeitig mit seiner Verstrickung in die Wirtschaftspolitik des „Dritten Reiches" gewannen bei Göring zunehmend wirtschaftspolitische Gesichtspunkte in der Außenpolitik an Bedeutung. Nicht nur, daß der verstärkte Ausbau des deutsch-sowjetischen Handels Görings Angebot einer deutsch-polnischen Offensive gegen Rußland unglaubwürdig machte, sondern auch aus wirtschaftspolitischer Perspektive verlor Polen für Göring an Interesse. Gerade im Bereich der Handels- und Devisenbeziehungen bestanden gewaltige Probleme und Konfliktpunkte, die von der deutschen Wirtschaftsführung nur unter großen Opfern auf Kosten der Aufrüstung zu lösen gewesen wären.

Gleichzeitig zogen vor allem die südosteuropäischen Länder Görings erhöhte Aufmerksamkeit auf sich, da er hier bessere Möglichkeiten zur Lösung der deutschen Wirtschaftsprobleme sah. Polen war an der wirtschaftlichen Durchdringung des Südostens nicht primär beteiligt, so daß sich von daher weder Veranlassung zu einem politischen Übereinkommen noch zu einer wirtschaftspolitischen Konfrontation ergaben. Die Beziehungen zwischen Deutschland und Polen verschlechterten sich jedoch drastisch, als Deutschland 1938 mit seinen aggressiven Revisionsansprüchen ernst machte, die auch von Göring vorangetrieben wurden.

[86]   Denne, S. 123 f.; Burckhardt, S. 110.
[87]   Denne, S. 148 f., weist nach, daß Forster und seine Anhänger die „sofortige Rückkehr Danzigs und des Memellandes in den Reichsverband" forderten, während Göring und Koch „eine Übereinkunft mit Polen auf breiter Basis (anstrebten), deren Ziel es sein sollte, auch Posen und Thorn wieder in das Reich einzugliedern gegen entsprechende Gebietskompensationen für Polen in der Ukraine" (ebd., S. 149). Es muß allerdings bezweifelt werden, ob Hitler tatsächlich dieser Göringschen Lösung zu diesem Zeitpunkt zuneigte, wie Denne vermutet.

IV. Außenpolitik und Rüstungswirtschaft 1934–1936

1. Einstieg in die Wirtschaftspolitik

Eine umfassende Darstellung der Wirtschaftspolitik Görings ist bislang noch ein Forschungsdesiderat. Zum Teil ist dies darin begründet, daß ein Großteil der Forschung der Auffassung Hjalmar Schachts, Görings Vorgänger und Rivalen in der wirtschaftspolitischen Leitung des „Dritten Reiches", folgte, wonach Göring von den Grundproblemen des deutschen Wirtschaftslebens nichts verstanden[1] und er hier lediglich Handlangerdienste zur Verwirklichung von Hitlers Aufrüstungs- und Autarkiepolitik geleistet habe[2]. Daran ist so viel richtig, daß Göring sich, wie übereinstimmend von seinen engen Mitarbeitern bezeugt, wenig für theoretische Wirtschaftsfragen und Zusammenhänge interessierte. Für ihn zählten nur die praktischen Ergebnisse. Der unmittelbare Effekt und Nutzen war Maxime seiner Wirtschaftspolitik[3]. Auch wenn Göring nicht mit fundierten außen- und volkswirtschaftlichen Kenntnissen ausgestattet war, drang er doch zielstrebig bereits vor 1935 in wirtschaftspolitische Entscheidungsbereiche ein. Wirtschaftspolitik interessierte ihn freilich weniger vom volkswirtschaftlichen als vom machtpolitischen Standpunkt.

Göring und die Wirtschaftsführung 1932/33

Zum Göring-Kreis vor 1933 zählten nicht nur zahlreiche Führer der deutschen Schwerindustrie, sondern auch der IG-Farben, mit denen Göring besonders intensiven Umgang pflegte[4]. Göring war einer der wichtigsten Kontaktmänner Hitlers zur deutschen Wirtschaftsführung und zeichnete für zahlreiche finanzielle Zuwendungen aus diesem Kreis verantwortlich[5]. Göring war es auch, der Schacht für die NSDAP gewann, noch bevor dieser die Bekanntschaft Hitlers machte[6]. Seine ausgesprochen guten Kontakte zu den deutschen Wirtschaftsführern zeigen, daß Göring von der deutschen Industrie nicht mit dem sozialistischen Flügel der NSDAP und dessen Wirtschaftsprogramm in Verbindung gebracht wurde. Er wurde eher als Vertreter der

---

[1] Vernehmung von Hjalmar Schacht am 20. Juli 1945, IfZ, NI-406, S. 3.
[2] So Volkmann, NS-Wirtschaft, S. 197.
[3] Christian Frhr. von Hammerstein, Mein Leben, IfZ, ED-84, S. 168; Kehrl, S. 68, 70 f.
[4] Gisevius, Bd. I, S. 56; Thyssen, S. 100; Schulz, S. 43, 53, 402; Hildebrand, S. 138.
[5] Broszat, Staat, S. 78; Udo Wengst, Der Reichsverband der Deutschen Industrie in den ersten Monaten des Dritten Reiches. Ein Beitrag zum Verhältnis von Großindustrie und Nationalsozialismus, in: VfZG 28 (1980), S. 94–110, hier: S. 100 f.
[6] Pentzlin, S. 155 f.; Zumpe, S. 36.

großindustriellen Interessen akzeptiert, zumal er selbst zuvor in der Flugzeugindustrie tätig gewesen war[7].

Seit Anfang der dreißiger Jahre war Göring bei allen wichtigen Treffen Hitlers mit Industriellen anwesend. Hitler hielt Göring in der Wirtschaftspolitik für wesentlich kompetenter als sich selbst, da Göring „sich mehr damit beschäftigt habe als er"[8]. Bei der Regierungsbildung verwies Hitler seinen Finanzminister Schwerin von Krosigk an Göring, mit dem er die Einzelheiten der zukünftigen Finanzpolitik erörtern solle. Schwerin von Krosigk fand Göring in diesen Dingen „gut informiert" und stellte fest, daß Göring bereits „die Finanzpolitik eingehend mit Schacht besprochen" hatte. Göring äußerte dabei in Übereinstimmung mit Schacht und Schwerin von Krosigk die Auffasssung, „er sei unbedingt dafür", daß man „für Ordnung in den Finanzen sorgte und einen ausgeglichenen Etat aufstellte"[9].

Bereits am 13. Februar 1933 lud Göring Vertreter der deutschen Industrie zu sich[10], um den Boden für ein Treffen Hitlers als Reichskanzler mit den Führern der deutschen Wirtschaft vorzubereiten. Drei Tage später verschickte Göring Einladungen an „eine große Zahl von Industriellen"[11] und Wirtschaftspolitikern zu einer Besprechung in seinem Reichstagspräsidentenhaus, „in welcher der Herr Reichskanzler Ausführungen über seine Politik machen wird"[12]. Die Bedeutung dieses geheimgehaltenen Treffens von etwa 25 führenden Industriellen mit Hitler, Göring, Walther Funk und Schacht für die zukünftige Zusammenarbeit der Industrie mit der nationalsozialistischen Regierung ist von der Forschung bereits hinreichend gewürdigt worden[13]. Im Anschluß an Hitlers Ausführungen hielt Göring eine Rede, in der er unter anderem die Industrievertreter zu einer Wahlkampfspende für die bevorstehende Wahl am 5. März aufforderte, da diese Wahl „die letzte sicherlich innerhalb zehn Jahren, voraussichtlich aber in hundert Jahren sei"[14].

Wie schon vor 1933 kam Göring auch in der Anfangsphase des „Dritten Reiches" eine wichtige Rolle bei der Kontaktaufnahme mit den deutschen Wirtschaftsführern zu. Er nutzte die zu Beginn des Jahres 1933 gespaltene Industriefront, um die Vorbehalte der Industrie gegenüber der NS-Finanz- und Währungspolitik auszuräumen. Dies gelang ihm nicht nur durch monatliche Treffen mit den führenden Industriellen[15], sondern vor allem durch einen mäßigenden Einfluß auf die radikaleren Elemente in der nationalsozialistischen Wirtschaftspolitik. Dadurch, daß er sich in dieser Frühphase in mancherlei wirtschaftspolitischen Angelegenheiten zum Sprachrohr der

---

[7]   Bei sachkundigen Zeitgenossen galt Göring „von den führenden Männern des Nationalsozialismus" als derjenige, „dessen pro-kapitalistisches Credo am eindeutigsten ist". Alfred Meusel, Die Finanzpolitik des Nationalsozialismus. Krieg und Krise, in: E. J. Gumbel (Hrsg.), Freie Wissenschaft. Ein Sammelbuch aus der deutschen Emigration, o. O. 1938, S. 190–206, hier: S. 200.

[8]   Schwerin von Krosigk, Memoiren, S. 158.

[9]   Schwerin von Krosigk, Staats-Bankrott, S. 169.

[10]   Milchs Tagebucheintrag vom 13. Feb. 1933, BA-MA, Nachlaß Milch N 179/ Nr. 36, Tagebuch 1933.

[11]   Schacht, S. 380. Schacht datiert hier die Zusammenkunft fälschlich auf den 25. Februar 1933.

[12]   Schreiben Görings an Krupp Bohlen von Hallbach vom 16. Feb. 1933, IfZ, D-201. Vgl. Krupps Antworttelegramm an Göring vom 17. Feb. 1933, ebd.

[13]   Bracher, Stufen, S. 112–115; Schulz, S. 315 f.; Neebe, S. 177; Zumpe, S. 47 f.

[14]   Zit. nach Bracher, Stufen, S. 114.

[15]   Milchs Tagebucheinträge vom Frühjahr und Sommer 1933, BA-MA, Nachlaß Milch N 179/ Nr. 36, Tagebuch 1933.

Industriellen machte, wurde Göring in der Folgezeit eine wichtige Appellationsinstanz für Wirtschaftsführer[16].

Voraussetzung für Görings Vertrauensstellung in Industriekreisen war nicht nur seine prokapitalistische Einstellung, sondern auch seine Frontstellung gegen Übergriffe radikaler Partei- und SA-Mitglieder. Wie im Bereich der staatlichen Exekutive wandte sich Göring auch im wirtschaftlichen Bereich gegen unbefugte Eingriffe der Partei[17]. Görings Zusammenarbeit mit der Privatwirtschaft war klar erfolgsorientiert. Im Mai 1933 erklärte er, „das spätere Urteil über die Tätigkeit der neuen Preußischen Staatsregierung (wird) nicht davon abhängen, wieviel wirkliche oder vermeintliche Korruptionsfälle aufgedeckt werden, sondern lediglich davon, ob es gelungen sei, die deutsche Wirtschaft wieder in die Höhe zu führen"[18]. Solange in Preußen ein eigenes Wirtschaftsministerium bestand, betrieb Göring in seinem Machtbereich eine eigenständige Wirtschaftspolitik. Diese machte nicht von allen neuen wirtschaftspolitischen Gesetzgebungsmaßnahmen des Reiches Gebrauch, sondern erhob eine Beruhigung des innenpolitischen Wirtschaftsklimas zur Maxime[19], wobei Göring eine Stützung des gewerblichen Mittelstandes besonders am Herzen lag[20].

Bei Görings maßvoller Wirtschaftspolitik spielten auch außenpolitische Rücksichten eine beträchtliche Rolle. So unterstrich er mehrmals in öffentlichen Verlautbarungen die deutsche Bereitwilligkeit zu einer positiven Mitarbeit an der bevorstehenden Weltwirtschaftskonferenz, die Hitler bereits in seiner Regierungserklärung vom 23. März 1933 signalisiert hatte[21]. Bei ausländischen Diplomaten gab sich Göring alle Mühe, den Anschein eines guten Einvernehmens zwischen der neuen politischen Führung und der deutschen Industrie zu erwecken, und betonte bei jeder Gelegenheit die zahlreichen persönlichen Kontakte[22].

Nach dem Rücktritt Hugenbergs am 26. Juni 1933 betrieb Göring die Nominierung eines Reichswirtschaftsministers aus dem engeren Kreis der Führer der Privatwirtschaft und verhinderte die Übernahme dieses wichtigen Regierungsamtes durch einen Parteimann[23]. Dem entsprach die Besetzung des vakant gewordenen Wirtschaftsministeriums durch den parteilosen Versicherungsfachmann und langjährigen Generaldirektor der Allianz Versicherungs-AG, Kurt Schmitt, am 1. Juli 1933[24]. Schmitt versuchte, durch eine umfassende Umorganisation des Reichswirtschaftsministeriums

---

[16] Thyssen, S. 169 ff.

[17] Göring auf der Sitzung des Preußischen Staatsministeriums am 15. Mai 1933, GStA, Rep. 90/ Nr. 404 Berufung des Staatsministeriums zu Sitzungen, Bl. 328. Beispielsweise schützte Göring 1933/34 den Zigarettenkonzern Philipp Reemtsma vor SA-Übergriffen, was ihm nicht nur die Freundschaft, sondern auch finanzielle Zuwendungen Reemtsmas sicherte. Vgl. die eidesstattliche Erklärung von Paul Körner am 4. Okt. 1945, IfZ, NG-2918; Diels, S. 299.

[18] Göring auf der Sitzung des Preußischen Staatsministeriums am 15. Mai 1933, GStA, Rep. 90/ Nr. 404, Bl. 328.

[19] Broszat, Staat, S. 213; Zumpe, S. 49.

[20] Görings Ausführungen auf der Reichsministerbesprechung vom 21. Feb. 1933, BAK, R 43 I/ 1459, Bl. 477.

[21] Telegramm von Bülow (AA) an Luther (Washington) vom 21. April 1933, in: ADAP, C, I/1, Anmerk. auf S. 320.

[22] Dodd, S. 139.

[23] Meissner, S. 317 f.; Beck, Verdict, S. 40. Damit vereitelte Göring Wageners Ambitionen endgültig, worauf sich der tiefe Haß Wageners auf Göring gründet.

[24] Eine Darstellung zu Schmitts Wirtschaftspolitik zur Zeit der wichtigen Wende hin zur offenen Aufrüstungspolitik im „Dritten Reich" steht bislang noch aus. Gossweiler behauptet aufgrund einer allerdings zweifelhaften Quelle, Schmitt habe am 15. Juni 1933 100 000 RM auf das Konto Görings eingezahlt. Gossweiler, Monopolkapital, S. 162.

dem Chaos der wirtschaftspolitischen Zuständigkeiten Herr zu werden. Daß er damit letztlich ohne Erfolg blieb, lag nicht nur an seinem mangelnden Durchsetzungsvermögen, sondern hatte vor allem politische Gründe[25]. Davon abgesehen, wirkte Schmitts Nominierung ganz im Sinne von Göring auf das Ausland beruhigend. Von ihm erwartete man, daß er nichts „wirtschaftspolitisch Unvernünftiges" anordnen würde[26].

Seit dem Spätsommer 1933 sah sich Göring stärker als bisher veranlaßt, in wirtschaftspolitische Entscheidungsbereiche einzudringen. Vor allem der nun in Angriff genommene Aufbau der sogenannten „Risiko-Luftwaffe" nötigte ihn, sich stärker in wirtschafts- und arbeitsmarktpolitische Bereiche einzuschalten. Nach der Aussage eines engen Mitarbeiters von Göring waren die durch den Luftwaffen-Aufbau ausgelösten technischen und wirtschaftlichen Probleme der entscheidende Auslöser für Görings wirtschaftspolitisches Engagement[27]. Bereits zu diesem Zeitpunkt wurde Göring mit dem Gedanken der Erweiterung der heimischen Rohstoffbasis befaßt, der später zu einem der Kernpunkte des „Vierjahresplans" werden sollte[28].

Ende 1933 nahm die Zusammenarbeit zwischen Göring und dem IG-Farben-Konzern konkrete Formen an. Am 14. Dezember 1933 schlossen der Konzernvertreter Carl Krauch und das Reichsluftfahrtministerium den sogenannten „Benzinvertrag" ab, der den IG-Farben den Auf- und Ausbau von Hydrieranlagen übertrug. Göring erhielt damit als Oberbefehlshaber der Luftwaffe maßgeblichen Einfluß auf einem der wichtigsten wehrwirtschaftlichen Gebiete[29].

Görings erste wirtschaftspolitische Maßnahmen 1934

Es kann darauf verzichtet werden, im einzelnen die wirtschaftspolitischen Probleme und die angespannte Rohstofflage des „Dritten Reiches" um die Jahreswende 1933/34 zu schildern, da hierzu eine Fülle von Darstellungen vorliegt[30]. Ein Konglomerat von wirtschaftlichen Sofortmaßnahmen und die gehaltlose, rein propagandistisch intendierte Verkündigung zweier „Vierjahrespläne" durch Hitler kennzeichneten zunächst das praktische Unvermögen der nationalsozialistischen Führung, sich in der komplizierten wirtschaftspolitischen Realität zurechtzufinden[31]. Die Binnenkonjunktur verstärkte die Probleme der Außenhandelspolitik und führte zum System der Devisenrepartierung. In Reichswehrkreisen erachtete man bereits zu diesem Zeitpunkt eine „verstärkte Förderung der Auslandsgeschäfte der deutschen Rüstungsindustrie für notwendig"[32]. Binnenwirtschaftliche Probleme im Arbeits- und Preissektor gingen

[25] Facius, S. 164; Fischer, Wirtschaftspolitik, S. 65; Kroll, S. 468 ff.
[26] Schreiben von Newton (Berlin) an Vansittart (London) vom 23. Aug. 1933, in: DBFP, 2/5, Nr. (vi), Anlage, S. 902.
[27] Stellungnahme von Friedrich Gramsch aus dem Stab Görings („Die Organisation des Deutschen Vierjahresplanes", 33 S.), datiert vom 1. Aug. 1947, IfZ, NID-12616, S. 6.
[28] Petzina, Vierjahresplan, S. 24.
[29] Michael Salewski, Die bewaffnete Macht im Dritten Reich 1933–1939, in: Wehrmacht, Bd. 4, S. 149.
[30] Klein, S. 28 ff.; Fischer, Wirtschaftspolitik, S. 66 ff.; Doering, S. 157 ff.; Erbe, S. 9–24.
[31] Barkai, S. 7; Carr, S. 23 f.; Fischer, Wirtschaftspolitik, S. 63.
[32] Vortrag Wa.A. vom 23. April 1934, BA-MA, Wi I F 5/ 3260 Wirtschaftsfragen 1932–34.

einher mit einem trotz Bürokratisierung und Reglementierung außer Kontrolle geratenen Außenhandel[33].

Bereits seit Anfang 1934 hatte Göring in seiner Eigenschaft als Preußischer Ministerpräsident eine Reihe von Verordnungen erlassen, die die binnenwirtschaftlichen Strukturprobleme im Bereich der Arbeitsmarkt- und Preispolitik in den Griff zu bekommen suchten[34]. Der nach dem Scheitern der Abrüstungskonferenz ohne Hemmungen betriebene Aufbau der Luftwaffe, der durch einen neuen Bedarfsplan beschleunigt werden sollte, kam im Sommer 1934 jedoch vor allem durch Materialengpässe ins Stocken[35]. Dies öffnete Göring den Blick für die gesamtwirtschaftlichen Zusammenhänge von Binnenkonjunktur und Außenhandelskrise. In einem Schreiben an den Arbeitsminister, den Wirtschaftsminister und den Finanzminister machte er die „ungünstige Entwicklung des Aussenhandels" für die Konjunkturprobleme verantwortlich und forderte für die kommenden Monate „Ankurbelungsmaßnahmen der öffentlichen Hand"[36].

Zu einem eigenständigen aktiven Eingreifen in den Außenhandelssektor im Zusammenhang mit Rohstoffbeschaffungsmaßnahmen fehlte Göring jedoch vorläufig die Möglichkeit. Die bis zum Herbst 1934 stattfindenden „Chefbesprechungen" unter Hitler über Außenhandels- und Devisenverteilungsfragen fanden ohne Beteiligung Görings statt. Dieser glaubte statt dessen, auf Kosten der beiden anderen Wehrmachtteile dadurch zu seinem gewünschten Budget zu kommen, daß er die Sonderstellung der Luftwaffe im Rahmen der Gesamtrüstung betonte[37]. Göring hatte die materiellen Beschaffungsaufgaben für die Luftwaffe aus dem Rahmen des Heereswaffenamtes (HWaA) herausgenommen und ein eigenes Amt dafür eingerichtet, um „bei seinen Maßnahmen für den materiellen Aufbau der Luftwaffe und für die wirtschaftliche Mobilmachung seiner Betriebe betont eigene Wege (zu gehen), weil er den Weg des HWaA für zu bürokratisch hielt und sich von einer Führung durch das Reichskriegsministerium bzw. durch das HWaA freimachen wollte"[38].

Als Ergebnis von Görings Eigeninteressen auf rüstungswirtschaftlichem Gebiet begann sich bereits Mitte 1934 zwischen den einzelnen Bedarfsträgern ein Kampf um die Rohstoffe abzuzeichnen. Hervorgerufen durch die Rivalitäten und das Gegeneinander der drei Wehrmachtteile, erhob das Heereswaffenamt schon bald die Forderung nach „einer zielbewußten und zusammengefaßten Wirtschaftsführung, durch die diktatorisch die Arbeiten des Wirtschafts-, Ernährungs-, Arbeits-, Finanzministeriums, der Reichsbank, des Führers der Wirtschaft und aller Stellen der Arbeitsfront geleitet werden"[39]. Das Konzept des Heereswaffenamtes sah die Übernahme der Wirtschaftsführung durch einen von Hitler bestellten „Vertreter als Wirtschaftsbeauftragten des

[33] Doering, S. 65 ff., 89 ff.; Kroll, S. 494 f.
[34] Vgl. z. B. den sogenannten „Göring-Plan" zum Arbeitseinsatzgesetz. Deutschland-Berichte, Jg. 1934, S. 125, 218; Resolution des Zentralkomitees der KPD vom 1. Aug. 1934, abgedruckt bei Bahne, S. 735 ff.
[35] Homze, S. 79 ff., 87 ff.
[36] Aufschluß über das Göring-Schreiben gibt ein Vermerk von Willuhn (Reichskanzlei) vom 22. Sept. 1934 für St.S. Lammers zum Vortrag bei Hitler, BAK, R 43 II/ 1263, Bl. 232. Ins Auge gefaßt wurde hierbei gleichzeitig die „Herrichtung von Fabrikationsstätten für Ersatz(roh)stoffe", eine Maßnahme, die bereits im September 1933 in Görings RLM diskutiert wurde.
[37] Deist, S. 483.
[38] Thomas, S. 63.
[39] Denkschrift von Thomas (HWaA) vom 20. Juni 1934, zit. nach Doering, S. 83.

Führers" vor. Man spekulierte darauf, daß dieser „Wirtschaftsdiktator" von einer leitenden Persönlichkeit des Heereswaffenamtes gestellt würde.

Wie so oft bei personalpolitischen Fragen, an die sich machtpolitische Konsequenzen knüpften, wich Hitler einer klaren Entscheidung aus[40]. So griff man im Reichswirtschaftsministerium als kleine Lösung den Vorschlag zur Berufung eines „Rohstoffkommissars" auf, wozu der bis dahin völlig unbekannte Direktor der Wittkowitzer Berg- und Eisenhüttenwerke, Puppe, ernannt wurde[41]. Der „neue Rohstoffkommissar ohne Vollmachten", wie Rosenberg ihn nannte[42], war jedoch dem Gerangel um Devisen- und Rohstoffzuteilungen nicht gewachsen und verschwand schon bald von der Bildfläche. Die Ernennung des „Rohstoffkommissars" blieb ein episodisches Zwischenspiel. Es ist jedoch bemerkenswert, daß der Gedanke zur Errichtung einer zentralen Planungs- und Leitungsinstanz, wie sie später mit dem Vierjahresplan geschaffen wurde, bereits Anfang 1934 im Gespräch war. Dieser Plan fand sich nicht nur in der volkswirtschaftlichen Publizistik[43], sondern stand vor allem bei der Reichswehrführung und Rosenbergs „Außenpolitischem Amt" zur Diskussion, die beide mehrfach an Hitler ihre Forderungen herantrugen. Lediglich das Reichswirtschaftsministerium und insbesondere Schacht konnten sich begreiflicherweise mit diesem Vorschlag nicht anfreunden, da seine Verwirklichung die Kompetenzen der Ministerialbürokratie beschnitten hätte.

Von einer Beauftragung Görings war zu diesem Zeitpunkt keine Rede. Um so mehr muß es auf den ersten Blick überraschen, daß er bereits ein Jahr später als Schlichter in komplizierten devisenpolitischen Streitfragen auftrat. Carl Vincent Krogmann, der als Bürgermeister von Hamburg einer der engsten Vertrauten Görings wurde, berichtete, daß Göring zwar wenig wehrwirtschaftliche Vorkenntnisse besaß, aber „dennoch auf diesem Gebiet über einen gesunden Menschenverstand" verfügte, so daß man „viele interessante Gespräche" über wirtschaftspolitische Probleme mit ihm führen konnte[44].

Göring verließ sich in der Wirtschaftspolitik jedoch nicht nur auf seinen gesunden Menschenverstand. Schon frühzeitig begann er sich 1933/34 einen Beraterstab für wirtschaftspolitische Angelegenheiten zusammenzustellen. Ausgezeichnet durch sein Amt gehörte dazu vor allem der Preußische Finanzminister Johannes Popitz, der kein Nationalsozialist war und zu dem Göring bald ein Vertrauensverhältnis fand[45]. Bereits am 10. Oktober 1933 berief Göring den Montanindustriellen W. Tengelmann als „Beauftragten des Preußischen Ministerpräsidenten für Wirtschaftsfragen" in das Preußische Staatsministerium nach Berlin[46]. Zu Görings Wirtschaftsstab im Stabsamt des Preußischen Ministerpräsidenten zählte darüber hinaus der Jurist und Volkswirtschaftler Erich Neumann. Einen nicht unbeträchtlichen Beitrag zu Görings aktuellem Informationsstand in Wirtschaftsfragen leistete auch sein Halbbruder Herbert L. Göring,

[40] Daß Hitlers Entscheidung Kompromißcharakter hatte und weder den Forderungen Rosenbergs, Kepplers, Schachts oder der Reichswehrführung Rechnung trug, zeigen Krogmann, S. 215 f., und Kehrl, S. 57. Besonders deutlich kommt Hitlers schwankende Haltung in Rosenbergs Tagebuchaufzeichnungen zum Ausdruck: Rosenberg, Einträge vom 8., 11. u. 29. Juni, 11. Juli 1934, S. 37 ff.

[41] Doering, S. 74 f.; Petzina, Autarkiepolitik, S. 24 f.

[42] Rosenberg, Eintrag vom 11. Juli 1934, S. 50.

[43] Doering, S. 74.

[44] Krogmann, S. 186. Krogmann kannte Görings Wirtschaftskompetenz aus nächster Anschauung, da er Mitglied des „Gutachter-Ausschusses für Exportfragen" war, dem Göring präsidierte.

[45] Ebd., S. 187.

[46] Zumpe, S. 51.

der als Referent im Reichswirtschaftsministerium unter Hermann Görings Protektion einen raschen Aufstieg erlebte und regelmäßig mit diesem zu Arbeitsessen zusammentraf[47].

Görings wirtschaftspolitischer Apparat wurde abgerundet durch eine enge Zusammenarbeit mit der preußischen Archivverwaltung, die nicht nur Wirtschaftskommuniqués herausgab, sondern für Göring persönlich Zusammenstellungen von interessanten Dokumenten und Informationen zu bestimmten Sachfragen anfertigte. So findet sich beispielsweise aus der Zeit 1934/35 in den Unterlagen des Preußischen Ministerpräsidenten ein Dossier zum Thema „Staatliche Planwirtschaft", das nicht nur einen geschichtlichen Abriß umfaßt, sondern sich auch mit Ein- und Ausfuhrfragen beschäftigt und Manuskripte zum Thema „Private Wirtschaftsinitiative unter Lenkung des Staates" enthält[48].

Nachdem 1934 die Streitigkeiten zwischen den einzelnen Bedarfsträgern wegen der Rohstoff- und Devisenzuteilung offen ausgebrochen waren, versuchte sich Göring ein Mitsprecherecht bei wirtschaftspolitischen Entscheidungen durch sein Amt als Reichsforstmeister zu verschaffen. Wohl nicht zufällig fielen Görings Bemühungen um eine Aufwertung des Reichsforstamtes zur „Obersten Reichsbehörde" gerade in diese Zeit, als erste Materialengpässe bei der Luftwaffenversorgung auftraten. Ein Einverständnis des Reichswirtschaftsministeriums zur „Errichtung eines Reichsforstministeriums und eines Amtes des Reichsjägermeisters" konnte Göring erst erreichen, nachdem die ausdrückliche Zusicherung gegeben war, daß „die Zuständigkeiten des Reichswirtschaftsministeriums und des Reichsernährungsministeriums auf dem Gebiete der Holzwirtschaft ... nicht verändert werden"[49].

Neben der Befriedigung seiner Jagdleidenschaft diente das Amt Göring als Vehikel, um sich an den regelmäßigen Besprechungen der mit wirtschaftspolitischen Fragen beschäftigten Ressorts beteiligen zu können. Auch in der Folgezeit bemühte sich Göring um eine Aufwertung seines neuen Amtes, indem er öffentlich dessen volkswirtschaftliche Bedeutung betonte[50]. Er erreichte dabei unter anderem die Einrichtung einer „Forstwirtschaftlichen Rohstoffstelle", die auch im Reichsverteidigungsrat vertreten war[51]. Daß Göring das Reichsforstamt klar unter wirtschaftspolitischen Vorzeichen betrachtete und es für ihn auch ein Schlüssel zu wirtschaftspolitischen Entscheidungsbereichen sein sollte, zeigt sein Entwurf zur ressortmäßigen Beteiligung am Rat des „Generalbevollmächtigten für die Kriegswirtschaft", dessen Einrichtung für den Kriegsfall vorgesehen war[52].

Obwohl Göring gegen erhebliche Widerstände nun die offizielle Befassung mit wirtschaftspolitischen Fragen ex officio gelungen war, blieb der praktische Nutzen

---

[47] Kehrl, S. 165. Herbert Göring gehörte außerdem dem Reichsverteidigungsausschuß für Wirtschaftsfragen an.
[48] „Kleines archivalisches Kaleidoskop" des Chefs der Preußischen Archivverwaltung, zusammengestellt für Göring, GStA, Rep. 90 B/ Nr. 290.
[49] Vermerk von Wienstein vom 16. Juni 1934, BAK, R 43 II/ 143, Bl. 11.
[50] Görings Rede in der „Arbeitstagung des Preußischen Staatsrates" in Potsdam am 18. Juni 1934 („Nationalsozialistische Staatsgestaltung"), in: Göring, Reden, S. 104.
[51] Geschäftsverteilungsplan des Reichsforstamtes und Preußischen Landesforstamtes, gültig vom 1. Okt. 1936, der außerdem 1. eine Zentral- und Personalabt., 2. eine Verwaltungs- und Wirtschaftsabt., 3. eine Forst- und holzwirtschaftspolitische Abt. und 4. ein Reichsjagdamt umfaßte. BA-BA, Wi I F 5/ 600.
[52] Sitzungsbericht zur 12. Sitzung des Reichsverteidigungsausschusses vom 14. Mai 1936, IfZ, EC-407, S. 35.

doch zunächst sehr begrenzt. Wenngleich er sich zusammen mit seinem Staatssekretär im Reichsforstamt, von Keudell, in diesem Amt sehr engagierte, mußte er doch bald feststellen, daß es oft üblich wurde, „das Reichsforstamt zu Tagungen, zu denen die anderen Ministerien aufgefordert werden, nicht einzuladen"[53].

Zwei Wege der deutschen Wirtschaftspolitik 1934/35

Der sich schon Wochen voraus anbahnende Rücktritt des Reichswirtschaftsministers Schmitt im Sommer 1934 bot Göring eine neue Gelegenheit zu einem Vorstoß im wirtschaftspolitischen Entscheidungsbereich. Ein öffentlicher Schwächeanfall Schmitts Ende Juni nahmen dessen Gegner zum Anlaß, sich Schmitts schließlich ganz zu entledigen. Am 2. August wurde Schacht für sechs Monate mit der kommissarischen Führung des Reichswirtschaftsministeriums betraut. Aber praktisch herrschte „vom 30. Juni bis 2. August eine Art Interregnum", in dem offensichtlich „um die Person des neuen Reichswirtschaftsministers gerungen wurde"[54]. Man darf annehmen, daß Göring Schacht nicht favorisierte, sondern einen eigenen Kandidaten ins Spiel zu bringen versuchte. Übereinstimmend berichten Wilhelm Keppler und Krogmann, Göring habe, als der Rücktritt Schmitts bevorstand, Keppler „zu sich bestellt und ihn in einer mehrstündigen Unterredung gedrängt, er solle sich doch bereitfinden, das Reichswirtschaftsministerium zu übernehmen"[55]. Göring „habe Herrn Keppler sehr eindringlich ins Gewissen geredet, er müsse sich stärker Geltung verschaffen, er wäre nicht energisch genug"[56]. Dahinter stand offenbar Görings Bemühen, „durch die Besetzung des Ministerpostens mit einem Mann seines Vertrauens, von dem er wußte, daß er zwar ein guter Fachmann war, aber kein Durchsetzungsvermögen hatte, selbst Einfluß auf das Reichswirtschaftsministerium zu gewinnen"[57]. Görings Plan scheiterte nicht zuletzt daran, daß Keppler nicht bereit war, die Bürde des Amtes auf sich zu nehmen.

Hitlers Entscheidung zugunsten Schachts dürfte kaum allein damit zu begründen sein, daß er sich angesichts der ernsten innen- und außenpolitischen Krise des Reiches im Sommer 1934 wenig Gedanken um die wirtschaftliche Lage machte und die Tragweite seiner Entscheidung nicht richtig einschätzen konnte[58]. Trotz Hitlers geringem Interesse an wirtschaftspolitischen Fragen und negativem Vorurteil gegenüber Wirtschaftsspezialisten[59] war er sich doch in aller Regel der Bedeutung personalpolitischer Entscheidungen bewußt und pflegte dabei häufig widerstreitende Fraktionen zu neutralisieren, ohne sich definitiv für die eine oder andere zu entscheiden. Oft war er darauf bedacht, seine Wahl so zu treffen, daß er weder seine potentiellen Kontrahenten stärkte noch eventuelle Blockbildungen begünstigte. Insofern war es kein Zufall, daß

---

[53] Schreiben von Keudells an Körner vom 18. Dez. 1936, GStA, Rep. 90/ Nr. 2273 Errichtung, Geschäftsführung pp. der obersten Reichsämter.

[54] Doering, S. 91.

[55] Keppler-Aussage vor dem Nürnberger Tribunal, zit. nach Riedel, Eisen, S. 16.

[56] Krogmann, S. 219, der sich auf eine Unterhaltung mit Kranefuß vom „Büro Keppler" bezieht.

[57] Riedel, Eisen, S. 16, hält dies für „unwahrscheinlich, denn zu diesem Zeitpunkt hatte er (i.e. Göring – der Verf.) im Bereich der Wirtschaft noch keine Ambitionen", was durch die Stringenz von Görings Eindringen in wirtschaftspolitische Entscheidungsbereiche widerlegt wird.

[58] So Doering, S. 244.

[59] Zumpe, S. 36; Radkau, S. 47; Krogmann, S. 69.

Hitler im Anschluß an die Röhm-Morde, die die Stellung der Reichswehr im Staat stärkten, einen Mann auf den für die Aufrüstung so bedeutsamen Posten des Reichswirtschaftsministers berief, der von der Reichswehr abgelehnt wurde[60].

Eine der ersten Amtshandlungen Schachts nach seiner Ernennung am 2. August 1934 war die Verschmelzung des Preußischen und des Reichswirtschaftsministeriums[61], was auch als vorbeugende Maßnahme gegen Görings aufkeimende wirtschaftspolitische Ambitionen interpretiert werden kann. Bereits am 26. August verkündete Schacht anläßlich einer Rede bei der Leipziger Herbstmesse ein neues Außenhandelsprogramm zur Bekämpfung des Außenhandelsdefizits („Neuer Plan"). Die drei Grundpfeiler des „Neuen Plans" bestanden in der Bilateralisierung des deutschen Außenhandels und auswärtigen Zahlungsverkehrs durch Verrechnungsabkommen, quantitative Einfuhrbeschränkung und Planung des gesamten Einfuhrvolumens sowie Ausfuhrförderung durch Kompensationsgeschäfte[62]. Bei diesem Plan spielte zwar der Autarkiegedanke eine gewisse Rolle, doch Autarkie allein hielt Schacht für falsch und einseitig. Schachts Konzept umfaßte vielmehr Autarkie *und* Weltwirtschaft. Das Ziel war eine „starke Wehrhaftigkeit", die er jedoch mit den „Nachbarn Hand in Hand" zu erreichen gedachte[63].

Tatsächlich dürften bei Schachts „Neuem Plan" „Führerweisungen" keine Rolle gespielt haben[64], so daß von einer persönlichen Initiative Schachts gesprochen werden kann. Um so auffälliger ist, daß Hitler, wenige Monate nach der Verkündung des „Neuen Plans" durch Schacht, im November 1934 dem „Büro Keppler" einen wirtschaftspolitischen Sonderauftrag erteilte, durch den eine Rivalität zwischen Schacht und Keppler fast zwangsläufig vorprogrammiert wurde. Hitler erteilte Keppler, seinem Beauftragten für Wirtschaftsfragen, am 13. November 1934 die Sonderaufgabe, „alle diejenigen wirtschaftlichen Maßnahmen durchzuführen, welche in Anbetracht der Devisenlage erforderlich sind, um ausländische Rohstoffe durch solche aus inländischer Erzeugung zu ersetzen"[65]. Keppler hatte sich schon seit einigen Monaten intensiv mit den Möglichkeiten auf diesem Gebiet befaßt und fand für sein Anliegen eher bei Göring als bei Schacht ein offenes Ohr[66]. Der neue Beauftragte faßte seinen Tätigkeitsbereich als sehr weitgehend auf und erkannte deutlich die sich mit Schacht überschneidenden Kompetenzen. Keppler war später der Meinung, daß Hitler hier wie in anderen Fällen bewußt „Doppelfunktionen oder sich überschneidende Funktionen" schuf, da für Hitler „jeder Mensch erst bei Widerständen seine größten Fähigkeiten und seinen größten Tatendrang entwickle"[67]. Aus der Tatsache, daß Hitler besonders wichtige Aufgaben in der Regel an Sonderbeauftragte delegierte, kann jedenfalls geschlossen werden, daß er Kepplers neuer Funktion besondere Bedeutung beimaß.

---

[60] Aufzeichnung „über Reichsbankpräsident Schacht" von Anfang 1934 (ohne Unterschrift), BA-MA, Nachlaß Ludwig Beck N 28/ 1 Persönlicher und dienstlicher Schriftwechsel 1934, S. 2.
[61] Facius, S. 137, 166.
[62] Erbe, S. 71.
[63] Schacht, Grundsätze, S. 58–66.
[64] Radkau, S. 46 f.
[65] Undatierter Entwurf aus der Zentralstelle der „Vierjahresplanbehörde", BAK, R 26 I/ 1a Durchführung des Vierjahresplans, Organisation und Aufgabenverteilung, Bl. 1.
[66] Kehrl, S. 61, 77.
[67] Ebd., S. 72.

Mit der Beauftragung Kepplers wurde deutlich, daß verschiedene Dienststellen unterschiedliche Wirtschaftskonzepte zu verwirklichen suchten. Mit eher traditionellen Methoden verfolgte Schacht das Konzept, durch eine Konzentration auf Außenhandelsschwerpunkte qualitativer und regionaler Art den inländischen Rohstoff- und Devisenmarkt zu entlasten und somit zu einer Lösung der binnenwirtschaftlichen Struktur- und Konjunkturprobleme zu gelangen.

Deutlich autarkistischen Auffassungen entsprang dagegen der zweite Weg, der mit Kepplers Sonderauftrag beschritten wurde und der das Ziel einer rohstoffmäßigen Selbstversorgung verfolgte. Bedeutsam erscheint hierbei, daß dieser spezielle Auftrag für Keppler von Hitler ausging, was den Schluß nahelegt, daß auch bei ihm das Wunschdenken einer autarken Wirtschaft, die im Kriegsfall weitgehend in der Lage ist, sich selbst zu versorgen, vorherrschend war, wie er es später in seiner „Denkschrift zum Vierjahresplan" zum Ausdruck brachte. Hervorgehoben werden muß, daß Schachts und Kepplers Konzepte zu diesem Zeitpunkt weder theoretisch noch praktisch-organisatorisch miteinander verknüpft waren. Beide wurden erst später von Göring im Vierjahresplan aufgegriffen und organisatorisch zusammengefügt[68].

Die Auflösung des Preußischen Wirtschaftsministeriums durch Schacht konnte Görings Eindringen in wirtschaftspolitische Entscheidungsbereiche nicht bremsen. Die Materialengpässe berührten den Lebensnerv der im Aufbau befindlichen Luftwaffe und sensibilisierten das Interesse Görings an wirtschaftlichen Belangen, nachdem er bereits in Preußen erste wirtschaftspolitische Erfahrungen gesammelt hatte. Ende 1934 machte er international durch den Vorschlag von sich reden, das Deutsche Reich sei bereit, von Frankreich die Saargruben für eine Milliarde Reichsmark zurückzukaufen[69]. Dieses spektakuläre, aber kaum realistische Unterfangen kennzeichnete Görings verstärktes Bemühen um Anerkennung in wirtschaftspolitischen Entscheidungsbereichen.

Verständlich werden diese Bemühungen auf dem Hintergrund der wehrwirtschaftlichen Umorganisation der Reichswehr im November 1934. Mit der Einrichtung einer besonderen wehrwirtschaftlichen Führungsstelle mit Namen „Wehrwirtschafts- und Waffenwesen" schuf sich die Reichswehr eine eigene Dienststelle zur Koordination der Rüstungsbelange der Wehrmacht. Die Luftwaffe hatte die Zustimmung für eine Zusammenfassung aller Rüstungsbelange der drei Teilstreitkräfte in einer Dienststelle zuvor verweigert, da sie „die Luftrüstung als eine Sonderangelegenheit der Luftwaffe betrachtete" und weil sie „dem Reichskriegsminister möglichst wenig Einblick in ihre Maßnahmen geben wollte"[70]. Dadurch war die Luftwaffe allerdings nun gezwungen,

---

[68] Erwähnenswert ist in diesem Zusammenhang, daß Carl Krauch, Vorstandsmitglied der IG-Farben, bereits im September 1934 eine Denkschrift zur militärischen Bedeutung der Treibstoffhydrierung vorlegte, in der er gleichzeitig die Ausarbeitung eines Vierjahresplanes vorschlug. Diese Denkschrift gelangte sowohl Göring wie Milch zur Kenntnis. Vgl. Doering, S. 75 f.

[69] Diese Verlautbarung erregte einige Wochen lang die Gemüter, da sie ohne Absprache mit dem AA erfolgt war. Telegrammwechsel zwischen Bülow (AA), Köster (Deutsche Botschaft Paris) und Göring im November 1934, PAB, Abt. II/ Besetzte Gebiete, Französische Grubenverwaltung, Kohlenwirtschaft, Bd. 22. Göring verfolgte gleichzeitig den Plan, den preußischen Teil des Saargebietes später an Preußen rückzugliedern, was freilich durch Hitler unterbunden wurde, der „nicht auf diese Weise die Ländergewalt neu beleben" wollte, ein weiteres augenfälliges Beispiel für die unterschiedlichen Auffassungen von Göring und Hitler im Bereich der Reich-Länder-Gewalten. Aufzeichnung ohne Unterschrift über die „Chefbesprechung" vom 18. Jan. 1935, in: ADAP, C, III/2, Nr. 452, S. 828.

[70] Thomas, S. 63.

sich selbst um die Materialversorgung in Konkurrenz zum Wehrwirtschaftsstab zu kümmern. Der jetzt einsetzende Kampf um die Rohstoffe befreite Göring von allen Hemmungen auf wirtschaftspolitischem Gebiet. Die bereits 1933 erfolgreich praktizierte innenpolitische Machtkonsolidierung durch außenpolitische Aktionen erlebte Anfang 1935 eine Neuauflage, hervorgerufen durch die wirtschaftlichen Engpässe.

2. Reisediplomatie und Aufrüstung

Zehn Tage nach Bekanntgabe der Existenz einer Luftwaffe unterstrich die Verkündigung der Allgemeinen Wehrpflicht im März 1935 den Übergang zur offiziellen Rüstungswirtschaft. Eine Denkschrift der IG-Farbenindustrie für den Rüstungsbeirat vom gleichen Monat sah eine wehrwirtschaftliche Neuorganisation der „vorhandenen Friedenswirtschaft" vor[1]. Die Einrichtung der totalen „Wehrwirtschaft" scheiterte jedoch an den Realitäten. Bereits Anfang 1935 wurde deutlich, daß der „Neue Plan" nicht in der Lage sein würde, die wirtschaftliche Kriegsmaschine in Gang zu setzen, da seine Methoden den Export der deutschen Industrie nicht im ausreichenden Maße zu beleben wußten. Die negativen Auswirkungen auf die Binnenkonjunktur beklagte Hitler in seinem Geheimerlaß vom 22. März und ordnete gleichzeitig Exportförderungsmaßnahmen an[2], da sich die „terms of trade" in Deutschland sprunghaft verschlechterten.

Die Südosteuropareise im Mai/Juni 1935

Die Exportförderungsmaßnahmen des „Neuen Plans" beschleunigten die Verlagerung der Außenhandelsschwerpunkte auf West- und vor allem Südosteuropa, da hier flexible Kompensations- und Clearingsysteme am ehesten zum Tragen kommen konnten[3]. Nur allmählich verließ der deutsch-südosteuropäische Handel die engen Bahnen, die durch die lange marktbeherrschenden Stellungen Frankreichs, Italiens, Großbritanniens und der USA und durch die nur gering entwickelten politischen Beziehungen der südosteuropäischen Länder zu Deutschland vorgegeben waren. Das wirtschaftliche Interesse der Nationalsozialisten an Südosteuropa fiel zeitlich zusammen mit den französisch-italienischen Plänen eines Donaupaktes, der die wirtschaftspolitischen Möglichkeiten Deutschlands im Südosten erheblich zu behindern vermochte und deutscherseits auf keine Gegenliebe stieß[4].

Göring war über diese Bestrebungen durch seinen Mittelsmann in Italien, Hoffmann von Waldau, den er extra nach Berlin bestellte, genauestens unterrichtet[5] und brachte bei seinem Zusammentreffen mit Laval im Mai 1935 in Polen die deutschen Bedenken unumwunden zum Ausdruck[6]. Gegenüber dem polnischen Botschafter

[1] Auszüge aus der Denkschrift der IG-Farbenindustrie AG für den Rüstungsbeirat des Reichswehrministeriums vom März 1935, in: Eichholtz/Schumann, Nr. 38, S. 130 ff.
[2] Zu diesen Vorgängen vgl. Schröder, Deutschland, S. 43 f.
[3] Zu den Gründen der strukturellen Verlagerung vgl. Peterson, S. 233 ff.; Milward, Reichsmark, S. 395 ff.
[4] Petersen, S. 394; Meiß, S. 41 f.; Schreiben von Renthe-Fink (AA) an die Deutsche Botschaft in Ankara u. die Gesandtschaft in Athen vom 2. März 1935, PAB, Pol. Abt. II/ Politik 4 Mittelmeerpakt, Bd. 1.
[5] Hassell (Rom) an Neurath vom 1. April 1935, in: ADAP, C, IV/1, Nr. 5, S. 3 ff.
[6] Aloisi, Eintrag vom 22. Mai 1935, S. 272; Szembek, Eintrag vom 18. Mai 1935, S. 84.

äußerte Göring Anfang Mai seinen Ärger über die italienischen Pläne und kündigte gleichzeitig eine Reise nach Jugoslawien zu einem politischen Gedankenaustausch an. Lipski gegenüber warf sich Göring als Vermittler zwischen Jugoslawien und Ungarn einerseits und Jugoslawien und Bulgarien andererseits auf, um einen starken Block gegen den kommunistischen Einfluß und die Tschechoslowakei zu schaffen. Über Rumäniens antikommunistische Haltung sprach sich Göring dabei sehr skeptisch aus[7].

Görings Konzept einer neuen Südosteuropapolitik mit der Verknüpfung macht- und wirtschaftspolitischer Motive kam erstmals bei seiner großen Südosteuropareise im Mai/Juni 1935 voll zum Tragen. Offiziell als Hochzeitsreise deklariert und von Görings Stab in alleiniger Regie inszeniert, gab ihr Verlauf Anlaß zu allerlei Spekulationen. Bezeichnend für Görings Stil war, daß er sich Anfang Mai 1935 in einem Interview selbst zu einem Besuch in Jugoslawien einlud[8] und damit nicht nur das Auswärtige Amt[9], sondern auch die jugoslawischen Behörden überraschte, die „unter der Hand" um eine Verschiebung der Urlaubsreise baten[10]. Im allgemeinen Wirbel um seine mögliche Reiseroute ergriff Göring kurz entschlossen selbst die Initiative und wurde bei der ungarischen, bulgarischen und griechischen Regierung wegen weiterer Besuchstermine vorstellig[11]. Um seinem Vorhaben den nötigen Nachdruck zu verleihen, setzte er das Gerücht in Umlauf, durch einen „Führerauftrag" bevollmächtigt zu sein[12]. Dieses Zauberwort öffnete für Göring Tür und Tor[13].

Tatsächlich scheint Göring keinen genau umrissenen Auftrag Hitlers zu seinen politischen Sondierungen erhalten zu haben. Hitler interessierte sich nicht besonders für den Südosten, und es weist nichts darauf hin, daß er sich hier engagiert fühlte. Eher ist anzunehmen, daß Göring Hitlers Einverständnis zu seiner Hochzeitsreise nach Südosteuropa einholte, um sich gegen Rosenbergs und Goebbels' Proteste[14] Rückendek-

---

[7]   Lipski (Berlin) an Beck (Warschau) vom 5. Mai 1935 über sein Gespräch mit Göring am 3. Mai, in: Lipski, Dok. 41, S. 198; Lipski an Beck vom 15. Mai 1935 über sein Gespräch mit Göring am 14. Mai, ebd., Dok. 43, S. 202 ff.

[8]   Schreiben des Deutschen Konsulats Zagreb an das AA vom 10. Mai 1935, PAB, Pol. Abt. II/ Jugoslawien Politik 2, Bd. 5, Pag. E 662 959 ff., und das Schreiben von Heeren (Belgrad) an das AA vom 8. Mai 1935, PAB, Deutsche Gesandtschaft Belgrad/ Paket 16/4 Po 2 Besuche, Politik Deutschland-Jugoslawien.

[9]   Notiz ohne Unterschrift der Abt. II vom 11. Mai 1935, PAB, Pol. Abt. II/ Pol. 11 Nr. 3 Göring, Pag. E 678 448–453, mit anhängenden Vermerken, die Aufschluß darüber geben, wie man im AA mosaikartig über Görings Absichten Kenntnis erhielt.

[10] Aufzeichnung Köpkes (AA) vom 18. Mai 1935, ebd., Pag. E 678 467 f. Vgl. weiterhin das Telegramm von Heeren an das AA vom 18. Mai 1935, PAB, Büro RM/ 58 Jugoslawien, Bd. 3, Bl. 151.

[11] Aufzeichnung vom Renthe-Fink (AA) vom 16. Mai 1935, PAB, Pol. Abt. II/ Pol. 11 Nr. 3, Pag. E 678 461–464.

[12] Hitler hatte in der Tat in einem Schreiben von Horthy vom 13. Mai 1935 Görings Südostbesuch angekündigt, der allerdings zu diesem Zeitpunkt schon durch die Presse bekannt war, ohne jedoch einen speziellen Auftrag zu erwähnen. Kopie des Schreibens in BAK, ZSg. 133/ 23. Bereits Anfang Mai 1935 munkelte man in AA-Kreisen, daß Göring „vom Führer einen Spezialauftrag betr. Jugoslawien erhalten haben" sollte. Niederschrift vom 2. Mai 1935, PAB, Pol. Abt. II/ Jugoslawien Politik 2, Bd. 5, Pag. E 662 963.

[13] Die Gerüchte vom „Führerauftrag" wurden verstärkt seit dem Auftreten der ersten Schwierigkeiten beim Zustandekommen der Reiseroute vom Stabe Görings in Umlauf gesetzt: „Min. Rat Gritzbach hat bemerkt, daß Min. Präsident Göring vom Führer und Reichskanzler verschiedene Aufträge für die Besprechungen mit den leitenden Staatsmännern der verschiedenen Länder erhalten hätte und daß ihm außerdem Handschreiben mitgegeben werden würden". Aufzeichnung von Renthe-Fink (AA) vom 16. Mai 1935, in: ADAP, C, IV/1, Nr. 91, S. 163 f. Laut den Herausgebern der ADAP „konnten weder Einzelheiten über die Weisungen Hitlers noch Abschriften der Handschreiben ermittelt werden" (ebd., S. 163, Anmerk. 11). Zu beachten ist, daß zu diesem Zeitpunkt die Reiseroute und damit die Liste der Besuchsländer Görings noch gar nicht feststand und es daher zu diesem Zeitpunkt auch keine „Führer-Handschreiben" gegeben haben kann.

[14] Rosenbergs Aktennotiz für Hitler vom 4. Mai 1935, BAK, Adjutantur des Führers NS 10/ 58 Schriftwechsel mit Dienststellen der Reichsleitung der NSDAP, Bl. 52; Bestellungen aus der Pressekonferenz vom 29. Mai 1935, Anweisung Nr. 1360, BAK, ZSg. 101/ 5, Bl. 176.

kung zu verschaffen. Hitlers ominöser Auftrag beschränkte sich wohl darauf, daß Göring sich um die Pflege der deutsch-jugoslawischen Beziehungen kümmern sollte. Göring leitete daraus nicht nur den Schluß ab, daß die deutsche Südosteuropapolitik *seine* außenpolitische Aufgabe sei[15], sondern verwendete diese Instruktion bei auftretenden Schwierigkeiten nach Belieben dazu, um sich auf eine „höchste Führerweisung" zu berufen.

Durch Berufung auf einen „Führerauftrag" überwand Göring die innenpolitischen Widerstände gegen seine Reise, und durch ein taktisches Manöver vermochte er auch italienische Widerstände abzubauen. Seit mehreren Wochen führte die italienische Presse eine Kampagne gegen angebliche deutsche Flugzeuglieferungen nach Abessinien. Göring griff dies auf und ließ gleichzeitig mit der Vorbereitung seiner Reiseroute durch seinen Mittelsmann in Rom, Hoffmann von Waldau, Mussolini von einem strikten Verbot deutscher Lieferungen nach Abessinien in Kenntnis setzen, was diesen zu einem überschwenglichen Dank an Göring und zu einer entsprechenden Presseanweisung veranlaßte[16].

Das Gerangel um die Stationen der Reise hielt indessen bis unmittelbar vor dem Abflug an. Die jugoslawischen Bedenken wegen der gleichzeitigen Anwesenheit einer französischen Marine-Delegation machten schließlich doch eine Umstellung des Reiseplans erforderlich[17]. Nachdem Görings Stabsamt den Besuch in Athen wegen Terminschwierigkeiten abgesagt hatte[18], drängte Göring höchstpersönlich auf eine „Wiederansage"[19], die das Auswärtige Amt und insbesondere die deutsche Gesandtschaft in Athen in Verlegenheit brachte[20]. Daraufhin beschloß Göring, ohne Konsultation mit der griechischen Regierung, im Herbst Griechenland in einer gesonderten Mission aufzusuchen[21], so daß Budapest, Sofia und Belgrad als Stationen des politischen Teils des vom Deutschen Nachrichtenbüro als Erholungsreise angekündigten Besuchsprogramms vereinbart wurden.

Am 24. Mai starteten mittags von Berlin-Tempelhof drei Maschinen mit Görings bewährter Reisebegleitung[22], die am Nachmittag von einer großen ungarischen Regierungsdelegation auf dem Budapester Flugplatz empfangen wurden. Noch am gleichen

---

[15] Göring gab am 15. März 1946 in Nürnberg zu Protokoll: „Deutschland hatte in den ganzen Jahren vor dem Kriegsausbruch die denkbar besten Beziehungen zum jugoslawischen Volk und zur Jugoslawischen Regierung. Es war ein Teil meiner außenpolitischen Aufgabe, diese Beziehungen besonders zu pflegen." In: IMG, Bd. 9, S. 373.

[16] Telegramm von Hassell (Rom) an Göring vom 11. Mai 1935, PAB, Abt. II F-Luft/ Afrika, Luftverkehr Afrika, Bd. 3, Pag. M 003 301.

[17] Aufzeichnung von Köpke (AA) vom 18. Mai 1935 über ein Gespräch mit Balugdžić, PAB, Pol. Abt. II/ Pol. 11 Nr. 3, Pag. E 678 467 f.; Telegramm von Heeren (Belgrad) an das AA vom 22. Mai 1935, ebd., Pag. E 678 483.

[18] Telegramm von Renthe-Fink (AA) an Mackensen (Budapest) vom 21. Mai 1935, ebd., Pag. E 678 475, u. das Telegramm von Eisenlohr (Athen) an das AA vom 22. Mai 1935, ebd., Pag. E 678 477.

[19] Aufzeichnung von Heinburg (AA) vom 22. Mai 1935 über ein Telefongespräch mit Gritzbach (Stab Göring), ebd., Pag. E 678 478 f., und die Aufzeichnung von Renthe-Fink (AA) über eine Rücksprache mit Gritzbach vom 22. Mai 1935, ebd., Pag. E 678 480.

[20] Aufzeichnung von Renthe-Fink (AA) vom 22. Mai 1935, ebd., Pag. 678 479.

[21] Telegramm von Eisenlohr (Athen) an das AA vom 22. Mai 1935, ebd., Pag. E 678 477.

[22] Telegramm von Eisenlohr vom 22. Mai 1935, ebd., Pag. E 678 477. Die Reisebegleitung bestand neben Göring und Frau aus Reichsminister Kerrl und Frau, Prinz Philipp von Hessen und Prinzessin Mafalda, Görings Staatssekretären Milch und Körner, Gritzbach und Conrath vom Stab Göring und persönlichen Bediensteten. Telegramm von Köpke (AA) an die Gesandtschaft Sofia vom 21. Mai 1935, ebd., Pag. E 678 456 f. Vgl. auch die Erinnerungen vom Emmy Göring, S. 139 ff.

Tag sprach Göring bei Ministerpräsident Gömbös und Reichsverweser Horthy vor. Zwei Tage später, am Sonntag, dem 26. Mai, flog er mit seiner Begleitung nach Sofia, wo ihn eine bulgarische Regierungs- und Militärdelegation erwartete[23]. Nachmittags wurde Göring allein von König Boris in dessen Schloß empfangen. Am Abend traf er nochmals mit dem König und dem bulgarischen Ministerpräsidenten, Außenminister, Kriegsminister und dem Eisenbahnminister, dem auch das Flugwesen unterstand, zusammen. Montags sprach Göring noch einmal mit der bulgarischen Regierungsspitze, ehe er im Rahmen einer Jagdveranstaltung mit König Boris zu dessen Schloß Vranja reiste, wo weitere Gespräche unter vier Augen stattfanden[24]. Der offizielle Teil des Besuches in Sofia wurde zu einem großen Erfolg für Göring, was die deutsche Gesandtschaft enthusiastisch vermerkte[25].

Am 28. Mai flog Görings Reisegesellschaft nach dem jugoslawischen Mostar, von wo aus sie mit Kraftfahrzeugen nach Dubrovnik (Ragusa) weiterfuhr. Bis zum 5. Juni wohnte Göring dort im Haus eines Belgrader Bankpräsidenten und unternahm Ausflüge in die Umgebung[26]. Am 5. Juni begab er sich über Sarajevo nach Belgrad, wo er am 6. Juni von einer Regierungsdelegation empfangen wurde[27]. Während der zweitägigen Dauer seines Belgrad-Aufenthaltes traf Göring mit Prinzregent Paul und der gesamten Regierungsspitze zusammen[28]. Nach umfangreichen gegenseitigen Ehrenbezeugungen und Auszeichnungen flog Göring am 8. Juni nach einer kurzen Zwischenlandung in Budapest nach München.

Das internationale Echo auf Görings Reise war im starken Maße verwirrend und überwiegend spekulativ. Das Auswärtige Amt war über die politischen Themen der Gespräche Görings mit den südosteuropäischen Regierungsspitzen nicht informiert, so daß sich die deutschen Gesandten in ihren Berichten darauf beschränken mußten, den propagandistischen Erfolg herauszustreichen[29]. Mangels konkreter Informationen dementierte man strikt und pauschal alle Meldungen, die politische Absichten mit dem Besuch verbinden wollten[30]. Der interessierten Öffentlichkeit entging allerdings nicht, daß man im Auswärtigen Amt nicht auf dem laufenden war.

Die deutsche Presse berichtete zwar relativ ausführlich und detailliert über Görings Reiseverlauf, seine Gesprächspartner und die freundliche Aufnahme der deutschen

[23] Rümelin (Sofia) an Gritzbach vom 22. Mai 1935, PAB, Deutsche Gesandtschaft Sofia/ Nr. 47 Po 49 III, Bd. 1.

[24] Bericht von Rümelin an das AA vom 27. Mai 1935, PAB, Pol. Abt. II/ Bulgarien Politik 2, Bd. 2, Pag. E 660 313.

[25] Bericht von Rümelin an das AA vom 28. Mai 1935, ebd., Pag. E 660 314 f.; Rümelins Pressebericht vom 28. Mai 1935, PAB, Pol. Abt. II/ Pol. 11 Nr. 3, o. Pag.

[26] Programm von Görings Aufenthalt in Jugoslawien im PAB, Deutsche Botschaft Belgrad/ 16/4 Besuche, Bd. 1 (fälschlich im nachhinein datiert auf Mai/Juni 1938).

[27] DNB-Meldung Nr. 870 vom 6. Juni 1935, PAB, Pol. Abt. II/ Pol. 11 Nr. 3, o. Pag.

[28] DNB-Meldung Nr. 872 vom 7. Juni 1935, ebd., und Artikel des „VB" („Empfänge durch Prinz Paul und Außenminister Jeftitsch" vom 8. Juni 1935, ebd., der bezeichnend für das allgemeine Verwirrspiel um Görings umfassender Südostreise die falsche Überschrift („Göring in Budapest") trägt. Vgl. auch den Bericht von Heeren (Belgrad) vom 20. Juni 1935, ebd., Pag. E 678 512–514.

[29] Bezeichnend ist der Bericht von Rümelin (Sofia) an das AA vom 5. Juni 1935, der sich vorwiegend mit Protokollfragen und der öffentlichen Rezeption des Besuches beschäftigt. Was das Politische angeht, vermutet er, daß zwischen Göring und König Boris „wohl alle politischen Fragen, die Deutschland und Bulgarien angehen, besprochen worden" sind. Im übrigen entschuldigt er seine Uninformiertheit damit, daß Göring „wohl selbst" über seine Besprechungen berichten werde. Vgl. PAB, Pol. Abt. II/ Bulgarien Politik 2, Bd. 2, Pag. 660 322 ff.

[30] Bülows Telegramm an die Deutsche Gesandtschaft in Ankara vom 3. Juni 1935, ebd., Pag. E 660 319 f.

Reisegesellschaft, vermied jedoch jegliche politischen Anspielungen. Umgekehrt beschäftigte sich die Presse der Westmächte vorwiegend mit Spekulationen. Ein Leitartikel der französischen „Temps" kommentierte Görings Reise als neuestes Manöver im Zusammenhang mit dem „deutschen Drang nach Osten": „Man wolle anscheinend Bulgarien verhindern, der Balkan-Entente beizutreten, alsdann aus den vertrauensvollen Beziehungen zwischen Sofia und Belgrad Nutzen ziehen, um Südslawien für eine stärkere Zusammenarbeit mit Deutschland zu gewinnen."[31] Die französische Presse sah in Görings Reise vor allem eine Intrige gegen den Balkanpakt, zumal die bulgarische Reaktion auf einen Erfolg der Mission Görings schließen ließ[32].

In britischen Zeitungen wurde die Auffassung vertreten, daß Görings Südostgespräche der „Wiederherstellung des deutschen Einflusses in Mittel- und Südeuropa" dienten, „um den Folgen der Stresakonferenz entgegenzuwirken. Es bestehe kein Zweifel, dass General Göring alles aufgeboten habe, um Ungarn zu veranlassen, nicht dem Donaupakt beizutreten und sich dem deutschen Machtkreis anzuschließen. Man glaube, dass Göring u. a. die Unterstützung für die ungarische Vertragsrevision politisch versprochen habe, besonders auf der südslawischen Seite. Es sei angeregt worden, dass mittels eines freundlichen Abkommens mit Südslawien, das auch zum deutschen Lager hinübergezogen werden sollte, die durch die Friedensverträge an Südslawien gefallenen Teile von Kroatien und Slowenien an Ungarn zurückgegeben werden sollen. Südslawien würde durch politische und wirtschaftliche Zugeständnisse von Deutschland entschädigt werden."[33] Zahlreiche Pressemeldungen bezogen sich darüber hinaus auch auf ein angebliches geheimes Abkommen zwischen Deutschland und Bulgarien mit antikommunistischem Inhalt[34].

Als Folge von Görings Vorarbeit in Italien zu Beginn seiner Reise enthielt sich die italienische Presse jeder Bewertung. Verständlicherweise wurde aber angesichts der italienischen Bemühungen um den „Donaupakt" in den politischen Kreisen Italiens „bei dieser Sachlage die Balkanreise des Herrn Ministerpräsidenten Göring mit einigem Misstrauen verfolgt".[35] Göring störte nicht nur die ohnehin schwierigen italienischen Verhandlungen, sondern verstärkte vor allem erneut das italienische Trauma vom deutschen Zugriff auf den Balkan und die damit einhergehende Bedrohung der italienischen Mittelmeerpläne.

Die Konkurrenz mit den italienischen Zielsetzungen wurde auch im neutralen Ausland aufmerksam zur Kenntnis genommen. So betonte die „Basler Nationalzeitung" das deutsche Interesse an der Nichteinmischung Ungarns und Jugoslawiens in die Österreich-Frage. Klar erkannte die Zeitung auch das deutsche wirtschaftliche Interesse an den Balkanländern: „Göring soll für Deutschland bei Ungarn, Jugoslawien, Rumänien, Bulgarien und Griechenland Rohstoffe beschaffen, und zwar möglichst ohne Devisen. Das soll in der Weise geschehen, dass die genannten Länder über ihren

---

[31] Lektoratsbericht des DNB, Nr. 146 vom 27. Mai 1935, PAB, Pol. Abt. II/ Pol. 11, Nr. 3 Pag. E 678 495.

[32] Artikel der „République", überschrieben mit „L'Allemagne dans les Balkans!", vom 30. Mai 1935, der sich auch scharf gegen die bulgarische Politik wendet („C'est là une intrigue qui peut détruire non seulement l'Allemagne mais aussi la Bulgarie"), PAB, Pol. Abt. II/ Bulgarien Politik 2, Bd. 2.

[33] Rohmaterial des „Anglo-Lektorats" des DNB, Nr. 148 vom 29. Mai 1935, PAB, Pol. Abt. II/ Pol. 11 Nr. 3, Pag. E 678 502.

[34] Rohmaterial des „Anglo-Lektorats" des DNB, Nr. 147 vom 28. Mai 1935, ebd., Pag. E 678 497.

[35] Politischer Bericht von Hassells (Rom) vom 5. Juni 1935, PAB, Pol. Abt. II/ Politik 4 Donaupakt, Bd. 1, Pag. E 568 008 f.

eigenen Bedarf hinaus Rohstoffe kaufen und diese dann, wenn der Göringplan einschlägt, an Deutschland weitergeben, aber nicht gegen Devisen, sondern gegen Fertigfabrikate, vor allem Maschinen."[36]

Die politischen Ereignisse der nachfolgenden Wochen und Monate zeigten, daß Görings Besprechungen mit den Regierungen der wichtigsten Balkanländer zunächst keine einschneidenden Wirkungen hatten. Der Plan des Donaupaktes scheiterte mehr an den internen Zerwürfnissen unter den Balkanländern als an äußeren Einflußnahmen oder Bedingungen seiner französisch-italienischen Urheber. Ohne Zweifel wurde durch Görings Verhandlungen jedoch das Mißtrauen zwischen den Südoststaaten aufs neue geschürt. Der Spiegel der Balkanpresse anläßlich Görings „Hochzeitsreise" verdeutlicht dies klar. So verhinderte die staatliche Presselenkung in Jugoslawien Berichte über Görings Anwesenheit in Sofia und gestattete lediglich eine knappe Mitteilung über Görings Besuch in Budapest[37]. Getreu der jugoslawischen offiziellen Sprachregelung, daß es sich bei Görings Belgrader Visite um einen „Höflichkeitsbesuch nach erfolgtem Ferienaufenthalt" handelte[38], war die jugoslawische Berichterstattung auch über Görings Aufenthalt in Jugoslawien sehr zurückhaltend. Man betonte auffällig, es sei „von Politik nicht gesprochen worden". Ministerpräsident Toscheff gab in einer offiziellen Erklärung bekannt, die Gespräche hätten sich in der Hauptsache auf „das wirtschaftliche Verhältnis der beiden Länder" bezogen[39].

Besonders aufmerksam wurde Görings Belgrader Aufenthalt in Budapest verfolgt. Hier war man davon überzeugt, daß der Besuch „nicht nur einen Höflichkeitscharakter trug, sondern zu weitgehenden politischen Besprechungen geführt habe"[40]. Von einzelnen jugoslawischen Politikern wollte man erfahren haben, Deutschland strebe „gegenwärtig die Bildung eines grossen mitteleuropäischen antibolschewistischen Blocks an, dem Deutschland, Polen, Ungarn, Österreich, Italien, Südslawien und Bulgarien angehören sollen". Diese Spekulation war keineswegs neu, da Göring gleichzeitig der polnischen Führung ähnliche Pläne unterbreitete, um sie für einen antisowjetischen Pakt zu gewinnen. Ohne Zweifel kam man damit Görings Wunschvorstellungen nahe. Im Vordergrund seiner Gespräche standen jedoch praktische Nahziele, wie die Lösung der österreichischen Frage und die wirtschaftliche Durchdringung des Balkans in Rivalität zu Italien. Die unüberbrückbaren Gegensätze der südosteuropäischen Staaten zeigten sich auch in den tschechoslowakischen[41] und rumänischen Reaktionen[42] auf Görings Reise.

[36] DNB-Bericht über den Artikel der „Basler Nationalzeitung" vom 27. Mai 1935, PAB, Pol. Abt. II/ Pol. 11 Nr. 3, o. Pag.
[37] Meldung des DNB-Vertreters in Belgrad vom 27. Mai 1935, ebd., o. Pag.; ähnlich unterdrückte die bulgarische Presse Meldungen über Görings Stationen in Belgrad und Budapest. Vgl. den Pressebericht von Rümelin (Sofia) vom 28. Mai 1935, ebd., o. Pag.
[38] Vgl. das Telegramm von Papen (Wien) an das AA vom 22. Mai 1935, ebd., Pag. E 678 487.
[39] DNB-Lektoratsbericht „Südosteuropa", Nr. 76 vom 30. Mai 1935, ebd.
[40] DNB-Bericht aus Budapest vom 8. Juni 1935, ebd.
[41] Vgl. den Artikel („Blätterstimmen") im „Prager Tageblatt", Nr. 137 vom 13. Juni 1935 zu Görings Besuch in Jugoslawien, PAB, Pol. Abt. II/ Tschechoslowakei Politik 1. Bd. 6.
[42] Aufzeichnung von Renthe-Fink (AA) über ein Gespräch mit dem rumänischen Gesandten Comnen vom 13. Juni 1935, PAB, Pol. Abt. II/ Rumänien Politik 2, Bd. 2, Bl. 352–354. In Rumänien wurde Görings Aufenthalt in Belgrad als direkter Gegenzug gegen die rumänische Politik verstanden. Vgl. dazu den Bericht von Pochhammer (Dt. Gesandtschaft Bukarest) an das AA vom 18. Juni 1935 und den Vermerk von Busse (AA) vom 5. Nov. 1935, PAB, Pol. Abt. II/ Rumänien Politik 3, Politische Beziehungen zu Rußland, Bd. 2.

Die wichtigsten Auswirkungen dieser Reise wurden erst im Sommer und Herbst des Jahres 1935 spürbar. Nur soviel war bereits im Mai/Juni trotz des großen Rätselratens in diplomatischen Kreisen zur Gewißheit geworden, daß zu den wichtigsten politischen Anliegen Görings einerseits die Verhinderung des Donaupakt-Projektes und andererseits die Auflockerung der verhärteten Fronten zwischen den Balkanpaktmitgliedern und deren revisionistischen Gegnern zählten. In den Mantel des „ehrlichen Maklers" zwischen den Südoststaaten schlüpfte Göring jedoch vor allem zur Erlangung wirtschaftspolitischer Vorteile, was von ihm selbst auch als Hauptzweck seiner Reise angesehen wurde[43]. Dieses neue Element seiner Südosteuropapolitik bewirkte bei Göring eine gewisse Revision des bei seinen Südostreisen im Jahre 1934 verfolgten Konzepts. Die wirtschaftspolitischen Anliegen ließen es Göring angebracht erscheinen, Ungarn stärker in die Kontaktpflege einzubeziehen. Darauf ist es auch zurückzuführen, daß Göring· jetzt den Ungarn die Vermittlung eines Ausgleichs mit Jugoslawien anbot[44].

Görings Einschalten in den internationalen Waffenhandel

Ohne Zweifel war die „Hochzeitsreise" nach Südosteuropa ein persönlicher und politischer Erfolg Görings[45]: In der Folgezeit wurde er von den südosteuropäischen Staaten noch mehr als zuvor als Hauptansprechpartner des „Dritten Reiches" betrachtet, und mit der Reise gelang ihm auch ein weiterer Durchbruch auf dem Gebiet seiner wirtschaftspolitischen Zuständigkeiten. Wie sich bei den weiteren Verhandlungen im Sommer und Herbst 1935 herausstellte, war Göring bei seinem Besuch im Mai/Juni nicht mit leeren Händen nach Südosten gereist, sondern hatte seinen Verhandlungspartnern deutsche Kriegsgeräte auf dem Tauschwege für Rohstofflieferungen angeboten.

Aufgrund einer Einladung Görings besuchte Ende September 1935 der ungarische Ministerpräsident Gömbös Deutschland[46]. Gömbös weilte dabei zunächst einige Tage als privater Jagdgast bei Göring, ehe am 29. September der offizielle Teil seines Staatsbesuches in Berlin begann. Göring war vor allem an dem Abschluß von konkreten rüstungswirtschaftlichen Vereinbarungen gelegen. Mit Gömbös' Besuch in Berlin kreuzte sich eine Visite, die Görings Staatssekretär im Luftfahrtministerium, Erhard Milch, mit einer Sonderdelegation in Budapest abstattete. Dabei ging es um die Konkretisierung des Göringschen Angebots, „daß Deutschland Ungarn gern bei der Beschaffung von Flugzeugen behilflich würde"[47].

---

[43] Görings Aussage in Nürnberg, in: IMG, Bd. 9, S. 373.
[44] Politischer Bericht von Rümelin (Sofia) an das AA vom 18. Juni 1935 über ein Gespräch mit dem ehemaligen bulgarischen Geschäftsträger in Budapest, PAB, Pol. Abt. II/ Pol. 11 Nr. 3.
[45] Bericht von Heeren (Belgrad) an das AA vom 20. Juni 1935, ebd., Pag. E 678 512–514; Bericht von Oberst Tschunke (Belgrad) an das AA vom 16. Juni 1935, PAB, Pol. Abt. II/ Jugoslawien Politik 2, Bd. 5, Pag. E 662 994 f.; Bericht von Rümelin (Sofia) an das AA vom 5. Juni 1935, PAB, Pol. Abt. II/ Bulgarien Politik 2, Bd. 2, Pag. E 660 322–325.
[46] Telegramm von Mackensen (Budapest) an das AA vom 19. Aug. 1935, PAB, Pol. Abt. II/ Ungarn Politik 2, Bd. 5; Gömbös wurde mit einem deutschen Flugzeug durch Görings Adjutanten Bodenschatz am 26. Sept. 1935 in Budapest abgeholt und nach Insterburg geflogen. Vgl. die Aufzeichnung von Heinburg (AA) vom 22. Sept. 1935, PAB, Pol. Abt. II/ Ungarn Politik 2 A, Bd. 2, Pag. E 673 613 f.
[47] AA-Aufzeichnung ohne Unterschrift vom 30. Sept. 1935 („Aufzeichnung über den Besuch des St.S. Milch in Ungarn"), PAB, Pol. Abt. II/ Ungarn Politik 2 A, Bd. 2, Pag. E 673 656.

Göring war dabei entschlossen, die Kriegsgeräte-Lieferungen nur bei Erfüllung der an sie gebundenen politischen Bedingungen zu vollziehen. Er betonte die Notwendigkeit einer ungarischen Annäherung an Jugoslawien wie auch an Rumänien, da nur durch ein Zusammengehen mit Jugoslawien und den Verzicht auf Revisionsansprüche eine Sprengung der Kleinen Entente möglich sei[48]. Blomberg hatte bereits zuvor, entsprechend der südostpolitischen Konzeption der Reichswehr, dem ungarischen Generalstabschef klargemacht, „Ungarn müsse zur Kenntnis nehmen, dass Deutschland sich von einem Zusammengehen mit Jugoslawien unter keinen Gründen werde abbringen lassen. Deutschland brauche Jugoslawien aus politischen und wirtschaftlichen Gründen."[49]

Entgegen der Auffassung des Auswärtigen Amtes, das weiterhin im Südosten primär auf den traditionellen Bündnispartner Ungarn setzte, hielt Göring an der Annäherung an Jugoslawien fest. Auf den Einwand des deutschen Gesandten in Budapest, von Mackensen, „daß man schwerlich den erfolgten (ungarisch-jugoslawischen) Ausgleich als Vorbedingung für die Waffenlieferungen machen könne, da der Ausgleich sowohl von jugoslawischer wie von ungarischer Seite Zeit erfordern werde", entgegnete Göring entschieden, „daß der Ausgleich zum mindesten in die Wege geleitet werden müsse"[50]. Die bei den anderen Südostländern hervorgerufene Verstimmung und das ungarische Zögern vor einer Annäherung an Jugoslawien verhinderten tatsächlich den Abschluß des Kompensationsgeschäftes. Trotz dieser Schwierigkeiten setzte Göring seine Politik gegenüber Ungarn fort. Ihr fiel Anfang 1936 auch der ungarische Gesandte in Berlin, Masirevich, zum Opfer[51]. Mit dessen Nachfolger Sztójay glaubte Göring eher zu Ergebnissen zu kommen und verstärkte mit Beginn des Jahres 1936 wiederum seine Bemühungen um einen ungarisch-jugoslawischen Ausgleich[52].

Als im Sommer 1935 Gerüchte über einen rumänisch-russischen Pakt kursierten, sah sich Göring veranlaßt, die Kontakte zu Rumänien zu intensivieren[53]. Seinen Bestrebungen kam entgegen, daß konservative rumänische Politiker wie Goga und Georg Bratianu, die gegen den „Russenpakt" opponierten, von sich aus eine Annäherung an Göring suchten, da sie sich von einer offiziellen deutschen antirevisionistischen Erklärung eine gewisse Rückendeckung versprachen. Nach dem einleitenden Besuch des

[48] Aufzeichnung vom 24. Juni 1935 über Görings Ausführungen in Budapest, BA-MA, Nachlaß L. Beck N 28/ 2. Vgl. auch ebd. die Aufzeichnung Becks vom Juni 1935 über ein Gespräch mit Bülow zur Vorbereitung der Besprechungen mit dem ungarischen Generalstabschef, bei dem auch Görings Gesprächsthemen in Budapest angesprochen werden.
[49] Aufzeichnung über die Gesprächsgegenstände zwischen Werth und Blomberg am 24. Juni 1935, ebd.
[50] Aufzeichnung von Lorenz (AA) über ein Gespräch mit Mackensen vom 25. Okt. 1935, PAB, Geheimakten 1920–1936/ Jugoslawien Pol. 3, Jugoslawien/Ungarn, Pag. E 449 388 ff.
[51] Bereits bei seinem Budapest-Aufenthalt Ende Mai 1935 hatte Göring bei Horthy die Abberufung Masirevichs gefordert, der jedoch zu diesem Zeitpunkt noch von Außenminister Kánya protegiert wurde. Vgl. Mackensen an Neurath vom 12. Juni 1935, in: ADAP, C, IV/1, Nr. 146, S. 287 ff. Göring bemängelte an Masirevich, daß er vertrauliche Mitteilungen nicht für sich behalten könne und sie postwendend insbesondere dem italienischen Botschafter zur Kenntnis bringe. Vgl. Renthe-Fink an Hoesch vom 29. Feb. 1936, PAB, Pol. Abt. II/ Ungarn Politik 8, Bd. 2.
[52] Göring traf häufig mit Sztójay, der Masirevich im Feb. 1936 ersetzte, zusammen und ließ sich Anf. März 1936 von ihm eine „Aufstellung von Reibungspunkten mit Jugoslawien" aushändigen, um „seine guten Beziehungen zu Jugoslawien zu Gunsten der Bereinigung dieser Reibungspunkte einzusetzen". Aufzeichnung Bülows vom 10. März 1936, PAB, Büro St.S./ AD Aufzeichnungen St.S. von Bülow über Diplomatenbesuche, Bd. 11, Pag. E 190 433.
[53] Daß Göring die Gefahr eines rumänisch-russischen Ausgleichs ernst nahm, zeigt sein Gespräch mit Beck am 11. Okt. 1935. Lipski an Szembek vom 18. Okt. 1935, in: Lipski, Dok. 49, S. 222.

rumänischen Zeitungsverlegers Grigore Filipescu im Dezember 1935 bei Göring[54] erschien im Januar 1936 Bratianu selbst ohne Wissen der rumänischen Behörden in Berlin. In ausführlichen Besprechungen mit Göring stellte dieser ausdrücklich in Abrede, „dass irgendwelche politischen Abmachungen zwischen Deutschland und Ungarn beständen", und erklärte gleichzeitig, „dass Deutschland nicht daran dächte, Ungarn Gebietsteile eines Staates in Aussicht zu stellen, der sich von deutschfeindlichen Kombinationen fernhielte"[55].

Diese weitreichenden Erklärungen erfuhren bezeichnenderweise im Auswärtigen Amt keine Bestätigung[56]. Wesentlich unbedenklicher war dagegen Göring bereit, je nach Gesprächspartner alle möglichen Zusicherungen zu geben, die geeignet waren, den deutschen Willen zu guten Beziehungen zu Südosteuropa zu demonstrieren[57]. Wirtschaftspolitische Motive spielten dabei eine beträchtliche Rolle, da zu diesem Zeitpunkt besonders die Aufrüstung die angespannte Versorgungslage zu spüren bekam und man in Wehrmachtskreisen zunehmend in südosteuropäischen Rohstofflieferungen einen Ausweg aus den gegenwärtigen Engpässen sah.

Insbesondere war es gelungen, die Handelsbeziehungen zu Bulgarien und Jugoslawien zu intensivieren, wobei die südosteuropäischen Politiker nicht dem neuen Wirtschaftsminister Schacht, sondern vor allem Göring das Verdienst am Ausbau der Wirtschaftsbeziehungen zuschrieben[58]. Trotzdem kann man nicht undifferenziert von der planmäßigen Verwirklichung einer deutschen Wirtschaftshegemonie in Südosteuropa sprechen[59]. Eine einheitliche deutsche Südosteuropapolitik gab es auch 1935/36 nicht. Göring war der einzige deutsche Außenpolitiker, der eine einigermaßen klare sowohl politische als auch wirtschaftliche Zielsetzung in Südosteuropa verfolgte. Es entspricht auch kaum den Tatsachen, wenn man davon ausgeht, daß Deutschland bereits 1935 eine starke politische Basis in den Südostländern gehabt habe. Es war Göring zwar gelungen, gute Kontakte zu den südosteuropäischen Regierungsspitzen zu knüpfen und gleichzeitig seine politischen Vorstellungen vorzutragen. Zur Sprengung der Kleinen Entente war es jedoch nicht gekommen, wenn auch die europäischen Großmächte mit der deutschen Präsenz auf dem Balkan zu rechnen hatten.

Relativ erfolgreich war Göring in außenwirtschaftlichen Fragen und speziell bei der Vermittlung von Kompensationsgeschäften zur Lieferung von Kriegsgerät im Austausch gegen dringend benötigte Rohstoffe und Landwirtschaftsprodukte, die durch Weiterverkauf auf dem Weltmarkt wichtige Devisen brachten. Hier kam Göring das militärische italienische Engagement in Abessinien zur Hilfe[60]. Die schwache Reak-

[54] Unterlagen zu Filipescus Besuch in Berlin vom 14.–17. Dez. 1935, PAB, Pol. Abt. II/ Rumänien Politik 2, Bd. 3.

[55] Aufzeichnung von Renthe-Fink (AA) über ein Gespräch mit Bratianu vom 22. Jan. 1936, ebd., Bl. 115 f

[56] Aufzeichnung Neuraths über sein Gespräch mit Bratianu vom 23. Jan. 1936, in: ADAP, C, IV/2, Nr. 514, S. 1007 f.; Bratianu gab Görings Erklärungen in den Budapester Medien stark übertrieben wieder. Vgl. dazu die Aufzeichnung Neuraths vom 24. Feb. 1936, ebd., Nr. 582, S. 1160 f.

[57] Vgl. auch Bratianus zweiten Besuch bei Hitler und Göring im November 1936. Material dazu im PAB, Abt. Pol. IV/ Po 2 Rumänien, Bd. 1.

[58] Bericht von Rümelin (Sofia) an das AA vom 25. Okt. 1935, PAB, Abt. II-Wirtschaft/ Bulgarien Handel 11, Wirtschaftsbeziehungen zu Deutschland, Bd. 2.

[59] So Ádám, Les pays, bes. S. 4 f., und Zumpe, S. 173.

[60] Telegramm von Hassell (Rom) an das AA vom 28. Sept. 1935, in: ADAP, C, IV/2, Nr. 308, S. 650 f.; zur italienischen Anfrage wegen der Art der deutschen „Neutralität" im italienisch-abessinischen Krieg vgl. die Aufzeichnung Neuraths vom 12. Okt. 1935, ebd., Nr. 352, S. 716 f.

tion des Völkerbunds und der Westmächte auf die italienische Aggression stärkte fast automatisch das deutsche Gewicht im politischen Kräftespiel des Südostens[61] und öffnete Göring verstärkt Möglichkeiten, durch wirtschaftspolitische Hebel seinen politischen Zielvorstellungen näher zu kommen[62].

Programmatisch waren Göring dabei noch am ehesten die Südosteuropa-Konzeptionen der Reichswehr verwandt, denen jedoch die organisatorischen und personellen Voraussetzungen zu einer Verwirklichung fehlten[63]. Der Sommer 1935 brachte für Deutschland einen allgemeinen Aufschwung der internationalen Rüstungsgeschäfte, wobei Reichskriegsministerium und Auswärtiges Amt mit Göring um die kompetenzmäßige Zuständigkeit stritten. Hinter der außenpolitischen Fassade verbarg sich der innenpolitische Kampf um die Rohstoffe, wobei die Reichswehr durch die geheime Gründung der „Ausfuhrgemeinschaft für Kriegsgerät" und die effiziente Umorganisation des Wehrwirtschaftsstabes im Oktober 1935 zunächst Vorteile erringen konnte[64]. Aber während die Reichswehr vor allem China belieferte, gehörten zu Görings Domäne neben Spanien[65] vor allem die Südostländer Bulgarien[66], Griechenland[67] und Jugoslawien[68].

Durch Görings erfolgreiches Einschalten in den internationalen Waffenhandel, eingeleitet durch seine Südostreise vom Mai/Juni 1935, gelang ihm ein erheblicher Zuwachs an wirtschaftspolitischen Zuständigkeiten. Der Rohstoffbedarf der Luftwaffe war von den gesamtpolitischen Dimensionen der ungelösten Wirtschaftsprobleme nicht zu trennen. Das zeigte sich in der weiteren Entwicklung der wirtschaftspolitischen Kompetenzen Görings.

3. Aufstieg zum „Wirtschaftsdiktator"

Das „Reichsverteidigungsgesetz" vom 21. Mai 1935 bestellte Schacht zum „Generalbevollmächtigten für die Kriegswirtschaft". Dieses in seinen Aufgaben nur vage definierte Amt brachte Schacht fast zwangsläufig in Kompetenzstreitigkeiten mit dem Reichskriegsministerium und anderen Ministerien, aber auch Parteidienststellen, mit

---

[61] Zur Bedeutung des Abessinienkonflikts als außenpolitischer Aktivposten Deutschlands vgl. Funke, Sanktionen, S. 35 ff.

[62] Daß Göring die sich durch Italiens abessinisches Abenteuer für Deutschland im Südosten eröffnenden Möglichkeiten erkannte, zeigt seine Unterhaltung mit dem polnischen Prinz Janusz Radziwill. Szembek, Eintrag vom 2. Okt. 1935, S. 114.

[63] Zur Südosteuropa-Konzeption der Reichswehr vgl. die Denkschrift des Generalstabs des Heeres „über die militärpolitische Lage in Südosteuropa" vom 24. Aug. 1935, IfZ, MA-273, Pag. 6161 ff.

[64] Thomas, S. 55 f., 67 f.; Bagel-Bohlan, S. 57 ff.

[65] Seit Sommer 1935 führte Göring umfangreiche Verhandlungen über einen Austausch spanischer Rohstoffe gegen deutsches Rüstungsmaterial. Er knüpfte daran die Bedingung, daß „die ausländischen Unterhändler offiziell von der eigenen Regierung anerkannt oder besonders beauftragte Personen sind". Vertrauliches Schreiben Görings an das AA vom 14. Aug. 1935, PAB, Geheimakten 1920–1936/ II FK. 119 Ein- und Ausfuhr von Kriegsgerät nach europäischen Ländern (außer Balkanländer). Zum weiteren Verlauf der Verhandlungen vgl. den Schriftwechsel ebd. und PAB, Büro RM/ 53 Spanien, Bd. 3.

[66] Zu Görings Verhandlungen mit König Boris vgl. das Schreiben von Militärattaché Friderici (Sofia) an das RKM vom 12. Feb. 1936, in: ADAP, C, IV/2, Nr. 557, S. 1104 ff.

[67] Zu Görings Verhandlungen mit dem griechischen Finanzminister wegen Lieferung von Heinkel-Jagdflugzeugen vgl. die Korrespondenz vom Okt. u. Nov. 1935, PAB, Geheimakten 1920–1936/ II FK. 118, Bd. 1, Pag. E 396 650 ff.

[68] Görings Schreiben an die Firma Dornier wegen Flugzeuglieferungen nach Jugoslawien vom 1. Sept. und 7. Sept. 1936, PAB, HaPol/ Balkan Kriegsgerät, Bd. 1, Pag. E 666 113 ff.

denen er seit Ende 1934 mancherlei Auseinandersetzungen wegen Devisenzuweisungen auszufechten hatte[1]. Besonders mit Ernährungsminister Darré kam es zu so scharfen Konflikten, an denen auch Görings erste Vermittlungsversuche scheiterten[2]. Nachdem sich Göring im Sommer 1935 im Danziger Devisenkonflikt durchgesetzt hatte, erhielt er von Hitler im August 1935 auch den Auftrag, den Devisenstreit zwischen Schacht und Darré zu schlichten[3].

Göring beauftragte daraufhin aus seinem Stab den Volkswirtschaftler Erich Neumann mit umfangreichen Untersuchungen zur Ernährungs- und Devisenlage, die auch handelspolitische Grundsatzfragen miteinbezogen[4]. Am 15. Oktober fand unter Görings Vorsitz eine Chefbesprechung mit Schacht und Darré statt, bei der Göring zugunsten von Darré für erhöhte Devisenzuteilungen für Nahrungsmitteleinfuhren entschied[5].

Wirtschaftspolitische Kompetenzkämpfe und der Erlaß vom 4. April 1936

Der Schlichtungsauftrag war eine wichtige Etappe bei Görings Aufstieg zur obersten wirtschaftspolitischen Instanz. Es ist aber eher unwahrscheinlich, daß Hitler seinem „Paladin" diesen Weg absichtlich ebnete. Vielmehr scheint es, daß Hitler den gleichzeitigen Kompetenzanmaßungen Görings im Bereich der Rüstungswirtschaft nur zögernd und widerstrebend nachgab. Seit der Enttarnung der Luftwaffe war Göring besessen von dem Gedanken einer blitzschnellen und enormen Aufrüstung seiner Luftwaffe. Die Materialengpässe von Anfang 1935 glaubte er dadurch bewältigen zu können, daß er sich selbst zum „Benzin- und Gummiprogramm-Diktator" ernannte, was damals jedoch am Einspruch Hitlers scheiterte[6]. Im Konkurrenzkampf mit der Reichswehr suchte sich Göring dann erneut im Spätsommer 1935 eine bessere Position zu verschaffen, indem er Hitler drängte, ihn (Göring) zum „Generalluftmarschall" zu ernennen. Auch dieses Begehren lehnte Hitler jedoch am 7. September ab[7].

Es war nicht das erste Mal, daß Hitler Görings Ehrgeiz bremste oder zu bremsen versuchte. Hitler unterstützte Görings Politik, solange sie seinen eigenen Zielen dienen konnte oder zumindest keinen Schaden anrichtete. Sobald Göring jedoch die Hand nach einem Amt oder einer Befugnis ausstreckte, die ihm ein entscheidendes Machtübergewicht im Herrschaftssystem des „Dritten Reiches" zu verschaffen geeignet war, verweigerte Hitler die Zustimmung. Daß Göring dennoch seit 1934/35 zum zweiten Mann im NS-Regime aufsteigen sollte, war weniger dem Willen Hitlers zuzuschreiben als der Umtriebigkeit, Vielverwendungsfähigkeit und dem politischen Ehrgeiz Görings. Nachdem Hitler sich gezwungen gesehen hatte, eine Entscheidung im Devisenstreit zwischen Schacht und Darré durch Göring als Schlichter herbeizufüh-

[1] Bagel-Bohlan, S.63 ff.; Peterson, S.216.
[2] Doering, S.37 f.; Simpson, S.90 f.
[3] Sohn-Rethel, S.105 f.; Petzina, Vierjahresplan, S.293; Aussage von Friedrich Gramsch vom 1.Aug.1947, IfZ, NID-12616, S.6.
[4] Aussage von Erich Neumann vom 23.Sept.1947, IfZ, NG-HG-2648, Affidavit Erich Neumann, S.2.
[5] Darrés Schreiben an Schacht vom 14.Jan. 1936 über die „Chefbesprechung" am 15.Okt. 1935, BAK, R 43 II/331 Außenhandel, Bd.9, Bl.65 ff.
[6] Vgl. Milchs Eintragungen ins „Merkbuch 1935" vom April 1935, BA-MA, Nachlaß Milch N 179/ Merkbuch 1935.
[7] Vgl. ebd., den Eintrag „1.Woche August" und Milchs Tagebucheintrag vom 7.Sept.1935, ebd., Nr.36, Tagebuch 1935.

ren[8], wies er bezeichnenderweise Göring unmittelbar nach der Vermittlungsaktion an, sich künftig nicht in Wirtschaftsfragen einzumischen[9].

Aus solchen Gründen entzog Hitler sich auch monatelang einer weiteren Kompetenzvermehrung Görings auf diesem Gebiet, trotz Blombergs und Schachts Appellen, dem Chaos der wirtschaftspolitischen Zuständigkeiten ein Ende zu bereiten[10]. Dabei hatte Hitler bereits zu diesem Zeitpunkt erkannt, daß mit Schacht eine Bewältigung dieser Probleme nicht zu realisieren war[11]. Als die Treibstoff- und Außenhandelskrise um den Jahreswechsel 1935/36 die Kompetenzkämpfe in der deutschen Wirtschaftspolitik verschärfte, versuchte es Hitler wiederum zunächst mit einer kleinen Lösung, indem er mit Erlaß vom 24. Januar 1936 den Oberberghauptmann Heinrich Schlattmann zum „Sonderbeauftragten für die Mineralölwirtschaft" ernannte[12]. Diese Lösung war kaum geeignet, die Konflikte zu beheben, da dem neuen Sonderbeauftragten Autorität und Durchsetzungsvermögen fehlten und sie auch den Widerspruch Görings herausforderte[13].

Der Entschluß zur Rheinlandbesetzung im März 1936 demonstrierte zwar Hitlers Fähigkeit, bei wichtigen außenpolitischen Aktionen auch gegen die Warnungen seiner Ratgeber höchstpersönliche Entscheidungen zu treffen (auch Göring, der den Zeitpunkt für außenpolitische Abenteuer für verfrüht hielt, gehörte zu diesen Warr ern[14]). Aber bei den schwelenden wirtschaftspolitischen Konflikten ließ Hitler die Dinge zunächst weiterhin treiben. Anfang 1936 verschärften sich hier erneut die Kompetenzkämpfe. Parteileute wie Keppler und Darré gaben Schacht die Schuld am geringen Devisenaufkommen und beschwerten sich bei Hitler über das Devisenzuteilungsverfahren, welches gleichfalls Blombergs Kritik herausforderte[15]. Schacht seinerseits war keineswegs bereit, die Angriffe widerstandslos hinzunehmen. Öffentlich wies er die Übergriffe der Partei zurück, erklärte Kepplers Arbeit für überflüssig[16] und gab Darré in einem scharfen Schreiben zu verstehen, daß er „kein Dukatenmännchen" sei[17].

Als in einer Wehrmachtdenkschrift vom 9. März ein „Treibstoffkommissar" gefordert wurde[18], griff Göring diesen Gedanken auf und äußerte sich gegenüber seinem Staatssekretär Milch am 18. März, daß er „Betriebsstoff Kommissar" werden möchte[19].

---

[8]   Aussage von Paul Körner vom 12. März 1946, in. IMG, Bd. 9, S. 174 f.
[9]   Krogmann, S. 246.
[10] Zu Hitlers Rede zur Rohstofflage auf dem Nürnberger Parteitag von 1935 vgl. Carr, S. 55. Zur Auseinandersetzung zwischen Blomberg und Schacht um die Bestellung eines Sonderkommissars für Rohstoffprobleme und ihren erfolglosen Vorstößen bei Hitler vgl. die Auflistung des Wehrwirtschaftsstabes über den Schriftwechsel und die Besprechungen zu diesem Thema vom 29. Nov. 1935, BA-MA, Wi I F 5/ 433 Ministerpräsident Göring, Amt für deutsche Roh- und Werkstoffe (1935–37), Bl. 507–511.
[11] Pentzlin, S. 179; Carr, S. 54.
[12] Vgl. die geheimen Ausführungen zu Hitlers Erlaß vom 24. Jan. 1936, BA-MA, Wi I F 5/ 433, Bl. 413 f.
[13] Petzina, S. 36.
[14] Heineman, S. 114 ff.; Milchs Tagebucheintrag vom 7. Okt. 1935, BA-MA, Nachlaß Milch N 179/ Nr. 36, Tagebuch 1935.
[15] Vermerk der Reichskanzlei vom 21. Jan. 1936, BAK, R 43 II/ 331, Bl. 105 f. und ebd., den sich daran anschließenden Schriftwechsel zwischen Darré, Schacht und Lammers. Zur Auseinandersetzung Schachts mit Blomberg wegen der Rohstoffversorgung vgl. den vertraulichen Informationsbericht Nr. 14 vom 28. April 1936, BAK, ZSg. 101/ 29, Bl. 153 ff.
[16] Krogmann, S. 265 f.; Riedel, S. 67 ff., 72 ff.
[17] Schacht an Darré vom 24. März 1936, BA-MA, Wi I F 5/ 614 Schriftwechsel Schacht-Darré, S. 5 des Schreibens.
[18] Birkenfeld, S. 81; Schweitzer, Crisis, S. 259 f.
[19] Milchs Tagebucheintrag vom 18. März 1936, BA-MA, Nachlaß Milch N 179/ Nr. 36, Tagebuch 1936.

Anfang April waren die geheimen Besprechungen zwischen Blomberg und Göring über die Einsetzung eines „Generalinspektors für die deutsche Mineralölwirtschaft" so weit gediehen, daß sich beide in einer Aussprache am 3. April auf einen Organisationsplan einigen konnten, der Göring als „Generalinspektor" vorsah[20].

Schacht erhielt von dieser Entwicklung Kenntnis und nutzte die Gelegenheit, Göring am gleichen Tag für die leidige Devisenverteilungsangelegenheit zu interessieren[21]. Der Wirtschaftsminister wollte sich selbst dadurch gegenüber der Partei den Rücken freihalten, daß er alle Streitpunkte auf Göring abwälzte. Göring ergriff die Gelegenheit gern, seine Kompetenz auf wirtschaftspolitischem Terrain weiter auszudehnen. In einem gemeinsamen Vorstoß bei Hitler brachten Schacht und Göring diesen am 4. April dazu, als geheime Reichssache einen Erlaß zu formulieren[22], der Göring zum Devisen- und Rohstoffkommissar ernannte. Hitler glaubte offenbar, sich dem gemeinsamen Drängen seiner damals wichtigsten wehrwirtschaftlichen Berater nicht entziehen zu können, und unterzeichnete den Erlaß anscheinend, ohne daß er sich der organisatorischen Konsequenz voll bewußt war.

Tatsächlich hatte der Auftrag wenig mit dem zu tun, was bis dahin intern von den einzelnen wirtschaftspolitischen Gruppierungen diskutiert worden war. Die Genesis der neuen Beauftragung spiegelte sich zwar noch in der Eingangsformel des Erlasses („Auf Antrag des Reichskriegsministers und des Generalbevollmächtigten der Kriegswirtschaft ..."). Es kann jedoch bezweifelt werden, daß Blomberg die so weitgehende Beauftragung Görings tatsächlich gewollt hatte. Noch am 4. April war von ihm persönlich ein Organisationsplan eines „Generalinspektors für die deutsche Mineralölwirtschaft" unterzeichnet und an Göring geschickt worden, der von einer eng begrenzten Beauftragung ausging. Wenn Blomberg überhaupt sein Einverständnis zu der umfassenderen Beauftragung Görings gegeben hat, dann sehr kurz vor der Entscheidung, möglicherweise in einer Situation, bei der ihm keine Zeit für einen Einspruch blieb.

Tatsächlich muß Schacht als Initiator des Erlasses angesehen werden. Er äußerte sich noch tags zuvor skeptisch über die Aufrüstung und glaubte, durch diesen Sonderauftrag aller Streitigkeiten auf dem Rüstungssektor entledigt zu werden[23]. Schacht unterlag hierbei der Täuschung, daß Aufrüstung und Wirtschaftspolitik im „Dritten Reich" zwei verschiedene Angelegenheiten seien. Daher bezog sich der Erlaß formal nur auf die „Sicherstellung der weiteren Wehrhaftmachung", so daß Schacht glauben konnte, nicht als Wirtschaftsminister, sondern als „Generalbevollmächtigter der Kriegswirtschaft" tangiert zu sein[24]. Auch die dürftigen Formulierungen des Erlasses mögen dieser Fehleinschätzung Vorschub geleistet haben. Da zur Sicherstellung der Wehrhaftmachung „eine Verbesserung der Rohstoff- und Devisenlage nötig" sei, wurde „Göring mit der Prüfung und Anordnung aller erforderlichen Maßnahmen" be-

---

[20] Blombergs („Geheim"-)Schreiben an Göring vom 4. April 1936, BA-MA, Wi I F 5/ 433, Bl. 295.
[21] Seit Beginn der Streitigkeiten mit der Partei forderte Schacht hierfür einen „Beauftragten". Vgl. Schachts Denkschrift vom 3. Mai 1935, in: IMG, Bd. 27, Dok. 1168-PS, S. 50 ff.; vgl. auch Petzina, Vierjahresplan, S. 30; Schweitzer, Crisis, S. 246. Bereits am 3. April 1936 notierte Milch in sein Tagebuch: „Göring wird Wirtschafts- und Devisendiktator". BA-MA, Nachlaß Milch N 179/ Nr. 36, Tagebuch 1936.
[22] Zum Wortlaut des „Führer-Erlasses" vom 4. April 1936 vgl. BAK, R 26/ 35 Führer-Auftrag u. a., Bl. 4.
[23] Krogmann, S. 266; Schacht, S. 463 f.
[24] „Führer-Erlaß" vom 4. April 1936, BAK, R 26/ 35, Bl. 4.

auftragt. Von besonderer Bedeutung wurde in der Folgezeit der Zusatz, er könne „hierfür alle staatlichen und parteilichen Stellen anhören und anweisen".

Die nachträglichen Verbesserungen und Einschübe, Mängel an definitorischer und sprachlicher Präzision weisen auf eine im Eiltempo herbeigeführte Ausfertigung des Erlasses hin. Hitler hatte sich offenbar überrumpeln lassen, zumal ihm jedes Mittel zur Beschleunigung der Aufrüstung recht war. Die wirtschaftspolitische Seite der Militarisierung schien aus seinem Blickwinkel wohl keine übermäßige Machtsteigerung zu bedeuten, zumal anscheinend Blomberg und Schacht, Görings sonst häufig eifersüchtige Rivalen, mit der Beauftragung einverstanden waren: Schacht wohl auch, weil er von Görings Inkompetenz auf wirtschaftlichem Gebiet überzeugt war[25] und er ihn nur als politischen Prellbock einschalten wollte[26]; Blomberg offenbar in Unkenntnis des umfassenden Inhalts des Erlasses[27].

Der geheime Erlaß vom 4. April 1936 bedeutete jedoch faktisch eine entscheidende Etappe für Görings Machtausdehnung auf dem Gebiet der Wirtschaftspolitik. Und Göring allein scheint dies richtig kalkuliert und sich dabei im Grunde auch gegen Hitler durchgesetzt zu haben. Wie stark seine Vorstellungen den Erlaß prägten, zeigte sich auch in der Bestimmung, daß Göring bei dem neuen Auftrag Reichsminister Kerrl „zur Unterstützung und Vertretung" zur Seite gestellt werde[28]. Kerrl war ein unbedingter Vertrauensmann Görings, und er kam zu der neuen Bestellung, obwohl er mit wirtschaftspolitischen Fragen bis dahin überhaupt nichts zu tun hatte.

Göring suchte den neuen Auftrag auch öffentlich auszuschlachten. Obwohl Hitler den Erlaß in seinem Rundschreiben an Heß, Keppler, Popitz und die Reichsminister ausdrücklich als „Geheime Reichssache" deklariert hatte, setzte Göring am 27. April das Deutsche Nachrichtenbüro von der neuen Aufgabe in Kenntnis, worauf am 28. April einige Zeitungen die entsprechende Meldung brachten[29]. Die Veröffentlichung rief nicht nur den Protest des Reichskriegsministeriums hervor, sondern führte zu einem „allgemeine(n) Durcheinander … bei allen staatlichen Dienststellen"[30]. Göring veranlaßte die Veröffentlichung offenbar auch wegen ersten auftretenden Durchsetzungsschwierigkeiten. So ist es bezeichnend, daß die von Göring lancierte Pressemitteilung Görings Anweisungsbefugnis besonders betonte. Wie bei anderen vergleichbar improvisierten Sonderaufträgen Hitlers münzte Göring den neuen „Führer-Auftrag" sofort zur institutionellen Statusfrage um und nutzte ihn zur Kompetenzausweitung über den eigentlichen Rahmen der umschriebenen Aufgabe hinaus.

[25] Schacht hielt Göring für wirtschaftliche Aufgaben für „völlig ungeeignet". Schachts Aussage bei Heydecker/ Leeb, S. 365.

[26] Intime Kenner der Szene werteten zunächst Görings Berufung als Erfolg Schachts. Vgl. Dertingers vertraulichen Informationsbericht Nr. 15 vom 4. Mai 1936, in dem er die Auffassung vertritt, daß „die Betrauung Görings als ein Erfolg Schachts bezeichnet werden könne, als grundsätzlich an der Devisen- und Rohstoff-Politik nichts geändert werden soll, Schacht dagegen aus der Zone des Streites über die Verteilung des Devisenvorrats herausgenommen und an seine Stelle Göring getreten ist". BAK, ZSg. 101/ 29, Bl. 159.

[27] Göring teilte auf der Besprechung am 15. Mai 1936 mit, daß er auf Vorschlag Schachts beauftragt worden sei, von Blomberg war hierbei keine Rede. Protokoll bei Krogmann, S. 267 ff.

[28] „Führer-Erlaß" vom 4. April 1936, BAK, R 26/ 35, Bl. 4.

[29] DNB-Meldung vom 27. April 1936, die fast den Originalwortlaut des Erlasses wiedergibt. Ein besonderes Gewicht wird hierbei auf Görings Anweisungsbefugnis gelegt. BAK, R 43 II/ 143 Zuständigkeitsfragen, Bd. 3, Bl. 37; Krogmann, S. 266 f.

[30] WStb-Vortragsnotiz vom 2. Mai 1936, BA-MA, Wi I F 5/ 701 Reichsverteidigungsrat, ständiger Ausschuß 1933–36.

Nach Hitlers Erläuterungen gegenüber Neurath sollte der Erlaß dazu dienen, „Schacht hinter dem breiten Rücken von Göring abzuschirmen". Göring sollte „sich nur einmischen, wenn gewisse Parteichefs sich weigerten, Schachts Autorität anzuerkennen"[31]. Göring begnügte sich jedoch keineswegs damit, eine abwartende Schiedsrichterrolle in Devisenangelegenheiten zu übernehmen. Dies entsprach weder seiner Mentalität noch seinem machtpolitischen Ehrgeiz. Am 20. April erhielt er zwar endlich von Hitler die bereits lange beantragte militärische Beförderung, allerdings wurde er lediglich zum „Generaloberst"[32] und nicht zum „Generalluftmarschall" ernannt. Eine militärische Rangerhöhung gegenüber Blomberg, die ihm auch bei der wehrwirtschaftlichen Rohstoffverteilung zugute gekommen wäre, war noch nicht erreicht. Statt dessen wählte Göring einen anderen Weg, um die von ihm gewünschte Eindeutigkeit der obersten Entscheidungsvollmacht auf dem neuen Gebiet herzustellen. Ohne Konsultation mit anderen Behörden richtete er zum Erstaunen der Reichsministerien mit Wirkung vom 1. Mai 1936 eine neue selbständige Dienststelle mit der Bezeichnung „Ministerpräsident Generaloberst Göring – Rohstoff- und Devisenstab" ein[33].

Diese überraschende Wendung rief sofort Blombergs Protest hervor. Mit Schreiben vom 7. Mai übersandte Blomberg Göring einen Vortragsentwurf für die 12. Sitzung des Reichsverteidigungsausschusses, in dem er ausdrücklich festzustellen wünschte, daß Hitler mit der Beauftragung Görings „eine Änderung des Reichsverteidigungsgesetzes und der für die Vorbereitung der Verteidigung des Reiches erlassenen Kabinettsbeschlüsse weder beabsichtigt, noch gebilligt" habe[34]. Göring dachte jedoch nicht daran, die bestehenden Befehlsverhältnisse im „Kriegswirtschaftsfall" unangetastet zu lassen. Sein Schreiben vom 13. Mai 1936 an Blomberg, in dem er sich mit dem Vortragsentwurf nicht einverstanden erklärte[35], bildete den Auftakt zu einer Auseinandersetzung zwischen Schacht, Blomberg und Göring über die Aufgabenverteilung zwischen Generalbevollmächtigtem für die Kriegswirtschaft, Wehrwirtschaftsstab und Görings neuer Dienststelle, die sich über Schachts Rücktritt im November 1937 mehr als zweieinhalb Jahre hinzog. Blomberg und Schacht waren sich darin einig, daß Görings Sonderauftrag lediglich in der „Friedenswirtschaft" Anwendung finden sollte[36].

Die Auseinandersetzung um die Wirtschaftspolitik in der ersten Jahreshälfte 1936

Görings erste Maßnahmen als Wirtschafts-Sonderbeauftragter brachten zwar keine einschneidende Änderung der bisherigen Wirtschaftspolitik mit sich, machten jedoch bereits nach wenigen Wochen eine wirtschaftspolitische Strategie sichtbar, die mit Schachts Konzept in Konflikt geraten mußte. Nach einigen vorbereitenden Sitzungen

---

[31] Aufzeichnung des US-Botschafters in Frankreich, William C. Bullitt, über sein Gespräch mit Neurath am 18. Mai 1936, in: Ursachen, Bd. X, S. 474.

[32] Domarus, Bd. I, S. 619.

[33] Aufzeichnung des Reichsfinanzministeriums vom 5. Aug. 1936, BAK, Reichsfinanzministerium R 2/ 19542 Amt für deutsche Roh- und Werkstoffe: Einrichtung und Verwaltung 1936–1937.

[34] Anlage zum Schreiben Blombergs an Göring vom 7. Mai 1936, BA-MA, Wi I F 5/ 405, Teil 2.

[35] Vgl. Görings Schreiben an Blomberg vom 13. Mai 1936, ebd.

[36] Schachts Konzeption für den „Kriegsfall" geht aus dem Vortragsentwurf für die 12. Sitzung des Reichsverteidigungs-Ausschusses am 14. Mai 1936 hervor. BA-MA, Wi I F 5/ 701 Reichsverteidigungsrat, ständiger Ausschuß 1933–36.

mit seinem Stab, in denen Planungsdiskussionen stattfanden[37], berief Göring im Mai und Juni 1936 ein halbes Dutzend Sitzungen unter verschiedenen Etiketten ein, die sowohl der Anhörung und Prüfung, aber auch der Richtlinienformulierung dienten. Bis Ende April war Schacht noch der Auffassung, daß Göring sich auf „die Verteilung der verfügbaren Devisen für die einzelnen Zwecke" beschränken werde[38]. In seiner ersten Chefbesprechung am 4. Mai im Preußischen Staatsministerium führte Göring aus, daß „er ein besonderes Programm noch nicht aufgestellt habe und überhaupt keinen festen Plan besitze"[39]. Gleichzeitig betonte er aber, „daß er in seiner Aufgabe nicht nur einen Prüfungsausschuß sehe, sondern daß er die Verantwortung für die notwendige Regelung übernehmen werde"[40], und erläuterte weiterhin seine Vorstellungen vom zukünftigen Organisationsnetz des „Rohstoff- und Devisenstabes". Im Kern forderte Göring damit „nichts anderes als die Unterordnung der wirtschaftspolitischen Exekutive" unter seine Leitung[41], ohne daß allen Beteiligten diese Entwicklung damals allerdings schon klar vor Augen stand.

Zum Zusammenstoß zwischen den wirtschaftspolitischen Instanzen kam es erst am 12. Mai. Für den Vormittag dieses Tages hatte Göring eine Sitzung des sogenannten „Devisenausschusses" einberufen, zu der Schacht, gemäß seiner Vorstellung von der Aufgabenverteilung zwischen ihm und Göring, nicht gekommen war. Göring nutzte diese Gelegenheit, um den anderen anwesenden Reichsministern sowie den Bedarfsträgern die Gründe für seine umfassende Arbeit auf dem Gebiet der Wirtschaftspolitik zu erläutern. Im Mittelpunkt stand dabei die Feststellung, „daß nach dem ihm gewordenen Auftrag die Behandlung der Rohstoffe und Devisenfrage unter dem Gesichtspunkt der deutschen Rüstungen erfolgen müsse"[42]. Im Gegensatz zu Schacht betonte er, daß die Rüstung unter allen Umständen weitergetrieben und trotz aller Rohstoff- und Devisenprobleme im Mittelpunkt der wirtschaftspolitischen Überlegungen stehen müsse.

Am Nachmittag des gleichen Tages fand eine Sitzung des Preußischen Ministerrates statt, die die Wende gegen Schachts Wirtschaftspolitik offen ankündigte. Die Auseinandersetzung zwischen Schacht und Göring entzündete sich an der Frage der zeitlichen Begrenzung der Aufrüstung. Schacht berief sich auf eine persönliche Rücksprache mit Hitler, wonach das Tempo der Aufrüstung nur bis zum Frühjahr 1936 durchzuhalten sei, was von Göring bestritten wurde. Bezeichnenderweise bezogen sich beide Kontrahenten auf unterschiedliche und sich widersprechende „Führerweisungen". Ohne Zweifel spielte für Göring der Gesichtspunkt der reibungslosen Durchführung der Aufrüstung die entscheidende Rolle. Als notwendige Maßnahmen erschienen ihm dabei: „1. Exportsteigerung trotz aller Schwierigkeiten, 2. innerdeutsche Rohstoffdeckung, 3. die zur Durchführung aller Maßnahmen gegebenenfalls notwendige Umlagerung von Arbeitskräften und Ernährungsgrundlagen"[43].

[37] Milchs Tagebucheinträge vom April u. Anfang Mai 1936, BA-MA, Nachlaß Milch N 179/ Nr. 36, Tagebuch 1936.

[38] Aktenvermerk von Ritter (AA) vom 22. April 1936 über ein Gespräch mit Schacht, PAB, Handakten Wiehl/ Vierjahresplan – Allgemein.

[39] Aufzeichnung Neuraths vom 4. Mai 1936, ebd., Pag. E 513 896.

[40] Aufzeichnung des WStb, BA-MA, Wi I F 5/ 203, Bl. 539.

[41] Petzina, Vierjahresplan, S. 38.

[42] Aufzeichnung Neuraths vom 13. Mai 1936, PAB, Handakten Wiehl/ Vierjahresplan – Allgemein, Pag. E 513 894.

[43] Niederschrift des Ministerrates am 12. Mai 1936, in: IMG, Bd. 27, Dok. 1301-PS, S. 135–143.

Im Grunde stützte sich Göring damit auf die seit Ende 1934 vorhandenen, nebeneinander herlaufenden Konzepte von Schacht und Keppler, um sie unter einheitlicher Führung einer optimalen Ausnutzung für Aufrüstungszwecke zuzuführen. Es läßt sich insofern von einer neuen Konzeption sprechen, als Göring die erfolgreichen Exportumlagerungsstrategien und Methoden des „Neuen Plans" aufgriff und mit unbürokratischen Mitteln zu radikalisieren suchte, während er gleichzeitig die von Schacht abgelehnte deutsche „Ersatzstoffproduktion" mit großem Aufwand in Schwung zu bringen gedachte[44]. Diese beiden, nun miteinander verbundenen Strategien bestimmten vom Frühsommer 1936 an zunehmend auch Görings Außenpolitik. Der Vierjahresplan schuf dafür lediglich den organisatorischen Rahmen, konzeptionell brachte er nichts Neues mehr.

Es entspricht nicht den Tatsachen, sowohl den späteren Vierjahresplan als auch Görings Arbeit im Rohstoff- und Devisenstab einseitig unter autarkistischen Vorzeichen zu sehen[45]. Görings Arbeit im Bereich der einheimischen „Ersatzstoffproduktion" stand nur *scheinbar* im Vordergrund der Dringlichkeiten, da es hier noch erhebliche Entwicklungsmöglichkeiten gab. Die Verwirklichung der vom Keppler-Stab ausgearbeiteten Pläne war bislang am Einspruch Schachts, der vor allem mit Rentabilitätsgesichtspunkten argumentiert hatte, gescheitert. Wie sehr aber Göring auch der Exportsteigerung Bedeutung beimaß, verdeutlichen die Sitzungen des am 15. Mai unter Görings Vorsitz ins Leben gerufenen „Gutachterausschusses für Exportfragen".

Bereits bei der am Vormittag des 15. Mai stattgefundenen Ministerratsbesprechung war es zu einer Auseinandersetzung zwischen Schacht und dem Preußischen Finanzminister Popitz über die Art und Weise der Rohstoffbeschaffung durch Exportförderung gekommen[46]. Diese Debatte wurde am Nachmittag auf der Sitzung des „Gutachterausschusses für Exportfragen" fortgesetzt. Geladen waren zu diesem Ausschuß nicht nur die Wirtschaftspolitiker und Wirtschaftssachverständigen der Reichsregierung und Reichsbahn, sondern auch Führer der Privatwirtschaft. Göring stellte in seinen Begrüßungsworten klar, daß es ihm nicht um „theoretische Erörterungen", sondern um praktische Wege ging. Er gab den einzelnen Wirtschaftsvertretern Gelegenheit, ihre durchaus unterschiedlichen Konzepte zur Verbesserung der Rohstofflage durch Exportförderung vorzutragen, ohne daß er selbst in die Auseinandersetzungen eingriff. Am entschiedensten wurde die Dringlichkeit der Exportsteigerung von Görings Finanzminister Popitz vertreten, der eine nahezu unbegrenzte Freigabe des Exportes forderte[47].

Auch auf der am 26. Mai 1936 folgenden Sitzung des „Gutachter-Ausschusses über Rohstoff-Fragen" unterstrich Göring die Bedeutung der Exportsteigerung und der Rohstoffersatzbeschaffung und appellierte an den Idealismus der deutschen Wirt-

---

[44] Daß die Pläne zur Ersatzstoffproduktion nicht auf Göring zurückgingen, sondern bereits seit Ende 1934 ernsthaft in bestimmten Industriekreisen diskutiert wurden, zeigt der Schriftwechsel zwischen Ritter und Krauch, BAK, Reichsamt für Wirtschaftsausbau R 25/ 112 Schriftwechsel Ritter-Krauch, 1934–1935. Vgl. zum Gesamtzusammenhang Gottfried Plumpe, Industrie, technischer Fortschritt und Staat. Die Kautschuksynthese in Deutschland 1906–1944/45, in: GG 9 (1983), S. 564–597, bes. S. 581 ff.

[45] So betonen einseitig Görings angebliches „Autarkie-Konzept": Riedel, Eisen, S. 85 f.; Peterson, S. 276; Petzina, Vierjahresplan, passim.

[46] Niederschrift über den Ministerrat am 15. Mai 1936, BA-MA, Wi I F 5/ 203.

[47] Niederschrift der Sitzung des Gutachter-Ausschusses über Exportfragen am 15. Mai 1936, 16 Uhr, BAK, R 26 I/ 36, Bl. 1 ff.

schaftsführer: „Das Tempo der Aufrüstung dürfe unter keinen Umständen beeinträchtigt werden, dagegen müßten auch die eigenen Werksinteressen zurückstehen"[48]. Die Exportförderung bezeichnete er als „Sofortprogramm" zur „Schaffung der deutschen Wehrfreiheit", während Ersatzstoffe und Umverlagerung der landwirtschaftlichen Erzeugung ein „Zeitprogramm" darstellten. Jedoch wurden auch auf dieser Sitzung, entgegen Görings Vorstellung, mehr theoretische Konzepte als praktische Möglichkeiten erörtert. Göring war darüber nach der Sitzung sehr ungehalten und vermutete hinter den langen Vorträgen vor allem eine Verzögerungstaktik des Reichswirtschaftsministers. Er erzählte Krogmann, daß Schacht bei Hitler die Rücknahme der Bevollmächtigung Görings gefordert habe. Dies sei jedoch von Hitler mit der Begründung abgelehnt worden, daß er (Hitler) „mit den Dingen nichts mehr zu tun haben" wolle, Schacht „möge sich mit Göring auseinandersetzen, für ihn wäre er in diesen Fragen nicht mehr zu sprechen".

Damit war der Kampf um die oberste Weisungsbefugnis in der deutschen Wirtschaftspolitik zwischen Schacht und Göring ausgebrochen. Göring versuchte dabei zahlreiche Wirtschaftsexperten außerhalb des Reichswirtschaftsministeriums, wie Keppler und Krogmann, zu mobilisieren, „damit bei den nächsten Besprechungen nunmehr auch Vorwürfe gegen das Wirtschaftsministerium ausgesprochen würden"[49]. Schacht hatte die Verhandlungen in den Gutachtersitzungen sehr geschickt geführt und es nie auf eine offene Auseinandersetzung mit Göring ankommen lassen. So überrascht es nicht, daß Göring erst für den 30. Juni die nächste Gutachtersitzung einberief. Sie war die letzte ihrer Art, was Göring mit der bevorstehenden Sommerpause begründete: Erst müsse einmal die bisherige Arbeit ausgewertet werden. Das dreißigseitige Protokoll über die zweieinhalbstündige Sitzung gibt darüber Auskunft, daß man zwar über zahlreiche Randprobleme des Exportverfahrens sprach, jedoch zu keinen konkreten Vorschlägen zur Behebung des Devisenmangels kam. Der Sitzungsbericht vermittelt eher den Eindruck eines unverbindlichen Meinungsaustausches.

In Görings Abschlußrede klangen allerdings Untertöne an, die die grundsätzlich veränderten Ziele in der deutschen Wirtschaftspolitik signalisierten. Es ging nicht mehr um das Funktionieren des deutschen Wirtschaftslebens, sondern um die Organisation einer auf eine bewaffnete Auseinandersetzung eingestellten Rüstungswirtschaft. Zwei „große Aufgaben" sah Göring in dieser „aussergewöhnlichen Zeit": „die Ernährung und die Bewaffnung des deutschen Volkes", um diese Dinge drehe es sich, „wenn Deutschland einmal gezwungen ist, zu seinem letzten Freiheitskampf anzutreten". Als oberste Zielsetzung der wirtschaftlichen Anstrengungen nannte Göring die „letzte Befreiung unseres Volkes".

Mit Entschiedenheit hob Göring seinen wirtschaftspolitischen Führungsanspruch gegenüber den ministeriellen Instanzen hervor. In seiner Schlußansprache betonte er die Bedeutung seiner neuen Aufgabe, die weit über den anderen Aufgaben stehe, die ihm bisher Hitler übertragen habe. Hier war nicht mehr von Devisen, Treibstoff oder Rohstoffen die Rede, sondern von einer Vollmacht, die die „Lebensfrage Deutsch-

---

[48] Göring faßte als Ergebnis zusammen: „Abhilfe zu suchen durch Exportsteigerung in erster Linie, dann vermehrte Rohstofferzeugung, gesteigerte Ersatzstoffverwendung". Niederschrift der Sitzung vom 26. Mai 1936, BAK, R 26 I/ 11 Durchführung des Vierjahresplan, Bl. 27 f.

[49] Krogmanns Tagebuchnotizen, in: Krogmann, S. 272 f.

lands"[50] zum Gegenstand habe. Die vielen personalaufwendigen Sitzungen, die Göring in diesen Wochen abhielt, dienten auch weniger der Diskussion wirtschaftspolitischer Möglichkeiten zur Verbesserung der Rohstofflage[51] als vielmehr der Demonstration seines wirtschaftspolitischen Führungsanspruchs. Wenn es in diesen Sitzungen auch zu keinen offenen Kompetenzkonflikten mit Schacht kam, so deuteten Schachts Schlußworte, trotz aller salbungsvollen Dankesformeln gegenüber Göring, an, daß die alte Wirtschaftsführung noch keineswegs kapituliert hatte. Beiläufig betonte Schacht „im Namen aller anwesenden Wirtschaftsführer", daß er „als Führer der Wirtschaft" das Gelöbnis ausspreche, nichts unversucht zu lassen für das Gelingen des Werkes, für das Göring nun „die Arbeitsrichtung angegeben" habe[52].

Schacht versuchte im Frühsommer 1936 durch einige Auslandsreisen seine angeschlagene Autorität zu verbessern[53]. Unterdessen nutzte Göring die Abwesenheit seines Rivalen zu einer umfassenden Umorganisation des „Rohstoff- und Devisenstabes". Auf einer Sitzung am 6. Juli mit seinen engsten wirtschaftspolitischen Mitarbeitern gab Göring die Auflösung des bisherigen stabsmäßigen Provisoriums bekannt und präsentierte sich mit der neuen Bezeichnung „Reichsbeauftragter für Rohstoff- und Devisen-Fragen"[54]. Unter dem neuen Etikett, das Görings Stellung als Neben-Wirtschaftsminister zum Ausdruck brachte, sammelte er eine Reihe von wirtschaftspolitischen Spezialisten um sich, deren Loyalität er sicher sein konnte, und betraute sie einzeln mit ressortmäßig abgegrenzten Sonderaufgaben. Zum Teil stammten diese Männer aus Görings Stabsamt (Körner, Neumann), vom Luftwaffenführungsstab (Milch, Löb), waren enge Vertraute Görings (Keppler, Krogmann) oder einfach Gegner Schachts (Backe). Bemerkenswert ist vor allem, daß Göring zahlreiche führende Funktionäre der IG-Farbenindustrie zur Mitarbeit an der wirtschaftspolitischen Planung gewinnen konnte, was insbesondere bei den Reichsministerien mit erhöhtem Mißtrauen registriert wurde[55]. Sogar vom Wehrwirtschaftsstab zog Göring Sachbearbeiter auf dem Verordnungswege ab (Czimatis, Mureck)[56].

Seinem Halbbruder Herbert erteilte Göring einen Sonderauftrag zur Wiederbelebung der seit 1933 stagnierenden Wirtschaftsbeziehungen zu Rußland und ließ es sich nicht nehmen, auch selbst mit den russischen Delegierten zu verhandeln, denen er eine politische Annäherung über die Handelsbeziehungen hinaus in Aussicht stellte[57].

---

[50] Niederschrift über die Sitzung des Gutachter-Ausschusses für Exportfragen am 30. Juni 1936, BAK, R 26 I/ 36, Bl. 18–48, hier: Bl. 43 ff.

[51] Thomas (WStb) faßte das Ergebnis der Sitzung in einem Schreiben vom 1. Juli 1936 so zusammen: „Ergebnis gleich 0. Es wurde festgestellt, daß es nicht angebracht wäre neue Methoden einzuschlagen, sondern daß man nur gewisse Verbesserungen vornehmen wolle; wo und wie wolle sich der Ministerpräsident überlegen." BA-MA, Wi I F 5/ 203.

[52] Niederschrift über die Sitzung vom 30. Juni 1936, BAK, R 26 I/ 36, Bl. 48 (Hervorhebung durch den Verf.).

[53] Schreiben von Pistor (Athen) an das AA vom 18. Juni 1936, in: ADAP, C, V/2, Nr. 383, S. 598 ff.; Meiß, S. 69; Peterson, S. 234 f.; Simpson, S. 128.

[54] Kepplers „Aktennotiz über die Besprechung bei Ministerpräsident Göring am 6. Juli 1936", BAK, R 26 I/ 1a, Bl. 2.

[55] Aufzeichnung von Prause (RFM) für Mayer vom 24. Aug. 1936, BAK, R 2/ 19544.

[56] Görings Schreiben an das RKM vom 4. Juli 1936, BA-MA, Wi I F 5/ 203. Czimatis war Schwiegersohn von Otto Wolff.

[57] Vermerk von Herbert Göring über den Empfang der russischen Unterhändler Kandelaki und Friedrichsohn bei Hermann Göring vom 13. Mai 1936, PAB, Büro St.S./ Pol. B, Bd. 10, Bl. 65 f.
Hierbei führte Göring aus: „Sein ganzes Bestreben sei daraufgerichtet, mit Rußland auch politisch wieder engere Fühlung zu bekommen, und er sähe den Weg dazu vornehmlich über eine Vertiefung und Ausbreitung der gegenseitigen Handelsbeziehungen". Ebd., Bl. 65.

Gegen den Widerstand Schachts und die ablehnende Haltung Hitlers[58] brachte Göring im Frühjahr 1936 einen neuen Handelsvertrag mit Rußland zustande[59] und
stellte die Manganerzverhandlungen vom Spätsommer unter seinen ausdrücklichen
Schutz. Das Ziel war, im Austausch gegen Kriegsgerät der Firma Otto Wolff „unter
allen Umständen mit den Russen ins Geschäft zu kommen"[60].

Görings Eingriffe in alle Bereiche der Rohstoff- und Devisenbeschaffung waren
nicht nur Schacht „ein Dorn im Auge", sondern lösten darüber hinaus einen offenen
Kompetenzkrieg mit Blomberg aus[61], der energisch die Befugnisse des Wehrwirtschaftsstabes und seine Kompetenzen als Vorsitzender des Reichsverteidigungsausschusses zu wahren suchte. Im Sommer 1936 bombardierte er Göring mit Organisationsskizzen, die jeweils vorsahen, daß die verantwortliche und leitende Führung der
rüstungswirtschaftlichen Aufgaben „in den Händen des Wehrmachtsamts, Wehrwirtschaftsstab", liege[62]. Göring ließ sich aber nicht in Detaildiskussionen hierüber ein.

Görings Machtposition im Frühsommer 1936

Man kann kaum davon sprechen, daß Schacht noch bis Herbst 1936 allein die wirtschaftspolitischen Entscheidungen des Regimes traf[63]. Die Führung in der Rohstoff-
und Handelspolitik war bereits zu Beginn des Sommers für die Beteiligten völlig unklar[64]. Die Sachbearbeiter des Reichsministeriums der Finanzen sahen sich nicht in
der Lage, den von Göring vorgelegten Haushaltsentwurf zu beurteilen, da „keine Klarheit über das Verhältnis des Rohstoff- und Devisenstabes zu den anderen ebenfalls
mit Rohstoff- und Devisenfragen befassten Reichsbehörden (Reichswirtschaftsministerium mit Generalbevollmächtigten für die Kriegswirtschaft, Rohstoffkommissar,
Reichsernährungsministerium, Büro Keppler, kriegswirtschaftliche Abteilung des
Reichskriegsministeriums, Reichsforstmeister u. a. Stellen) zu gewinnen ist"[65].

Innerhalb kurzer Zeit war es Göring gelungen, den als Schlichtungsaufgabe inten-
dierten Sonderauftrag Hitlers zu einer wirtschaftspolitischen Generalvollmacht umzu-
funktionieren. Durch die Beschäftigung mit Import- und Exportfragen, der gesamten
Rohstoff- und Devisenlage gewann Göring Einsicht in die wichtigsten wirtschaftlichen Probleme, die einer schnellen Aufrüstung entgegenstanden. Ein „wehrhaftes
Deutschland" war jedoch Voraussetzung zur Lösung der außenpolitischen Aufgaben
der nahen Zukunft, die Göring im Sommer 1936 bereits klar vor Augen standen. Er

---

[58] Vermerk auf der Aufzeichnung von Dirksen (AA) vom 19. Mai 1936, daß Schacht nach Kräften im Anschluß an Görings Verhandlungen „Wasser in den Wein tat". PAB, Abt. Pol. V/ Po 2 Russland Pol. Beziehungen Russlands zu Deutschland, Bd. 1, Pag. 212 180.
[59] Doering, S. 185 f.; vgl. auch die Aufzeichnung von Renthe-Fink (AA) vom 6. Mai 1936, in: ADAP, C, V/1,
Nr. 311, S. 474.
[60] Notiz von Herbert Göring für B. v. Swieykowski-Trzaska (Fa. Otto Wolff) vom 3. Okt. 1936, PAB, Büro
St.S./ Schriftwechsel Beamte, Bd. 1, Pag. 212 136 f. Zum Geschäftsabschluß vgl. Schulenburgs Schreiben an
Dieckhoff vom 12. Okt. 1936, ebd., Pag. 212 132 ff.
[61] Kehrl, S. 78; Petzina, Vierjahresplan, S. 39 f.
[62] Entwurf des Blomberg-Schreibens vom Juni 1936, BA-MA, Wi I F 5/ 433, Bl. 265 f.; Organisationsskizzen
in der Anlage zu Blombergs Schreiben an Göring vom 23. Juni 1936, ebd., Bl. 259 f.
[63] So Schweitzer, Wiederaufrüstung, S. 597.
[64] Krogmann, S. 275.
[65] Geheimer Vermerk ohne Unterschrift des RFM vom 3. Sept. 1936, BAK, R 2/ 19544 Beauftragter für den
Vierjahresplan: Amt für deutsche Roh- und Werkstoffe: Haushaltsangelegenheiten 1936.

mißtraute Schacht[66] und hielt ihn nicht für fähig, die Aufrüstung energisch genug zu betreiben. In Blomberg sah er einen Rivalen, der nur seinen eigenen Wehrmachtteil zu bevorteilen suchte und der darüber hinaus eine Zusammenarbeit mit dem „Parteimann" Göring ablehnte.

War Göring schon seit 1934 punktuell in wirtschaftspolitische Entscheidungsbereiche eingedrungen, so griff er seit Anfang 1936 zielstrebig nach der Kontrolle über die gesamte Rüstungswirtschaft. Im Frühsommer 1936 war er bereits nicht mehr zu kleinlichen Kompetenzabsprachen bereit, da er Größeres im Sinn hatte[67]. So vertröstete er Schacht bei einer Anfrage zur Entscheidung über die Weiterführung der Devisenwirtschaft auf Ende September[68], die Zeit nach dem Reichsparteitag in Nürnberg, der nach Görings Plänen auch wirtschaftspolitischen Problemen gewidmet sein sollte. In der Tat mag Göring im Bereich der zu ergreifenden wirtschaftspolitischen Maßnahmen noch ohne klare Perspektive gewesen sein, machtpolitisch aber gab es für ihn jetzt nur ein Ziel: die alleinige Führung der Rüstungswirtschaft.

Göring gewann damit zweifellos auch gegenüber Hitler und der Partei an machtpolitischem Spielraum. Gestützt auf seine Eigenschaft als preußischer Ministerpräsident, gelang es ihm, Teile der laufenden Regierungsgeschäfte des Reichskanzlers und des Reichskabinetts zu usurpieren. Da Hitler auf Reichsebene so gut wie keine Kabinettsbesprechungen mehr einberief[69], nutzte Göring die regelmäßigen Sitzungen des Preußischen Ministerrates, um seit Ende 1935 in diesem Kreis die anstehenden Reichsgesetze vorbereitend zu beraten[70]. Aus der Praxis, je nach Bedarf die entsprechenden Reichsminister zu den Sitzungen zu laden, bildete sich ab Anfang 1937 ein fester Kreis von Teilnehmern an den Besprechungen des „Preußischen Ministerrates". Dazu zählten mit Schacht, Darré, Seldte, Frick, Kerrl, Rust, Gürtner, Frank und Dorpmüller der überwiegende Teil der Reichsminister und mit Himmler und Lammers die wichtigsten Funktionsträger des nationalsozialistischen Herrschaftssystems[71]. Selbst Neurath wohnte gelegentlich Görings Sitzungen bei.

Diese Praxis, die nirgendwo durch Erlaß oder Gesetz fundamentiert war, deren Bedeutung auch in der Forschung bisher wenig beachtet worden ist, verdeutlicht Görings beherrschende Stellung im Machtgefüge des „Dritten Reiches" seit Mitte der dreißiger Jahre. Die Regelmäßigkeit, mit der die Reichsminister und Staatssekretäre des Reiches an Görings preußischen Ministerratssitzungen teilnahmen, ist auch ein si-

---

[66] Szembek, Eintrag vom 19. Juni 1935 über Lipskis Unterredung mit Göring, S. 97; vgl. auch Krogmann, S. 276, der in sein Tagebuch notierte, Göring habe ihm anvertraut, „ja, es wäre mit Schacht fürchterlich, ihm gegenüber täte er immer außerordentlich freundlich und erklärte sich zu allem bereit, und dann würde hinten herum wieder alles verhindert".

[67] Daß Göring es sehr bewußt und planmäßig vermied, sich in irgendeiner Weise kompetenzmäßig festlegen zu lassen, beweist auch seine Anweisung an seine Mitarbeiter, „möglichst auf mündlichem oder telefonischem Wege" mit den beteiligten Wirtschaftsstellen zu verhandeln: „Schriftverkehr soll nach Möglichkeit vermieden werden". Vermerk von Ritter (AA) vom 3. Aug. 1936, PAB, Handakten Wiehl/ Vierjahresplan – Allgemein.

[68] Abschrift des Schreibens von Göring an Schacht vom 22. Aug. 1936, BA-MA, Wi I F 5/ 203.

[69] Jacobsen, Außenpolitik, S. 324 f.

[70] Mit Schreiben vom 20. Mai 1936 teilte Lammers (Reichskanzlei) Göring mit, daß Heß die anfänglichen Bedenken gegen diese Praxis fallen gelassen habe. GStA, Rep. 90/ Nr. 404. Göring hatte dieses Verfahren auf der Ministerratssitzung am 12. Dez. angekündigt.

[71] Vgl. beispielsweise die Teilnehmerliste des Sitzungsprotokolls vom 19. März 1937, GStA, Rep. 90 B/ Nr. 211 Protokoll über die Sitzung des Preußischen Ministerrats vom 19. 3. 1937. Vgl. auch die Sitzungsprotokolle in GStA, Rep. 90/ Nr. 404.

cheres Anzeichen der hohen staatspolitischen Einschätzung, die Göring in diesen Jahren innerhalb des Regimes genoß. Er figurierte gleichsam als Ersatz-Reichskanzler, der zentrale staatliche Führungsaufgaben übernahm, die von Hitler nicht wahrgenommen wurden. Er übernahm nicht nur öffentliche Repräsentationsaufgaben, wobei er in die Rolle des Staatsoberhauptes schlüpfte, sondern führte auch selbständig Teile der regelmäßigen Regierungsgeschäfte. Die ausländischen Spekulationen, nach denen Görings Ernennung zum Reichskanzler bevorstünde[72], entbehrten von daher nicht der Grundlage. Göring war objektiv zu diesem Zeitpunkt zu einem Machtfaktor ersten Ranges geworden, der es von dieser Position aus nunmehr auch leicht hatte, die alleinige Führung der Rüstungspolitik zu übernehmen.

---

[72] Schreiben von Phipps (Berlin) an Sargent (London) vom 26. Feb. 1936, in: DBFP, 2/15, Nr. 548, S. 701 f. und Dertingers Informationsbericht Nr. 7 vom 5. Feb. 1936, BAK, ZSg. 101/ 29, Bl. 55.

V. Beauftragter für den Vierjahresplan 1936–1938

1. Das Konzept des Vierjahresplans

In der Forschung ist unumstritten, daß Görings Wirtschaftspolitik das Ziel einer starken Aufrüstung verfolgte. Weniger einheitlich werden dagegen die Motive zur Einführung des „Vierjahresplans" im September/Oktober 1936 beurteilt. Häufig wird die Auffassung vertreten, daß sich damit Görings „Autarkiekonzeption" gegen Schachts „Exportkonzeption" durchgesetzt habe[1]. Als Ziel des „Vierjahresplans" sieht man im allgemeinen die „wirtschaftliche Mobilmachung zur Erweiterung des deutschen Lebensraumes"[2], und die Wirtschaftskrise des Sommers erscheint als Ausgangspunkt dieser „völlig neuen Wirtschaftspolitik"[3]. Ohne Zweifel stellt der Vierjahresplan in wirtschaftspolitischer Hinsicht eine wichtige Zäsur im „Dritten Reich" dar[4], insbesondere durch die Entmachtung des Reichswirtschaftsministeriums und die Erprobung der Instrumente einer vorsichtigen Planungswirtschaft. Wie schon angedeutet, war das *Konzept* des Vierjahresplans jedoch keineswegs neu, sondern die Weiterentwicklung der in Görings Rohstoff- und Devisenstab schon angebahnten Praxis. Und „Autarkie" als wirtschaftspolitisches Ziel spielte dabei genausowenig eine alleinige Rolle. Bislang wurde allerdings kaum der Frage nach dem *politischen Anlaß* zur Einführung des Vierjahresplans nachgegangen.

Pläne zur Wirtschaftspropaganda auf dem Reichsparteitag

Mit der Politik des Rohstoff- und Devisenstabes, die in zweibahniger Weise Exportförderung und Ersatzstoffproduktion verfolgte, war die konzeptionelle Ausprägung des Vierjahresplans bereits vorgegeben. Göring gelang damit jedoch nicht der innenpolitische und kompetenzmäßige Durchbruch. Noch immer beherrschten Meinungsverschiedenheiten zwischen Schacht, Göring und den anderen wirtschaftspolitischen Stellen die Szene[5] und blockierten auch Görings Arbeit als „Reichsbeauftragter für Rohstoff- und Devisenfragen". Bereits im Frühsommer drängte Göring auf eine Koordination der Rüstungswirtschaft in einer Hand und strebte angesichts der wirtschafts-

---

[1] So auch in den neueren Darstellungen von Zumpe, S. 149, und Wittmann, S. 119; auch Petzina, Vierjahresplan, S. 16 f., neigt zu dieser Auffassung.

[2] So Birkenfeld, S. 86; ähnlich Petzina, Vierjahresplan, S. 18.

[3] So Birkenfeld, S. 91; Timothy W. Mason, Innere Krise und Angriffskrieg 1938/1939, in: Forstmeier/Volkmann, S. 158–188, hier: S. 163.

[4] So Petzina, Wirtschaft, S. 124.

[5] In diesem Sinne äußerte sich Hans Heinrich Lammers, Hitlers Staatssekretär in der Reichskanzlei, in einer eidesstattlichen Erklärung am 19. Aug. 1947, IfZ, NG-4092, S. 4.

politischen Rivalitäten für sich eine entsprechende Vollmacht an[6]. Anfang Juli 1936 faßte er den Entschluß, die Zuständigkeitsprobleme „ausführlich in Berchtesgaden mit dem Führer (zu) besprechen"[7].

Aus dieser Zeit stammt eine Aufzeichnung, die Göring als Konzept für seine Besprechung mit Hitler diente[8]. Nach dem Abschluß der Gutachterausschuß-Sitzungen hatte Göring einen Überblick über die Devisenbilanz und Maßnahmen für die Devisenbewirtschaftung erhalten. Seine Mitarbeiter kamen zu dem Ergebnis, es sei eine „Anlaufzeit für Rohstoffersatz, Werkstoffe usw. notwendig, 8-12 Monate" würde es noch dauern, ehe inländische Rohstoffe produziert werden könnten. Von daher werde eine „Überbrückung" der nächsten Zeit erforderlich, die es erlaube, an dem zentralen, übergeordneten Ziel der „Aufrüstung unter allen Umständen" festzuhalten. Zur Einsparung von Devisen für die Aufrüstung müßten „Opfer ... von allen gebracht werden". Eine solche Politik der Devisenzwangswirtschaft auf breiter Basis müsse propagandistisch und organisatorisch vorbereitet werden, zumal bereits jetzt „von allen Seiten Druck" auf Göring ausgeübt würde. Görings zentrales Anliegen bei seiner bevorstehenden Besprechung mit Hitler war daher, der „Führer möge entscheiden, ob (der) Generaloberst vor (dem) Kongress einen vorsichtigen, aber wirkungsvollen Vortrag hält". Der „Vortrag vor dem Parteitag" in Nürnberg, um den es sich hierbei handelte, sollte dabei nicht nur einen Appell wegen der bevorstehenden Einsparungsmaßnahmen enthalten, sondern vor allem der Öffentlichkeit Görings Richtlinienkompetenz in Aufrüstungs- und Wirtschaftsfragen demonstrieren.

Ende Juli kam Göring mehrmals mit Hitler in Berchtesgaden und Bayreuth anläßlich der Festspiele und verschiedener Besprechungen zur deutschen Intervention im Spanischen Bürgerkrieg zugunsten Francos zusammen. Eines der wenigen erhalten gebliebenen Blätter von Görings politischem Tagebuch gibt über eine Besprechung am 30. Juli 1936 Auskunft, bei der Göring unter anderem über seine „Rücksprache mit dem Führer" berichtete[9], die demnach unmittelbar vorher stattgefunden haben dürfte. Dabei hatte Göring Hitlers „Einverständnis mit (den) Massnahmen für R. P. T." (Reichsparteitag) erzielt. In Stichworten zusammengefaßt, war das Ergebnis dieses Gesprächs: „Rohstoffpropaganda auf Parteitag in Nürnberg, unter Umständen Haltung einer großen Rede des Herrn Generaloberst auf dem Parteikongreß über Rohstoff- und Devisenfragen. Parole: Große Materialschlacht der Partei." Diese bislang von der Forschung nicht beachtete Übereinkunft zwischen Hitler und Göring kann als eine wichtige Vorentscheidung zur Einführung eines „Vierjahresplans" angesehen werden. Bedeutsam ist hierbei, daß entgegen Görings ursprünglicher Absicht, selbst die große Wirtschaftsrede in Nürnberg zu halten, Hitler anscheinend diesen Gedanken nun für

---

[6] Kehrl, S. 80 f.; Aufzeichnung von Bodenschatz (Adjutant Görings) vom 9. Juni 1936 über eine Besprechung bei Göring am 8. Juni über handelspolitische Fragen, IfZ, PS-3898.

[7] Aktennotiz von Keppler über die Besprechung bei Göring am 6. Juli 1936, BAK, R 26 I/ 1a, Bl. 3; vgl. auch Riedel, Eisen, S. 89.

[8] Die Aufzeichnung ohne Datum mit dem Briefkopf „Der Preußische Ministerpräsident" (IfZ, PS-3891) trägt den Vermerk der Bearbeiter der Nürnberger Dokumente: „Nach Anordnung in der Akte zu urteilen: September 1935". Diese Datierung ist jedoch völlig ausgeschlossen, da Göring auf Blatt 2 mit „Generaloberst" betitelt wird, zu dem er erst am 20. April 1936 ernannt wurde. Das lückenlose Einfügen in die Planungen Görings nach der Aufarbeitung der Wirtschaftslage durch den „Rohstoff- und Devisenstab" legt eine Datierung der Aufzeichnung in den Juli 1936 nahe. Am 6. Juli entschloß sich Göring zu einer wirtschaftspolitischen Besprechung mit Hitler, die dann Ende Juli stattfand.

[9] „Tagebuch-Aktenvermerk über Besprechung beim Herrn Generaloberst am 30.7.36 von 13.10 bis 13.55", IfZ, PS-3890, S. 2.

sich selbst aufgriff. Eine Rede Görings war nur „unter Umständen" vorgesehen, obwohl Einverständnis darüber erzielt worden war, daß der Parteitag im Zeichen der Rohstoffpropaganda stehen sollte.

Es liegt nahe, daß Göring den entscheidenden Anstoß zur propagandistischen Umstrukturierung der deutschen Wirtschaftsführung lieferte. Hitler ließ diesen offiziellen Machtwechsel jedoch nicht durch seinen „Reichsbeauftragten für Rohstoff- und Devisen-Fragen" verkünden, sondern behielt sich selbst die öffentliche Ankündigung der neuen Wirtschaftspolitik vor. Hitler wollte dadurch offensichtlich auch nach außen hin den Anschein der von ihm selbst geleiteten Staatsführung wahren. Göring war es zwar gelungen, Hitler von der Notwendigkeit einer unumschränkten Rüstungswirtschaftspolitik zu überzeugen, die nur funktionieren könne, wenn er – Göring – die oberste Weisungsbefugnis übertragen bekam; er mußte jedoch Hitler die entsprechende Ankündigung gegenüber der Öffentlichkeit überlassen.

Die Denkschrift von Ende August 1936

Hitler, der sich bis dahin mit wirtschaftspolitischen Fragen wenig befaßt hatte, verlangte zur Orientierung von Göring schriftliche Berichte über die Wirtschaftslage und die „Mittel, mit denen ihr zu begegnen wäre"[10]. Göring forderte weisungsgemäß Anfang August von verschiedenen Wirtschaftsfachleuten weitere „Denkschriften über die grundsätzliche Wirtschaftsführung" an[11], die jedoch wegen der Kürze der zur Verfügung stehenden Zeit nicht rechtzeitig vor dem Reichsparteitag zur Formulierung des neuen Wirtschaftskonzeptes vorlagen. Für die darauffolgende rasche Abfassung der bekannten Denkschrift Hitlers über den Vierjahresplan war daher wohl weniger das Drängen Schachts und Blombergs auf eine klare Kompetenzverteilung in der Wirtschaftsführung im August ausschlaggebend, als der Zeitdruck in Anbetracht des bereits Anfang September stattfindenden Parteitages. Somit erweisen sich die bisherigen Datierungen der „Denkschrift zum Vierjahresplan" auf August 1936 als zutreffend[12]. Es kann sogar angenommen werden, daß sie erst in den letzten Augusttagen entstand, da Göring am 22. August noch hoffte, rechtzeitig die angeforderten Unterlagen zu bekommen[13].

Zu diesem Zeitpunkt lagen Göring lediglich die ersten Teile eines geheimen Berichts der Abteilung „Forschung und Entwicklung" seines Rohstoff- und Devisenstabes über die Möglichkeiten der Erweiterung der einheimischen Rohstoffbasis vor[14]. Er

---

[10] Schreiben des ehemaligen „Reichskommissars für die Preisbildung und Preisüberwachung", Karl Friedrich Goerdeler, an Weizsäcker (AA) vom 6. Juli 1938, PAB, Büro St.S./ Politischer Schriftwechsel, Bd. 2, Pag. 216 183 f.

[11] Petzina, Vierjahresplan, S. 45; Göring auf der Sitzung des Ministerrates am 4. September 1936, in: IMG, Bd. 36, Dok. 416-EC, S. 489.

[12] Vgl. bereits Wilhelm Treue, Hitlers Denkschrift zum Vierjahresplan 1936, in: VfZG 3 (1955), S. 184–210, der sich auf die Erklärung Speers bezieht, wonach „die Denkschrift etwa im August 1936 entstanden sein dürfte". Vgl. die Anmerkung der Hrsg. zur „Aufzeichnung ohne Unterschrift" in: ADAP, C, V/2, Nr. 490, S. 793, Anmerk. 1.

[13] Görings Schreiben an Schacht vom 22. Aug. 1936, BA-MA, Wi I F 5/ 203.

[14] Der Bericht der Abteilung „Forschung und Entwicklung" enthält zahlreiche Einzeluntersuchungen für die einzelnen Wirtschaftssparten, die zwischen dem 21. Juli und dem 6. Sept. 1936 fertiggestellt wurden. Vgl. die umfangreichen Berichte in BAK, R 25/ 18 Ministerpräsident Generaloberst Göring, Rohstoff- und Devisenstab. Auszüge des Berichtes (der hier allerdings falsch datiert wird) auch in: Eichholtz/Schumann, Dok. 46, S. 139–142.

enthielt umfassende Planübersichten und ein Dutzend Einzelpläne für Mineralöl, Kautschuk, Textilien, Metalle usw. An Unterlagen für die Abfassung der Richtlinien der zukünftigen Rohstoffpolitik konnte Göring somit Ende August lediglich Ausarbeitungen seines Rohstoff- und Devisenstabes über die inländische Ersatzstoffproduktion zum Obersalzberg mitbringen, wo Göring in unmittelbarer Nachbarschaft zu Hitlers Berghof ein ähnliches Haus besaß. Da Göring spätestens am 31. August mit der Denkschrift in der Tasche wieder nach Berlin abreiste[15], läßt sich deren Entstehungszeit auf die letzte Augustwoche eingrenzen.

Eingehende und überzeugende stilistische und grammatikalische Untersuchungen haben ergeben, daß die nach dem Krieg aufgefundene, undatierte Aufzeichnung ohne Unterschrift, die Albert Speer 1945 mit „Denkschrift von Adolf Hitler über die Aufgaben eines Vierjahresplanes" überschrieb, tatsächlich von Hitler stammt[16]. Ursprünglich existierten von ihr drei Exemplare, von denen Göring eins unmittelbar nach der Abfassung ausgehändigt bekam. Im Jahre 1944 übergab Hitler persönlich seinem Rüstungsminister Speer ein Exemplar mit folgenden Ausführungen: „Der Unverstand des Reichswirtschaftsministeriums und der Widerstand der deutschen Wirtschaft gegen alle großzügigen Pläne haben ihn veranlaßt, diese Denkschrift auf dem Obersalzberg auszuarbeiten."[17]

Die Forschung kommt übereinstimmend zu dem Befund, daß sich in der Denkschrift die „Wirtschaftstheorie Hitlers", wenn man sie überhaupt als solche bezeichnen kann, als völlig widersprüchlich und amateurhaft erweist[18]. Auffallend ist zunächst die Zweiteilung der Denkschrift. Ihr erster Teil, der sich mit der „politischen Lage Deutschlands" befaßt, entspricht Hitlers programmatischen Aussagen in „Mein Kampf". Der einleitende, weltpolitische Rundumschlag umfaßt sowohl rassisch-sozialdarwinistische als auch antikommunistische Komponenten von Hitlers ideologischem Konzept der zwanziger Jahre. Er enthält die Forderung, daß die deutsche Wehrmacht „in kürzester Frist" zur „ersten Armee der Welt" zu entwickeln sei, da ansonsten die „Ausrottung des deutschen Volkes" durch die „Weltgefahr des Bolschewismus" drohe[19]. Auf rein ideologischer Ebene wird hier die Einführung einer ganz den Zielen der Aufrüstung dienenden Wirtschaft vorbereitet und begründet. Es fällt kein Wort zu den Erfordernissen der aktuellen politischen Lage, ebenso wenig werden wirtschaftliche Gründe für die Umstrukturierung der Wirtschaftsplanung genannt.

Während dieser erste Teil auch inhaltlich aufgrund seiner eindeutigen rassenideologischen Terminologie ganz auf Hitler zurückzuführen ist[20], machen sich im zweiten Teil der Denkschrift, der sich in zwei Unterabschnitten mit der „wirtschaftlichen Lage Deutschlands" und dem „Programm zu einer endgültigen Lösung unserer Lebensnot"

---

[15] Am 1.Sept. leitete Göring eine Sitzung des „Kleinen Gremiums" des Rohstoff- und Devisenstabes, BA-MA, Nachlaß Erhard Milch N 179/ Nr. 36, Tagebuch 1936.
[16] Die eingehendsten Untersuchungen finden sich in den unveröffentlichten Manuskripten von E. M. Robertson: „The Four Year Plan", IfZ, Ms 94.
[17] ADAP, C, V/2, Nr. 490, S. 793, Anmerk. 1.
[18] So vor allem Robertson, The Four Year Plan, IfZ, Ms 94, S. 11; Petzina, Vierjahresplan, S. 46 ff.; Riedel, Eisen, S. 90 ff.; Sauer, S. 95 ff.; Treue, Hitlers Denkschrift, S. 184 ff.; Birkenfeld, S. 84 ff.
[19] Aufzeichnung ohne Unterschrift, in: ADAP, C, V/2, Nr. 490, S. 795 f.
[20] Vgl. Treues genaue philologische Untersuchung der sprachlichen „Eigentümlichkeiten" der Denkschrift: Treue, Hitlers Denkschrift, S. 184–188. Vgl. auch die Aussage von Friedrich Gramsch vom 1. August 1947 („Die Organisation des Deutschen Vierjahresplanes") über die Entstehung der Denkschrift, IfZ, NID-12616, S. 6 f.

beschäftigt, deutlich Einflüsse von Göring bemerkbar. Das wirtschaftspolitische Konzept bestand aus einem Zweistufenplan. Das Fernziel einer endgültigen Lösung lag danach „in einer Erweiterung des Lebensraumes bzw. der Rohstoff- und Ernährungsbasis"[21]. Bemerkenswert ist hier die recht vage Umschreibung der „endgültigen Lösung", die zwar einerseits an die rassische Lebensraumprogrammatik aus „Mein Kampf" anknüpfte, andererseits jedoch Großwirtschaftsraumvorstellungen traditioneller Art nicht ausschloß.

Als Nahziel war „für den Übergang eine vorübergehende Entlastung" vorgesehen. Hiermit knüpfte die Denkschrift deutlich an Görings Auffassung vom „Überbrücken der nächsten Zeit" an, die dieser in seinen Besprechungen Hitler seit Ende Juli vorgetragen hatte. Ausgangspunkt war dabei die von der Forschung wenig beachtete Feststellung: „Da das deutsche Volk in seiner Ernährung steigend von der Einfuhr abhängig sein wird, desgleichen aber auch gewisse Rohstoffe unter allen Umständen wenigstens teilweise aus dem Ausland beziehen muß, ist mit allen Mitteln auf die Ermöglichung dieser Einfuhren hinzuarbeiten." Damit wurde eingestanden, daß eine völlig autarke Rohstoffbewirtschaftung nicht möglich sei. Görings zweigleisiges Programm der Rohstoffeinfuhren um jeden Preis, bei gleichzeitigem Ausbau der einheimischen Rohstoffbasis, fand hierin seine Bestätigung. Freilich setzte die Denkschrift in ihren weiteren Ausführungen den Schwerpunkt auf die Selbstversorgung mit inländischen Rohstoffen, da dieser Faktor bei der innenpolitischen Propaganda von größerer Bedeutung war und beim Reichsparteitag in Nürnberg im Mittelpunkt stehen sollte und außerdem nur hierin eine von Schacht abweichende Meinung vertreten wurde.

In Übereinstimmung mit Görings Ausführungen auf den Gutachterausschuß-Sitzungen im Mai und Juni enthielt die Denkschrift einen deutlich kriegerischen Unterton[22]. Hitler und Göring waren sich einig, daß weniger das volkswirtschaftliche Wohl als das machtpolitische und rüstungspolitische Erstarken des „Dritten Reiches" für die Zukunft zählte. Selten wurde die vermeintliche außenpolitische Zielidentität von Hitler und Göring in ihrer Unbestimmtheit deutlicher als in der gemeinsam erarbeiteten „Denkschrift zum Vierjahresplan". Gerade im Nicht-Konkreten, in der Vagheit der Einzelheiten des in der Denkschrift anvisierten Weges, zeigt sich der Charakter des Kompromisses zwischen dem autoritären Nationalisten Göring und dem völkischen Rassisten Hitler. So erfüllte die Denkschrift erstens den Zweck, die von Göring vorgeschlagenen wirtschaftspolitischen Maßnahmen der nahen Zukunft in programmatischer Weise festzulegen[23]; zweitens diente sie Hitler zur unmittelbaren Vorbereitung seiner Nürnberger Rede über die neue Wirtschaftsführung und -propaganda[24].

---

[21] Aufzeichnung ohne Unterschrift, in: ADAP, C, V/2, Nr. 490, S. 797.

[22] Es muß an dieser Stelle darauf verzichtet werden, in philologischer Weise die zahlreichen wörtlichen und terminbezogenen Übereinstimmungen und Analogien in Hitlers Denkschrift mit Görings Ausführungen und Vorlagen nachzuweisen. Entweder waren Hitler Görings Vorlagen unmittelbar einsichtig oder Göring wirkte sogar an der Formulierung des zweiten Teils der Denkschrift mit, was nicht ausgeschlossen erscheint.

[23] Vgl. Görings im nachhinein „gefärbte" Äußerungen zur Entstehung des „Vierjahresplans", in: Bross, S. 72. Göring absolutiert und heroisiert hier die Leistungen auf dem Gebiet der Ersatzstoffproduktion.

[24] Hitlers von der Forschung wenig beachtete Rede über das „neue Vierjahresprogramm" auf dem Nürnberger Parteitag vom 6.–14. Sept. 1936 enthält wörtliche Übernahmen aus der Denkschrift. Vgl. Reden des Führers am Parteitag der Ehre 1936, München 1936, S. 21 ff.

Die Denkschrift enthält noch keinen Hinweis auf die organisatorische Form der geplanten Umstrukturierung der Wirtschaft. Es wurde lediglich zu erkennen gegeben, daß man sich die „Erfüllung dieser Aufgaben in der Form eines Mehr-Jahresplans"[25] dachte. Der Zeitraum der Planerfüllung wurde in den pathetischen Schlußfolgerungen festgelegt: „I. Die deutsche Armee muß in 4 Jahren einsatzfähig sein. II. Die deutsche Wirtschaft muß in 4 Jahren kriegsfähig sein." Das Etikett „Vierjahresplan" tauchte in der Denkschrift bezeichnenderweise noch nicht auf. Auch bei seiner Nürnberger Parteitagsrede sprach Hitler noch unspezifiziert von einem „neue(n) Vierjahresprogramm"[26]. Diese terminologischen Unklarheiten lassen darauf schließen, daß sich Hitler noch wenig Gedanken über die organisatorische Seite der neuen Rüstungswirtschaftspolitik gemacht hatte und für ihn zunächst die propagandistische Aufgabe im Vordergrund stand. Von daher erklärt sich auch, daß die Denkschrift keine Überschrift trug, da mit ihr noch kein fertiges und bis ins Detail durchdachtes Konzept vorgelegt wurde. Sie diente Hitler vielmehr dazu, mit der bisherigen Wirtschaftsführung eine Generalabrechnung zu halten und gleichzeitig die Rüstungsprioritäten definitiv öffentlich festzulegen. Er folgte damit der Anregung Görings, dem es allerdings weniger um diese programmatischen Dinge ging als um eine machtpolitische Durchsetzung seines Wirtschaftskurses gegen die Kompetenzrivalitäten von Reichswehr und Reichswirtschaftsministerium. Inhaltlich stellte die Denkschrift nichts Neues dar, sie hob die wirtschaftspolitische Strategie von Autarkiestreben und Außenhandelsforderung zum Zwecke der Rüstungsankurbelung aber dadurch auf eine höhere Ebene, daß sie diese Rüstungswirtschaftspolitik nun offiziell festschrieb und der Öffentlichkeit bekannt machte.

Görings persönliche Machtübernahme in der Wirtschaftsführung

Schacht erkannte diese Attacke gegen seinen Zuständigkeitsbereich sofort, als er am 2. September 1936 von Hitler über das „geplante Wirtschaftsprogramm" ins Bild gesetzt wurde[27]. Seine Interventionen bei Thomas und Blomberg fruchteten nichts, um Hitler von seinem Vorhaben abzubringen[28]. Göring hatte zu diesem Zeitpunkt jedoch erst einen Teilerfolg errungen. Er konnte zwar Hitler von seiner rigorosen, nicht nach den Kosten fragenden, doppelgleisigen Wirtschaftspolitik überzeugen und ihn darauf programmatisch festlegen, eine konkrete Handhabe zur kompetenzmäßigen Durchsetzung war ihm damit aber noch nicht gegeben. Göring entschloß sich daher zu einem Vorgehen, das auffallend an seine eigenmächtige Veröffentlichung des geheimen Hitler-Erlasses über die Einrichtung des Rohstoff- und Devisenstabes im April 1936 erinnert.

Auf der Sitzung des Preußischen Ministerrates am 4. September, auf der unter anderem Blomberg, Schacht und Schwerin von Krosigk anwesend waren, betonte Göring eingangs, daß diese Sitzung „von größerer Bedeutung als alle vorhergehenden"

---

[25] Aufzeichnung ohne Unterschrift, in: ADAP, C, V/2, Nr. 490, S. 801.
[26] Auszüge aus der Rede Hitlers auf dem „Parteitag der Ehre", PAB, Handakten Wiehl/ Vierjahresplan, Pag. E 513 884.
[27] Notiz von Thomas (WStb) vom 2. September (1936), IfZ, PS-1301.
[28] Petzina, Vierjahresplan, S. 49; Carr, S. 62 f.; Pentzlin, S. 239.

sei[29]. Unter Hervorhebung seiner Vollmacht zur „Sicherstellung der Rüstung" – und hier bezog er sich noch eindeutig auf seine Aufgabe als „Reichsbeauftragter für Rohstoff- und Devisen-Fragen" – zog Göring Hitlers geheime Denkschrift aus der Tasche, um sie als „Generalanweisung für die Durchführung" zu präsentieren und vollständig zu verlesen. Was Hitler in der Denkschrift mit keinem Wort erwähnte und organisatorisch noch völlig offengelassen hatte, fügte Göring mündlich hinzu: „Für die Durchführung der in der Denkschrift gestellten Aufgabe" sei er verantwortlich. Bemerkenswert ist, daß auch hier noch nicht von einem „Vierjahresplan" oder einer „Vierjahresplan"-Organisation die Rede war. Allem Anschein nach dachte sich Göring zu diesem Zeitpunkt noch die Durchführung der in der Denkschrift gestellten Aufgabe im Rahmen seines Sonderauftrages als „Reichsbeauftragter für Rohstoff- und Devisen-Fragen". Seine ausdrückliche Feststellung, daß „die Durchführung des Befehls des Führers ... ein unumgängliches Gebot" sei, verlieh seiner Auffassung Nachdruck, wonach er nun endgültig durch Hitlers „Generalanweisung" zur obersten Instanz in der deutschen Rüstungswirtschaft geworden war. Dies war gleichzeitig als deutliche Warnung an Schacht gedacht.

Göring versäumte es nicht, die „zwei Grundgedanken" der zukünftigen Rüstungswirtschaftspolitik ausdrücklich hervorzuheben. Seine doppelgleisige Strategie umfaßte: 1. „Selbstversorgung auf all den Gebieten, auf denen dies technisch möglich ist", und 2. „Devisenbeschaffung", um „überall dort zu überbrücken, wo dies für Aufrüstung und für Ernährung nötig erscheint". Görings Zusammenfassung mit eigenen Worten verdeutlicht nochmals, daß es sich beim Vierjahresplan keineswegs um ein reines Autarkieprogramm handelte. Der ausdrückliche Bezug auf Schachts „Neuen Plan", der „in den Grundzügen brauchbar, nur in den Einzelheiten verbesserungsfähig" sei, unterstreicht dies.

Die auffallend kurze Ministerratssitzung ließ keinerlei Diskussion zu[30]. Görings neuer Führungsstil kündigte sich hier bereits an. Die langen Expertensitzungen mit ausführlichen Erörterungen und Diskussionen waren Zusammenkünften gewichen, die der reinen Befehlsausgabe dienten und im wesentlichen aus Görings Monologen bestanden. Der langsame Wandel in der wirtschaftspolitischen Führung des „Dritten Reiches" war im September 1936 vollzogen und manifestierte sich in einem diktatorischen Gehabe, das alle auftretenden Widersprüche dadurch zu überwinden suchte, daß es sie totschwieg und keine Diskussion darüber zuließ. Göring versuchte sich augenblicklich der wirtschaftspolitischen Berichterstattung der Presse zu bemächtigen, der unter Androhung von Verboten zur Auflage gemacht wurde, alle wirtschaftspolitischen Artikel vor der Veröffentlichung Görings Rohstoff- und Devisenstab zur Genehmigung vorzulegen[31].

Mit Hitlers Verkündigung des „neuen Vierjahresprogramms" der Wirtschaft auf dem Reichsparteitag in Nürnberg am 9. September 1936 setzte sich terminologisch in der deutschen Presse umgehend die Bezeichnung „Vierjahres-Plan" durch, ohne daß

[29] Niederschrift des Ministerrates am 4. September 1936 („Geheime Reichssache"), BA-MA, Wi I F 5/ 3614, Ministerrat am 4. 9. 36, Bl. 1 ff.

[30] Die Sitzung dauerte laut Protokoll von 12 bis 13 Uhr, wobei allein die Verlesung der Denkschrift die Hälfte der Zeit einnahm.

[31] Bestellungen aus der Pressekonferenz vom 19. September 1936, Anweisung Nr. 973 und vom 11. November 1936, Nr. 1201, BAK, ZSg. 101/ 8, Bl. 169, 301.

administrative Maßnahmen in organisatorischer Hinsicht bis dahin ergriffen worden waren[32]. Es dauerte bis zum 18. Oktober, ehe Hitler die „Verordnung zur Durchführung des Vierjahresplanes" erließ[33]. Göring ging seinerseits bereits Anfang September in die Offensive und ernannte von sich aus Sonderbeauftragte für verschiedene Sparten der Rohstoffwirtschaft und Deviseneinsparung[34], ohne nach bestehenden Zuständigkeiten zu fragen. Intime Beobachter der internen Machtstrukturen der NS-Führung vermuteten hinter der auffallend großen Zeitspanne zwischen Planverkündung und Verordnungserlaß, „dass sich gewisse Unklarheiten über die endgültigen Kompetenzen Görings ergeben"[35] hätten. Übereinstimmend bezeugten Lammers und Gramsch, daß die Bearbeiter des Organisationserlasses nach Hitlers Anweisung davon ausgegangen waren, „dass der Beauftragte für den Vierjahresplan sich im wesentlichen auf die Koordinierung der Wirtschafts-Ressorts und die oberste Leitung zu beschränken habe, dass die Exekutive und die Verantwortung im Einzelnen den Fach-Ministerien verbleiben müsse und der Apparat so klein wie möglich zu halten sei"[36].

Entsprechend knapp lauteten die Formulierungen in Hitlers „Verordnung zur Durchführung des Vierjahresplanes" vom 18. Oktober 1936, die in vier Sätzen Görings Befugnisse festzulegen versuchte. Ihm wurde zugestanden, Rechtsverordnungen und allgemeine Verwaltungsvorschriften zu erlassen, und er war berechtigt, „alle Behörden, einschließlich der Obersten Reichsbehörden, und alle Dienststellen der Partei, ihre Gliederungen und der ihr angeschlossenen Verbände anzuhören und mit Weisungen zu versehen"[37]. Die eigentliche Aufgabe und ihre Richtlinien zur Verwirklichung blieben unerwähnt. Es war weder ein fest umrissenes Programm vorgesehen noch eine spezielle Organisation geplant.

Die begrenzenden Weisungen zur Abfassung der Verordnung und auch deren knapper, eher vage formulierter Wortlaut, legen den Schluß nahe, daß Hitler keineswegs beabsichtigte, von vornherein Göring eine alles beherrschende Machtposition im Wirtschaftsbereich einzuräumen. Die Aufgabe war wichtig genug, um in typischer Weise einen Sonderauftrag zu schaffen; Schacht blieb jedoch weiterhin Wirtschaftsminister[38], und keine Dienststelle brauchte irgendwelche Kompetenzen abzugeben[39]. Die widersprüchliche Aufgabenstellung der Denkschrift, das Zögern bei der Festlegung der Kompetenzen und die vagen Formulierungen der Verordnung erwecken den Eindruck, daß Hitler den Vierjahresplan als Experiment auffaßte, zu dem er von Göring gedrängt worden war. Er hatte jedoch Bedenken, Göring eine allzu umfas-

---

[32] Hitler verkündete in Nürnberg fälschlich, daß er die „notwendigen Anordnungen zur Durchführung dieses gewaltigen deutschen Wirtschaftsplanes ... soeben erlassen" habe. Domarus, Bd. I, S. 637.

[33] Wortlaut der Verordnung, die am 19. Oktober im RGBl veröffentlicht wurde, in: PAB, Handakten Wiehl/ Vierjahresplan – Allgemein.

[34] Görings Schreiben an von Monroy vom 7. September 1936, BA-MA, RW 5/ v. 31 Devisenbestellung für Auslandsreisen in Abwehrangelegenheiten, Bd. 1.

[35] Vertraulicher Informationsbericht von Kausch vom 20. Oktober 1936, BAK, ZSg. 101/ 29, Bl. 395.

[36] Aussage von Friedrich Gramsch (St.S. in Görings VJP-Behörde) vom 1. August 1947 („Die Organisation des Vierjahresplanes"), IfZ, NID-12616, S. 8; eidesstattliche Erklärung von Hans Heinrich Lammers (St.S. Reichskanzlei) vom 19. August 1947, IfZ, NG-4092.

[37] „Verordnung zur Durchführung des Vierjahresplanes" vom 18. Oktober 1936, PAB, Handakten Wiehl/ Vierjahresplan – Allgemein.

[38] Nach Aussage von Lammers schätzte Hitler Schacht auch weiterhin als Finanzfachmann. IfZ, NG-4092.

[39] Lediglich Keppler wurde von Hitler Göring mit Wirkung vom 18. Oktober an unterstellt. Schreiben von Lammers (Reichskanzlei) an Wilhelm Keppler vom 18. Oktober 1936, BAK, R 43 II/ 353 Vierjahresplan, Bl. 5.

sende Machtfülle zu übertragen und ließ im Organisationsbereich die bisherigen Instanzen unangetastet. Im Falle des Scheiterns des Experiments konnte man leicht Görings Auftrag wieder aufheben und die alten Befehlsstrukturen wiederherstellen[40]. Göring erstrebte hingegen eine alles beherrschende Machtposition in der Wirtschaftspolitik. Hitlers „Verordnung zur Durchführung des Vierjahresplanes", die ihm unzureichend erschien, ließ er bereits auf der Sitzung des „Kleinen Ministerrates" am 21. Oktober außer acht und stellte ausdrücklich fest, seine Vollmacht sei „nicht beschränkt", was die Durchführung anbelangte: „Es können alle mit dem Vierjahresplan in Verbindung stehenden Gebiete berührt werden."[41] Bereits einen Tag später legte Göring seinen „Erlaß über die Durchführung des Vierjahresplans" vor, der alle Zweifel an seinen wahren Absichten beseitigte. Seine Eingangsformel, daß er „den Auftrag allen etwaigen Hemmnissen und Schwierigkeiten zum Trotz ausführen"[42] werde, kann nur so interpretiert werden, daß er sich völlig im klaren darüber war, daß er zu einem Generalangriff auf die bisherige Wirtschaftsspitzengliederung antrat. Scheinheilig versicherte er, daß die Verantwortung der bisherigen zuständigen Dienststellen uneingeschränkt fortbestehen bleibe. Anschließend legte er einen sechs Seiten umfassenden Organisations- und Geschäftsplan vor, der das gesamte Spektrum der Wirtschaftspolitik abdeckte und eine einzigartige, überministerielle Machtposition schuf[43]. Die kaum streng umrissenen Zuständigkeitsdefinitionen führten zwar umgehend innerhalb der Vierjahresplan-Geschäftsgruppen zu Reibungsverlusten, die Bedeutung von Görings Kompetenzausweitung wurde jedoch allenthalben erkannt[44].

Dertinger interpretierte in seinen geheimen Presseinformationsberichten die neue Geschäftsordnung über die Befugnisse Görings als eine Bekräftigung seiner „Stellung als Defakto-Reichskanzler des Dritten Reiches"[45]. Fassungslos konstatierte er, daß „das Arbeitsgebiet des Vierjahresplans ... so ziemlich sämtliche Reichsressorts (umfasse), also das Kriegsministerium, Ernährungsministerium, Wirtschaftsministerium, Finanzministerium und Arbeitsministerium". Bereits drei Tage zuvor war Kausch in seinem Bericht aufgefallen, daß der „von vielen übersehene Passus des Führererlasses ‚Der Ministerpräsident Generaloberst Göring ... wird beauftragt usw.' ... eine zweifellos tiefere Bedeutung (habe). Es heißt nicht mehr: ‚Der preussische Ministerpräsident', sondern einfach ‚Der Ministerpräsident', womit unterstellt wird, daß Göring nunmehr für den alles umfassenden Rahmen des Vierjahresplanes die Stellung eines Ministerpräsidenten im Reiche einnimmt."[46] Weiterhin registrierte Kausch eine allgemein herrschende Auffassung, „dass Göring mit dem Vierjahresplan eine ‚Kronprinzliche' Aufgabe übertragen wurde, nach deren positiver Erledigung die Stellung des ‚Ministerpräsidenten' auch verfassungsrechtlich in das autoritäre Staatsgefüge eingebaut werden

[40] Die bisherige Forschung neigt dagegen überwiegend zu der Auffassung, daß Görings „einzigartige überministerielle Position" von Anfang an von Hitler beabsichtigt war. So Birkenfeld, S. 92; Petzina, Vierjahresplan, S. 53 f.

[41] Sitzung des Kleinen Ministerrates am 21. Oktober 1936, BAK, R 26 IV/ 4 Sitzungen Kleiner Generalrat, Bl. 17.

[42] „Erlaß über die Durchführung des Vierjahresplans" vom 22. Oktober 1936, BAK, R 43 II/ 353a Vierjahresplan, Bd. 2: 1936–37, Bl. 26.

[43] Es wird darauf verzichtet, die Organisation und Funktionsverteilung im VJP im einzelnen darzustellen, da dies bereits Petzina umfassend geleistet hat: Petzina, Vierjahresplan, S. 53–80; vgl. auch Kroll, S. 550 ff.

[44] Rosenberg begrüßte in einem Schreiben an Göring vom 20. Oktober 1936 den Auftrag als „Erlösung" von den Zwistigkeiten der Ressorts. BAK NS 8/ 167 Schriftwechsel, Bl. 143.

[45] Dertinger-Informationsbericht Nr. 40 vom 23. Oktober 1936, BAK, ZSg. 101/ 29, Bl. 409.

[46] „Vertrauliche Information" von Kausch vom 20. Oktober 1936, ebd., Bl. 395.

soll". In der Tat zeichnete Göring nur noch mit „Ministerpräsident". Seit Ende 1936/
Anfang 1937 verschwand dieser Titel aber allmählich und wurde durch „Generaloberst Göring, Beauftragter für den Vierjahresplan" ersetzt.

Görings Machtübernahme in der deutschen Wirtschaft vollzog sich allerdings weder stillschweigend noch reibungslos. Aufgrund der Tatsache, daß Aufgabenstellung
und Zuständigkeiten des Vierjahresplans nie definiert wurden, erhoben sich von allen
Seiten Proteste[47], die nur durch Görings rigorose Pressepolitik unterdrückt wurden[48].
Görings Ausgreifen auf die Wirtschaft kann dabei kaum als ein Sieg der Partei über
die traditionelle Wirtschaftsführung interpretiert werden[49]. Die Opposition gegen Görings Organisation und Methoden kam gerade aus Parteikreisen[50]. Mit Recht mußten
sich die Parteiorgane vor allem durch Görings Personalpolitik übergangen fühlen, da
kaum Parteileute mit den neuen Aufgaben betraut wurden, sondern neben Fachkräf-
ten der privaten Wirtschaft vor allem Görings bewährte Vertrauensleute aus seinem
Stab, dem Luftfahrtamt und dem Preußischen Staatsministerium[51].

Die neue Kompetenzzusammenfassung in der deutschen Wirtschaft trug alle Zeichen einer ganz persönlichen Machtübernahme Görings, gestützt auf seine stabsmä-
ßige und preußische Machtstellung. Sie demonstrierte, daß er neben Partei, Wehrmacht und Staat eine eigene, weitgehend unabhängige Machtposition konstituiert
hatte. Diese war bis Anfang 1939 lebensfähig, da Göring geschickt zwischen den
Machtträgern agierte, mal hier, mal dort paktierte und je nach Lage die Kontrahenten
gegeneinander ausspielte. Durch eigene Presse, eigene Polizei, eigene Spitzeldienste,
eigenen Behördenapparat, eigenen Wehrmachtsteil und vor allem durch eine eigene
Personalpolitik, die nicht das Parteibuch, sondern das persönliche Untergebenen- und
Treueverhältnis zu Göring zur Maxime erhob, war Göring 1936 zum Staat im Staate
geworden. Das Exempel des Vierjahresplans demonstrierte Görings Macht. Unter fast
vollständigem Ausschluß der Partei[52] baute Göring innerhalb eines Jahres eine Wirt-
schaftsführungsorganisation auf, die weit mehr als eintausend Leute umfaßte[53]. Daß

---

[47]	Vgl. dazu ansatzweise Riedel, Eisen, S. 101 ff. und Zumpe, S. 238 f.

[48]	Görings Rundschreiben vom 22. Oktober 1936 über die Führung des Vierjahresplans in der Öffentlichkeit,
BAK, R 43 II/ 353a, Bl. 2.

[49]	So Timothy W. Mason, Arbeiterklasse und Volksgemeinschaft. Dokumente und Materialien zur deutschen
Arbeiterpolitik 1936–1939, Opladen 1975, S. 125.

[50]	Vgl. Dertingers „Privaten Sonderbericht" vom 30. Oktober 1936, BAK, ZSg. 101/ 29, Bl. 419–427, in dem
er sogar behauptet, Hitler unterstütze nach seiner Rückkehr aus Berchtesgaden die Ansicht der Partei und
habe sogar, „im Gegensatz zu seiner ursprünglichen Haltung ...", tatsächlich die Unterschrift unter die Gesetze, mit Ausnahme des Preiskommissargesetzes, verweigert" (Bl. 423).

[51]	Es wäre lohnend, Görings Personalpolitik im VJP eingehender zu untersuchen, worauf an dieser Stelle aus
Gründen der Beschränkung jedoch verzichtet werden muß. Als Beteiligter bezeugt Pentzlin, S. 238, daß Görings erstklassige Fachleute weniger Nazis als „überzeugte Patrioten" waren.
Petzina, Vierjahresplan, S. 308 f., vertritt die These von einer „dominierenden Rolle der Partei", wobei er
sich lediglich darauf stützt, daß von den sieben Geschäftsgruppenleitern vier „typische Nationalsozialisten"
gewesen seien. Er übersieht jedoch, daß diese vier (Keppler, Wagner, Backe und Köhler) in einem weitaus
größerem persönlichen Verhältnis zu Göring als zur Partei standen. Im übrigen muß Petzina zugeben, daß
innerhalb des Amtes „der Einfluß der Parteifunktionäre gering" war (S. 309).

[52]	Pleiger und Kehrl waren die einzigen engagierten Nazis in leitenden Positionen. Vgl. Kehrl, S. 101.

[53]	Vgl. ebd., S. 102.
Zum Anfangsstab vgl. die Besoldungs- und Beamtenlisten des Preußischen Staatsministeriums und der
„Dienststelle des Beauftragten für den Vierjahresplan, Berlin" in: GStA, Rep. 90/ Nr. 2473. Zur Geschäfts-
gruppenverteilung im März 1937 vgl. Görings Rundschreiben vom 16. März 1937, BAK, R 2/ 19492.
Beispielsweise zählte das „Amt für deutsche Roh- und Werkstoffe" bereits im Februar 1937 227 Mitarbeiter.
Vgl. den Geschäftsverteilungsplan als Anlage zum Amtsbefehl Nr. 14 vom 4. 2. 1937, BAK, Reichsministerium
für Rüstung und Kriegsproduktion R 3/ 1968 Organisationsangelegenheiten des Vierjahresplans, 1937.

sie bereits 1938 Zersetzungserscheinungen zeigte und an Effektivität weitgehend eingebüßt hatte, lag vor allem daran, daß sie zu groß und zu umfassend geworden war und
sich Görings erfolgreiches Prinzip der Konzentration der Führung in wenigen vertrauten Händen nicht mehr verwirklichen ließ[54].

Der Elan, mit dem Göring sich auf die Wirtschaftsführung gestürzt hatte, legte sich
jedoch schnell. Dies zeigte sich offensichtlich im Kleinen Ministerrat und im Generalrat, deren Vorsitz Göring bereits seit Dezember 1936 weitgehend seinem Staatssekretär Körner überließ. Er selbst präsidierte nur noch gelegentlich bei wichtigen grundsätzlichen Entscheidungen in diesen Gremien[55]. Es wäre jedoch zu vereinfachend,
dieses Verhalten nur auf Görings grenzenlosen Ehrgeiz und Machthunger zurückzuführen, mit dem er Ämter wie Orden sammelte und sie nach Erhalt in den Schrank zu
den anderen legte, um sich nur noch wenig darum zu kümmern. Görings unabhängige
Machtstellung durch eine private Hausmacht setzte es einerseits voraus, daß er in
möglichst vielen Bereichen des politischen Lebens Fuß faßte und zog es andererseits
nach sich, daß er in ebenso vielen Bereichen in Rivalitäten und Kompetenzkämpfe
verstrickt wurde, die ihm den Rang streitig machen wollten. Die Durchsetzung und
Absicherung eines Machtanspruchs verlangte ganze Konzentration, forderte taktisches
Geschick und brutale Rücksichtslosigkeit, kurz, die „Autorität" und „Energie", um
derentwillen Göring immer wieder von Hitler Sonderaufträge übertragen wurden. Da
ihm die Durchsetzung eines Anspruches oder eines Amtes durch die Kompetenz-
und Ämteranarchie im „Dritten Reich" im allgemeinen und durch seine politische
Sonderstellung im besonderen fast nie auf Anhieb gelang und er bis Ende 1936 um
seine Machtbasis bangen mußte, entwickelte er rastlos immer neue Energien, die sich
auf immer neue Bereiche ausdehnten, aber alle nur vorübergehend einen Machtzu-
wachs brachten.

In seiner großen Rede über die „Aufgaben des Vierjahresplans" am 28. Oktober
1936 gab Göring offen zu, daß er kein Fachmann auf wirtschaftlichem Gebiet sei, aber
den „unbändigen Willen" zur Verwirklichung der gesteckten Ziele habe[56]. Auffallend
einseitig betonte er hierbei nur das Ziel der Eigenproduktion von Rohstoffen im Zusammenhang mit Sparappellen an die Bevölkerung[57]. Die Gleichsetzung des Vierjahresplans mit „Autarkiepolitik" wurde jedoch nur vor der Öffentlichkeit aus propagandistischen Gründen vertreten. Sie war nützliches Element zur Stärkung des Selbstbewußtseins des wiedererstarkenden Deutschlands und diente gleichzeitig als innenpolitische Begründung von zahlreichen Beschränkungen und Einsparungsmaßnahmen[58].

Görings interne Besprechungen und Anweisungen machten dagegen deutlich, daß
er nach wie vor an seiner doppelgleisigen Strategie festhielt. In seiner Rede vor deut-

---

[54] Görings eigener Aussage zufolge bemühte er sich anfangs, den Verbindungsstab nur aus Beamten des Preußischen Staatsministeriums zu rekrutieren. Bross, S. 73.

[55] Zu den Sitzungen des Generalrats vgl. BAK, R 26 IV/ 5 Sitzungen des Generalrats.

[56] Rede Görings im Berliner Sportpalast am 28. Okt. 1936 („Über die Aufgaben des Vierjahresplans"), in: Göring, Reden, S: 256–275, hier: S. 273. Die Rede ist zugleich ein Musterbeispiel für Görings Selbstdarstellung
in der Öffentlichkeit und demagogisches Geschick.

[57] Görings Popularität in der Bevölkerung gründete auch in seinem Redestil. In ironischer Art nahm er gerne
selbst seine eigene Person aufs Korn: „Zuviel Fett – zu dicke Bäuche. Ich selbst habe weniger Butter geges-
sen und habe zwanzig Pfund abgenommen" (ebd., S. 272). Der „gemütliche" und „volksnahe" „Hermann"
war daher auch stets der geeignete Mann, um unpopuläre Maßnahmen bei der Bevölkerung anzukündigen.

[58] So auch Hitler in seiner Rede vom 30. Jan. 1937 (Domarus, Bd. I, S. 668 f., 674), in der er u. a. behauptete, daß
ihn das Ausland zwinge, eine Autarkiepolitik zu betreiben.

schen Wirtschaftsführern am 17. Dezember 1936 bestand er zur Heiterkeit der Anwesenden darauf, „daß wenn ein wertvolles Ausfuhrgeschäft zu machen sei, man jede Bestimmung umgehen müsse, um das Geschäft unbedingt zu sichern"[59]. Unter dem Hinweis auf den Ernst der Lage[60], der eine enorme „Aufrüstung ohne Ende" erforderlich mache, verlangte er, daß die „buchmäßigen Gewinnrechnungen" den „Bedürfnissen der Politik" unterzuordnen seien. Görings Ausführungen zeigen, daß ihm jedes Mittel zur Erreichung des Ziels der Aufrüstung Deutschlands recht war, und erklären, warum diametral entgegengesetzte und sogar den Bestimmungen nach illegale Aktionen unter dem Etikett des Vierjahresplans ohne Schwierigkeiten ablaufen konnten. Mit größtmöglicher Flexibilität versuchte er jedes Rohstoff- oder Devisengeschäft zu sichern, wobei er die bezeichnende Devise ausgab: „Im Übrigen mündlich verhandeln und wenig schreiben."[61]

Die von der Forschung eingehend behandelten Planrevisionen und Neufestsetzungen der Ziele[62] verdienen in diesem Zusammenhang eine modifizierte Betrachtung. Göring betonte bei jeder Gelegenheit und allzu oft, daß er „Nichtfachmann im Sinne der Wirtschaft" sei[63]. Dies diente in erster Linie dem Zweck, sich jeder sachlichen Diskussion zu entziehen, um dadurch das Unmögliche möglich erscheinen zu lassen. Der Druck der Planungen, die von Experten als „lächerlich" und „zu optimistisch" charakterisiert wurden, brachte allerdings unbestreitbare Anfangserfolge und verfehlte nicht seine psychologische Wirkung bei den Industriellen[64]. Eine nicht ausreichende Beachtung der propagandistischen Aspekte von Görings Äußerungen und Richtlinien zu Autarkie, Selbstversorgung oder Rohstoffbasis führt zu einem schiefen Bild der „Vierjahresplan"-Interpretation.

Für Görings Rüstungspolitik spielte ein fundiertes und kohärentes Wirtschaftskonzept keine Rolle[65]. Darüber täuschen auch nicht die in der zeitgenössischen Publizistik ausgetragenen Autarkie-Diskussionen hinweg[66], die Göring wahrscheinlich noch nicht einmal flüchtig zur Kenntnis nahm[67]. Für ihn zählten nur die Ergebnisse der

---

[59] Göring-Rede über die Durchführung des Vierjahresplanes im großen Sitzungssaal des „Preussenhauses" am 17. Dez. 1936, IfZ, NI-051, Bl. 3.

[60] „Wir ständen in einer Zeit, in der sich die letzten Auseinandersetzungen ankündigten. Wir stehen bereits in der Mobilmachung und im Krieg, es wird nur noch nicht geschossen." Ebd., Bl. 10.

[61] Göring auf der Besprechung der Oberbefehlshaber am 13. April 1937, BA-MA, Wi I F 5/ 1196.

[62] Vgl. vor allem Birkenfeld, S. 97; Petzina, Vierjahresplan, S. 53, 61 ff., 81 ff.

[63] Görings Rede in Weimar „über den Kampf der wirtschaftlichen Freiheit" am 30. Mai 1937, DNB-Meldung Nr. 701 vom 31. Mai 1937, BAK, R 43 II/ 353, Bl. 57.

[64] Thyssen, S. 151–157, 171.

[65] Es ist zu beachten, daß sich Göring wenig an die Erzeugungspläne seiner Wirtschaftsfachleute störte. Vgl. Kehrl, S. 133. Zur Verwirklichung seines politischen Anliegens war ihm jedes Argument recht. Vgl. beispielsweise Görings Ausführungen zum Ernährungssektor auf der Sitzung des Kleinen Ministerrates am 11. Feb. 1937, BA-MA, Wi I F 5/ 1568 Denkschriften, Akte 11 (1936–38).

[66] Grundpositionen in der Auseinandersetzung vertraten vor allem: Karlernst Friedrichs, Der zweite Vierjahresplan, ein Weg zur Weltwirtschaft oder Autarkie? (Idee und Verwirklichungen), Bottrop 1938, vor allem S. 10; Gerhard Mackenroth, Bericht über den Vierjahresplan, in: Jahrbücher für Nationalökonomie und Statistik 148 (1938), S. 697–726, bes. S. 697, 714 f.

[67] Göring interessierte sich grundsätzlich nur für die propagandistischen Aspekte der Publizistik zum „Vierjahresplan" (vgl. seinen Runderlaß vom 26. April 1937 über „Grundsätze für die Zusammenarbeit mit der deutschen Tagespresse", BAK, R 43 II/ 353, Bl. 53). In diesem Sinne gab er seit Januar 1937 eine eigene Zeitschrift heraus: „Der Vierjahresplan. Zeitschrift für nationalsozialistische Wirtschaftspolitik. Amtliche Mitteilungen des Beauftragten für den Vierjahresplan Ministerpräsident Generaloberst Göring" (BAK, RD 13/1-1). Mit einer Auflage von 75000 war er damit marktbeherrschend. Zum Vergleich: Schachts Organ „Der Deutsche Volkswirt" hatte eine Auflage von 9000, die „Deutsche Volkswirtschaft" rund 7500.

„Erzeugungsschlacht", die für die Aufrüstung nutzbar gemacht werden konnten. Somit stellte die Wirtschaftspolitik primär einen politischen Faktor dar, als wichtige Voraussetzung für eine aktive und expansive Großmachtpolitik.

Göring war es gelungen, sich des wirtschaftspolitischen Sektors des „Dritten Reiches" zu bemächtigen. Er strebte dem Höhepunkt seiner Macht zu. Wenn auch der Kompetenzwirrwarr der Dienststellen nicht beseitigt wurde, so war doch Görings persönliche Machtposition zunächst gesichert. Durch die Forcierung der Aufrüstung und Privilegierung der Luftwaffe war er der Verwirklichung seines außenpolitischen Konzepts, das Deutschland in das „Konzert der Großmächte" zurückführen sollte, ein gutes Stück nähergekommen. Hitler lobte ihn öffentlich als seinen „besten Mann"[68], das Ausland sah in ihm den mächtigsten Mann nach Hitler[69] und erwartete seine offizielle Bestätigung als Reichskanzler[70].

2. Vierjahresplan-Politik im Ausland: China und Spanien

Görings Person und Politik erfuhren durch seine neue Machtposition auch im Ausland eine deutliche Aufwertung. Dies zeigte sich bereits unmittelbar nach seiner Ernennung zum „Durchführungsbeauftragten" des Vierjahresplans bei seinen Südosteuropa-Verhandlungen im Herbst 1936. Gleichzeitig schuf sich Göring durch das Einsetzen von Vierjahresplan-Organisationen und -Beauftragten im Ausland ein bedeutsames Instrument seiner Außenpolitik. Diese Organisationen, die auf dem Kompensationswege ausländische Rohstoffe im größtmöglichen Maße für die deutsche Industrie beschaffen sollten, erfüllten neben den wirtschaftlichen Aufträgen auch politische Missionen.

Das Engagement im Spanischen Bürgerkrieg

Görings erste Auslandsorganisation entstand im Zusammenhang mit der deutschen Entscheidung für eine Intervention im „Spanischen Bürgerkrieg" zugunsten des Rebellengenerals Franco. Die von der Forschung bisher vorgelegten Motivanalysen der nationalsozialistischen Spanienpolitik gehen im Ergebnis weit auseinander[1]. Im Mittelpunkt steht dabei die Frage, auf wen letztlich die deutsche Entscheidung von Ende Juli 1936 für Hilfslieferungen an Franco zurückgeht. Eng daran geknüpft ist die Frage, welche programmatischen Überlegungen dieser Entscheidung zugrunde lagen und mit welchem Erfolg sie in die Tat umgesetzt wurden. Übereinstimmung herrscht darüber, daß es sich hierbei um keine Entscheidung des Auswärtigen Amtes, in dessen Zuständigkeitsbereich das spanische Hilfeersuchen eigentlich hätte behandelt werden müssen, sondern um eine „höchste Führerweisung" handelte[2].

---

[68] Hitlers Rede am 17. Dez. 1936 vor Wirtschaftsführern („Vertrauen Sie dem Mann, den ich bestimmt habe! Es ist der beste Mann, den ich für diese Aufgabe habe."), DNB-Abend-Ausgabe, Nr. 1695 vom 18. Dez. 1936, BAK, R 43 II/ 353, Bl. 38 f.

[69] Drummond (Rom) an Eden (London) vom 30. Okt. 1936 über sein Gespräch mit Ciano, in: DBFP, 2/17, Nr. 345, S. 490; François-Poncet, Berlin, S. 284 f.; Kordt, S. 166.

[70] Bericht von François-Poncet (Berlin) an Delbos (Paris) vom 28. Okt. 1936, in: DDF, 2/3, Nr. 417, S. 646.

[1] Vgl. den Forschungsbericht von Wolfgang Schieder u. Christof Dipper, Einleitung zu: Schieder/Dipper, S. 7–49.

[2] Dies wies bereits Merkes, S. 28 ff., nach.

In unserem Zusammenhang geht es weniger um eine genaue Rekonstruktion der Ereignisse, wie sie beispielsweise Hans-Henning Abendroth aus den wenigen, mit manchen kritischen Vorbehalten zu betrachtenden Quellen zusammengestellt hat[3]. Görings Haltung in der Frage des spanischen Hilfeersuchens im Sommer 1936 wird vielmehr erst durch den Kontext seiner politischen und vor allem wirtschaftspolitischen Strategie seit 1934 verständlich. Nach einigen, nicht unwidersprochen gebliebenen Quellen soll Franco seinen Kurieren Handschreiben nicht nur an Hitler, sondern auch an Göring mitgegeben haben[4], was um so wahrscheinlicher ist, da es sich bei Francos Gesuch um Luftwaffengerät handelte. Francos Emissäre Bernhardt und Langenheim wandten sich unmittelbar nach ihrer Ankunft in Berlin an ihre Parteigenossen von der „Auslandsorganisation der NSDAP"[5], allerdings ohne daß sich Parteispitzen wie Bohle und Heß in der Lage sahen, in dieser delikaten Angelegenheit eine Entscheidung zu treffen. Sie bemühten sich aber um eine Weiterleitung des Bittgesuchs an das Auswärtige Amt[6] – und wohl mit Sicherheit an Göring[7], wenn man davon ausgeht, daß Francos Schreiben auch an ihn adressiert war und außerdem in seinen Zuständigkeitsbereich fiel. Da Göring bereits 1935 in aller Welt mit Kriegsgerät handelte, kann die Anfrage von ihm kaum als außergewöhnlich aufgefaßt worden sein.

Kompliziert wurde die Sachlage allerdings dadurch, daß Göring seit Sommer 1935 mit der spanischen Regierung in Verhandlungen über Kompensationsgeschäfte „Kriegsgerät gegen Rohstoffe" stand und seinerzeit selbst die Anweisung ausgegeben hatte, nur mit ausländischen Unterhändlern, die „offiziell von der eigenen Regierung anerkannt oder besonders beauftragte Personen sind"[8] zu verhandeln. Gleichzeitig mußte sich Göring angesichts der militärischen Situation in Spanien die Frage stellen, inwieweit sich spanische Rohstofflieferungen von einem Rebellengeneral überhaupt ermöglichen ließen. Bei dieser Sachlage war Göring wohl kaum aus Gründen einer „antikommunistischen Front" zur vorbehaltlosen Herausgabe von wichtigem und vor allem devisenbringenden Luftwaffengerät an einen unsicheren Adressaten bereit[9]. Ungünstig mußte sich vor allem auch der Umstand auswirken, daß Franco in seinem Brief vermutlich mit keinem Wort eine Bezahlung erwähnte[10].

Eine gänzlich veränderte Situation bot sich jedoch in der entscheidenden Nachtsitzung vom 25. auf den 26. Juli 1936 bei Hitler in Bayreuth. Wäre das antikommunistische Motiv allein ausschlaggebend für Hitlers Entscheidung gewesen, hätte es einer eingehenden Befragung der Kuriere eigentlich nicht bedurft. Zur militärischen und politischen Sachlage war Hitler ohne Zweifel durch die deutsche Berichterstattung ak-

---

[3] Neuerdings in einer stark kolorierten Fassung, die sich im wesentlichen, mit wenig quellenkritischen Ambitionen, auf die im 40jährigem Abstand hervorgerufenen Erinnerungen von Johannes Bernhardt stützt: Abendroth, Intervention, S. 117–129.

[4] Merkes, S. 24; Harper, S. 13. Abendroth verfolgt in seinen Untersuchungen hingegen lediglich die Linie zu Hitler.

[5] Abendroth, Intervention, S. 118 f.

[6] Aufzeichnung von Dieckhoff (AA) vom 25. Juli 1936, in: ADAP, D, III, Nr. 10, S. 11 f.

[7] Nach dem Zeugnis von Ribbentrop wandte sich Franco zunächst an Göring. Ribbentrop, S. 90.

[8] Vertrauliches Schreiben Görings an das AA vom 14. August 1935, PAB, Geheimakten 1920–1936/ II FK. 119.

[9] In diesem Sinne lassen sich auch die angeblichen ersten Bedenken Görings gegen die Hergabe von Luftwaffenmaterial erklären, wie sie von Abendroth zitiert werden, der sich hierbei auf ein ominöses, nur ihm bekanntes Tagebuch von Bernhardts Frau stützt. Abendroth, Intervention, S. 121, Anmerk. 31.

[10] Bekanntlich ist Francos Schreiben nicht überliefert. Für eine Rekonstruktion vgl. Anhang A „Brief Francos an Hitler" bei Abendroth, Mittelsmann, S. 55.

tueller und umfassender ins Bild gesetzt als Bernhardt und Langenheim, die Spanien bereits vor einigen Tagen verlassen hatten. Die Anwesenheit der beiden Kuriere bei den Bayreuther Verhandlungen konnte nur den Sinn haben, die wirtschaftspolitischen Modalitäten des Geschäftes auszuhandeln[11]. Es ist nicht einsichtig, warum Göring, im unmittelbaren Vorfeld der Vierjahresplan-Verkündung, in diesem Fall von seiner bisherigen Kompensationspraxis abgewichen sein sollte. Das Motiv des gemeinsamen Kampfes gegen den Kommunismus hatte er als ideologisches Deckmäntelchen bereits bei seinen Kompensationsgeschäftsverhandlungen mit Polen, Ungarn und Jugoslawien geltend gemacht[12].

Der Kontext der wirtschaftspolitischen Überlegungen, die zu dem Entschluß für die Unterstützung Francos führten, zeigt, daß es zur Beantwortung der Frage nach der Motivation zweitrangig ist, wer zuerst zu einer Bewilligung des Hilfeersuchens neigte. Göring zögerte vermutlich so lange, bis er die Gewißheit erhielt, daß sich hier Möglichkeiten zu einem großen Rohstoffgeschäft boten[13]. Hitler unterstützte mit seiner positiven Entscheidung Görings wirtschaftspolitisches Konzept, das mit der Einrichtung des Vierjahresplans kurz danach öffentlich bestätigt wurde. Somit waren weder Hitler noch Göring letztlich ausschlaggebend für die Gewährung der Rüstungshilfe, sondern die Hinweise des Handelskaufmanns Bernhardt auf die Möglichkeiten zur Rohstoffbeschaffung im Kompensationswege[14]. Das antikommunistische Deckmäntelchen war selbst innerhalb des „Dritten Reiches" zu kurz, um für Eingeweihte glaubhaft zu wirken[15] und diente vor allem außenpolitischen Rechtfertigungen.

Göring entfaltete „im spanischen Aktionsraum nach Beginn der deutschen Intervention von allen NS-Führern die größte Aktivität"[16]. Hitler hatte ihm die Abwicklung der Spanien-Angelegenheit ganz überlassen. Göring bestellte bereits für den kommenden Morgen seinen Staatssekretär Milch nach Bayreuth und schickte ihn, mit entsprechenden Anweisungen versehen, umgehend nach Berlin zu einer Besprechung mit den militärischen und wirtschaftlichen Amtschefs zurück[17]. Während Hitler ge-

---

[11] Daß über die Bezahlung des Luftwaffenmaterials in Bayreuth gesprochen wurde, bestätigt Bernhardt (vgl. Abendroth, Mittelsmann, S. 32 f.). Als Bernhardt Hitler bei der Nennung des winzigen Geldbetrages „etwas erschrecken" sah, schwärmte er ihm von „der Eroberung des reichen Andalusiens" und dessen „reichen Quellen" (vgl. ebd., S. 32) vor und erläuterte mit Sicherheit die sich daran anknüpfenden Möglichkeiten für einen verstärkten deutschen Rohstoffimport im Ausgleich gegen die Waffenlieferungen. Bernhardts wohlreflektierte „Erinnerungen" unterdrücken allerdings weitere Ausführungen zu diesem Aspekt der Verhandlungen, da er seiner tendenziösen Darstellung des großherzigen und von antikommunistischen Sorgen geplagten „Führers" Abbruch getan hätte.

[12] Göring gab bei seiner Vernehmung im Nürnberger Kriegsverbrecherprozeß zu Protokoll, er habe den „sich überlegenden" Hitler „lebhaft gedrängt", die „Unterstützung unter allen Umständen zu geben" (IMG, Bd. 9, S. 317). Dagegen versucht Bernhardt glaubhaft zu machen, daß Hitler „ohne einen Berater seiner engeren Umgebung hinzugezogen zu haben", den Entschluß allein gefaßt habe (vgl. Abendroth, Mittelsmann, S. 32).

[13] Dafür, daß bereits auf der Besprechung am 25. Juli die wirtschaftlichen Aspekte des Unternehmens eingehend erörtert wurden, spricht auch die Tatsache, daß „Göring Langenheim den Auftrag erteilte, (mit) Franco Görings Wünsche und Absichten über zukünftige kommerzielle, kulturelle und militärische Beziehungen mit Spanien" zu verhandeln, wobei wohl kaum zufällig das kommerzielle Anliegen an erster Stelle genannt wurde. Langenheim bestätigte die Erledigung seines Auftrages bereits am 29. Juli 1936. Vgl. ADAP, D, III, Nr. 16, S. 16.

[14] Auch in einer Denkschrift des RWiM vom 15.3.1940 über „Entstehung, Entwicklung und gegenwärtiger Stand des Rowak/Sofindus-Konzerns" wird Bernhardt als derjenige bezeichnet, der „auf den Gedanken (kam), von Deutschland dringend benötigte spanische Rohstoffe zu beschaffen und nach Deutschland zu verladen". BAK, R 7/ 738 Berg-, Hütten- und Salinenwesen in Spanien und Portugal, S. 2 der Denkschrift.

[15] Neuraths Äußerungen zu Szembek am 12. August 1936, in: Szembek, S. 195.

[16] Schieder, S. 169.

[17] Tagebucheintrag Milchs vom 26. Juli 1936, BA-MA, Nachlaß Erhard Milch N 179/ Nr. 36, Tagebuch 1936.

genüber dem widerstrebenden Neurath die antikommunistischen Motive der deutschen Hilfeleistung als offizielle Version hervorzuheben versuchte[18], kümmerte sich Göring wenig um das angeblich weltpolitische Anliegen[19]. Statt der „antikommunistischen Sache" nachhaltig zum Durchbruch zu verhelfen, behandelte er die militärische Seite der Operation recht halbherzig, so daß für Beteiligte der Eindruck entstand, als läge ihm wenig daran, Franco zum Sieg zu verhelfen[20].

Von Anfang an stand bei Göring die wirtschaftspolitische Seite der deutschen Intervention im Spanischen Bürgerkrieg im Vordergrund. Bei seiner Besprechung am 30. Juli 1936 mit seinen engsten Mitarbeitern stellte er die Weichen für eine „sofortige Genehmigung der Kompensationsgeschäfte" mit Spanien und sammelte Rohstoffwünsche[21]. Nach zahlreichen Beratungen über die spanische Angelegenheit in der ersten Augusthälfte[22], die von den Verhandlungen über die Formulierung des Vierjahresplans Ende August bis Mitte September abgelöst wurden, hatte Göring Ende September endlich die Organisationsform geschaffen, mit der er die Kompensationsgeschäfte mit Franco abwickeln konnte. In sich ergänzender Zusammenarbeit kontrollierten auf spanischer Seite die unter Bernhardts Leitung stehende „Compania Hispano-Marroqui de Transportes" (HISMA) und die kurz darauf in Berlin gegründete „Rohstoff- und Waren-Kompensation-Handelsgesellschaft m.b.H." (ROWAK) in monopolartiger Weise die Wirtschaftsbeziehungen zwischen Deutschland und Spanien und regelten die Kompensationsgeschäfte[23].

Der Eingriff in den Chinahandel

Dieses Konzept der parastaatlichen Wirtschaftsorgane, die in der Lage waren, die gesamten bilateralen Handelsbeziehungen zu kontrollieren, wurde nicht erst anläßlich des deutschen Rüstungsexportes an Franco erfunden. Göring griff hierbei auf ein Vorbild der Reichswehrführung zurück, das diese bereits seit Anfang 1934 erfolgreich im deutschen Chinahandel praktizierte. Ausschlaggebend für die Anwendung des chinesischen Beispiels auf die neue Spanienpolitik war, daß Göring im Zusammenhang mit seinen Bemühungen um zusätzliche Rohstoffeinfuhren seit Mai 1936 mit der Kompensationspraxis im deutschen Chinahandel befaßt wurde[24]. Mit großem Interesse befürwortete Göring Ende 1936 den Chinahandel, „nachdem seine Erwartungen aus spanischen Lieferungen in jeder Hinsicht enttäuscht worden seien"[25], wie er gegenüber Oberst Thomas zugab.

[18] Zu Hitlers Gespräch mit Neurath am 18. November 1936 vgl. Abendroth, Intervention, S. 122.

[19] Göring betonte im Oktober 1936 gegenüber dem italienischen Außenminister Ciano, daß Deutschland „in Spanien lediglich wirtschaftliche Interessen" hätte, „auf deren ungestörte Entfaltung... allerdings Wert" gelegt werde. Aufzeichnung von Mackensen (Budapest) vom 13. Oktober 1936, in: ADAP, C, V/2, Anlage zu Nr. 600, S. 1009.

[20] Urteil von Generaloberst Jaencke (Chef des „Sonderstabes Wilberg"), BA-MA, Nachlaß Karl Drum N 176/ 23 Die deutsche Luftwaffe im spanischen Bürgerkrieg (Legion Condor). Ausarbeitung von Gen. d. Flg. a. D Karl Drum (12.4.1957), Bd.2, S. 56f. So bezeichnet Jaencke, der den ersten Teil der Ausarbeitung verfaßt hat, Görings militärische Auffassung zur Abwicklung des Spanien-Unternehmens als „Schaumschlägerei".

[21] Aktenvermerk über Besprechung beim Herrn Generaloberst am 30.07 36, IfZ, PS-3890.

[22] Milchs Tagebucheinträge vom August 1936, BA-MA, Nachlaß Erhard Milch N 179/ Nr. 36, Tagebuch 1936.

[23] Einhorn, S. 149; Schieder, S. 172 ff.

[24] Weinberg, Bd. I, S. 340; Fox, S. 135 f.; Helfferich, S. 114 ff.

[25] Aufzeichnung von Erdmannsdorff vom 25. Nov. 1936 über sein Gespräch mit Thomas (WStb), in: ADAP, C, VI/1, Nr. 56, S. 111.

Schon seit der Weimarer Republik waren deutsche Militärberater bei Chiang Kai-shek tätig, wovon man sich deutscherseits chinesische Rohstofflieferungen versprach. Im Rahmen der 1934 einsetzenden deutschen Aufrüstung entwickelte sich ein verstärktes Interesse an einer rüstungswirtschaftlichen Zusammenarbeit zwischen Deutschland und China. Bereits seit September 1933 war man im Auswärtigen Amt über die „Bestrebungen eines gewissen Herrn Klein, in Kanton eine Rüstungsindustrie aufzubauen"[26], informiert, ohne jedoch zu wissen, in wessen Auftrag er handelte. Klein, der sich teils aus privatwirtschaftlichem Interesse und teils im Auftrag des Reichswehrministeriums in China aufhielt, wurde Anfang 1934 Hauptgesellschafter der zur Abwicklung aller rüstungswirtschaftlichen Chinaprojekte neugegründeten „Handelsgesellschaft für industrielle Produkte m.b.H." (HAPRO). Er war außerdem als Leiter der „Stahl- und Maschinen-Gesellschaft m.b.H." (STAMAG) in China tätig[27]. Aufgrund eines Handelsabkommens vom 23. August 1934 und eines Kreditabkommens vom 8. April 1936 lieferten beide Organisationen Waffen an China im Austausch für chinesische Rohstoffe und Produkte und kontrollierten nach kurzer Zeit den gesamten Chinahandel des Reiches, was zu nicht unerheblichen Verwicklungen und Protesten der deutschen Außenhandelskaufleute führte[28].

Seit dem Frühsommer 1936 wurde Göring von seiten der deutschen Kaufleute mit dieser Angelegenheit befaßt, um als Rohstoffbeauftragter vermittelnd in den Streit einzugreifen. Görings Weisungen vom Juli 1936 dienten jedoch nicht dazu, Kleins Tätigkeiten zu unterbinden, sondern um sich dessen Geschäftsorganisationen für eigene Zwecke nutzbar zu machen[29]. Nach zähen Verhandlungen mit dem Wehrwirtschaftsstab wurde die HAPRO schließlich ab Oktober 1937 ganz Göring unterstellt[30], der bereits seit Ende 1936 die Weichen im deutsch-chinesischen Handel stellte[31]. Seine Weisungen zur Regelung der China-Geschäfte zeigen, wie wenig er sich in seiner Geschäftspraxis um Hitlers programmatische außenpolitische Zielsetzungen kümmerte.

Bereits im Herbst 1933 hatte Hitler persönlich durch seine grundlegenden Instruktionen für den neuernannten Botschafter in Tokio, von Dirksen, in der traditionell prochinesisch eingestellten deutschen Außenpolitik eine Wende eingeleitet[32]. Japan, das sich seit dem durch den „Mukden-Zwischenfall" entstandenen Mandschurei-Krieg im permanenten Kriegszustand mit China befand, rückte vor allem durch die Fürsprache Ribbentrops seit Ende 1933 als potentieller Bündnispartner in Hitlers weltpolitische Perspektive[33]. Ribbentrop nahm über den japanischen Militärattaché in

---

[26] Schreiben Trautmanns an das AA vom 18.Sept.1933, in: ADAP, C, I, Nr.436, S.801f.
[27] Bloß, Chinapolitik, S.409; Helfferich, S.110; Fox, S.112ff.; Kotze, S.41, Anmerk.103.
[28] Helfferich, S.114f.
[29] Aufzeichnung von Voss (AA) vom 18.Juli 1936, in: ADAP, C, V/2, Nr.461, S.732ff.
[30] Anmerk. der Hrsg. in: ADAP, D, I, S.627; Helfferich, S.124f. Daß Blomberg keineswegs freiwillig die HAPRO aus den Händen gab, verdeutlicht die Aufzeichnung von Kieps (AA) vom 15.Sept.1936, in: ADAP, C, V/2, Nr.537, S.899f.
[31] Schreiben von Thomas an Neurath vom 23.Jan.1937, in: ADAP, C, VI/1, Nr.157, S.344ff.
[32] Schreiben von Dirksen an Bülow vom 4.Feb.1934, in: ADAP, C, II, Nr.237, S.439.
[33] Ribbentrop schreibt in seinen „Erinnerungen" (Ribbentrop, S.110) und gab in Nürnberg zu Protokoll, daß Hitler 1933 oder 1934 mit ihm darüber gesprochen habe, „ob man nicht in irgendeiner Form mit Japan eine engere Beziehung anknüpfen könnte" (IMG, Bd.9, S.271). Dies wurde von Ribbentrop als Anregung zu entsprechenden inoffiziellen Sondierungen verstanden, die schließlich zum Abschluß des „Antikomintempaktes" führten. Übereinstimmend damit vermutet Kordt in Hitler den Initiator für die Aufnahme der Gespräche (vgl. Kordt, S.123).

Deutschland, Hiroshi Oshima, Kontakte zu japanischen Stellen mit dem Ziel eines Verständigungsabkommens auf. Hitler gab seine Zustimmung zu dem Paktprojekt bereits am 25. November 1935[34]. 1936 plante er Japan bereits fest als antikommunistisches Bollwerk an der Seite Deutschlands und Italiens ein[35] und ließ sich in dieser Haltung auch nicht durch öffentliche Diskrepanzen mit Japan beirren[36].

Trotz des Abschlusses des Antikominternpaktes im November 1936 flossen jedoch weiterhin deutsche Kriegsmateriallieferungen nach China, wo sich die chinesisch-japanische Konfrontation immer mehr zuspitzte und sich am 7. Juli 1937 beim Zwischenfall an der über den Yunting-Fluß führenden Marco-Polo-Brücke entlud, dessen Folgen den japanisch-chinesischen Krieg von 1937 bis 1945 auslösten. Ende Juli sprachen die Japaner mehrmals im Auswärtigen Amt vor, um gegen die deutschen Waffenlieferungen an China und die Tätigkeit der deutschen Militärberater zu protestieren.

Mitte August bezog auch Hitler zu dieser Frage Stellung und gab intern bekannt, „daß er an einem Zusammengehen mit Japan an sich festhalte, daß in dem derzeitigen Streit zwischen China und Japan aber Deutschland neutral bleiben müsse. Was die auf Grund des Abkommens mit China auszuführenden Lieferungen betreffe, so sollen sie, soweit sie von China mit Devisen oder durch entsprechende Rohstofflieferungen gedeckt würden, weiter ausgeführt werden, allerdings unter möglichster Tarnung nach außen."[37] Hitlers Haltung zur Fernostfrage verdeutlicht die zwei Ebenen seiner Außenpolitik. Einerseits vertrat er propagandistisch den Antikommunismus als außenpolitische Linie, andererseits deckte er außenhandelspolitische Interessen, die dieser Propaganda zeitweilig entgegenliefen.

Weniger wegen der ständigen japanischen Proteste als aufgrund von Ribbentrops Einfluß, richtete Hitler seit Oktober 1937 seine Fernostpolitik auf Japan aus. In einer „Notiz für den Führer" vom September über die Lage auf dem chinesischen Kriegsschauplatz vertrat Ribbentrop die Ansicht, er habe „den klaren Eindruck und auch innerlich die feste Überzeugung, daß die japanischen Truppen in China in nicht zu ferner Zeit einen entscheidenden Sieg davontragen werden"[38]. Ribbentrops Mahnung verfehlte nicht ihre Wirkung bei Hitler. Anfang bis Mitte Oktober entschied dieser, „daß die Wehrmacht alles zu unterlassen hätte, was die japanischen Absichten irgendwie hindern oder erschweren könnte"[39]. In der gleichen Aufzeichnung heißt es, der „Führer hätte entschieden, daß Japan gegenüber eine eindeutige Haltung einzunehmen wäre". Hieraus folge, „daß keinerlei Heereslieferungen an China durchgeführt würden".

Göring, in dessen Händen seit Oktober 1937 die Koordination der deutsch-chinesischen Kompensationsgeschäfte lag, gab umgehend offiziell bekannt, „daß keinerlei Heereslieferungen an China durchgeführt würden. Er selber habe die HAPRO bereits entsprechend angewiesen." Dies war jedoch ein bloß taktisches Manöver, mit dem Göring ein Einlenken auf Hitlers neue außenpolitische Fernostlinie lediglich vor-

[34] Sommer, S. 28; Fox, S. 199.
[35] Denkschrift zum Vierjahresplan, in: ADAP, C, V/2, Nr. 490, S. 795. Vgl. auch Bloß, Zweigleisigkeit, S. 57 f.
[36] So waren es bei den Olympischen Spielen in Berlin am 1. Aug. 1936 neben den Briten gerade die Japaner, die die Huldigung für Hitler demonstrativ nicht mitmachten. Domarus, Bd. I, S. 633.
[37] ADAP, D, I, Nr. 478 vom 17. Aug. 1937, S. 612.
[38] Ebd., Nr. 486 vom 19. Sept. 1937, S. 619.
[39] Ebd., Nr. 500 vom 19. Okt. 1937, S. 627.

täuschte[40]. In Wirklichkeit gab er bereits am 20. Oktober die Weisung, „die Geschäfte in der bisherigen Form mit China fortzuführen"[41]. Zur Legitimation berief sich Göring auf eine Unterredung mit Ribbentrop, bei der ihm dieser angeblich die Genehmigung dazu gegeben habe. Dies muß bezweifelt werden, wenn man Ribbentrops entschiedene Haltung zur Fernostfrage bedenkt. Eher ist zu vermuten, daß Göring die Chinageschäfte auf eigene Faust weiterführte, nachdem er die anderen damit beschäftigten Stellen ausgeschaltet hatte. Göring setzte sich nicht nur über Hitlers außenpolitische Grundsatzentscheidung eigenmächtig hinweg, sondern demonstrierte hier gleichzeitig, daß bei ihm weniger eine propagandistische antikommunistische Politik als vielmehr wirtschaftspolitische Interessen ausschlaggebend waren. Besonders in der Fernostpolitik zeigte sich Göring mehr der traditionellen Linie der Reichswehr verpflichtet als der weltpolitischen Programmatik der Nationalsozialisten.

Unmittelbar nach Ribbentrops Ernennung zum Außenminister kam es zu ersten offenen Auseinandersetzungen mit Göring, der weiterhin an seiner Chinapolitik festhielt[42]. Noch im Mai 1938, nachdem Hitler Mandschukuo anerkannt hatte und bereits ein deutsch-italienisch-japanisches Abkommen geplant war, beschwerte sich der japanische Botschafter Oshima bei Göring wegen weiterer Waffenlieferungen an China[43]. Göring machte sich erst gar nicht die Mühe, dies zu vertuschen, sondern versuchte sich mit dem Hinweis „auf die etwa 40 Millionen in Japan eingefrorenen Devisen" zu rechtfertigen: „Sie müssen verstehen, wie schwer es für mich ist, unserer devisenhungrigen Wirtschaft klarzumachen, daß wir auf die chinesischen Devisen zugunsten Japans verzichten müssen und andererseits von demselben Japan unsere Devisen nicht bezahlt bekommen." Abschließend bemerkte Göring, er werde sich darum bemühen, „daß die Waffen nicht an Dritte weiterverkauft werden können", er habe dies jedoch „nicht vollständig in der Hand"[44].

Dies widersprach eklatant Hitlers politischen Richtlinien. Seit Oktober 1937 nahm Hitler eine deutlich projapanische Haltung ein und hatte auch Blomberg ermahnt, dafür zu sorgen, daß das Reichskriegsministerium „sich vom Geruch chinafreundlicher

---

[40] Göring gelang es, das RKM endgültig vom China-Geschäft abzukoppeln. Vgl. die Aufzeichnung Mackensens (AA) vom 19. Okt. 1937 über ein Gespräch mit Oberst Thomas (WStb), PAB, Büro St.S./ Aufzeichnungen über interne Angelegenheiten, Bd. 1, Pag. 472 164.
Bereits im August 1937 sprach sich Göring für eine getarnte Fortsetzung der Waffenlieferungen an China aus. Vgl. die AA-Aufzeichnung vom 13. Aug. 1937, PAB, Büro St.S./ Aufzeichnungen über Diplomatenbesuche, Bd. 1, Pag. 212 380.

[41] ADAP, D, I, Nr. 504 vom 22. Okt. 1937, S. 630. Delikaterweise bot Göring gleichzeitig Japan 20 Flugzeuge vom Typ He 111 an, wohlwissend, daß die japanischen Militärs die Bestellung bereits in Italien geordert hatten. Damit erweckte er auf seiten der Japaner jedoch den Eindruck, als läge ihm von nun an mehr an einer engen wirtschaftlichen Zusammenarbeit mit Japan. Vgl. zu der Unterredung zwischen Göring und Oshima in „Carinhall" dessen Schreiben an Göring vom 21. Okt. 1937, NAW, T-120, Roll 3302/ Serial 8133, Pag. 582 093 f.

[42] Zum wirtschaftspolitischen Kompetenzkrieg in der Fernostpolitik zwischen Göring und Ribbentrop vgl. die Aufzeichnung von Wiehl (AA) vom 9. März 1938 über die „Deutsch-japanischen Wirtschaftsverhandlungen". Görings Staatssekretäre weigerten sich, mit Ribbentrops Beauftragten über die zukünftige handelspolitische Orientierung zu verhandeln. PAB, Büro St.S./ Aufzeichnung über Nicht-Diplomatenbesuche, Bd. 1, Pag. 36264-66.

[43] Brief Oshimas an Göring vom 18. Mai 1938, in: Emessen, S. 89 ff. Diesem Brief ist ein ähnlich lautender von Oshima vorausgegangen, auf den Görings Brief vom 7. Mai die Antwort darstellt.
Bloß, Zweigleisigkeit, S. 57, entging dieser Briefwechsel und vertritt daher fälschlich die Auffassung, daß Göring „ein vollständiges Verbot weiterer Kriegsgerätelieferungen an China" erlassen habe.

[44] Brief Görings an Oshima vom 7. Mai 1938, in: Emessen, S. 87.

Einstellung befreie"[45]. In der „Führer-Besprechung" in der Reichskanzlei am 5. November 1937 spielte Japan zum ersten Mal in Hitlers außenpolitischem Wunschdenken eine bedeutende Rolle. Hitler plante Japan fest auf Deutschlands und Italiens Seite ein, da Japan die gleichen Gegner bei seiner territorialen Expansion habe wie die „Achsenländer"[46]. Aus einer Aufzeichnung vom 16. Juni 1938 wird deutlich, daß Göring gleichwohl noch weiterhin Kriegsmateriallieferungen an China organisierte. Zur besseren Tarnung wickelte er die Geschäfte nun über das Reichswirtschaftsministerium ab[47]. Ribbentrop wehrte sich energisch dagegen und drohte in Telegrammen an die deutsche Botschaft in Hankow mit ernsten Maßnahmen gegen die betreffenden Offiziere, falls sie nicht schleunigst nach Deutschland zurückkehren würden[48].

Auch Görings Aktivitäten in Spanien blieben nicht ohne Widerspruch. Das Reichswirtschaftsministerium und die „Reichsgruppe Industrie" protestierten gegen diese Entwicklung[49], während man im Reichsfinanzministerium sogar Pläne diskutierte, „für die spanische Angelegenheit eine Gesellschaft zu gründen, die den Gegenpol zu der Hisma darstellen solle"[50]. Noch bis Ende 1937 zogen sich die Streitigkeiten zwischen Reichswirtschaftsministerium und Auswärtigem Amt einerseits und Göring andererseits über die Geschäftsabwicklung, Vertragsverhandlungen und Finanzierung des spanischen Unternehmens hin, ohne daß eine Einigung erzielt wurde. Erst Görings Übernahme des Reichswirtschaftsministeriums im November 1937 und die sich daran anschließenden Säuberungen ließen diese Diskussion endgültig verstummen[51].

Unbeeinträchtigt davon, gelang es den Vierjahresplan-Auslandsorganisationen, im Spanienhandel in kürzester Zeit eine beherrschende Rolle zu spielen[52]. Zur wichtigsten Figur in Spanien entwickelte sich dabei Johannes Bernhardt, der seine große Chance sah, sich auch außenpolitisch ins Spiel zu bringen. Auf deutscher Seite ernannte Göring den Gauamtsleiter der Auslandsorganisation der NSDAP, Eberhard von Jagwitz, zu seinem „Bevollmächtigten für alle Spanien betreffenden wirtschaftlichen Fragen"[53], der ihm direkt unterstellt war. Jagwitz war vorher beim „Wirtschaftsstab Keppler" tätig gewesen. Ebenso wie Bernhardt stammte er nicht aus Görings Mitarbeiterkreis.

Der Anfangsoptimismus über die Erfolge der Vierjahresplan-Organisationen in China und Spanien legte sich jedoch schnell. Es wurde deutlich, daß sich Klein und Bernhardt hier in speziellen Verhandlungssituationen befanden. Beide Länder waren

[45] ADAP, D, I, Nr. 519 vom 8. Nov. 1937, S. 637.
[46] „Niederschrift über die Besprechung in der Reichskanzlei am 5. November 1937", in: Hoßbach, Wehrmacht, bes. S. 184, 187.
[47] Vgl. ADAP, D, I, Nr. 594 vom 16. Juni 1938, S. 709.
[48] ADAP, D, I, Nr. 583 vom 13. Mai 1938, S. 700. Noch Ende 1939 lieferte Göring Kriegsmaterial nach China. Vgl. sein Gespräch mit Sven Hedin am 15. Okt. 1939. Hedin, S. 49.
[49] Vgl. ADAP, D, III, Nr. 80 vom 11. September 1936, S. 72 ff.; ebd., Nr. 101 vom 16. Oktober 1936, S. 96 f.; Nr. 132 vom 27. November 1936, S. 123.
[50] Notiz von Thomas (WStb) vom 9. Okt. 1936, BA-MA, Wi I F 5/ 203, Bl. 95.
[51] Zur Auseinandersetzung zwischen Schacht und Göring wegen der Spanienfrage vgl. die Aufzeichnung Benzlers (AA) über die Chefbesprechung vom 26. Feb. 1937, in: ADAP, D, III, Nr. 223, S. 207 ff.; vgl. auch den Aktenvermerk von Ritter (AA) vom 17. März 1937, ebd., Nr. 231, S. 213 ff.
[52] Unterlagen zu Haushaltslage und Geschäftsführung von Hisma/Rowak im ersten Geschäftsjahr im BAK, Reichsfinanzministerium R 2/ 19 Rowak Handelsgesellschaft m.b.H., Bd. 1 und R 2/ 21, Bd. 3 u. R 2/ 27 Geheime Akten betr. Rowak Handelsgesellschaft m.b.H. 1937–1938 (hier insbesondere der Bericht der Deutschen Revisions- und Treuhand-Aktiengesellschaft, Berlin).
[53] RWiM-Denkschrift vom 15.3.1940, BAK, R 7/ 738, S. 3.

in kriegerische Auseinandersetzungen verwickelt und daher bereit, gegen die dringend
benötigten Rüstungsgüter die wirtschaftliche und rohstoffmäßige Ausbeutung über
sich ergehen zu lassen. Folgerichtig traten in Spanien die ersten Hemmnisse in der
Geschäftsabwicklung auf, als sich die militärische Situation Francos verbesserte und
die Konsolidierungsphase eingeleitet wurde. Wie falsch Göring seine Verhandlungs-
situation eingeschätzt hatte, zeigte sich Ende 1937, als selbst seine offenen Drohungen
und Erpressungsversuche nicht fruchteten[54].

Ende 1936 waren die Grenzen von seinem Spanien-Unternehmen jedoch noch
nicht sichtbar. Die zügigen Kompensationsgeschäfte zur Einfuhr von dringend benötigten Grund- und Rohstoffen wiesen den Weg für die weitere wirtschaftspolitische
Praxis. Nahezu weltumspannend versuchte Göring diese Methode nachzuahmen.
Während er den Ländern in Übersee und an der Peripherie seines politischen Gesichtskreises lediglich ein wirtschaftliches Interesse entgegenbrachte, verfolgte er
durch seine Handelspolitik mit den Staaten Südosteuropas auch politische Ziele. In
diesem Zusammenhang konkretisierten sich seine Vorstellungen von einem durch
Deutschland beherrschten Großwirtschaftsraum, der nicht nur die Versorgungspro-
bleme des „Dritten Reiches" lösen, sondern diesem auch großmachtpolitisch zum
Durchbruch verhelfen sollte. Erneut rückte Südosteuropa in das Zentrum von Görings außenpolitischer Aktivität.

3. Rohstoffsicherung und Rüstungsexport: Das Donauraum-Konzept

Die Verwirklichung von Görings Sofortprogramm zur Überbrückung der Materialengpässe auf dem Ernährungs- und Rüstungssektor lenkte verstärkt das Interesse auf die
wirtschaftlichen Ressourcen Mittel- und Osteuropas. Bereits seit 1934 betrachtete Göring sich als Sonderbeauftragter für Südosteuropa. Hierbei knüpfte er an alte Konzepte der Reichswehr an, die, ausgehend von der politischen und wirtschaftlichen Rivalität zwischen Deutschland und Italien auf dem Balkan, insbesondere die sogenannten antirevisionistischen Staaten Südosteuropas in die machtpolitischen und militärstrategischen Überlegungen miteinbezogen.

Zweifellos war das gemeinsame deutsch-italienische Engagement im Spanischen
Bürgerkrieg ein wichtiger Meilenstein in der Annäherung der beiden faschistischen
Staaten, die schließlich zu Mussolinis öffentlicher Verkündigung der deutsch-italieni-
schen „Achse" am 1. November 1936 auf dem Domplatz in Mailand führte. Überse-
hen wird dabei oft, daß sich hinter der Fassade der mit großem propagandistischem
Aufwand demonstrierten Annäherung eine Reihe ungelöster politischer Gegensätze
verbarg. Bezeichnenderweise ließ das am 22. Oktober 1936 von Neurath und Ciano in
Berlin unterzeichnete deutsch-italienische Protokoll, das die „Achse Berlin–Rom" be-

---

[54] Göring wies Jagwitz an, er solle Franco „die Pistole auf die Brust setzen". Vgl. die Aufzeichnung von
Mackensen (AA) vom 25. Nov. 1937, in: ADAP, D, III, Nr. 470, S. 433 ff.

gründete, insbesondere die österreichische Frage und die Interessensphären in Südosteuropa undefiniert[1].

Wirtschaftsoffensive in Südosteuropa 1936/37

Die politische Ausgangslage für Görings diplomatische Großoffensive in Südosteuropa war Ende 1936 günstig. Italien konzentrierte seine Hauptaufmerksamkeit durch sein afrikanisches und spanisches Engagement auf die südwestliche Peripherie des Mittelmeers[2], während Großbritannien und Frankreich unabhängige und nicht miteinander abgestimmte Konzepte in Südosteuropa verfolgten, die sich gegenseitig blockierten und sich negativ auf das Vertrauen der Kleinen Entente auswirkten[3].

Der Tod des ungarischen Ministerpräsidenten Gömbös am 6. Oktober 1936 bot Göring den willkommenen Anlaß zu einer erneuten Südosteuropareise[4]. Mit Selbstverständlichkeit wurde allgemein die Entsendung Görings als Vertreter der Reichsregierung zur Kenntnis genommen. Demonstrativ legte Göring auf seiner Hinreise in Wien einen Zwischenaufenthalt ein[5]. Seine vorangegangenen Südostreisen hatten gezeigt, daß er seine Reiseroute keineswegs beliebig, sondern genau berechnend zusammenstellte. So deutete sich hier bereits an, daß von nun an Österreich verstärkt in Görings Südosteuropa-Konzeption miteinbezogen wurde. Anläßlich der Beisetzungsfeierlichkeiten am 10. Oktober in Budapest führte Göring lange Gespräche mit dem italienischen Außenminister Ciano, dem österreichischen Bundeskanzler Schuschnigg und der ungarischen Regierungsspitze. Im Mittelpunkt der Unterredungen standen wirtschaftspolitische Fragen.

Anknüpfend an das chinesische und spanische Beispiel erörterte Göring in seinen Besprechungen mit dem ungarischen stellvertretenden Ministerpräsidenten und Ackerbauminister Kálman von Darányi „die Frage erweiterter deutscher Einfuhr von Erzeugnissen der deutschen Rüstungsindustrie gegen erweiterte ungarische Ausfuhr von landwirtschaftlichen Erzeugnissen zur Verbesserung der Volksernährung in Deutschland"[6]. Göring schlug erneut ausgedehnte Handelsbeziehungen auf Kompensationsbasis vor. Über den Umfang des „Kompensationsgeschäft(s) Rüstungsmaterial (geländegängige Kraftwagen, Flakgeschütze, Haubitzen) gegen Lebens- und Futtermittel" wurden unmittelbar nach Görings Rückkehr nach Berlin bilaterale Verhandlungen aufgenommen, zu denen Darányi einen besonderen Vertrauensmann entsandte[7]. Göring selbst führte einen umfangreichen Briefwechsel mit Darányi, um das Zustandekommen des Kompensationsgeschäftes zu beschleunigen[8]. Am 27. November 1936 kam schließlich ein geheimes Protokoll zwischen Deutschland und Ungarn über zu-

[1] Borejsza, S. 600.
[2] Carr, S. 70.
[3] Vgl. dazu auch den politischen Bericht von Heerens (Belgrad) an das AA vom 15. Sept. 1936, der bereits eine Umorientierung nach Deutschland zu erkennen glaubte, in: ADAP, C, V/2, Nr. 538, S. 900 ff.
[4] Zur Presselenkung der Berichterstattung über Görings Reise vgl. die Bestellung aus der Pressekonferenz vom 8. Okt. 1936, Anweisung Nr. 1060, BAK, ZSg. 101/ 8, Bl. 213.
[5] Bestellung aus der Pressekonferenz vom 9. Okt. 1936, Anweisung Nr. 1061, ebd., Bl. 217.
[6] Mackensen (Budapest) an das AA vom 12. Okt. 1936, in: ADAP, C, V/2, Nr. 589, S. 990 f.
[7] Zu den Verhandlungen über „das neue Darányi-Göring-Geschäft" vgl. auch Ritter (AA) an die Gesandtschaft Budapest vom 15. Jan. 1937, in: ADAP, C, VI/1, Nr. 144, S. 311 und das „Deutsch-ungarische Vertrauliche Protokoll" vom 9. März 1937, ebd., Nr. 257, S. 550 ff.
[8] Abschriften des Briefwechsels in PAB, HaPol/ Kriegsgerät Ungarn, Bd. 1. Auszüge auch gedruckt in: ADAP, C, VI/1, Nr. 51 u. 131, S. 98 ff. u. 274 ff.

sätzliche Nahrungsmittellieferungen aus Ungarn zustande, allerdings unter der Voraussetzung, daß ein Gegengeschäft abgeschlossen würde[9].

Angesichts der deutschen Materialengpässe gewann Göring auch Interesse an den österreichischen Ressourcen. Dies zeigt seine kurze Unterredung mit Schuschnigg, dem er „eine stärkere wirtschaftliche deutsch-österreichische Aktion" vorschlug[10]. Entgegen den Informationen des Auswärtigen Amtes, nach denen Schuschnigg „dazu auch ziemlich positiv eingestellt" gewesen sein soll, registrierte man in Wiener diplomatischen Kreisen eher eine bestürzte Zurückhaltung des österreichischen Bundeskanzlers, da man in Görings Angebot eine umfassendere Zielsetzung erkannte, die über die bilateralen Handelsbeziehungen hinausging[11].

In Budapest wurde erstmals Görings umfassende Donauraumstrategie deutlich. Durch seine vorbereitenden Sondierungen und großzügigen Rüstungsangebote an Ungarn gewann er Darányi für einen gemeinsamen „deutsch-ungarischen Vorstoss gegen die neuen Richtlinien der italienischen Donauraumpolitik". Görings Gespräch mit Ciano über die wirtschaftlichen Donauraumfragen[12] führte zu einer erheblichen Meinungsverschiedenheit zwischen den beiden angehenden Achsenpartnern. Ciano beharrte auf einer Trennung der Interessen- und Einflußsphären, die „u. a. Bewegungsfreiheit im Mittelmeer für Italien gegen Bewegungsfreiheit der Deutschen in der Ostsee" vorsah, „eine Einstellung, deren Lächerlichkeit der Generaloberst (Göring) ihm zu Gemüte geführt hat", wie Mackensen befriedigt vermerkte[13].

Görings wirtschaftspolitischer Generaloffensive auf den Donauraum standen die Absprachen der Römerpakt-Staaten im Wege, die nicht nur geographisch der deutschen Wirtschaftsexpansion in Richtung Balkan einen Riegel vorschoben. Unumwunden gab Göring Ciano zu verstehen, „dass das Deutsche Reich nicht gewillt sei, die vollzogene Tatsache einer auch nur wirtschaftlichen Donauraumkonstruktion als eine für Deutschland annehmbare Lösung anzusehen. Deutschland sei um eine enge Freundschaft mit Italien, Ungarn und Österreich bemüht, es unterhalte auch die besten Beziehungen zu Jugoslawien und Rumänien und sei überzeugt, dass die genannten Staaten in der Lage wären, eine lebensfähige politische und insbesondere wirtschaftliche Kombination darzustellen. Anders verhalte es sich mit der Tschechoslowakei, die unter allen Umständen gezwungen werden müsse, ihr Bündnis mit Sowjetrussland zu lösen und die zwischen dem Tschechentum einerseits, dem Deutschtum und Ungarntum andererseits bestehenden Gegensätze in einer Berlin und Budapest befriedigenden Weise zu bereinigen."[14] Görings Südosteuropa-Konzept der späten dreißiger Jahre ist hier in seinen Grundzügen bereits vorweggenommen, wenn auch aus taktischen Erwägungen gegenüber Ciano in einer abgeschwächten, weniger ag-

---

[9] Geheimes Protokoll vom 27. Nov. 1936 zwischen Deutschland und Ungarn, PAB, HaPol/ Kriegsgerät Ungarn, Bd. 1, Pag. E 399 451. Daß Göring doch nicht die angestrebten Geschäftsabschlüsse erreichte, zeigt sein resignierendes Schreiben an Darányi vom 31. Dez. 1936, in: ADAP, C, VI/1, Nr. 131, S. 277 f.

[10] Aufzeichnung von Ritter (AA) vom 15. Okt. 1936, in: ADAP, C, V/2, S. 1004, Anmerk. 9.

[11] Gestapo-Bericht vom 12. Okt. 1936, PAB, Abt. Pol. IV/ Po 1 A Österreich, Bd. 1, Bl. 214.

[12] Aufzeichnung von Dieckhoff (AA) vom 21. Okt. 1936 über ein Telefongespräch mit Görings St.S. Körner, PAB, Büro U.St.S./ Besuch Graf Ciano, Pag. 25 490.

[13] „Aufzeichnung über die Begegnung zwischen dem Generaloberst Göring und dem italienischen Außenminister Grafen Ciano" von Mackensen vom 13. Okt. 1936, in: ADAP, C, V/2, Anlage zu Nr. 600, S. 1008.

[14] Geheimer Gestapo-Bericht vom 12. Okt. 1936, zusammengestellt nach dechiffrierten Telegrammen der französischen Gesandtschaft in Wien, PAB, Abt. Pol. IV/ Po 1 A Österreich, Bd. 1, Bl. 215.

gressiven Fassung formuliert, wobei jedoch die Spitze gegen die Tschechoslowakei deutlich wird.

Anläßlich des Ciano-Besuchs in Berlin Ende Oktober 1936 bemühte sich die Handelspolitische Abteilung des Auswärtigen Amtes darum, das ungeklärte deutsch-italienische Verhältnis im Donauraum als Verhandlungsthema zur Sprache zu bringen[15]. Bezeichnenderweise zeigten sich die Italiener hierin nicht gerade entgegenkommend. Von Hassell erhielt bezüglich der Wirtschaftspolitik im Donauraum die Mitteilung, „entweder müsse man ganz in Einzelheiten gehen, was jetzt schwer möglich (sei), oder sich auf allgemeine Feststellungen beschränken"[16]. Man war lediglich zu der Erklärung bereit, sich in diesen Fragen gegenseitig auf dem laufenden zu halten.

Ergebnislos verliefen die Besprechungen zwischen Neurath und Ciano am 21. Oktober in Berlin[17]. Auch Göring legte wenig Wert auf offizielle und daher bindende Abmachungen mit Italien. Nachdem er von dem gehaltlosen Protokollpassus über die deutsch-italienische Donauraumwirtschaft unterrichtet worden war, der im wesentlichen auf den italienischen Vorschlag zurückging, zeigte er sich nicht weiter interessiert. Er wünschte lediglich sichergestellt zu haben, daß die Vereinbarung über die gegenseitige Unterrichtung über die Grundlinien der Handelspolitik „nicht etwa bedeute, daß die Deutsche Regierung in jedem Einzelfall verpflichtet sei, z. B. wenn sie im Begriffe sei, mit Jugoslawien ein Erzlieferungsgeschäft abzuschließen, die Italienische Regierung hiervon zu unterrichten"[18].

Trotz der propagandistischen Verkündigung der „Achse Berlin–Rom" wurden die Spannungen im deutsch-italienischen Verhältnis Ende 1936 nicht abgebaut. Nicht nur, daß Italien in der Spanienfrage eigene Wege ohne Konsultation des Achsenpartners ging[19], sondern insbesondere die deutsch-italienische Rivalität im Südosten belastete weiterhin stark das Verhältnis. Das am 10. Dezember 1936 unterzeichnete „Protokoll über die deutsch-italienische Zusammenarbeit im Donauraum" verdeckte eher die Probleme als es sie löste[20]. Von den betroffenen Südoststaaten wurde der deutsch-italienische Gegensatz im Donauraum mit Aufmerksamkeit verfolgt. Die Kleine Entente hoffte zunehmend auf Deutschland, wovon man sich nicht zuletzt einen gewissen Schutz gegen Italien versprach[21].

Um den Jahreswechsel verstärkte Göring seine Bemühungen um eine Wirtschaftsoffensive im Donauraum. Sein Hauptaugenmerk galt nach wie vor Jugoslawien, da er hier am ehesten zu Geschäftsabschlüssen zu kommen glaubte. Anfang 1937 beauftragte er Rudolf Freiherr von Maltzahn mit politischen Sondierungen in Belgrad. Dieser verfaßte für Göring nicht nur ausführliche Berichte zur jugoslawischen politischen Presseschau[22], sondern nahm auch mit amtlichen jugoslawischen Stellen Verbindun-

[15] Telegramm von Ritter (AA) an die Botschaft in Rom vom 14. Okt. 1936, in: ADAP, C, V/2, Nr. 597, S. 1003 ff.
[16] Telegramm von Hassell (Rom) an das AA vom 17.Okt. 1936, ebd., Nr. 613, S. 1029.
[17] Neuraths Aufzeichnung vom 21.Okt.1936 über sein Gespräch mit dem italienischen Außenminister, ebd., Nr. 618, S. 1046 ff.
[18] Aufzeichnung von Dieckhoff (AA) vom 21.Okt.1936, PAB, Büro U.St.S./ Besuch Graf Ciano, Pag. 25 490.
[19] Neuraths Telegramm an die Botschaft Rom vom 5.Dez.1936, in: ADAP, D, III, Nr. 142, S. 132.
[20] „Protokoll über die deutsch-italienische Zusammenarbeit im Donauraum", PAB, Deutsche Botschaft Rom/ Paket 730c, Pol.3 Donaustaaten, Bd.9.
[21] Politischer Bericht von Heerens (Belgrad) an das AA vom 12.Nov.1936, PAB, Abt. Pol. IV/ Po 2 Jugoslawien, Bd.1, Bl.72 ff.
[22] Maltzahn-Bericht vom 24. Feb. 1937 in Görings politischem Geheimarchiv, NAW, T-120, Roll 2621/ Serial 5482 H, Stabsamt Göring, Pag. E 382 221–26.

gen auf. Maltzahn hatte Zugang zum jugoslawischen Außenministerium und pflegte Umgang mit Außenminister Stojadinović. Seine Informationsberichte für Göring vermittelten den Eindruck einer zunehmend positiveren Grundeinstellung Stojadinovićs gegenüber Deutschland, die lediglich „durch gewisse Einmischungen der nationalsozialistischen Partei in Jugoslawien erschwert und getrübt werden könnte"[23]. Einer verstärkten Südosteuropa-Expansion durch den Vierjahresplan schien somit nichts Grundsätzliches mehr im Wege zu stehen.

Die unbestreitbaren Anfangserfolge der deutschen Handelsoffensive in Südosteuropa gaben um die Jahreswende 1936/37 Anlaß zu einer optimistischen Einschätzung der nächsten Zukunft, vorausgesetzt, daß sich die notwendigen politischen Vorbedingungen dazu stabilisieren ließen. Zum eigentlichen politischen Gegner entwickelten sich dabei nicht so sehr England und Frankreich als Garantiemächte der Kleinen Entente, sondern Deutschlands Achsenpartner Italien. Mussolinis Einladung vom Dezember 1936 zu einer Besprechung über die Spanien-Frage nutzte Göring[24], um im Januar 1937 nach Rom zu fahren. Neben der gemeinsamen Spanien-Aktion[25] betonte er hierbei die deutschen Interessen im Donauraum, die Österreich ausdrücklich miteinbezogen[26]. Die österreichische Frage entwickelte sich für die Italiener unerwartet zu einem zentralen Verhandlungsgegenstand.

Görings Ausführungen erzeugten auf italienischer Seite beträchtliche Unruhe. Ciano gab Hassell gegenüber unumwunden zu erkennen, daß Mussolini „von dem unerwarteten Vorstoß nicht gerade angenehm überrascht gewesen" sei[27]. Die italienische Führung hatte Görings starken Worten keinerlei Einwendungen entgegengebracht, sondern sich rein rezeptiv verhalten, was Göring als Widerstandslosigkeit interpretieren mochte.

Die Scheinblüte der deutschen Wirtschaft erzeugte Ende 1936/Anfang 1937 eine erhöhte Nachfrage nach Rohstoffen, was den Göringschen Waffen-Rohstoff-Austauschgeschäften gerade auch in Südosteuropa noch höhere Dringlichkeit verlieh[28]. Obwohl sich insbesondere die Luftwaffe über Rohstoffmangel und unzureichende Planerfüllung beklagte, entwickelte sie sich gleichzeitig zu Europas größtem Fluggeräteexporteur[29].

Durch Görings Initiativen im Herbst hatte sich die Auftragslage für Kriegsgeräteexporte Ende 1936 so gebessert, daß Blomberg darin bereits „für die eigene Rüstung eine gewisse Gefahr" erblickte[30]. Göring reagierte auf Blombergs Bedenken mit der Feststellung, daß bei ihm die letzte Entscheidung läge, „ob die Kriegsgeräteausfuhr stattfinden solle und zu welchen Bedingungen sie durchzuführen sei"[31]. Der Einfuhr

[23] Informationsbericht von Maltzahn (Belgrad) an Göring (Eingang in Berlin: 16. Feb. 1937), ebd., Pag. E 382 219.
[24] Hassells Telegramm an das AA vom 29. Dezember 1936, in: ADAP, D, III, Nr.170, S. 162. Freilich erwartete man auf italienischer Seite als deutschen Abgesandten eher Canaris als ausgerechnet Göring.
[25] Material zu Görings Spanien-Besprechungen im Januar 1937 in Rom in: ADAP, D, III, Nr. 197–204, 215, S. 187 ff. Vgl. auch Dertingers Informationsbericht Nr. 59 vom 14. Jan. 1937, BAK, ZSg. 101/ 30, Bl. 33 ff.
[26] Aufzeichnung von Hassell (Rom) vom 16. Jan. 1937, in: ADAP, D, I, Nr.199, S. 310 ff.
[27] Schreiben Hassells (Rom) an Göring vom 30. Jan. 1937, ebd., Anlage zu Nr. 208, S. 319.
[28] Petzina, Vierjahresplan, S. 245 f.; Ausführungen von Friedrich Gramsch vom 1. Aug. 1947 („Die Organisation des Deutschen Vierjahresplans"), IfZ, NID-12616, S. 20 f.
[29] Homze, S. 152 f., 206 f.
[30] Blomberg an Göring vom 1. Dez. 1936, BA-MA, Wi I F 5/ 203.
[31] Vermerk von Neumann (VJP) vom 3. Dez. 1936, BAK, R 26 IV/ 4, Bl. 21.

rüstungswirtschaftlich notwendiger Rohstoffe sei dabei absolute Priorität einzuräumen, was mit dem Hinweis auf den Ernst der Devisenlage begründet wurde. Umgehend beauftragte Göring seinen Staatssekretär Neumann, sich mit der Praxis der Kriegsgerätelieferungsverträge auseinanderzusetzen und zu prüfen, „ob gegebenenfalls höhere Devisenquoten bezw. kürzere Zahlungsfristen zu erzielen sind"[32]. In einem ausführlichen Schreiben erläuterte ihm die Reichsgruppe Industrie die Modalitäten der Vertragsverhandlungen und Kreditierung und wies insbesondere nachhaltig auf die militärisch-politischen Implikationen der Geschäftsabschlüsse hin. Nachdem sich Göring ein Bild über die bestehende Praxis gemacht hatte, unterwarf er die „Ausfuhr-Gemeinschaft für Kriegsgerät" (AGK) der Oberaufsicht des „Vierjahresplans" und erließ Richtlinien, nach denen der „Export von K. G. (Kriegsgerät) im Rahmen politischer Gegebenheiten nach Kräften zu fördern und ein volkswirtschaftlich möglichst hohes Ergebnis zu erzielen, d. h. Devisen zu schaffen"[33] seien.

Gleichzeitig eröffnete Göring im Dezember 1936 eine Reihe von Rohstoffbesprechungen, die dokumentierten, daß er sehr rasch die Probleme der inländischen Ersatzstoffproduktion erkannt hatte und noch mehr auf Exportförderung zur Sicherstellung des Rohstoffimportes setzte als bisher. Insbesondere drängte sein Staatssekretär Milch, der mit der technisch-organisatorischen Durchführung der Luftwaffenaufrüstung beauftragt war, auf ein vergrößertes Industrieprogramm, das jedoch an die Grenzen der Rohstoffbeschaffung stieß[34]. Zusätzlich kam Göring bei Hitler in Zugzwang, weil er ihm ein zahlenmäßig größeres Luftwaffenkontingent angekündigt hatte[35]. Umgehend berief Göring für den 4. Februar 1937 eine Besprechung ein, in der er dramatisch die Auswirkungen der Rohstoffknappheit für Rüstung und Vierjahresplan schilderte und eine Kürzung der Kontingentierungen um 40% ankündigte. Dagegen sollte der Ausfuhr volle Priorität eingeräumt werden[36].

Parallel mit der Zuspitzung der Lage am Rohstoffmarkt verschärfte sich nicht nur die Tonart und diktatorische Manier Görings im Umgang mit den Industriellen[37]. Auch die Lösung der Österreichfrage – von jeher ein zentraler Grundbestandteil in Görings politischem Konzept – erhielt unter wirtschaftlichen Gesichtspunkten als Ausweg aus der Rohstoffknappheit für ihn größere Dringlichkeit. Dabei spielte mit, daß sich bei Göring 1937 der Eindruck verfestigte, eine Gesamtlösung der österreichischen Frage im deutschen Sinne sei mit überwiegend diplomatischen Mitteln zu erreichen. Zur allmählichen Ausbeutung der südosteuropäischen Rohstoffvorkommen und Nahrungsmittelüberschüsse setzte er hingegen auf die bewährten Mittel der Vierjahresplan-Auslandsorganisationen.

[32] Schreiben der „Reichsgruppe Industrie" an Neumann vom 10. Feb. 1937, PAB, HaPol/ Kriegsgerät – Allgemein, Bd. 2, Pag. E 512 850.
[33] AGK-Jahresbericht 1937, PAB, HaPol/ Kriegsgerät, Handel mit Kriegsgerät – Allgemein, Bd. 3, S. 14 des Berichts.
[34] Milchs Tagebucheintrag vom 11. Jan. 1937, BA-MA, Nachlaß E. Milch N 179/ Nr. 36, Tagebuch 1936.
[35] Jodls Aufzeichnungen über die „Besprechung der Wehrmachtsstudie in Gegenwart des Führers" am 27. Jan. 1937, in: IMG, Bd. 28, Dok. 1780-PS (Jodl-Tagebuch), S. 7.
[36] Jodl-Tagebucheintrag vom 4. Feb. 1937, ebd., S. 8.
[37] Niederschrift über die am 17. März 1937 abgehaltene Besprechung bei Göring mit den Führern der staatlichen und privaten Wirtschaftsstellen, IfZ, NI-090.
Am 18. März hielt Göring eine ähnliche Besprechung über landwirtschaftliche Fragen ab, am 19. März über die Walfang-Frage, BAK, R 26 IV/ 4, Bl. 25 ff., 30 ff.

Vierjahresplan-Organisationen in Südosteuropa

Bereits auf der Besprechung der Oberbefehlshaber der Wehrmacht am 13. April 1937 war Göring sich in der Exportfrage mit Schacht überraschend einig[38]. Beharrlich hatte er die Erhöhung der Ausfuhrkontingente in den letzten Monaten zu einer zentralen Frage der Rohstoffbewirtschaftung stilisiert und damit zielstrebig seinen Anschlag auf die Zuständigkeit im Außenhandelsbereich vorbereitet. Mit Schreiben vom 5. Mai 1937 berief Göring den mit der Leitung der ROWAK beauftragten Jagwitz zum Leiter der neu gegründeten „Geschäftsgruppe für Außenhandelsgeschäfte". Zentraler Gegenstand seiner Tätigkeit sollte sein, „das Zustandekommen von neuen Aussenhandelsgeschäften zu fördern und bereits eingeleiteten Aussenhandelsgeschäften, soweit das erforderlich und möglich ist, gegenüber auftretenden Hindernissen den Weg zu ebnen"[39].

Am gleichen Tag verkündete Göring diese Ausweitung seiner Kompetenzen auf einer Besprechung über die zukünftige Gestaltung der Ausfuhr, zu der er neben den staatlichen Vertretern leitende Persönlichkeiten aus der Exportindustrie geladen hatte[40]. Über die Gründung des neuen Auslandsreferats des Vierjahresplans zeigten sich die davon betroffenen Dienststellen „nicht sehr entzückt"[41]. Görings Kompetenzanmaßung führte zu Interessenkämpfen zwischen den parastaatlichen Vierjahresplan-Organisationen im Außenhandel und den privaten Exporteuren. Verstärkt wurden vor allem die Differenzen zwischen den Hamburger Exporteuren und der HAPRO, deren Leitung nun auf Jagwitz überging[42]. Die Einrichtung der Geschäftsgruppe für Außenhandelsgeschäfte verdeutlicht Görings doppelgleisige wirtschaftspolitische Strategie und betont trotz aller Autarkieziele nachdrücklich den Stellenwert der Rohstoffeinfuhren durch Exportförderung.

Dabei bediente sich Göring vor allem zweier Instrumente. Abgesehen von den nur in loser Verbindung zum Vierjahresplan stehenden Eigeninitiativen der mächtigen IG-Farbenindustrie, die von Göring vielfach unterstützt und gefördert wurden[43], versuchte Göring erstens, durch die Gründung von parastaatlichen Organisationen nach dem Vorbild von HAPRO und ROWAK die Rohstoffbeschaffung über die Vierjahresplan-Behörde abzuwickeln. Zweitens setzte er spezielle Beauftragte ein, die mit Görings ausdrücklicher Protektion direkt Kompensationsgeschäfte zwischen ausländischen Stellen und deutschen Firmen vermittelten.

HAPRO und ROWAK waren Vorbilder für zahlreiche Nachbildungen. Auf Görings direkte Anweisung hin, wurden diese schwerpunktmäßig nicht nur in Mittel-

---

[38] Notiz von Thomas (WStb) vom 13. April 1937 über das „Ergebnis der Besprechung der Oberbefehlshaber beim Reichskriegsminister nach mündlichen Angaben Chef W A", BA-MA, Wi I F 5/ 1196 Besprechungen WStb, 1935–40.

[39] Schreiben Görings an Jagwitz vom 5. Mai 1937, PAB, Handakten Wiehl/ Vierjahresplan, Pag. E 513 856–58.

[40] Aktenvermerk von Ritter vom 5. Mai 1937 über die Sitzung. Von nun an sollte der „allgemeine Grundsatz" gelten: „Der Export steht an erster Stelle". In: ADAP, C, VI/2, Nr. 357, S. 771. Schriftwechsel über die Besprechung, BA-MA, Wi I F 5/ 203.

[41] Schreiben von Thomas (WStb) an Admiral Claussen vom 6. Aug. 1937, BA-MA, Wi I F 5/ 658 Schriftwechsel Thomas 1936–42.

[42] Helfferich, S. 133.

[43] Die Bemühungen der IG-Farbenindustrie, insbesondere in Südosteuropa, können hier nur angedeutet werden. Eine überzeugende Darstellung ihrer außenhandelspolitischen Tätigkeiten steht bislang noch aus. Vgl. ansatzweise Hayes, S. 217 ff.

europa, sondern auch in Skandinavien und Südamerika tätig[44]. Dabei diente die ROWAK als Holdinggesellschaft, unter deren Etikett die verschiedensten Geschäftsverbindungen angebahnt wurden. Die Geschäftsausweitung im Weltmaßstab erfolgte auf ausdrückliche Anweisung Görings[45], der nicht nur für die betreffenden Länder jeweils seine Zustimmung gab, sondern auch selbst Zielobjekte bestimmte. Das Angebot von deutschen Kriegsgerätelieferungen für die betreffenden Länder war zunächst ein wichtiger Hebel, um die ersten Kontakte herzustellen. In einer zweiten Phase wurde die „Einziehung der Forderungen für die K-Lieferungen ... mehr und mehr eine Nebentätigkeit der ROWAK", deren Haupttätigkeit nun „auf die Rohstoffbeschaffung für den Vierjahresplan gerichtet"[46] war.

Die Rohstoffgeschäfte liefen stets nach dem gleichen Muster ab, wie an einem bulgarischen Beispiel verdeutlicht werden kann. Zunächst forschte die ROWAK nach bestimmten lukrativen Rohstoffvorkommen. Ähnlich wie bei den Plänen zur Verwirklichung des Montana-Projektes in Spanien[47] diente auch hier der Kapitalexport als wichtiges Mittel, um die Rohstoffbeschaffung in eigener Regie durchzuführen. Einer Investition gingen umfangreiche Untersuchungen des jeweiligen Rohstoffvorkommens durch deutsche Gutachter voraus. Befand man die Lagerstätten für abbauwürdig, transferierte Jagwitz als Leiter der „Gruppe für Außenhandelsgeschäfte" den erforderlichen Betrag an den jeweiligen Landesbeauftragten des Vierjahresplans, „zwecks Ausübung einer Option" auf das Rohstoffvorkommen[48].

In der Regel erfolgte dann, wie im Fall der bulgarischen Kupfererzvorkommen von Boboschewo, die „Eigentumsübertragung von den derzeitigen bulgarischen Besitzern auf eine von der Rowak beauftragte bulgarische Gesellschaft bzw. später auf eine von der Rowak neu gegründete Gesellschaft". Dem gesamten Projekt war eine ausdrückliche Anweisung Görings vorausgegangen, der die „bergbauliche Betätigung in Bulgarien seitens der Rowak mit Rücksicht auf den hohen Schuldsaldo Bulgariens gegenüber Deutschland als wünschenswert bezeichnet" hatte. Am 29. März 1938 erfolgte schließlich in Sofia die Gründung der „Kawor Minen A.G." durch die ROWAK, unter deren Leitung dann die Kompensationsgeschäfte zum Abbau der Clearingspitze anliefen[49].

Die Gründungen dieser parastaatlichen deutschen Gesellschaften wurden von Görings Vierjahresplan zielstrebig und weltweit zur Rohstoffbeschaffung eingesetzt. Hierbei kam den Landesbeauftragten des Vierjahresplans bei den Geschäftsabschlüssen eine besondere Bedeutung zu. Durch spezielle Beauftragte versuchte Göring nicht nur seine Außenhandelspolitik im Zielland wirkungsvoll zu untermauern, sondern er vergab auch oft politische Aufträge, so daß seine Beauftragten gelegentlich gleichzeitig

[44] Wirtschaftsprüfungsbericht der Deutschen Revisions- und Treuhand-Aktiengesellschaft Berlin (DRTH) über die bei der Rowak Handelsgesellschaft m.b.H. Berlin vorgenommene Prüfung des Jahresabschlusses vom 31. Dez. 1937, BAK, R 2/ 27, S. 83 f. des Berichts.

[45] Schreiben der Deutschen Revisions- und Treuhand-Aktiengesellschaft an das Reichsfinanzministerium vom 2. Juni 1938, BAK, R 2/ 27, Bl. 102.

[46] Entwurf des Schreibens der Abteilung I des Reichsfinanzministeriums an die Abteilung V vom 27. Juli 1938, BAK, R 2/ 22 Rowak Handelsgesellschaft mbH, Bd. 4, Bl. 75.

[47] Einhorn, S. 140 ff.

[48] Bericht der Deutschen Revisions- und Treuhand-Aktiengesellschaft zum ROWAK-Jahresabschluß vom 31. Dez. 1937, BAK, R 2/ 27.

[49] Schreiben der Deutschen Revisions- und Treuhand-Aktiengesellschaft an das Reichsfinanzministerium vom 2. Juni 1938, BAK, R 2/ 27, Bl. 103 ff.

eine Rolle als Neben-Botschafter spielten. Auffälligstes Beispiel ist hierfür die Person des deutschen Generalkonsuls in Belgrad, Franz Neuhausen.

Neuhausen war Göring von seinen frühen Südosteuropareisen her bekannt. Er diente ihm bereits bei seiner Hochzeitsreise im Mai 1935 als Organisator des Aufenthalts in Jugoslawien. Anfang 1936 bestellte er ihn „zu seinem Sonderbeauftragten für Süd-Ost-Europa"[50] und erteilte ihm eine besondere Legitimation, ohne daß irgend jemand klar war, „welche besonderen Aufgaben Herrn Neuhausen in Belgrad gestellt sind"[51]. Neuhausen, der als Beruf „Oberingenieur" angab, hielt sich schon seit einigen Jahren in Bulgarien und Jugoslawien auf und war Inhaber des „Deutschen Verkehrsbüros" in Belgrad. Im Mai 1933 war er der NSDAP beigetreten und hatte bereits früh Kontakte zur „Auslandsorganisation der NSDAP" (A.O.) geknüpft, deren „Landesgruppenleiter für Jugoslawien" er bald darauf wurde. In der Folgezeit wetteiferten Göring und Bohle, der Chef der A.O., um die Gunst Neuhausens[52], der sich durch seine weitreichenden Beziehungen bis in jugoslawische Regierungskreise sowohl für jugoslawische wie deutsche Politiker zu einer wichtigen Figur entwickelt hatte. Während Göring Neuhausen offiziell das Etikett eines „Bevollmächtigten Sonderbeauftragten des Ministerpräsidenten Generaloberst Göring für Jugoslawien im Rahmen des Vierjahresplanes" verlieh, dekorierte Bohle Neuhausen mit dem Titel eines „Generalkonsuls"[53].

Unmittelbar nach seiner Ernennung zum Generalkonsul wurde Neuhausen jedoch von seiner dunklen Vergangenheit eingeholt. Ende 1937 wurde bekannt, daß Neuhausen wegen schwerem Wirtschaftsvergehens von einem bulgarischen Gericht am 16. November 1936 in Abwesenheit zu vier Jahren strengen Kerkers verurteilt worden war[54]. Obwohl Neuhausen sich in langen Schreiben zu rechtfertigen suchte, nahm Bohle die Angelegenheit, die bei einem Parteigericht der A.O. anhängig wurde, sehr ernst[55]. In dieser Situation sicherte sich Göring Neuhausens Dienste und schlug Bohle dadurch aus dem Rennen, daß er sich uneingeschränkt vor Neuhausen stellte[56]. Göring bat den bulgarischen Gesandten in Berlin zu sich, um „festzustellen, in welcher Weise das nach Ansicht des Generalobersten materiell zu Unrecht ergangene Urteil aus der Welt geschafft werden könne"[57]. Görings Staatssekretär versuchte die Hilfeleistung damit zu rechtfertigen, daß er erklärte, es seien „sicherlich Unregelmäßigkeiten vorgekommen, sie hätten jedoch keinen ehrenrührigen Charakter, weil Herr Neuhausen das, was vorgekommen sei, nicht in seinem persönlichen Interesse getan hätte".

---

[50] Vermerk von Heinburg (AA) vom 11. März 1936, PAB, Geheimakten 1920–1936/ II FL 7 Luftfahrt (1935–1936).

[51] Aufzeichnung von Renthe-Fink (AA) vom 19. März 1936, ebd.

[52] Zum Zuständigkeitsstreit über die Kompetenzen Neuhausens vgl. auch die Aufzeichnung von Mackensen (AA) vom 23. Aug. 1937, PAB, HaPol/ Jugoslawien Handel 13a, Bd. 1, Pag. E 533 743–745.

[53] AA-Aufzeichnung ohne Unterschrift vom 23. Aug. 1937, ebd., Pag. E 533 746.

[54] Neuraths Telegramm an Rümelin (Sofia) vom 2. Nov. 1937, PAB, Deutsche Gesandtschaft Sofia/ Nr. 76 Angelegenheit Neuhausen.

[55] Vgl. vor allem das Neuhausen-Schreiben vom 16. Nov. 1937 und das Schreiben von Rümelin (Sofia) an Neurath vom 3. Nov. 1937, ebd.

[56] Aufzeichnung von Mackensen (AA) vom 12. Nov. 1937 über einen Anruf von Görings Adjutant Bodenschatz, PAB, Büro Chef A.O./ Jugoslawien, Pag. 118 658.

[57] Aufzeichnung von Mackensen (AA) vom 20. Nov. 1937 über ein Gespräch mit Görings St.S. Körner, PAB, Büro St.S./Aufzeichnungen über Nicht-Diplomatenbesuche, Bd. 1, Pag. 36 121.

Görings überraschend weitgehendes Eintreten für Neuhausen erklärte sich daraus, daß Neuhausen zum wichtigsten Vierjahresplan-Organ in Jugoslawien geworden war. Jugoslawien stellte in Görings Rohstoffbeschaffungsprogramm einen besonderen Aktivposten dar. Er hatte daher ab dem 1. Juli 1937 Neuhausen mit dem Auftrag versehen, „Rohstoffe, die sich über das Clearing-Abkommen nicht in genügender Menge herbeischaffen lassen, für die Lieferung nach Deutschland freizumachen und durch Schaffung von zusätzlichem Export aus Deutschland – insbesondere auf dem Gebiete der Rüstung – die für die Bezahlung der Rohstoffe notwendigen Gutschriften zu erreichen"[58]. Bereits zuvor hatte Göring eigenmächtig Neuhausen zu seinem Vertreter im Deutschen Regierungsausschuß für die deutsch-jugoslawischen Wirtschaftsbeziehungen bestellt[59]. Die energischen Proteste von Blomberg und Neurath verhallten wirkungslos; Neuhausen überdauerte Neurath und Blomberg um Jahre in seinem Amt.

Neuhausen erwies sich im wirtschaftlichen Bereich der deutsch-jugoslawischen Beziehungen als äußerst agil. Er schaltete sich nicht nur in die Erdölverhandlungen ein, sondern war darüber hinaus bei allen wichtigen Geschäftsanbahnungen präsent und leistete Hilfestellungen[60]. Das Beispiel zeigt, daß Göring bei seinen Außenhandelsgeschäften lieber auf ihm persönlich untergebene Leute baute als auf die Handelsattachés des Auswärtigen Amtes, bei denen er „ein vollkommenes Versagen" festzustellen glaubte[61]. Seinen Adjutanten besorgte er Diplomatenpässe mit der Begründung, daß er sie „laufend in diplomatischen Aufträgen vor allen Dingen in Wirtschaftsfragen ins Ausland entsenden müsse"[62]. Seine Beauftragten traten in der Regel mit dem Anspruch auf, „im Auftrage der Reichsregierung"[63] unterwegs zu sein, und brachten damit vor allem das Auswärtige Amt in Verlegenheit.

Ein regelrechter Kompetenzkrieg entbrannte insbesondere zwischen der deutschen Gesandtschaft in Belgrad und Neuhausen, der den Standpunkt vertrat, „daß außer ihm niemand wirtschaftspolitische Beziehungen nach Jugoslawien unterhalten dürfe"[64]. Der Kraftakt wurde Gegenstand eines langen Schriftverkehrs zwischen den beteiligten Stellen. Neuhausen gelang es mit der Zeit, auch in rein politischen Dingen die deutsche Gesandtschaft zunehmend auszuschalten. So begleitete er, nicht etwa der deutsche Gesandte, Außenminister Stojadinović bei dessen Berlinbesuch im Januar 1938[65]. Die deutschen Diplomaten in Jugoslawien waren mehr und mehr gezwungen, sich an Neuhausens „zweite Gesandtschaft" zu wenden, um überhaupt auf dem laufenden zu

[58] Schreiben Görings an den Reichsfinanzminister vom 14. Feb. 1938, BAK, R 2/ 19545 Amt für deutsche Roh- und Werkstoffe: Über- und außerplanmäßige Haushaltseinnahmen und -ausgaben 1937–1941.

[59] Schreiben von Clodius (AA) an von Heeren (Belgrad) vom 18. Feb. 1937, PAB, HaPol/ Jugoslawien Handel 13A Handelsverhältnisse zu Deutschland, Regierungs-Ausschüsse, Bd. 1, Pag. E 533 727.

[60] Von Heerens Bericht über die deutsch-jugoslawischen Erdölverhandlungen von Ende 1938 in PAB, Deutsche Botschaft Belgrad/ 53/3 Wirtschaft (geheim), Bd. 3. Vgl. auch die Spuren Neuhausens in: PAB, HaPol/ Kriegsgerät Jugoslawien, Bd. 1.

[61] Göring auf der Sitzung des Gutachter-Ausschusses über Exportfragen am 30. Juni 1936, BAK, R 26 I/ 36, Bl. 20. Im übrigen fehlten in Jugoslawien, Ungarn und Rumänien Handelssachverständige bei den auswärtigen Vertretungen. Vgl. Sarnows (RFA) Schreiben an das RWiM vom 3. Sept. 1936, BAK, R 9 I/ 6, Bl. 48.

[62] Aufzeichnung von Mackensen (AA) vom 15. November 1937 über ein Gespräch mit Göring, PAB, Büro St.S./ Aufzeichnungen über interne Angelegenheiten, Bd. 1, Pag. E 521 613.

[63] Telegramm von Holstein (Smyrana) an das AA vom 17. Dez. 1937 über die Reise von Görings Forstmeister Baron von Buhrmeister-Eymern-Hauküll durch Bulgarien, Griechenland und die Türkei, PAB, Abt. Pol VII/ Po 2 Türkei, Politische Beziehungen der Türkei zu Deutschland, Bd. 1.

[64] AA-Aufzeichnung ohne Unterschrift vom 23. Aug. 1937, PAB, HaPol/ Jugoslawien Handel 13a, Bd. 1, Pag. E 533 746.

[65] Teilnehmerliste der Besucherdelegation in PAB, Büro U.St.S./ Besuch Stojadinovic.

bleiben[66]. Erst im Frühjahr 1939 startete das Auswärtige Amt, im Zuge von Ribbentrops Kampf um die Führung der Außenhandelspolitik, einen erneuten Generalangriff auf Neuhausens Kompetenzanmaßungen. Allerdings respektierte man mittlerweile dessen weitreichende Verbindungen zu jugoslawischen Führungskreisen und hielt es für die beste Lösung des Problems, wenn Neuhausen der Gesandtschaft integriert und damit Görings Vorgesetztenverhältnis entzogen würde[67].

Einem weiteren Kompetenzkrieg fiel auch eine Handelsorganisation des ostpreußischen Gauleiters Erich Koch zum Opfer, die dieser auf Anregung Görings ins Leben gerufen hatte. Seit Ende 1936 weilte Koch mit einem kleinen Stab in Ungarn und Jugoslawien[68], um auf Anweisung Görings „auf Biegen und Brechen notwendige Rohstoffe (zu) beschaffen"[69]. Anfang Dezember wurde die Gründung der „Technischen Union" (TU) mit Filialen in Berlin und Zagreb bekanntgegeben. Die Gesellschaft sollte offiziell dem Zweck der „Förderung der wirtschaftlichen Beziehungen zwischen dem Reich und den Staaten des nahen Ostens" dienen. Koch verfolgte mit dieser Organisation das Ziel, gegen deutschen Technologie- und Industrieexport „sich auch mit der Exploitation von Bergwerken zu befassen". Der TU sollte dabei vor allem eine Vermittlerrolle bei den Austauschgeschäften im Clearingverfahren zukommen[70]. Koch hielt sich im Auftrag des Wirtschaftsstabes Göring in Südosteuropa auf[71], beabsichtigte, eine Organisation nach dem Vorbild von HAPRO und ROWAK aufzubauen, und teilte mit, „es handele sich bei seinen Bestrebungen um ein privates Unternehmen zur Versorgung der deutschen Wirtschaft mit den nötigen Rohstoffen gegen Warenlieferungen, wobei er Wert darauf lege, daß von den Jugoslawen neben dem von ihnen gewünschten Rüstungsmaterial auch in größerem Umfange andere deutsche Industrieprodukte abgenommen werden"[72].

Anfang Januar 1937 wurde die „Technische Union – Aufbaugruppe in Jugoslavien A.G." ins Zagreber Handelsregister aufgenommen. Bereits einen Monat später teilte Neuhausen Legationsrat Heß mit, „dass das Kapitel Technische Union in Jugoslavien abgeschlossen sei"[73], noch ehe der Organisationsaufbau überhaupt erfolgt war. Die TU scheiterte nicht nur an der reservierten Haltung der jugoslawischen Führung, der begreiflicherweise wenig an einer Zentralisierung der Kompensationsgeschäfte gelegen war, sondern auch an den innerdeutschen Widerständen. Vor allem Schacht stemmte

---

[66] Vgl. dazu auch die Erinnerungen des deutschen Militärattachés in Jugoslawien: Faber du Faur, S. 220.

[67] Material in PAB, Büro St.S./ Schriftwechsel Beamte, Bd. 3, Pag. 473 629 ff.

[68] Vermerk von Benzler (AA) über ein Gespräch mit Nöhring (Budapest) vom 15. Dez. 1936, PAB, HaPol/ Jugoslawien Wirtschaft 9, Bd. 1, Pag. E 533 783.

[69] Göring auf der Sitzung des Gutachter-Ausschusses am 30. Juni 1936, BAK, R 26 I/ 36.

[70] Pressemeldung des „Jugoslawischen Kuriers", Nr. 233, vom 9. Dez. 1936, PAB, HaPol/ Jugoslawien Wirtschaft 9, Bd. 1.

[71] Vgl. das Schreiben von Mackensen (Budapest) an Ritter (AA) vom 15. Dez. 1936, ebd., Pag. E 533 777. Koch stützte sich auf eine „Vollmacht" Görings, der entschieden hatte, „daß das Geschäft unter allen Umständen gemacht wird". Niederschrift der „Geschäftsgruppe Ernährung" vom 15. Jan. 1937 in der Anlage von Schachts Schreiben an Göring vom 20. Jan. 1937, in: ADAP, C, VI/1, Nr. 150, S. 323.
Daß Koch bei seinen Verhandlungen wenig dogmatisch festgelegt war, zeigt eine Äußerung zu Heß (Belgrad): „Die Zusammenarbeit mit Freimaurern und Juden sei ihm in diesem Falle gleichgültig, weil er Geschäfte machen, aber nicht Weltanschauung verbreiten wolle". Heß an Clodius vom 16. Feb. 1937, in: ADAP, C, VI/1. Nr. 211, S. 476.

[72] Schreiben von Heerens (Belgrad) an Ritter (AA) vom 22. Dez. 1936, PAB, HaPol/ Jugoslawien Wirtschaft 9, Bd. 1, Pag. E 533 785.

[73] Schreiben von Heß (Belgrad) an Clodius (AA) vom 19. Feb. 1937, PAB, Handakten Clodius/ Jugoslawien, Bd. 3.

sich gegen diese neue Kompetenzbeschneidung[74] una sorgte dafür, daß der TU keine devisenrechtlichen Genehmigungen erteilt wurden[75]. Nachdem sich auch Stojadinovic über die Tätigkeit der TU beschwert hatte[76], sah Göring keine Möglichkeit mehr, auf diesem Wege mit Jugoslawien ins Rohstoffgeschäft zu kommen. Er beauftragte Neuhausen damit, „die zusammengebrochene ‚technische Union' des Gauleiters Koch zu liquidieren, und zu retten, was noch zu retten ... sei"[77].

Politische Hindernisse im Rohstoffhandel

Die Erfahrungen der TU zeigen, daß Görings Protektion nicht immer ausreichte, um zu den gewünschten Geschäftsabschlüssen zu kommen. Einerseits geriet er anläßlich der Devisengenehmigungsverfahren immer wieder mit Schacht aneinander, was Göring in seinem Entschluß bestärkte, Schacht endgültig aus dem Weg zu räumen. Andererseits wurde deutlich, daß sich große Kompensationsgeschäfte ohne genügend politische Übereinstimmung nicht herbeiführen ließen. Zwar führte die deutsche Handelsoffensive in Südosteuropa zu einem Anwachsen des Außenhandelsvolumens mit diesen Ländern; angesichts der Zurückhaltung der südosteuropäischen Regierungen gegenüber den deutschen Kompensationsangeboten läßt sich bis 1937 jedoch kaum uneingeschränkt von einem erfolgreichen deutschen „Wirtschaftsimperialismus" sprechen"[78].

Um zu den begehrten Grund- und Rohstoffen zu kommen, waren nach wie vor Kriegsgerätelieferungen das wirksamste, aber auch teuerste Mittel, das außerdem teilweise nationalsozialistischen politischen Grundanschauungen entgegenlief. Insbesondere im Rußlandhandel geriet Göring mehr und mehr in einen Zwiespalt zwischen wirtschaftlichen Erfordernissen und politischer Ideologie. So ermöglichte die deutschrussische Vereinbarung über den Handels- und Zahlungsverkehr[79] die Fortführung der Kompensationsgeschäfte über deutsches Kriegsgerät gegen russisches Manganerz. Dies zeigt, daß Göring nicht nur bereit war, den Außenhandel mit bestimmten Staaten gänzlich zu entpolitisieren, sondern darüber hinaus aus wirtschaftspolitischer Verantwortung für die Aufrüstung sich auch veranlaßt sah, Kriegsgerät sogar an potentielle Kriegsgegner zu liefern.

Ende 1937 machte sich eine deutliche Desillusionierung in Görings Wirtschaftsstab breit. Die Kompensationsgeschäfte mit Kriegsgerät hatten zwar zu einem Aufschwung des deutschen Handels mit Südosteuropa geführt, waren von ihrer Dimension her angesichts der deutschen Nachfrage jedoch nicht viel mehr als der berühmte Tropfen auf den heißen Stein[80]. Dies lag nicht nur an den zu gering erschlossenen

---

[74] Schreiben Schachts an Göring vom 20.Jan.1937, PAB, HaPol/ Jugoslawien Handel 11 Nr.3, Bd.1, Pag. E 533 610–613.

[75] Schreiben von Wohlthat (Reichsstelle für Devisenbewirtschaftung) an die Oberfinanzpräsidenten und Reichsbeauftragten der Überwachungsstellen vom 14.April 1937, PAB, HaPol/ Jugoslawien Wirtschaft 9, Bd.1.

[76] Aufzeichnung Neuraths vom 16.März 1937, BAK, ZSg.133/27.

[77] Aufzeichnung Mackensens (AA) für Neurath vom 23.Aug.1937, PAB, HaPol/ Jugoslawien Handel 13a, Bd.1, Pag. E 533 743.

[78] Vgl. die Einleitung von Wolfgang Schumann zu: Ders., Griff, S.7ff.

[79] „Vereinbarung über den Handels- und Zahlungsverkehr zwischen der Deutschen Regierung und der Regierung der Union der Sozialistischen Sowjet-Republiken vom 1.März 1938", in: ADAP, D, VII, Anhang G, S.534ff.

[80] Petzina, Vierjahresplan, S.130f.

Ressourcen der Balkanländer, sondern vor allem an den politischen Vorbehalten und Bedingungen, die seitens der Südoststaaten an die Handelsabschlüsse geknüpft wurden. Die Exportoffensive des Vierjahresplans mit ihren Anreizen im Kompensationshandel durch verstärkten Kriegsgeräteeinsatz führte im Jahre 1937 nur vorübergehend zu einem deutlichen Anstieg der Geschäftsabschlüsse. Insbesondere Jugoslawien zeigte sich im Rüstungsbereich auch weiterhin noch stark an Frankreich und die Tschechoslowakei gebunden[81], trotz Görings Bemühungen beim jugoslawischen Gesandten Cincar-Marcović und anderen jugoslawischen Politikern[82].

Ebenso wurde die deutsche Hoffnung auf langfristige Erdölgeschäfte mit Rumänien enttäuscht. Zu optimistisch vertraute Göring den Zusicherungen der rumänischen Oppositionspolitiker, daß Rumänien sehr an einer politischen und wirtschaftlichen Annäherung an Deutschland gelegen sei[83]. Er gab daher weitreichende Garantieerklärungen über den territorialen Bestand Rumäniens ab, ohne von Anfang an die Tragweite der vermeintlichen rumänischen Angebote zu überschauen[84]. Trotz Görings Werben mit Kriegsgerät wurde bereits Anfang 1937 klar, daß Rumänien weder bereit war teures, devisenbringendes Erdöl an Deutschland zu verschleudern noch eine deutsche Vorherrschaft im Südosten zu gestatten[85]. Die rumänische Führung kümmerte sich kaum darum, daß Göring großen Wert auf das Zustandekommen zusätzlicher Einfuhrgeschäfte über Mineralöl aus Rumänien legte[86]. Die verbalen Höflichkeiten im politischen Bereich fruchteten in der Realität recht wenig. In politischer Hinsicht hielt sich König Carol weiterhin primär an die Westmächte als Garantiemächte des südosteuropäischen Nachkriegs-Staatensystems. Soweit er aus den deutschen Angeboten für seine eigene Politik Kapital schlagen konnte, waren sie ihm gerade recht. Wie wenig er jedoch von konkreten politischen Schritten in Richtung einer Annäherung an Deutschland hielt, zeigen seine deutlichen Vorbehalte gegenüber Görings Besuchswünschen, die er geschickt immer wieder zu verhindern verstand[87].

Die Staaten der Kleinen Entente brachten Görings Bemühungen vor allem *politisches* Mißtrauen entgegen. Ein freundliches Verhältnis zu Deutschland konnte zwar den italienischen Ambitionen im Südosten einen Dämpfer versetzen, eine deutsche

[81] Meiß, S. 112.
[82] Krogmann, S. 297; Bericht von Heerens (Belgrad) an das AA vom 2. April 1937 über den Berlin-Besuch des Belgrader Oberbürgermeisters Vlada Ilić, PAB, Abt. Pol. IV/ Po 2 Jugoslawien, Bd. 1, und die Aufzeichnung von Mackensens (AA) vom 25. November 1937 über ein Gespräch mit Göring, PAB, Büro St.S./ Aufzeichnungen über Diplomatenbesuche, Bd. 1, Pag. 36 130.
[83] Vgl. zu den Gesprächen Görings mit Bratianu die Aufzeichnung Neuraths vom 16. Nov. 1936, PAB, Abt. Pol. IV/ Po 2 Rumänien, Bd. 1, Pag. 433 586 f.
[84] Bericht des rumänischen Gesandten in Berlin, Comnen, über sein Gespräch mit Göring am 4. Dezember 1936, in: Comnène, S. 68 f. u. auch S. 184, 357. Vgl. auch das Telegramm von Fabricius (Bukarest) vom 8. Dez. 1936 an das AA, PAB, Abt. Pol IV/ Po 2 Rumänien, Bd. 1, Pag. 433 604. Zur rumänischen Version vgl. Sturdza, S. 73 ff.
[85] Presse-Rohmaterial der Agentur Brell (Istanbul) vom 22. März 1937 über Antonescus Äußerungen in der Türkei: „Rumänien könne die deutschen Tendenzen auf wirtschaftliche Vorherrschaft in Mittel- und Südosteuropa nicht anerkennen und könne sich nicht unter eine deutsche Vormundschaft begeben. Rumäniens Interessen seien mit den deutschen Wirtschaftsforderungen unvereinbar. Man dürfe nicht erwarten, daß Rumänien seine Ein- und Ausfuhr und seine nationale Wirtschaft auf die Wünsche Deutschlands monopolartig abstelle." PAB, Abt. Pol IV/ Po 2 Rumänien, Bd. 1.
[86] Schreiben Görings vom 3. Juni 1937 an das AA, PAB, HaPol/ IVb Rumänien, Handel 11 Nr. 3A Rumänische Erdöl- und Getreidelieferungen im Kompensationswege, Bd. 2, Pag. E 539 213.
[87] Schreiben von Fabricius (Bukarest) an Mackensen (AA) vom 31. Okt. 1937 und Mackensens Antwortschreiben vom 15. Nov. 1937, PAB, Büro St.S./ Schriftwechsel Beamte, Bd. 1.

Vorherrschaft wollte man jedoch gleichfalls verhindert wissen. Im wirtschaftlichen Bereich waren insbesondere die Kompensationsgeschäftsbedingungen vor allem für Erdöl exportierende Länder wie Rumänien ein geringer Anreiz, da sich ihnen auf dem Weltmarkt wesentlich günstigere und devisenbringende Geschäftsabschlüsse boten[88]. Im Kriegsgerätehandel war man durch Lieferverträge mit Frankreich und der Tschechoslowakei außerdem kaum auf deutsche Importe angewiesen.

Wesentlich willkommener waren die deutschen Angebote mit Kriegsgerät bei den revisionistischen Staaten Südosteuropas. Bereits im Oktober 1936 hatte Göring persönlich die Kompensationsgeschäftsverhandlungen mit Ungarn in Gang gebracht[89]. Den Bulgaren schenkte er sogar einige Jagdflugzeuge, um ihnen die Geschäftsabschlüsse schmackhaft zu machen[90]. Beide Länder nahmen dankbar Görings Angebot an und übermittelten ihm lange Wunschlisten über ihren Kriegsgerätebedarf[91]. Bei einer näheren Betrachtung der möglichen Geschäftsbedingungen stellte sich auf deutscher Seite umgehend Ernüchterung ein. Als industriell unterentwickelte Agrarländer hatten Ungarn und Bulgarien kaum lukrative Rohstoffe zu bieten. Nach einer Mißernte schieden auch die landwirtschaftlichen Erzeugnisse Ungarns für den Kompensationshandel weitgehend aus. Mit Bulgarien ergaben sich aufgrund der bereits bestehenden bedenklichen Clearingspitze außerdem geringe Transfermöglichkeiten. Eine Expertise von Görings Wirtschaftsberatern kam zu dem Ergebnis, daß vom handelspolitischen Standpunkt aus „die Erfüllung des Wunsches der Bulgaren ... nicht möglich ist"[92].

Ende 1937 wurde deutlich, daß Görings Exportinitiativen in Südosteuropa und insbesondere seine Maßnahmen zur Sicherstellung der Rohstoffeinfuhren vorläufig gescheitert waren. Einerseits gingen sie von falschen Voraussetzungen im Bereich der wirtschaftlichen Möglichkeiten aus. Andererseits stellten sie die politische Zurückhaltung der Staaten der Kleinen Entente zu wenig in Rechnung. Eine geheime Zwischenbilanz vom Sommer 1937 kam zu dem Schluß, daß vom volkswirtschaftlichen Gesichtspunkt aus der bisherige Kriegsgeräteexport nicht als befriedigend angesehen werden könne[93], zumal gerade Kriegsgerät einen erheblichen Anteil hochwertiger Rohstoffe enthalte, die man dann wieder mit Devisen beschaffen müsse. Der Jahresbericht für 1937 der „Ausfuhr-Gemeinschaft für Kriegsgerät" verzeichnete sogar eine rückläufige Geschäftstendenz, die mit einer Abschlußsumme von 193 Millionen Reichsmark mit 23% deutlich unter dem Geschäftsabschluß des Vorjahres lag[94]. Wiederum wurde betont, daß der volkswirtschaftliche Ertrag in Form von Rohstoffeinfuhren vielfach mit den Beschaffungswünschen der eigenen Wehrmacht kollidiere.

Zur Verwirklichung seines Konzeptes war Göring genötigt, nach Ersatzmöglichkeiten Ausschau zu halten. Hier rückte nun Österreich zunehmend in den Mittelpunkt

[88] Marguerat, S. 55 ff.

[89] Schriftwechsel zwischen Göring und Daranyi von Ende 1936 in PAB, HaPol/ Kriegsgerät Ungarn, Bd. 1.

[90] Telegramme von König Boris an Göring vom 16. Feb. 1937 und Rümelin (Sofia) an Göring vom 15. Febr. 1937, NAW, T-120, Roll 2621/ Serial 5482 H Stabsamt Göring, Pag. E 381 995 f.

[91] Schreiben von Gramsch (Stab Göring) an die AGK vom 17. Sept. 1937, PAB, HaPol/ Kriegsgerät, Handel mit Kriegsgerät – Bulgarien, Bd. 1, Pag. E 395 741.

[92] Geheime Aufzeichnung von Gramsch (Stab Göring) vom 17. Jan. 1938, PAB, HaPol/ Kriegsgerät Bulgarien, Bd. 1, Pag. E 395 758.

[93] AA-Rundschreiben vom 18. Aug. 1937, PAB, Deutsche Gesandtschaft Bukarest/ Wirtschaftlich (Geheim), Bd. 1/5, Pag. 292 929.

[94] AGK-Jahresbericht 1937, PAB, HaPol/ Kriegsgerät Allgemein, Bd. 3, S. 24 des Berichts.

seines Interesses. Österreich konnte nicht nur durch seine wirtschaftlichen Ressourcen für vorübergehende Entlastung auf dem angespannten Rohstoffmarkt sorgen, sondern auch geopolitisch Südosteuropa Deutschland näherbringen. Von daher wirkten die wirtschaftlichen Engpässe zweifellos stimulierend auf Görings Österreichpolitik. Innenpolitisch wurden Göring bei der Durchsetzung seines Wirtschaftskonzeptes noch erhebliche Widerstände entgegengestellt. Insbesondere Schacht versuchte, Görings Maßnahmen zur inländischen Rohstoffverwertung und Ersatzstoffproduktion zu blockieren und bereitete Göring darüber hinaus auch im Rahmen seiner Möglichkeiten bei Devisenzuteilungsgenehmigungen Schwierigkeiten. Im Jahre 1937 spitzte sich der Konflikt zwischen Schacht und Göring, in dem auch Blomberg für Schacht Partei ergriff, drastisch zu. Für Göring stand fest, daß er seinem Konzept uneingeschränkt zum Durchbruch verhelfen mußte.

4. Der Triumph über Schacht und das Revirement vom Februar 1938

1936 ging es im Kampf der wirtschaftspolitischen Instanzen weniger um Konzepte als um Machtpositionen. Göring faßte seine Aufgabe grundsätzlich allumfassend und expansiv auf, ohne sich nach bisherigen staatlichen oder militärischen Zuständigkeiten zu richten[1]. Im organisierten Durcheinander der nationalsozialistischen Wirtschaftspolitik trat Göring zum Kampf um die oberste Führung an, gestärkt mit der nötigen Rücksichtslosigkeit und dem Mythos eines „Führer-Auftrages". Mit der ihm eigenen Selbstverständlichkeit deckten seine Anordnungen das ganze Spektrum der Wirtschaftspolitik ab, ohne den Protesten der betroffenen Dienststellen seine Aufmerksamkeit zu schenken. Mehr erstaunt als beeindruckt bezeichnete er Schachts Opponieren als „fürchterlich"[2].

In Schacht traf Göring jedoch keineswegs auf einen hilflosen oder gar ängstlichen Gegner. Mit „kluger Gerissenheit"[3] setzte sich der Reichswirtschaftsminister gegen Görings Angriffe zur Wehr. Bereits Zeitgenossen erkannten, daß es ihm dabei weniger um die Sache als um die Person Görings ging. Als ehrgeizige Autorität, die man schon zu Lebzeiten den „Zauberer" in Sachen Wirtschaftspolitik nannte, kämpfte er gegen das zunehmende Kompetenzdefizit seines Amtes. Sein Urteil über Göring fiel entsprechend negativ aus[4].

Verhärtung der Fronten

Dabei ging es 1936 keineswegs primär schon um den Entscheidungskampf zwischen einer „alten" und einer „neuen" nationalsozialistischen Wirtschaftspolitik. Dies wird

---

[1] Eidesstattliche Erklärung von Lammers (Reichskanzlei) vom 19. Aug. 1947, IfZ, NG-4092.
[2] Krogmann, S. 276.
[3] Luther, S. 64.
[4] Mühlen, S. 185 f.; Beck, Verdict, S. 94 ff.; Schachts Aussage über Göring vom 7. Juli 1945, in: IMG, Bd. 33, Dok. 3936-PS, S. 561 f.

durch die Tatsache verdeutlicht, daß bereits Ende 1936 auch die Wirtschaftsstäbe der Wehrmacht gegen Göring opponierten, weil auch sie ihre Machtbefugnisse schwinden sahen[5]. Vom Militär war lediglich die Luftwaffe im Vierjahresplan integriert, was die politische Kluft zwischen dem neuen Wehrmachtteil und den alten Waffengattungen verstärkte[6]. In einem Entwurf vom 19. Dezember 1936 bezog der Wehrwirtschaftsstab zur Auseinandersetzung zwischen Schacht und Göring Stellung. Anlaß war dabei das ungeklärte Verhältnis zwischen Vierjahresplan-Beauftragten und Generalbevollmächtigten für die Kriegswirtschaft. Der Wehrwirtschaftsstab sprach sich gegen eine Unterstellung des Generalbevollmächtigten unter den Vierjahresplan aus, da man davon ausging, „dass es sich bei der Dienststelle des Generaloberst Göring um eine nur mit Friedensaufgaben befasste, vorübergehend eingesetzte Instanz handelte"[7]. Bezeichnenderweise wollte man im Kriegsfall die Vierjahresplan-Abteilungen „teils dem Reichskriegsminister (Betriebsstoffe) teils dem Generalbevollmächtigten für die Kriegswirtschaft" angliedern. Göring wäre dadurch wieder aus dem rüstungswirtschaftlichen Bereich verdrängt worden.

Schacht und der Wehrwirtschaftsstab fanden sich nicht zufällig Anfang Dezember 1936 zu einer Aktionsgemeinschaft gegen Göring zusammen. Ohne vorangehende Absprache hatte Göring mit Schreiben vom 26. November nicht nur die gesamte Mineralölwirtschaft seinem Amt für deutsche Roh- und Werkstoffe untergeordnet, sondern darüber hinaus Schacht mitgeteilt, daß die Beibehaltung des beim Reichswirtschaftsministerium bestehenden Rohstoffkommissariats nicht mehr erforderlich sei[8]. Während die Betriebsstoff-Frage insbesondere an den Lebensnerv des Wehrwirtschaftsstabes rührte, erregte Görings unverfrorene Art der Kompetenzausweitung Schachts Ärger. In einem Rundschreiben vom 11. Dezember wies er alle untergeordneten Dienststellen an, daß Weisungen nur von ihm persönlich entgegenzunehmen seien[9]. In einer Rede am 17. Dezember stellte Göring daraufhin ausdrücklich seine Zuständigkeit für die Kriegswirtschaft demonstrativ heraus[10].

In einer Vortragsnotiz vom 30. Dezember 1936 vertrat der Wehrwirtschaftsstab die Auffassung, daß der fruchtlose Schriftverkehr „zwischen den Dienststellen der drei, für dieselben Aufgaben der Kriegsvorbereitung ermächtigten Persönlichkeiten" ohne Ergebnis bleiben werde[11]. Man solle daher eine „Führer-Entscheidung" auf der Grundlage der im Entwurf vom 19. Dezember vorgetragenen Regelung herbeiführen, wonach Görings Auftrag im Krieg aufgehoben werde und im Frieden im Einvernehmen mit Schacht durchzuführen sei. Anfang Januar unternahm Hoßbach einen entsprechenden Vorstoß bei Hitler, ohne daß eine Reaktion erfolgte[12]. Unterdessen bemühte sich der Wehrwirtschaftsstab um eine Kontaktaufnahme mit Parteidienststellen mit

[5] Entwurf des WStb vom 7. Nov. 1936, BA-MA, Wi I F 5/ 560, Bd. 2 Reichsverteidigungsausschuß, Bl. 287 und das Schreiben von Bastian (OKM) an Göring vom 6. Jan. 1937, BA-MA, Wi I F 5/ 433, Bl. 191 ff.
[6] Aussage von Gramsch (VJP) vom 1. Aug. 1947, IfZ, NID-12616, S. 14.
[7] Entwurf des WStb vom 19. Dez. 1936, betr. Kriegsverwaltungsgesetz, IfZ, Dok. EC-420.
[8] Schreiben Görings an Schacht vom 26. Nov. 1936, betr. Zuständigkeitsregelung für den Ausbau der deutschen Roh- und Werkstoffbasis, in: IMG, Bd. 36, Dok. 243-EC, S. 236.
[9] Schachts Schreiben vom 11. Dez. 1936, IfZ, Dok. EC-376.
[10] Peterson, S. 281 f.; Riedel, Eisen, S. 111; Simpson, S. 141 f.
[11] WStb-„Vortragsnotiz über Vierjahresplan und Vorbereitung der Kriegswirtschaft" vom 30. Dez. 1936, BA-MA, Wi I F 5/ 3615, Pag. 003 980 f.
[12] Mitteilung von Thomas (WStb) auf der Abteilungsleiterbesprechung am 18. Jan. 1937, BA-MA, Wi I F 5/ 1196 Besprechungen WStb 1935–40 (handschriftl. Aufzeichnung).

dem Ziel, eine möglichst breite Front gegen Görings Kompetenzanmaßung zu bilden. Man diskutierte sogar Möglichkeiten, selbst die Rohstoffverteilung im Rahmen eines zu erstellenden „5 Jahresplanes" in die Hand zu nehmen, zumal Schacht gleichzeitig Hitler seinen Rücktritt als Generalbevollmächtigter für die Kriegswirtschaft angeboten hatte[13].

Trotz des demonstrativen Austausches teurer Geburtstagsgeschenke[14], lieferten sich Schacht und Göring in öffentlichen Reden und Publikationen Ende Januar und Anfang Februar einen offenen Schlagabtausch[15]. Mit Schreiben vom 22. Februar 1937 sah sich Blomberg schließlich veranlaßt, schriftlich bei Hitler wegen der ungeklärten Zuständigkeiten im rüstungswirtschaftlichen Bereich vorstellig zu werden und ihm gleichzeitig den Vorschlag des Wehrwirtschaftsstabes zur Aufgabentrennung zu unterbreiten[16]. Wie so oft in vergleichbaren Konstellationen vermied Hitler jedoch eine klare Entscheidung zugunsten der einen oder anderen Position und verhielt sich dilatorisch. Hitler schien sich noch nicht im klaren zu sein, ob Görings Bemühungen zum gewünschten Erfolg führten und versuchte deshalb, noch an Schacht festzuhalten[17].

Der Streit um die „Reichswerke Hermann Göring"

Im März und April 1937 bemühte sich Göring auffallend entgegenkommend um eine Vertagung der Ressortstreitigkeiten[18]. Die sich verschärfende Rohstofflage und die Einführung eines strikten Kontingentierungssystems für Eisen und Stahl[19] legten es Göring nahe, sich nicht noch zusätzliche Schwierigkeiten zu schaffen. Demonstrativ griff er Schachts Beharren auf der Strategie des „Neuen Plans"[20] auf und forderte eine verstärkte Exportbelebung[21]. Parallel dazu betrieb er seit dem Frühjahr Pläne zur inländischen Eisenverhüttung mit speziellen Verhüttungsverfahren zur Verwertung saurer Erze[22]. Beflügelt fühlte er sich in diesem Vorhaben durch eine Anfrage Hitlers bei Thomas, ob man nicht wehrmachteigene Stahlwerke durch den Wehrwirtschaftsstab errichten könne[23].

[13] Eintrag vom 18. Jan. 1937 im Jodl-Tagebuch, IfZ, Dok. 1780-PS, S. 7.
[14] Göring schenkte Schacht zu dessen 60. Geburtstag einen Pokal mit Hoheitsabzeichen im Werte von 440 RM. Vgl. das Schreiben von Körner an die Bürokasse des Preußischen Staatsministeriums vom 27. Jan. 1937, GStA, Rep. 90/ Nr. 871.
[15] Zu Schachts Rede vom 22. Jan. vgl. Pentzlin, S. 240; Riedel, Eisen, S. 111 f.; Simpson, S. 143 f. Vgl. auch Görings Aufsatz über „Verantwortliche Wirtschaftsführung" in der Zeitschrift „Der Vierjahresplan" vom Februar 1937, auch abgedruckt in: Göring, Reden, S. 276 ff.
[16] Blombergs Schreiben an Hitler vom 22. Feb. 1937, BA-MA, Wi I F 5/ 684 Spitzengliederung, RKM-GBK-VJP, 1936–38.
[17] Petzina, Autarkiepolitik, S. 73; Kehrl, S. 108.
[18] Görings Schreiben an Schacht vom 17. März 1937, IfZ, Dok. EC-246.
[19] Riedel, Eisen, S. 124 ff.
[20] Schachts Schreiben an Göring vom 2. April 1937, in: IMG, Bd. 36, Dok. 286-EC, S. 282 ff.; Görings Antwortschreiben vom 12. April und Schachts Replik vom 17. April 1937, IfZ, Dok. EC-492.
[21] Görings Schreiben an RWiM und RKM vom 7. Mai 1937 über die Export-Besprechung vom 5. Mai, bei der sich „eine weitgehende Übereinstimmung über die künftige Gestaltung der Ausfuhrpolitik ergeben" habe. BA-MA, Wi I F 5/ 587 RKM Heer, Vierjahresplan.
[22] Vgl. dazu zahlreiches Material, auf das hier im einzelnen nicht eingegangen werden kann, in BAK, R 25/ 180-185 Untersuchungen und Planungen zur Steigerung der deutschen Erzförderung durch Ausbeutung bisher ungenutzter Lagerstätten und Wiederinbetriebnahme stillgelegter Erzgruben. Vgl. ausführlich dazu Riedel, Eisen, S. 128 ff.
[23] Aufzeichnung über die Abteilungsleiter-Besprechung beim WStb vom 26. April 1937, BA-MA, Wi I F 5/ 1196.

Ende April eröffnete Göring eine groß angelegte Werbekampagne zur propagandistischen Vorbereitung der inländischen Ersatzstoff- und Rohstoffproduktion. Hierbei
vertrat er zum ersten Mal eine andere Konzeption als Schacht. In seinen Reden setzte
er sich „im einzelnen mit jener *falschen Wirtschaftsauffassung* auseinander, die alle
Dinge nur von der Rentabilität und dem Verdienst des einzelnen her betrachtet"[24].
Die Verwertung der deutschen Roh- und Werkstoffe sei eine entscheidende Notwendigkeit, denn das Rentabelste in der gesamten Wirtschaft sei immer, was man im eigenen Land besäße: „Was auf diesem Gebiete in den vergangenen Jahren versäumt worden ist, ist unverantwortlich. Jetzt ist es damit vorbei! Denn ich will nur für meine
eigenen Fehler und nicht für die Dummheit der anderen verantwortlich sein."

Diese offene Kampfansage an Schacht kam nicht zufällig. Genau zu diesem Zeitpunkt konkretisierten sich die Hüttenbaupläne auf der Basis des sauren Schmelzens
des Eisenerzes, die Görings Beauftragter Paul Pleiger betrieb. Ende April gab Göring
grünes Licht für die Vorarbeiten zur Gründung einer geplanten Reichsgesellschaft zur
Verhüttung von sauren Erzen[25]. Die inländische Roh- und Ersatzstoffproduktion
wurde nun zum zentralen Zankapfel zwischen Schacht und Göring. Die Konfrontation führte soweit, daß Schacht sich weigerte, an Sitzungen mit Göring teilzunehmen
und sich kurzfristig auf Auslandsreisen begab[26]. Ende April 1937 wurde deutlich, daß
Schacht den Kompetenzkrieg mit Göring verloren hatte.

Beim Wehrwirtschaftsstab bemerkte man frühzeitig die neue Entwicklung im deutschen Wirtschaftskrieg. Bereits im April empfahl Thomas, in Fragen des Exports und
der Rohstoffkontingentierung möglichst über die Vierjahresplan-Dienststellen vorzugehen, da der Weg über den Reichswirtschaftsminister neuerdings wenig Erfolg ver-
sprechend geworden sei[27]. Auf seinen Rohstoffbesprechungen Anfang Juni richtete
Göring deutlich stärkere Worte an die Erzeuger und Bedarfsträger und bereitete die
Enthüllung der bislang geheimen Reichswerke-Pläne propagandistisch vor[28]. Mehrfach beschwerte er sich über das unkooperative Verhalten der Industrie und kündigte
ein noch umfassenderes Vierjahresplan-Konzept an[29].

Görings Ersatzstoffproduktionspläne gewannen zwar durch die ersten konkreten
Ergebnisse einen deutlichen Aufschwung, sie verdrängten jedoch keineswegs Görings
Außenhandelskonzeption zugunsten einer von vornherein zum Scheitern verurteil-
ten Autarkiewirtschaft. Er betonte nicht nur öffentlich den weltwirtschaftlichen Zusammenhang, in dem die deutsche Nationalwirtschaft stehe[30], sondern verhandelte

---

[24] DNB-Meldung über Görings Rede in Weimar am 30.März 1937, BAK, R 43 II/ 353, Bl.57. Göring griff
      hierbei wörtlich auf Formulierungen aus Paul Pleigers Ausarbeitung „Vorschläge zur Eisenbewirtschaftung"
      von Ende 1936 zurück, was verdeutlicht, daß Göring kaum aus Überzeugung die Privatwirtschaft anzutasten
      gedachte. Vgl. BAK, R 25/ 185 Eisenmarkt, Stahlerzeugung, bes. S. 4 u. 10 der Ausarbeitung Pleigers.
[25] Riedel, Eisen, S.138 ff.
[26] Jodls Tagebucheintrag vom 6.April 1937, IfZ, Dok. 1780-PS, S.14; Peterson, S.288; Mühlen, S.186 ff.
[27] WStb-Notiz vom 13.April über das „Ergebnis der Besprechung der Oberbefehlshaber beim Reichskriegs-
      minister nach mündlichen Angaben Chef W A" (1937), BA-MA, Wi I F 5/ 1196.
[28] Aufzeichnung über die Besprechung am 16.Juni 1937 im Haus der Flieger unter Görings Vorsitz über die
      Eisen-Frage, IfZ, NI-084.
[29] Schreiben von Löb (VJP) an Jodl vom 7.Juni 1937, BA-MA, Wi I F 5/ 1801 Organisation des Transportwe-
      sens der Wehrmacht im Frieden 1935–39.
[30] Görings Aufsatz „Neuordnung der Weltwirtschaft" in der Zeitschrift „Der Vierjahresplan" vom Juni 1937,
      auch abgedruckt in: Göring, Reden, vgl. vor allem S.300.

auch zum gleichen Zeitpunkt mit mehreren Ländern über feste Abnahmegarantien von Rohstoffen, insbesondere von Eisenerz[31].

Am 7. Juli 1937 kam auf Betreiben des Reichskriegsministeriums und auf Veranlassung Hitlers eine förmliche Vereinbarung zwischen Schacht und Göring bezüglich ihrer Zusammenarbeit und der Stellung des Generalbevollmächtigten für die Kriegswirtschaft zustande[32]. Schachts Parteigänger sahen darin eine ausdrückliche Bestätigung von dessen Selbständigkeit[33]. Die aus zwei kurzen Sätzen bestehende Übereinkunft ließ jedoch mehr Fragen offen als sie beantwortete[34].

Wie wenig Göring sich nach dem Wortlaut dieser Abmachung richtete, obwohl sie von Hitler persönlich initiiert worden war, zeigte die offizielle Gründung der „Reichswerke Hermann Göring" im gleichen Monat. Noch am gleichen Tag, an dem er das Übereinkommen mit Schacht unterzeichnete, gab Göring intern die Planungen bekannt. Gleichzeitig setzte er sich unbedenklich durch eine eigene Verordnung über Schachts Bergbaubehörde hinweg[35]. Bis zur öffentlichen Bekanntgabe der Gründung der „Reichswerke A.G. für Erzbergbau und Eisenhütten Hermann Göring" am 15. Juli war es Göring gelungen, seine Pläne vor dem Reichswirtschaftsministerium und der Industrie geheim zu halten. Er begründete dies damit, daß die Gefahr bestünde, daß sie die Verhandlungen stören oder jedenfalls verzögern würden[36]. Eile sei nun deshalb geboten, weil die Industrie „in letzter Zeit, nachdem ihr klar geworden sei, daß der Plan auch gegen ihren Widerstand verfolgt werde, zu erkennen gegeben (habe), daß sie bereit sein würde, ihrerseits den Plan ebenfalls durchzuführen. An der Ernstlichkeit dieses Willens, den Plan nach den vom Rohstoffamt gegebenen Richtlinien, vor allen Dingen mit der vorgesehenen Beschleunigung durchzuführen, müsse aber gezweifelt werden. In jedem Fall müsse die Initiative bei der Durchführung beim Reich liegen."

Das „Reich" hieß in diesem Fall Hermann Göring. Bislang waren noch nicht einmal alle Dienststellen des Vierjahresplans im Bilde, geschweige denn andere Reichsressorts oder Parteidienststellen. Lediglich das Reichsfinanzministerium wurde eine Woche vor der Gründungsbekanntgabe unter der Auflage der Verschwiegenheit mit der Angelegenheit befaßt, da Göring die Bereitstellung von 4,85 Millionen RM außerplanmäßiger Mittel verlangte. Noch nicht einmal Hitler wurde vorher über die Pläne informiert und reagierte entsprechend zurückhaltend auf Görings staatskapitalistischen Betrieb[37].

Obwohl Göring nachträglich seine Rolle bei der Gründung der „Reichswerke" verharmloste[38], wirft sie ein bezeichnendes Licht auf seine politische Stellung im Sommer 1937. Während sich Hitler auf dem Obersalzberg von allen innenpolitischen Grabenkämpfen fernhielt und seinen Architektur- und Städtebauplänen nachging, stand

[31] Wittmann, S. 124 ff.
[32] Schreiben von Keitel an Körner vom 14. Juni 1937, IfZ, Dok. EC-248. Zum Wortlaut der gehaltlosen „Geheimen Reichssache" vgl. IfZ, Dok. EC-348 (auch in: IMG, Bd. 36, S. 379).
[33] So Pentzlin, S. 241. Pentzlin war Referent in Schachts RWiM.
[34] Schreiben von Jodl an Wohltat vom 10. Aug. 1937, BA-MA, Wi I F 5/ 1801.
[35] Riedel, Eisen, S. 159 ff.; Pentzlin, S. 241.
[36] Aufzeichnung von Mundt (RFM) vom 12. Juli 1937 über ein Gespräch mit Pleiger am 7. Juli, BAK, R 2/ 19553 Beauftragter für den Vierjahresplan: Finanzierung der Reichswerke AG. für Erzbergbau und Eisenhütten „Hermann Göring" seit 1939, S. 2 ff.
[37] Kehrl, S. 105 f.
[38] Bross, S. 35. Hingegen überbewertet Görings Rolle: Ernst Poensgen, Die Gründung der Hermann-Göring-Werke, in: Der Wirtschaftsspiegel 2 (1947), S. 338–340.

Göring im Zentrum der wirtschaftspolitischen Auseinandersetzungen. Göring trieb mit Energie die wirtschaftspolitischen Planungen vorwärts und engagierte sich seit Anfang 1937 in der österreichischen Frage, während er innenpolitisch mit immer neuen Hemmnissen zu kämpfen hatte. Wie Goerdeler Corbin mitteilte, sah Göring „den Staat in einem Zustand der Unordnung, der sich einem Chaos nähere"[39]. Die andauernden Rivalitäten mit Schacht, das wachsende Mißtrauen der Wehrmachtführung gegen seine Sonderinteressen und die sich anbahnenden Auseinandersetzungen mit der Industrie verstärkten im Sommer 1937 Görings Wunsch einer innenpolitischen Bereinigung der ungeklärten Machtverhältnisse.

Görings Streben nach einer öffentlichen Anerkennung der von ihm geleisteten Arbeit äußerte sich bei der Reichswerke-Gründung schon in der Namensgebung[40]. Die „Hermann-Göring-Werke", die sich später zu einem der größten Konzerne der Welt entwickeln sollten, steuerten erheblich auch zu Görings in- und ausländischer Popularität bei. Nicht nur die Firma trug seinen Namen, es folgte die Gründung von „Hermann-Göring-Stadt"[41], es gab „Göringstahl" und „Göringgas" und in Berlin eine „Hermann-Göring-Straße"[42].

Die Reichswerke blieben Görings private Angelegenheit[43]. Sie wurden weder dem Vierjahresplan angegliedert, noch unterstanden sie irgendeiner staatlichen Dienststelle oder Institution[44]. Ein Vermerk des Reichswirtschaftsministeriums vom Juli 1944 beklagte zurückschauend die Tatsache, daß keine einzige Stelle schlüssige Auskünfte über die Besetzung des Aufsichtsrates und Art der Geschäftsführung der Reichswerke erteilen könnte. Die Nachforschungen gelangten zu dem Schluß, daß Görings persönliches Regiment weder in den Statuten noch im Gesetz eine Stütze fände[45].

Die Gründung der Reichswerke wurde im nachhinein offiziell auf den 15. Juli 1937 datiert. Am 23. Juli erließ Göring eine „Verordnung über den Zusammenschluß von Bergbauberechtigten" und nahm am 1. November offiziell die Standortbestimmung im Gebiet von Salzgitter bei Braunschweig vor. Verkündetes Ziel war es, die „Erzförderung in Deutschland … so zu steigern, dass 50% der Fe-Träger aus inländischer Förderung, 20% aus inländischen Abfällen und nur noch 30% aus der Erzeinfuhr gedeckt werden"[46].

---

[39] Vgl. das Schreiben von Corbin (London) an Delbos (Paris) vom 6. Juli 1937 über sein Gespräch mit Goerdeler, in: DDF, 2/6, Nr. 191, S. 308 ff.

[40] Aus der Vielzahl der Forschungen seien aufgeführt: Gustav-Hermann Seebold, Ein Stahlkonzern im Dritten Reich. Der Bochumer Verein 1927–1945, Wuppertal 1981, S. 88 ff.; Riedel, Eisen, S. 155–180; Petzina, Autarkiepolitik, S. 104 ff.; Simpson, S. 145 ff.; Bagel-Bohlan, S. 100 ff.; Jäger, S. 63 ff.

[41] Zur Planung, Vorgeschichte und Gründung von „Hermann-Göring-Stadt" vgl. Roswitha Mattausch, Siedlungsbau und Stadtneugründungen im deutschen Faschismus. Dargestellt anhand exemplarischer Beispiele, Frankfurt a. M. 1981, S. 184 ff.

[42] Vgl. den „geheimen" Bericht „Vier Jahre Hermann-Göring-Werke Salzgitter" von 1941, BAK, R 7/ 997 Hermann-Göring-Konzern.

[43] Um sein „Prestigeobjekt" zu stützen, nahm Göring sogar wirtschaftliche Einbußen beim Ruhrbergbau in Kauf. Klaus Wisotzky, Der Ruhrbergbau am Vorabend des Zweiten Weltkrieges. Vorgeschichte, Entstehung und Auswirkung der „Verordnung zur Erhöhung der Förderleistung und des Leistungslohnes im Bergbau" vom 2. März 1939, in: VfZG 30 (1982), S. 418–461, bes. S. 425 f., 438 ff., 456 ff.

[44] Aussage von Friedrich Gramsch (VJP) vom 1. Aug. 1947, IfZ, NID-12616, S. 17 f.

[45] Vermerk des RWiM vom Juli 1944, BAK, R 7/ 992 Berichte über den „Hermann-Göring-Konzern", 1939–1944, Bl. 47.

[46] „Vier Jahre Hermann-Göring-Werke Salzgitter", BAK, R 7/ 997, S. 8.
Zur Presselenkung bzgl. der „Reichswerke" vgl. den Informationsbericht von der Wirtschaftspressekonferenz vom 27. Okt. 1937, BAK, ZSg. 110/ 6, Bl. 152 f.

Für den 23. Juli 1937 hatte Göring die wichtigsten Wirtschaftsführer und deutschen Eisenindustriellen zu einer Aussprache über die Verwertung deutscher Eisenerze nach Berlin gebeten, ohne daß die Einladung über den eigentlichen Gegenstand der Aussprache schon etwas verriet. Tatsächlich war aber bereits am 16. Juli an den Deutsch-Amerikaner Hermann Brassert der Bauauftrag zu den Reichswerken erteilt worden. Eingangs seiner stundenlangen Ausführungen eröffnete Göring den verdutzten Anwesenden, daß er sich entschlossen habe, „Reichswerke zu errichten, die die Bezeichnung ‚Reichswerke für Eisen- und Stahlerzeugung A.-G. Hermann-Göring-Werke' tragen sollen ... In Salzgitter solle das größte Eisenwerk errichtet werden, das die Welt kenne"[47]. Er verteidigte das Eisenkontingentierungsverfahren und kündigte weitere Einschränkungen an. Trotz der damit nun im großen Maßstab in Angriff genommenen inländischen Eisenproduktion, fehlte auch bei diesen Ausführungen nicht Görings eindringlicher Appell zur Belebung der Ausfuhrförderung, da die Ernährungs- und Rohstofflage von der Ausfuhr abhänge. Er schloß seine Rede mit dem Hinweis, daß es darauf ankomme, der momentan herrschenden Eisenknappheit Herr zu werden: „Er werde beweisen, daß das dritte Reich eher diese Lage meistern kann wie parlamentarisch regierte Staaten".

Obwohl Schacht in seinen vielfach zweifelhaften „Erinnerungen" die Idee zum Bau der Reichswerke für sich in Anspruch nimmt[48], stand er im Sommer 1937 an der Spitze der Opposition gegen Görings Pläne[49]. So unterstützte er den zum Teil organisierten Widerstand der deutschen Eisenindustriellen gegen die Gründung der Reichswerke. Man nahm nicht nur daran Anstoß, den privaten Eisenerzfelderbesitz im Vorharz bei Salzgitter und in Südbaden den Reichswerken zu übereignen[50], sondern wehrte sich vor allem mit dem Argument der Wirtschaftlichkeit gegen die Verhüttung armer Erze und riet Göring dringend, die Gewinnung der Erze von den Hüttenwerken zu trennen[51]. Hinter den Sachargumenten stand die neue Erfahrung der deutschen Montanindustriellen, daß es zum ersten Mal eine Regierung seit der Weltwirtschaftskrise wagte, sich über die Kooperation mit den Großindustriellen hinwegzusetzen und sogar den größten deutschen Industrieunternehmen Enteignungsmaßnahmen anzukündigen. Das Besondere der Situation bestand darin, daß man zwar den Reichswirtschaftsminister auf seiner Seite hatte, aber gleichzeitig erkennen mußte, daß die wirtschaftspolitische Führung längst nicht mehr in dessen Händen lag.

Schacht nutzte die Gunst des Augenblicks, um die grundsätzliche Auseinandersetzung um die wirtschaftspolitische Führung in Deutschland erneut aufzurollen. Görings Bergbauverordnung zum Anlaß nehmend, trug Schacht in einem zwölfseitigen Schreiben an Göring vom 5. August 1937 seine Bedenken und Warnungen vor dem Reichswerke-Unternehmen vor. Die Kostenfrage und die Devisenlage waren dabei seine Hauptargumente gegen die Investierung von Rohmaterial und Arbeitskraft in

[47] „Niederschrift über eine von Herrn Ministerpräsident Generaloberst Göring einberufene Sitzung am Freitag, den 23. Juli 1937, 6 Uhr Nachm., in Berlin", BAK, Verein deutscher Eisen- und Stahlindustrieller/Wirtschaftsgruppe Eisenschaffende Industrie R 13 I/ 597 Verhältnis der deutschen Eisen- und Stahlindustrie zu den Reichswerken Hermann Göring, Bd. I (1937), Bl. 170 ff.
[48] Schacht, S. 465.
[49] Kehrl, S. 107. Zu Schachts Protesten vgl. Pentzlin, S. 241; Riedel, Eisen, S. 181 ff.; Kroll, S. 519 ff.
[50] Schreiben von H. Reusch (Gutehoffnungshütte, Oberhausen) an Reichert (Berlin) vom 6. Sept. 1937, BAK, R 13 I/ 597, Bl. 13.
[51] Aktenvermerk (Vöglers) über die Besprechung mit Göring am 12. Aug. 1937, ebd., Bl. 268.

neue Unternehmen des geplanten Ausmaßes, die seiner Meinung nach zu weiteren Beschränkungen in der Rohstoffzuteilung führen mußten. In seiner Schlußbemerkung kam Schacht zum eigentlichen Problem der Gegenwart: Seiner Meinung nach sei „es in einem totalitären Staat völlig unmöglich ..., eine in sich aufgespaltene Wirtschaftspolitik zu führen"[52]. Da er Görings Devisen-, Produktions- und Finanzpolitik nicht mitverantworten könne, erfordere die gegenwärtige Situation eine eindeutige Lösung, über die er Hitler berichten wolle.

Die Zusammenkunft mit Hitler am 11. August fiel für Schacht keineswegs befriedigend aus. Der in wirtschaftlichen Dingen wenig informierte „Führer" sah sich nicht in der Lage, die wirtschaftspolitische Tragweite von Görings Planungen für die nahe Zukunft abzusehen und hielt es für angebracht, weiterhin an Schacht festzuhalten. Er bat ihn dringend, sich mit Göring zu verständigen[53].

Wohl kaum zufällig griff wenige Tage nach der Zusammenkunft zwischen Schacht und Hitler das Reichskriegsministerium seine alten Pläne von einer Zuständigkeitsabgrenzung zwischen Schacht und Göring wieder auf und wurde damit erneut bei Göring vorstellig. Man führte als neues Argument eine „Entscheidung des Führers und Reichskanzlers" ins Feld, wonach der Vierjahresplan mit der Mobilmachung automatisch ende und von daher auch die strittige Frage der Kompetenzverteilung zwischen Vierjahresplan und Generalbevollmächtigten für die Kriegswirtschaft geklärt sei[54]. Ein Einlenken Görings auf die vorgeschlagene Absprache hätte zumindest die Möglichkeit zu einer Zusammenarbeit mit Schacht eröffnet und wäre wohl auch ganz im Sinne von Hitlers Besprechung mit Schacht gewesen.

Entweder war Göring von diesem „Führer-Entscheid" nichts bekannt oder er ignorierte ihn bewußt in seinem vierundzwanzigseitigen Antwortschreiben an Schacht vom 22. August, das er abschriftlich auch Blomberg zustellte. Das wohl von Körner verfaßte Schreiben[55] war rein defensiv gehalten und ein Meisterwerk nichtssagender und abwiegelnder Rhetorik. Die Entgegnung umfaßte zwar genau doppelt soviel Seiten wie Schachts Schreiben, vermied es jedoch, auf irgendwelche Sachargumente Schachts einzugehen. So verteidigte man zwar die Errichtung der Reichswerke und tadelte Schacht, daß er im Oktober 1935 über die Devisensituation falsche Auskunft gegeben habe, pflichtete im übrigen jedoch Schachts Gedanken und Ausführungen bei und fand lediglich heraus, daß sich die Zusammenarbeit allmählich etwas gelockert habe. Abschließend wies das Schreiben mit sanftem Nachdruck darauf hin, daß die Ziele des Vierjahresplans auch weiterhin unverrückt bestehen blieben[56].

Schacht verstand wohl den Hohn in Görings Antwort. Er mußte erkennen, daß Göring weder bereit war, auf Blombergs Zuständigkeitsabsprachen einzugehen, noch Hitlers Zusicherungen einer Fortsetzung seiner Arbeit als Wirtschaftsminister irgendwelcher Wert beizumessen war. Göring war entschlossen, den einmal eingeschlagenen Weg fortzusetzen, ohne sich auf Diskussionen über Rentabilität und Kompetenzlimits einzulassen. Schachts Antwort an Göring vom 26. August stellte die endgültige Kapi-

---

[52] Schachts Schreiben an Göring vom 5. Aug. 1937, in: IMG, Bd. 36, Dok. 497-EC, S. 567–578, bes. S. 574 ff.
[53] Zum Treffen Schachts mit Hitler vgl. Schwerin von Krosigk, Staats-Bankrott, S. 234 f.; Riedel, Eisen, S. 218; Pentzlin, S. 242; Beck, Verdict, S. 99 f.
[54] Keitels Schreiben an Göring vom 19. Aug. 1937, BA-MA, Wi I F 5/ 684; vgl. auch Keitels Schreiben an Schacht vom 19. u. 21. Aug. 1937, IfZ, Dok. EC-254.
[55] Görings Aussage vom 17. Okt. 1945, in: IMG, Bd. 33, Dok. 3730-PS, S. 35.
[56] Görings Schreiben an Schacht vom 22. Aug. 1937, IfZ, Dok. PS-3889, S. 23.

tulation vor Görings Machtausdehnung auf die Wirtschaft dar. Erneut betonte er ihre unterschiedlichen wirtschaftspolitischen Auffassungen, die Hitler hoffentlich veranlassen würden, die Führung der Wirtschaftspolitik ganz in Görings Hände zu legen[57]. Anfang September nahm Schacht Urlaub[58]. Amerikanischen Wirtschaftlern teilte er mit, daß er sich bereits seit dem 1. August nicht mehr im Amt befände, was offensichtlich eine Unwahrheit darstellte. Noch Mitte September erließ er Anordnungen zur Kontrolle der Stahlherstellung und kündigte für Ende Oktober Auslandsreisen an, die jedoch nicht mehr stattfanden[59]. Augenscheinlich fiel ihm der endgültige Abschied schwer. Vergeblich hoffte er auf ein klärendes Machtwort Hitlers zu seinen Gunsten.

Schachts erneutes, verlorenes Kompetenzgefecht mit Göring hatte für die deutschen Stahlindustriellen Signalwirkung. Mit Schachts Scheitern verloren sie die Alternative zu Görings rigoroser Rohstoffpolitik auf privatwirtschaftliche Kosten. Nach anfangs vorsichtigen Verhandlungen mit den Sprechern der Industriellengruppe unter dem Motto „Gemeinsame Arbeit und offene Aussprache"[60] ging Göring nach der Abwehr der Kompetenzansprüche der Reichswehr und des Reichswirtschaftsministeriums rücksichtslos gegen den Versuch des vom Düsseldorfer „Stahlverein" initiierten Widerstandes in Form einer gemeinsamen Protest-Denkschrift der Industriellen vor. Mit seiner Äußerung des Sabotageverdachtes schüchterte er Ende August telegrafisch die wichtigsten Industriellen ein und verhinderte dadurch eine gemeinsame Plattform und weitere Aktionen[61]. Mit dem Scheitern der Denkschrift war nicht nur der Widerstand der Industriellen beendet und deutlich geworden, „daß keine Hoffnung bestand, den Reichswerken eine ganz andere als die von Göring ins Auge gefaßte Gestalt zu geben"[62], sondern in Industriekreisen hielt man es gleichzeitig für angebracht, sofort den bisherigen Kurs zu ändern und eine positive Verständigung mit Göring zu suchen. Bereits wenige Monate später engagierten sich führende Industrielle in Görings Auftrag im Rahmen der „Arisierungsmaßnahmen" im Bereich der Wirtschaft[63].

Wie bei der Organisation des Vierjahresplans bemühte sich Göring auch bei der personellen Besetzung der Reichswerke, möglichst wenig Exponenten der Partei, aber dafür um so mehr ihm persönlich ergebene Mitarbeiter einzusetzen. Auf die Führungspositionen setzte er seine engsten Vertrauensmänner aus dem Preußischen Staatsministerium, „um jederzeit auf direktem Wege über die Entwicklung unterrichtet zu sein"[64]. Aufsichtsratsvorsitzender wurde Görings Duz-Freund und Staatssekretär Paul Körner.

Bezeichnenderweise befaßte sich Göring zu diesem Zeitpunkt auch mit einer Umorganisation der Spitzengliederung der Luftwaffe[65]. Durch die Umwandlung des Stabsamtes der Luftwaffe in ein Ministeramt[66] wertete er nicht nur die Stellung des

[57] Schachts Schreiben vom 26.Aug.1937, IfZ, Dok. EC-283.
[58] Pentzlin, S.242 f.
[59] Mühlen, S.195 ff.
[60] Göring in der Besprechung mit Poensgen und Vögler am 12.Aug.1937, BAK, R 13 I/ 597, Bl.270.
[61] Telegramme Görings und die Listen der Empfänger bei Emessen, S.82 f.
[62] Riedel, Eisen, S.220.
[63] Dokumente Nr.59, 62, 70, in: Eichholtz/Schumann, S.162 ff., 182 ff.
[64] Riedel, Eisen, S.161.
[65] Zu den internen Luftwaffen-Rivalitäten des Sommers 1937 vgl. Homze, S.221, 233 ff.
[66] Bestellung aus der Pressekonferenz vom 17.Dez.1937, Anweisung Nr.1602, BAK, ZSg. 101/ 10, Bl.433.

Staatssekretärs gegen dessen Protest[67] ab und verschaffte seiner eigenen Position eine alles beherrschende Stellung, sondern gleichzeitig entzog er auch die Luftwaffenrüstung endgültig dem Einflußbereich der Wehrwirtschaftsämter der Wehrmacht[68]. Dadurch war die Luftwaffe als Waffengattung völlig autonom geworden und auf Görings persönlichen Führungsstil zugeschnitten[69]. Die Wehrmacht war weniger als je zuvor ein einheitlicher Machtblock. Görings Position von 1937 läßt sich genauso wenig wie die von 1933 als die des „Parteimannes" oder des „Militärs" bezeichnen. Charakteristisch war vielmehr, daß er beides darstellte und doch weder das eine noch das andere repräsentierte.

Auch im staatspolitischen Bereich strebte Göring 1937 nach einer offiziellen Anerkennung und Aufwertung seiner Machtstellung. Die von ihm ausgefüllten Funktionen und Aufgaben sollten auch durch entsprechende Amtsbezeichnungen und Titel honoriert werden. Er sah sich als der geeignete Mann, um dem Chaos der Zuständigkeiten im Staate ein Ende zu bereiten. Aufmerksamen ausländischen Beobachtern entging dies nicht. Allenthalben glaubte man ein Nachlassen des Hitlerkultes und ein Ansteigen der Popularität Görings zu registrieren. Göring galt „als der kommende Mann, der aufräumen werde"[70]. Sein Artikel in seiner Zeitschrift „Der Vierjahresplan" vom Oktober 1937 über „Einheitliche Führung und Organisation der Wirtschaft" kündigte für den Bereich der Wirtschaftsführung einschneidende Maßnahmen an[71]. Seine Kritik an Gruppenegoismus, Doppelorganisation und Überorganisation konnte auch allgemein staatspolitisch verstanden werden. Das ministerielle Machtvakuum im Spätsommer 1937 führte zu einer breiten Verunsicherung, die sich auch auf das Reichsaußenministerium übertrug[72]. Überall wurden hinter vorgehaltener Hand Spekulationen über eine zu erwartende Kabinettsumbildung gehandelt[73].

Der wehrwirtschaftliche Kompetenzstreit und die Blomberg-Fritsch-Affäre

Nachdem Schachts Rücktritt nur noch Formsache geworden war, stieß Görings Führungsanspruch im Bereich der Rüstungswirtschaft nur noch auf den Widerstand der Reichswehrführung. Insbesondere die Marine protestierte bei Blomberg gegen Görings rigorose Rohstoffkontingentierungspolitik und verdächtigte ihn der einseitigen Bevorzugung der Luftwaffe. Ende Oktober stellte Raeder „ein Ultimatum mit der Alternative Stehenbleiben der Marine auf dem jetzigen Stand oder Großausbau"[74]. Die

---

[67] Zu Milchs Drohungen und Rücktrittsgedanken vgl. die Einträge in seinem Tagebuch vom Sommer 1937. Bezeichnend ist Milchs Eintrag vom 19. April: „Aussprache mit Göring über Organisationsfragen, wenig glücklich. Alles für sich, nichts für mich." BA-MA, Nachlaß Milch N 179/ Nr. 36, Tagebuch 1937.

[68] „Entwurf einer Spitzengliederung der Luftwaffe für Krieg und Frieden" vom Sept. 1937, BA-MA, RL 1/ 19 Vorschläge für die Änderung der Kriegsspitzengliederung 1937.

[69] In der Folgezeit erwies sich diese Zentralisation jedoch als verhängnisvoll. Göring konnte weder, noch wollte er sich täglich der laufenden Arbeit um die Koordinierung widmen, „so daß schließlich alles nebeneinander hergearbeitet hat, ohne daß die Belange der anderen Abteilungen berücksichtigt worden wären". Befragung Milchs am 8. April 1957, IfZ, ZS 1230 Erhard Milch, GFM, Bl. 2.

[70] Deutschland-Berichte, Jg. 1937, Nov. 1937, S. 1531 f.

[71] Hermann Göring, Einheitliche Führung und Organisation der Wirtschaft, in: Der Vierjahresplan, Folge 10, Okt. 1937, S. 578 f., BAK, RD 13/1-10.

[72] Aufzeichnung von Mackensens (AA) vom 28. Okt. 1937, PAB, Büro St.S./ Aufzeichnungen über interne Angelegenheiten, Bd. 1, Pag. E 521 587 u. E 521 597 f.

[73] Presse-Informationsbericht Nr. 129 über „weitere personelle Veränderungen" vom 1. Sept. 1937, BAK, ZSg. 101/ 31, Bl. 199 f.

[74] Dülffer, S. 447.

sich abzeichnende Stagnation der Aufrüstung und die sich verschärfenden Auseinandersetzungen zwischen den Teilstreitkräften ließen es Hitler geboten erscheinen, Blombergs Drängen auf ein klärendes Wort nachzugeben.

Für den 5. November 1937, 16 Uhr, wurden der Reichsaußenminister, der Reichskriegsminister und die drei Oberbefehlshaber zu Hitler in die Reichskanzlei bestellt. Zu der Sitzung hatte nicht Hitler[75], sondern Blomberg geladen, um über „Rüstungslage und Rohstoffbedarf" zu verhandeln[76]. Dies ist ein deutlicher Hinweis darauf, daß es ursprünglich darum gehen sollte, die strittigen Rangordnungs- und Kompetenzverhältnisse auf dem Gebiet der Aufrüstung zu klären.

Wie so oft, wich Hitler jedoch einer klaren Entscheidung im wehrwirtschaftlichen Kompetenzstreit aus. Statt dessen monologisierte er vier Stunden lang über die Erfordernisse der Aufrüstung, die sich aus der gegenwärtigen Weltlage ergäben[77]. Als militärische Ziele griff er dabei in radikalisierter Form die alten Pläne eines Angriffs auf Österreich und die Tschechoslowakei auf und sagte ihre Verwirklichung für die nahe Zukunft voraus. Hitler appellierte an die zerstrittene militärische Führung, ihre kleinliche Kompetenzrangelei in Anbetracht der großen Aufgaben der Zukunft zurückzustellen. Er entwickelte überwältigende gemeinsame Aufgaben und Programme, so daß die personellen Konflikte verblaßten – und schließlich ungelöst vertagt wurden.

Kaum zufällig ist Göring von der im „Hoßbach-Protokoll" überlieferten Rede Hitlers vor allem der rüstungspolitische Aspekt in Erinnerung geblieben[78], obwohl auch er in hohem Maße für Hitlers Monologisierungskünste zur Bagatellisierung anstehender Probleme empfänglich war. Hitlers anfängliche Darlegungen über die wirtschaftspolitischen Möglichkeiten Deutschlands mußte Göring als eine Bestätigung seines bisherigen Kurses empfinden. Hitler bejahte gleichzeitig Autarkie, womit unmißverständlich die inländische Roh- und Ersatzstoffproduktion gemeint war, *und* Beteiligung an der Weltwirtschaft, wie es Görings Sofortprogramm entsprach. Gleichzeitig betonte er jedoch, daß beiden Strategien Grenzen gezogen seien, „die wir nicht zu beheben vermöchten"[79]. Von daher läge im „Zeitalter wirtschaftlicher Imperien" die einzige „Abhilfe ... in der Gewinnung eines größeren Lebensraumes, ein Streben, das zu allen Zeiten die Ursache der Staatenbildungen und Völkerbewegungen gewesen sei". Unter diesen Äußerungen Hitlers über „Lebensraum in Europa", mit „landwirtschaftlich nutzbarem Raum" und Rohstoffgebieten, konnten damals aber auch die traditionellen Großwirtschaftsraumvorstellungen verstanden werden, wie sie Göring und von jeher bereits die Reichswehr hegten.

Anders als bei den rein programmatischen Ausführungen, wie sie Hitler in „Mein Kampf" gemacht hatte, waren bei den Ausführungen Hitlers am 5. November 1937 die rassistisch-sozialdarwinistischen Grundlagen seiner außenpolitischen Zielsetzungen weniger als die wirtschaftspolitischen und militärstrategischen Begründungen betont worden. Die Rede Hitlers hatte offensichtlich auch den Zweck, durch das Ein-

---

[75] So beispielsweise bei Müller, Heer, S. 243. Ein Großteil der Forschung folgte hier bedenkenlos der Angabe bei Hoßbach, S. 168.

[76] Einladungsschreiben des Reichskriegsministeriums an den ObdH, ObdM, RdL u. ObdL, in: BA-MA, Wi I F 5/1196. Vgl. auch Raeder, Bd. 2, S. 149f.

[77] Hoßbach, S. 181–189.

[78] Görings Ausführungen bei Heydecker/Leeb, S. 173.

[79] Hoßbach, S. 183.

schwören seiner Gefolgsleute auf die großen Ziele der Zukunft die Kompetenzkon-
flikte der Gegenwart vom Tisch zu wischen. Daß Hitler einer Entscheidung über die
rüstungswirtschaftlichen Präferenzen erneut auswich, obwohl es bei der Besprechung
in der Reichskanzlei zu einem offenen Zusammenstoß zwischen den Oberbefehlshabern und Göring kam[80], ist ein Zeichen dafür.

Jedenfalls war durch die Besprechung in der Reichskanzlei die Rivalität zwischen
den drei Wehrmachtsteilen und dem Reichskriegsministerium in Fragen der Rohstoffzuteilung nicht ausgeräumt worden. Kaum zufällig drängte Göring in den folgenden Tagen noch stärker auf die eigene Führerstellung im Bereich der Wirtschaftspolitik[81]. Bei den alljährlich stattfindenden Parteifeierlichkeiten zum 9. November präsentierte er vor der gesamten Führerschaft der NSDAP im Kongreßsaal des deutschen
Museums in München seine Wirtschaftspolitik des Vierjahresplans als die einzig richtige[82]. Dies veranlaßte Schacht schließlich, Hitler schriftlich um seine Entlassung aus
dem Wirtschaftsministerium zu bitten[83]. Hitler entsprach dem am 26. November
1937 mit einem, am folgenden Tag im „Völkischen Beobachter" veröffentlichten
Schreiben an Schacht, mit dem er diesen vom Amt des Wirtschaftsministers entband
und zum Reichsminister ohne Geschäftsbereich ernannte[84]. Die Begründung gab bereits einen Hinweis auf die bevorstehende Umorganisation der Wirtschaftsführung:
Durch den Ausbau des Apparates des Vierjahresplans erweise sich eine Zusammenlegung mit dem Wirtschaftsministerium als notwendig.

Die so begründete Kompetenzzusammenfassung mit Göring an der Spitze machte
an sich das Amt des Reichswirtschaftsministers überflüssig. Um so überraschender
war, daß nach weiteren Unterredungen zwischen Hitler und Göring entschieden
wurde, den ehemaligen Wirtschaftsjournalisten und Staatssekretär im Reichsministerium für Volksaufklärung und Propaganda, Walther Funk, mit Wirkung vom 15. Januar 1938 zum Reichswirtschaftsminister zu ernennen[85]. Hitler lag offenbar daran,
Görings reichsministerielle Position nicht zu mächtig werden zu lassen. Und Göring
konnte den nicht sonderlich starken Funk am ehesten akzeptieren: Es war von vorneherein klar, daß Funk dabei kaum mehr als eine Art Staatssekretär und Exekutivorgan
Görings sein würde, der ihn von der alltäglichen ministeriellen Arbeit entlastete. Ab-
gesegnet durch einen der üblichen „Führeraufträge", sicherte sich Göring außerdem
die Möglichkeit, in der Zeit des Interims „jene organisatorische und personelle Vereinheitlichung herbeizuführen und die Maßnahmen zu treffen, die eine sachgemäße
Erledigung der dem Beauftragten für den Vierjahresplan und dem Reichs- und Preußischen Wirtschaftsminister obliegenden Aufgaben gewährleisten und eine reibungs-
lose Zusammenarbeit dieser beiden Stellen für die Zukunft sicherstellen"[86].

[80] Hermann Gackenholtz, Reichskanzlei, 5. November 1937, in: Richard Dietrich (Hrsg.), Forschungen zu
    Staat und Verfassung. Festgabe für Fritz Hartung, Berlin 1958, S. 457 ff.
[81] Krogmann, S. 277, über seine Unterredung mit Göring am 5. Nov. 1937.
[82] Rundschreiben Nr. 146/37 von Heß an alle Gauleiter, BAK, NS 6/ 227 Rundschreiben, Anordnungen, Ver-
    fügungen September-Dezember 1937.
[83] Schachts Schreiben an Hitler vom 16. Nov. 1937, IfZ, Dok. EC-495.
[84] IfZ, Dok. EC-396; Domarus, Bd. I, S. 764.
[85] DNB-Mitteilung vom 26. Nov. 1937, in: Domarus, Bd. I, S. 764.
[86] Schreiben Hitlers an Göring vom 26. Nov. 1937, BAK, R 43 II/ 1151a, Bl. 5. Bei Petzina, Vierjahresplan,
    S. 63, irrtümlich ohne Quellenangabe auf den 27. Nov. datiert.

Görings zeitweilige Übernahme des Reichswirtschaftsministeriums diente nicht nur der Umgestaltung des Ministeriums zu einem Exekutivorgan des Vierjahresplans[87]. Gleichzeitig versuchte er auch, dem Ämterwucher und Organisationschaos und den Rivalitäten innerhalb seiner Wirtschaftsorganisation Herr zu werden[88]. Geheimen Presseinformationen zufolge stieß Görings nun fast omnipotente Stellung als Wirtschaftsdiktator auf erhebliche Widerstände und Mißbilligungen innerhalb der Partei, wo man Görings Machterweiterung argwöhnisch mitverfolgte. Deshalb verzichtete man in der Presse auf eine Herausstellung Görings als Wirtschaftsdiktator[89].

Am 10. Dezember 1937 verlängerte Hitler Görings Auftrag als interimistischer Wirtschaftsminister bis zum 31. Januar[90], was zu zahlreichen Spekulationen über die Hintergründe führte[91]. Ausschlaggebend hierfür war vor allem der von Blomberg erneut mit Göring entfachte Streit über die Rolle und Kompetenzen des Generalbevollmächtigten für die Kriegswirtschaft[92]. Blomberg wollte verhindern, daß auch das Amt des Generalbevollmächtigten Göring zufiel und plädierte statt dessen für Funk, in der Hoffnung, daß dieser dabei enger mit dem Reichskriegsministerium kooperieren würde[93].

Dieser Kompetenzstreit wurde jedoch sehr bald überschattet von den bekannten Ereignissen, die zu den unfreiwilligen Rücktritten Blombergs und des Oberbefehlshabers des Heeres, Werner Freiherr von Fritsch, führten. Der temporäre Zusammenhang der Blomberg-Fritsch-Krise mit Görings Auseinandersetzung mit dem Reichskriegsminister veranlaßte bereits die Zeitgenossen zu der Vermutung, daß Göring am Komplott zur Entmachtung der Generale beteiligt gewesen sei[94]. Eine stichhaltige, quellenmäßige Erhärtung dieser Annahme konnte jedoch bis heute nicht erbracht werden. Die nachträglichen Aussagen von ehemaligen Mitarbeitern Görings widersprechen sich hier völlig[95]. Unbestreitbar ist indessen, daß beide Rücktritte Göring außerordentlich gelegen kamen und er dadurch mit einem Schlag seiner bisherigen militärischen Kontrahenten auf rüstungswirtschaftlichem Gebiet entledigt war. Mit Sicherheit machte sich Göring dabei Hoffnungen, nicht nur Schachts, sondern auch

---

[87] WAZ-Artikel vom 3. Dez. 1937: „Das Wirtschaftsministerium Exekutivorgan des Vierjahresplanes. Ansprache Ministerpräsident Görings bei der Übernahme des Reichswirtschaftsministeriums". BA-MA, Wi I F 5/ 383, Teil 1.

[88] Denkschrift vom 27. Jan. 1938 „Über die Organisation der Vierjahresplanämter", BAK, R 26 I/ 1a, Bl. 53–67; Paul Körners „Erklärung unter Eid" vom 29. Aug. 1947, IfZ, Dok. NI-10386.

[89] Dertingers geheimer Informationsbericht Nr. 174 vom 2. Dez. 1937, BAK, ZSg. 101/ 31, Bl. 493 f. („Die Reorganisation des Wirtschaftsministeriums unter Göring").

[90] Mitteilung von Lammers (Reichskanzlei) an Göring vom 10. Dez. 1937, IfZ, Dok. EC-256.

[91] Vgl. die vertraulichen Presseberichte von Metger vom 5. Jan. u. 5. Feb. 1938, ZSg. 101/ 7, Bl. 8 f., 127 f.

[92] Schachts Auftrag als GBW war bei seiner Entlassung unberücksichtigt geblieben. Auf Drängen Blombergs veranlaßte Hitler, daß Lammers am 8. Dez. 1937 Schacht nachträglich seine Entlassung als GBW mitteilte (IfZ, Dok. EC-494).
Erst am 19. Jan. 1939 wurde Schacht als Reichsbankpräsident abberufen. Krogmann, S. 277 f.; Kehrl, S. 145.

[93] Blombergs Schreiben an Göring vom 29. Nov. 1937, IfZ, Dok. EC-255; Denkschrift über „Die Vorbereitung der wirtschaftlichen Mobilmachung durch den Generalbevollmächtigten für die Kriegswirtschaft" von Ende Dez. 1937, IfZ, Dok. EC-258.

[94] So beispielsweise Meissner, S. 435 f.; Hassell, S. 34, Papen, S. 457; Hoßbach, S. 120.

[95] Milch behauptete angeblich, daß Göring die Blomberg-Affäre inszeniert habe (Irving, Tragödie, S. 110 f.). Himmlers Adjutant Karl Friedrich Otto Wolff hielt es bei einer Befragung am 11. Aug. 1952 für „ausgeschlossen, daß Göring den Kriegsminister in diese Angelegenheit hineingeritten hat". IfZ, ZS 313, Bl. 12. Vgl. ebenso Below, S. 60 ff.

Blombergs Nachfolger zu werden[96], zumal ihn Keitel dafür bereits bei Hitler vorgeschlagen hatte[97].

Aber wie schon vorher oft, wenn es um eine weitere Ausweitung der Machtpositionen Görings ging, widersetzte sich Hitler, für den die Ernennung Görings auch noch zum Reichskriegsminister nicht in Frage kam[98]. Die Entschlossenheit, mit der er Göring hierbei ablehnte, beweist, daß Hitler sich der potentiellen Gefährlichkeit der Machtfülle seines designierten Nachfolgers bewußt war.

Eine Zeitlang wurde Anfang Januar 1938 damit gerechnet, daß Göring statt dessen doch mit dem Amt des Reichswirtschaftsministers auf Dauer abgefunden werden würde[99]. Der Termin für Funks Amtsübernahme verstrich, ohne daß etwas geschah. Offiziell wurde mitgeteilt, daß sich die Reorganisation des Reichswirtschaftsministeriums aus Gründen der Arbeitsüberlastung Görings verschiebe[100].

Die offizielle Bekanntgabe der Revirements am 4. Februar 1938 beendete vorübergehend das Tauziehen hinter den Kulissen. Hitler übernahm selbst die Wehrmachtführung, Göring wurde zum „Generalfeldmarschall" befördert und mit der Verleihung dieses höchsten militärischen Ranges abgefunden[101]. Die Presse wurde angewiesen, neben der „Konzentration aller Kräfte in der Hand des Obersten Führers" die Neuorganisation der Wirtschaftspolitik durch Göring zu betonen[102]. Der weitere Umstand, daß gleichzeitig und gegen Görings Intervention, anstelle des bisherigen Reichsaußenministers von Neurath der von Göring wenig geschätzte Ribbentrop trat[103], verdeutlicht, wie sehr Hitler bemüht war, Gegengewichte zu Göring bei diesem Revirement an der Spitze des NS-Regimes einzubauen.

Die Umorganisierung der Wirtschaftsführung

Göring ging zwar selbst gestärkt aus dem Revirement vom Februar 1938 hervor, erreichte dabei aber weit höher gesteckte Ziele nicht. Immerhin war er mit Blomberg seinen letzten ernstzunehmenden Kontrahenten auf rüstungswirtschaftlichem Gebiet losgeworden. Hitler hatte ihm zwar die Grenzen seiner Machtambitionen aufgezeigt, auf wirtschaftspolitischem Sektor war ihm jedoch der Durchbruch zur unumschränkten Autorität gelungen. Sein 1934 begonnener Kampf um die wirtschaftspolitische Führung war schließlich zum vollen Erfolg geworden. Daß der Vierjahresplan dabei

---

[96] Presseinformationsbericht Nr. 58 vom 7. Jan. 1938, BAK, ZSg. 101/ 30, Bl. 19 ff.; Aufzeichnung vom 9. Febr. 1938 der deutschen Botschaft in Rom, PAB, Deutsche Botschaft Rom/ Paket 693 b, Pol. 2a 1, Bd. 16, Pag. 042 555–557.

[97] Aufzeichnungen Keitels in seinen Lebenserinnerungen, BA-MA, Nachlaß Wilhelm Keitel N 54/ 4 Lebenserinnerungen (1945), Bd. 4: 1933–1938, S. 59 ff.; Eintragungen im Jodl-Tagebuch vom Januar 1938, IfZ, Dok. PS-1780, Bl. 26 f. Angeblich versuchte Göring, auch Wiedemann für seine Pläne einzuspannen: „Sie können es doch so gut mit dem Führer. Sagen Sie ihm, er soll mich zum Feldmarschall machen, nicht Luftmarschall – davon gibt es schon genügend in England. Er soll mir auch das Heer geben. Ich gebe dann den Vierjahresplan ab." Wiedemann, S. 112.

[98] Zu Wiedemann soll Hitler gesagt haben: „Kommt gar nicht in Frage. Er versteht ja nicht einmal etwas von der Luftwaffe." Wiedemann, S. 113.

[99] Bestellung aus der Pressekonferenz vom 3. Jan. 1938, Anweisung Nr. 1, BAK, ZSg. 101/ 11, Bl. 1.

[100] Pressemeldung des Reichspropagandaministeriums Nr. 26/38 vom 1. Feb. 1938, BAK, R 55/ 443 Informationsdienste Februar 1938, Bl. 1.

[101] Zum Wortlaut des Hitler-Erlasses vom 4. Feb. 1938 vgl. IMG, Bd. 4, S. 114 f.; zur Liste der Umbesetzungen vgl. auch Domarus, Bd. I, S. 769.

[102] Presseanweisungen vom 4. Feb. 1938, Rundspruch Nr. 19, BAK, R 55/ 443, Bl. 21 ff.

[103] Görings Aussage in Nürnberg, in: IMG, Bd. 9, S. 326; Heineman, S. 162, 168.

nur eine Stufe auf der Leiter war, verdeutlicht Görings Umorganisation des Reichs-wirtschaftsministeriums.

Einige Tage, bevor Göring zu seiner alljährlichen Staatsjagd nach Polen fuhr, führte er Funk in sein Amt ein[104]. In offiziellen Publikationen wurde die jetzt hergestellte weitgehende Personalunion zwischen Vierjahresplan und Reichswirtschaftsministe-rium damit umschrieben, daß nun „der Geist des Vierjahresplanes ... in unbeschränk-tem Maße Richtlinie für die Arbeit des Reichswirtschaftsministeriums geworden" sei[105]. Funk war nicht nur Exekutivorgan Görings, sondern Göring hatte faktisch mit seinen Geschäftsgruppenleitern des Vierjahresplans die wichtigsten Führungsstäbe des Reichswirtschaftsministeriums übernommen. Daß der Vierjahresplan als Organisation 1938 weitgehend verschwand, lag nicht daran, daß er sich als Spitzenorganisation nicht durchsetzen konnte[106], sondern war vor allem auch darin begründet, daß er or-ganisatorisch fast völlig mit dem Reichswirtschaftsministerium kongruent war.

Ein Vergleich der alten mit der neuen Einteilung der Geschäftsbereiche verdeut-licht, daß neben einer Umorganisation der Hauptabteilungen ein vollständiger perso-neller Austausch stattfand[107]. Außer in der davon unberührten Zentralabteilung unter Tettenborn, der die Verwaltung oblag, wurden die bisherigen Abteilungsleiter (Sperl, Sarnow, Schlattmann, Pohl, Wienbeck, Wohlthat und Brinkmann) komplett gegen Görings wirtschaftlichen Führungsstab (Löb, von Hanneken, Schmeer, Lange und von Jagwitz) ausgetauscht. Den neuen fünf Hauptabteilungen wurde die Reichsstelle für Wirtschaftsausbau (unter Czimatis) und die Reichsstelle für Bodenforschung (unter Keppler) angegliedert. Die gesamte Führungsmannschaft stammte aus Görings preu-ßischem Stabsamt oder zumindest, wie Keppler, aus Görings Kreis und war bereits vorher im Vierjahresplan oder im Luftwaffenführungsstab tätig gewesen. Von den fünf Abteilungs- und zwei Reichsstellenleitern waren vier Offiziere aus militärischen Wirt-schaftsorganisationen[108]. Auch bei dieser Umorganisation bestätigten sich die Prinzi-pien der bisherigen Personalpolitik Görings, die ohne Berücksichtigung von Reprä-sentanten der Partei Göring persönlich ergebenen Leuten den Vorrang gab.

Der Vierjahresplan verschwand dagegen seit Anfang 1938 als Kommandostelle der Wirtschaftspolitik. Göring befreite sich „von diesem Ballast"[109], um mit dem „Ministe-rium als solchem" seine Weisungen durchzuführen. Er behielt lediglich einen kleinen wirtschaftspolitischen Mitarbeiterstab, der seinem Stabsamt angegliedert war. Das Ab-schaffen der Organisation des Vierjahresplans bereits eineinhalb Jahre nach seiner Einführung zeigt, daß er für Göring primär nur Zwischenstation und Mittel zur Erlan-gung der höchsten Macht und Weisungsbefugnis im Wirtschaftsbereich gewesen war. Mit diesem Instrument gelang es ihm, sich gegen Schacht und den Wehrwirtschafts-

[104] Bericht des „Völkischen Beobachters" vom 8. Feb. 1938, IfZ, Z 1.
[105] Wirtschaftsdienst 23 (1938), S. 171 („Reichswirtschaftsminister Funk im Amt").
[106] So Radkau, S. 60.
[107] Aufstellungen der neuen und alten Geschäftsverteilungspläne finden sich im BA-MA, Wi I F 5/ 3218. Der neue Organisationsplan von Anfang 1938 ist teilweise auch abgedruckt bei Petzina, Vierjahresplan, S. 64 u. 66.
[108] Mühlen, S. 194, bezeichnete das Reichswirtschaftsministerium nach der Umbildung als „Oberstenregierung Göring".
Göring verzichtete nicht auf parteimäßig unbelastete Fachkräfte und Technokraten wie Brinkmann und Wohlthat, die unter der neuen Führung mit Sonderaufgaben betraut wurden. Aussage von Gramsch (VJP) vom 1. Aug. 1937, IfZ, NID-12616.
[109] Göring-Aussage am 16. März 1946, in: IMG, Bd. 9, S. 426.

stab machtpolitisch durchzusetzen. Weniger die wirtschaftspolitische Konzeption, die keineswegs neu war, sondern vorwiegend die propagandistische Öffentlichkeitsarbeit im Zusammenhang mit der Aufrüstung war letztlich ausschlaggebend für die Verkündung einer Wirtschaftspolitik, die unter dem Etikett „Vierjahresplan" lief. „Vierjahresplan" war für Göring das Zauberwort, das dem ominösen „Führer-Auftrag" nachgebildet war und für eine Zeitlang tatsächlich Wirkung erzielte.

Mit Görings Anerkennung als oberster wirtschaftspolitischer Instanz verlor der Vierjahresplan für ihn schnell an Bedeutung. Auch Göring selbst betrieb die nun konkurrenzlos gewordene Wirtschaftspolitik mit weniger Nachdruck. Der „Anschluß" Österreichs und die Ereignisse, die zur Besetzung der Tschechoslowakei führten, fesselten 1938 seine ganze Aufmerksamkeit. Zwar gab es auch noch weiterhin Kompetenzstreitigkeiten zwischen Funk und dem Oberkommando der Wehrmacht um die Stellung des Generalbevollmächtigten für die Kriegswirtschaft[110]; Göring schaute dem jedoch gelassen zu. De facto gab es keinen Generalbevollmächtigten für die Kriegswirtschaft mehr[111]. Bei seinen Besprechungen in „Carinhall" verteilte Göring Funk und dem OKW/WStb die Aufgaben, die er für zulässig und geboten hielt[112]. Gleichzeitig hielt er an seiner Praxis fest, je nach Bedarf eigene Wirtschaftsbeauftragte für Sonderaufgaben einzusetzen, die ihm persönlich unterstanden. Ab 1938 entstand so ein Heer von lauter „kleinen Görings"[113]. Wichtige Besprechungen im Reichswirtschaftsministerium fanden regelmäßig unter dem Vorsitz von Görings Staatssekretär Körner statt, nicht unter der Leitung Funks[114]. Göring brachte den sich in peripheren Bereichen fortsetzenden Rivalitäten nur geringes Interesse entgegen, ebensowenig, wie er sich von den Interventionsversuchen der Deutschen Arbeitsfront in den mit der Organisation der gewerblichen Wirtschaft zusammenhängenden Fragen beeindruckt zeigte[115]. Zu einem eher ernstzunehmenden Machtkampf kam es 1938 noch zwischen Göring und der Marineführung, die, gestützt auf Hitlers neue Rüstungspräferenzen, der Luftwaffe Bedarfskontingente an Rohstoffen streitig zu machen versuchte[116]. Der weitergehende Kampf um die knappen Rohstoffe in einer ersten Phase der Breitenrüstung konnte auch nicht durch eine Zentralisation der Wirtschaftsführung richtig kanalisiert und verhindert werden.

Görings Machtübernahme in der Wirtschaftsführung übertrug ihm auch die Verantwortung für die Aufrüstung, die nur durch die Sicherstellung einer kontinuierlichen

---

[110] Schriftverkehr zwischen Funk, Lammers und dem OKW/WStb von Ende März und April 1938, IfZ, Dok. EC-270, EC-271.

[111] Aussagen von Lammers (19. Aug. 1947) und Gramsch (1. Aug. 1947), IfZ, NG-4092 u. NID-12616.

[112] Bezeichnend sind hierfür die Wirtschaftsbesprechungen am 5. April und 16. Juli 1938, die lediglich der Befehlsausgabe Görings dienten. Protokoll über die Sitzungen des Generalrats vom 5. April 1938, BAK, R 26 IV/5 und das Protokoll über die Besprechung am 16. Juli 1938 in „Carinhall", BA-MA, Wi I F 5/ 573 und die OKW-Aufzeichnung darüber, IfZ, Dok. PS-1436.

[113] Birkenfeld, S. 118; Zumpe, S. 243.

[114] Protokoll über die „Erste Besprechung über Wirtschaftsfragen vom 10. Februar 1938 unter dem Vorsitz von Staatssekretär Körner", BAK, R 26 IV/ 4, Bl. 39–42. Diese Besprechungen „über schwebende Wirtschaftsfragen grundsätzlicher Art" (ebd., Bl. 39) sollten regelmäßig donnerstags stattfinden. Für weitere Besprechungsprotokolle vgl. ebd., Bl. 56 ff.

[115] Die Partei wehrte sich erbittert aus grundsätzlichen Erwägungen gegen Görings Eingriffe in Zuständigkeitsbereiche der DAF. Vgl. dazu zahlreiches Material über Görings Auseinandersetzungen mit Darré und Ley in IfZ, Fa-199/4.
Zum Ursprung der Auseinandersetzung vgl. auch das Schreiben von Thomas (WStb) an Körner vom 14. Jan. 1938, BA-MA, Wi I F 5/ 203.

[116] Dülffer, S. 473 ff.; Müller, Heer, S. 293 f.

und ausreichenden Grund- und Rohstoffzufuhr zu erfüllen war. Neben der einheimischen Rohstoff-Förderung und Ersatzstoff-Produktion suchte Göring dieser Verantwortung weiterhin durch eine intensive Außenhandelspolitik auf bilateraler Grundlage gerecht zu werden. Der chronische Devisenmangel des „Dritten Reiches" ließ jedoch immer wieder die Grenzen der auf diesem Wege möglichen ausländischen Rohstoffbeschaffung erkennen. Auch eine Exportförderung durch Kriegsgerät führte nur zu einer momentanen Verbesserung der Handelsbilanz. Einer Sicherstellung der Rohstoffeinfuhren standen vor allem Hemmnisse politischer Art entgegen, was schon Görings Südosteuropareisen von 1935 und 1936 verdeutlicht hatten. Aus der Erkenntnis dieser Zusammenhänge verstärkte sich in Görings Vorstellung zunehmend die Dringlichkeit, durch Fortschritte in der expansiven, revisionistischen Außenpolitik auch eine neue hegemonialpolitische Grundlage für eine verbesserte deutsche Wirtschaftsmacht und Aufrüstung zu gewinnen.

VI. Außenpolitische Expansion und rüstungs- wirtschaftliche Planungen bis 1938

1. Görings Weg zur Erlangung der deutschen Großmachtstellung

Görings außenpolitische Zielsetzungen und Aktivitäten wurden im Ausland seit langem kontrovers beurteilt. Während er der französischen Diplomatie überwiegend als „gefährlicher Feuerschlucker und kriegslüstern" galt, teilte man in Großbritannien partiell die Meinung Neuraths, der Görings außenpolitische Linie für relativ vernünftig und eher gemäßigt hielt[1]. Nicht unwesentlich trug dazu bis 1937 Görings Verhandlungs- und Reisediplomatie bei, in deren Rahmen er sich seinen Gesprächspartnern umgänglich und offenherzig zeigte. Vor allem bei seiner Ost- und Südosteuropapolitik schien Göring bis 1937 vorwiegend auf bündnispolitischem Wege eine Verwirklichung seiner Ziele zu versuchen. Seit 1937 aber radikalisierte sich Görings außenpolitische Methode.

Für diese Wandlung waren sowohl das veränderte persönliche Selbstverständnis Görings als auch äußere Gründe maßgeblich. Göring war zu einem Machtfaktor ersten Ranges geworden. Gegen erhebliche Widerstände hatte er sich binnen vier Jahren vom Reichsminister ohne Geschäftsbereich zum ersten Mann nach Hitler emporgearbeitet. Im Ausland sah man in ihm den zukünftigen Reichsministerpräsidenten und Kriegsminister; und seine Frau führte den für Diplomaten und Politiker attraktivsten Berliner Salon[2]. Das inzwischen entstandene Bewußtsein von einem „immer währenden Dritten Reich", dessen Leitung nach Hitlers Tod einmal Göring zufallen würde, dürfte einen nicht unerheblichen Einfluß auf sein gewachsenes Selbstbewußtsein ausgeübt haben[3]. Wenn er erfolgreich Hitlers Nachfolge antreten wollte, mußte er sich bereits vorher nicht nur eine ausreichende Machtbasis verschaffen, sondern sich auch als die neben Hitler maßgebliche Führerfigur stilisieren[4].

Da er über keine Parteibasis verfügte, war Göring dabei auf seine Stellung im staatlichen Bereich angewiesen. Seine Geringschätzung der Parteikader und seine vielfältigen Konflikte mit Parteiorganen beruhten nicht nur darauf, daß Görings höfischer Stil in der Partei auf starke Kritik stieß, sondern hatten eine wesentliche Ursache auch in

---

[1] Bericht von Phipps (Berlin) an das F.O. vom 22. Jan. 1937, in: DBFP, 2/18, Nr. 102, S. 133.
[2] Die drei maßgeblichen Berliner Salons waren die von Emmy Göring, Magda Goebbels und Leni Riefenstahl.
[3] Mit Erlaß vom 23. April 1938 wurde Göring außerdem für den Fall, daß Hitler „durch Erkrankung oder andere Ereignisse" an der Erfüllung seiner Aufgaben verhindert sei, zum Stellvertreter in allen Ämtern Hitlers bestimmt. BAK, R 43 II/ 1660, Bl. 31.
[4] Gelegentlich präsentierte sich Göring auch offen ausländischen Diplomaten als „Führer- und Reichskanzler-Nachfolger", um seine Vorstöße und diplomatische Aktionen politisch aufzuwerten. Bericht von François-Poncet an Delbos vom 10. Feb. 1937, in: DDF, 2/4, Nr. 423, S. 736.

der etatistischen Grundhaltung Görings, die schon durch die wilhelminisch-imperialistische Familientradition und seine Ausbildung in einer preußischen Kadettenanstalt geprägt war[5]. Von daher ergab sich auch eine partielle Übereinstimmung mit innen- und außenpolitischen Traditionen der Reichswehr, die insbesondere in Görings Ost- und Südosteuropapolitik offenkundig wurde. Göring selbst fühlte sich vor allem als Soldat und Politiker und legte Wert darauf, daß seine Ämter staatspolitischen, nicht parteiamtlichen Charakter hatten[6].

Grundkomponenten von Görings Weltanschauung

Görings nationalsozialistische Überzeugung gründete primär auf den großmachtpolitischen und autoritären Grundmustern nationalsozialistischen Denkens, weit weniger auf den rassentheoretischen Elementen der NS-Ideologie[7]. Eine weltanschaulich-geistige Untermauerung seiner Politik im nationalsozialistischen Sinne fiel ihm zeitlebens schwer, so daß er dafür Parteiideologen bemühen mußte[8]. Daß Göring sich trotzdem öffentlich zu Hitlers „Mein Kampf" bekannte, hatte vorwiegend Alibifunktion und enthob ihn eigener Aussagen über die ideologischen Grundlagen des Nationalsozialismus. Er zog es statt dessen vor, über „Preußen" und das verpflichtende Erbe des „Preußentums" zu sprechen[9].

Görings Beziehung zu Hitler war weniger begründet in der identischen und gemeinsamen Bejahung einer Weltanschauung als durch den gemeinsamen politischen Kampf und das persönliche Verhältnis, das sich daraus entwickelt hatte, und das nach Görings Empfinden vor allem auf den soldatischen Tugenden von Treue und Gefolgschaft basierte. Daher konnte es auf politischer und ideologischer Ebene durchaus Interessenkonflikte und Meinungsverschiedenheiten geben, Görings grundsätzliche Loyalität gegenüber Hitler, in dem er stets auch die überlegene plebiszitäre und missionarische politische Potenz anerkannte, wurde dadurch nicht angetastet.

Hitler seinerseits mußte die Energie und Durchsetzungskraft Görings, der im Gegensatz zu den anderen alten Mitkämpfern Hitlers nahezu auf allen Regierungsposten erfolgreich verwendbar war und im In- und Ausland auch gegenüber nicht-nationalsozialistischen Führungseliten eine gute Figur zu machen wußte, nolens volens als eine besonders wertvolle Potenz des Regimes hoch einschätzen. Gerade deshalb beobachtete er aber auch den Machtaufstieg Görings, den er schwerlich verhindern konnte, zunehmend kritisch und suchte ihn wenigstens zu bremsen. Und in dem Maße, wie er selbst ab 1937/38 auf seine rassen- und raumpolitischen Endziele hinzudrängen begann, scheint ihm auch bewußt geworden zu sein, daß Göring einer anderen Denktradition entstammte und die „unverzichtbaren" nationalsozialistischen Weltanschau-

[5]   Bezeichnend dafür ist auch, daß Göring erst im Januar 1939 den Parteibeitritt seiner Frau veranlaßte. Görings Schreiben an Schwarz (Parteikanzlei) vom 10. Jan. 1939, BAK, NS 26/ 1225.
[6]   Görings Vernehmung am 17. Juni 1945, in: Arenz, S. 525 f.
[7]   Görings Aussage zu Kelley: „Ich schloß mich der Partei an, da ich ein Revolutionär war, nicht etwa wegen des ideologischen Krams". Kelley, S. 78.
[8]   Mit der Begründung, „dass für diese Dinge beim Generalfeldmarschall wenig Sympathien bestünden", bat Gritzbach (Stab Göring) Rosenberg am 4. Juli 1939, die weltanschaulich-geistige Seite des Rechenschaftsberichts für den „Vierjahresplan" nach Ablauf der ersten 4 Jahre zu übernehmen. Aktennotiz vom 5. Juli 1939 über die Besprechung Rosenberg-Gritzbach, BAK, NS 8/ 167 Schriftwechsel Göring, Bl. 112 f.
[9]   Görings Rede am 26. Okt. 1935, in: Göring, Reden, S. 208, und besonders Görings Rede in Potsdam am 10. März 1934, in: DNB-Nacht-Ausgabe, Nr. 518, PAB, Büro RM/ 18-1, Bd. 20, Bl. 414.

ungsziele, wie Hitler sie verstand, nur partiell bejahte. Das galt vor allem von Hitlers Weltanschauungsprojektion eines zu erobernden künftigen großen „Herrenrassen-Raumes" und von Hitlers rassistischer und mythologischer Hypertrophierung der „Judenfrage".

Auch Göring war alles andere als ein Judenfreund. Antijüdische Grundvorstellungen teilte er mit den meisten deutschen Nationalisten und Nationalkonservativen. Aber die „Judenfrage" spielte in Görings Denken längst nicht die zentrale Rolle wie bei Hitler. Bis 1935/36 war er „amtlich" auch mit der „Judenfrage" nur wenig befaßt. An den eiligen Vorarbeiten zu den auf dem Nürnberger Reichsparteitag vom nationalsozialistischen Reichstag im September 1935 beschlossenen antijüdischen Gesetzen war er nicht beteiligt. Wie relativ Göring ihren Stellenwert einschätzte, zeigte sich, als er diese Gesetze in seiner Eigenschaft als Reichstagspräsident zu verkünden hatte, dabei aber dem gleichzeitig in Nürnberg verabschiedeten neuen Flaggengesetz den Vorzug gab[10].

Erst im Zuge seiner wachsenden Kompetenz auf wirtschaftspolitischem Gebiet wurde Göring auch zunehmend mit dem wirtschaftlichen Aspekt der „Judenfrage" befaßt. Dabei scheint er sich bis 1937 zunächst – in weitgehender Übereinstimmung mit Schacht – im Interesse vor allem der deutschen Exportwirtschaft der von der Partei seit langem ausgehenden Forderung zur „Arisierung" der Wirtschaft widersetzt und den verschiedenen lokalen und regionalen Judenboykottaktionen entgegengewirkt zu haben. Ein Wandel zeichnete sich hier erst Ende 1937 mit dem Rücktritt Schachts ab. Möglicherweise auf einen Wink Hitlers hin sah sich Göring als Repräsentant der NS-Bewegung in seiner neuen Rolle als Wirtschaftsdiktator nun veranlaßt, den zahlreichen „wilden" Aktionen der Partei zur Kennzeichnung und Diffamierung jüdischer Geschäfte und Unternehmen dadurch den Wind aus den Segeln zu nehmen, daß er seit 1938 eine Registrierung und „Arisierung" der jüdischen geschäftlichen Unternehmen von Staats wegen und auf gesetzlicher Grundlage selbst in die Wege zu leiten begann. Dabei wirkte sicher auch mit, daß der inzwischen wieder erreichte Stand der Vollbeschäftigung in den meisten Wirtschaftszweigen einen Teil der vorher gegen eine „Arisierung" der Wirtschaft geltend gemachten arbeitsmarktpolitischen und volkswirtschaftlichen Gründe hinfällig geworden war. Auch dabei suchte Göring aber „Arisierungen" zugunsten der Partei oder der kleingewerblichen Parteilobby sowie persönliche Bereicherungen von Parteirepräsentanten nach Möglichkeit zu verhindern. Durch die Überführung der „arisierten" Betriebe in die Hand leistungsfähiger Treuhänder und Großbetriebe sollte ein Substanzverlust vor allem der sich in jüdischen Händen befindlichen Exportwirtschaft nach Möglichkeit vermieden werden.

Paradoxerweise war es dann gerade das wüste von Goebbels mit Hitlers Einverständnis inszenierte antijüdische Pogrom der „Reichskristallnacht" vom November 1938, das dazu führte, daß Göring im Zusammenhang mit der Liquidierung der höchst bedenklichen wirtschaftlichen Folgen der massenhaften Zerstörung jüdischen Eigentums und jüdischer Geschäfte, eine generelle Verordnungskompetenz in der „Judenfrage" übertragen erhielt[11]. Sie führte schließlich auch dazu, daß die berüchtigte Weisung an den Chef der Sicherheitspolizei und des SD vom 31. Juli 1941 zur Vorbe-

---

[10] Domarus, Bd. I, S. 537.
[11] Vgl. hierzu auch unten Abschnitt 4. Wirtschaftliche Integration Österreichs und Pläne für Südosteuropa, S. 249 ff.

reitung der „Endlösung der Judenfrage" Görings Unterschrift trägt. Tatsächlich wissen wir heute, daß diese „Weisung" von Heydrich schon vorbereitet, Göring nur zur Unterschrift vorgelegt und von ihm gezeichnet wurde, ohne daß Göring hierbei eine besondere Initiative entfaltet hat.

So wenig Göring die zunehmende Brutalisierung der antijüdischen Maßnahmen zu verhindern suchte, so wenig war er doch hier das treibende Agens. Auch für die Kriegszeit sind von ihm keine Äußerungen, wie z.B. von Goebbels, Himmler und anderen Naziführern, überliefert, die es erlauben würden, ihn den zahlreichen fanatischen Judengegnern des Regimes zuzurechnen.

Görings zentraler weltanschaulicher Gegner war nicht das Judentum, sondern der Kommunismus. Ideologischer Zentralpunkt seiner Machtpolitik im Innern wie nach außen war der Kampf gegen den Kommunismus und Bolschewismus[12]. Auch dies hielt ihn jedoch nicht davon ab, aus Gründen pragmatischer Politik zeitweise die Zusammenarbeit mit der Sowjetunion – vor allem auf wirtschaftlichem Gebiet – zu suchen[13]. In der Langzeitperspektive sah er Europa jedoch von der bolschewistischen Gefahr bedroht, die „Idee des Sowjetsterns" stellte sich ihm als Gegensymbol dar[14]. Nicht nur seine strategischen Planspiele der Luftwaffe sahen die Sowjetunion als militärischen Kontrahenten vor, für die vierziger Jahre erachtete er einen Krieg gegen Rußland als unvermeidlich[15].

In Görings außenpolitischen Überlegungen und Verhandlungen der dreißiger Jahre figuriert immer wieder die Bildung eines zentraleuropäischen Blockes als Puffer gegen die Sowjetunion, der von Polen bis auf den Balkan reichen sollte und auch Italien miteinbezog. Diese Idee verfolgte er jedoch in der konkreten Politik nie planmäßig und zielstrebig, zumal wenn die unterschiedlichen politischen Voraussetzungen und Erwartungshorizonte seiner Verhandlungspartner einer Konkretisierung dieses Langzeitprogramms im Wege standen. Schon mit Italien, dem Verbündeten, mit dem die Annäherung am weitesten fortgeschritten schien, bestanden aus Görings Sicht zahlreiche fundamentale Konfliktpunkte, vor allem im wirtschaftspolitischen Bereich, so daß es hinter der propagandistischen Fassade des Antikominternpaktes nicht zu einer antisowjetischen militärstrategischen Bündnispolitik kam. Mangels solcher Konkretisierung läßt sich auch schwer abschätzen, ob Görings Idee eines zentraleuropäischen Blocks gegen Rußland mehr die Funktion eines Schutzwalles oder einer Ausgangsstellung für eine militärische Offensive haben sollte[16]. Noch 1941 warnte er Hitler vor dem „Unternehmen Barbarossa". Deshalb liegt die Vermutung nahe, daß Görings Vision vom unvermeidlichen Krieg mit der Sowjetunion als ideologisiertes Langzeitprogramm zu verstehen ist, wie es auch von der Reichswehr in den dreißiger Jahren vertreten wurde[17].

[12] Görings Nürnberger Aussage, in: IMG, Bd. 9, S. 385; Diels, S. 176.
[13] Schreiben von Herbert Göring vom 13. u. 20. Mai 1936, PAB, Büro St.S./ Pol. B, Bd. 10, Bl. 63 ff.
[14] Bericht von Phipps (Berlin) an Simon vom 22. März 1935, in: DBFP, 2/12, Nr. 635, S. 687; Phipps an Vansittart vom 23. Januar 1936, ebd., 2/15, Nr. 474, S. 588 f.; François-Poncet (Berlin) an Laval (Paris) vom 27. Okt. 1934, in: DDF, 1/VII, Nr. 538, S. 874; Görings Rede vom 28. Okt. 1933, in: Göring, Reden, S. 96.
[15] Aktenvermerk über eine Besprechung der führenden Offiziere der Luftwaffe bei Göring am 2. Dez. 1936, in: Ursachen, Bd. XI, S. 453 f.
[16] In Nürnberg erklärte Göring, daß er Polen als „Bollwerk" und „Pufferstaat" gegen die Sowjetunion gewinnen wollte. Bross, S. 56.
[17] Görings Ausführungen auf der Ministerratssitzung vom 4. Sept. 1936, BA-MA, Wi I F 5/ 3614.

Der Antikommunismus als kleinster gemeinsamer Nenner des Bündnisses zwischen den nationalkonservativen Eliten und den Nationalsozialisten stellte ein konstitutives und wesentliches Merkmal der Innen- und Außenpolitik des „Dritten Reiches" dar. Daß Hitlers, von Zeit zu Zeit in internen Monologen wiederaufgefrischtes „Programm" weit radikaler war, mochte Göring, der im Rahmen dieser Allianz zwischen Nationalsozialisten und Nationalkonservativen ein nach beiden Seiten hin vermittlungsfähiger „Grenzgänger" war, gerade recht sein, um die Entschlossenheit zu demonstrieren, mit der man nicht nur die Schmach von Versailles vom Tisch zu fegen gedachte, sondern auch Deutschland zu neuer Weltgeltung verhelfen wollte. Dieser „Wunsch eines jeden anständigen Deutschen"[18] war bei Göring zunächst nichts anderes als eine Steigerung der Zielsetzungen des Ersten Weltkrieges.

Werben um die britische Freundschaft

In Görings großmachtpolitischem Denken war für das System der kollektiven Sicherheit kein Platz. Auch gerade seine persönlichen außenpolitischen Aktivitäten waren statt dessen abgestellt auf zwischenstaatliche Absprachen auf bilateraler Grundlage. Diese Prämisse der Bilateralität erwies sich aber als besonderes Hindernis bei Görings Wunschtraum, zu einem vertraglichen Übereinkommen mit England zu gelangen. Die in Hitlers bündnispolitischen Vorstellungen verankerte Idee eines Interessenausgleichs mit Großbritannien teilte Göring in vollem Maße und auch noch, als Hitler sich davon mehr und mehr abwendete.

Göring hatte dem britischen Königshaus schon von jeher Bewunderung entgegengebracht[19]. Seine wichtigsten Kontakte und Informanten waren neben Luftfahrtoffizieren[20] insbesondere deutsche Adelige, die in englischen Führungskreisen verkehrten[21]. Wenn es ihm auch nicht gelang, mit tonangebenden englischen Persönlichkeiten Kontakte zu knüpfen oder selbst einen Besuch in England zu arrangieren, so suchte er doch immer wieder das Gespräch mit den britischen Geschäftsträgern in Berlin, um den Wunsch nach einer Verständigung auf der Basis eines machtpolitischen Ausgleichs vorzubringen. Anders als Ribbentrop, der aus der vermeintlichen Erkenntnis der Grundprinzipien britischer Außenpolitik schließlich eine Kehrtwendung seiner Englandpolitik vollzog und seit Mitte der dreißiger Jahre Hitler mit seinen antibritischen Vorstellungen zu beeinflussen wußte, pflegte Göring auch weiterhin seine Lieblingsidee von einem deutsch-britischen Übereinkommen auf antibolschewistischer Basis.

Schon seit Ende 1934 hatte sich Göring um die Aufmerksamkeit Englands bemüht[22] und in zahlreichen Interviews von der Hoffnung auf eine aufrichtige Freundschaft zwischen Deutschland und Großbritannien gesprochen[23]. Seit März 1935 ver-

[18] So Göring in Nürnberg, in: IMG, Bd.9, S.453.
[19] Henderson, S.87; Mosley, S.257.
[20] Göring verkehrte häufig mit Siddeley und Londonderry. Bericht der Deutschen Botschaft in London an das AA vom 22.Feb.1936, PAB, Abt. III/ England Politik 2, Politische Beziehungen Englands zu Deutschland, Bd.16, Bl.52ff.; Hanfstaengl, Hitler, S.212; Schmidt, Statist, S.333f.; Rosenberg, S.28.
[21] So der Herzog von Coburg und Stephanie von Hohenlohe. Coburgs Korrespondenz mit dem Stab Göring in: NAW, T-120, Roll 2621/ Serial 5482 H, Pag. E 382 055 ff.
[22] OKW-Aufzeichnung über einen Funkauszug vom 20.Okt.1934, BA-MA, RW 5/ v. 342 Luftkrieg – Allgemeines, Bd.2.
[23] Geyr von Schweppenburg, S.54.

suchte er die Luftwaffe als Lock- und Druckmittel gegenüber den umworbenen Briten einzusetzen[24]. In einer ganzen Reihe von öffentlichen Interviews und in Besprechungen mit dem englischen Botschafter klagte Göring in den Monaten März bis Mai 1935 über die ihm unverständliche kühle britische Haltung gegenüber Deutschland. Er betonte erneut den deutschen Willen zu einer Verständigung mit England, die angesichts des gemeinsamen sowjetischen Feindes zwingend sei. Für den Fall eines deutsch-britischen Paktabschlusses stellte er auch deutsche Rüstungsbegrenzungen in Aussicht[25].

Obwohl sich seit Herbst 1935 eine Wende in Hitlers Englandpolitik ankündigte, nahm Göring Anfang 1936 erneut sein Werben um die britische Freundschaft auf. In übereinstimmenden Gesprächen mit Botschafter Phipps und Lord Londonderry stellte er jedoch erstmals drei deutsche Bedingungen, die von nun an in Görings Gesprächen immer wiederkehrten und zu einem festen Bestandteil seiner Vorstellung von einem machtpolitischen Ausgleich mit Großbritannien wurden: Erstens forderte er eine Volksabstimmung in Österreich unter britischer Kontrolle über die Frage, ob Österreich dem Reich angegliedert werden sollte oder nicht; zweitens wünschte er eine Lösung in der Frage der deutschsprechenden Bevölkerung in der Tschechoslowakei; drittens verlangte er für Deutschland eine überseeische Kolonie zur Deckung des deutschen Rohstoffbedarfs[26]. Gleichzeitig betonte Göring jedoch, daß Deutschland gewillt sei, diese Ziele auch ohne das britische Einverständnis zu erlangen. Nicht, daß Deutschland den Krieg wolle, aber wenn sich diese drei Wünsche nicht in angemessener Zeit durch friedliche Mittel verwirklichen ließen, so sei Krieg unvermeidlich[27].

Da die britische Reaktion auf diese erpresserischen Forderungen ausblieb[28], erhöhte sich Görings Ungeduld. In seinen Gesprächen mit Vansittart im August 1936 drohte er, daß alles Entgegenkommen seine Grenzen habe und bald der Punkt erreicht sei, an dem Deutschland England nicht mehr hinterherlaufen könne[29]. Ende 1936 schien Göring die Hoffnung auf ein Übereinkommen mit Großbritannien aufgegeben zu haben. In öffentlichen Reden griff er die britische Politik an und drohte damit, daß er in 18 Monaten in der Lage sei, London zu bombardieren[30]. Im April 1937 warnte er den britischen Botschafter Phipps davor, daß eines Tages Großbritannien von Deutschland als Feind „par excellence" angesehen werden könnte, da man stets die deutschen Angebote zurückgewiesen habe[31].

[24] Bericht von Phipps (Berlin) an Sargent (F. O. London) vom 14. März 1935, in: DBFP, 2/12, Nr. 565, S. 642 f.; Rosenberg, S. 70.

[25] Berichte von Phipps (Berlin) an Simon vom 22. und 28. März 1935, in: DBFP, 2/12, Nr. 635, 637 und 661, S. 687 ff., 755 f.; Telegramm von Chilston (Moskau) an Simon vom 29. März 1935, ebd., Nr. 667, S. 764; Bericht von Phipps an Simon vom 4. Mai 1935, ebd., 2/13, Nr. 167, S. 231; Simon an Phipps vom 8. Mai 1935, ebd., Nr. 178, S. 239 f.

[26] Bericht von Phipps (Berlin) an Vansittart vom 23. Jan. 1936, in: DBFP, 2/15, Nr. 474, S. 588 f.

[27] Bericht von Kirkpatrick (Berlin) an Wigram (F. O. London) vom 3. Feb. 1936, ebd., Nr. 494, S. 627 f.; Berichte von Phipps (Berlin) an Eden vom 10. Feb. 1936, ebd., Nr. 504, 505, S. 637 f.

[28] Von 1933 bis 1936 galt Göring in London als „extremistische Antipode" zu Hitler. Von daher wirkten seine Gesprächsangebote wenig glaubhaft. Diese britische Einschätzung änderte sich erst allmählich 1936 durch Görings Wirtschaftsaktivitäten. Wendt, Economic Appeasement, S. 83 f., 87 f., 543.

[29] Memoranden von Vansittart über seinen Deutschlandbesuch im August 1936, in: DBFP, 2/15, Anhang I u. II, S. 757 ff., 775 ff

[30] Dodd, S. 403; Bericht von Phipps (Berlin) an Eden vom 10. Nov. 1936, in: DBFP, 2/17, Nr. 365, S. 531 ff.; Bericht von François-Poncet (Berlin) an Delbos (Paris) vom 11. Dez. 1936, in: DDF, 2/4, Nr. 132, S. 200.

[31] Bericht von Phipps (Berlin) an Eden vom 13. April 1937 über sein Gespräch mit Göring am 9. April, in: DBFP, 2/18, Nr. 396, S. 609 ff.

Ähnlich ärgerlich hatte sich Göring bereits am 3. Februar 1937 in einem Gespräch mit dem ehemaligen Luftattaché Christie geäußert. Überall stehe Großbritannien den deutschen außenpolitischen Zielen im Wege, so daß allmählich das deutsche Volk Großbritannien als seinen Hauptgegner ansehen müsse. Dabei erstrebe Deutschland lediglich eine „Großdeutsche Volksgemeinschaft" mit Österreich und den Deutschen in der Tschechoslowakei. Er könne nicht verstehen, warum Großbritannien diesen Plan ablehne. Immerhin müßte es doch im britischen Interesse sein, in Deutschland einen Verbündeten gegen Italiens Ambitionen im Mittelmeerraum zu finden. Mit einem resignierenden Unterton schloß Göring das Gespräch: „Nun, es scheint nicht, daß es weiterhin die Möglichkeit zu Beratungen und zur Zusammenarbeit zwischen Deutschland und Großbritannien gibt. Es bleibt nur der andere Ausweg, den ich aber hasse, weil ich Deutscher und Germane bin."[32] Offen drohte Göring Christie mit einem deutschen Landeunternehmen in England und mit einem modernen Massenbombardement auf London, dem keine britische Abwehr standhalten könnte. Einen Hoffnungsschimmer sehe er aber dennoch, die Tür sei noch nicht für Großbritannien verschlossen.

Nachdem sich Görings Verhältnis zu Phipps merklich abgekühlt hatte[33], schöpfte er neue Hoffnung auf einen deutsch-britischen Ausgleich, als mit Sir Nevile Henderson ein germanophiler Vertreter Englands zum britischen Botschafter in Berlin ernannt wurde. Auch infolge von Schachts Vorstoß wurde das Jahr 1937 zu einer Phase intensiver deutsch-britischer Verhandlungen über die Kolonialfrage, die auch Göring dazu nutzte, um erneut seine drei Vorbedingungen eines deutsch-britischen Ausgleichs vorzubringen. „Jetzt sei er bereit", versicherte er Henderson im Juli 1937, „wieder einmal zu hoffen, dass eine deutsch-englische Verständigung möglich sei, die er selbst, aber Hitler mehr als irgendjemand anders, für dasjenige hielt, was den wirklichen Interessen beider Völker am dienlichsten sei."[34]

Am 28. Juli 1937 traf Göring erneut mit Christie zusammen, um der Hoffnung auf eine bevorstehende Verständigung Nachdruck zu verleihen. Göring gab zu, daß er vor einem Jahr noch davon überzeugt gewesen sei, daß es zum „Kampf bis auf Untergang (sic!) eines oder beider Länder kommen würde". Mittlerweile glaube er wieder an die Möglichkeit einer Zusammenarbeit zwischen Deutschland und Großbritannien. Görings Forderungskatalog war aber nur geringfügig modifiziert. Zugeständnisse machte er lediglich im Bereich der Kolonialfrage, die gänzlich Nebensache sei. Er beharrte jedoch auf dem Ziel der „Großdeutschen Volksgemeinschaft", die Deutschland zusammen mit Österreich, Böhmen und Mähren zu bilden beabsichtige. Als Fernziel bezeichnete Göring neuerdings die Angliederung Danzigs und des „Korridors" ans Reich. Dies sei jedoch eine Frage, die sich durch Verhandlungen mit Polen regeln lasse[35].

Noch Mitte 1938 kam Göring in Gesprächen mit Lord Londonderry auf diesen nun stets gleichbleibenden Forderungskatalog zurück und schwärmte von einer deutsch-

---

[32] Conwell-Evans, S. 78.
[33] Bericht von Phipps an Eden vom 28. Feb. 1936, in: DBFP, 2/18, Nr. 232, S. 328 f.
[34] Von der deutschen Abwehr abgefangener und entzifferter Bericht Hendersons an Eden vom 20. Juli 1937, BAK, ZSg. 133/ 27, Bl. 153.
[35] Conwell-Evans, S. 84 f.

britischen Entente[36]. Wiederholt appellierte er an englische Politiker, beide Länder sollten ohne Krieg und ohne Konflikte miteinander auskommen. Nicht nur am Ergebnis gemessen, blieb Görings Rolle in der deutschen Englandpolitik gleichwohl bescheiden. Dies lag zum Teil an Görings stereotyp und unnachgiebig vorgetragenen Forderungen. Ähnlich wie Hitler trug er eine englandfreundliche Grundeinstellung zur Schau, lavierte zwischen Freundlichkeiten und Drohungen hin und her, zeigte sich ungeduldig und gab letztlich den Briten die Schuld, daß sie seinen Verständigungswillen nicht ernst nahmen.

Außerdem gelang es Göring weder in England noch in Frankreich, seine außenpolitischen Organe einzusetzen. Wenngleich einige wenige „appeasers" im britischen Kabinett Schacht und Göring zu den Gemäßigten in der deutschen Regierungsspitze zählten[37], fehlten Görings Politik gegenüber Großbritannien doch die Voraussetzungen für ein erfolgreiches Vorgehen. So blieben Görings diplomatische Bemühungen um England, die sich oft in eigensinnigen und erpresserischen Manövern äußerten, zum Scheitern verurteilt. Görings erfolgloser Versuch vom August 1939, auf der Basis eines Übereinkommens mit Großbritannien, eine kampflose Preisgabe Polens zu erreichen, war die letzte Etappe dieser fehlgeschlagenen England-Politik.

Europakonzept und Kolonialfrage

Görings Wunschtraum war eine Entente mit dem britischen Inselstaat gegen den „bolschewistischen Weltgegner"[38]. Die Wiedererlangung des Großmachtstatus sollte sich nicht zuletzt darin äußern, daß Deutschland auch bündnispolitisch wieder zu den Weltmächten gehörte. Görings Konzept der Großmachtpolitik hätte Deutschland gerne an der Seite Großbritanniens auf der Basis von hegemonialen Interessenabsprachen gesehen. Ähnlich wie Hitler neigte er mit der Zeit jedoch mehr und mehr dazu, Deutschlands Weltgeltung auch gegen den britischen Willen zu erreichen. Die zunehmende Stärke der Luftwaffe bestärkte ihn in der Meinung, daß Deutschland auf Englands Einverständnis nicht angewiesen sei, sondern daß „England durch eine Demonstration der Stärke gezwungen werden müßte"[39].

Gegen alle Realität bemühte sich Göring auch krampfhaft, bei seinen Verhandlungen mit Großbritannien Frankreich aus dem Spiel zu lassen. Mit der dünnen Begründung, daß Frankreich seine Grenzen ausgebaut und Deutschland nicht die Absicht habe, dieses Land anzugreifen, schien für ihn das Frankreich-Problem isoliert zu sein[40], Kennzeichen seiner unrealistischen Einschätzung des ehemaligen Kriegsgegners. Während ihn aufgrund seiner Erlebnisse im Ersten Weltkrieg mit den englischen Fliegern eine respektvolle Freundschaft verband, befand er sich mit der französischen Luftwaffe noch immer im Kriegszustand. Die Weltkriegserfahrungen prägten hier noch im hohen Maße Görings politische Konzeption. In Görings europäischem Großmachtkonzept war das westliche Nachbarland eine ‚quantité négligeable'. Göring be-

---

[36] Gesprächswiedergabe bei Paul Schmidt, Der Statist auf der Galerie 1945–50. Erlebnisse, Kommentare, Vergleiche, Bonn 1951, S. 100.
[37] Bericht von Phipps an Eden vom 4. Nov. 1936, in: DBFP, 2/17, Nr. 350, S. 503–512, hier: S. 510 f.
[38] Henke, S. 508.
[39] Memorandum von Vansittart vom 31. Dez. 1936, in: DBFP, 2/17, Anhang II, S. 787.
[40] Phipps an Vansittart vom 23. Jan. 1936 über sein Gespräch mit Göring, ebd., 2/15, Nr. 474, S. 588 f.

mühte sich kaum, mit Frankreich ins Gespräch zu kommen[41]. Selten setzte er sich in öffentlichen Reden mit der westlichen Großmacht auseinander. Einer Kontaktaufnahme standen hier vor allem auch die großen Vorbehalte französischer Politiker entgegen, die gegenüber Göring noch wesentlich mehr Zurückhaltung übten als die Briten. Frankreich, als eines der letzten Länder mit einer funktionierenden Diplomatie und vorwiegend politisch tätigen Diplomaten der alten Schule, gewährte Göring auch keine Möglichkeit, sich außenpolitisch in Szene zu setzen. Mit Befriedigung nahm der französische Botschafter Görings Klagen zur Kenntnis, daß er trotz britischen Freundschaftsbeteuerungen mit Großbritannien nicht zu einer Vereinbarung gelange und auch Frankreich die Ohren vor einer französisch-britisch-deutschen Allianz verschließe. François-Poncet hielt von Gesprächen mit Göring schon deshalb nicht viel, weil er davon ausging, daß Hitler von Görings oft abenteuerlichen diplomatischen Vorstößen nicht unterrichtet sei[42].

Revisionismus aus deutscher Sicht mußte sich in Europa zunächst mit Frankreich auseinandersetzen. Göring aber umging dies soweit wie möglich. Wenn er gezwungen war, öffentlich zu Frankreich Stellung zu beziehen, beschränkte er dies Anfang der dreißiger Jahre auf die Saarfrage, später auf die Kolonialfrage[43]. Seit 1935 drohte Göring Frankreich mitunter öffentlich mit seiner Luftwaffe[44], sprach aber wieder gelegentlich von einer erstrebenswerten Annäherung[45]. Man kann davon ausgehen, daß Göring kein Befürworter einer offensiven kriegerischen Politik gegenüber Frankreich war. Seine ost- und südostwärts orientierte Expansionspolitik mußte eher Interesse an einem entspannten Verhältnis zu Frankreich haben. Dem entsprach es, wenn Göring gegenüber Laval in Warschau im Mai 1935 beteuerte, daß zwischen Deutschland und Frankreich kein Streitpunkt existiere, und Deutschland auch auf Elsaß-Lothringen keine Ansprüche erhebe[46]. In dieser vierstündigen Unterredung mit Laval beklagte er gleichzeitig aber auch, daß alles, was Frankreich tue, gegen Deutschland gerichtet sei[47], ein Zeichen seines tiefen Mißtrauens gegenüber Frankreich.

Görings Luftwaffenstudien gingen davon aus, daß Frankreich zum Krieg gegen Deutschland entschlossen sei. Im Falle einer kriegerischen Eskalation in Europa erwartete er, daß Frankreich gemeinsam mit der Sowjetunion Deutschland bedrohen würde[48]. Auch Görings politische Vorstellungen gingen davon aus, daß Frankreich stets auf der Seite der Gegner zu finden sei, was er durch ein Übereinkommen mit

[41] Eine der wenigen Verbindungen Görings zu Frankreich war die enge Bekanntschaft seines Adjutanten Bodenschatz mit dem französischen Militärattaché Paul Stehlin, die von französischer Seite jedoch gleichzeitig dazu genutzt wurde, um an inoffizielle Informationen heranzukommen. Coulondre, S. 396 f.; vgl. auch die anekdotisch gefärbten Erinnerungen von Stehlin.

[42] Bericht von François-Poncet an Delbos vom 10. Feb. 1937, in: DDF, 2/4, Nr. 423, S. 735–739.

[43] Görings Aufsatz „Deutsch ist die Saar" vom Okt. 1934, in: Göring, Reden, S. 131; Osusky (tschech. Gesandter in Paris) an das Außenministerium vom 25. Aug. 1938 über ein Gespräch mit Bonnet bzgl. Görings Äußerungen zu Vuillemin, in: Kral, Dok. 144, S. 201.

[44] Bericht von François-Poncet an Delbos vom 11. Dez. 1936, in: DDF, 2/4, Nr. 132, S. 200.

[45] Aufzeichnung von Neurath über Görings Rede in Saarbrücken vom 22. Nov. 1935, in: ADAP, C, IV/2, Nr. 425, S. 831 ff.

[46] Szembek, Einträge vom 18. u. 19. Mai 1935, S. 81–87; Schmidt, Statist, S. 306 ff., 310.

[47] Josée Laval (Hrsg.), The Unpublished Diary of Pierre Laval. With an Introduction by Josée Laval, London 1948, S. 89, 207.

[48] „Weisungen des Oberbefehlshabers der Luftwaffe für die Führung der Operationen in der ersten Zeit eines Krieges (Beitrag zur „Wehrmachtstudie")" vom 18. Nov. 1935, in: Völker, Dokumente, Dok. 195, S. 444 ff.; DNB-Rohmaterial vom 10. Mai 1935 über Görings Rede „auf einer halböffentlichen Versammlung", PAB, Geheimakten 1920–1936/ Russland Po. 3 Französisch-russischer Ostpaktvorschlag, Bd. 10.

Großbritannien zu neutralisieren zu können glaubte. In den Rahmen dieser Konzeption gehörten auch Görings Sondierungen zum Jahreswechsel 1936/37, die das Ziel hatten, Belgien im Falle eines europäischen Krieges zur Neutralität zu verpflichten[49]. Bei der Beurteilung der Konstellation der europäischen Großmächte unterschied sich Göring mit alledem bis 1937 kaum von Hitler. Diese Grundpositionen traditionellen Revisionsdenkens waren aber nicht spezifisch nationalsozialistisch, sondern kennzeichnend für weite Kreise konservativer Politiker und Militärs in Deutschland während der Zwischenkriegsperiode. Hierbei bestand zum Beispiel auch eine starke Übereinstimmung zwischen den außenpolitischen Vorstellungen Görings und Schachts in dieser Phase[50]. Das galt nicht zuletzt für die Kolonialfrage.

Göring hatte sich bereits 1932 und 1933 für deutsche koloniale Ansprüche stark gemacht[51], und seit Anfang 1936 gewann diese Frage bei seinen Verhandlungen mit britischen Diplomaten und Politikern erhöhte Bedeutung. Im März 1936 zog auch Hitler in diesem Punkte nach und formulierte zum ersten Mal Kolonialforderungen als Ziel der deutschen Außenpolitik, während er noch 1934 eine neue Kolonialpolitik abgelehnt hatte[52]. Schacht startete im Herbst 1936 in dieser Frage eine internationale Großoffensive, die ursprünglich auch als Alternative zur autarkistischen Strategie des Vierjahresplans konzipiert war[53]. Daß auch Göring die Kolonialfrage erstmals öffentlich bei der Verkündigung des Vierjahresplans nachdrücklich aufgriff, verstärkt den Eindruck vom propagandistischen Charakter dieser Forderung, so wenn er in seiner großen Rede im Berliner Sportpalast am 28. Oktober 1936 über die Aufgaben des Vierjahresplans den Verlust der deutschen Kolonien für die schlechte Rohstoff- und Devisenlage verantwortlich machte[54], was auch als Ablenkungsmanöver von den hausgemachten Wirtschaftsproblemen interpretiert werden muß.

In der Folgezeit wurde man vor allem auf britischer Seite hellhörig für die deutschen Kolonialforderungen und registrierte genau jede offizielle und angebliche Äußerung hierzu. Ende 1936 war die Kolonialfrage in Deutschland nach britischem Dafürhalten zu einem allgemeinen Anliegen geworden, und Göring wurde als einer ihrer radikalsten Verfechter angesehen[55]. Tatsächlich läßt sich in der Kolonialfrage bei Göring kein geschlossenes Konzept feststellen. Aber das zeitweilig starke Engagement Görings in dieser Frage läßt die Deutung zu: „Alle zum Kolonialproblem vorliegenden Äußerungen des späteren Reichsmarschalls lauteten positiv, waren von der Gedankenwelt seines ‚Führers' weit entfernt und der wilhelminischen Politik deutschen Überseeanspruchs eng verwandt"[56].

Das verstärkte Aufgreifen des Kolonialproblems durch Göring seit Anfang 1936 war vor allem Ausdruck des verstärkten Selbstbewußtseins des NS-Regimes und des ungeduldigen Drängens nach der Wiedererlangung früherer deutscher Weltgeltung. Gleichzeitig waren Görings Vorstöße in dieser Richtung jedoch im hohen Maße von politischer Taktik bestimmt und Gegenstand häufig planlosen Lavierens. So brachte er

---

[49] Schreiben von Davignon (Berlin) an den belgischen Außenminister Spaak vom 30. Nov. 1936, in: DDB, 4, Nr. 177, S. 455 ff.
[50] Vermerk von Herbert Göring vom 28. Dez. 1936, NAW, T-120, Roll 2621/ Serial 5482 H, Pag. E 382 111.
[51] Hildebrand, S. 136, 138, 142, 184, 233.
[52] Ebd., S. 241 ff.; Rosenberg, Eintrag vom 14. Mai 1934, S. 28.
[53] Bericht von Newton an Eden vom 11. Sept. 1936, in: DBFP, 2/17, Nr. 185, S. 255 f.
[54] Göring, Reden, S. 259.
[55] Memorandum von Vansittart vom 31. Dez. 1936, in: DBFP, 2/17, Anhang II, S. 784.
[56] Hildebrand, S. 234.

bei seinem Treffen mit Mussolini in Rom im Januar 1937 mit Nachdruck die deutschen kolonialen Ansprüche zur Sprache[57], während er einige Zeit später in seiner Unterredung mit dem Belgier Frère diese Frage erheblich abschwächte[58], und sie Ende Mai und im Oktober 1937 gegenüber dem britischen Botschafter Henderson sogar für völlig unwichtig erklärte[59]. Dieses zeitweilige Herunterspielen bedeutete sicher nicht grundsätzlichen Verzicht, sondern war taktisch gemeint, wenn Göring Hoffnung auf einen deutsch-britischen Ausgleich hatte.

Wie ernst Göring die Kolonialfrage im Rahmen seines großmachtpolitischen Konzeptes nahm, zeigte sich bei dem Ende 1937 ausbrechenden Kompetenzstreit in den kolonialpolitischen Fragen[60]. Auch nach Hitlers Kurswechsel in der Kolonialpolitik hielt Göring an seinem Standpunkt fest. In seinen Unterredungen mit dem amerikanischen Botschafter Bullitt im November und mit Flandin im Dezember 1937 entwickelte Göring erneut sein außenpolitisches Konzept mit den drei bekannten Schwerpunkten Österreich, Deutschtum in der Tschechoslowakei und Kolonialfrage. Görings aufsehenerregender Vorschlag, die Gebiete des ehemaligen deutschen Ost- und Südwestafrika England zu überlassen und Deutschland auf Kosten Portugals und Belgiens auf kolonialem Feld zu entschädigen[61], sollte angesichts des Lavierens Görings gegenüber England und Frankreich nicht überbewertet werden, ist aber doch bemerkenswert.

Göring war nie ein Mann ideologisch begründeter außenpolitischer Langzeitperspektiven, wie sie Hitler permanent entwickelt hatte. Sein immer wieder modifiziert vorgetragenes Großmachtkonzept, in dessen Mittelpunkt ein Deutsches Reich mit Weltgeltung stand, basierte auf eher nationalkonservativen und revisionistischen Grundüberzeugungen als auf rassenideologischen und sozialdarwinistischen Vorstellungen. Es gab unverrückbare Grundpositionen, die seiner Meinung nach Deutschlands Weltmachtstellung begründen müßten. Dazu gehörte der „Anschluß" Österreichs und des Deutschtums jenseits der Ostgrenzen (Sudetengebiete, Danzig, „Korridor", Memelgebiet) und langfristig auch der Besitz von Kolonien[62]. Göring entwickelte allerdings keine Programme und Pläne, wie man diese Ansprüche verwirklichen könne. Natürlich hatte er Lieblingsprojekte, wie sein Wunsch einer deutsch-britischen Entente. Ließ sich dies nicht verwirklichen, war er jedoch auch bereit, mit Italien Abmachungen einzugehen, die sich eklatant gegen Englands Interessen im Mittelmeerraum richteten. In übertriebener, aber bezeichnender Form äußerte sich Göring im Juli 1937 zum britischen Botschafter: „Bestünde nicht die Achse London-Paris, würde sich Deutschland niemals mit diesen miesen Italienern, denen wir auch nicht einen Zoll breit trauen, eingelassen haben"[63].

[57] Presseinformationsbericht Nr.59 vom 14.Jan.1934, BAK, ZSg.101/30, Bl.33f.
[58] Bericht von Ashton-Gwatkin über die Frère-Mission vom 7.Juni 1937, in: DBFP, 2/18, Nr.588, S.860ff.;
       Aufzeichnung von Neumann (Stab Göring) vom 3.Mai 1937 nebst Anlage vom 29.April 1937, NAW, T-
       120, Roll 2621/ Serial 5482 H, Pag. E 381 989ff.
[59] Bericht von Henderson vom 25.Mai 1937, in: DBFP, 2/18, Nr.538, S.803f.; Aufzeichnung von Sargent
       vom 8.Juni 1937, ebd., Nr.592, S.867f.
[60] Hildebrand, S.519f.
[61] Memorandum von Bullitt (Paris) über sein Gespräch mit Göring vom 23.Nov.1937, in: IMG, Bd.37,
       Dok.151-L, S.594ff.
[62] Zum Katalog von Görings Grundfragen der deutschen Außenpolitik vgl. den Bericht von Henderson an
       Eden vom 8.Juni 1937, in: DBFP, 2/18, Nr.593, S.868ff.
[63] Schreiben von George Oglivie-Forbes (Berlin) vom 21.Juli 1937, NAW, T-120, Roll 2621/ Serial 5482 H,
       Pag. E 382 022.

Das Hauptaugenmerk von Görings alldeutsch-nationalistischer Interessenpolitik war auf die Sicherung des Erreichten und auf die Verfolgung des konkret Erreichbaren gerichtet. Solange Hitlers ideologisches Langzeitprogramm für die praktische Politik untauglich war, konnten deshalb Männer wie Göring die faktische Außenpolitik des Regimes im hohen Maße bestimmen. Politiker wie Göring waren für Hitler von grundlegender Bedeutung. Hitlers Weltanschauungsdogma schloß ein Bündnis mit Japan oder eine Wendung gegen England an sich ebenso aus, wie einen Pakt mit Stalin. Daß dies alles trotzdem geschah, war nicht zuletzt Politikern wie Ribbentrop und Göring zuzuschreiben, die bei vordergründiger Übereinstimmung mit den außenpolitischen Zielen Hitlers, aber ohne Festlegung auf Hitlers ideologisiertes weltpolitisches Programm, je nach Konstellation in einem hohen Maß zu skrupellosem außen- und machtpolitischem Opportunismus fähig waren und damit – im Gegensatz zur Tradition des Auswärtigen Amtes – auch ein Element nationalsozialistischer politischer Methode verkörperten.

Die unklare Formulierung der Wege, die in der Außenpolitik zu beschreiten waren, ließ eine Vielzahl von abweichenden oder alternativen Konzeptionen im Rahmen des allgemeinen Grundkonsens zu. Göring gehörte zu denjenigen, die schnell erkannten, daß man am ehesten Erfolge verzeichnen konnte, wenn man sich ein hohes Maß an Flexibilität bewahrte. Sein außenpolitisches Konzept war daher nicht in sich geschlossen, sondern bewegte sich mit unterschiedlichen Akzenten, je nach Verhandlungspartner und Konstellationen um wenige Grundpositionen, die realpolitisch, nicht aus ideologischen Gründen, angestrebt wurden. Die Außenpolitik wurde dabei zunehmend auch von wirtschaftlichen Zielsetzungen mitbestimmt.

In der Frage der Kolonien offenbarte sich der latente Gegensatz, der hinter der Fassade der vermeintlichen Zielidentität zwischen nationalsozialistischer Expansionsideologie und nationalistischer Revisionspolitik stand. Die koloniale Frage war ein fundamentaler Bestandteil traditioneller Großmachtpolitik. Nicht so für Hitler. Für ihn war sie ein vorübergehendes Mittel, um mit Großbritannien zu einem Ausgleich zu kommen[64]. Nachdem es seine Untauglichkeit erwiesen hatte, verlor es für Hitler schnell an Bedeutung. Für Göring aber stellte die Kolonialfrage ein Element der langfristigen Zielsetzungen dar. So verkündete er noch im Sommer 1938, daß nach der Lösung der Österreich- und Tschechoslowakei-Frage nur noch das Kolonialproblem anstehe[65]. Er verlangte Kolonien auch als weltmachtpolitisches Statussymbol, nicht nur als wirtschaftspolitische Alternative zur kontinentalen Rohstoffbeschaffung; über die Labilität der Versorgungsmöglichkeiten aus Kolonien in Krisensituationen machte er sich keine Illusionen.

Die wirtschaftspolitischen Voraussetzungen zur Verwirklichung seines großmachtpolitischen Konzepts wollte Göring im eigenen Land und in Europa schaffen. Die Großwirtschaftsraumvorstellungen Stresemanns, den er sehr verehrte[66], waren ihm nicht fremd. Dabei waren Görings Vorstellungen über Umfang und Möglichkeiten der wirtschaftlichen Durchdringung der Nachbarländer ähnlich vage und flexibel wie seine außenpolitische Konzeption überhaupt. Bis 1937 hatte er weder ein geschlosse-

---

[64] Hildebrand, S. 542 f.

[65] Lipski an Beck vom 19. Juni 1938 über seine Besprechung mit Göring am 17. Juni, in: Lipski, Dok. 87, S. 371.

[66] Schmidt, Statist, S. 181, 310.

nes Großwirtschaftsraumkonzept vorgetragen noch überhaupt den Kreis der Länder abgesteckt, die dazu zählen sollten. Er bemühte sich, durch bilateralen Warenverkehr Rohstoffe und Nahrungsmittel der Länder Südosteuropas als Grundstoffreserve Deutschlands zu nutzen und die außenpolitischen Vorbedingungen dafür zu schaffen. Es gelang ihm, Schachts Außenhandelspolitik fortzusetzen und einige Anfangserfolge zu verzeichnen. Gleichzeitig mußte er jedoch erkennen, daß einer wirtschaftlichen Durchdringung Südosteuropas erhebliche politische Vorbehalte der Zielländer entgegenstanden.

Görings Donauraumpläne gerieten vor allem mit Italiens hegemonialer Interessenpolitik im Mittelmeerraum und auf dem Balkan in Konflikt. Wie wichtig Göring seine Rohstoffpolitik nahm, zeigen seine Auseinandersetzungen mit Ciano und Mussolini über die Donauraumwirtschaft. Bedenkenlos nahm Göring hierbei eine Verstimmung des „Achsenpartners" in Kauf und glaubte sich in Übereinstimmung mit Hitler, als dieser in der Besprechung am 5. November 1937 die „Gewinnung eines größeren Lebensraumes" als einzige Abhilfe gegen die wirtschaftlichen Probleme der Gegenwart bezeichnete. Hitler hatte dieses Ziel vage umschrieben, indem er erklärte, daß die Rohstoffgebiete „im unmittelbaren Anschluß an das Reich in Europa" zu suchen seien[67]. In diese Formel konnte jeder Besprechungsteilnehmer sein eigenes Konzept hineininterpretieren.

Erst im nachhinein ist sicher, daß Hitlers langfristiges Programm nicht nur auf einen deutschen „Großwirtschaftsraum" abzielte, sondern auf territorialen „Lebensraum", und vor allem rassenideologisch begründet war. Für Göring spielte dagegen die Behebung der Rohstoff-Not, nicht die Raum-Not, als Voraussetzung eines deutschen Großmachtstatus die primäre Rolle.

Mitteleuropapläne und Großwirtschaftsraumprogramm waren schon lange vor dem „Dritten Reich" Allgemeinplätze der politischen Ideenwelt der deutschen Revisionspolitik und bestimmten den Hintergrund der entsprechenden politischen Strategien. Bereits Stresemanns Außenpolitik hatte die Probleme einer solchen Politik zu spüren bekommen. Auch den wirtschaftspolitischen Integrationsstrategien des „Dritten Reiches" war nur ein geringer Erfolg beschert. Trotz Görings intensiver Bemühungen war seit Ende Oktober 1936 in Südosteuropa eine deutliche Tendenz zu registrieren, den Handel mit Nicht-Clearingländern zu vermehren. Der Nicht-Clearinghandel nahm einen wachsenden Anteil an der Ausfuhr der Südostländer ein:

Tabelle: Anteil des Nicht-Clearinghandels an der Ausfuhr der Südostländer[68]

Land	1934	1937
Griechenland	40,5%	43,2%
Rumänien	24,8%	37,5%
Ungarn	19,1%	23,2%
Bulgarien	16,4%	23,0%
Türkei	32,4%	22,2%
Jugoslawien	16,5%	21,5%

[67] „Hoßbach-Niederschrift" vom 5. Nov. 1937, in: Hoßbach, S. 183.
[68] Tabelle nach Helander, S. 366.

Lediglich die Türkei verstärkte in dieser Zeit den Clearinghandel. Die anderen Staaten Südosteuropas bemühten sich dagegen, wieder einen verstärkten Anschluß an den Weltmarkt zu finden.

Eine noch deutlichere Sprache als die Handelsbilanzen sprachen die politischen Vorbehalte der Südostländer gegenüber Deutschland. Um eine Ausweitung des Handelsvolumens zu erreichen, mußten zunächst die politischen Voraussetzungen durch das „Dritte Reich" geschaffen werden. Eine zentrale Rolle spielte dabei seit Ende 1936 die Politik gegenüber Österreich. Schon seit jeher stellte der „Anschluß" für Göring eine der Lebensfragen Deutschlands dar, die unbedingt einer Lösung bedurften. Die sich zuspitzende Rohstofflage und die stagnierende Südosteuropapolitik bewirkten auf dem Hintergrund des gestärkten machtpolitischen Selbstbewußtseins des „Dritten Reiches", daß Görings Österreich-Politik seit 1936 drängender und ungeduldiger wurde.

2. Verhandlungen und Diplomatie in der Österreichfrage 1935–1937

Als hinlänglich gesichert kann heute gelten, daß die nationalsozialistische Österreich-Politik weitgehend durch Intrigen, Konfusion und oft zusammenhanglose Entscheidungen charakterisiert war. Der noch vereinzelt vorgetragenen These von Hitlers alleiniger Richtlinienkompetenz im Sinne einer monolithischen Führungsstruktur und programmatischen Zielgerichtetheit in der deutschen Österreich-Politik[1] steht eine erdrückende Vielzahl anderslautender Quellenaussagen gegenüber[2]. Nach der Aussage eines Beamten des Auswärtigen Amtes wurde im „Dritten Reich" in der Österreichfrage auf „zwölf oder fünfzehn Wegen"[3] gearbeitet.

Der von österreichischen Historikern noch nicht ganz überwundene Standpunkt der Selbstbemitleidung[4] hat eine Überbetonung der Zwangsläufigkeit und Rationalität der nationalsozialistischen „Anschluß"-Politik gefördert. Mit einer Flut von teilweise wörtlich übereinstimmenden Veröffentlichungen versucht insbesondere Norbert Schausberger den „Anschluß" als konkret terminierte Etappe in Hitlers Programm zur Weltherrschaft zu interpretieren, die militärstrategisch und wehrwirtschaftlich motiviert gewesen sein soll. Durch seine Aufgabe als Vierjahresplan-Beauftragter sei Göring hierbei eine besondere Rolle zugefallen; Göring habe am ehesten eine Einsicht in die geostrategische Notwendigkeit des „Anschlusses" gehabt und deshalb hier die größte Aktivität entfaltet[5].

Ein solchermaßen eingeengtes und schematisiertes Interpretationsmuster übersieht, daß für Göring durchaus nicht „immer ökonomische Gründe"[6] im Vordergrund stan-

---

[1] So vor allem Schausberger, Griff, S. 238 ff. Es kann nicht verschwiegen werden, daß Schausberger in Zitierweise und Nachweispflicht seiner Quellen an Sorgfalt zu wünschen übrig läßt. So werden gelegentlich Zitate durch Auslassungen irreführend wiedergegeben (so ebd., S. 437, wo er sich mit Anmerk. 156 auf Irving, Tragödie, S. 106, bezieht). Ausführlich werden mitunter Quellen zitiert, bei denen man oft vergeblich nach einer Datierung sucht (so ebd., S. 454, Zitat 196).

[2] Luža, S. 14; Ross, S. 247 f.

[3] Vernehmung von Günter Altenburg am 24. Sept. 1947, IfZ, NG-2904, Bl. 2.

[4] Rudolf Neck, Anschluß 1938 – einige Bemerkungen zum Ende der Ersten Republik, in: Anschluß 1938, S. 11–15, hier: S. 13.

[5] Schausberger, Aspekte, S. 133; Schausberger, Motive, S. 60 f.

[6] So ebd., S. 60.

den und daß er in der Österreich-Politik auch keineswegs lediglich Hitlers ausführendes Organ war. Daß Göring nie ein Hehl aus den deutschen „Anschluß"-Ambitionen machte, sich seit 1937 als die treibende Kraft und im März 1938 als entscheidender Initiator des „Anschlusses" entpuppte, lag nicht lediglich daran, daß er in dieser Frage radikaler als Hitler war, sondern hatte seinen Grund in der von Hitler abweichenden Beurteilung der grundsätzlichen Voraussetzungen der deutschen Österreich-Politik. Hitler hatte zwar bereits auf der ersten Seite von „Mein Kampf" die „Wiedervereinigung Deutschösterreichs" mit dem „großen deutschen Mutterlande" gefordert[7], sich aber durch seine Ausrichtung auf das faschistische Italien in erheblichem Maße zu einer außenpolitischen Rücksichtnahme auf Mussolinis Österreichpolitik veranlaßt gesehen[8]. Göring war hingegen in bündnispolitischer Hinsicht frei von diesen programmatischen Belastungen. Seine Österreichpolitik orientierte sich an den realpolitischen Gegebenheiten, „wenn sie nicht mit Mussolini ginge, müßte es gegen Mussolini gehen"[9].

Versuche zur politischen Einflußnahme bis 1936

Görings eher alldeutsch-nationalistische Österreichpolitik fand eine Bekräftigung durch starke verwandtschaftliche Bande nach Österreich. Bereits Ende 1930 stand er durch seinen einflußreichen Schwager Franz Hueber, einem ehemaligen Heimwehrminister, mit Ernst Rüdiger von Starhemberg und der österreichischen Heimwehr in Verbindung[10] und war vor 1933 auf allen Wiener Gauparteitagen anwesend[11]. Anders als Hitler betrieb Göring bereits vor der „Machtergreifung" eine heftige öffentliche Kampagne gegen die österreichische Bundesregierung und erklärte als „Kampfziel" den Zusammenschluß der beiden Völker[12]. Von daher erntete auch Göring mehr als Hitler nach der „Machtergreifung" besonders starke Sympathieerklärungen österreichischer Nationalsozialisten, zumal er seit Anfang April 1933 über seinen Schwager Hueber seine Kontakte zu österreichischen Oppositionskreisen zu verstärken suchte[13].

Es entsprach Görings kompromißloser Grundeinstellung, daß er Ostern 1933 bei seinem Besuch bei Mussolini die österreichische Frage unumwunden zur Sprache brachte. Auch Görings maßgebliche Beteiligung bei der Verhaftung des Leiters der Presseabteilung der Berliner österreichischen Gesandtschaft, Wasserbäck, als Reaktion auf die Ausweisung der Nationalsozialisten Habicht und Cohrs aus Österreich, läßt erkennen, daß er von Mussolinis abweisender Haltung wenig beeindruckt war. Auch bei seinem dritten Besuch bei Mussolini im November 1933 beharrte er darauf, daß der

---

[7] Hitler, Mein Kampf, S. 1.
[8] Collotti, S. 3–25.
[9] Göring-Aussage am 14. März 1946 in Nürnberg, in: IMG, Bd. 9, S. 332.
[10] Edmondson, S. 114. Einen anderen Schwager, Riegele, brachte Göring im APA der NSDAP unter. AA-Aufzeichnung vom 13. Sept. 1933, PAB, Geheimakten 1920–1936/ Österreich Pol. 29 Nationalsozialismus, Bd. 1.
[11] Frauenfeld, S. 75.
[12] Schreiben des deutschen Gesandten in Wien, Prinz Erbach, an das AA vom 5. Okt. 1932, PAB, Abt. Inland/ Ref. Deutschland/ Po 5 Nationalsozialistische Bewegung, Bd. 3.
[13] Francis L. Carsten, Faschismus in Österreich. Von Schönerer zu Hitler, München 1977, S. 207; Eichstädt, S. 39; Gehl, S. 56; Edmundson, S. 186.

„Anschluß" nicht zu verhindern sei. Ende 1933 gelangte Göring zu der Überzeugung, daß die österreichische Frage wahrscheinlich gegen Mussolini gelöst werden müsse, während Hitler sich infolge von Mussolinis entschiedener Stellungnahme für Österreich veranlaßt sah, die Österreichfrage zunächst ganz aus der praktischen Außenpolitik auszuklammern und verstärkt auf die parteipolitische Ebene zu verlagern. Ende 1933 beauftragte er daher Rudolf Heß mit der Behandlung der österreichischen Frage und entzog damit Göring die Möglichkeit, seine Verbindungen nach Österreich weiter auszubauen[14].

Der Abschluß der Römischen Protokolle im März 1934 unterstrich Mussolinis Österreichpolitik. Göring nahm dies im Mai zum Anlaß, in Belgrad gegen Mussolini zu antichambrieren und unmißverständlich seine Haltung zur „Anschluß"-Frage darzulegen. Unter dem Hinweis auf die Gefahren einer möglichen Restauration in Österreich versuchte er, eine gemeinsame Front der Südoststaaten zusammen mit Deutschland gegen Italiens Expansionspolitik zustande zu bringen. Hitler verkündete hingegen gleichzeitig sein politisches und wirtschaftliches Desinteresse an Österreich und beruhigte Mussolini in Venedig, daß der „Anschluß" nicht akut sei[15].

Obwohl Hitler nach seinem Treffen mit Mussolini die österreichischen Nationalsozialisten vor Ausschreitungen warnte[16], kam es im Juli 1934 zu jenem fehlgeschlagenen Putschversuch gegen die Regierung Dollfuß[17], dem der Bundeskanzler zum Opfer fiel, was Mussolini Gelegenheit bot, seine hegemoniale Stellung im nordwestlichen Donauraum dadurch zu unterstreichen, daß er italienische Divisionen am Brenner aufmarschieren ließ. Hitler leitete daraufhin mit der Entsendung Papens nach Wien eine neue Phase in seiner Österreich-Politik ein[18], die den Wildwuchs der Parteiaktivitäten einzudämmen und zu kontrollieren suchte. Göring nahm hingegen die österreichischen Nationalsozialisten in Schutz und versuchte Hitler wegen des italienischen Vorgehens am Brenner zu beruhigen[19].

Durch den Auftrag an Heß und Papens Entsendung waren Görings Kontakte nach Österreich stark eingeengt. Er hielt zwar weiterhin unbeirrt an der Wiedervereinigungsforderung fest und betonte öffentlich, daß in der europäischen Politik Österreich „gegenwärtig der schwarze Punkt"[20] sei, praktisch boten sich ihm jedoch keine politischen Einflußmöglichkeiten. Der französisch-italienische Konsultativpakt vom Januar 1935 und die gemeinsame Entschließung von Stresa zwischen Frankreich, England und Italien im April 1935 stärkten die italienische Position und damit Österreichs Unabhängigkeit. Göring machte wiederholt seiner Verärgerung über die italienische Österreich-Politik öffentlich Luft und drohte sogar mit einer drastischen Verschlech-

---

[14] Zur Weisungsbefugnis von Heß vgl. auch den AA-Schnellbrief vom 13. Sept. 1934, PAB, Pol. Abt. II/ Österreich Politik 5 Nr. 1 Stellung Deutschlands zum Putsch vom 25. 7. 34, Bd. 1.

[15] Aufzeichnung von Bülow vom 10. April 1934 über eine Besprechung bei Hitler am gleichen Tag, PAB, Büro RM/ Politische Behandlung der österreichischen Fragen (1934), Bl. 9–12, bes. Bl. 10; Rosenberg. Eintrag vom 11. Juni 1934, S. 40.

[16] Frauenfeld, S. 111.

[17] Eichstädt, S. 50 ff.; Gehl, S. 87 ff.

[18] Papens von Hitler gebilligte „Leitsätze für die deutsche Politik gegenüber Österreich für die nächste Zeit" vom 19. Aug. 1934, PAB, Geheimakten 1920–1936/ Österreich Pol. 29, Bd. 2, Pag. E 452 938–940.

[19] Frauenfeld, S. 125; Hanfstaengl, Hitler, S. 260.

[20] DNB-Rohmaterial vom 29. Okt. 1934 über Görings Interview mit der Journalistin Lilly Sergueiew in Belgrad, BAK, R 43 II/ 1399, Bl. 172.

terung des politischen Klimas[21]. Während seiner Hochzeitsreise durch den Balkan warb er erneut in Südosteuropa für die deutsche Politik gegenüber Österreich. Seine intensiven Bemühungen, die Diskussion über die Österreichfrage in Gang zu halten, führten im Frühsommer 1935 zu Gerüchten, Göring habe ein „reichsdeutsches Unterstützungsbüro für den Kampf gegen Österreich"[22] gegründet. Dies rief insbesondere den Protest des Rosenbergschen Außenpolitischen Amtes hervor, das der Auffassung war, daß „der Führer Oesterreich sich selbst vorbehalten" habe[23].

Das deutsch-britische Flottenabkommen vom Juni 1935 und Mussolinis Überfall auf Abessinien im Herbst 1935 änderten die außenpolitische Konstellation in Europa zugunsten Deutschlands. Während im September 1935 noch Gerüchte über eine italienisch-österreichische Vereinbarung für den Fall eines deutschen Einmarsches in Österreich kursierten[24], signalisierte der kurz darauf erfolgende Abzug der italienischen Divisionen vom Brenner eine Änderung des italienischen Standpunktes in der Österreichfrage[25]. Göring kam die politische Isolierung Italiens durch den Abessinienkrieg gerade recht[26]. Gegenüber Prinz Janusz Radziwill frohlockte er, daß er „jetzt nicht in der Haut des Duce"[27] stecken möchte. Nachdem Mussolini im Januar 1936 die italienische Haltung zur Österreichfrage deutlich abgeschwächt hatte, hielt Göring den Zeitpunkt für gekommen, eine diplomatische Großoffensive in der „Anschluß"-Frage zu lancieren. Noch Ende Januar 1936 unterbreitete er dem britischen Botschafter Phipps und Lord Londonderry die drei Forderungen der deutschen Außenpolitik: Neben der Sudeten- und der Kolonialforderung betonte Göring als sofortigen Wunsch die Durchführung einer Volksabstimmung in Österreich unter britischer Kontrolle „über die klare Frage, ob sich Österreich Deutschland anschließen solle oder nicht"[28].

Gleichzeitig verstärkte Göring seine Bemühungen um die Staaten Südosteuropas. Während er Ungarn und Jugoslawien eine aktive Zusammenarbeit gegen eine mögliche Restauration in Österreich vorschlug und sich als Vermittler zwischen den beiden Regierungen anbot[29], beteuerte er gegenüber dem tschechoslowakischen Gesandten Mastný, daß Deutschland keine unfreundlichen Absichten gegen sein Land habe, aber auf jeden Fall „von der Durchführung des Anschlusses Österreichs nicht lassen"[30] werde. Im April gelang es Göring, seine Kontakte über Hueber zu Starhemberg zu reaktivieren. Ein geplantes Treffen zwischen Göring und Starhemberg erhielt zwar die

---

[21] Berichte von Lipski an Beck vom 25. April u. 5. Mai 1935, in: Lipski, Diplomat, Dok. 41 u. 42, S. 191 u. 198; Szembek, Eintrag vom 18. Mai 1935, S. 84.

[22] Schreiben von Altenburg (AA) an das Preußische Staatsministerium vom 10. Juni 1935, PAB, Geheimakten 1920–1936/ Österreich Pol. 29, Bd. 2; Görings Dementi durch Bergbohm vom 25. Juli 1935, ebd., Bd. 3.

[23] Tätigkeitsbericht des APA der NSDAP vom Okt. 1935, in: IMG, Bd. 25, Dok. 003-PS, S. 20.

[24] Schreiben von Renthe-Fink (AA) an die Gesandtschaft in Belgrad (z. Z. Bled) vom 16. Sept. 1935, in: ADAP, C, IV/2, Nr. 296, S. 623.

[25] Robertson, Hitler, S. 247.

[26] Görings Aussage in Nürnberg am 14. März 1946, in: IMG, Bd. 9, S. 332.

[27] Szembek, Eintrag vom 2. Okt. 1935, S. 114.

[28] Phipps an Vansittart vom 23. Jan. 1936, in: DBFP, 2/15, Nr. 474, S. 589; Kirkpatrick an Wigram vom 3. Feb. 1936, ebd., Nr. 494, S. 627 f.; Phipps an Eden vom 10. Feb. 1936, ebd., Nr. 505, S. 637 f.

[29] Brief des ungarischen Gesandten in Berlin an das Außenministerium Budapest vom 27. Jan. 1936, in: Kerekes, Berlin-Róma, Nr. 18, S. 763; Telegrammwechsel des ungarischen Gesandten in Berlin mit seinem Außenministerium am 14. März 1936, in: Ádám, Müncheni, Nr. 3 u. 4, S. 925.

[30] Mastný (Berlin) an das Außenministerium Prag vom 23. März 1938, in: Kral, Nr. 55, S. 101.

ausdrückliche Zustimmung Hitlers[31], scheiterte jedoch zu diesem Zeitpunkt noch an dem Zögern des Heimwehrführers. Nach Starhembergs Zeugnis soll ihm Mussolini mit der Begründung davon abgeraten haben, Göring sei „eine lächerliche Figur" und „nicht seriös"[32]. Bereits seit Ende 1933 stieß Göring bei Mussolini auf genauso wenig Sympathien wie es umgekehrt auch der Fall war[33].

Während sich Hitler mit seinen Ansprüchen auf Österreich in der Öffentlichkeit zurückhielt, entwickelte sich Göring zum Sprachrohr der entschiedenen „Anschluß"-Befürworter. Aufgrund seiner Verhandlungsvorstöße nahm man in diplomatischen Kreisen an, Göring habe neuerdings die deutsche Österreichpolitik mit Wissen Hitlers und Papens in die Hand genommen[34]. Göring unterstützte diese Gerüchte, indem er selbst wissen ließ, daß er von Hitler einen Auftrag zur Behandlung der Österreichfrage erteilt bekommen habe[35]. Möglichkeiten zu einer konkreten Einflußnahme auf die Österreichpolitik blieben ihm jedoch auch weiterhin zunächst versagt. Himmler hatte mittlerweile Heß aus den österreichischen NSDAP-Angelegenheiten verdrängt[36]. Göring war auch nicht am Zustandekommen des deutsch-österreichischen Abkommens vom Juli 1936 beteiligt. Obwohl hierbei die deutsch-österreichischen Wirtschaftsbeziehungen eine zentrale Rolle spielten, führte nicht Göring, sondern das Auswärtige Amt die Folgeverhandlungen[37]. Es kann daher keine Rede davon sein, daß Göring jetzt aus wirtschaftlichen Beweggründen zur treibenden Kraft in der „Anschluß"-Frage geworden wäre. Gerade Görings wiederholtes Bemühen, ein Treffen mit Starhemberg zustande zu bringen[38], zeigt, wie begrenzt seine Möglichkeiten damals noch waren.

Görings Stufenplan zur Wiedervereinigung mit Österreich

Wegbereiter für das folgende stärkere Eingreifen Görings war die Handelspolitische Abteilung des Auswärtigen Amtes. Die unmittelbar nach der Unterzeichnung des Juliabkommens aufgenommenen Wirtschaftsverhandlungen mündeten bereits am 22. August 1936 in ein deutsch-österreichisches Verrechnungsabkommen, welches das bisher bestehende Bankenabkommen durch ein Kompensationssystem im Clearingverfahren ablöste. Das Auswärtige Amt verfolgte mit dem Abkommen eine politische Annäherung zwischen Deutschland und Österreich über den Weg einer engeren handelspolitischen Zusammenarbeit. Auf österreichischer Seite wurde neben Bundesminister Glaise-Horstenau vor allem der Staatssekretär des Äußeren, Guido Schmidt, zum besonderen Anwalt der deutschen Wünsche. Bereits Ende August 1936 äußerte Schmidt den Wunsch, „recht bald in persönlichen Kontakt mit Persönlichkeiten des Reiches zu kommen"[39].

[31] Aufzeichnung von Renthe-Fink vom 6. Mai 1936 über sein Gespräch mit Franz Hueber, in: ADAP, C, V/1, Nr. 311, S. 474; vgl. auch Gehl, Austria, S. 127 f.
[32] Starhemberg, Memoiren, S. 261.
[33] Samuel Hoare, Neun bewegte Jahre. Englands Weg nach München, Düsseldorf 1955, S. 174.
[34] Selby (Wien) an das F. O. London vom 14. Mai 1936, in: DBFP, 2/16, Nr. 325, S. 430.
[35] Gehl, S. 127 f.
[36] Aufzeichnung von Altenburg vom 1. April 1936, in: ADAP, C, V/1, Nr. 246, S. 341.
[37] Stuhlpfarrer, S. 275 f.
[38] Papens Bericht vom 25. Juli 1936 an das AA, PAB, Abt. Pol. IV/Po 2 Österreich, Bd. 3, Pag. 402 935 f.; Papens Schreiben an Hitler vom 30. Juli 1936, BAK, R 43 II/ 1473a.
[39] Schreiben von Görings Schwager Karl Megerle an Neurath vom 29. Aug. 1936, in: ADAP, D, I, Nr. 163, S. 244.

Anfang Oktober 1936 bot sich bei dem Gömbös-Begräbnis in Budapest für Göring die Gelegenheit, mit der österreichischen Führung persönlich Kontakt aufzunehmen. Bereits auf der Hinreise legte er in Wien einen inoffiziellen Zwischenaufenthalt ein, um sein Interesse an deutsch-österreichischen Gesprächen zu unterstreichen. Anläßlich eines Frühstücks in der deutschen Gesandtschaft in Wien traf Göring mit Glaise-Horstenau zu einem ersten Gedankenaustausch zusammen[40], bei dem er den „Anschluß binnen fünf Jahren" prophezeit haben soll[41].

Auch Görings Gespräche in Budapest standen ganz im Zeichen der Österreichfrage. Kányas Zufriedenheit über den Abschluß des Juliabkommens, durch das er den Hauptgrund der deutsch-italienischen Gegensätze aus dem Weg geräumt und die Möglichkeit des „Anschlusses" verhindert sah, wurde durch Görings unmißverständliche Bemerkungen über Österreich zerstört, die darauf hinausliefen, daß „dieser durch und durch deutsche Staat ... sich früher oder später in irgendeiner Form an das Reich anschließen" müsse[42]. Göring äußerte sich dabei auch scharf gegen die Österreichpolitik Mussolinis, der endlich einzusehen habe, „daß er sich nicht ewig in der Rolle des Protektors eines unabhängigen Österreichs gefallen könne, daß es für das vom englischen Revanchegedanken bedrohte Italien von riesigem Interesse sei, sich in einem kommenden italienisch-englischen Krieg Deutschlands Bündnis und Unterstützung zu sichern".

Gleichzeitig wiederholte Göring seine Vorwürfe an die ungarische Regierung, die er bereits im Juli gegenüber dem ungarischen Gesandten Sztójay geäußert hatte: Ungarn habe sich zu sehr in die politische Abhängigkeit Italiens begeben und außenpolitische Bewegungsfreiheit eingebüßt[43]. Göring verband dies mit der Drohung, Ungarn müsse beginnen, langsam umzudenken, da Deutschlands Verhandlungen mit Jugoslawien schon weit fortgeschritten und seine „Herzensangelegenheit" seien. Außerdem, fügte er warnend hinzu, sei „Stojadinović entschlossen, mit der Zeit aus der Kleinen Entente auszutreten"[44]. Auf ungarischer Seite verursachten Görings Bemerkungen eine nicht unbeträchtliche Konfusion, da erst kurz zuvor von Hitler darauf hingewiesen wurde, alle Kräfte auf die Tschechoslowakei zu konzentrieren. Österreichs Einverleibung wünsche er dagegen nicht, wenn es auch nicht ausgeschlossen sei, „daß es im Verlaufe der historischen Entwicklung in irgendeiner Form zum Deutschen Reich kommt"[45].

Während der Trauerfeier in Budapest erhielt Göring auch Gelegenheit zu einer ersten Besprechung mit dem österreichischen Bundeskanzler Schuschnigg über die aktuellen deutsch-österreichischen Beziehungen. Göring gab sich gegenüber Schuschnigg weniger kriegerisch als in seinen Gesprächen mit ausländischen Diplomaten und beteuerte, wenn Deutschland den „Anschluß" wolle, wäre er schon längst erfolgt. „Das sei eine Frage, die sicherlich nur den nächstgelegenen Divisionskommandeur interes-

---

[40] Aussage von Guido Schmidt, in: Hochverratsprozeß, S. 49.

[41] Broucek, S. 132 f., der das Treffen jedoch irrtümlich nach Görings Budapest-Aufenthalt datiert. Quelle für diesen Göring-Ausspruch sind Glaise-Horstenaus Memoiren.

[42] „Tagesbericht über die Unterredung zwischen dem ungarischen Außenminister Kánya und dem Preußischen Ministerpräsident Göring" vom 11. Okt. 1936, in: Kerekes, Allianz, Nr. 14, S. 130.

[43] Berichte des ungarischen Gesandten in Berlin, Sztójay, an Kánya vom 10. Juli 1936, in: Kerekes, Berlin-Róma, Nr. 118, S. 779.

[44] „Tagesbericht" Kányas vom 11. Okt. 1936, in: Kerekes, Allianz, Nr 14, S. 130.

[45] Schreiben von Sztójay an Kánya vom 1. Aug. 1936, ebd., Nr. 13, S. 129.

siere. Daß Italien in solchem Falle den Österreichern zu Hilfe eilen würde, werde doch wohl Schuschnigg selbst nicht annehmen, wenn er daran denke, daß schließlich noch die Engländer da seien, denen nichts Besseres passieren könne, als daß sich Mussolini in Österreich in solcher Form festbeiße. Er persönlich sei jedenfalls überzeugt, daß die Italiener im Falle eines Anschlusses nicht zu Gunsten Österreichs mit Truppen intervenieren würden"[46]. Göring versuchte, gegenüber Schuschnigg wie bereits vorher gegenüber Kánya durch den Hinweis auf Englands Interessen das Ende der italienischen Vormachtstellung in Süd- und Südosteuropa plausibel zu machen. Gleichzeitig bemühte er sich jedoch, jeden Gedanken an eine deutsche militärische Aktion zum „Anschluß" zu zerstreuen, ohne an der Zielsetzung der Eingliederung Österreichs einen Zweifel zu lassen.

Göring nahm dabei die Taktik des Auswärtigen Amtes auf, die bereits Ende August zum Abschluß des deutsch-österreichischen Verrechnungsabkommens geführt hatte und schlug Schuschnigg vor, „man sollte doch lieber das Wort ‚Zusammenschluß' wählen, und ein solcher sei doch ganz sicherlich auf manchem Gebiet möglich. Er denke hierbei insbesondere an eine Vereinheitlichung der Währung und eine gemeinsame Zollpolitik." Nach der Regelung der wirtschaftlichen Zusammenarbeit sehe er darüber hinaus Möglichkeiten einer militärischen Kooperation. So sei er beispielsweise bereit, „die ganze Fliegerei in Österreich aufzubauen und zwar umsonst, wenn jene Voraussetzungen erfüllt seien". Allem Anschein nach äußerte sich Schuschnigg recht positiv zu Görings Angebot einer stärkeren wirtschaftlichen deutsch-österreichischen Kooperation und berührte sogar seinerseits den Gedanken eines Offiziersaustausches[47]. Damit zeichnete sich Görings Politik zur Eingliederung Österreichs im Herbst 1936 zum ersten Mal in ihren Umrissen ab.

Ebensowenig wie einer gewaltsamen Lösung maß Göring der sogenannten „Taktik des Trojanischen Pferdes"[48] Erfolgschancen bei. Ihm fehlte nicht nur der Draht zu den österreichischen Nationalsozialisten, sondern er bemühte sich auch erst gar nicht um sie. Seiner ganzen Natur nach widerstrebten ihm die Aktivitäten und Machenschaften der Parteihorden Theo Habichts[49]. Als Göring Ende 1937 auch die Parteibelange in der Österreichfrage kontrollierte, war sein Hauptaugenmerk darauf gerichtet, daß die Partei ihn nicht behinderte oder durch planlose Aktionen zerstörte, was er durch diplomatische Taktik zu erreichen gedachte. Bereits im Oktober 1936 entschied sich Göring in der Österreichpolitik für eine evolutionäre Strategie. Er griff hierbei auf bereits vorgegebene Ansätze des Auswärtigen Amtes zurück, die sich durch seine neue Rolle als Vierjahresplan-Beauftragter plausibel vertreten ließen.

Göring sah zunächst eine engere wirtschaftliche Kooperation vor, wobei man an die gescheiterten Zollunionspläne von 1931 anknüpfen konnte. Wirtschaftliche Integration auf dem Wege bilateraler Kompensationsverfahren sollte als Vorstufe zu einer militärischen Zusammenarbeit dienen, die stillschweigend eine politische Gleichschaltung voraussetzte. Die letzte Stufe in Görings Konzept zum Zusammenschluß Öster-

[46] Mackensens Aufzeichnung vom 13. Okt. 1936 „Über die Begegnung zwischen dem Pr. Ministerpräsidenten Gen.oberst Göring und dem Österreichischen Bundeskanzler Schuschnigg", in: ADAP, D, I, Nr. 169, S. 255.

[47] Aufzeichnung von Ritter vom 15. Okt. 1936, in: ADAP, C, V/2, S. 1004, Anmerk. 9; Aufzeichnung über das Gespräch Göring-Schuschnigg vom 13. Okt. 1936, in: ADAP, D, I, Nr. 169, S. 255 f.

[48] Schausberger, Griff, S. 349 ff.

[49] Starhemberg, Memoiren, S. 252.

reichs mit Deutschland blieb hingegen offen und unausgesprochen. Daß sich Göring hier ein hohes Maß an Flexibilität bewahrte, zeigt sein entschlossenes Handeln in den entscheidenden Märztagen des Jahres 1938. Wahrscheinlich ist, daß in seiner Vorstellung ein Volksentscheid den Schlußpunkt der Gleichschaltung und das Mittel zum endgültigen territorialen Zusammenschluß bilden sollte.

Göring ließ Schuschnigg gegenüber keinen Zweifel daran, daß zunächst Italien aus den deutsch-österreichischen Beziehungen ausgeschaltet werden müsse. „Der Weg von Staat zu Staat ohne Einmischung Dritter" sei für Österreich und Deutschland der einzig richtige[50]. Unter diesem Vorzeichen war auch Italiens Rolle in Görings Südosteuropa-Konzept definiert. Hier galt es nicht nur, Italien aus seiner wirtschaftlichen Prädominanz herauszudrängen, sondern gleichzeitig durch ein wirtschaftspolitisches Vordringen Deutschlands das italienische Bündnissystem der Römerpaktstaaten von innen auszuhöhlen und durch die Zusammenarbeit mit Staaten der Kleinen Entente ganz aufzulösen.

Mit Recht hat Karl Stuhlpfarrer darauf hingewiesen, daß unklar bleibt, wie sich Görings Vorstellungen, Österreich in Form einer Zoll- und Währungsunion enger an Deutschland zu binden, entwickelten und welche konkreten Pläne er dabei verfolgte[51]. Daß Göring diese Möglichkeit der ökonomischen Infiltration zunächst wenig konkretisierte, zeigt, daß das wirtschaftliche Motiv zum „Anschluß" sich bei ihm nicht verselbständigte, sondern lediglich ein Element im vagen Stufenplan zum „Anschluß" Österreichs darstellte.

Am 26. Oktober 1936 wiederholte Göring gegenüber dem österreichischen Gesandten in Berlin, Tauschitz, fast wörtlich seine Vorstellungen von einer etappenweisen Annäherung zwischen Deutschland und Österreich. Eine geistige Wandlung im Hinblick auf die Tolerierung der NS-Bewegung und eine Erweiterung der Wirtschaftsbeziehungen, mit der naturgemäß eine Kooperation auf außenpolitischem Gebiete einherzugehen habe, bezeichnete er als die Voraussetzungen für eine militärische Zusammenarbeit, da „Österreich in einer künftigen Verwicklung nur an der Seite Deutschlands sein werde"[52]. Eine Ausweitung der Kompensationsgeschäfte und einen Offiziersaustausch nannte er erste Schritte in diese Richtung.

Bei der Verfolgung des Zieles, anstelle der bisherigen italienischen Protektion Österreichs die Verbindung mit Deutschland zu setzen, ging Göring taktisch nicht ungeschickt vor, wie die übereinstimmenden Reaktionen von Tauschitz, Schmidt und auch Schuschnigg zeigten. Sie gewannen von Göring den Eindruck, „daß er es nicht schlecht meint, wenn auch manches hart klingt". Insbesondere Schmidt hatte „einen ausserordentlich sympathischen Eindruck von der Besprechung mit dem Ministerpräsidenten Göring in Budapest gewonnen" und ließ mitteilen, „dass eine persönliche Fühlungnahme dieser Art häufig wiederholt werden müsse"[53].

Görings Budapester Vorstoß war begreiflicherweise von der italienischen Führung wenig begeistert aufgenommen worden. Bereits am Rande der Beisetzungsfeierlichkeiten war es zu einem Zusammenstoß zwischen Göring und Ciano in der Frage der Ab-

[50] Kurt von Schuschnigg, Ein Requiem in Rot-Weiß-Rot, Zürich 1946, S. 216.
[51] Stuhlpfarrer, S. 285 f.
[52] Tauschitz (Berlin) an Schmidt vom 4. Nov. 1934, in: Hochverratsprozeß, S. 490.
[53] Papen an Hitler vom 12. Okt. 1936, PAB, Abt. Pol. IV/ Po 2-3 Österreich, Gegenseitiger Besuch von Staatsmännern, Bd. 1.

grenzung der politischen und wirtschaftlichen Interessensphären gekommen[54]. Bei Cianos Besuch in Berlin Ende des gleichen Monats erkannte Hitler zwar in einer förmlichen Vereinbarung die Annexion Abessiniens durch Italien an[55]. Die gleichzeitig angestrebte Abgrenzung der wirtschaftlichen Einflußgebiete in Südosteuropa blieb hingegen im Bereich gehaltloser Phraseologie. Obwohl Mussolini den „Anschluß" Österreichs nicht zuletzt wegen der dann zu erwartenden deutschen Wirtschaftsoffensive im Balkan fürchtete und die Österreich- und Balkanfrage bislang stets im Zusammenhang gesehen hatte, deutete sich mit der deutsch-italienischen Vereinbarung eine vorsichtige Wende in Italiens Österreichpolitik an. Zwar hatte Mussolini noch kurz zuvor dem österreichischen General Liebitzky versichert, daß Deutschland die Unabhängigkeit Österreichs voll anerkannt habe[56], aber wohl kaum zufällig wurde das Österreichproblem zwischen Deutschland und Italien in der Oktober-Vereinbarung nicht angeschnitten.

Görings gleichzeitige Beschwerden gegenüber Georg Bratianu über die italienische Südosteuropa-Politik[57] offenbaren, daß die deutsch-italienische Rivalität im Südosten keineswegs beigelegt war. Die deutsch-italienischen Gegensätze verstärkten sogar die französischen Hoffnungen auf eine erfolgreiche Kooperation zwischen Frankreich, Großbritannien und Italien gegen Deutschlands Donauraumambitionen[58]. Mussolinis Verkündigung der „Achse Berlin-Rom" am 1. November 1936 zeigte hingegen, daß er sich außenpolitisch dem „Dritten Reich" annäherte[59]. Seine Erleichterung über die deutsche Anerkennung seiner nordafrikanischen Annektion drängte die bestehenden außenpolitischen Gegensätze zugunsten einer propagandistischen Demonstration der ideologischen Verwandtschaft wenigstens vorübergehend in den Hintergrund.

Gegenüber Österreich versuchte Mussolini aber weiterhin, an den Abmachungen der Römischen Protokolle festzuhalten, die Italiens Rolle als Schutzmacht Österreichs festgeschrieben hatten. Bei Bekanntwerden von Görings Militärhilfeangebot an Schuschnigg ließ er mitteilen, daß auch Italien bereit sei, Rüstungsmaterial an Österreich zu liefern[60]. Kánya gegenüber gab Ciano jedoch zu, daß man zwar der Überzeugung sei, die österreichische Frage sei jetzt auf einem Ruhepunkt angelangt und werde in allernächster Zukunft keinen Anlaß zu internationalen Schwierigkeiten geben, „man müsse sich aber im klaren darüber sein, daß die gesamte Jugend nationalsozialistisch sei, was früher oder später mit weitreichenden Konsequenzen verbunden sein könnte"[61]. Weiterhin bestätigte Ciano Darányi gegenüber, daß Mussolini von einer

---

[54] Wie Mackensen berichtete, habe Ciano „u.a. Bewegungsfreiheit im Mittelmeer für Italien gegen Bewegungsfreiheit der Deutschen in der Ostsee vertreten, eine Einstellung, deren Lächerlichkeit der Generaloberst ihm zu Gemüte geführt hat". Anlage zum Schreiben von Mackensen an Neurath vom 14. Okt. 1936, in: ADAP, C, V/2, Nr. 600, S. 1008.

[55] „Deutsch-Italienische Übereinkunft" vom 25. Okt. 1936, in: Konferenzen, S. 146 f.

[56] Aufzeichnung von Liebitzky über sein Gespräch mit Mussolini am 12. Aug. 1936, in: Ludwig Jedlicka, Mussolini und Österreich 1936, in: Österreich in Geschichte und Literatur 9 (1962), S. 415–418, bes. S. 417.

[57] Lipski an Beck vom 20. Nov. 1936 über sein Gespräch mit Bratianu, in: Lipski, Dok. 62, S. 272 ff.

[58] Gestapo-Berichte über die dechiffrierten Weisungen des Pariser Außenamtes an die französische Gesandtschaft in Wien vom 1. Sept. und 12. Okt. 1936, PAB, Abt. Pol. IV/ Po 1 A Österreich, Bd. 1, Bl. 145 f., 214 f.

[59] Petersen, S. 492.

[60] Cianos Bericht über seine Besprechungen mit Schuschnigg, Schmidt, Horthy, Darányi und Kánya vom 9. bis 16. Nov. 1936, in: Ciano's Diplomatic Papers, S. 63 f.

[61] Aufzeichnung über die Besprechungen zwischen Ciano und Kánya am 11. u. 12. Nov. 1936 in Wien und am 14 u. 15. Nov. in Budapest, in: Kerekes, Allianz, S. 138.

früher wohlwollenden Beurteilung der Restaurationsfrage in Österreich nun zu einer Ablehnung der Restauration gelangt sei[62]. Wenn Italien auch einen „Anschluß" so lange wie möglich vermeiden wollte, so hatte man doch mittlerweile eingesehen, daß man den deutschen Ambitionen auf Österreich nicht ewig Paroli bieten konnte. Man wollte den „Anschluß" so lange wie möglich aufschieben, um den deutschen Einfluß auf Südosteuropa einzudämmen, bis die italienische Machtstellung im Mittelmeerraum gefestigt war.

Auch Schuschnigg verfolgte in seiner Politik diese Strategie des Zeitgewinnens, die ihm als einzige politische Möglichkeit erschien. So weilte Guido Schmidt auf Einladung Neuraths vom 19. bis 21. November 1936 in Berlin, um mit Regierungs- und Parteispitzen die österreichische Frage zu erörtern. Der Zusammenkunft mit Göring war ungewöhnlich viel Raum beigemessen, was Görings Bedeutung in der österreichischen Angelegenheit nachdrücklich hervorhob. Göring fand in Schmidt den Ansprechpartner, der ihm eine aktive Politik in der Österreichfrage ermöglichte und Perspektiven für eine Zusammenarbeit eröffnete[63]. Schmidts Aufenthalt in Berlin war vor allem von den wirtschaftspolitischen Verhandlungen zur Steigerung des deutsch-österreichischen Warenverkehrs bestimmt. Die Detailverhandlungen lagen bei der Handelspolitischen Abteilung des Auswärtigen Amtes und bei Görings Sonderbeauftragten Keppler[64]. Alles deutet aber darauf hin, daß man es auf deutscher Seite im November 1936 auf dem Feld der handelspolitischen Vereinbarungen nicht gerade eilig hatte. Konkrete Abmachungen wurden nicht getroffen.

Göring gewann aus seinen Unterredungen mit Schmidt den Eindruck, daß das Eis in den deutsch-österreichischen Beziehungen geschmolzen war und man auf dem besten Wege zu einer Annäherung sei. In einer Besprechung mit führenden Offizieren der Luftwaffe am 2. Dezember 1936 vertrat er die Auffassung, daß Österreich nie mehr gegen Deutschland kämpfen werde[65], empfahl daher eine enge Zusammenarbeit mit Österreich und stellte Richtlinien für die bevorstehenden Kompensationsgeschäfte mit Rüstungsmaterial gegen österreichische Nahrungsmittel auf.

Attacken gegen Mussolinis Österreich- und Südosteuropapolitik

In der Folgezeit suchte Göring vor allem zwei Störfaktoren in der Österreichpolitik auszuschalten: Zum einen warnte er wiederholt vor einer monarchischen Restauration in Österreich, die seiner Meinung nach eine kriegerische Verwicklung zur Folge haben würde[66]. Zum anderen stellte er es als zunehmend „unerträglich" hin, daß sich die „miesen Italiener" noch immer zwischen Deutschland und Österreich zu drängen ver-

[62] Papens Schreiben an Hitler über sein Gespräch mit Darányi vom 30. Nov. 1936, PAB, Abt. Pol. IV/ Po 3 Italien-Ungarn, Bd. 1, Pag. D 673 336 f.
[63] Zu Schmidts Verhältnis zu Göring vgl. Papen an Hitler vom 24. Nov. 1936, PAB, Abt. Pol. IV/ Po 2–3 Österreich, Bd. 1. Vgl. auch die Anklagebegründung in: Hochverratsprozeß, S. 13 f., 18, 21 und die Aussagen S. 51, 91, 130. Zu Görings Einstellung zu Schmidt vgl. ebd., S. 246 f., 300 f.
[64] Aufzeichnung von Altenburg vom 9. Nov. 1936 über die bevorstehenden Besprechungen mit Keppler bzgl. des Schmidt-Besuches, in: ADAP, D, I, Nr. 174, S. 264 f.
[65] „Aktenvermerk des Oberst Bodenschatz, Chefadjutant Görings, über eine Besprechung führender Offiziere der Luftwaffe betr. den Einsatz in Spanien und die weltpolitische Lage" vom 2. Dez. 1936, in: IMG, Bd. 32, Dok. 3474-PS, S. 334 ff.
[66] Papens Schreiben an Hitler vom 30. Nov. 1936 betr. Papens Gespräch mit Kánya und Darányi über deren Unterredung mit Göring, PAB, Abt. Pol. IV/ Po 3 Italien-Ungarn, Bd. 1, Pag. D 673 336 f.

suchten. „Das werde er auf die Dauer nicht vertragen können und er wolle demnächst nach Rom fahren und werde dies Mussolini mit aller Deutlichkeit sagen. Das Interesse Italiens an der Aufrechterhaltung der Selbständigkeit Österreichs wäre lächerlich und nur eine läppische Prestigefrage. Der Anschluß kommt einmal, so oder so."[67]

Bereits Anfang 1937 bot sich für Göring die Möglichkeit, seinen Vorsatz in die Tat umzusetzen. Am 29. Dezember bat Mussolini Hitler, einen deutschen Beauftragten zu einer Besprechung über die Spanien-Frage nach Rom zu schicken. Da man hierbei auf italienischer Seite insbesondere an Admiral Canaris gedacht hatte, war man um so erstaunter, als Anfang Januar bekannt wurde, daß Göring an seiner Stelle nach Rom komme. Ciano ließ durch Botschafter Hassell mitteilen, daß die Besprechung rein militärischer Art sei und daß man dies bei der Wahl der Abordnung berücksichtigen möge[68]. Göring begegnete dem Einwand dadurch, daß er Oberstleutnant Scheller, der mit diesen Fragen vertraut war, mit nach Rom nahm und ihn mit der Erörterung der Spanienfrage beauftragte.

Nach offizieller Version handelte es sich um eine Urlaubsreise Görings. Vertraulich gab das Auswärtige Amt bekannt, daß es zwischen Göring und Mussolini um eine Koordination der Unternehmungen in der spanischen Angelegenheit gehe[69]. Die italienische Einladung zur Spanien-Besprechung bot für Göring die willkommene Gelegenheit, nach drei Jahren den persönlichen Kontakt zu Mussolini wieder aufzunehmen. Sein geringes Interesse an der Spanien-Frage, deren Behandlung er weitgehend Scheller überließ, der im Zweifelsfall nicht bei Göring, sondern in Berlin um weitere Informationen und Richtlinien bat[70], läßt vermuten, daß es Göring vornehmlich darum ging, mit Mussolini die weitere Politik in der Österreich-Frage zu erörtern.

Der Italienaufenthalt vom 13. bis 23. Januar 1937 war eine für Göring typische Mischung von politischer Mission und publikumswirksamer Sight-Seeing-Tour. Bis zum 18. Januar hielt sich Göring in Rom auf, um dann nach Neapel und Capri weiterzureisen, wo er als Gast des Prinzen von Piemont weilte. Am 22. Januar kehrte er nach Rom zu abschließenden Besprechungen mit der italienischen Regierungsspitze zurück, um am Abend des 23. Januar die Heimreise nach Deutschland anzutreten[71].

Bei den ersten Besprechungen wurde die gemeinsame Spanienpolitik erörtert und die politische Übereinstimmung der „Achsenpartner" beteuert. Erst am 15. Januar entschloß sich Göring, gegenüber Mussolini die österreichische Frage anzuschneiden. Zu Hassell äußerte sich Göring vor seinem Gespräch mit Mussolini, daß in bezug auf das österreichische Problem volle Klarheit herrschen müsse: „Diese Klarheit könne nur darin bestehen, daß Italien aus Österreich die Hände herauslasse und es als deutsches Interessengebiet anerkenne, in dem Sinn, daß auch der Anschluß nach unserem Willen vollzogen werden könne. Es sei ihm ganz unverständlich, warum sich Italien dieser natürlichen Entwicklung widersetzen wolle." Außerdem sei er bereit, „den Italienern in bezug auf die Grenze für den Fall eines festbegründeten deutsch-italieni-

---

[67] Tauschitz an Schmidt vom 24. Nov. 1936, in: Hochverratsprozeß, S. 492.
[68] Hassell an das AA vom 29. Dez. 1936, in: ADAP, D, III, Nr. 170, S. 162; Jodls Tagebucheintrag vom 5. Jan. 1937, IfZ, Dok. PS-1780, Bl. 2.
[69] Presseanweisung Nr. 59 vom 14. Jan. 1937, BAK, ZSg. 101/ 9, Bl. 33; Neuraths Mitteilung an Krogmann vom 18. Jan. 1937, BAK, ZSg. 133/ 22 (Krogmann-Tagebuch), S. 10 f.
[70] Vgl. den Eintrag Jodls vom 14. Jan. 1937, IfZ, Dok. 1780, Bl. 6.
[71] Zum Besuchsprogramm Görings vgl. PAB, Abt. Pol. IV/ Po 2 Italien, Bd. 2.

schen Freundschaftsverhältnisses jede Sicherheit zu geben, und zwar sogar in dem
Grade, daß er auch das Deutschtum in Südtirol opfern werde; dieses sei auf die Dauer
doch nicht zu halten, an der Italianisierungspolitik werde sich nichts ändern lassen,
und wenn die Deutschen in Südtirol ihr Volkstum erhalten wollten, würde ihnen
schließlich nichts übrig bleiben, als sich im Reich anzusiedeln"[72].

Trotz Hassells Mahnungen, die Österreichfrage bei Mussolini nur vorsichtig anzuschneiden und unbedingt zu betonen, daß der „Anschluß" selbst in keiner Weise akut
sei, ließ sich Göring nicht von seinem Vorhaben abbringen. In seiner offenen, von taktischen Finessen freien Art, brachte er Mussolini gegenüber zum Ausdruck, daß Österreich einmal dem „Dritten Reich" zufallen müsse. Wie Göring Hassell anschließend
berichtete, habe Mussolini dazu nicht Stellung genommen, „sondern sich vorbehalten,
sich zu der Frage zu äußern". Da Göring damit rechnen konnte, daß seine unumwun-
denen Ansprüche auf Österreich in Italien nicht gerade begeistert aufgenommen werden würden, zeigte er sich von der ungünstigen Wirkung seines Vorstoßes wenig beeindruckt.

Ciano beeilte sich, dem österreichischen Gesandten in Rom seine eigene Version
der Unterredung vorzutragen, wonach Görings „Taktik der Brunnenvergiftung" erfolglos verlaufen sei und Mussolini ihm ziemlich knapp erwidert habe, daß die italienische
Politik an ihren bisherigen Richtlinien in der Österreichfrage festhalte. Göring habe,
so Cianos Aussage gegenüber Berger-Waldenegg, darauf das Gespräch abgebrochen
und später durch eine dritte Person andeuten lassen, „daß er diese Konversation als
nicht erfolgt anzusehen bitte"[73].

Cianos Version war mit Sicherheit erfunden. Wäre Göring von der italienischen Reaktion wirklich betroffen gewesen, hätte er wohl kaum weitere Initiativen in dieser
Frage unternommen. Göring ließ sich jedoch nicht davon abbringen, persönlich bei
Berger-Waldenegg in scharfer Form gegen die neue Verhaftungswelle von Nationalsozialisten in Österreich und gegen das Durchreiserecht russischer Transporte nach Spanien zu protestieren. Weiterhin beauftragte er Botschaftsrat Plessen damit, dem österreichischen Gesandten mitzuteilen, „daß die Tatsache, daß in Österreich immer wieder
von der Restauration gesprochen werde, in Deutschland außerordentlich ernst beurteilt werde"[74]. Sollte es in Österreich zu einer Restauration kommen, würde man ein-
marschieren, „und das würde das Ende Österreichs bedeuten". Ähnlich entschieden
äußerte sich Göring auch gegenüber dem ungarischen Gesandten in Rom, dem auffiel,
daß man auf italienischer Seite lediglich die Spanienfrage angesprochen haben
wollte.[75]

Göring war von der italienischen Verstimmung keineswegs beeindruckt, sondern
fühlte sich eher dazu ermutigt, diese Angelegenheit zwischen Deutschland und Italien
ein für allemal zu klären. Dies zeigt seine abschließende Unterredung mit Mussolini

[72] Aufzeichnung von Hassell vom 16.Jan.1937 über sein Gespräch mit Göring, in: ADAP, D, I, Nr.199,
  S.310f.
[73] Berger-Waldenegg (Rom) an Schmidt vom 18.Jan.1937 über sein Gespräch mit Ciano, in: Hochverratsprozeß, S.515.
[74] Aufzeichnung von Plessen (Rom) vom 21.Jan.1937, in: ADAP, D, I, Nr.203, S.313f.; Aufzeichnung von
  Plessen vom 23.Jan.1937 über sein Gespräch mit Göring, ebd., Nr.204, S.314.
[75] Bericht des ungarischen Gesandten in Rom an das Außenministerium in Budapest vom 18.Jan.1937, in:
  Kerekes, Berlin-Róma, Nr.192, S.790.

und Ciano am 23. Januar in Rom. Nachdem man allerlei Fragen der europäischen Politik erörtert hatte, brachte Göring gegen Ende des Gespräches erneut das Österreichproblem zur Sprache. Er betonte, daß lediglich in diesem Punkt eine gewisse Divergenz der Anschauungen zwischen Deutschland und Italien herrsche. Diesmal ging Göring jedoch etwas behutsamer vor und schnitt mehrere Einzelfragen der Gegenwart an, um Mussolini zu einer Stellungnahme zu veranlassen, die dieser bei der ersten Unterredung über Österreich verweigert hatte. Mussolini betonte, daß er durch die Abmachungen der Römischen Protokolle gebunden sei und daß die italienische Österreichpolitik auf dem Grundsatz der Anerkennung der österreichischen Unabhängigkeit beruhe. Da jedoch nach Görings Darstellung eine deutsch-italienische Annäherung in der Österreichfrage „die deutsche Bedingung für ein wirklich enges Zusammengehen zwischen Italien und Deutschland sei“, signalisierte Mussolini in einigen Punkten eine entgegenkommende Haltung. Erstens „habe Mussolini erklärt, er werde in Österreich darauf hinwirken, daß die Österreichische Regierung das Abkommen vom 11. Juli wirklich loyal ausführe; und endlich habe er zugesichert, daß im Falle eines Konflikts in Österreich Italien nicht wieder in Gemeinschaft mit anderen Staaten die ‚Wacht am Brenner‘ mit der Spitze gegen Deutschland beziehen werde“[76]; drittens gab Mussolini auf Görings Bemerkung, daß eine Restauration der Habsburger das Ende Österreichs bedeuten würde, zu, daß eine solche Entwicklung ebenfalls nicht im Interesse Italiens sein könne.

Botschafter Hassell hatte den Eindruck, daß Göring von diesem Ergebnis nicht gerade begeistert, „aber immerhin auch nicht ganz unzufrieden“[77] war. Immerhin hatte Göring es vermocht, in der österreichischen Frage auf direktem Wege bei der italienischen Führung einen Vorstoß zu unternehmen, nachdem diese Frage in den offiziellen deutsch-italienischen Kanälen bislang ausgeklammert worden war. Göring konnte von seinem Vorstoß zwar keine spektakulären Ergebnisse erwarten. Trotzdem scheint er seine Unterredung bei Mussolini zumindest für einen Teilerfolg gehalten zu haben[78], zumal ein energischer italienischer Protest ausgeblieben war. Göring wies daher Hassell an, bei der italienischen Führung die österreichische Frage nicht mehr anzuschneiden, um nicht noch nachträglich den Italienern Gelegenheit zu geben, einen härteren Standpunkt zu vertreten.

Genau dieser Kunstgriff wurde jedoch von Ciano in seiner Unterredung mit Hassell, der Görings Dankesworte für den Italienaufenthalt zu überbringen hatte, angewendet. Ciano brachte von sich aus die österreichische Angelegenheit zur Sprache und betonte, daß in der Tat dieser Punkt delikat bleibe. Mussolini sei in der ersten Unterhaltung mit Göring „von dem unerwarteten Vorstoß nicht gerade angenehm überrascht gewesen, denn es handle sich dabei doch um ein Problem, das nicht mit einem Schlag gelöst werden könne“[79]. Die zunächst erzeugte Unruhe sei dann allerdings wieder gewichen, da man aus Görings Ausführungen habe schließen können, daß irgendein deutsches Vorgehen in der österreichischen Frage, das auf eine Änderung des

<hr />

[76] Aufzeichnung von Schmidt über das Gespräch zwischen Mussolini und Göring in Anwesenheit von Ciano und Schmidt am 23. Jan. 1937, in: Ciano's Diplomatic Papers, S. 80–91, hier: S. 89 f.
[77] Aufzeichnung Hassells vom 30. Jan. 1937, in: ADAP, D, I, Nr. 207, S. 317.
[78] Gegenüber Krogmann beurteilte Göring seine Italienreise als „außerordentlich erfolgreich“. Krogmann, S. 296.
[79] Schreiben Hassells an Göring vom 30. Jan. 1937, in: ADAP, D, I, Anlage zu Nr. 208, S. 319.

gegenwärtigen Zustandes gerichtet sei, nur in Fühlung mit Rom stattfinden würde. Göring hatte in der Tat beiläufig diese Äußerung fallen lassen, um die italienische Bestürzung zu mildern. Er vermied jedoch, diese Zusage wieder aufzugreifen, da ihm Bedenken gekommen waren, „damit einseitig und sozusagen pränumerando eine Verpflichtung"[80] einzugehen. In seiner zweiten Unterredung hatte er seinen Standpunkt dahingehend abgeschwächt, daß man in der nächsten Zeit in bezug auf die deutsche Österreichpolitik keine Überraschungen zu erwarten habe.

Görings rein taktische und wenig aufrichtige Bemerkung zu dieser Konsultationsfrage wurde in der Folgezeit zum Angelpunkt grundlegender Mißverständnisse in den deutsch-italienischen Beziehungen. Auf italienischer Seite berief man sich darauf, daß man nach wie vor die Kontrolle in der Österreichfrage in Händen halte. Gegenüber dem österreichischen Außenamt erweckte Ciano den Eindruck, Göring habe in der österreichischen Angelegenheit entschieden den Rückzug angetreten: „Ja, ein aufgeblasener (dazu machte er eine illustrierende Geste) Göring ist nach Rom gekommen, ein wesentlich bescheidener (neuerliche Geste) ist von hier weggefahren"[81]. Görings Vorstoß in der Österreichfrage hatte die Italiener aber zweifellos alarmiert, was sich nicht zuletzt in ihren verstärkten Bemühungen um den Abschluß eines italienisch-jugoslawischen Vertrages äußerte, der bereits im März unterzeichnet werden konnte.

In Wien war man über Görings Mission genauestens im Bilde und nicht geneigt, es bei den italienischen Beruhigungen bewenden zu lassen. Bereits Ende Januar eröffnete Guido Schmidt einen persönlichen Briefwechsel mit Göring, um auf diesem Wege Görings Beschwerdepunkte bezüglich der Durchführung des Juliabkommens aus der Welt zu schaffen[82]. Göring leitete Schmidts Brief umgehend an Papen weiter[83], was verdeutlicht, daß es ihm allenfalls nebensächlich um die Durchführungsbestimmungen vertraglicher Abmachungen ging. Er nutzte die Korrespondenz mit Schmidt vielmehr vor allem, um das Vertrauen des österreichischen Außenministers zu gewinnen, da eine Annäherung zwischen Deutschland und Österreich im Sinne von Görings Stufenplan im hohen Maße vom österreichischen Entgegenkommen abhängig war[84]. Schmidts „offenes Wort von Mann zu Mann und von Deutschem zu Deutschem"[85] bot für Göring die willkommene Gelegenheit, seine Kontakte zu vertiefen.

Der schon erwähnte Abschluß des italienisch-jugoslawischen Vertrages vom März 1937 warf erneut das Problem der deutsch-italienischen politischen und wirtschaftlichen Rivalität im Donauraum auf. Ciano hatte bereits Anfang März bei Göring vorgefühlt und ihm angeboten, über eine Koordination der deutschen und italienischen Autarkiesicherung und Rohstoffbasis zu sprechen[86]. Göring interpretierte dies in seiner gewohnt freien Art als eine Einladung zu einer erneuten Besprechung mit der

[80]   Aufzeichnung Hassells vom 30. Jan. 1937, ebd., Nr. 207, S. 317.
[81]   Berger-Waldenegg an Schmidt vom 30. Jan. 1937 über sein Gespräch mit Ciano, in: Hochverratsprozeß, S. 516.
[82]   Schmidts Brief an Göring vom 29. Jan. 1937, ebd., S. 302 ff.
[83]   Papen, S. 452 f., berichtet in diesen „Erinnerungen", daß die Korrespondenz Schmidt-Göring ohne seine Kenntnis erfolgte. Dies wird widerlegt von Papens Schreiben an Hitler vom 5. Feb. 1937, in dem er sich auf Detailangaben in Schmidts Brief an Göring bezieht. BAK, R 43 II/ 1473a.
[84]   Göring an Schmidt vom 2. Feb. 1937, in: Hochverratsprozeß, S. 305 ff. Görings sehr konziliant gehaltenes Schreiben befaßt sich vorwiegend mit Problemen der österreichischen Innenpolitik.
[85]   Schmidt an Göring vom 29. Jan. 1937, ebd., S. 305.
[86]   Hassells Telegramm an das AA über sein Gespräch mit Ciano vom 5. März 1937, PAB, Deutsche Botschaft Rom/ Paket 693a Pol 2a 1, Bd. 15.

italienischen Regierung und ließ für Ende April eine neue Italienreise vorbereiten. Gleichzeitig brachte dieser jüngste italienische Südosteuropa-Vorstoß Göring die bislang im Zusammenhang mit der Österreichpolitik vernachlässigten wirtschaftlichen Donauraumfragen in Erinnerung. Er hatte zwar bereits Ende 1936 mehrfach österreichischen Politikern eine wirtschaftliche und militärische Zusammenarbeit vorgeschlagen, ohne jedoch konkrete Initiativen in dieser Richtung zu ergreifen.

Unter dem Eindruck der Engpässe in der Rohstoffversorgung im Frühjahr 1937, begann sich Göring nun intensiv um die Penetrationsmöglichkeiten österreichischer Industrieunternehmen nach dem Beispiel der Alpine-Montan-Gesellschaft zu kümmern[87]. Er forderte darüber hinaus am 17. März in einer streng vertraulichen Sitzung die deutschen Eisenindustriellen auf, „alle Möglichkeiten auszuschöpfen, um weitere Erze aus allen Gegenden der Welt zu holen, ohne die Devisen Deutschlands ernstlich anzuspannen"[88]. Er denke hierbei insbesondere auch an die reichen österreichischen Erzvorkommen. Was in Österreich an Vorkommen zur Erhöhung der Versorgungskapazität erworben werden könne, müsse geschehen. „In dieser Beziehung sei es wichtig, daß der Boden Österreichs im Kriege zu Deutschland rechne." Göring plante hier durchaus noch in langfristigen Perspektiven. Er war sich darüber im klaren, daß eine wirtschaftliche Penetration Österreichs sich nicht von heute auf morgen verwirklichen ließ. Von einem Zeitplan zur Einverleibung Österreichs konnte hier also noch keine Rede sein[89]. Vor allem mußte zunächst das politische Terrain auch in wirtschaftspolitischer Hinsicht sondiert und bereitet werden. Dazu kam ihm Cianos Vorschlag zur Koordination der Rohstoffpolitik gerade recht.

Nach den Spekulationen, den sein Januarbesuch in Italien ausgelöst hatte, versuchte Göring seiner Aprilreise einen betont unverfänglichen und nach außen hin privaten Charakter zu geben. So reiste er am 21. April 1937 zunächst nicht nach Rom, sondern nach Neapel, um dort seine Frau zu einem „streng privaten Erholungsurlaub" für einige Wochen abzusetzen[90]. Göring fuhr erst am 25. April mit dem Auto zu einem inoffiziellen Besuch nach Rom, wo er von einigen Sachbearbeitern aus Berlin zu vertraulichen Gesprächen mit der italienischen Führung erwartet wurde. Da keine Kommuniqués oder Verlautbarungen für die Öffentlichkeit herausgegeben wurden, erregte der Besuch insbesondere im Ausland Aufsehen. In diplomatischen Kreisen vermutete man sogleich einen Zusammenhang mit der Österreichfrage[91]. Daß der österreichische Bundeskanzler am 22. und 23. April, unmittelbar vor Görings Eintreffen in Rom,

---

[87] Dieckhoff an Göring vom 6. März 1937, PAB, Büro St.S./ Politischer Schriftwechsel, Bd. 1, Pag. E 521 354 f. Insbesondere Paul Pleiger, Görings Beauftragter zur Errichtung der „Reichswerke", entwickelte seit März 1937 ein hohes, bislang von der Forschung unbeachtet gebliebenes Engagement zur Aktivierung der deutsch-österreichischen Wirtschaftsbeziehungen. Pleiger, der über gute Beziehungen zu Kienböck und österreichischen Nationalsozialisten verfügte, begründete sein Interesse damit, „als in Aussicht genommen ist, deutsches Kapital in stärkerem Maße als bisher an der österreichischen Montan-Industrie zu beteiligen und die Ausfuhr an Eisen und Metallen nach Deutschland auf eine gesunde Basis zu bringen und zu verstärken". Pleiger an Brinkmann (Reichsbank) vom 8. Juni 1937, BAK, R 25/ 185. Ebd. weiteres Material zu Pleigers Aktivitäten in der österreichischen Angelegenheit.

[88] Niederschrift über die am 17. März 1937 abgehaltene Besprechung bei Göring über Fragen der Eisen- und Stahlerzeugung, IfZ, Dok. NI-090, Bl. 6 ff.

[89] So Schausberger, Aspekte, S. 135.

[90] Aufzeichnung von Hassell über ein Telefongespräch mit Görings Adjutant Bodenschatz vom 17. April 1937, PAB, Deutsche Botschaft Rom/ Paket 696a Pol 2a 1 Besuche deutscher Politiker: Göring (1937).

[91] Vertraulicher Informationsbericht vom 22. April 1937, BAK, ZSg. 110/ 4, Bl. 275. Vgl. auch das Schreiben von Sargent an Drummond vom 13. Mai 1937, in: DBFP, 2/18, Nr. 493, S. 746.

mit Mussolini zu mehreren Besprechungen in Venedig zusammengetroffen war, gab diesen Spekulationen besonderen Auftrieb.

In Deutschland ging man davon aus, Schuschnigg sei in Venedig „von Mussolini absolut k.o. geschlagen worden"[92] und brachte dies nicht zuletzt mit Görings überraschender Reise nach Italien in Verbindung. Tatsächlich hatte Mussolini Schuschnigg eine freundlichere Haltung gegenüber Deutschland empfohlen, gleichzeitig aber betont, daß die österreichische Selbständigkeit die Basis seiner Politik bleibe. Englands und Frankreichs Politik habe zwangsläufig zur deutsch-italienischen Zusammenarbeit geführt, bei der es aber noch gewisse Meinungsverschiedenheiten gebe[93]. Mussolini hielt es für angebracht, die österreichische Frontstellung zu Deutschland vorsichtig abzubauen, ohne dabei jedoch den Anspruch der italienischen Schutzmachtpolitik aufzugeben.

Auch gegenüber Göring versuchte Mussolini, seinen bisherigen Standpunkt in der Österreichfrage zu bekräftigen. Dolmetscher Schmidt gewann aus Görings Gespräch mit Mussolini den Eindruck, „daß die Sondierung der italienischen Haltung in der Anschlußfrage der Hauptzweck des damaligen Besuches war"[94]: Nach einer erneuten Erörterung der Modalitäten der gemeinsamen Hilfeleistungen an Franco und nach dem üblichen Rundschlag in der europäischen Mächtepolitik kam Göring gegen Ende seiner Unterredung auf die Österreichfrage zu sprechen. Unbeeindruckt von der italienischen Reaktion bei seinem Vorstoß im Januar erklärte Göring unumwunden, „der Anschluß werde kommen und müsse kommen. Dieses Ergebnis lasse sich nicht aufhalten".

Mussolinis Reaktion auf Görings erneuten Vorstoß war bezeichnend für die neue italienische Haltung zur Österreichfrage. Nach Schmidts Zeugnis schüttelte Mussolini energisch den Kopf, aber er schwieg. Die österreichische Frage war kein Objekt mehr, über das sich deutsche und italienische Politiker ernsthaft streiten wollten. Dafür hatte Göring die Unausweichlichkeit des Zusammenschlusses zu entschlossen betont. Die italienische Führung konnte sich lediglich darum bemühen, die politischen Bedingungen des „Anschlusses" so weit wie möglich zu beeinflussen, ohne dadurch den neugewonnenen „Achsenpartner" allzu sehr zu brüskieren.

Die italienische Politik war in der Österreichfrage von nun an mehr denn je von einem taktischen Lavieren nach den verschiedenen Richtungen hin bestimmt. Deutschland gegenüber versuchte man den Eindruck des starken Partners zu machen, der sich in der Entscheidung über das Schicksal Österreichs das letzte Wort vorbehielt. Österreich nötigte man zu einer Hinhaltetaktik gegenüber den deutschen Forderungen, wobei gleichzeitig der Anschein erweckt wurde, daß man sich weiterhin auf Italien verlassen könne[95]. Noch schwieriger war es, einen glaubhaften italienischen Standpunkt in der Österreichfrage gegenüber Ungarn zu vertreten. Um den Eindruck eines deutsch-italienischen Interessenkonfliktes zu vermeiden, war man gezwungen zuzugeben, daß der „Anschluß" früher oder später unausweichlich sei und kommen müsse. Man be-

[92] Dertinger-Informationsbericht Nr. 86 vom 24. April 1937, BAK, ZSg. 101/ 30, Bl. 393.
[93] Telegramm des ungarischen Gesandten in Wien an das Außenministerium Budapest vom 24. April 1937 über sein Gespräch mit Schmidt, ebd., Nr. 239, S. 795. Vgl. übereinstimmend damit Cianos Bericht über die Unterredung zwischen Mussolini und Schuschnigg am 22. April 1937 in Venedig, in: Ciano's Diplomatic Papers, S. 108 ff.
[94] Schmidt, Statist, S. 347.
[95] Collotti, S. 20 f.

mühte sich jedoch zu versichern, daß die Initiative in dieser Frage bei Italien liege und Görings primitive Politik nicht zum Erfolg gelangen werde[96].

Tatsächlich hatten Görings Vorstöße in der Österreichfrage zu einer erheblichen Verunsicherung der italienischen Donauraumpolitik beigetragen. Die Gleichzeitigkeit von Görings Italienbesuch mit Mussolinis venezianischen Konferenzen mit Schuschnigg konnte auch als Anzeichen dafür aufgefaßt werden, daß Göring eine Erörterung österreichischer Angelegenheiten ohne deutsche Beteiligung nicht mehr zu tolerieren bereit sei. Görings Anwesenheit in Italien brachte Mussolini nicht gerade in eine glücklich zu nennende Verhandlungsposition gegenüber Schuschnigg. Göring praktizierte hier die Achsenpartnerschaft in einem für Italien peinlichen Stil, indem er demonstrierte, daß kein italienischer Schachzug in der Österreichfrage in Zukunft unbeobachtet bleibe oder gar unbeantwortet hingenommen würde. Obwohl die Informationen über Görings Zusammentreffen mit Mussolini spärlich sind, läßt sich daraus schließen, daß Mussolinis Verstimmung wegen Görings erpresserischer Politik weitere Verstärkung erfuhr.

Es trug wohl auch kaum zu Mussolinis Beruhigung bei, daß Göring von Rom aus unangemeldet nach Jugoslawien fuhr, um die jugoslawische Haltung in der Donauraumpolitik nach dem Abschluß des jugoslawisch-italienischen Vertrages zu sondieren. Die jugoslawische Regierung war über Görings freizügige Reisediplomatie ebenso überrascht und versuchte sich durch die Mitteilung aus der Affäre zu ziehen, daß Görings Besuch völlig privat und ohne Bedeutung gewesen sei[97]. Tatsächlich aber wurde Göring von König Paul und Außenminister Stojadinović empfangen und erörterte neben allgemeinen Fragen der Donauraumpolitik auch den jugoslawischen Standpunkt in der Österreichfrage[98].

Bereits im März 1937 glaubte der sowjetische Botschafter in Rom feststellen zu können, daß Italien Deutschland gegenüber seine außenpolitische Selbständigkeit verloren habe: Mussolini habe Österreich vollkommen dem deutschen Einfluß überlassen[99]. Einen nicht geringen Anteil an dieser Entwicklung hatte Görings Verhandlungspolitik und Reisediplomatie, in deren Mittelpunkt seit 1936 die österreichische Frage gerückt war. Gemäß seiner Strategie zur Herbeiführung des „Anschlusses" bemühte er sich darum, die außenpolitischen Vorbedingungen für eine gezielte Penetrationspolitik zu schaffen. Das geheime deutsch-italienische Wirtschaftsprotokoll vom 14. Mai 1937 war erster Ausdruck der veränderten deutsch-italienischen Beziehungen hinsichtlich Österreichs. Das Protokoll ging davon aus, daß in einem erweiterten Konfliktfall der deutsch-italienischen Zusammenarbeit in der Frage des Rohstoffaustausches nichts im Wege stände, da für den Transport der Weg über Österreich frei sei[100]. Implizit sprach hieraus, daß Italien bereits den österreichischen „Anschluß" an

---

[96] Kányas Aufzeichnung über sein Gespräch mit Ciano vom 21. Mai 1937, in: Kerekes, Allianz, Nr. 17, S. 140.

[97] Bericht von Dampierre (Belgrad) an Delbos vom 11. Mai 1937 über sein Gespräch mit Stojadinović über den Göring-Besuch, in: DDF, 2/5, Nr. 418, S. 706 ff.

[98] Dertingers Informationsbericht Nr. 87 vom 5. Mai 1937, BAK, ZSg. 101/ 30, Bl. 415. Zu vorbereitenden Verhandlungen Görings mit Jugoslawien in diesen Fragen vgl. den Bericht des ungarischen Gesandten in Berlin an das Außenministerium Budapest vom 15. März 1937, in: Kerekes, Berlin-Róma, Nr. 217, S. 792.

[99] Bericht des ungarischen Gesandten in Moskau an das Außenministerium Budapest vom 15. März 1937, ebd., Nr. 218, S. 792 f.

[100] Volkmann, Außenhandel, S. 106.

Deutschland anerkannt hatte. Görings Aktivitäten in der Österreichfrage konnten sich nun auf den Ausbau der bilateralen Beziehungen konzentrieren, um durch eine mehrphasige Penetration dem Zusammenschluß näher zu kommen.

3. Der „Anschluß" 1938

Seit dem Frühjahr 1937 war offenkundig, daß Göring in der Österreichfrage zum „Souffleur und Spielleiter"[1] avanciert war, während Papen zunehmend uninformiert blieb. Görings diplomatische Initiativen trugen dazu bei, daß Österreich Anfang 1937 in eine außenpolitische Isolierung geriet. Göring nutzte die Gelegenheit, um erneut auf breiter Front für den deutsch-österreichischen Zusammenschluß zu werben. Zunächst betonte er wiederholt seine friedlichen Absichten gegenüber der Tschechoslowakei[2] und gab beruhigende Versicherungen in der Danzigfrage ab[3], um den Boden für erfolgreiche Verhandlungen in der Österreichfrage zu bereiten. Im Frühjahr 1937 bemühte er sich dann auffallend oft, mit britischen und französischen Politikern ins Gespräch zu kommen. Seine Unterredungen mit Phipps, Henderson, Lord Lothian[4], François-Poncet[5], Le Rond[6] oder auch Davignon und Frère[7] kreisten stets um die Frage eines deutsch-französisch-britischen Ausgleichs unter der Voraussetzung, daß die Großmächte die deutschen Ansprüche auf Österreich anerkannten. Gelegentlich war Göring sogar bereit, militärische Beistandsversicherungen in Aussicht zu stellen. Mit zunehmender Verhandlungsdauer zeigte er sich jedoch immer weniger konziliant und erweiterte den Katalog der zu lösenden deutschen „Lebensfragen" um die Punkte Kolonien, Sudetendeutsche, Danzig und die Memelfrage[8]. Aufgrund der bereits erwähnten Vorbehalte der Westmächte gegenüber Görings Verhandlungsangeboten kam es aber in diesen Fragen zu keinen entscheidenden Annäherungen. Im Sommer 1937 gelangte Göring zu der Gewißheit, daß allein mit diplomatischen Mitteln der „Anschluß" nicht zu erreichen sei.

---

[1] Plädoyer der Anklage vor dem IMG in Nürnberg, in: IMG, Bd. 4, S. 599.
[2] Mastný (Berlin) an das Außenministerium Prag vom 23. März 1938 über sein Gespräch mit Göring am 7. April 1937, in: Kral, Nr. 55, S. 101 f.
[3] Telegramm von Krauel (Genf) an das AA vom 26. Mai 1937 über Görings Gespräche mit Burckhardt, PAB, Abt. Pol. V/ Po 5 Danzig, Innere Politik, Parlaments- und Parteiwesen, Bd. 3, Pag. E 025 913.
[4] Phipps an Eden vom 13. April 1937, in: DBFP, 2/18, Nr. 396, S. 609 ff.; Schreiben von Henderson an Eden vom 20. Juli 1937, NAW, T-120, Roll 2621/ Serial 5482 H, Pag. E 382 023 ff.; Henderson an F. O. vom 25. Mai 1937, in: DBFP, 2/18, Nr. 538, S. 803 f.; Henderson an Eden vom 8. Juni 1937, ebd., Nr. 593, S. 868 ff.; Aufzeichnung über Görings Gespräche mit Lord Lothian vom 4. Mai 1937, BAK, ZSg. 133/ 27.
[5] François-Poncet an Delbos vom 4. Feb. 1937, in: DDF, 2/4, Nr. 394, S. 684 ff.; dsgl. vom 10. Feb. u. 19. Mai 1937, ebd., Nr. 423, 436, S. 735 ff.
[6] Greiser an Göring vom 5. April 1937 über die Unterredung Göring – General Le Rond, NAW, T-120, Roll 2621/ Serial 5482 H, Pag. E 382 105 f.; vgl. auch die Unterlagen zu Görings Zusammentreffen mit Frau de la Combe im April 1937, ebd., Pag. E 382 108 ff.
[7] Davignon (Berlin) an Spaak (Brüssel) vom 5. Feb. 1937, in: DDB, 4, Nr. 197, S. 501 ff.; Arnal an Delbos vom 10. Mai 1937, in: DDF, 2/5, Nr. 416, S. 703 f.
[8] Henderson an Eden vom 20. Juli 1937 über sein Gespräch mit Göring, NAW, T-120, Roll 2621/ Serial 5482 H, Pag. E 382 023 ff.

Die Vorstufe: Initiative zu Wirtschaftsverhandlungen

Görings außenpolitische Aktivitäten in der Österreichfrage verhalfen ihm schließlich auch zu einer Zuständigkeit für die innerösterreichischen Angelegenheiten. Infolge seiner kompromißlosen Haltung in der „Anschluß"-Frage sahen die österreichischen Nationalsozialisten in ihm einen möglichen Fürsprecher für ihre Konfrontationsstrategie. Ende Mai 1937 reiste der österreichische NSDAP-Führer Josef Leopold zu Göring nach Berlin in der Hoffnung, für seine Auseinandersetzung mit Papen bei Göring Rückendeckung zu erhalten[9]. Auch Seyß-Inquart hielt es in der Folgezeit für angemessen, dem ihm persönlich unsympathischen Göring in Berlin wiederholt seine Aufwartung zu machen[10]. Göring hatte in die Fähigkeiten und Möglichkeiten der österreichischen Nationalsozialisten allerdings nur geringes Vertrauen und widmete den Parteiaktivitäten nur beschränktes Interesse.

Nachdem Heß eine Koordinierung der Parteibestrebungen in der österreichischen Angelegenheit mißlungen war und Himmler seine eigenen Wege zu gehen versuchte, betraute Hitler überraschend am 12. Juli 1937 auf dem Obersalzberg Keppler „mit der zentralen Behandlung der die Partei angehenden mit Österreich zusammenhängenden Fragen"[11]. Keppler war zwar bereits seit September 1936 im Ausschuß für die Durchführung des Juliabkommens tätig und beschäftigte sich verstärkt seit Anfang 1937 mit den österreichischen Verhältnissen, verfügte aber von seiner Persönlichkeit her nur über geringes Durchsetzungsvermögen[12]. Da bei Hitlers Auftrag zunächst lediglich von Parteifragen die Rede war, liegt der Schluß nahe, daß der Auftrag für Keppler im wesentlichen unter dem Eindruck der Rivalitäten innerhalb der österreichischen NSDAP entstanden war. Die Tatsache, daß es bis Mitte September dauerte, ehe die Parteikanzlei eine offizielle Bestätigung des Auftrages herausgab[13], zeigt, daß der Sonderaufgabe von der Parteiführung ebensowenig Aufmerksamkeit gewidmet wurde, wie ihr in der praktischen Politik Bedeutung zukam. Hitlers Auftrag an Keppler ist auch ein Indiz dafür, daß Göring in der Österreichfrage auf eigene Faust tätig war und von Hitler keinen offiziellen Sonderauftrag dazu erhalten hatte.

Es entsprach ohnehin nicht Görings Stil, sich auf die kleinlichen Kompetenz- und Machtkämpfe der Parteiunterführer einzulassen. Ebenso wie in der Danzigfrage, wo er über die Köpfe der örtlichen Parteiführung hinweg zu verhandeln pflegte, suchte Göring auch in der österreichischen Angelegenheit auf direktem Wege das Gespräch mit der politischen Führung. Seit Juni 1937 korrespondierte er bereits mit Guido Schmidt über einen Besuch des österreichischen Außenministers in Berlin[14]. Papen und vor allem Neurath versuchten diesen Bestrebungen einen Riegel vorzuschieben und intervenierten vorbeugend bei Hitler, der sich offensichtlich bereit erklärte, Göring entsprechend zu verständigen[15].

---

[9] V-Berichte des RSHA vom 3.Juni 1937, BAK, R 58/ 1006; vgl. auch In der Maur an Keppler vom 2.Juli 1937, PAB, Handakten Keppler/ Österreich 1938.
[10] Neumann, S. 57 f.
[11] Aufzeichnung Neuraths vom 13.Juli 1937, PAB, Büro RAM/ Österreich, Bd. 1, Bl. 232.
[12] Kehrl, S. 118; Riedel, Eisen, S. 73, 76.
[13] Schausberger, Griff, S. 410.
[14] Görings Schreiben an Schmidt vom 30.Juni 1937 und den sich daran anschließenden Briefwechsel, in: Hochverratsprozeß, S. 308 ff.
[15] Aufzeichnung von Mackensen (AA) vom 18.Juli 1937, PAB, Büro St.S./ Aufzeichnungen über interne Angelegenheiten, Bd. 1, Pag. E 521 546.

Abgesehen von grundsätzlich bestehenden Ressorteifersüchteleien, war das Auswärtige Amt offensichtlich noch über einen unmittelbar vorausgegangenen Zwischenfall bei dem Empfang einer Gruppe österreichischer Industrieller bei Göring verärgert. Nachdem der Besuch der Gruppe bei Hitler „eine tiefe und nachhaltige Wirkung" bei den Teilnehmern erzeugt hatte, verursachte Göring mit einer drastischen Rede große Verärgerung in den Außenministerien beider Länder. Göring hatte die Industriellen mit den Worten empfangen: „Das deutsche Volk diesseits und jenseits der Grenze müsse sich nicht nur in freundschaftlichen Formen finden, sondern auch durch einen *tatsächlichen Zusammenschluß*. Es (sei) ein trauriger Ruhm, daß die Österreichische Unabhängigkeit sich auf Bajonette stützt, die dazu ausländisch sind und von denen man nicht wisse, ob sie im Ernstfalle zur Verfügung stehen würden."[16] Es gelang Göring zwar, durch eine nachträglich abgegebene Erklärung, in der er seinem Bedauern über das „Mißverständnis" Ausdruck gab, die österreichische Bestürzung zu mildern[17] und eine Abberufung der Delegation zu verhindern[18], der Zwischenfall erregte jedoch beträchtliches Aufsehen im Ausland und rief auch innerdeutsche Kritik an Görings offensichtlich antiitalienischen Äußerungen hervor[19].

Obwohl Göring in der Österreichfrage immer wieder durch seine kompromißlose Haltung auffiel, bestand seit dem Sommer 1937 in einigen Punkten der Österreichpolitik offensichtliche Übereinstimmung zwischen Neurath, Papen und Göring. Das Auswärtige Amt hatte bereits mit dem Augustabkommen von 1936 den Plan einer wirtschaftlichen Annäherung an Österreich verfolgt, der von Göring im Rahmen seines umfassenden Penetrationskonzeptes aufgegriffen wurde. Die in das Augustabkommen gesetzten Hoffnungen erfüllten sich jedoch nicht. Die beabsichtigte Ausweitung des Handels mit Österreich blieb unter den Bedingungen des Verrechnungsverkehrs weit hinter den Erwartungen zurück. Da die Clearingspitze im deutsch-österreichischen Handelsverkehr erst Ende 1937/Anfang 1938 kippte[20], lag dies offensichtlich weniger an den begrenzten wirtschaftlichen Möglichkeiten Österreichs als an den allgemeinen, politischen Vorbehalten der österreichischen Führung gegenüber einer Intensivierung der Kompensationspraxis im Sinne einer einseitigen Ausrichtung auf Deutschland. Im Sommer 1937 wurde deutlich, daß eine Ausweitung der wirtschaftlichen Kooperation nur unter der Voraussetzung eines österreichischen politischen Entgegenkommens möglich war.

Gleichzeitig, aber unabhängig voneinander, unternahmen Neurath, Papen und Göring im August und September bei der österreichischen Regierung Sondierungen zu einer engeren wirtschaftlichen Zusammenarbeit. Kaum zufällig fanden sich hier drei Politiker auf einer Linie zusammen, die einer ähnlichen politischen Tradition entstammten und die eine parteipolitische Unterwanderungspolitik in Österreich ablehnten. Neurath traf bereits am 8. August 1937 mit Schmidt zusammen und schlug ihm einen engeren wirtschaftlichen Anschluß an Deutschland und eine eventuelle Wiederaufnahme der Besprechungen über eine Zollunion vor. Schmidt verhielt sich jedoch

[16] Bericht von Papen an das AA vom 18. Juni 1937, PAB, Abt. Pol. IV/ Po 2 Italien, Bd. 2, Bl. 230.
[17] Zur österreichischen Version und Rezeption vgl. die Aussagen in: Hochverratsprozeß, S. 52, 129 f., 581; Malzacher, Teil 1, S. 40.
[18] Aufzeichnung Altenburgs (AA) vom 18. Juni 1937, PAB, Abt. Pol. IV/ Po 2 Österreich, Bd. 6, Pag. 403 314.
[19] Puaux (Wien) an Delbos vom 1. Juli 1937, in: DDF, 2/6, Nr. 167, S. 265; Bericht von Papen an das AA vom 18. Juni 1937, PAB, Abt. Pol. IV/ Po 2 Italien, Bd. 2, Bl. 231.
[20] Stuhlpfarrer, S. 279 f.; Isabella Ackerl und Karl Haas, in: Das Juliabkommen, S. 460 f.

rein rezeptiv und vermied offensichtlich Erörterungen über diese Thematik, so daß Neurath resignierend meinte: „Das ganze Gespräch hätte ebenso gut nicht geführt werden können"[21].

Papen brachte den gleichen Vorschlag bei seinem Gespräch mit Schuschnigg am 4. September zur Sprache und erhielt gleichfalls eine völlig negative Antwort des Kanzlers. Aber anders als Neurath beurteilte Papen die Gesamtlage für entscheidende Vereinbarungen in dieser Richtung als so günstig wie nie zuvor. Er sah vor allem Möglichkeiten, auf Mussolini einzuwirken, um eine Rückendeckung bei diesen Plänen zu erhalten. Nach Papens Auffassung müßten die wirtschaftlichen Vereinbarungen, wobei man den Namen „Zollunion" vermeiden möge, von monetären Abmachungen begleitet sein: „Es liegt auf der Hand, daß, wenn wir erst einmal ein gemeinsames Wirtschaftsgebiet mit angeglichener Währung haben, die Möglichkeiten auch der geistigen Durchdringung Österreichs ganz außerordentliche sein werden. Zusammen mit der militärischen Angleichung würde die endgültige Lösung der österreichischen Frage von *innen* heraus sichergestellt sein."[22] Papens Konzept zur Lösung der Österreichfrage deckte sich weitgehend mit Görings Penetrationsstrategie. Lediglich in der Beurteilung der italienischen Rolle unterschied man sich fundamental voneinander. Während Papen durch eine geschickte Verhandlungspolitik die italienische Unterstützung zu erlangen hoffte, sprach Göring unverhüllte Drohungen an die Adresse der „miesen Italiener"[23] aus.

Görings Zusammentreffen mit Schmidt Anfang September 1937 in der Schorfheide stand ebenfalls ganz im Zeichen von wirtschaftspolitischen Erörterungen und der Frage einer möglichen Zollunion. Während Schmidt sich allem Anschein nach gegenüber Görings Verhandlungsangeboten offen zeigte, versuchte er gleichzeitig gegenüber Österreichs Verbündeten seine Reise nach Berlin als Privatangelegenheit zu bagatellisieren[24]. Die sich bedrohlich entwickelnde österreichische Clearingbilanz gegenüber Deutschland und die österreichischen Befürchtungen vor einer „Devalorisierung der Reichsmark und deren Folgen für Österreich"[25] boten Schmidt auch Grund genug, aus eigenem Interesse den aktuellen Stand der deutsch-österreichischen Wirtschaftsbeziehungen zur Sprache zu bringen. Allerdings ging es Göring weniger darum, Vorschläge zum Abbau der Clearingspitze zu diskutieren als im Sinne seiner langfristigen Penetrationsstrategie einer deutsch-österreichischen Zusammenarbeit auf dem Wirtschafts- und Zollsektor näher zu kommen. Es gelang Göring jedoch ebensowenig wie zuvor Neurath und Papen, Schmidt zu irgendwelchen, über die vertraglichen Vereinbarungen hinausgehenden Zugeständnissen zu bewegen[26].

Für Göring spielte aber das wirtschaftliche Motiv allein keine entscheidende Rolle, sondern diente zunächst vor allem als Katalysator für eine politische Annäherung. Göring betrieb von Anfang an neben der wirtschaftlichen auch eine militärische Annähe-

[21] Schreiben von Neurath an Hitler vom 10. Aug. 1937, in: ADAP, D, I, Nr. 246, S. 370.
[22] Papen an Hitler vom 14. Sept. 1937, PAB, Abt. Pol. IV/ Po 2 Österreich, Bd. 7, Pag. 409 167 ff.
[23] Forbes (Berlin) an das F. O. vom 21. Juli 1937, NAW, T-120, Roll 2621/ Serial 5482 H, Pag. E 382 022.
[24] Berichte des ungarischen Geschäftsträgers in Wien an das Außenministerium Budapest vom 7. u. 13. Sept. 1937, in: Kerekes, Berlin-Róma, Nr. 289 f., S. 801.
[25] Vgl. den Artikel „Durchzugsabsichten durch Österreich?" des „Bund" (Genf), Nr. 432 vom 16. Sept. 1937, PAB, Büro RAM/ Österreich, Bd. 1, Pag. 118 770 f.
[26] Görings Äußerungen zu Henderson über sein Gespräch mit Schmidt, in: Henderson, S. 77; Briefwechsel zwischen Göring und Schmidt vom September und Oktober 1937, in: Hochverratsprozeß, S. 309 ff.

rung. Beide Faktoren sollten im Hinblick auf eine politische Angleichung wirksam werden, an deren Endpunkt ein „Großdeutsches Reich", das Deutschland und Österreich umfaßte, stehen sollte. Der Zeitpunkt für Görings verstärkte Aktivitäten in der Österreichfrage wurde nicht durch wirtschaftliche Engpässe, sondern durch die außenpolitischen Kräfteverschiebungen in Europa bestimmt.

Bezeichnenderweise strebte Göring nie punktuelle oder gezielte Rohstoffgeschäfte mit Österreich an, da es ihm gar nicht dringlich um zusätzliche Bezugsmöglichkeiten ging. Ziel seiner Verhandlungspolitik waren globale Veränderungen in den politischen Beziehungen beider Länder. Die wirtschafts- und militärpolitischen Verhandlungen hatten dabei zum Teil auch eine Alibifunktion, da sich auf diese Weise die Fassade der staatlichen Unabhängigkeit Österreichs leichter erhalten ließ. Von daher kam für Göring in der Phase der Verhandlungsführung nur ein scheinlegalistischer Kurs in Frage. Dies bedeutete auch, daß er hinsichtlich der österreichischen Nationalsozialisten für Seyß-Inquart und gegen Leopold Partei ergriff, der lediglich geduldet wurde, solange er Seyß-Inquart nicht behinderte[27].

Görings Österreich-Kurs zwischen Hitler und Mussolini

Unbestreitbar ist, daß Hitler Görings Österreich-Kurs nicht ganz geheuer war[28]. Keine Frage, daß auch Hitler den „Anschluß" wollte, aber nur unter Vermeidung einer Konfrontation mit Mussolini. In der Österreichpolitik überwand Hitler nur schwer den Schock des Aufmarsches der italienischen Divisionen am Brenner im Sommer 1934. Göring dagegen zeigte sich weder durch Mussolinis Soldaten beeindruckt noch war er bereit, Italiens Vorherrschaftsambitionen in Südosteuropa anzuerkennen. In der Österreichfrage wurde deutlich, daß es im „Dritten Reich" durchaus möglich war, eine von Hitler abweichende außenpolitische Strategie zu verfolgen[29]. Dies war vor allem in solchen Bereichen möglich, für die Hitler kein primäres Interesse zeigte (Südosteuropa), die fernab seines Gesichtskreises lagen (China, Japan) oder bei denen Hitler unentschlossen zauderte (Österreich). Gerade im Hinblick auf Italien war Göring wesentlich skrupelloser als Hitler und daher auch bereit, in der Österreichpolitik eine beschleunigte Gangart einzuschlagen.

In Anbetracht des bevorstehenden Besuches von Mussolini in Berlin Ende September 1937 versuchte Hitler, Göring zur Räson zu rufen. In einem „Sondergespräch" zwischen Hitler, Göring und Neurath erteilte Hitler Göring ausdrückliche Instruktionen für seine Österreich-Besprechung mit Mussolini. Nach Neuraths Bericht habe Hitler „die allzu scharfe bisherige Richtung *Göring's* nicht gebilligt und erklärt, daß von deutscher Seite aus das österreichische Problem keineswegs in absehbarer Zeit zum Platzen gebracht werden solle … Es müsse nur eine Sicherung dafür erreicht werden, daß bei Aufplatzen der österreichischen Frage von anderer Seite her ein Eingrei-

---

[27] Aktennotiz Kepplers über das Gespräch Göring-Leopold am 8. Okt. 1937, in: ADAP, D, I, Nr. 260, S. 385. Daß Göring sich Ende 1937 die Entscheidungen in Personalfragen der österreichischen Bewegung selbst vorbehielt, zeigt das Schreiben von Keppler an Papen vom 10. Dez. 1937, ebd., Nr. 272, S. 396.

[28] Aktennotiz von Keppler über die Besprechung mit Neurath vom 1. Okt. 1937, PAB, Handakten Keppler/ Österreich 1938, Bd. 5/2, S. 1 des Berichts.

[29] Daß Göring in der „Österreich-Frage" eine andere Politik als Hitler betrieb, war allgemein bekannt. Vgl. das Schreiben von Keppler an Todt vom 22. Nov. 1937, PAB, Handakten Keppler/ Österreich R-Z.

fen Deutschlands möglich werde."[30] Aus Hitlers Ungewißheit vor der Reaktion der „anderen Seite" sprach deutlich seine Furcht vor einer italienischen Frontstellung. Bezeichnenderweise vermied es Hitler, in seinen Unterredungen mit Mussolini die Frage des „Anschlusses" anzuschneiden. Die beiden Diktatoren bemühten sich, der Öffentlichkeit ein ungetrübtes Einvernehmen zur Schau zu stellen[31]. Die delikate österreichische Angelegenheit überließ Hitler Göring, der im öffentlichen Teil der Begegnung zwar nur den zweiten Platz einnahm[32], aber die eigentlichen politischen Gespräche führte. Am 28. September waren Mussolini und die Spitzen der italienischen Delegation zu Gast bei Göring in der Schorfheide. Kaum zufällig war zu dem kleinen Kreis auch Papen geladen, der sich sonst nicht gerade Görings Wertschätzung erfreute, was ein deutlicher Hinweis darauf ist, daß Göring der „Österreichfrage" bewußt einen zentralen Stellenwert einräumte. Wie wenig Göring sich an Hitlers Richtlinien hielt, zeigt die Episode in „Carinhall", als Göring Mussolini zu einer Europakarte führte, auf der Österreich bereits dem deutschen Territorium einverleibt war. Aus Mussolinis knapper Bemerkung, „daß das Reich pünktlich sein Programm verwirkliche"[33], interpretierte Göring Mussolinis Einverständnis in der „Anschluß"-Angelegenheit.

Noch im Januar 1937 hatte Mussolini energisch den Kopf geschüttelt und zu Görings Ausführungen über die Österreichpolitik geschwiegen, während er nun überhaupt keine Reaktion mehr zeigte, wie Göring befriedigt feststellte. Auf italienischer Seite interpretierte man diesen Umstand allerdings anders: Mussolini, der ohnehin für Göring eine beträchtliche Antipathie empfände, habe sich gegenüber dessen Beschwerden in der Österreichfrage taub gestellt[34] und sei über die plumpe Art des Ministerpräsidenten verärgert gewesen[35]. Andere Beobachter gelangten aber zu der Schlußfolgerung, Deutschland habe in der Österreichfrage „carte blanche" erhalten und die Lösung des deutsch-österreichischen Problems stehe unmittelbar bevor[36].

Aufgrund der gefilterten Informationen bezüglich Mussolinis Besprechung mit Göring glaubte man in Wien, Deutschland habe den „Anschluß"-Plan vorerst zurückgestellt, da sich Mussolini nicht nur dem „Anschluß", sondern auch jeder Annäherung Deutschlands an Österreich widersetzt habe[37]. Insofern hielt man den Zeitpunkt für günstig, Görings Initiative aufzugreifen und ihn nach Österreich zur Jagd einzuladen[38]. Das Zusammentreffen mit Schuschnigg scheiterte jedoch nicht nur an terminlichen Schwierigkeiten, sondern vor allem an Görings Vorbedingungen.

[30] Aktennotiz von Keppler über die Besprechung mit Neurath vom 1. Okt. 1937, PAB, Handakten Keppler/ Österreich 1938, Bd. 5/2, S. 1 des Berichts.
[31] Cianos Äußerungen über den Verlauf des Mussolini-Besuchs in Deutschland in Hassells Schreiben an das AA vom 8. Okt. 1937, PAB, Abt. Pol. IV/ Po 2 Italien, Bd. 3.
[32] Göring wurde im offiziellen Programm Ciano nebengeordnet, während Neurath mit Attolico vorliebnehmen mußte. Programmplanungen des Mussolini-Besuchs in BAK, R 18/ 5201 Staatsbesuche 1937–1943; Minutenprogramme in PAB, Büro St.S./ Mussolini-Besuch (1937); U.St.S./ Mussolini-Besuch (8.37–10.37).
[33] Görings Aussage am 6. Juli 1946, in: Hochverratsprozeß, S. 300; Lipski, S. 321, über seine Unterredung mit Göring am 29. Sept. 1937.
[34] Montbas (Wien) an Delbos vom 7. Okt. 1937, in: DDF, 2/7, Nr. 30, S. 55. Vgl. auch die beschönigenden Ausführungen Mussolinis zu Ribbentrop, wonach Göring ihm versichert habe, daß nichts ohne vorhergehenden Informationsaustausch erfolge. Aufzeichnung Cianos vom 6. Nov. 1937, in: Ciano's Diplomatic Papers, S. 146.
[35] Anfuso, S. 53 f.
[36] Szembek, Eintrag vom 4. Okt. 1937, S. 243.
[37] Puaux (Wien) an Delbos vom 10. Nov. 1937 über sein Gespräch mit Schmidt, in: DDF, 2/7, Nr. 210, S. 368.
[38] Stein (Wien) an das AA vom 22. Okt. 1937, in: ADAP, D, I, Nr. 265, S. 390.

In seinem Brief an Schmidt vom 11. November 1937 bezeichnete Göring einen sichtbaren Schritt vorwärts in der Ausgestaltung der freundschaftlichen Beziehungen zwischen den beiden Ländern als „absolute Voraussetzung" des Zustandekommens seines Besuches[39]. Er legte Schmidt einen umfassenden Katalog der Gebiete vor, auf denen ein Fortschritt erzielt werden müsse: 1. Außenpolitisch habe „noch klarer als bisher ein unbedingtes Zusammengehen in den großen Zielen der gesamtdeutschen Politik (zu) erfolgen"; 2. durch praktische Maßnahmen wie beispielsweise Offiziersaustausch, Militärkonvention, Waffenbelieferung, müsse eine enge Zusammenarbeit zwischen beiden Wehrmächten auf der Grundidee der „durch Blut gekittete(n) Waffenbrüderschaft" hergestellt werden; 3. auf wirtschaftlichem Gebiet müsse auf der Grundlage eines ungehemmten Rohstoff- und Warenaustauschs „das schließliche Ergebnis eine Zoll- und Währungsunion sein"; 4. auf politischem Gebiet müsse das freie Bekenntnis zum Nationalsozialismus in Österreich möglich sein, als Zeichen, „daß man aufrichtig eine Freundschaft mit dem Reiche wünsche".

Schmidt kam durch Görings Forderungskatalog „in ein gewisses Dilemma", da „er sich einmal nicht stark genug fühlte, die von Herrn Ministerpräsidenten angedeuteten Vorbedingungen beim Bundeskanzler Schuschnigg durchzuziehen, auf der anderen Seite aber dem Herrn Ministerpräsidenten annehmbare Gegenvorschläge machen möchte"[40]. Schmidts Gegenvorschläge, um wenigstens in wirtschaftlicher Hinsicht den Besuch mit einem Erfolg abzuschließen, beschränkten sich jedoch auf den wenig realistischen Hinweis, das „Reich könne mit Hilfe des Systems der Exportfinanzierung, das gegenüber Österreich bisher kaum angewandt wurde, den deutschen Export nach Österreich verdichten". Der in der Regel recht reiselustige Göring sah dieses magere Entgegenkommen und Schmidts ausweichende Antworten in seinem Schreiben vom 23. November[41] als nicht ausreichend an, um die Voraussetzungen zum Zustandekommen des Besuches zu schaffen. Ende November betonte er, daß er zu diesem Besuch nur unter bestimmten Bedingungen fahren würde, welche von der österreichischen Regierung jedoch nicht erfüllt worden seien[42]. Obwohl Schuschnigg auch weiterhin eine Aussprache mit Göring für wünschenswert erachtete[43], verhärteten sich Ende 1937 die deutsch-österreichischen Fronten.

Göring suchte daher seinerseits verstärkt den Kontakt mit österreichischen Politikern und lud überraschend für Anfang November Schmidt zur Jagdausstellung nach Berlin ein[44]. Er nutzte Schmidts inoffiziellen Besuch, um seinen Vorbedingungen zu einem deutsch-österreichischen Gedankenaustausch erneut Nachdruck zu verleihen. Zentraler Gegenstand der Unterredung waren die Möglichkeiten zum Abbau der österreichischen Clearingspitze. Göring sah die einzige Lösung zur Beseitigung des Überhangs im Handelsverkehr in einer Aufgabe der österreichischen Deflationspolitik und der Einführung einer Währungsunion mit Deutschland. Voraussetzung zu einer

---

[39] Schreiben Görings an Schmidt vom 11. Nov. 1937, in: Hochverratsprozeß, S. 311–314.

[40] Aufzeichnung von Megerle vom 19. Nov. 1937 über seine Unterredung mit Schmidt am 17. Nov., in: ADAP, D, I, Nr. 269, S. 393.

[41] Schmidt an Göring vom 23. Nov. 1937, in: Hochverratsprozeß, S. 315 ff.

[42] Aufzeichnung vom 11. Dez. 1937 über die Unterredung zwischen Fritz Hamburger und Göring am 24. Nov. 1937, PAB, Handakten Keppler/ Österreich R-Z.

[43] Papens Schreiben an Hitler vom 21. Dez. 1937 über seine Unterredung mit Schuschnigg, PAB, Abt. Pol. IV/ Po 2 Österreich, Bd. 8, Bl. 110 ff.

[44] Görings Schreiben an Schmidt vom 30. Okt. 1937, in: Hochverratsprozeß, S. 310.

Normalisierung des Handelsverkehrs sei jedoch „eine weitgehende Kontrolle der gesamten österreichischen Finanzgebarung wie auch die Ordnung des politischen Verhältnisses"[45].

Göring beharrte somit auf den Bedingungen, die er bereits in seinem Schreiben vom 11. November formuliert hatte und zeigte sich auch angesichts der österreichischen Vorbehalte nicht kompromißbereit. Zur Demonstration seiner Entschlossenheit zeigte Göring wie vorher Mussolini jetzt auch Schmidt dieselbe Landkarte, die keine Grenzen zwischen Deutschland und Österreich mehr aufwies[46]. Obwohl bei Schmidt über Görings langfristige Absichten nun keine Zweifel mehr herrschen konnten, versprach er, auf wirtschaftlichem Gebiet etwas zu tun, „um das gegenseitige Verhältnis in Ordnung zu halten"[47]. Schmidt handelte dabei durchaus in Übereinstimmung mit Schuschniggs Richtlinien, da die österreichische Führung im Rahmen ihrer Politik des Zeitgewinns durch taktisches Lavieren Göring und Neurath den Rücken zu stärken versuchte, um dadurch eine Durchsetzung der radikalen Linie von Himmler und Goebbels zu verhindern. Ein Übereinkommen mit den Donaustaaten sollte darüber hinaus die Basis für die Garantie der österreichischen Unabhängigkeit bilden.

Zu praktischen Ergebnissen gelangten Görings Verhandlungen mit Schmidt gleichwohl nicht. Trotzdem hielt er weiterhin an seiner Penetrationsstrategie fest. Daß Hitler in der Besprechung am 5. November 1937 ein Niederwerfen Österreichs mit militärischen Mitteln im Zuge einer kriegerischen Verwicklung mit Frankreich prophezeite[48], zeigt, wie wenig die Planung der Österreichpolitik koordiniert war. Hitler dachte hier im Weltmaßstab und enthielt sich jeglicher Äußerungen zu Fragen der anstehenden Tagespolitik. Aber diese langfristigen programmatischen Zielvorstellungen, die Hitler immer wieder entwickelte, boten für Göring weder eine Hilfestellung noch einen Anlaß, um seine eigene außenpolitische Strategie zu überdenken oder neuzuformulieren. Außerdem widersprach Hitlers ideologisiertes Langzeitprogramm seinen bisherigen Richtlinien für die Parteipolitik gegenüber Österreich, die ein evolutionäres Konzept vorsahen.

Hier zeigt sich, wie sehr in der Außenpolitik des „Dritten Reiches" Hitlers außenpolitische Ideologie und die konkrete Tagespolitik auseinanderklaffen konnten. Dies lag weniger daran, daß die nationalsozialistische Außenpolitik durch opportunistische Winkelzüge charakterisiert war, sondern hatte vielmehr seinen Grund in Hitlers wechselnder Einschätzung der europäischen Politik der Großmächte. So zählt Andreas Hillgruber nicht weniger als zwei Stufen und zehn Etappen in Hitlers England-Konzeption von 1933 bis 1945[49]. Ein so hohes Maß an Offenheit und Unentschlossenheit im Konkreten ließ eine Vielzahl von politischen Möglichkeiten zu, von denen diejenige letztlich die Oberhand behielt, die am erfolgreichsten in der Verwirklichung des am weitestgehenden Anspruchs war.

---

[45] Aktenvermerk Kepplers über die Besprechung am 16. Nov. 1937 zwischen Göring, Neumann und Keppler über Görings Gespräch mit Schmidt, PAB, Handakten Keppler/ Österreich 1938, Bd. 5/2, Pag. 344 159.

[46] Görings Aussage am 6. Juli 1946, in: Hochverratsprozeß, S. 300; vgl. ebd., S. 14, 50, 131.

[47] Äußerungen Schmidts zu Heinrich Wildner (Handelspol. Abt. d. öster. Außenamtes) über sein Gespräch mit Göring, ebd., S. 283.

[48] Vgl. die „Hoßbach-Niederschrift", in: Hoßbach, S. 186.

[49] Andreas Hillgruber, England in Hitlers außenpolitischer Konzeption, in: HZ 218 (1973), S. 65–84, hier: S. 73.

Göring ließ sich von den Kursschwankungen in Hitlers Äußerungen zur Öster-
reich- und Englandpolitik nicht beeindrucken. Er nahm seine Internationale Jagdausstellung im November 1937 zum Vorwand, um den britischen Lord Präsident des
Staatsrates und ehemaligen Kriegsminister Viscount Halifax zu einem spektakulären
Besuch nach Berlin einzuladen. Auf britischer Seite zeigte man sich durchaus am Zustandekommen des Besuches interessiert[50]. Terminschwierigkeiten machten schließlich eine Verlängerung der Jagdausstellung erforderlich[51], um der Reise eine abschir-
mende Tarnung zu bieten. Abgesehen von dem außenpolitischen Achtungserfolg, den
Göring verbuchen konnte, verlief der Halifax-Besuch aus deutscher Sicht allerdings
ohne irgendwelche Sensationen. Göring brachte gegenüber dem ehemaligen Kriegs-
und zukünftigen Außenminister seine drei außenpolitischen Forderungen zur Sprache[52], die er wenige Tage später ebenfalls dem amerikanischen Gesandten Bullitt[53],
dem ehemaligen französischen Ministerpräsidenten und Außenminister Pierre
Etienne Flandin[54] und dem ungarischen Ministerpräsidenten Darányi und dessen Außenminister Kánya[55], vortrug. Bei Görings Besprechung mit Halifax stand die Kolonialfrage im Vordergrund[56]. Bezüglich Österreichs und des Sudetenproblems versicherte Göring, „daß Deutschland Angriffsabsichten gegen die ČSR und Österreich
nicht habe und daß das gegenseitige Verhältnis durch ein zweiseitiges Abkommen geregelt werden könne"[57].

Durch Görings Gewaltverzicht erhielt Halifax zwar vom „zweiten Mann" des „Dritten Reiches" einen positiveren Eindruck als von dessen „Führer"[58], die deutschen Ansprüche auf die Führungsrolle in Südosteuropa waren jedoch unüberhörbar laut geworden. Bewußt vermied man deutscherseits eine Übersendung der Aufzeichnung
über Görings Gespräch mit Halifax an die italienische Botschaft[59]. Die Euphorie in
den Beziehungen der „Achse" nach Italiens Beitritt zum Antikominternpakt Anfang
November erhielt durch Görings Ansprüche auf Südosteuropa einen deutlichen
Dämpfer[60]. Die Donauraumstaaten gewannen nicht nur Gewißheit über die deutsche
Entschlossenheit zur Lösung des „Anschluß"-Problems, sondern ihnen wurden gleichzeitig auch die Konsequenzen der deutschen Donauraumpolitik vor Augen geführt.
Dies bewirkte bei Jugoslawien eine vorsichtige Annäherung an Italien, während zwi-

---

[50] AA-Aufzeichnung vom 9. Nov. 1937, PAB, Büro St.S./ Aufzeichnungen über Diplomatenbesuche, Bd. 1,
Pag. E 521 213.
[51] Bestellung aus der Pressekonferenz vom 13. Nov. 1937, Anweisung Nr. 1448, BAK, ZSg. 101/ 10, Bl. 351.
[52] Kirkpatrick, S. 100 f.
[53] Bullitts Memorandum vom 23. Nov. 1937, in: IMG, Bd. 37, Dok. 151-L, S. 594 ff.
[54] Weizsäcker (AA) an Welczeck (Paris) vom 21. Dez. 1937, in: ADAP, D, I, Nr. 87, S. 124 f.
[55] Bericht über die Besprechung zwischen Kánya, Darányi und Göring vom 22. Nov. 1937 in „Carinhall", in:
Kerekes, Allianz, Nr. 19, S. 151–160.
[56] AA-Aufzeichnung vom 1. Dez. 1937, PAB, Büro St.S./ England, Pag. 208 761.
Vgl. auch Halifax' Ausführungen bei den „Conversations Franco-Britanniques des 29–30 Novembre 1937",
in: DDF, 2/7, Nr. 287, S. 518 ff.; Schreiben von Corbin (London) an Delbos vom 2. Dez. 1937, ebd., Nr. 294,
S. 569.
[57] Aufzeichnung über Kroftas Vortrag im ungarischen Außenministerium vom 2. Dez. 1937, in: Kral, Nr. 5,
S. 48.
[58] Schmidt, Statist, S. 377 ff.
[59] Vermerk von Weizsäcker vom 27. Nov. 1937, PAB, Büro U.St.S./ Besuch Halifax.
[60] V-Bericht der Volksdeutschen Mittelstelle an das AA vom 27. Jan. 1938, PAB, Abt. Pol. IV/ Po 1 A Österreich, Politische Lageberichte der geheimen Staatspolizei und der SA-Sammelstelle, Bd. 3, Pag. D 579 369.

schen Polen und Ungarn Möglichkeiten einer Eindämmungspolitik diskutiert wurden[61].

Zwar gab im Dezember 1937 das Oberkommando der Wehrmacht seine Weisung für den Aufmarsch „Grün" („Zweifrontenkrieg mit Schwerpunkt Südost")[62] heraus, gleichzeitig aber schwor Hitler in einer internen Besprechung Papen und Göring darauf ein, „die politische Linie so zu führen, daß es zu keiner Brachiallösung kommt – solange diese aus europäischen Gründen unerwünscht ist"[63]. Krieg als Mittel der Politik wurde grundsätzlich nicht ausgeschlossen, aber in die weitere Ferne verbannt, um die deutsche Aufbauarbeit nicht zu stören. Die Herbeiführung des „Anschlusses" auf diplomatischem Wege stand im Vordergrund, was sich auch bei Stojadinovićs Besuch im Januar 1938 in Berlin zeigte. Göring bereitete sich auf die Gespräche mit der jugoslawischen Regierungsspitze intensiv vor[64] und bewies in seinen Unterredungen mit Stojadinović eine wesentlich vorsichtigere Verhandlungsführung. Er knüpfte an frühere Erörterungen über den Eventualfall einer österreichischen Restauration an, um das gemeinsame Interesse an der Österreichfrage zu betonen. Ebenso wie Hitler unterstrich er, daß man im Donauraum lediglich offene Türen für die Wirtschaft wünsche und bestritt alle territorialen Ansprüche[65]. Trotz der Bemühungen, in die jugoslawisch-ungarischen Beziehungen vermittelnd einzugreifen, scheiterten alle Versuche, Stojadinović zu einem Abrücken von der Kleinen Entente zu bewegen.

Göring war insgesamt mit seiner internationalen Verhandlungspolitik nur bedingt erfolgreich. Es war ihm gelungen, die deutschen Ansprüche nachdrücklich zur Sprache zu bringen, Unterstützung zur Lösung der Österreichfrage hatte er jedoch nirgends erhalten. Allenfalls Polen zeigte sich desinteressiert[66], während man in Italien zwar den „Anschluß" in die politische Rechnung der Zukunft mit einzubeziehen begann, aber gleichzeitig alles unternahm, um ihn so lange wie möglich zu verhindern[67]. Insbesondere zeigte Görings Offenheit über den Katalog der außenpolitischen Forderungen Deutschlands dadurch negative Auswirkungen, daß er die Österreichfrage in der Regel in einem Atemzug mit der Lösung des Sudeten- und Kolonialproblems nannte und damit den Blick auf die weitergehenden Ansprüche öffnete.

Görings Verhandlungspolitik geriet zum Jahreswechsel 1937/38 ins Stocken, da der politische Verhandlungsspielraum ausgeschöpft schien. Er setzte daher nun entschieden auf den Fortgang der bilateralen Gespräche mit Österreich, um auf diesem Wege zu einem außenpolitischen Erfolg zu kommen. Nach dem Umkippen der Clearingspitze beschäftigte sich Göring erneut mit dem Gedanken einer Währungsunion mit Österreich[68]. Gleichzeitig versuchte er, sich Seyß-Inquart seinen Absichten dienstbar

[61] Plessen (Rom) an das AA über Stojadinovićs Besuch bei Mussolini, in: ADAP, D, V, Nr. 153, S. 173; Kányas Brief an Hory (Warschau) vom 2. März 1938, in: Kerekes, Allianz, S. 163.

[62] Weisung des Oberbefehlshabers der Wehrmacht vom 21. Dez. 1937, in: ADAP, D, VII, Anhang K, S. 547 ff.

[63] Schreiben Papens an Weizsäcker vom 16. Dez. 1937, in: ADAP, D, I, Nr. 80, S. 106.

[64] Unterlagen zur jugoslawischen politischen und wirtschaftlichen Situation vom Januar 1938 in Görings Handakten, NAW, T-120, Roll 2621/ Serial 5482 H, Pag. E 382 168–209.

[65] Aufzeichnungen von Heeren (AA) über die Gespräche zwischen Stojadinović, Hitler und Göring vom 17. Jan. 1938, in: ADAP, D, V, Nr. 163, S. 187 ff.

[66] Aufzeichnung von Weizsäcker (AA) vom 1. April 1938 über Görings Gespräche mit Beck im Januar u. Februar 1938, PAB, Abt. Pol. IV/ Po 2 Österreich, Bd. 11, Pag. 409 788; Lipski, S. 330 ff., 342.

[67] Ciano, Tagebücher, Bd. 1, Eintrag vom 13. Feb. 1938, S. 103. Zum italienischen Plan eines Staatenbündnisses Rom-Belgrad-Budapest-Warschau als Gegenpol zu Deutschland vgl. das Telegramm des stellvertretenden ungarischen Außenministers an Kánya vom 2. März 1938, in: Ádám, Müncheni, Nr. 120, S. 946.

[68] Stuhlpfarrer, S. 291.

zu machen[69], um daneben alles daran zu setzen, Leopold aus der österreichischen Angelegenheit auszuschalten[70]. Göring schlug in seinen Gesprächen mit österreichischen Politikern einen wesentlich schärferen Ton an, als es bisher der Fall gewesen war und erweckte bei dem österreichischen Sicherheitsbeamten Revertera den Eindruck, daß im Frühjahr 1938 mit dem gewaltlosen Zusammenschluß zu rechnen sei[71].

Obwohl Göring dem Anschein nach nicht am Zustandekommen der Berchtesgadener Gespräche zwischen Hitler und Schuschnigg beteiligt war, verstärkte dieses Treffen Görings Erwartungshaltung in bezug auf die Durchführbarkeit des „Anschlusses". Bei seiner Februarjagd in Polen vertrat er die Auffassung, daß die österreichische Angelegenheit sich nun beschleunige und man in Kürze mit einer deutsch-österreichischen Zoll- und Währungsunion rechnen könne. Bereits seine Terminplanung zu dem Polenbesuch Ende Februar behandelte Göring unter dem Vorbehalt eines eventuell dazwischen kommenden „Krachs" mit Österreich[72]. Nach dem gelungenen Berchtesgadener Ultimatum war man deutscherseits davon überzeugt, daß die Angliederung Österreichs unmittelbar bevorstünde[73].

Bereits im Januar 1938 hatte Göring Keppler beauftragt, Unterlagen zum Ausbau der österreichischen Energie- und Wasserwirtschaft zusammenzustellen, um „im Falle politischer Änderungen sofort in großzügigster Weise österreichische Erwerbslose an diese Aufgaben heransetzen"[74] zu können. Im Februar setzte Göring die ersten konkreten wirtschaftspolitischen Planungen in bezug auf die österreichische Wirtschaft in Gang, während er bisher lediglich allgemeine Forderungen ohne inhaltliche Präzisierung erhoben hatte. Am 14. Februar erteilte er Keppler den Auftrag, in Zusammenarbeit mit den in Frage kommenden Reichsministerien einen Vorschlag zur Herbeiführung einer Währungsunion mit Österreich auszuarbeiten[75]. Wie üblich bei interministeriellen Verhandlungen, traten hierbei zunächst Kompetenzrivalitäten auf, die eine zügige Formulierung konkreter Vorschläge hinauszögerten[76].

Die unklaren Zuständigkeitsfragen zwischen dem Auswärtigen Amt und Görings Beauftragten wurden zusätzlich dadurch kompliziert, daß Ribbentrop seinerseits Keppler am 19. Februar zu seinem Beauftragten für die Österreichfrage bestellte[77]. Es gelang Göring immerhin in seiner Besprechung mit Hitler am 21. Februar, die Unruhe stiftenden Parteielemente in der österreichischen Angelegenheit endgültig

---

[69] Zu Görings Verhandlungen mit Seyß-Inquart im Frühjahr 1938 vgl. die Materialsammlungen, IfZ, PS-3473, Pag. A 093 971 ff. u. NG-3696.
[70] Materialsammlung in: IMG, Bd. 32, Dok. 3472-PS, S. 329-333. Vgl. auch die Schreiben Kepplers an Ribbentrop vom 7. u. 10. Feb. 1938, in: ADAP, D, I, Nr. 285, 289, S. 410 ff., 414 f.
[71] Reverteras Bericht vom 20. Nov. 1937 an Schuschnigg über sein Gespräch mit Göring, in: Hochverratsprozeß, S. 297.
[72] Lipski an Beck vom 19. Feb. 1938, in: Lipski, Dok. 78, S. 344.
[73] Milchs Tagebucheintrag vom 15. Feb. 1938, BA-MA, Nachlaß Milch N 179/ Nr. 36, Tagebuch 1938.
[74] Schreiben Kepplers an Kleinmann (Reichsverkehrsministerium) vom 28. Jan. 1938, PAB, Handakten Keppler/ Österreich K-R.
[75] Keppler an Ribbentrop vom 14. Feb. 1938, PAB, Handakten Keppler/ Österreich R-Z, Pag. 345 324. Als Verhandlungsgrundlage diente Keppler eine Ausarbeitung vom Februar 1938 über „Verhandlungen mit Österreich", vgl. PAB, Handakten Keppler/ Österreich 1938, Bd. 5/2, Pag. 344 118-125.
[76] Aufzeichnung ohne Unterschrift (vermutlich von Clodius) vom 24. Feb. 1938, PAB, Handakten Clodius/ Österreich, Pag. H 009 910. Vgl. auch die Aufzeichnung vom 23. Feb. 1938 „Betr. Oesterreichische Wirtschaftsverhandlungen", ebd., Pag. H 009 912 f.
[77] Stuhlpfarrer, S. 292; Kepplers Aussage in Nürnberg, IfZ, MA-1300/2, Bl. 348.

auszuschalten und nachdrücklich seine Bemühungen um eine Währungsunion zu betonen[78].

Am 26. Februar 1938 gab Hitler den Führern der österreichischen NSDAP die neue Marschroute bekannt. Keppler vermerkte in einer Aktennotiz über die Besprechung, Hitler „wünsche, daß der evolutionäre Weg gewählt werde, ganz egal, ob man heute schon die Möglichkeit eines Erfolgs übersehen könne oder nicht. Das von *Schuschnigg* unterzeichnete Protokoll sei so weitgehend, daß bei voller Durchführung die Österreichfrage automatisch gelöst werde. Eine gewaltmässige Lösung sei ihm, wenn es irgendwie vermieden werden könne, jetzt nicht erwünscht, da für uns die aussenpolitische Gefährdung von Jahr zu Jahr geringer werde und die militärische Macht von Jahr zu Jahr grösser"[79]. Hitler war damit ganz auf Görings Linie eingeschwenkt, die dieser bereits Ende 1936 eingeschlagen hatte. Er war nun davon überzeugt, daß die allmähliche Penetrationspolitik zum Erfolg führen müsse, wenn er auch gleichzeitig dem britischen Botschafter gegenüber seine kriegerische Entschlossenheit zur Schau stellte[80]. Die Möglichkeit eines gewaltsamen Weges wurde von Hitler aber Ende Februar als inopportun abgelehnt.

In der gleichen Besprechung am 26. Februar erhielt Ribbentrop von Hitler das Einverständnis, Keppler mit der Österreichfrage zu betrauen. Durch diesen Vorgang wurde Keppler zum Diener zweier Herren. Es kündigte sich gleichzeitig damit an, daß Ribbentrop keineswegs, etwa im Stile seines Vorgängers Neurath, gewillt war, Göring weite Bereiche der nationalsozialistischen Außenpolitik zu überlassen. Göring beabsichtigte indessen nicht, aus der Österreichpolitik zugunsten Kepplers und Ribbentrops auszuscheiden. Anfang März nahm er durch seinen Schwager Hueber erneut Kontakt mit Starhemberg auf und schlug Guido Schmidt eine persönliche Aussprache vor[81].

Die Inszenierung des Untergangs der Republik Österreich

Sämtliche deutsche Planungen bezüglich Österreichs wurden jedoch durch Schuschniggs Entschluß vom 8./9. März, in Österreich am 13. März eine Volksbefragung über den „Anschluß" durchzuführen, überholt und fundamental in Frage gestellt. Der österreichische Bundeskanzler trat damit die Flucht nach vorn an, um seiner Politik eine möglicherweise neue Basis zu geben. Das von vornherein unsichere und gefährliche Vorhaben leitete eine Entwicklung ein, die das Ende Österreichs beschleunigte und völlig unerwartet ermöglichte. Es kann somit keine Rede von einem planmäßig und zielstrebig verlaufenen „Anschluß" sein. Zeitpunkt und Anlaß waren durch und durch akzidenteller Natur, wie auch die improvisierte Art der Durchführung offenbarte[82]. Schuschniggs schwächliche und unglückliche Politik kam den deutschen „Anschluß"-Bestrebungen geradezu entgegen, für die es weder einen Zeitplan noch eine

[78] Kepplers Aktennotiz vom 22. Feb. 1938 über die Besprechung bei Hitler am 21. Feb. in Anwesenheit Görings, in: ADAP, D, I, Nr. 318, S. 443 f.

[79] Aktenvermerk Kepplers vom 28. Feb. 1938 über die Besprechung bei Hitler am 26. Feb., PAB, Handakten Keppler/ Österreich 1938, Bd 5/2, Pag. 344 134.

[80] Schmidts Aufzeichnung über die Unterredung Hitlers mit Henderson am 3. März 1938, in: Dokumente und Materialien, Bd. I, Nr. 3, S. 59 f.

[81] Starhemberg, Hitler, S. 277 ff.; Görings Brief an Schmidt vom 8. März 1938, in: Emessen, S. 105 ff.

[82] Eichstädt, S. 354 ff.

einheitliche Planung gegeben hatte. Erst wenige Wochen zuvor hatte sich Görings Konzept der Penetrationspolitik durchgesetzt und war auch von Hitler zur alleinigen und richtungsweisenden Strategie erklärt worden. Der frühe Zeitpunkt und die Art des „Anschlusses" wurden jedoch allein durch Schuschniggs Volksbefragungsprojekt bestimmt.

Zunächst dachte man in Deutschland keineswegs daran, auf Schuschnigg ultimativ einzuwirken. Bei einer kurzfristig einberufenen Besprechung im Reichspropagandaministerium plante man lediglich eine Propagandaaktion großen Stils als Gegenmaßnahme. Die deutsche Ungläubigkeit über den Abstimmungsplan wich allmählich einer Bestürzung über Schuschniggs Bruch des Berchtesgadener Abkommens. Hitler war offensichtlich am 9. März wie gelähmt, zumal sein Außenminister sich in London aufhielt. Während bereits am Vormittag die ersten Nachrichten über das Befragungsvorhaben in Berlin eintrafen, dauerte es bis in die Nacht auf den 10. März, ehe Hitler die ersten Anordnungen traf. Daß er keineswegs von vorneherein an eine überstürzte und gewaltsame Aktion dachte, äußerte sich darin, daß er sich des in der Nähe befindlichen überlegenden und bedächtigen Neurath[83] erinnerte, den er für den Donnerstagvormittag zu sich kommen ließ. Schließlich führte er in der gleichen Nacht ein längeres Telefongespräch mit Göring, worauf er General Reichenau aus Kairo zurückrief[84].

Die fast vollständige Abwesenheit der außenpolitischen und militärischen Führung von Berlin zeigt, wie überraschend und unplanmäßig die Zuspitzung in der Österreichfrage eingetreten war. Von einem konkreten Zeitplan im „Programm der Welteroberung"[85] konnte hier keine Rede sein. Selbst für eine militärische Aktion fehlten sämtliche Vorarbeiten. Keitel erinnerte sich in der Morgenbesprechung des 10. März, daß es eine Generalstabsarbeit über den „Sonderfall Otto" gab, da „aber das deutsche Oberkommando den Eintritt dieser Voraussetzung für unwahrscheinlich gehalten hatte, waren gegen Österreich weder Aufmarschpläne noch sonstige Maßnahmen vorbereitet worden"[86]. Desgleichen fehlten bei der Luftwaffe Grundlagenstudien für eine Eventualmaßnahme gegen Österreich. Milch befand sich auf Urlaub in der Schweiz und mußte nach Berlin zurückgerufen werden.

Trotz der hektischen Betriebsamkeit, die sich am 10. März 1938 in der Reichskanzlei entwickelte, wo sich nach und nach die militärischen und politischen Spitzen des „Dritten Reiches" mit ihrem Anhang einfanden, beschränkte sich die politische Entscheidungsfindung auf Hitler, Neurath und Göring. Das Auswärtige Amt wurde erst gar nicht konsultiert[87]. Anwesende bezeugten übereinstimmend, daß sich Göring als die dominierende Persönlichkeit erwies, die auf eine „Totallösung" drängte und dem zögernden Hitler die Initiative aus der Hand nahm[88]. Eingeweihten war bekannt, „daß

---

[83] Hitler in der Nacht vom 9. auf den 10. März 1938 zu Glaise-Horstenau, zit. nach einer Aufzeichnung des Büros Ribbentrop vom 22. April 1938, PAB, Dienststelle Ribbentrop/ Vertrauliche Berichte, Bd. 1,1. Übereinstimmend damit die Aussage Glaise-Horstenaus in Nürnberg, in: IMG, Bd. 16, S. 131 f.

[84] Jodls Tagebucheintrag vom 10. März 1938, IfZ, Dok. PS-1780, Bl. 43.

[85] So Schausberger in: Das Juliabkommen, S. 455.

[86] Eichstädt, S. 365.

[87] Weizsäcker-Papiere, S. 122 f.; Kordt, S. 194 f. Göring verhinderte eine Rückberufung Ribbentrops aus London, vgl. Neuraths Aussage am 24. Juni 1946, in: IMG, Bd. 16, S. 702.

[88] Papen, S. 487, 498; Meissner, S. 450 f.; Below, S. 89. Vgl. auch Görings Aussage 1946, in: Steinbauer, S. 65 und in: IMG, Bd. 9, S. 333 ff., 438 f.

Hitler keine wichtigen Entscheidungen aus dem Handgelenk fällen konnte, während das dem ehemaligen Jagdflieger Göring um so mehr lag ... Göring schien die Unentschlossenheit Hitlers bei unvorhergesehenen Vorfällen zu kennen und wußte, daß er sich dann beraten und beeinflussen ließ, im Gegensatz zu den Fällen, in denen der Führer sich nach längeren Überlegungen eine eigene Meinung gebildet hatte und dann nur schwer oder gar nicht mehr zu beeinflussen war."[89]

Die Einzelheiten der Vorgänge am 10. und 11. März sind von der Forschung bereits ausführlich behandelt worden[90] und können in diesem Zusammenhang vernachlässigt werden. Während Hitler sich zwar endlich am Nachmittag des 10. März entschieden hatte, die Absetzung der Abstimmung mit allen Mitteln zu erzwingen, war es Göring, der darüber hinaus ging und dem nach Wien fliegenden Glaise-Horstenau einen Telegrammentwurf in die Hand zu drücken versuchte, in dem Seyß-Inquart um den Einmarsch deutscher Truppen nach Österreich bitten sollte. Nach eigener Aussage hatte Göring „ein intuitives Gefühl, daß jetzt die Situation ins Rutschen kam und nunmehr endlich die lang und heiß ersehnte Möglichkeit bestand, die ganze und klare Lösung durchzuführen"[91].

Hitler hatte bezeichnenderweise in diesen Stunden nichts dringenderes zu tun, als an einem Entwurf eines Schreibens an Mussolini zu arbeiten, in dem er ihn um Verständnis für das deutsche Eingreifen in die österreichischen Verhältnisse bat[92]. Göring telefonierte derweil fast ununterbrochen mit der deutschen Gesandtschaft in Wien, auf der sich der Reihe nach Keppler, Seyß-Inquart, Hueber und die deutschen Geschäftsträger einfanden, um Görings Weisungen entgegenzunehmen. Die fast einhundert Seiten umfassenden Abhörprotokolle, die Görings Forschungsamt über die Telefonate anfertige[93], wurden nicht wie üblicherweise später vernichtet, sondern landeten auf Görings ausdrückliche Anordnung hin auf dessen Schreibtisch. Sie wurden später in seinem Geheimarchiv aufbewahrt[94], da er sie als den dokumentarisch festgehaltenen Triumph seiner österreichischen Beuteaktion betrachtete.

Die Erkenntnisse der historischen Forschungen deuten übereinstimmend darauf hin, daß Göring vor dem Nürnberger Tribunal am 14. März 1946 die Wahrheit sagte, als er nicht ohne Stolz den „Anschluß" „hundertprozentig" auf seine Kappe nahm und weder Ribbentrop noch sonst einer der Angeklagten widersprach. Göring entwickelte bei seinen telefonischen Anweisungen am 11. und 12. März 1938 eine Eigendynamik, die „sogar über Bedenken des Führers hinwegschreitend die Dinge zur Entwicklung gebracht hat"[95]. Entscheidend war, daß Göring nach Schuschniggs Rücktritt die Situation weitertrieb und Seyß-Inquart drängte, den vereinbarten Hilferuf an die deutsche Regierung zu richten, um militärischen Beistand zu erhalten[96]. Die Frage, ob das Telegramm vom 11. März, mit der Aufnahmezeit „Berlin, 21.40 Uhr", mit dem

[89] Below, S. 76.
[90] Vgl. insbesondere Eichstädt, S. 364 ff.; Goronzy, S. 695–735.
[91] Göring am 14. März 1946, in: IMG, Bd. 9, S. 333.
[92] Zu einem der Entwürfe von Hitlers Brief an Mussolini vom 11. März 1938 vgl. Emessen, S. 108 ff.
[93] Die Originale wurden als Dok. PS-2949 in Nürnberg vorgelegt. Vgl. die fotomechanischen Kopien im IfZ. Unvollständige und ungenaue Auszüge finden sich in: IMG, Bd. 31, Dok. 2949-PS, S. 354–384.
[94] Mantelschreiben des „Reichsluftfahrt-Ministeriums-Forschungsamt" vom 14. März 1938, IfZ, Dok. PS-2949.
[95] Görings Aussage am 14. März 1946, in: IMG, Bd. 9, S. 333.
[96] Eichstädt, S. 387 ff.; Rosar, S. 280–294.

Seyß-Inquart im Namen der Provisorischen Österreichischen Regierung die „deutsche Regierung um baldmöglichste Entsendung deutscher Truppen" bat[97], wirklich echt oder gefälscht ist, ist in diesem Zusammenhang nur von untergeordneter Bedeutung, da Göring bereits vorher zwischen 20.00 und 20.30 Uhr „im Namen des Führers" den Befehl zum Einmarsch in Österreich gegeben hatte[98].

Die unglaublich turbulente, schon fast grotesk zu nennende Art und Weise, in der der Untergang Österreichs herbeigeführt wurde, wird durch den Umstand verstärkt, daß am entscheidenden Freitagabend beinahe das gesamte Berliner diplomatische Korps auf einem Ball im „Haus der Flieger" weilte, zu dem Göring, wie alljährlich, geladen hatte[99]. Die rein zufällige Gleichzeitigkeit, mit der sich dies als Ablenkungsmanöver perfekt in den „Anschluß" der Republik Österreich einreihte, erleichterte die deutschen Aktionen. Göring bot sich die Möglichkeit, unmittelbar durch persönliche Gespräche auf die Berichterstattung der ausländischen Diplomaten einzuwirken und damit letztlich den „Anschluß" auf diplomatischem Wege sicherzustellen.

Einer der ersten Gesprächspartner Görings war der britische Botschafter Nevile Henderson. Göring bemühte sich, die Legalität der Vorgänge in Österreich herauszustreichen und begründete den deutschen Truppeneinmarsch mit einem Hilferuf von Seyß-Inquart, der Schwierigkeiten mit den kommunistischen Elementen der Wiener Neustadt befürchtet habe[100]. Göring versicherte, daß so bald wie möglich die deutschen Truppen zurückgezogen und freie Wahlen in Österreich abgehalten würden[101]. Durch die Schnelligkeit, mit der der „Anschluß" inszeniert worden war, war Henderson noch nicht einmal die Möglichkeit gegeben, genaue politische Anweisungen bei seiner Regierung einzuholen. Er vermied daher, in seiner Unterredung mit Göring einen formellen Protest gegen die gewaltsame deutsche Aktion auszusprechen und warnte lediglich vor den Konsequenzen, die aus einer solchen unrechtmäßigen Maßnahme entstehen könnten. Henderson fügte hinzu, daß er nicht garantieren könne, „daß dies nicht auf Krieg hinauslaufe"[102]. Er betonte aber, daß dieses seine persönliche Meinung sei.

Henderson bemerkte, daß Göring sichtlich nervös war, sich nicht wohl fühlte und seit seinem Erscheinen auf dem Empfang eine breite Aktivität entfaltete, um den einzelnen Missionsträgern die friedlichen deutschen Absichten zu versichern. Entgegen seinen bisherigen, oftmals wiederholten Forderungen nach einer Lösung der Sudetenfrage, sah sich Göring nun veranlaßt, allseits zu bekräftigen, daß es sich „bei dem Einmarsch deutscher Truppen in Österreich ‚um nichts als eine Familienangelegenheit' handle, und daß Deutschland der Tschechoslowakei gegenüber gewillt sei, die bisherige Politik der gegenseitigen Besserung der Beziehungen fortzusetzen"[103]. Gegenüber dem verständlicherweise sehr erregten tschechoslowakischen Gesandten Mastný gab

---

[97] Telegramm von Seyß-Inquart an Hitler vom 11. März 1938, PAB, Abt. Pol. IV/ Po 2 Österreich, Bd. 9, Pag. 409 461.
[98] Eichstädt, S. 411.
[99] Vertraulicher Informationsbericht Nr. 26 vom 23. März 1938, der allerdings zahlreichen Fehlinformationen von Reichsminister Rust, der selbst offensichtlich gar nicht anwesend war (da der Ball nicht in „Carinhall", sondern in Berlin im „Haus der Flieger" stattfand), aufgesessen ist. BAK, ZSg. 101/ 32, Bl. 221 f.
[100] Henderson an Halifax vom 15. März 1938, in: DBFP, 3/1, Nr. 87, S. 56–59, hier: S. 59.
[101] Hendersons Schreiben an Göring vom 13. März 1938, PAB, Abt. Pol. IV/ Po 2 Österreich, Bd. 9, Bl. 135 f.
[102] Henderson an Halifax vom 15. März 1938, in: DBFP, 3/1, Nr. 87, S. 59.
[103] Aufzeichnung von Eisenlohr (Prag) vom 12. März 1938 über sein Gespräch mit Krofta, PAB, Büro U.St.S./ Tschechoslowakei I, Pag. 183 019.

Göring in mehreren Gesprächen unter Zeugen sein formelles Ehrenwort, daß Deutschland nicht plane, etwas gegen sein Land zu unternehmen[104].

Die Frage der Glaubwürdigkeit von Görings Versicherungen beschäftigte noch tagelang die Berliner diplomatischen Kreise und europäischen Außenämter. Sowohl Neurath, der ähnliche Erklärungen abgegeben hatte, wie auch Göring bezogen sich dabei auf Hitler[105], der in der Tat noch in der Nacht zum 12. März unter dem Eindruck des glänzenden Erfolges der deutschen fernmündlichen „Anschluß"-Politik die Losung ausgegeben hatte, daß „ihm die Bereinigung der tschechischen Frage" nicht eile, da man „erst Österreich verdauen" müsse[106]. Die Bemerkung, daß trotzdem die Vorbereitungen für den „Fall Grün" weitergetrieben werden sollten, war jedoch ein deutlicher Hinweis darauf, daß das nächste außenpolitische Ziel bereits fest ins Auge gefaßt war.

Da Göring durch die „Braunen Blätter" seines Forschungsamtes weitgehend über die Reaktionen und Anweisungen, die an die auswärtigen Gesandten in Berlin gegeben wurden, im Bilde war[107], waren seine Gespräche mit den Diplomaten der demokratischen Länder im hohen Maße taktischer Natur und kaum Ausdruck seiner politischen Überzeugung. Ungeachtet seiner anderslautenden offiziellen Ehrenworte, die er als „Staatsoberhaupt" abgegeben habe, da er durch Hitler „zur Führung der obersten Staatsgeschäfte ermächtigt"[108] sei, vertraute er dem ungarischen Gesandten an, „daß jetzt zuerst Österreich in Ordnung gebracht werden müsse, dann würde bestimmt auch die Tschechoslowakei an die Reihe kommen. Er betonte, daß sie im übrigen noch nicht so weit fertig seien, um diese doch mehr Kräfte beanspruchende Aktion zu beginnen"[109].

Bezeichnenderweise erregte in diesen Tagen mehr das tschechoslowakische Schicksal die Gemüter der europäischen Diplomatie[110], als die Einverleibung Österreichs in das „Dritte Reich". Die Aufregung über die deutsche Blitzaktion hielt sich allenthalben in Grenzen und legte sich binnen kurzem. Hier war deutlich spürbar, daß man bereits vor dem März 1938 mit dem Schicksal Österreichs abgeschlossen und die angeblich moralische Berechtigung des deutschen Anspruches stillschweigend anerkannt hatte. Görings diplomatische Vorarbeiten waren nicht ohne Wirkung geblieben. Die von ihm offiziell zur Schau gestellte Erleichterung über Mussolinis Einverständnis[111] war mehr ein Trostpflaster für das schon zuvor resignierende Oberhaupt der Römerpaktstaaten. Während Hitler in den entscheidenden Stunden noch über die römische Reaktion spekulierte[112] und sich schließlich erst unter Görings Drängen doch einen Ruck gab, war dieser bereits lange davon überzeugt, daß Italien aus der „Anschluß"-

[104] Mastný (Berlin) an das Außenministerium Prag vom 12. März 1938, in: Kral, Nr. 35, S. 83 ff.
[105] Aufzeichnung Neuraths vom 14. März 1938, in: ADAP, D, II, Nr. 78, S. 127; Mackensens Telegramm an Eisenlohr (Prag) vom 14. März 1938, ebd., Nr. 80, S. 128.
[106] Jodls Tagebucheintrag vom 11. März 1938, IfZ, Dok. PS-1780, S. 45.
[107] Nachricht des F.A. (Forschungsamt) vom 13. März 1938, PAB, Büro St.S./ Österreich.
[108] Aufzeichnung Eisenlohrs (Prag) vom 12. März 1938, PAB, Büro St.S./ Tschechoslowakei I, Pag. 183 019.
[109] Sztójay (Berlin) an Kánya (Budapest) vom 12. März 1938, in: Kerekes, Allianz, Nr. 24, S. 168 f.
[110] Aufzeichnung über die Unterredung zwischen Halifax und Masaryk am 12. März 1938, in: Kral, Nr. 40, S. 88 ff.; Masaryk an das Außenministerium Prag vom 29. April 1938, ebd., Nr. 68, S. 172; Osuský an das Außenministerium Prag vom 16. Mai 1938, ebd., Nr. 76, S. 129.
[111] Görings Rede am 13. März 1938 zum Heldengedenktag in der Berliner Staatsoper, in: Göring, Reden, S. 316 ff.
[112] Zu Hitlers Brief an Mussolini vgl. Eichstädt, S. 381 f.

Frage ausgeschieden war und es nur noch einer erpresserischen Verhandlungsführung bedurfte, um unter dem Druck des entstandenen Machtvakuums die österreichische Führung zu beseitigen. Entscheidend für die Ermöglichung des „Anschlusses" war daher neben der von Göring eingeleiteten Penetrationspolitik die außenpolitische Isolierung Österreichs auf diplomatischem Wege, die einer Repressionspolitik Tür und Tor öffnete. Schuschnigg machte dabei den die Entwicklung auslösenden Fehler, indem er Göring den Anlaß zur direkten Intervention lieferte.

Natürlich kostete Hitler als erster diesen außenpolitischen Triumph, als er bereits am 12. März in seiner Heimat Einzug hielt. Göring wurde dadurch entschädigt, daß er durch eine amtliche Mitteilung zum bevollmächtigten Vertreter Hitlers in Berlin bestellt wurde[113]. Diese, für den „Führerstaat" durchaus untypische Maßnahme zeigt, wie sehr Hitler es begrüßte, die außenpolitische Rechenschaftslegung für den gerade erst erfolgten Schachzug auf Göring abzuwälzen. Zugleich mit Hitler erfolgte eine Invasion deutscher Politiker, Abgesandter und „Würdenträger" in Österreich. Göring kam dadurch in die für ihn unangenehme Lage, vom Entscheidungszentrum über das weitere Schicksal Österreichs ausgesperrt zu sein, was für ihn nachhaltige Folgen haben sollte.

Wie überraschend letztendlich der „Anschluß" für die deutsche Führung gekommen war, äußerte sich auch darin, daß man sich bislang noch keine Gedanken darüber gemacht hatte, auf welcher staatsrechtlichen Grundlage sich die neue staatliche Organisation Deutschlands und Österreichs zukünftig bewegen sollte. Göring hatte in seinen Forderungen allerdings nie einen Zweifel daran gelassen, daß am Ende nur ein totaler Zusammenschluß stehen konnte[114]. Hitler war in diesem Punkte allem Anschein nach wesentlich widersprüchlicher und faßte nach übereinstimmenden Zeugnissen den Entschluß zu einem vollständigen „Anschluß" erst in Linz unter dem Eindruck des begeisterten österreichischen Empfangs[115]. Ob die von der Forschung vielfach zitierte Version zutrifft, wonach Hitler und Göring gleichzeitig am 13. März Kuriere nach Berlin, beziehungsweise Linz, entsendeten, die den gleichlautenden Vorschlag zum totalen „Anschluß" übermitteln sollten[116], ist aufgrund der einzigen und unsicheren Quellenaussage zumindest anzweifelbar[117]. Wahrscheinlich ist eher, daß Göring von der Form des „Wiedervereinigungsgesetzes", das in aller Eile bereits am 13. März in Wien und Linz zustande kam[118] ebenso wie Ribbentrop überrascht wurde[119]. Es war zunächst nicht vorgesehen, daß Görings Name mit unter dem Gesetz

---

[113] Domarus, Bd. I, S. 810, 814; Görings Mitteilungen an Henderson am 12. März 1938, in: DBFP, 3/1, Nr. 46, S. 24.

[114] Vgl. dazu auch Görings Aussage in Nürnberg, in: Bross, S. 114.

[115] Ribbentrop, S. 136; Below, S. 92; Irving, Tragödie, S. 113, nach dem Zeugnis Milchs.

[116] Brook-Shepherd, S. 254; Rosar, S. 308 f.; Wagner/Tomkowitz, S. 319, 348; Goronzy, S. 749.

[117] Letztendlich geht die Aussage von Johannes Schwarzenberg lediglich auf Görings Version gegenüber Schmidt zurück, wobei Göring vermutlich bestrebt war, seinen Anteil aufzuwerten. Schwarzenbergs Aussage in: Hochverratsprozeß, S. 201; vgl. auch Görings Aussage am 18. März 1946, in: IMG, Bd. 9, S. 505.

[118] Zu der improvisierten und überstürzten Art, in der Stuckardt (RMI) und Keppler das Gesetz unter sporadischer Hinzuziehung anderer Beamter im Pendelverkehr zwischen Wien und Linz zustande brachten, vgl. die Aufzeichnung von Clodius vom 16. März 1938, PAB, Abt. Pol. II/ Po g Österreich, Bd. 3, Pag. 391 809 ff.

[119] Aufzeichnung Mackensens vom 16. März 1938, ebd., Pag. 391 808. Vgl. auch die Aussage von Tauschitz, wonch Göring über die Mitteilung von der „Wiedervereinigung Österreichs mit Deutschland" überrascht gewesen sein soll, in: Hochverratsprozeß, S. 134.

stehen sollte[120]. Er hatte es lediglich Körners Aufmerksamkeit und Initiative zu verdanken, daß sein Name nachträglich zu denen von Hitler, Ribbentrop, Frick und Heß hinzugefügt wurde[121].

Während sich nahezu sämtliche Spitzen der nationalsozialistischen Führung in Österreich aufhielten, nutzte Göring unterdessen die ministerielle Vakanz in Berlin, um in einer Blitzaktion die Aktenarchive der österreichischen Gesandtschaft in Berlin zu plündern. Anschließend erließ er Weisungen zu einem ähnlichen Vorgehen in Paris, London und Prag[122]. Dadurch verschaffte sich Göring die Gewißheit, daß die demokratisch regierten Staaten Europas zuvor keinerlei Initiativen ergriffen hatten, um in irgendeiner Weise Österreichs Unabhängigkeit zu unterstützen. Göring erhielt einen Eindruck von der geringen Risikobereitschaft der ehemaligen Alliierten, die nichts unternommen hatten, um Deutschlands außenpolitischem Revisionismus entgegen zu treten. Der glatt und problemlos verlaufene „Anschluß" stärkte Görings Selbstbewußtsein um ein Vielfaches. Seine übrigen außenpolitischen Forderungen gerieten mit einem Schlag in den Bereich des Erreichbaren. Wie Göring aus einer Bemerkung des britischen Botschafters Henderson am 16. März in „Carinhall" schließen konnte, stieß man sich auf britischer Seite anscheinend nur an den Methoden, mit denen Deutschland seine außenpolitischen Ziele verwirklichte.

Göring brachte Henderson die obligatorische Beschwerde vor, daß Großbritannien stets versuche, sich Deutschland in den Weg zu stellen und alle deutschen Verständigungsangebote ausschlage. Dabei bedürfe es lediglich der Lösung der Sudetenfrage, um aus Deutschland „eine territorial zufriedengestellte Nation"[123] zu machen. Danzig und das Problem eines Korridors durch den „Korridor", der Anschluß Memels an das Reich und die Kolonialfrage bezeichnete Göring als „Angelegenheiten von vergleichsweise einfacher Beilegung". Durch seine aggressiven Äußerungen über das tschechoslowakische Schicksal ließ Göring keinen Zweifel daran, auf was sich die nächsten außenpolitischen Aktivitäten konzentrierten. Es ist denkbar, daß Göring bereits jetzt eine ähnliche Aktion wie in der österreichischen Angelegenheit vorschwebte, die es erst diplomatisch vorzubereiten galt, um dann auf eine günstige Gelegenheit mit einem geeigneten Anlaß zu warten.

4. Wirtschaftliche Integration Österreichs und Pläne für Südosteuropa

Obwohl der „Anschluß" Österreichs an das Deutsche Reich seit Jahren zentrales außenpolitisches Ziel der Führung des „Dritten Reiches" war, fehlten im März 1938 jegliche Planungen und Vorarbeiten zum Vollzug des Zusammenschlusses der beiden Länder. Seit dem 11. März setzte deshalb ein unkontrollierter Ansturm von Vertretern

[120] Ribbentrops Rundtelegramm vom 14. März 1938, in: ADAP, D, I, Nr. 378, S. 485 f. Hier ist Görings Name noch nicht mit aufgeführt.
[121] Görings Telefongespräch mit Körner am 13. März 1938, ebd., D, VII, Anhang B, (II), (f), S. 514 f.
[122] Aufzeichnungen Mackensens vom 14. u. 15. März 1938, PAB, Büro St.S./ Österreich, Pag. 67 874 ff.
[123] Henderson an Halifax vom 20. April 1938 über sein Gespräch mit Göring am 16. April, in: DBFP, 3/1, Nr. 152, S. 173–176.

reichsdeutscher Behörden und Parteidienststellen auf den österreichischen Regierungs- und Verwaltungsapparat ein. Göring nutzte seine Stellung als beauftragter Vertreter Hitlers und ordnete in einem Schnellbrief der Reichskanzlei an alle Obersten Reichsbehörden am 12. März an, daß Minister und andere führende Persönlichkeiten des Staates bis auf weiteres nur mit einer bei ihm einzuholenden Genehmigung nach Österreich einreisen dürften[1]. Gleichzeitig beanspruchte Heß für sich eine ähnliche Kompetenz zur Erteilung von Einreisegenehmigungen nach Österreich[2]. Hitler versuchte, die sich anbahnenden Rivalitäten dadurch zu unterbinden, daß er am 16. März das Reichsministerium des Innern mit der „Zentralgewalt für die Durchführung der Vereinigung mit dem Deutschen Reich"[3] beauftragte. Diese Anordnung wurde jedoch zu spät getroffen; zwischen mehreren Reichsministerien und Parteidienststellen waren bereits offene Kompetenzstreitigkeiten im Gange, die von Frick nicht mehr verhindert werden konnten.

Projekte zur deutschen „Großraumwirtschaft"

Göring sicherte sich seinen Einfluß auf das weitere Schicksal Österreichs dadurch, daß er sich mit Frick verständigte, Keppler zum „Reichsbeauftragten für Österreich mit dem Sitz in Wien"[4] zu bestellen, was anschließend durch eine Verordnung Hitlers bestätigt wurde[5]. Nachdem Göring mit dem „Anschluß" sein erstes großes außenpolitisches Ziel erreicht hatte, waren seine weiteren Interessen an Österreich vor allem wirtschaftlicher Natur. So beauftragte er Keppler als seinen Vierjahresplan-Repräsentanten, um folgende Aufgaben in die Hand zu nehmen: 1. Die Beschleunigung der Arbeiten zur Erforschung der österreichischen Bodenschätze; 2. die „Arisierung" der Wirtschaftsbetriebe; 3. die Gestaltung des Lohn- und Preisniveaus[6].

Bereits am 14. März waren bei einer Besprechung in „Carinhall" zwischen Göring, Funk und Schacht die Weichen für die zukünftige Planung der österreichischen Wirtschaft und der Währungsunion gestellt worden[7]. Göring vertraute weiterhin auf die Einsetzung von persönlichen Sonderbeauftragten im Rahmen des Vierjahresplans. Neben Keppler bestellte er Wohlthat zur Regelung der Währungsfrage und Heydrich als „Devisenfahnder" zu „Schutz und Sicherung des Landes Österreich in devisenmässiger Hinsicht"[8]. Zur institutionellen Absicherung dieser Aufträge erließ Göring am 19. März die Verordnung zur Einführung des Vierjahresplans in Österreich[9]. Bereits am 15. März 1938 sprach sich Göring für einen Großausbau der Alpine-Montan und

---

[1] Schnellbrief von Lammers an alle Obersten Reichsbehörden vom 12. März 1938 im Auftrag Görings, PAB, Abt. Pol. IV/ Po 2 Österreich, Bd. 9, Pag. 409 427.

[2] Umlauf von Heß vom 14. März 1938, BAK, NS 43/ 15, Bl. 5.

[3] Luža, S. 48.

[4] Fricks Rundschreiben an die Obersten Reichsbehörden vom 18. März 1938, PAB, Abt. Pol. IV/ Po 2 Österreich, Bd. 9.

[5] Zur Verordnung vom 16. März 1938 vgl. RGBl., 1938, I, S. 249.

[6] Schreiben Görings an Keppler vom 19. März 1938, PAB, Handakten Keppler/ Österreich 1938, Bd. 5/2. Pag. 344 093 f.

[7] Aktennotiz über die Pressekonferenz im Preußischen Staatsministerium am 14. März 1938, PAB, Handakten Keppler/ Reichsbeauftragter für Österreich, 1) Allgemeine Korrespondenzen (1938).

[8] Schreiben Heydrichs an Keppler vom 15. März 1938, ebd.

[9] Gerd Rühle, Das Großdeutsche Reich. Dokumentarische Darstellung des Aufbaus der Nation. Die österreichischen Kampfjahre 1918–1938, Berlin 1940, S. 279.

deren Übernahme in den Reichswerke-Komplex aus[10]. Im übrigen fehlten in wirtschaftspolitischer Hinsicht aber fast alle Vorarbeiten zur Integrierung der österreichischen Wirtschaft. Erst am 23. März stellte Görings neu geschaffene „Reichsstelle für Wirtschaftsausbau"[11] erste Anhaltspunkte zur Aufstellung eines Vierjahresplans für Österreich zusammen[12]. Göring selbst kam es wesentlich darauf an, durch eigene spektakuläre Projekte Akzente und nicht zuletzt sich selbst Denkmäler zu setzen. Es ging dabei vor allem um die Ausweitung der „Hermann-Göring-Werke" auf Österreich, die sich nun nicht mehr nur auf Erzabbau und -verhüttung beschränkten, sondern Maschinen, Autos, Waffen und Waggons herstellen[13] und Göring zum größten Konzernherrn Europas machen sollten.

Am 24. März brach Göring zu einer Rundreise nach Österreich auf, die ihn von Linz nach Wien und über Klagenfurt nach Salzburg führte, von wo er am 2. April nach Berlin zurückkehrte[14]. Görings Reise war eine für den mit Vorliebe schiff- und eisenbahnfahrenden Luftwaffenchef typische Mischung aus politischen, propagandistischen und privaten Elementen, wobei neben Verwandtenbesuchen, Besichtigungen von Sehenswürdigkeiten und Kindheitsstationen und der Entgegennahme von Huldigungen, der Inspizierungen des Terrains für künftige Flugplätze und Industrieanlagen besondere Bedeutung zukam. Für den 25. März bestellte Göring die wichtigsten österreichischen Industriellen und Wirtschaftler zu einer Donaudampferfahrt von Linz nach Tulln, auf der er sich über die österreichische Wirtschaftslage berichten ließ, seine Pläne für die Fusion der Alpine-Montan mit den zu errichtenden Reichswerken erläuterte und gleichzeitig ein Rohstoffausbeutungsprogramm für Österreich aufstellte[15]. Weitaus entschiedener als im „Altreich" griff Göring in die Besitzverhältnisse der österreichischen Montanindustrieunternehmen ein, was die Effizienz der zusätzlichen Rohstofflieferungen infolge der notwendigen Verhandlungen erheblich verzögerte[16].

Höhepunkt der Österreichreise war eine mehrstündige Rede Görings in Wien am 26. März. Göring verkündete hierbei sein später vielzitiertes 17 Punkte umfassendes „Aufbauprogramm für die Ostmark". Alles in allem hatte die Rede aber weniger programmatischen als propagandistischen Charakter und diente vor allem der bevorstehenden Volksabstimmung am 10. April. Eingebettet in die üblichen nationalsozialistischen Klischees und Legenden von der Mission Hitlers und dem vergangenen „furchtbare(n) Leid ..., das den Führer erfüllte, wenn er mit sehnsüchtigen Augen von dem Haus am Berg in die österreichischen Gaue hinüberblickte", war das proklamierte

[10] Riedel, Eisen, S. 235 f.
[11] Die „Reichsstelle für Wirtschaftsausbau" war im Februar 1938 aus dem „Amt für deutsche Roh- und Werkstoffe" hervorgegangen. Göring versprach sich davon eine größere Schlagkraft gegen das „Widerstreben der behördlichen Kräfte", die ein Einfließen der neuen Werkstoffe in die Wirtschaft erschwerten. Aufzeichnung ohne Unterschrift und ohne Datum (vermutlich von Ritter), BAK, R 25/ 16 Berichterstattung 1940.
[12] Vgl. die nach Sachgebieten gegliederten Einzeldarstellungen. BAK, R 25/ 45 Erste Ermittlungen zur Aufstellung eines Vierjahresplanes für das Land Österreich.
[13] Fiereder, S. 68 ff.
[14] Zum Ablauf der Reise Görings nach Österreich vgl. das ausführliche Reiseprogramm des Stabsamtes vom 22. März 1938, PAB, Handakten Keppler/ Reichsbeauftragter für Österreich, Bd. 4/2.
[15] Malzacher, Teil 1, S. 57 ff.; Botz, Wien, S. 161; Luža, S. 128 f.; Gert von Klass, Albert Vögler. Einer der Großen des Ruhrreviers, Tübingen 1957, S. 234 ff.
[16] Malzacher an Keppler vom 28. März 1938, PAB, Handakten Keppler/ Reichsbeauftragter für Österreich, 1) Allgemeine Korrespondenzen; Malzacher, Teil 1, S. 58 ff., 62 ff., Teil 2, S. 51; Fiereder, S. 108 ff.

Wirtschaftsprogramm kaum mehr als ein Wunschbild, das in leuchtenden Farben die strahlende wirtschaftliche Zukunft Österreichs ausmalte.

Bei aller Schönfärberei enthielt die Rede jedoch einen deutlichen Hinweis auf den wahren Charakter der deutschen Wirtschaftsplanungen: „Ihr sollt nun nicht etwa glauben, daß wir aus dem Reich gekommen sind, um euch alle Arbeit zu nehmen und für euch den Tisch zu decken! Im Gegenteil! Ich werde dafür sorgen, daß bis zur äußersten Kraftanspannung der eigene Mann hier eingesetzt wird, und daß die Österreicher selbst Österreich in Ordnung bringen. Wir helfen nur insofern, als jetzt das Reich als die Zentralführung auch hier Direktiven und Weisungen zu geben hat, die Ausführung aber und die Gestaltung liegt in euren eigenen fleißigen Händen."[17] Aufmerksamen ausländischen Beobachtern entging nicht der drohende Unterton, der in Görings Ausführungen mitschwang[18].

In einem Beitrag in seiner Zeitschrift „Der Vierjahresplan" vom April 1938 wiederholte Göring unter der Überschrift „Wiederaufbau der Ostmark" die Grundgedanken der Planungen für Österreich und betonte, daß man keineswegs nach Österreich gekommen sei, um Geschenke mitzubringen[19]. Es war offensichtlich, daß er das sogenannte „Brudervolk" keineswegs brüderlich zu behandeln gedachte, sondern es eher einem Erziehungsprozeß zu unterwerfen suchte.

Der „Anschluß" Österreich bewirkte in weit höherem Maße als die Besetzung des Rheinlandes oder die Rückgewinnung der Saar eine nachhaltige Veränderung der außenpolitischen Lage des „Dritten Reiches". Vor allem für die Verwirklichung des wirtschaftspolitischen Mitteleuropa-Konzepts, das Göring vorschwebte, waren jetzt ganz andere Voraussetzungen gegeben. Diese Bedeutung des „Anschlusses" unterstrich Göring in seinem Aufsatz in zweierlei Hinsicht: Einerseits sei Österreich ein Rohstoffreservoir, das Erze, Holz und Erdöl birgt. Zum anderen sei „die deutsche Ostmark aber zugleich auch die Brücke zu den Völkern des europäischen Südosten und des nahen Orients". Mit dem „Anschluß" Österreichs schien für Göring ein ganz neuer Ausgangspunkt für eine erfolgreiche wirtschaftliche Durchdringung Südosteuropas gegeben.

Die „Vision von Österreichs besonderer Rolle im Osten und Südosten"[20] beherrschte nach dem „Anschluß" auch die internationale politische Diskussion. Die Vorstellung einer künftigen hegemonialen deutschen Mitteleuropa-Politik beschäftigte insbesondere die Politiker in Großbritannien und Frankreich und weckte alte Ressentiments[21]. Während sich Ungarn und Bulgarien bemühten, Deutschland als neuen Donauraumstaat ihre Aufwartung zu machen und dem Willen zu einer kooperativen Zusammenarbeit Ausdruck zu verleihen[22], trat in Jugoslawien und Rumänien eine vorübergehende politische Lähmung ein[23]. Vorsichtig erkundigte man sich nach

[17] Hermann Göring, Aufbau der deutschen Ostmark, in: Göring, Reden, S. 328–353, hier: S. 328.
[18] François-Poncet an Paul-Boncour vom 27. März 1938, in: DDF, 2/9, Nr. 61, S. 116 f.
[19] Hermann Göring, Wiederaufbau der Ostmark, in: Der Vierjahresplan, Folge 4, April 1938, S. 194 f.
[20] Luža, S. 48.
[21] Wendt, Appeasement 1938, S. 39 ff.
[22] Aufzeichnung von Weizsäcker vom 31. März 1938, PAB, Büro St.S./ Aufzeichnungen über Diplomatenbesuche, Bd. 3, Pag. 467 233 f.
[23] Stimmungsbericht Nr. 1569/38 des „Auslandsdienstes" über Jugoslawien vom 29. Mai 1938 („Slowenische Angst vor dem „deutschen Wirtschaftsimperialismus""), NAW, T-120, Roll 2621/ Serial 5482 H, Pag. E 382 160 ff.

den weiteren deutschen Planungen für den Donauraum und versuchte im Zusammenhang mit der Diskussion um die zukünftige Regelung der Donauschiffahrt behutsam die Ansprüche auf wirtschaftspolitische Selbstbestimmung im Donauraum anzumelden[24]. Göring erkannte die überlegene deutsche Verhandlungsposition und bemühte sich bereits Ende März, eine Südostreise nach Jugoslawien und Rumänien zu arrangieren, die jedoch aufgrund der dilatorischen Haltung der Südoststaaten nicht zustande kam[25].

Über die geostrategische und wirtschaftspolitische Bedeutung des „Anschlusses", die weit über die territoriale Eingliederung Österreichs hinausreichte, war sich Göring im klaren. Über den unmittelbaren Nutzen Österreichs für die deutsche Wirtschaft herrschte hingegen bei den Vierjahresplan-Beauftragten lediglich gedämpfter Optimismus. Der später von österreichischen Historikern behauptete „reichsdeutsche" Zuwachs an österreichischen Devisen und Rohstoffen[26] wurde von Görings Wirtschaftsfachleuten angesichts der „zusätzlichen Belastungen, die der Eintritt der österreichischen Wirtschaft in die deutsche Gesamtwirtschaft mit sich bringt"[27], erheblich nüchterner und realistischer eingeschätzt und kaum als langfristiger Vorteil angesehen. Bereits Ende April wurde deutlich, daß nicht nur auf dem wichtigen und devisenaufwendigen Mineralölsektor durch den „Anschluß" Österreichs neue Engpässe entstanden[28], sondern die Sorge über die Exportentwicklung „durch die Eingliederung Österreichs nicht verkleinert, sondern vergrößert" wurde[29].

Um so mehr Hoffnungen setzten Göring und seine Wirtschaftsplaner auf die Möglichkeiten, die sich aus der Öffnung nach Südosteuropa ergaben. Bereits Ende März 1938 befaßte man sich beim Wehrwirtschaftsstab mit den außenwirtschaftspolitischen Perspektiven des „Anschlusses"[30]. Wenn Österreich auch eine passive Handelsbilanz habe, so sei es doch nach dem Deutschen Reich der größte Handelspartner Südosteuropas, was „eine noch stärkere wirtschaftliche Durchdringung des südosteuropäischen Raumes durch Deutschland bringen (könne) als es bisher schon der Fall war"[31]. Österreich stelle für die Zukunft die entscheidende außenwirtschaftliche Front des Reiches nach dem Südosten dar.

Eine ähnlich optimistische Einschätzung im Hinblick auf die wirtschaftliche Integration Südosteuropas leistete Göring auf der Sitzung des Generalrats des Vierjahresplans am 5. April 1938 vor seiner versammelten wirtschaftspolitischen Führungsmannschaft. Neben den binnenwirtschaftlichen und arbeitsmarktpolitischen Entscheidungen, die nun für Österreich zu treffen seien, legte er die Gesichtspunkte der zu-

[24] Aufzeichnung von Mackensen vom 17. März 1938, PAB, Büro St.S./ Aufzeichnungen über Diplomatenbesuche, Bd. 2, o. Pag.; Aufzeichnung vom 1. Juni 1938 über die Ausführungen des rumänischen Gesandten, PAB, Handakten Wiehl/ Rumänien, Bd. 11.

[25] Vgl. den vertraulichen Bericht von Siebert vom 22. März 1938, BAK, ZSg. 110/ 7, Bl. 282.

[26] Schausberger, Anschluß, S. 254 ff.; Wittek-Saltzberg, S. 45, 51 ff.

[27] Ausführungen von Neumann (Stab Göring) auf der dritten Besprechung über Wirtschaftsfragen vom 19. Mai 1938 unter dem Vorsitz von Görings Staatssekretär Körner, BAK, R 26 IV/ 4, Bd. 1: Sitzungen des Kleinen Generalrates (1936–1938), Bl. 58 f.

[28] Aufzeichnung der Handelspolitischen Abteilung (W III) über eine Besprechung über die Erdölfrage vom 28. April 1938, PAB, HaPol/ Rumänien, Rohstoffe und Waren, Petroleum, Bd. 1, Pag. E 539 516 f.

[29] Neumann auf der Besprechung vom 19. Mai 1938, BAK, R 26 IV/ 4, Bl. 61.

[30] Zu der im großen und ganzen mit Görings wirtschaftspolitischen Zielen übereinstimmenden Konzeption des „Wehrwirtschaftsstabes" vgl. Geyer, S. 456 f.

[31] WStb-Vortrag vom 26. März 1938, BA-MA, Wi I F 5/ 3218, Bl. 96.

künftigen deutschen Handelspolitik fest: „Vom Lande Österreich aus muß die wirtschaftliche Erfassung des Südost-Raumes umfassend die Staaten Ungarn, Jugoslawien, Bulgarien und Rumänien ausgehen. Neben Fertigwaren wird insbesondere der Export von Kohle und Eisen nach diesen Staaten zu intensivieren sein, während von diesen Staaten Agrarprodukte, insbesondere Getreide, hereinzunehmen sind. Die Handelsbeziehungen müssen so ausgebaut werden, daß sie in allen Lagen einen geregelten Warenaustausch sicherstellen."[32]

Göring umschrieb damit erstmals den Kreis der Länder, die primär für eine wirtschaftliche Durchdringung in Frage kamen. Er zählte hierzu auch Rumänien, was zeigt, daß er sich bei dieser Auswahl vor allem von wirtschaftlichen Erwägungen leiten ließ, da unter diesem Gesichtspunkt das rumänische Erdöl von außerordentlichem Wert war. In politischer Hinsicht hatte Rumänien bis dahin in Görings Südosteuropa-Konzept eine eher zweitrangige Rolle gespielt. Bei seiner Anweisung zur wirtschaftlichen Erfassung des Südost-Raumes ging es Göring jedoch nicht nur um eine Intensivierung der Handelsbeziehungen. Stillschweigend stand dahinter die Prämisse, daß die deutschen Wirtschaftsbeziehungen zu diesen Ländern auch in politischer Hinsicht in geeigneter Weise fundiert werden müßten.

Görings Südosteuropapolitik hatte somit nach dem „Anschluß" eine neue Dimension und Qualität bekommen. Während 1934 politische Motive für Görings Südosteuropa-Mission ausschlaggebend gewesen waren, seit 1935 und verstärkt seit Oktober 1936 wirtschaftspolitische Abmachungen als Vehikel für bündnispolitische Ziele eingesetzt wurden, traten nach dem „Anschluß" Österreichs, der eine geostrategische Öffnung nach Mittel- und Südosteuropa mit sich brachte, eindeutig wirtschaftspolitische Ziele im Rahmen einer Strategie zur Integration Südosteuropas in den Vordergrund. Insofern stellte der „Anschluß" den ersten Schritt zur Verwirklichung der deutschen Großraumpläne dar, die Göring bis dahin allerdings recht unsystematisch und keineswegs planmäßig verfolgt hatte. Der große außenpolitische Erfolg eröffnete ihm den Blick auf die Möglichkeiten wehrwirtschaftlicher Planungen großen Stils. Diese hatten bis dahin zwar stets den Hintergrund seines politischen Konzeptes abgegeben, aber nie so viel Eigendynamik entwickelt.

Mit ungestümem Elan eröffnete Göring im Frühjahr 1938 eine politische Großoffensive in Richtung Südosteuropa, die durch die überstürzte Einrichtung neuer Luftattachéstellen in Budapest und Sofia[33] ihre Schatten vorauswarf. Gleichzeitig engagierte er sich seit April energisch bei der Einrichtung eines „Südostinstituts" unter der Leitung von Seyß-Inquart zur „zusammenfassende(n) Bearbeitung aller das Verhältnis des Reiches zu den Staaten Südost-Europas betreffenden Fragen"[34].

Planmäßig und konzeptionell unterstützt wurden Görings Aktivitäten im Hinblick auf die wirtschaftliche Erfassung Südosteuropas durch die „Reichsstelle für Wirtschaftsausbau" (RWA), die aus dem Amt für deutsche Roh- und Werkstoffe hervorgegangen war. Anfang April 1938 legte die RWA eine Ausarbeitung über die Mob-Bedarfsverhältnisse und Möglichkeiten der Versorgung und Bevorratung vor. Man stellte hierbei eine Liste derjenigen Rohstoffe zusammen, deren Beschaffung im Mob-Fall

[32] Göring auf der 26. Sitzung des Generalrates am 5. April 1938, BAK, R 26 IV/ 5, Bl. 159.
[33] Bismarck (AA) an die Deutsche Botschaft Rom vom 13. April 1938, PAB, Deutsche Botschaft Rom/ Paket 442a, Luftattaché.
[34] Organisationsplan des „Südost-Instituts" von Seyß-Inquart vom Sommer 1938, BAK, Nachlaß Seyß-Inquart NL 180/ 23 Südost-Institut (1938–40).

am meisten gefährdet und für die eine dringliche Bevorratung geboten schien. Gleichzeitig kam man jedoch zu dem Schluß, daß gewisse Erleichterungen möglich seien, „falls der südosteuropäische Raum für eine Einfuhr ausser dem nordeuropäischen noch zur Verfügung steht"[35].

Die Ausarbeitungen der Reichsstelle für Wirtschaftsausbau bildeten die Diskussionsbasis einer Besprechung über Wirtschaftsfragen am 19. Mai 1938 unter dem Vorsitz von Staatssekretär Paul Körner mit den Staatssekretären des Finanz- und Wirtschaftsministeriums und den Geschäftsgruppenleitern des Vierjahresplans. Hierbei geriet Südosteuropa gleich in zweierlei Hinsicht in den Mittelpunkt des Interesses. Zum einen vertraute man fest darauf, daß „nach der mit der Eingliederung Österreichs verbundenen Annäherung Südost-Europas an Deutschland in verstärktem Maße und auch für den Ernstfall"[36] mit unbar importierten Lieferungen landwirtschaftlicher Produkte zu rechnen sei. Zum anderen gelangte man angesichts der geplanten Bevorratung kriegswichtiger Rohstoffe zu dem Schluß, daß dieser vermehrte Devisenbedarf nur durch intensive Exportpflege gedeckt werden könne. Man knüpfte dabei unmittelbar an die Ausarbeitungen der RWA und Görings grundlegende Weisungen vom 5. April an, wonach insbesondere der Export nach Ungarn, Jugoslawien, Bulgarien und Rumänien zu intensivieren sei.

Auf Görings zweiter Österreich-Rundreise vom 12. bis 17. Mai 1938[37] wurde mit großem propagandistischem Aufwand und einer Vielzahl spektakulärer Spatenstiche der Aufbau des „Hermann-Göring-Konzerns" in Österreich in Angriff genommen[38]. Gleichzeitig setzte sich in Görings Wirtschaftsämtern aber die Erkenntnis durch, daß trotz der Steigerung der heimischen Rohstoffgewinnung sich noch nicht in erwünschtem Maße eine „Unabhängigmachung von ausländischen Rohstoffen" auswirken könne: „Deutschland ist daher nach wie vor in hohem Maße auf den Bezug von Rohstoffen aus dem Ausland angewiesen"[39]. Görings Staatssekretär Neumann rechnete für die Jahre 1939 und 1940 damit, so erfreulich dann ein Produktionsfortschritt der „Hermann-Göring-Werke" zu erwarten sei, so wenig gestatte er „zu übersehen, daß auch dann noch ¾ bzw. ⅔ der deutschen Rohstoffversorgung auf dem Eisen- und Stahlgebiet auslandsabhängig bleiben wird"[40]. Die von Göring seit Mitte der dreißiger Jahre verfolgten politischen Ziele in Südosteuropa erhielten nun eine wirtschaftspolitisch motivierte Grundlage, die sich in seiner Wirtschaftsbürokratie zu einer allgemeinen „Großwirtschaftsraum"-Planung ausweitete. Durch den „Anschluß" Österreichs und dadurch, daß der sogenannte „Mob-Fall" seit Anfang 1938 zu einem festen Bestandteil der wirtschaftspolitischen Planungen wurde, ließen die „Engpässe in der Be-

---

[35] Ausarbeitung des RWA vom 8./9. April 1938, BAK, R 25/ 46 Sicherung der Mob-Versorgung durch Bevorratung (verstärkte Einfuhr), S. 8.

[36] Protokoll über die „Dritte Besprechung über Wirtschaftsfragen vom 19. Mai 1938 unter dem Vorsitz von Staatssekretär Körner", BAK, R 26 IV/ 4, Bl. 59.

[37] Zu Programm und Ablauf von Görings Reise nach Österreich vom 12.–17. Mai 1938 vgl. das Minutenprogramm des Stabsamtes, PAB, Handakten Keppler/ Reichsbeauftragter für Österreich, 1) Allgemeine Korrespondenzen. Vgl. auch die Pressemitteilung des RMVP vom 13. Mai 1938, BAK, R 55/ 446, Bl. 40, 46.

[38] Görings geheimer „Schnellbrief" vom 23. April 1938 an den WStb („Betr. Bauvorhaben der Reichswerke A.-G. für Erzbergbau und Eisenhütten ,Hermann Göring', Hütte Linz/Donau"), BA-MA, Wi I F 5/ 1256 Reichswerke Hermann Göring 1937–38.

[39] Geheime Vortragsnotiz des WStb (Anfang 1938) über die Steigerung des deutschen Rohstoffeinkommens im Rahmen des „Vierjahresplans", BA-MA, Wi I F 5/ 115, Teil 2, S. 2.

[40] Neumann auf der Besprechung am 19. Mai 1938, BAK, R 26 IV/ 4, Bl. 60.

friedigung des wehrwichtigen Rohstoffbedarfs ... die Bedeutung Südosteuropas für die deutsche Wehrwirtschaft in besonderem Lichte erscheinen"[41].

Innenpolitische Durchsetzungsschwierigkeiten im Wirtschaftssektor

Ausgangsbasis für eine verstärkte wirtschaftliche Erfassung der südosteuropäischen Zielländer war an vorderster Front vor allem die „Ostmark", deren vielfältige Konsortial- und Handelsbeziehungen zu Südosteuropa genutzt werden sollten. Der reibungslosen administrativen Eingliederung der österreichischen Wirtschaft in Görings Vierjahresplan stellten sich jedoch unerwartet Hemmnisse in den Weg. Noch bevor Frick und Göring sich auf Keppler als Reichsbeauftragten für Österreich geeinigt hatten[42], war der Gauleiter der Pfalz, Josef Bürckel, bereits am 13. März von Hitler mit der Sonderaufgabe zur Regelung der parteimäßigen Angelegenheiten in Österreich betraut worden[43]. Bürckel besaß nicht nur persönlich wesentlich mehr Durchsetzungsvermögen als Keppler, mit dem er bald in Kompetenzstreitigkeiten geriet, sondern hatte vor allem die Rückendeckung der Partei und auch Hitlers[44]. Somit kam es zu dem bemerkenswerten Vorgang, daß Göring und die Vierjahresplan-Organisation einerseits und Hitler und die NSDAP andererseits sich in Österreich durch Keppler und Bürckel eine Auseinandersetzung über die grundsätzliche Frage lieferten, ob in der neugeschaffenen „Ostmark" die staatlichen oder die staatsparteilichen Organe das Sagen haben sollten[45].

Hitler unterstellte Bürckel am 23. Mai zwar Göring; Kepplers Rücktritt im Juni und die andauernden Auseinandersetzungen Bürckels mit Görings Beauftragten, und Bürckels erfolgreicher Widerstand gegen Görings österreichische Personalpolitik signalisierten jedoch, wie eng die Grenzen von Görings Durchsetzungsvermögen gegenüber der Partei in Österreich waren[46]. Hatte er es bislang stets geschafft, die Partei aus seinen Herrschaftsbereichen (Preußen, Luftwaffe, Vierjahresplan, Wirtschaftsministerium) herauszuhalten, so erlitt er in Österreich eine erste Niederlage, die keineswegs die letzte sein sollte, sondern schon den Anfang vom Ende des weiteren Machtaufstiegs Görings markierte.

Auf dem Hintergrund dieser Kompetenzstreitigkeiten zeichnete sich eine zunehmende Radikalisierung der Partei und ihre verstärkte Durchsetzung in staatspolitischen Bereichen ab. Am deutlichsten zeigte sich dies in der Auseinandersetzung mit Bürckel bei der sogenannten „Arisierung" der Wirtschaft[47]. Bereits seit 1935 war Gö-

---

[41] Vortragsnotiz des WStb (Anfang 1938), BA-MA, Wi I F 5/ 115, Teil 2, S. 2.

[42] Keppler wurde erst am 18. März 1938 zum „Reichsbeauftragten für Österreich" bestimmt. Vgl. Fricks Schreiben an die Obersten Reichsbehörden vom 18. März 1938, PAB, Abt. Pol. IV/ Po 2 Österreich, Bd. 9, Bl. 227.

[43] Görings Telefongespräch mit Bodenschatz am 13. März 1938, in: ADAP, D, VII, Anhang B (II), (e), S. 511. Der offizielle Erlaß wurde von Hitler erst am 23. April 1938 unterzeichnet.

[44] Kordt, S. 191.

[45] Botz, Wien, S. 111; Luža, S. 57 ff., 68 f., 74.

[46] Görings Scheitern gegen Bürckel und Hitler beschreibt Luža, S. 65, 68 f. Hitler ernannte Bürckel am 30. Jan. 1939 zum Gauleiter von Wien (Domarus, Bd. II, S. 1072). Daß Bürckel aus diesen Kompetenzstreitigkeiten als Sieger hervorging, beschreibt Botz, Eingliederung, S. 123.

[47] Der Streit um die Arisierungsfrage erreichte Mitte Mai 1938 einen Höhepunkt, als Bürckel eigenmächtig in dieser Angelegenheit Erlasse erließ. Vgl. Kepplers Schreiben an Seyß-Inquart vom 19. Mai 1938, PAB, Handakten Keppler/ Reichsbeauftragter für Österreich, Bd. 4/2. Zu Görings Haltung vgl. Kepplers Schreiben an Staatsrat Eberhardt (Weimar) vom 19. Mai 1938, ebd., 1) Allgemeine Korrespondenzen (1938).

ring für die Entfernung der Juden aus dem Wirtschaftsleben verantwortlich[48]. Göring, der die außenpolitischen Dimensionen der Judenpolitik kannte, suchte dabei möglichst behutsam vorzugehen, um spektakuläre Aktionen zu vermeiden. Zwar hatte er in seiner Wiener Rede vom 26. März davon gesprochen, daß Wien wieder eine deutsche Stadt werden müsse, da man eine Stadt, in der 300 000 Juden lebten, nicht mehr als „deutsche" Stadt bezeichnen könne[49]. Gleichzeitig warnte er jedoch vor „falschen Eingriffen" und „dummen Maßnahmen", in deutlicher Anspielung auf das von ihm bekämpfte Kommissarwesen der Partei in Österreich[50].

Es gelang Göring jedoch nicht, die „Arisierungsfrage" in Österreich in den Griff zu bekommen und der wahllosen Parteiübergriffe Herr zu werden[51]. Bei einer Besprechung im Reichsluftfahrtministerium am 14. Oktober 1938, bei der Göring Weisungen für die Arbeit der nächsten Monate geben wollte, nahm er „scharf gegen die Auffassung Stellung, dass die Arisierung Sache der Partei sei. Sie sei allein Sache des Staates."[52] Göring ging es dabei nicht um reine Kompetenzeifersüchteleien. Er erkannte durchaus die politische und besonders außenpolitische Tragweite der antijüdischen Maßnahmen. Dies zeigt seine Äußerung auf der gleichen Besprechung, daß „weltanschauliche Fragen ... jetzt nicht gelöst werden (könnten), dazu sei später Zeit". Unmißverständlich sprach sich Göring zwar dafür aus, daß die Juden „endlich aus dem Wirtschaftsleben entfernt werden"[53] müßten. Dies sollte jedoch nach den von ihm entworfenen Richtlinien erfolgen und ausschließlich in den Händen seiner Wirtschaftsfachleute liegen.

Einen empfindlichen Schlag gegen Görings „Arisierungspolitik" stellte der Judenpogrom der sogenannten „Reichskristallnacht" am 9./10. November 1938 dar. Bezeichnenderweise war Göring von Goebbels' Maßnahmen vorher nicht in Kenntnis gesetzt worden und reagierte entsprechend ungehalten auf die Eigenmächtigkeiten der Partei[54], die seinen auf der Sitzung am 14. Oktober aufgestellten Richtlinien entgegenliefen[55]. Göring erwirkte bei Hitler eine Bestätigung seines Auftrages zur „Regelung der Judenfrage"[56] und versuchte erneut in einer großangelegten Kampagne, seine

---

[48] Aufzeichnung von Bülow-Schwante (AA) vom 25. Jan. 1935, in: ADAP, C, III/2, Nr. 458, S. 839 f.; Wiedemann an Göring vom 14. Nov. 1936, BAK, NS 10/31 Schriftwechsel G, Bl. 229.
[49] Görings Rede am 26. März 1938 in Wien, in: Göring, Reden, S. 348.
[50] Zur Diskussion um das Kommissarwesen vgl. auch den Schriftverkehr zwischen Bürckel und Göring im Sommer 1938, BAK, R 104F/3 Wirtschaftswesen in Österreich.
[51] Ende 1938 sah sich Göring sogar veranlaßt, eine spezielle Kommission zur Verfolgung von Übergriffen auf jüdische Geschäftsleute und von Bereicherungen durch Parteileute einzusetzen. Schweitzer, Business, S. 514.
[52] WStb-Aufzeichnung über die Besprechung bei Göring am 14. Okt. 1938, BA-MA, Wi I F 5/3607 Göring-Besprechung am 14.10.38, S. 1 ff.
[53] Protokoll von Gramsch (VJP) von der Besprechung am 14. Okt. 1938, BAK, R 26 IV/5, Bl. 184.
[54] Vgl. dazu übereinstimmend die Aussagen von Bodenschatz, Körner und Göring in: IMG, Bd. 9, S. 17, 50, 174, 312; Hassell, S. 33 f.; Kehrl, S. 142 f.; Schwerin von Krosigk, Memoiren, S. 190; Groscurth, S. 157 u. ebd., S. 157 f., Anmerk. 278. Engel, Eintrag vom 12.11.1938, S. 43: „Below ist aus dem Luftfahrtministerium gekommen und war bei Göring. Vertraulich erzählt er mir, daß dieser maßlos über die Judenaktion geschimpft habe und über die maßlose Schweinerei von Goebbels wütend gewesen sei. Göring habe gesagt: ‚Das kostet uns wirtschaftlich und politisch verdammt viel im Ausland, und ich soll es dann wieder hereinwirtschaften'."
[55] Am 12. Nov. erklärte Göring „aufs höchste erregt" vormittags auf einer Sitzung der Gauleiter, „daß er diesen Terror nicht hinnehmen werde und daß er die einzelnen Gauleiter verantwortlich machen werde für das, was in ihren Gauen geschehen sei". Aussage von Funk am 6. Mai 1946, in: IMG, Bd. 13, S. 131.
[56] Görings Ausführungen auf der Sitzung des Reichsverteidigungsrates am 18. Nov. 1938, IfZ, Dok. PS-3575, bes. S. 5.

Weisungen als einzige Richtlinien in dieser Frage durchzusetzen[57]. Göring wehrte sich aus wirtschaftlichen Erwägungen heraus gegen jede Beschädigung von Sachwerten, Vernichtung brauchbarer Rohstoffe und funktionierender Betriebe im Zusammenhang mit antijüdischen Maßnahmen[58]. Dieses beinahe technokratisch zu charakterisierende Verhalten schloß mit ein, daß er sich gegen kostenaufwendige Ghettos aussprach und nachdrücklich eine Auswanderungslösung des Juden-„Problems" anstrebte[59].

Die Auseinandersetzung über die Judenpolitik verschärfte Görings Konflikte mit der Partei, was nicht ohne Einfluß auf seine wirtschaftlichen Maßnahmen in Österreich[60] und seine machtpolitische Stellung überhaupt blieb. Der Vormarsch der radikalen Parteielemente, die offen Front gegen seine Politik der Herrschaftsausübung durch staatliche Organe machten, behinderte nicht nur Görings Binnenwirtschaftspolitik, sondern hatte nach seiner Auffassung auch äußerst schädliche außenpolitische Auswirkungen[61]. Görings machtpolitische Durchsetzungsschwierigkeiten auf dem Hintergrund einer sich radikalisierenden und auf weite Bereiche des politischen Lebens Raum greifenden Parteipolitik verzögerten nicht zuletzt die zügige Inangriffnahme der projektierten wirtschaftlichen Erfassung Südosteuropas. Göring verstrickte sich mehr als ihm lieb war in machtpolitische Grabenkämpfe mit der Partei, die ihn zwangen, sich zusätzlich auf die Verteidigung und Durchsetzung seiner wirtschaftspolitischen Führungsrolle zu konzentrieren.

Die planungstechnischen und wirtschaftlichen Schwierigkeiten des Vierjahresplans im Frühsommer 1938 taten ein übriges, um Görings geplante Großwirtschaftsraumpolitik nicht voll zum Zuge kommen zu lassen. Der überstürzt in Angriff genommene Bau des „Westwalls" und die wirtschaftlichen Belastungen durch den „Anschluß" sorgten zusätzlich dafür, daß Planung und Realität der Vierjahresplan-Arbeit immer weiter auseinanderklafften. Während die ursprüngliche Vierjahresplan-Organisation mit der Umstrukturierung des Reichswirtschaftsministeriums um den Jahreswechsel 1937/38 bereits aufgegeben worden war, wurde mit dem verstärkten Engagement des IG-Farben-Managements in den Bereichen der staatlichen Planwirtschaft seit dem Sommer 1938 erneut ein außerministerieller Schwerpunkt in Görings Wirtschaftsapparat geschaffen. Eine seit Ende 1937 andauernde Planungskontroverse zwischen Gö-

[57] Görings „Schnellbrief" vom 28. Dez. 1938, BAK, Kleine Erwerbungen NS 20/ Kl. Erw. 203 Geheimer Erlaß Görings betr. Unterbringung der Juden, Bl. 2 f.

[58] Protokoll der Besprechung unter dem Vorsitz Görings über die Judenfrage vom 12. Nov. 1938, in: IMG, Bd. 28, Dok. 1816-PS, S. 499–540; Görings Ausführungen auf der Sitzung des RVR vom 18. Nov. 1938, IfZ, Dok. PS-3575, bes. S. 5.

[59] Bericht vom 30. Nov. 1938, PAB, Dienststelle Ribbentrop/ Vertrauliche Berichte, Bd. 1,2; Bericht vom 14. Dez. 1938, ebd. Vgl. dazu auch das zahlreiche Material in: ADAP, D, V, Nr. 653 ff., S. 766 ff. Göring handelte hier im Einklang mit den Richtlinien des AA. Vgl. den Runderlaß von Schumburg vom 25. Jan. 1939, in: ADAP, D, V, Nr. 664, S. 780 ff.

[60] Hitler drückte sich bis April 1939 um eine Entscheidung über das „Gesetz über den Aufbau der Verwaltung in der Ostmark", nicht zuletzt, weil damit die Zuständigkeitsregelung in der Arisierungsfrage verbunden war. Zu Hitlers dilatorischen Manövern vgl. das Material in BAK, R 43 II/ 1353b Gesetze Österreich, bes. Bl. 17, 38, 64 RS, 142, 160.

[61] Görings Rede vor den versammelten Gauleitern in Berlin Ende November/Anfang Dezember 1938: Die Ausschreitungen gegen die Juden hätten das deutsche „Ansehen im Auslande schwer geschädigt ... In einem geordneten Staat dürfe es unter keinen Umständen zu regellosen Aktionen auf der Straße kommen ... Er forderte zum Schluß die Gauleiter auf, ihren ganzen Einfluß dahin geltend zu machen, daß in Zukunft derartige, Deutschland schädigende Vorfälle sich nicht wieder ereigneten." Eidesstattliche Versicherung von Uiberreither vom 27. Feb. 1946, in: IMG, Bd. 9, S. 751.

rings Amtschef Löb und dem IG-Farben-Direktor Carl Krauch entschied Göring persönlich zugunsten des Managers aus der Privatwirtschaft[62], der mit einem am 30. Juni 1938 eingeführten „Schnellplan für Pulver, Spreng- und Kampfstoffe und chemische Vorprodukte"[63] die Basis für eine grundsätzliche Planungsumstrukturierung der nationalsozialistischen Wirtschaft lieferte, die am 12. Juli im „Wehrwirtschaftlichen *neuen* Erzeugungsplan" ihren Ausdruck fand[64].

Die Ursachen, die Göring auf einer Besprechung am 16. Juli für diese Planrevision verantwortlich machte, faßte eine OKW-Aufzeichnung stichwortartig zusammen: „Bisherige Leistungen des Vierjahresplans unbefriedigend auf den kriegswichtigen Gebieten, da zu große Zersplitterung. Katastrophal die Lage auf dem Pulver- und Sprengstoffgebiet als Folge des Streites um Zuständigkeiten."[65] Die Kompetenzstreitigkeiten spielten sich in bekannter Weise zwischen Vierjahresplan/Reichswirtschaftsministerium, dem OKW/Wehrwirtschaftsstab, dem Reichsfinanzministerium und Teilen der Privatwirtschaft ab. Görings Wirtschaftsorganisation war seit Anfang 1938 durch das ausufernde Bevollmächtigungsverfahren und die Schaffung von zahlreichen Ausnahme- und Sondergenehmigungen zu einem unübersehbaren Zuständigkeitschaos herangewachsen, das jede staatliche Wirtschaftsführung unmöglich machte. Petzina hat mit Recht darauf hingewiesen, daß daneben nicht die sachlichen Widersprüche der nationalsozialistischen Wirtschaftspolitik übersehen werden dürfen, „die auf eine Überbeanspruchung der deutschen Wirtschaft durch Aufrüstung und Vierjahresplan ... zurückzuführen sind"[66]. Spätestens seit Ende 1937 ging es nicht mehr nur darum, die deutsche Wirtschaft durch staatliche Initiativen zu beeinflussen, sondern es vollzog sich eine zunehmende Konzentration der wirtschaftlichen Kräfte auf kriegswichtige Planungen.

Unter dem Eindruck der „Wochenendkrise" im Mai 1938 war das Hauptziel des Vierjahresplans, das Göring am 16. Juli als die Durchführung der wirtschaftlichen Mobilmachung[67] definierte, eindeutig und vorrangig auf die wirtschaftliche Vorbereitung des Kriegsfalles abgestimmt. Das Etikett „Vierjahresplan", ursprünglich aus machtpolitischen Gründen entworfen, wurde nun zu einem allgemeinen rüstungspolitischen Instrument stilisiert und durch den „Wehrwirtschaftlichen *neuen* Erzeugungsplan" (WNE) mit neuem Inhalt versehen. Mit der Bestellung von Carl Krauch zum Bevollmächtigten zur Durchführung des WNE am 22. August[68] hielt eine Riege von Wirtschaftstechnokraten in Görings wirtschaftlichen Führungsstab Einzug, die den Vierjahresplan noch stärker gegen Parteieinflüsse abschottete. Gleichzeitig überflutete da-

---

[62] Erklärung unter Eid von Paul Körner vom 29. Aug. 1947, IfZ, Dok. NI-10386, S. 1 ff.; Petzina, Vierjahresplan, S. 139.

[63] Zur Göring-Sitzung am 30. Juni 1938 in „Carinhall" vgl. den Krauch-Bericht vom 20./21. April 1939, BAK, R 25/ 14 Berichterstattung, S. 1.

[64] Petzina, Vierjahresplan, S. 141.

[65] „Ergebnis der Besprechung bei Generalfeldmarschall Göring am 16. 7. 38 in Karinhall", IfZ, Dok. PS-1436, S. 3.

[66] Petzina, Vierjahresplan, S. 138.

[67] Protokoll von Gramsch (VJP) über die „Besprechung in Karinhall vom 16. Juli 1938 unter dem Vorsitz des Ministerpräsidenten Generalfeldmarschall Göring", BA-MA, Wi I F 5/ 573, S. 1.

[68] Zu Krauchs „Entwurf für einen Befehl zur Durchführung des Schnellplanes" vom 19. Aug. 1938 vgl. BAK, R 25/ 101 Staatssekretär Berichte. Zu Görings Befehl zur Durchführung des WNE vom 22. Aug. 1938 vgl. Eichholtz/Schumann, Dok. 76, S. 189 f.

mit jedoch eine neue Welle von Bevollmächtigten den wirtschaftspolitischen Sektor, die zwar den wirtschaftspolitischen Aktionsradius der Wehrmacht weiter eindämmte, aber auch zu einer erneuten Aufsplitterung der Institutionen führte und ein effektives und reibungsloses Funktionieren des Wirtschaftsapparates verhinderte.

Die starke Beteiligung des IG-Farben-Managements in Görings wirtschaftlichem Führungsstab, der bereits hinter vorgehaltener Hand polemisch „Rohstoff- und I.G.-Stab" genannt wurde[69], verstärkte sich durch die Umorganisationen im Sommer 1938 noch weiter. Die Vierjahresplan-Politik wurde nun überwiegend von Männern bestimmt, die sich bereits zuvor stark geschäftlich in Südosteuropa engagiert hatten und seit 1936 auf einen verstärkten Ausbau der wirtschaftlichen Beziehungen zu den Staaten des Donauraums drängten. Die „Reichsstelle für Wirtschaftsausbau" und, seit dem Herbst 1938, das neugeschaffene „Reichsamt für wehrwirtschaftliche Planung" wurden zu Krauchs zentralen Planungsbehörden für die Erfassung der wirtschaftlichen Möglichkeiten in Südosteuropa und für die Erarbeitung von fundierten Vorschlägen zur Intensivierung der deutschen Wirtschaftsbeziehungen zu den Ländern des Südostens.

Krauch hatte bereits in einer Denkschrift vom 4. Juli 1938 Vollmachten für die Reichsstelle bei der Durchführung des beschleunigten wehrwirtschaftlichen Ausbaus gefordert[70]. Auf seinen Vorschlag hin wurde die Reichsstelle direkt Göring unterstellt und dessen Staatssekretär Körner mit ihrer Führung beauftragt. Neben dem Reichswirtschaftsministerium und den Überwachungsstellen hatte sich Göring damit einen neuen außerministeriellen Wirtschaftsstab zur Behandlung der Rohstoff-Fragen geschaffen, der auch in personeller Hinsicht die alte Vierjahresplan-Organisation ablöste. Ein Schwerpunkt wurde nun auf die Erstellung von detaillierten Ausbauplänen auf den wehrwirtschaftlichen Gebieten gelegt.

Somit kamen erst Mitte 1938 bei Görings Wirtschaftsstab statistisch untermauerte und wirtschaftswissenschaftlich betriebene Grundlagenerhebungen in Gang, die sich um eine realistische Einschätzung der wirtschaftlichen Erfassung Südosteuropas im Rahmen eines sogenannten „Großwirtschaftsraumes" bemühten. Bis dahin waren die allenthalben diskutierten Großwirtschaftsraum-Konzepte nicht viel mehr als politische Wunschbilder, die, wie sich bald herausstellte, von einer maßlosen Überschätzung der wirtschaftlichen Möglichkeiten Südosteuropas ausgingen[71].

Außenpolitische Hindernisse bei der wirtschaftlichen Durchdringung Südosteuropas

Bis 1938 war zwar der deutsche Anteil am südosteuropäischen Außenhandel stetig im Steigen begriffen[72], aber das Interesse an Kapitalinvestitionen und Konsortialgeschäften blieb lustlos und deutsche Kapitalbeteiligungen standen noch immer hinter

[69] VJP-Denkschrift vom 27. Jan. 1938 „Über die Organisation der Vierjahresplanämter", BAK, R 26 I/ 1a, S. 12 der Denkschrift.

[70] Denkschrift der RWA vom 4. Juli 1938, BAK, R 25/ 1.

[71] Vgl. auch Becks Kritik an Hitlers Überschätzung von Österreich und der ČSR als Überschußländer in der sogenannten „Hoßbach-Besprechung" am 5. Nov. 1937, in: Stellungnahme Becks vom 12. Nov. 1937 zu Hitlers Rede vom 5. Nov. 1937, BA-MA, Nachlaß Beck N 28/ 4 Persönlicher und dienstlicher Schriftwechsel 1937/38.

[72] Vgl. die Tabellen 1–4 im Anhang von Milward, Reichsmark, S. 402 ff.

französischem, britischem und amerikanischem Engagement zurück[73]. Weniger die Wirtschaftsbilanzen als das Klima der politischen Beziehungen zwischen Deutschland und den Donauraumstaaten relativieren die These von einem erfolgreichen deutschen „Wirtschaftsimperialismus" in Südosteuropa vor dem Krieg[74]. Der österreichische „Anschluß" gab den deutschen Großwirtschaftsraum-Konzepten Auftrieb und weckte Hoffnungen auf eine zügige Verwirklichung der weitgesteckten Ziele. Auch Göring, der bis dahin kaum mit geschlossenen Konzepten eines europäischen Wirtschaftsraumes operiert und eher umfassende Kompensationspraktiken verfolgt hatte, schwenkte mit Optimismus auf diese Linie ein und propagierte die wirtschaftliche Erfassung des Südostens als außen- und wirtschaftspolitische Marschroute.

Die Verwirklichung dieses Konzeptes stieß jedoch auf erhebliche Schwierigkeiten. Bei der Durchsetzung seines Führungsanspruches im Wirtschaftssektor der neugewonnenen Ostmark, die als Sprungbrett zum Südosten dienen sollte, stieß Göring auf erheblichen innenpolitischen Widerstand. Zu diesen machtpolitischen Grabenkämpfen traten planungstechnische und organisatorische Diskrepanzen innerhalb des Vierjahresplans, die eine erneute umfassende Umstrukturierung der Wirtschaftspolitik und -führung erforderlich machten. Behindert wurden Görings Bestrebungen zur Inangriffnahme der Großwirtschaftsraum-Planungen auch durch die außenpolitischen Vorbehalte der Donauraumstaaten gegenüber Deutschland, die durch den „Anschluß" Österreichs erneut geweckt wurden. Beispielhaft hierfür war die jugoslawische Reaktion.

Bereits unmittelbar nach dem „Anschluß" wurden in Jugoslawien Befürchtungen wegen der zukünftigen deutschen Donauraumplanung laut[75]. Stimmungsberichte des deutschen Auslandsdienstes sprachen sogar von einer allgemein bemerkbaren jugoslawischen Angst vor dem „deutschen Wirtschaftsimperialismus" und vor der „grossdeutschen Wirtschaftsexpansion nach dem Südosten Europas", da nun von Wien als „dem östlichen Hamburg" eine unmittelbare Bedrohung ausgehe[76]. Unter dem vielfältigen innenpolitischen Druck schwenkte Stojadinovič bis zum Frühsommer 1938 auf eine bemerkenswert reservierte Haltung gegenüber der deutschen Politik ein und signalisierte öffentlich ein verstärktes Interesse an einer politischen Wiederannäherung an die Westmächte[77]. Am deutlichsten machte sich die vorsichtige jugoslawische Umorientierung in dem Scheitern der deutsch-jugoslawischen Verhandlungen über Kompensationsgeschäfte mit Kriegsgerät bemerkbar. Im Reichsluftfahrtministerium äußerte man sich besorgt darüber, „daß trotz angestrengtester Bemühungen der deutschen Luftfahrt-Industrie um Aufträge und trotz wiederholter Vorstellungen des Generalkonsuls Neuhausen beim Ministerpräsidenten Stojadinowitsch die jugoslawische Regierung sich für die Bestellung von 100 Blenheim-Bombern in England entschie-

---

[73] Teichova, Wirtschaftsinteressen, S. 279. In der Rangfolge der ländermäßigen Beteiligungen von „Auslandskapital in südslawischen Aktiengesellschaften" rangierte Deutschland 1936 erst an 7. Stelle. Vgl. die Statistik in: Wirtschaftsdienst 23 (1938), S. 690 („Länderberichte: Südslawien").

[74] Vgl. hierzu die Kontroverse zwischen Milward, Reichsmark, S. 377–413, und Wendt, Südosteuropa, S. 414–428.

[75] Vgl. die Aufzeichnung von Mackensen vom 17. März 1938, PAB, Büro St.S./ Aufzeichnungen über Diplomatenbesuche, Bd. 2.

[76] Bericht Nr. 1569/38 des „Auslandsdienstes" vom 19. Mai 1938, NAW, T-120, Roll 2621/ Serial 5482 H, Pag. E 382 160ff.

[77] Denkschrift ohne Unterschrift vom Juli 1938 über „Die politische Lage in Jugoslawien", PAB, Abt. Pol. II/ Po g Österreich, Bd. 3, Pag. 391 834 f.

den habe"[78]. Gleichfalls entging den „Berlin-Suhler Waffen- und Fahrzeugwerken" ein schon sicher geglaubter Auftrag über 100 Kanonen, für den sich Göring persönlich verwandt hatte, zugunsten der italienischen Firma „Breda"[79].

Seit dem Frühsommer 1938 zeichnete sich in der jugoslawischen Wirtschafts- und Handelspolitik eine neue Linie ab. Man setzte keineswegs mehr vorbehaltlos auf einen Ausbau der Wirtschaftsbeziehungen zu Deutschland. Ließen sich Geschäftsabschlüsse mit anderen Ländern erreichen, wurden diese bevorzugt. Zwar war Deutschland nach wie vor ein gern gesehener Abnehmer der jugoslawischen Agrarüberschüsse; bei technologisch hochwertigen und politisch bedeutsamen Geschäften hatte Deutschland jedoch deutlich das Nachsehen. Dies äußerte sich nicht nur auf dem für Deutschland aus devisenpolitischen Gründen wichtigen Kriegsgerätesektor, sondern auch bei den Erdölverhandlungen. Die durch Görings persönliches Engagement geförderten und auf deutscher Seite zunächst optimistisch betriebenen Verhandlungen um eine Erdölkonzession im Zagreber Becken[80] scheitern Ende 1938 abrupt und für die deutsche Seite völlig überraschend durch die Vergabe der jugoslawischen Lizenz an die „Standard Oil Company"[81]. Die deutsche Verhandlungsführung deutete dies mit Recht als klare politische Geste.

Die veränderte politische Haltung der jugoslawischen Regierung gegenüber Deutschland nach dem „Anschluß" war in Südosteuropa kein Einzelfall. Insbesondere in Bulgarien und Rumänien zeigten sich ähnliche Tendenzen. Obwohl noch am 12. März 1938 in Berlin ein geheimes Protokoll zwischen Deutschland und Bulgarien über die Lieferung von Kriegsgerät unterzeichnet worden war, kamen konkrete Geschäftsabschlüsse in der Folgezeit nicht zustande. Auf bulgarischer Seite versuchte man, durch Feilschen um Sonderkredite der Vertragsdurchführung immer neue Hindernisse in den Weg zu legen[82]. Da das Auswärtige Amt und Göring die Auffassung vertraten, „daß es im Hinblick auf die besonders enge politische und wirtschaftliche Anlehnung Bulgariens an Deutschland politisch nicht vertretbar sein würde, die Verhandlungen scheitern zu lassen"[83], bemühte sich Göring durch persönliches Einschalten in die Verhandlungen und durch eine Jagdeinladung an König Boris um das Zustandekommen des Geschäfts[84].

Das am 31. Juli 1938 in Saloniki unterzeichnete Nichtangriffsabkommen zwischen Bulgarien und den dem Balkanpakt vom 9. Februar 1934 angehörenden Staaten (Griechenland, Jugoslawien, Rumänien und Türkei) war Ausdruck des veränderten politischen Bewußtseins in Südosteuropa. Die offizielle Sprachregelung des Auswärtigen Amtes versuchte zwar mit beschönigenden Worten das Abkommen „als Beweis des allseitigen guten Willens zur allgemeinen Befriedung auf dem Balkan und damit auch

[78] Schreiben von Bismarck (AA) an die Deutsche Gesandtschaft Belgrad vom 17. Juli 1938, PAB, Deutsche Botschaft Belgrad/ 53/3 Wirtschaft (geheim), Bd. 3.

[79] Schreiben der „Reichsgruppe Industrie" an OKW, RWiM, VJP und AA vom 7. Okt. 1938, PAB, HaPol/ Kriegsgerät Jugoslawien, Bd. 1, Pag. E 398 753 ff.

[80] Aufzeichnung von Wiehl (AA) vom 26. Nov. 1938, PAB, Deutsche Botschaft Belgrad/ 53/3, Bd. 3.

[81] Schreiben der Deutschen Gesandtschaft Belgrad an das AA vom 14. Dez. 1938, ebd.

[82] Abschrift des Protokolls, PAB, HaPol/ Kriegsgerät, Handel mit Kriegsgerät: Bulgarien, Bd. 1, Pag E 395 797 ff.; Schreiben des RWiM an das RFM vom 10. Juni 1938, ebd., Pag. E 395 805.

[83] Schreiben von Mackensen (AA) an Schwerin von Krosigk vom 10. März 1938, ebd., Pag. E 395 786.

[84] Aufzeichnung von Weizsäcker (AA) vom 31. Aug. 1938 über ein Gespräch mit dem bulgarischen Gesandten, PAB, Büro St.S./ Aufzeichnungen über Diplomatenbesuche A–K, Bd. 2.

als Beitrag zum Frieden in Europa"[85] zu würdigen; unübersehbar war jedoch die eigentliche Zielsetzung: der Versuch des engeren Zusammenschlusses der südosteuropäischen Länder zur Abwehr deutscher Hegemonialbestrebungen.

Unterstützt wurden diese südosteuropäischen Bestrebungen durch Großbritannien und Frankreich, die sich im April 1938 darüber verständigen konnten, durch Kreditgewährungen und verstärkte Warenbezüge die wirtschaftliche Unabhängigkeit der südosteuropäischen Länder zu stärken[86]. Die britischen und französischen Initiativen in Südosteuropa riefen in Deutschland nicht unbeträchtliche Nervosität hervor. In einem Rundschreiben vom 10. August 1938 unterrichtete der Abteilungsleiter der Wirtschaftspolitischen Abteilung des AA, Wiehl, die deutschen Botschaften und Gesandtschaften davon, daß „die Wiedervereinigung Österreichs mit dem Deutschen Reich zu einer Wiederbelebung der Versuche geführt (habe), Deutschlands wirtschaftspolitische Stellung im Donauraum zu schwächen und auf dem Umweg über wirtschaftliche Aktionen auch die politischen Kombinationen gegen Deutschland im Donauraum zu stärken"[87]. Dabei sei es offensichtlich, daß es sich bei den verschiedenen Aktionen zweifellos um einen zusammenhängenden Plan handele. Wiehl empfahl für die weitere Wirtschaftspolitik in Südosteuropa, man solle möglichst wenig mit politischen Argumenten arbeiten und vor allem den Anschein vermeiden, als wolle man die beteiligten Staaten durch wirtschaftliche Maßnahmen unter politischen Druck setzen.

Die Handelspolitische Abteilung des Auswärtigen Amtes verfolgte vor allem die rumänische Entwicklung mit erhöhter Besorgnis. Hier zeige es sich ganz klar, „daß die Rumänische Regierung das Bestreben hat, die wirtschaftlichen Bindungen Rumäniens an Deutschland zu lockern und den Anteil Deutschlands am rumänischen Außenhandel herunterzudrücken. Hierbei ist neben politischen Erwägungen die Hoffnung maßgebend, die rumänische Ausfuhr in Länder ohne Devisenbewirtschaftung zu steigern." Die rumänische Reaktion auf den „Anschluß" traf Görings Großwirtschaftsraum-Konzept besonders empfindlich. Die an sich schon schwierige Lage der Benzinversorgung war durch den zusätzlichen österreichischen Bedarf noch komplizierter geworden[88]. Von daher rückte Rumänien als größter südosteuropäischer Erdölproduzent in den Mittelpunkt von Görings Großwirtschaftsraum-Überlegungen. Göring schaltete sich persönlich in die Bemühungen der „Ausfuhrgemeinschaft für Kriegsgerät" ein, um zusätzliche Einfuhren von rumänischem Erdöl zustande zu bringen[89]. Aber trotz Görings großzügigen Angebots von deutschen Flak-Geschützen war der rumänische Wirtschaftsminister Constantinesco zu keinem Einlenken zu bewegen.

Die Reichsstelle für Wirtschaftsausbau legte Anfang August 1938 eine Aufstellung über „Mob-Bedarf und Versorgungslage auf dem Mineralölgebiet" vor, die Göring in seinen Bemühungen zur beschleunigten wirtschaftlichen Erfassung Südosteuropas be-

---

[85] AA-Rundschreiben vom 15. Aug. 1938 an die Deutschen Botschaften und Gesandtschaften, PAB, Abt. Pol. IV/ Po 4 Balkan, Bd. 2, Pag. D 600 486–491.

[86] Wendt, Appeasement 1938, S. 70 ff.

[87] AA-Rundschreiben von Wiehl vom 10. Aug. 1938, PAB, Deutsche Botschaft Warschau/ Paket 125, H IV 10 Wirtschaftliche Beziehungen Deutschlands-Balkanstaaten, Bd. 1, S. 1 des Schreibens.

[88] Aufzeichnung ohne Unterschrift vom 28. April 1938 über eine von Schlotterer einberufene Wirtschaftsbesprechung, PAB, HaPol/ Rumänien, Rohstoffe und Waren, Petroleum, Bd. 1, Pag. E 539 516.

[89] Vgl. Fabricius (Bukarest) an das AA vom 15. Juli 1938, in: ADAP, D, V, Nr. 212, S. 243.

stärkte. Das Fazit des Berichtes hob die für eine mögliche Kriegsführung lebensnotwendige Bedeutung des südosteuropäischen Wirtschaftsraumes hervor: „Der *einzige Weg* zur sofortigen laufenden Deckung der Moblücken in der Zeit 1938/1939, der zugleich eine wesentliche Bewegungsfreiheit in Produktionsmengen und -Qualitäten erlaubt, ist im Mob-Falle: *Freihalten des südost-europäischen Wirtschaftsraumes für Deutschland* unter *Inanspruchnahme* von rd. 50% des rumänischen an andere Länder gelieferten Gesamt-Mineralöl-Ausfuhrüberschusses für Deutschland."[90] Im Sommer 1938 sah es allerdings nicht danach aus, als ob Göring der Verwirklichung seines Großwirtschaftsraum-Konzeptes entscheidend näherkommen und damit zur erhofften rohstoff- und devisenmäßigen Entlastung der deutschen Wirtschaftslage beitragen könne.

Die Wechselwirkung von zunehmender außenpolitischer Aggression und weiter forcierter wehrwirtschaftlicher Planung bewirkte auch eine Wandlung der politischen Strategie Görings. Seitdem er die Wirtschaftspolitik weitgehend auf die Belange der Aufrüstung abgestimmt hatte und einen möglicherweise bevorstehenden Krieg mit in seine Rechnung einbezog, hatte seine politische wie wirtschaftliche Verhandlungsführung einen deutlich drohenden Unterton erhalten[91]. Schon im Frühsommer 1938 war ihm bewußt geworden, daß sein außenpolitisches Konzept in Südosteuropa nicht auf friedlichem Verhandlungswege zu erreichen war. Dies bewirkte jedoch keineswegs eine Änderung der Ziele, sondern eine Radikalisierung der Methoden. Die vollständige Auflösung des mittel- und südosteuropäischen Staatensystems entwickelte sich nun zum primären Ziel Göringscher Außenpolitik. Dies traf sich mit Hitlers Entschluß zur „endgültigen Bereinigung" des „Sudeten-Problems"[92]. Während sich Göring bis 1938 in der Tschechoslowakei-Politik völlig inaktiv gezeigt hatte[93], wurde er seit dem Frühsommer 1938 zu einem der engagiertesten Vorbereiter der Zerstörung der zentralen Stütze des mittel- und südosteuropäischen Staatenbündnisses.

---

[90] RWA-Aufzeichnung „Mob-Bedarf und Versorgungslage auf dem Mineralölgebiet" vom 5. Aug. 1938, BAK, R 25/ 115, S. 5.

[91] Zu Görings Konferenz am 8. Juli 1938 vgl. Homze, S. 157 f.

[92] Botz, Wien, S. 369.

[93] Altenburgs streng vertrauliche Aufzeichnung vom 16. Jan. 1936, PAB, Pol. Abt. II/ Tschechoslowakei, Politik 6 Nationalitätenfrage, Fremdvölker, Bd. 24.

VII. Hitlers Kriegspolitik: Beginn der politischen Entmachtung Görings 1938/39

1. Göring und das „Münchener Abkommen"

Seit 1936 rückte die Tschechoslowakei stärker in Görings Gesichtskreis, und die Sudetenfrage gehörte seitdem zu den zentralen Punkten seines außenpolitischen Forderungskatalogs. Von Anfang an spielte dabei das Schicksal der Auslandsdeutschen eine untergeordnete Rolle. Göring ging es nicht primär um die „völkische Frage" des Deutschtums, sondern vor allem um die Rolle der Tschechoslowakei im südosteuropäischen Staatensystem[1].

Bereits im Frühsommer 1936 hob Göring gegenüber dem ungarischen Gesandten Sztójay die deutsch-ungarische Interessengemeinschaft gegenüber der Tschechoslowakei hervor[2] und prophezeite gegen Ende des gleichen Jahres dem ungarischen Außenminister Kánya, daß in zwei oder drei Jahren die Tschechoslowakei ganz zu existieren aufgehört habe[3]. Während aber Göring in der Österreichfrage voranging und am meisten drängte, war in der Tschechoslowakeifrage Hitler der Drängende. Seit Ende 1937 nahm Hitlers Marschroute in der sudetendeutschen Frage unter dem Einfluß von Frank und Henlein erste konkrete Züge an.

Nach Hitlers Rede vom 20. Februar 1938, die die sudetendeutsche Krise einleitete, betonte auch Göring in einer Ansprache an Soldaten die deutsche Entschlossenheit, die sudetendeutsche Frage notfalls militärisch zu lösen[4]. Bereits wenige Tage später beruhigte er jedoch den polnischen Botschafter, daß in nächster Zeit keine Aktionen gegen die Tschechoslowakei zu erwarten seien[5]. Görings Beruhigungstaktik während des „Anschlusses" Österreichs war allerdings nur von vorübergehender Natur. Schon am 12. März eröffnete er dem ungarischen Gesandten Döme Sztójay, „daß jetzt zuerst Österreich in Ordnung gebracht werden müsse, dann würde bestimmt auch die Tschechoslowakei an die Reihe kommen"[6]. Göring gab jedoch zu bedenken, daß es sich hierbei um eine „doch mehr Kräfte beanspruchende Aktion" handeln würde.

Pressionspolitik zur Isolierung der Tschechoslowakei

Anders als in der Österreichpolitik, in deren letzter Phase vor dem „Anschluß" er der vorwärtstreibende Politiker gewesen war, geriet Göring in der Tschechoslowakeipoli-

---

[1]   Görings Äußerungen zu Mastný nach der Aufzeichnung von Renthe-Fink (AA) vom 24. März 1936, in: ADAP, C, V/1, Nr. 205, S. 262.
[2]   Sztójay (Berlin) an Kánya (Budapest) vom 10. Juli 1936, in: Kerekes, Berlin-Róma, Nr. 118, S. 779.
[3]   Rönnefarth, S. 17; Celovsky, S. 93 f.
[4]   Ebd., S. 128 f.
[5]   Roos, S. 320.
[6]   Sztójay an Kánya vom 12. März 1938, in: Kerekes, Allianz, Nr. 24, S. 168 f.

tik in den Sog der Ereignisse. Jetzt war es vor allem Hitlers neuer Außenminister Ribbentrop, der während des „Anschlusses" lediglich eine Statistenrolle gespielt hatte, aber nun eine Hauptrolle übernahm, wobei Ribbentrops Aktivismus auch als Symptom des Konkurrenzkampfes mit Göring gewertet werden kann[7]. Ribbentrop und Göring verfolgten zwei unterschiedliche Konzepte zur Lösung des Tschechoslowakeiproblems, die ihre voneinander abweichende Einschätzung der weltpolitischen Lage wie der rüstungswirtschaftlichen Situation offenbarten. Hitler hielt sich dabei zunächst abwartend im Hintergrund, ließ beide Außenpolitiker gewähren und neigte abwechselnd demjenigen zu, der ihm den Erfolg am überzeugendsten zu versprechen schien.

Eine fatale Auswirkung dieses Neben- und Gegeneinanders war eine verstärkte Verunsicherung der europäischen Regierungen in bezug auf die Berechenbarkeit der bevorstehenden außenpolitischen Schritte Hitlers. Während man in Großbritannien darüber rätselte, inwieweit man Görings Tschechoslowakei-Versicherungen noch vertrauen konnte[8], sah sich die ungarische Regierung angesichts der Widersprüche in der deutschen Haltung, die sich aus dem Nebeneinander der Besprechungen mit Göring, Blomberg, Neurath und Ribbentrop ergaben, überhaupt nicht mehr in der Lage, „klar zu sehen ..., woran sie eigentlich ist"[9].

Dabei unterschieden sich Ribbentrop und Göring nicht hinsichtlich des außenpolitischen Zieles. Für beide ging es um eine Lösung des Sudetenproblems, die die „Zerschlagung" der gesamten Tschechoslowakei nach sich ziehen sollte. In dieser Zielsetzung war Göring weder gemäßigter noch geduldiger als Ribbentrop und nannte bereits Ende April als spätesten Zeitpunkt der Verwirklichung den Sommer 1938[10]. Beide unterschieden sich jedoch in bezug auf die Methoden und die Bedingungen der Realisierung dieses Zieles. Während Ribbentrop auf Henleins Sudetendeutsche Partei setzte, die im Stile ihrer „Karlsbader Forderungen" die innenpolitische Lage in der Tschechoslowakei soweit wie möglich zuspitzen sollte[11], hielt Göring, ähnlich wie in der Österreichfrage, wenig von solchen riskanten parteipolitischen Unternehmungen. Er bemühte sich statt dessen um einen guten Draht zur deutschen Gesandtschaft in Prag und unterstützte sie nach Kräften gegen parteipolitische Übergriffe[12]. Auch sonst wies Görings Tschechoslowakei-Politik zahlreiche Parallelen zu seiner vorangegangenen Österreichpolitik auf. Die frühen Sondierungen zur Durchdringung sudetendeutscher Wirtschaftsunternehmungen[13] sind erste Hinweise hierzu.

Einen entscheidenden Einschnitt in die nationalsozialistische Tschechoslowakeipolitik brachte die durch die tschechoslowakische Teilmobilmachung ausgelöste sogenannte „Wochenendkrise" vom 20. bis 23. Mai 1938, die Hitlers Entschluß zur Lösung des Sudetenproblems massiv beschleunigte. Erste Konsequenz war die Weisung zur Neufassung der militärischen Grundlagenstudie „Fall Grün" vom 20. Mai, auf die

[7]   Michalka, Ribbentrop, S. 229 ff.
[8]   Masaryk (London) an das Außenministerium Prag vom 29. April 1938, in: Kral, Nr. 68, S. 122.
[9]   Vermerk von Weizsäcker vom 1. April 1938 über sein Gespräch mit Sztójay am 31. März, in: ADAP, D, II, Nr. 114, S. 168 f.
[10] Telegramme von Phipps an Halifax vom 27. April und 20. Mai 1938, in: DBFP, 3/1, Nr. 162, 241, S. 197, 324.
[11] Niederschrift über Ribbentrops Besprechung am 29. März 1938 im AA über sudetendeutsche Fragen, in: IMG, Bd. 31, Dok. 2788-PS, S. 114 ff.
[12] Hencke, S. 39.
[13] Bericht von Paul Haefliger (IG Farben) vom 6. April 1938 über seine Besprechung mit Keppler, in: Eichholtz/Schumann, Nr. 66, S. 168 f.

Göring als Beauftragter für den Vierjahresplan bei der Eröffnung einer Textilschau in Berlin, 24. März 1937

Göring (im Auto) bei der Eröffnung der Automobilausstellung in Berlin am 18. Februar 1938 (vorne rechts: Goebbels)

Als Sonderbeauftragter für Südosteuropa in Griechenland, 18. Mai 1934

Göring (ganz rechts) auf Erholungsurlaub in San Remo, 8. März 1939

Göring (mit Stock) in politischer Mission in Rom, 14. Januar 1937

Göring und Hitler beim Festakt zur Feier des Abschlusses des deutsch-italienischen „Stahlpaktes", 22. Mai 1939

Hitler und Göring auf dem Balkon der Reichskanzlei beim Partei-aufmarsch anläßlich des „Anschlusses" Österreichs, 16. März 1938

Göring auf dem Dortmund-Ems-Kanal am 15. Juli 1939, während seiner mehrwöchigen Rundreise auf Deutschlands Wasserstraßen mit seiner Motoryacht „Carin II"

Urlaub vor dem Überfall auf Rußland: Emmy und Hermann Göring auf dem Obersalzberg, Juni 1941

Ablenkung vom Kriegsgeschehen: Göring als „größter Kunstsammler Europas" beim Juwelier

Göring als Urlauber beim italienischen Luftmarschall Italo Balbo in Tripolis

Göring (Mitte) als seltener Teilnehmer bei Hitlers Kriegslagebesprechungen im Führerhauptquartier, links: Mussolini

Reichsmarschall Göring beim Verlassen des Reichsluftfahrtministeriums nach der Rede zum 10. Jahrestag der „Machtergreifung"

Hitler und Göring beim Staatsakt für den toten Generalluftzeugmeister Generaloberst Ernst Udet am 22. November 1941

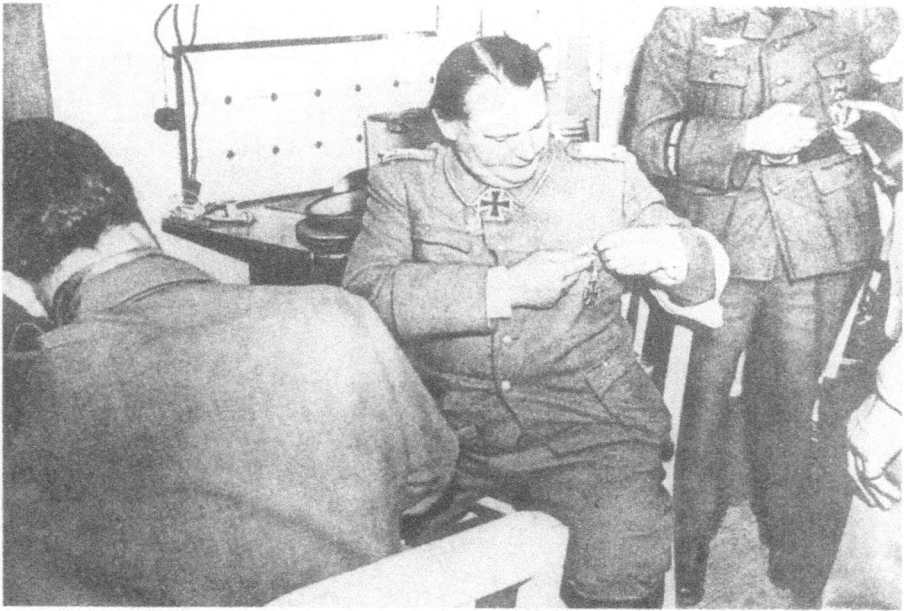

Mai 1945: Göring legt in amerikanischer Gefangenschaft Orden und Ehrenzeichen ab

Göring als Angeklagter vor dem Internationalen Militärgerichtshof in Nürnberg, März 1946

Eines der letzten Fotos vor seinem Selbstmord in der Nacht vom 15. Oktober 1946: Göring schreibend in seiner Zelle

am 28. Mai Hitlers interne Ankündigung eines Angriffs auf die Tschechoslowakei folgte, was in Hitlers Denkschrift vom 30. Mai förmlich niedergelegt wurde[14]. Hitlers Entschlossenheit, die einen Krieg in den Bereich des Möglichen rückte, stürzte Göring vorübergehend in eine Phase starker politischer Unsicherheit. Er war sich mit den Spitzen der militärischen Führung darüber einig, daß ein militärisches Vorgehen gegen die Tschechoslowakei zu diesem Zeitpunkt nicht zu isolieren sei[15]. Bezeichnenderweise wagte es Göring aber nicht, Hitler offen entgegenzutreten und ihn auf die Gefahren eines drohenden europäischen Krieges gegen Deutschland hinzuweisen. Statt dessen versuchte er Hitlers Adjutant Wiedemann dafür zu gewinnen, Hitler beizubringen, daß die Armee noch nicht kriegsbereit sei[16].

Görings Vorbehalte gegenüber einer überstürzten militärischen Aktion brachten ihn bei konservativen Politikern wie Weizsäcker in den Ruf, „unter die Pazifisten gegangen"[17] zu sein. Bei dieser seit der tschechoslowakischen Wochenendkrise bis zum Kriegsbeginn im September 1939 dauernden Einschätzung Görings handelte es sich aber doch um eine Fehleinschätzung konservativer Diplomaten und Militärs, die gegen Hitlers Kriegskurs opponierten[18]. Teilübereinstimmungen zwischen ihnen und Göring bestanden zweifellos darin, daß man einen Krieg gegen die Tschechoslowakei zu diesem Zeitpunkt für verfrüht und zu riskant hielt. Wie der Chef des Generalstabes, Generaloberst Beck, glaubte auch Göring nicht, daß ein Krieg gegen die Tschechoslowakei isoliert werden könne[19], sondern die Westmächte und vor allem Frankreich auf den Plan rufen würde[20], Deutschland einer solchen umfassenden militärischen Verwicklung aber auch rüstungswirtschaftlich nicht gewachsen sein würde[21]. Von der Sorgfältigkeit und dem Verantwortungs-Ethos eines General Beck unterschied sich Göring aber nicht nur durch die größere eigene Neigung zur risikoreichen Erpressungs- und Bluffpolitik, sondern auch und vor allem durch die Abneigung, aus den eigenen Bedenken entschiedene Konsequenzen gegenüber Hitler zu ziehen.

Vielmehr ließ sich Göring durch Hitlers Kriegspolitik selbst in eine hektische Betriebsamkeit auf rüstungswirtschaftlichem Gebiet treiben. Von Ende Mai bis einschließlich September 1938 folgte eine Rüstungsbesprechung auf die andere, die Pläne und Bedarfserhebungen überstürzten sich. Göring entwickelte sich zum rüstungswirtschaftlichen Einpeitscher. Den deutschen Luftfahrtindustriellen malte er in einer widersprüchlichen Rede am 8. Juli das Schreckgespenst des Weltkrieges an die Wand[22]. Mit der für Göring völlig untypischen Begründung, daß „der Jude" in der

---

[14] Aufzeichnung von Beck vom 29. Mai 1938 „Bemerkungen zu den Ausführung des Führers am 28.5.38", BA-MA, Nachlaß Ludwig Beck N 28/3 Persönlicher und dienstlicher Schriftwechsel 1938; „Geheime Kommandosache" vom 30. Mai 1938, in: IMG, Bd. 25, Dok. 388-PS, S. 434.

[15] Müller, Beck, S. 136 ff., 279 ff. Zu Görings Meinungsbildungsprozeß in dieser Frage vgl. Gemzell, S. 97 ff.

[16] Toland, S. 608, aufgrund Wiedemanns Zeugenaussagen in Nürnberg.

[17] Tagebucheintrag Weizsäckers vom 31. Mai 1938, in: Weizsäcker-Papiere, S. 129.

[18] Hoffmann, Widerstand, S. 117 ff.

[19] Kordt gab an, Weizsäcker habe Göring diesbezügliches Material zugespielt. Kordt, S. 234.

[20] Toland, S. 608, nach der Aussage Wiedemanns.

[21] „Organisationsstudie 1950" des Generalstabs der Luftwaffe vom 2. Mai 1938, in: IMG, Bd. 37, Dok. 043-L, S. 443 ff.; dazu Görings Aussage, in: IMG, Bd. 9, S. 388 f.

[22] Protokoll der Rede Görings vor den Luftfahrtindustriellen vom 8. Juli 1938, in: IMG, Bd. 38, Dok. 140-R. S. 375–401. Göring behandelt hier in einzigartiger Weise Probleme der Weltpolitik und eines bevorstehenden Krieges in einem Atemzug mit fabrikatorischen und technischen Fragen der Aufrüstung, wie auch den Umstand, daß sich in der Regel in einer Fabrik „kein einziger Lokus für Frauen" befände: „Das geht nicht" (ebd., S. 395).

ganzen Welt zum Krieg hetze, forderte er von den deutschen Industriellen freiwillige „Mehrleistungen". Die technologische Weiterentwicklung ging ihm zu langsam, er brauche einen Bomber, „der mit 5 Tonnen Bomben Last nach New York und zurück fliege". Aus solchen verbalen Kraftakten kann aber nicht geschlossen werden, daß Göring Hitlers Programm zur Welteroberung bejahte. Sie entsprachen nicht Görings außenpolitischem Konzept und sind rein situationsbedingt zu erklären.

Göring hatte sich zu diesem Zeitpunkt bereits ein eigenes Konzept zur Lösung der Tschechoslowakeifrage zurecht gelegt. Seiner Meinung nach mußte es gelingen, die Tschechoslowakei als „Blinddarm Europas"[23] auch ohne kriegerische Verwicklung „wegzuoperieren". Im besonderen Maße griff er hierbei auf seine österreichischen Erfahrungen zurück, indem er alle Möglichkeiten der bewährten Verhandlungspolitik durchspielte. Voraussetzung zum Gelingen seiner erpresserischen Politik, die zur Auslöschung der Tschechoslowakei führen sollte, war, daß er den europäischen Mächten die ultimative, kriegerische Entschlossenheit Deutschlands vor Augen führte. So richtete er insbesondere an die britische Adresse mehrmals Drohungen, die den Spätsommer 1938 als Termin zur Lösung der Tschechoslowakeifrage bezeichneten[24].

Zum gleichen Zeitpunkt betätigte Göring sich innenpolitisch jedoch als eifrigster Warner vor Ribbentrops kriegerischen Ambitionen und appellierte an die versammelten Gauleiter, daß es zu diesem Zeitpunkt das politische Ziel sein müsse, einen Krieg zu vermeiden: „Es müsse daher angestrebt werden, Deutschland wirtschaftlich und militärisch zu stärken, damit die Gefahr, daß Deutschland von einer fremden Macht angegriffen werde, verringert werde. Gleichzeitig werde dadurch erreicht, dass Deutschland – wenn es wieder erstarkt sei – wieder in zunehmendem Masse einen massgebenden Einfluss in der europäischen Politik ausüben könne."[25] In den innenpolitischen Kulissen versuchte Göring genau das zu verhindern, was er außenpolitisch propagierte. Görings offizielle Konfliktstrategie führte aber zwangsläufig dazu, daß er in der internationalen Politik als „Scharfmacher" eingestuft wurde. Führende Politiker in Frankreich, Belgien, Luxemburg, Polen und natürlich der Tschechoslowakei[26] sahen in Göring noch mehr als in Hitler den eigentlichen Kriegstreiber, der darauf drängte, die tschechoslowakische Frage unter Gewaltanwendung zu lösen.

Auch in Großbritannien zählte man Göring nicht zu den Gemäßigten[27], wenn auch dem Foreign Office nicht entgangen war, daß Göring gegenüber Großbritannien stärker an dem Kurs der Verständigungsbereitschaft festhielt als Hitler seit Anfang 1938 unter dem Einfluß seines englandfeindlichen Außenministers Ribbentrop. Man sah in Göring weiterhin einen Garanten des deutsch-britischen Dialogs und einen wichtigen Ansprechpartner im Rahmen der Appeasement-Politik. Deswegen war auch Hender-

[23] François-Poncet, Berlin, S. 323 f.
[24] Henderson an Halifax vom 18. Juli 1938, in: DBFP, 3/1, Nr. 507, S. 580 f.; Strang (London) an Henderson
       vom 21. Juli 1938, ebd., Nr. 530, S. 610 ff.; Henderson an Halifax vom 22. Juli 1938, ebd., Nr. 532, S. 613 ff.
[25] Nach der Erklärung des früheren Gauleiters der Steiermark, Uiberreither, vom 27. Feb. 1946, in: IMG,
       Bd. 40, Dok. Göring-38, S. 259. Vgl. dazu die Aussage von Bodenschatz, in: IMG, Bd. 9, S. 19.
[26] Meldung vom 6. Aug. 1938, PAB, Dienststelle Ribbentrop/ Vertrauliche Berichte, Bd. 1,1. Schreiben des
       deutschen Gesandten in Luxemburg, Radowitz, an das AA vom 30. Juli 1938, in: ADAP, D, V, Nr. 444,
       S. 491; Lipski an Beck vom 11. Aug. 1938, in: Lipski, Dok. 89, S. 375 ff.; Meldungen von Masaryk (London)
       und Osuský (Paris) an das Außenministerium Prag vom 19. Juli 1938, in: Kral, Nr. 105, 106, S. 155; vgl. auch
       Osuskýs Schreiben vom 30. Juli 1938, ebd., Nr. 122, S. 169 f.
[27] Wendt, München, S. 11 ff.

son Anfang Mai angewiesen worden, die tschechoslowakische Frage mit Göring zu verhandeln[28].

In einer dreistündigen Unterredung am 22. Juni konnte Göring Henderson überzeugen, daß er stets der eifrigste Fürsprecher einer britisch-deutschen Übereinkunft gewesen sei[29]. Er wiederholte dabei all die Argumente, die er bereits seit 1936 unablässig in seinen Unterredungen mit britischen Politikern vorgebracht hatte. Basis eines Übereinkommens sei das „britische Einverständnis zur Verwirklichung der deutschen Einheit und zur Vorherrschaft des deutschen Einflusses in Mittel- und Osteuropa". Mit dem Ziel der deutschen Einheit hatte Göring eine neue Formel gefunden, um die deutsche Expansionspolitik nicht nur zu bagatellisieren, sondern auch in ausreichendem Maße unspezifiziert und dehnungsfähig zu umschreiben.

Göring hatte den Katalog der Verhandlungsgegenstände bewußt vage und nicht zu weitgehend formuliert, um nicht von vornherein ein britisches Einlenken unmöglich zu machen. Er beauftragte zunächst seinen Adjutanten Bodenschatz, den Danziger Gauleiter Forster und Stephanie Prinzessin von Hohenlohe mit Sondierungen in London, ob auf britischer Seite eine Intensivierung der Gespräche erwünscht sei[30]. Dabei ließ er durchblicken, daß er bereit sei, selbst nach London zu kommen, um Verhandlungen auf höchster Ebene zu führen. Zur Vorbereitung dieses möglichen Treffens lud die britische Regierung Mitte Juli inoffiziell Fritz Wiedemann nach London ein[31], der in dortigen Regierungskreisen kein Unbekannter war und über ausreichende Seriosität verfügte, um dem halboffiziellen Ersuchen die nötige Bedeutung zu geben[32].

Hitler wurde vorher über diesen Plan ins Bild gesetzt, zumal Wiedemann Hitlers Adjutant war, und eine Londonreise Görings ein aufsehenerregendes Spektakel dargestellt hätte, das sich nicht verheimlichen ließ. Trotz seines offensichtlichen Kurswechsels in der Englandpolitik gab Hitler seine Zustimmung zur Wiedemann-Mission. Den Gedanken an eine Verständigung mit England hatte er noch immer nicht vollständig aufgegeben. Unverkennbar war jedoch die skeptische Zurückhaltung, mit der er Wiedemann auf die Reise schickte. Einen Besuch Görings hielt Hitler zu diesem Zeitpunkt für überflüssig[33].

Entgegen einer in der Forschung weit verbreiteten Auffassung[34] erhielt Wiedemann seine Instruktionen nicht von Hitler, sondern von Göring[35]. Zweck der Mission war die „Feststellung des Besuches G(örings)"[36], eben der Aktion, die Hitler momentan für unangebracht hielt. Wiedemann hatte es bewußt vermieden, Hitler über diese Absicht genau ins Bild zu setzen. Er erwähnte in seiner Besprechung mit Hitler Görings Be-

---

[28] Schriftwechsel zwischen Henderson und Halifax, in: DBFP, 3/1, Nr. 178, 180, 181, 183, 184, 218, S. 252 ff.

[29] Henderson an Halifax vom 23. Juni 1938, ebd., Nr. 439, S. 513.

[30] Aufzeichnung von Wiedemann „Besuch Halifax, 18. 7., 10–12.15", Abschnitt „Meldung beim F(ührer)", in: ADAP, D, VII, Anhang H, (II), S. 541 f. Zur Initiative von Bodenschatz vgl. auch Wiedemanns Notizen „Krise Frühjahr und Sommer 1938", ebd., S. 545.

[31] Zur Schilderung der Vorgänge aus Wiedemanns Sicht vgl. Wiedemann, S. 158–166. Aus der Sicht der Beteiligten vgl. Dirksen, S. 215 ff.

[32] Celovsky, S. 276–279; Rönnefarth, S. 362–366; Toland, S. 618 f.

[33] Wiedemanns Aufzeichnung „Richtlinien: 15. 7." über sein Gespräch mit Hitler, in: ADAP, D, VII, Anhang H, (I), S. 540.

[34] Eubank, S. 76; Rönnefarth, S. 363 f.

[35] Henke, S. 166 ff., stützt durch bislang unveröffentlichte britische Dokumente den Quellenwert von Wiedemanns Aufzeichnungen.

[36] Aufzeichnung von Wiedemann „Besuch Halifax", in: ADAP, D, VII, Anhang H (II), S. 541; Cadogans Tagebucheintrag vom 18. Juli 1938, in: Cadogan, S. 87.

suchsvorhaben nur am Rande und ließ Hitler in dem Glauben, es handele sich bei seiner Reise um einen allgemeinen Gedankenaustausch. Göring hingegen hatte Wiedemann den eindeutigen Auftrag erteilt – und dieser hatte ihn auch so verstanden –, vorbereitende Verhandlungen zu einem Besuch Görings in London zu führen[37].

Hier drängt sich eine Parallele zu Görings Österreichpolitik auf. Ende 1937/Anfang 1938 hatte Göring mit Guido Schmidt über ein Treffen mit Schuschnigg in Österreich verhandelt, das jedoch nur unter gewissen Vorbedingungen stattfinden sollte. Hier wie dort machte er zur Voraussetzung: Wenn der Besuch zustande kommen soll, „müsse es ein Erfolg sein"[38]. Auf diese Weise versuchte Göring durch sein Angebot eines Spitzengesprächs die britische Regierung gleichzeitig unter Druck zu setzen und zu einem Entgegenkommen zu veranlassen, wogegen auch Hitler kaum etwas einwenden konnte. Der Versuch, abermals durch eine erpresserische Verhandlungspolitik zum Erfolg zu kommen, unterschied sich nicht sonderlich von Hitlers Methode. Aber Hitlers jetzt ziemlich fester Entschluß, notfalls auch das Risiko eines Krieges einzugehen, trennte ihn von Göring.

Görings Verhandlungsangebot schlug jedoch fehl. Halifax und Cadogan waren sich als Gesprächspartner Wiedemanns durchaus der Gefahr und der Folgen bewußt, die ein Arrangement mit Göring nach sich ziehen würde. Der politische Wert dieser Vorbesprechungen wurde außerdem dadurch stark verringert, daß die englische Presse durch eine Indiskretion davon erfuhr und die Information „zu den sensationellsten Kombinationen mißbraucht wurde"[39], wie der deutsche Botschafter in London, von Dirksen, enttäuscht feststellte. Stephanie von Hohenlohe bemühte sich zwar weiterhin in London, Görings Angebot aufrecht zu erhalten, de facto war Görings Initiative jedoch an Hitlers und Ribbentrops unverändert radikalem Kurs und an den britischen Vorbehalten gescheitert. Daß Göring sich seit Ende Juli demonstrativ von Berlin fernhielt und sich mit seiner Yacht „Carin II" auf private Reisen nach Skandinavien begab[40], interpretierten Beobachter wohl nicht ganz zu Unrecht als Ausdruck der Verstimmung Görings über Hitler[41].

Görings Verhandlungsinitiative in London bestärkte die gemäßigten deutschen Politiker in der Meinung, daß man auf Görings Unterstützung zählen könne und daß er „unter gar keinen Umständen zu den Kriegshetzern gehörte"[42]. Man hielt sogar den Gedanken für „nicht abwegig, daß er sich eines Tages zu gegebener Stunde auch des Führers entledigen könnte"[43]. Auf britischer Seite, wo man über ein differenziertes Bild des Führungskreises um Hitler verfügte, sah man neuerdings Görings Zugehörigkeit zur Gruppe der Gemäßigten bestätigt[44] und versuchte diesen Kontakt zu nutzen, um für die bevorstehende Runciman-Mission zu werben, der von Göring jedoch kein

---

[37] Wiedemann äußerte zu Halifax am 18.7.: „Zweck meines Besuches: Feststellung des Besuches G(örings)". Aufzeichnung „Besuch Halifax", in: ADAP, D, VII, Anhang H, (I), S. 541; „Record of a conversation between Viscount Halifax and Captain Wiedemann on July 18, 1938", in: DBFP, 3/1, Nr. 510, S. 584–589.

[38] Wiedemanns Aufzeichnung „Besuch Halifax", in: ADAP, D, VII, Anhang H, (II), S. 541.

[39] Aufzeichnung von Dirksen „über die Entwicklung der politischen Beziehungen zwischen Deutschland und England" in der Zeit vom Mai 1938 bis August 1939, in: Dokumente und Materialien, Bd. II, Nr. 29, S. 159.

[40] Vgl. zu Görings Dänemark-Reise den Artikel des „Völkischen Beobachters" vom 30. Juli 1938.

[41] François-Poncet an Bonnet vom 1. Aug. 1938, in: DDF, 2/10, Nr. 312, S. 561 f.

[42] Vortragsnotiz von Beck vom 29. Juli 1938 „zu Aussprachen mit W.(iedemann) am 28.7.38", BA-MA, Nachlaß Beck N 28/ 4.

[43] Notiz von Beck „Einzelheiten am 29.7.38", ebd.

[44] Wendt, München, S. 125; MacDonald, United States, S. 81.

Erfolg vorausgesagt wurde[45]. Insgesamt gesehen erhielt Görings Optimismus in bezug auf einen deutsch-englischen Ausgleich einen deutlichen Dämpfer, was sich nicht zuletzt darin äußerte, daß er bis Anfang September für den britischen Botschafter kaum zu erreichen war[46].

Gleichzeitig erlitt Göring auch bei seinen Sondierungen bei französischen Politikern Mitte August 1938 einen empfindlichen Rückschlag, der seine gesamte Verhandlungspolitik vorübergehend in Frage stellte. Parallel zu seiner Kontaktaufnahme in London hatte Göring Mitte Juni seinen Adjutanten Bodenschatz beauftragt, über ein Mitglied der französischen Militärmission in Berlin direkte deutsch-französische Verhandlungen über die Tschechoslowakeifrage anzuregen, die auf deutscher Seite Göring führen wollte[47]. Göring selbst unternahm verschiedene Initiativen, um seine Verhandlungsbereitschaft zu signalisieren und schlug François-Poncet zum wiederholten Male ein förmliches Abkommen zwischen Deutschland und Frankreich vor[48]. Die französischen Politiker nahmen diese Offerten jedoch mit starker Zurückhaltung auf, da man bereits seit Mai 1938 von der Existenz eines sogenannten „Göring-Plans" ausging, der vorsah, die Tschechoslowakei zwischen Ungarn und Deutschland zu teilen[49].

Es gelang Göring schließlich, für den 16. bis 21. August den französischen General Vuillemin nach Berlin einzuladen. In der angespannten Krisensituation des Sommers 1938 sahen beide Seiten dieser Begegnung mit erhöhter Aufmerksamkeit entgegen. Göring arrangierte für seinen Gast eine eindrucksvolle Demonstration der militärischen Stärke Deutschlands, die ihre bestürzende Wirkung bei Vuillemin nicht verfehlte[50]. Solchermaßen vorbereitet, stellte Göring seinem betroffenen französischen Gast unverblümt die Frage, ob denn im Bündnisfall Frankreich seinem Partner Tschechoslowakei militärisch zur Seite stehen würde. Vuillemin beantwortete diese Frage zu Görings Enttäuschung mit einem eindeutigen „Ja"[51], worauf Göring vor Verärgerung angeblich mit dem Fuß aufgestampft haben soll[52]. Görings Versuch, durch eine Kombination von Drohungen und Lockungen mit Großbritannien und Frankreich auf dem Verhandlungswege zu einer Lösung der Tschechoslowakeifrage zu gelangen, war schon im August 1938 in eine Sackgasse geraten.

Neben dem Verhandlungsangebot an die Großmächte warb Göring bei den revisionistischen Staaten um politische Unterstützung gegen die Tschechoslowakei. Von be-

---

[45] Henderson an Halifax vom 11. Aug. 1938, in: DBFP, 3/2, Appendix I, S. 646 f.

[46] Göring war für den britischen Botschafter vorübergehend „krank". Vgl. Henderson an Halifax vom 17. Sept. 1938, ebd., Nr. 910, S. 362 ff.

[47] Berichterstattung von François-Poncet an Bonnet vom 26. Juni 1938, in: DDF, 2/10, Nr. 97, S. 185–190; vom 30. Juni 1938, ebd., Nr. 120, S. 227 ff.
      Vgl. auch die Erinnerungen von Stehlin, S. 92 ff. Die Kontakte Stehlin-Bodenschatz zogen sich bis September 1938 hin. Vgl. François-Poncet an Bonnet vom 23. Aug. 1938, in: DDF, 2/10, Nr. 440, S. 782 ff.

[48] François-Poncet an Bonnet vom 10. Aug. 1938, ebd., Nr. 360, S. 643 f.

[49] Bericht des polnischen Botschafters in Paris, Lukasiewicz, an Beck über seine Unterredung mit Bonnet vom 27. Mai 1938, in: Dokumente und Materialien, Bd. I, Nr. 11, S. 124.

[50] Berichterstattung von François-Poncet an Bonnet vom 18. Aug. (3), 21. u. 23. Aug. 1938 und die Aufzeichnung vom 23. Aug. 1938, in: DDF, 2/10, Nr. 401, 402, S. 704 ff.; Nr. 429, S. 760 ff.; Nr. 440, S. 784 ff.; Nr. 444, S. 788 ff. Vgl. die übereinstimmenden Angaben bei François-Poncet, Berlin, S. 331; Schmidt, Statist, S. 392 f.; Stehlin, S. 99 ff., 106 f.

[51] Welczeck (Paris) an das AA vom 24. Aug. 1938, in: ADAP, D, II, Nr. 385, S. 488 f.; Aufzeichnung von Herwarth (AA) vom 29. Aug. 1938, ebd., Nr. 403, Anlage 2, S. 523 f.

[52] Osuský (Paris) an das Außenministerium Prag vom 25. Aug. 1938, in: Kral, Nr. 144, S. 201.
      Zu Görings Reaktion vgl. auch François-Poncet an Bonnet vom 18. Aug. 1938, in: DDF, 2/10, Nr. 402, S. 706 u. Henderson an Halifax vom 20. Aug. 1938, in: DBFP, 3/2, Nr. 655, S. 124.

sonderer Bedeutung waren hierbei die Anrainerstaaten der Tschechoslowakei, Ungarn und Polen. Bereits Anfang 1938 hatte Göring sich Ungarn als Vermittler angeboten, um gegen eine ungarische Garantie der gegenwärtigen ungarisch-jugoslawischen Grenze bei Jugoslawien die volle Neutralität für den Fall zu erwirken, „daß Ungarn nach anderen Seiten hin in kriegerische Verwicklungen gezogen werde"[53]. Diese Abmachung hätte die Tschechoslowakei endgültig aus dem Bündnissystem der Kleinen Entente gelöst und Ungarn in das deutsche Konzept zur Beseitigung der Tschechoslowakei eingefügt. Seit Anfang Juni verstärkte Göring seine Bemühungen um Ungarn. Er beruhigte Sztójay, daß in der Tschechoslowakeifrage nichts ohne die ungarische Konsultation geschähe und empfahl sich erneut als Vermittler zwischen Ungarn und Jugoslawien, unter der Voraussetzung, daß „in einem kriegerischen Konflikte Deutschland-Tschechoslowakei Ungarn sich alsbald aktiv beteilige"[54].

Das gegenseitige Mißtrauen in den deutsch-ungarischen Verhandlungen über die Tschechoslowakeifrage verhinderte jedoch klare Abmachungen. Auf ungarischer Seite warf man Göring vor, zwar einerseits die bedingungslose ungarische Mithilfe zu verlangen, aber andererseits auch mit Jugoslawien und Rumänien gegen ungarische Interessen zu verhandeln. Darüber hinaus weigere man sich auf deutscher Seite, die längst versprochenen gemeinsamen Generalstabsbesprechungen aufzunehmen. Göring beschwerte sich seinerseits wiederholt bei Sztójay, Ungarn entwickle zu wenig Initiative in der Tschechoslowakeifrage und solle sich nicht darauf verlassen, „daß Deutschland die Kastanien allein aus dem Feuer hole"[55]. Die Bleder Abmachungen vom 22. August zwischen Ungarn und der Kleinen Entente bestärkten den deutschen Argwohn gegenüber der ungarischen Mitteleuropa-Politik[56]. Horthys Jagdbesuch bei Göring Ende August im Anschluß an die Besprechungen mit Vuillemin verdeutlichte, daß Görings Versuch einer Einkreisung der Tschechoslowakei im Falle Ungarns über beiderseitige Absichtserklärungen nicht hinauskam[57].

Ähnlich unzufrieden zeigte sich Göring über die polnische Bereitschaft zu einer gemeinsamen Haltung gegenüber der Tschechoslowakei. Während der Maikrise schlug Göring Lipski einen gemeinsamen Wirtschaftsboykott gegen die Tschechoslowakei vor[58], auf den die polnische Führung nur sehr zurückhaltend reagierte. Als deutsche Untersuchungen im Sommer 1938 zu dem Ergebnis kamen, daß wirtschaftliche Kampfmaßnahmen gegen die Tschechoslowakei Deutschland mehr schaden würden als dem Gegner[59], ließ Göring den Plan eines Wirtschaftsboykotts fallen. Er beschränkte sich nun darauf, Polen das bevorstehende Ende der Tschechoslowakei anzukündigen, um Polen auf diese Weise zu einer militärischen Annäherung an Deutschland zu bewegen. Angesichts der polnischen Zurückhaltung zeigte sich Göring im

[53] Anlage I zur Aufzeichnung von Weizsäcker vom 31. März 1938, PAB, Büro St.S./ Aufzeichnungen über Diplomatenbesuche, Bd. 3, Pag. 467 234.

[54] Aufzeichnung von Weizsäcker vom 10. Juni 1938, in: ADAP, D, II, Nr. 248, S. 319 f.

[55] Aufzeichnung von Weizsäcker vom 7. Juli 1938 über sein Gespräch mit Sztójay, ebd., Nr. 284, S. 382.

[56] Aufzeichnung von Weizsäcker vom 23. Aug. 1938, in: IMG, Bd. 31, Dok. 2796-PS, S. 135 ff.

[57] Zu Görings Besprechungen mit Horthy vgl. das Schreiben von Erdmannsdorff (Budapest) an Weizsäcker vom 29. Aug. 1938, in: ADAP, D, II, Nr. 402, S. 519 ff.

[58] Lipski, S. 367 f.

[59] Aufzeichnung von Wiehl (AA) vom 3. Sept. 1938 über „Wirtschaftliche Massnahmen gegen die Tschechoslowakei" in: ADAP, D, II, Nr. 427, S. 550 ff.

Verlauf des Sommers immer weniger konziliant und ließ sogar durchblicken, daß nach der Lösung des Tschechoslowakeiproblems die Danziger Frage anstünde[60].

Der Plan zur Verhandlungslösung

Bis Anfang September 1938 war deutlich geworden, daß Göring mit seiner internationalen Verhandlungspolitik in der Tschechoslowakeifrage eine ähnliche Strategie wie zuvor in der Österreichpolitik verfolgte. Durch das Wechselspiel von militärischen und wirtschaftlichen Drohungen bei gleichzeitigen Verhandlungsangeboten zur Sicherung des europäischen Friedens versuchte Göring, die westlichen Garantiemächte zu einer Verzichterklärung zu veranlassen. Unter dieser Voraussetzung schloß er eine lokalisierte militärische Aktion gegen die Tschechoslowakei nicht aus, wie seine Absprachen mit Ungarn und Polen zeigten. Daneben war er einer der stärksten Fürsprecher einer Verhandlungslösung, wobei er jedoch bislang keinerlei konkrete Vorschläge für eine vertragliche Form der Konfliktlösung machte. All dies muß auch als Zeichen mangelnder Festigkeit seiner Ablehnung eines riskanten Kriegsabenteuers gewertet werden. Es war evident, daß Göring in dieser Frage einen offenen Konflikt mit Hitler scheute.

Ende August/Anfang September 1938 war eine deutliche Radikalisierung der Haltung Hitlers festzustellen. Ribbentrop, der entgegen Göring davon ausging, daß Deutschland über genügend Rohstoffe verfügte, um einen langen Krieg zu führen[61], nannte den Oktober 1938 als spätesten Termin zur Konfliktlösung[62]. Hitler faßte immer stärker eine kriegerische Lösung der Sudetenfrage ins Auge und setzte am 3. September auf dem „Berghof" den 28. September als Beginn der Vorbereitungen zu „Fall Grün" fest[63].

Göring begriff erst jetzt voll den Ernst der Lage und beauftragte seinen Luftwaffenführungsstab, die Aussichten eines Luftkrieges gegen Großbritannien zu prüfen[64]. Gleichzeitig erörterte er mit Philipp von Hessen die Möglichkeit, Mussolini in die Verhandlungen über das Schicksal der Tschechoslowakei einzuschalten[65], da er eine italienische Vermittlung als die letzte Chance ansah, auf Hitler beruhigend einzuwirken. Mussolini hatte sich bislang an der deutschen Tschechoslowakeipolitik nicht interessiert, aber eine eingehende Konsultation gefordert[66]. Dadurch, daß man in Rom Ribbentrops kriegerischen Aktivismus verachtete, war Göring seit dem Sommer 1938 in der Gunst Mussolinis gestiegen[67], zumal Göring sich nach Kräften bemühte, seine

[60] Lipskis Aufzeichnung vom 24. Aug. 1938 über seine Unterredung mit Göring, in: Lipski, Dok. 91, S. 382 ff.; Szembek, Eintrag vom 26. Aug. 1938, S. 329; Wojciechowski, S. 448 ff.
[61] Aufzeichnung von Weizsäcker (?) vom 21. Juli 1938, in: ADAP, D, II, Nr. 304, S. 400 f.
[62] AA-Aufzeichnung ohne Unterschrift vom 19. Aug. 1938, ebd., Nr. 374, S. 473 f.
[63] Rönnefarth, S. 502.
[64] Gerhard Bidlingmaier, Die Grundlagen für eine Zusammenarbeit Luftwaffe/Kriegsmarine und ihre Erprobung in den ersten Kriegsmonaten, in: Die Entwicklung des Flottenkommandos. Vorträge der 7. Historisch-Taktischen Tagung der Flotte am 5. u. 6. 12. 1963, Darmstadt 1964, S. 73–112, hier: S. 79.
   Die Ausarbeitung lag Göring jedoch erst am 22. Sept. schriftlich vor und ergab, daß der mangelnde Luftwaffen-Rüstungsstand zum jetzigen Zeitpunkt einen erfolgreichen Krieg gegen Großbritannien ausschloß. Vgl. Messerschmidt, Außenpolitik, S. 652. Zu Görings Vermerk auf der Denkschrift vgl. Gundelach, S. 35.
[65] Ciano, Bd. 1, Eintrag vom 2. Sept. 1938, S. 215 f.
[66] Mackensen (Rom) an das AA vom 29. Mai 1938, in: ADAP, D, II, Nr. 220, S. 281; Aufzeichnungen von Ribbentrop vom 23. u. 27. Aug. 1938, ebd., Nr. 384, S. 488; Nr. 401, S. 519.
[67] Vgl. Görings Aussage, in: Bross, S. 118; Ciano, Bd. 1, Eintrag vom 5. Juli 1938, S. 192.

Kanäle zur italienischen Führung zu nutzen, um vor Hitlers Absichten, die den europäischen Frieden gefährden konnten, zu warnen[68]. Kurz nachdem Hitler Mussolini in einem Brief vom 7. September die vermeintlich vorwärts drängende Situation in der Tschechoslowakeifrage dargelegt hatte, schlug Göring Magistrati ein direktes Treffen zwischen Hitler und Mussolini vor[69].

Ganz offensichtlich verfolgte Göring seit Anfang September den Plan, die Tschechoslowakei-Krise durch Spitzengespräche der Regierungsoberhäupter zu lösen. Gleichzeitig mit dem Angebot an Mussolini unterbreitete Göring dem britischen Botschafter mehrmals in den Tagen des Nürnberger Parteitages den Vorschlag, daß sich Chamberlain und Hitler treffen müßten, um eine Regelung der Tschechoslowakeifrage außerhalb Prags zu finden[70]. In einer für Henderson nicht überraschenden Jovialität bot Göring dem britischen Botschafter die vier besten Hirsche in Deutschland zum Abschuß an, wenn sich England von der Tschechoslowakei abwende[71]. Im Foreign Office begann man Göring als Gegenpol zu Hitlers und Ribbentrops Kriegskurs ernst zu nehmen und wies Henderson an, dafür zu sorgen, daß Göring über die englischen Schritte auf dem laufenden bleibe[72]. Bezeichnenderweise wurde Görings kriegerische Rede vom 10. September über „diese lächerlichen Knirpse aus Prag" auf britischer Seite als reiner Bluff interpretiert[73].

Die sich an Hitlers Rede vom 12. September anschließenden Demonstrationen und Zwischenfälle in der Tschechoslowakei verschärften erneut die Krisensituation, so daß sich Chamberlain entschloß, Görings Vorschlag anzunehmen und zu einem persönlichen Treffen mit Hitler nach Deutschland zu kommen. Göring nahm diesen Plan mit Begeisterung auf und sagte Henderson seine Unterstützung gegen Ribbentrop zu[74]. Als sich Hitler und Chamberlain am 15. September 1938 auf dem „Berghof" trafen, hoffte Göring erneut auf eine Inszenierung einer „Anschluß"-Variante. Während er noch am 9. September von der Notwendigkeit der Gewaltanwendung gesprochen hatte, sah er am 16. September bereits die Möglichkeit zu einer Volksabstimmung, die die Voraussetzung für einen bewaffneten Einmarsch schaffen sollte[75]. Zugleich änderte Göring seine Politik gegenüber Ungarn. Er forderte Ungarn zwar weiterhin zu einem energischen Auftreten gegenüber der Tschechoslowakei auf, empfahl aber nun „nicht am ersten Tage, sondern etwa erst nach drei bis vier Tagen (zu) marschieren"[76].

Mussolinis Aktivitäten und vor allem das britische Signal zur Verhandlungslösung bestärkten Göring in dem Glauben, daß bereits eine Vorentscheidung in der „Tschechoslowakeifrage" gefallen sei. Schon unmittelbar vor und nach den beiden Godesber-

[68] Zu Görings Gespräch mit Pariani im Juli 1938 vgl. Rintelen, S. 48 f.
[69] Ciano, Bd. 1, Eintrag vom 12. Sept. 1938, S. 222 f.
[70] Henderson an Wilson vom 9. Sept. 1938, in: DBFP, 3/2, Appendix I, S. 647 ff.; Hendersons Nürnberger Aufzeichnungen vom 10. Sept. und seinen Brief an Halifax vom 13. Sept. 1938, ebd., S. 650 ff.; vgl. auch Wendt, München, S. 55.
[71] Aufzeichnung des SS-Untersturmführers Baumann vom 15. Sept. 1938, in: ADAP, D, II, Nr. 482, S. 615.
[72] Aufzeichnung von Wilson vom 16. Sept. 1938, in: DBFP, 3/2, Nr. 897, S. 352, 354; Halifax an Kirkpatrick (Berlin) vom 9. Sept. 1938, ebd., Nr. 815, S. 277 f.
[73] Göring-Rede auf dem Reichsparteitag in Nürnberg am 10. Sept. 1938, in: Göring, Reden, S. 387; Ogilvie-Forbes (Berlin) an Halifax vom 11. Sept. 1938, in: DBFP, 3/2, Nr. 830, S. 289.
[74] Hendersons Telegramm an Halifax vom 14. Sept. 1938, in: DBFP, 3/2, Nr. 873, S. 322 f.
[75] Vgl. Lipskis Aufzeichnung über seine Besprechung mit Göring am 9. Sept. 1938, in: Lipski, Dok. 95, S. 393 ff. und das Schreiben Lipskis an Beck vom 16. Sept. 1938, ebd., Dok. 96, S. 402 ff.
[76] Aufzeichnung von Woermann (AA) über sein Gespräch mit Sztójay am 16. Sept. 1938, in: ADAP, D, II, Nr. 506, S. 652 f.

ger Treffen befaßten sich Görings Wirtschaftsressorts mit vorbereitenden Besprechungen für den Fall der Besetzung des „Sudetenlandes"[77]. Göring war sich des Erfolges der deutschen Pressionspolitik sicher, als er am 26. und 27. September durch Henderson die britische Regierung ultimativ mit der Drohung unter Druck setzte, daß der deutsche Einmarsch unmittelbar bevorstünde[78]. In der Tat deutete alles darauf hin, daß die beiden Großmächte lediglich nach einer Form suchten, mit der sie ehrenhaft ihre schützende Hand vor der Tschechoslowakei zurückziehen konnten.

Am 28. September wurde schließlich das Ende der Tschechoslowakei als souveräner Staat besiegelt, als sich die vier Großmächte Großbritannien, Frankreich, Italien und Deutschland auf eine Konferenz in München einigten, die die Abspaltung des „Sudetenlandes" von der Gesamt-Tschechoslowakei regeln sollte. Zahlreiche historische Untersuchungen haben festgestellt, daß nachträglich fast alle beteiligten Politiker die entscheidende Initiative zum Zustandekommen des den Krieg vorläufig verhindernden „Münchener Abkommens" für sich in Anspruch nahmen. Aufgrund der sich widersprechenden Zeugenaussagen und der mangelnden schriftlichen Quellen ist eine lückenlose Rekonstruktion der Ereignisse am entscheidenden Vormittag des 28. September nicht mit völliger Zuverlässigkeit zu erreichen[79]. Übereinstimmend belegt und für unseren Zusammenhang von Bedeutung ist jedoch, daß Göring, Neurath und Weizsäcker auf deutscher Seite die entschiedensten Fürsprecher der Verhandlungslösung waren[80]. Ribbentrop hatte wiederum gegen Göring in der entscheidenden Phase den kürzeren gezogen, was Hitlers ehrgeizigen Außenminister in den nächsten Monaten dazu beflügeln sollte, alle Kräfte aufzubieten, um den lästigen Göring aus dem außenpolitischen Entscheidungszentrum zu verdrängen.

Obwohl Göring knapp ein Jahr später die Version verbreitete, er habe die entscheidende Initiative zur Konferenzvorbereitung gestartet und Hitler zur Zustimmung überredet[81], spricht einiges dafür, daß am 28. September der ausschlaggebende Anstoß nicht von Göring, sondern von Mussolini ausging[82]. Allerdings war es Göring, der bereits zwei Wochen vorher Magistrati und Henderson ermuntert hatte, ihren Regierungschefs ein Treffen mit Hitler vorzuschlagen. Ebenso wie Hitler und Ribbentrop hatte Göring unablässig vom Krieg geredet, jedoch im Gegensatz zu diesen gleichzeitig eine Verhandlungslösung vorbereitet und angeboten.

Neuere Forschungen bestätigen, daß Göring wesentlich an der Abfassung des Konferenzvorschlages für das Münchener Treffen beteiligt war: „Der Entwurf, den Göring vorlegte, ‚gefiel‘ Hitler; er wurde nun von Paul Otto Schmidt ins Französische übersetzt und ‚unter der Hand‘ – d. h. unter Umgehung des Reichsaußenministers – von Weizsäcker dem italienischen Botschafter ausgehändigt"[83]. Mussolini legte dann in

[77] Aufzeichnung von Wiehl vom 20. Sept. 1938, in: ADAP, D, II, Nr. 547, S. 683; Wiehls Aufzeichnung über die Ressortbesprechung vom 24. Sept. 1938, ebd., Nr. 587, S. 731 ff.

[78] Hendersons Aufzeichnung vom 26. u. 27. Sept. 1938, in: DBFP, 3/2, Nr. 1098, 1126, S. 543, 561 ff.; vgl. auch Corbin (London) an Bonnet vom 27. Sept. 1938, in: DDF, 2/11, Nr. 394, S. 598 f.

[79] Vgl. die sich widersprechenden Versionen beispielsweise bei Rönnefarth, S. 639 ff.; Celovsky, S. 460 ff.; Toland, S. 648 f.; Eubank, S. 197 ff.; François-Poncet, Berlin, S. 332 ff.

[80] Schmidt, Statist, S. 411; Kordt, S. 269, 273; Henderson, S. 163 f.; Comnène, S. 148; Burckhardt, S. 160; Weizsäcker-Papiere, S. 144; Szembek, Eintrag vom 10. Okt. 1938, S. 349; Wiedemann, S. 181.

[81] Göring am 8. Juli 1939 zu Dahlerus, nach der F. O.-Aufzeichnung vom 12. Juli 1939, in: DBFP, 3/6, Appendix IV, S. 746. So auch Görings Aussage in Nürnberg am 14. März 1946, in: IMG, Bd. 9, S. 328 f.

[82] Rönnefarth, S. 642 ff.; Hassell, S. 21; François-Poncet, Rom, S. 8; Ribbentrop, S. 143.

[83] Blasius, S. 68.

München den von Attolico übermittelten Vorschlag vor und gab ihn als seinen eigenen aus. Somit war für Göring die eigentliche Arbeit schon vor der wenig sensationellen Besprechung der vier Staatschefs geleistet. Nicht zufällig zeigte sich Göring in München als der einzige strahlende Teilnehmer[84], da sein Plan zur Lösung der Tschechoslowakeifrage aufgegangen war. Es entsprach Görings Mentalität und Vorliebe für pomphafte Auftritte, daß er sich in München im Glanz der Teilnehmer sonnte und sich insbesondere um die Gunst der französischen Delegation bemühte[85], die die größte Niederlage zu verkraften hatte.

Die Radikalisierung im deutschen Entscheidungszentrum

„München" war ein erneuter Höhepunkt der außenpolitischen Aktivität Görings, doch es sollte der letzte sein. Von nun an ging die Phase der für Göring so erfolgreichen Pressionsdiplomatie schrittweise zu Ende. In München war Ribbentrop zum letzten Mal mit seinem Kurs gescheitert. Hitler äußerte sich bereits unmittelbar danach unzufrieden über das auf dem Verhandlungswege Erreichte[86], da es für ihn nur einen Teilerfolg darstellte und vor allem auch der multilaterale Konferenz-Stil von München nicht seinen Vorstellungen entsprach. Bislang war Hitler mit der dynamischen Pressionspolitik seines designierten Nachfolgers gut gefahren, wie sich zuletzt beim österreichischen „Anschluß" gezeigt hatte. In der Sudetenkrise hatte Göring erstmals zu einer Lösung gedrängt, die Hitler nicht zufriedenstellte. Die „feigen Generäle" und auch Göring wurden nachträglich von Hitler mit Schmähungen bedacht[87]. Hitler setzte von nun an eindeutig auf die Politik seines radikaleren und ihm bedingungslos ergebenen Außenministers. Damit trat im außenpolitischen Entscheidungszentrum nach „München" eine entscheidende Umstrukturierung zu Ungunsten Görings ein. Mit den Personen änderten sich auch die Konzepte und Methoden. Mit der Durchsetzung des „Ohne-England"-Kurses in der nationalsozialistischen Außenpolitik nach „München" verlor Göring an außenpolitischem Handlungsspielraum.

Wie bereits dargelegt, ging es auch Göring seit Anfang 1938 nicht nur um die Sudeten-Frage, sondern um die Erledigung der Tschechoslowakei als Angelpunkt der mittel- und südosteuropäischen Kleinen Entente, die der Errichtung eines von Deutschland beherrschten südosteuropäischen Großraumes entgegenstand. Der Anschluß des „Sudetenlandes" an Deutschland war für Göring der erste Schritt zur territorialen Auflösung der Gesamt-Tschechoslowakei. Zunächst wurde Göring jedoch von ungarischen Beschwerden überhäuft, da er die vor „München" in Aussicht gestellten territorialen Zugeständnisse nicht eingelöst hatte[88]. Ein ähnliches Ringen spielte sich um die nordöstlichen Gebietsteile ab, wo man sich mit Polen um die Region um Oderberg und um das Gebiet südlich der schlesischen Südost-Grenze zerstritt[89].

[84] Bonnet, S. 117; François-Poncet, Berlin, S. 335; Stehlin, S. 119 f.; Kirkpatrick, S. 128 f.
[85] Aufzeichnung über ein Gespräch zwischen Daladier und Göring am 30. Sept. 1938, in: DDF, 2/11, Nr. 499, S. 735 f.; Stehlin, S. 121 f., 126.
[86] Rönnefarth, S. 678 f.; Sammlungen von Berichten über Hitlers „mißmutige Reaktion" auf das „Münchener Abkommen" finden sich bei Michalka, Ribbentrop, S. 240, Anmerk. 2 und bei Henke, S. 187 ff.
[87] Kirkpatrick, S. 135; Henke, S. 188.
[88] Dokumente zu Görings Verhandlungen mit Sztójay vom 27., 28. u. 29. Sept. 1938, in: Ádám, Müncheni, Nr. 401, 415, 422, 425, S. 994 ff.; Hoensch, Revisionismus, S. 81 ff.
[89] Aufzeichnung von Weizsäcker vom 4. Okt. 1938, PAB, Büro St. S./ Aufzeichnungen über interne Angelegenheiten, Bd. 1, Pag. 472 216. Vgl. auch Blasius, S. 77.

Göring, der bereits vor dem „Münchener Abkommen" die Lösung des Danzigproblems als letztes deutsches außenpolitisches Ziel in Europa nach der Erledigung der Tschechoslowakeifrage angesprochen hatte, sah hierbei eine Chance, einen ersten Schritt in diese Richtung zu machen. Eigenmächtig bot er Polen den Tausch tschechoslowakischer Gebietsteile gegen eine Auto- und Eisenbahnlinie nach Danzig an. Lipski fiel dabei auf, daß neuerdings in der deutschen Haltung gegenüber Polen erhebliche Unterschiede zwischen Göring und Hitler bestanden. Zur Rede gestellt, wich Göring einer Klarlegung der deutschen Ziele gegenüber Polen aus und schob, ebenso wie gegenüber dem tschechoslowakischen Gesandten Mastný, Hitler als letzte außenpolitische Instanz vor[90]. Der polnische Botschafter, der von Anfang an hinter Görings unentschlossener Haltung den Einfluß Ribbentrops vermutete, erhielt am 24. Oktober in einer Unterredung mit Ribbentrop die Gewißheit, daß dieser nun das Heft in der Danziger Frage in die Hand genommen hatte[91].

Nachdem Göring in den deutsch-ungarischen und deutsch-polnischen Beziehungen an Autorität und Handlungsspielraum eingebüßt hatte, erlitt er Mitte November durch Ribbentrops erfolgreiche Intervention in den Slowakei-Verhandlungen erneut Schiffbruch[92]. In Unterredungen im Oktober und November mit den slowakischen Abgesandten Ďurčanský und Karmasin hatte Göring die slowakischen Autonomiebestrebungen zu unterstützen versucht, um dadurch die „Rest-Tschechei" gänzlich dem deutschen Druck auszuliefern. Ribbentrop, der über Görings Verhandlungen nicht ins Bild gesetzt worden war[93], erhielt erst Mitte November davon Kenntnis und unterband am 17. November jegliche weiteren Kontakte Görings mit den slowakischen Unterhändlern, wobei er sich auf eine Hitler-Weisung berief[94].

Göring wußte, daß ihn das Münchener Arrangement bei Hitler in Ungnade gebracht hatte[95]. Er verlor nach „München" schrittweise das Prestige des zweiten Mannes, der jederzeit vertraulichen und ungeschmälerten Zugang zu Hitler besaß. Der Einflußgewinn Ribbentrops war begleitet von einer folgenschweren und schließlich offen zu Tage tretenden Diskrepanz zwischen Hitlers und Görings außenpolitischem Kurs. Der Hauptunterschied lag nicht nur in der außenpolitischen Konzeption, sondern vor allem auch in der unterschiedlichen Risikobereitschaft in bezug auf eine kriegerische Auseinandersetzung.

Auch im Bereich der Aufrüstung wurde Göring nun von Hitler mehr und mehr zum Befehlsempfänger degradiert. Mitte Oktober 1938 wies er Göring an, die Luftwaffe zu verfünffachen[96]. Die neue Luftwaffenrüstung und der später folgende „Z-Plan" der Kriegsmarine waren augenfällige Indizien der neuen außenpolitischen

---

[90] Wojciechowski, S. 518–539.
[91] Lipski an Beck vom 4. Okt. 1938, in: Lipski, Dok. 116, S. 439 ff.; Aufzeichnung von Hewel (AA) über Ribbentrops Gespräch mit Lipski am 24. Okt. 1938, in: ADAP, D, V, Nr. 81, S. 87 ff.
[92] Zu Görings Verhandlungen zur Förderung der slowakischen Autonomiebestrebungen vgl. Dorothea H. El-Mallakh, The Slovak Autonomy Movement, 1935–1939: A Study in Unrelenting Nationalism, New York 1979, S. 125 ff.
[93] Ribbentrops Randbemerkung zur Aufzeichnung von Altenburg (AA) vom 29. Nov. 1938, in: ADAP, D, IV, Nr. 141, S. 152.
[94] Aufzeichnung von Brücklmeier (Büro RAM) vom 17. Nov. 1938, ebd., Nr. 120, S. 134.
[95] Kirkpatrick, S. 135, bezieht sich auf einen Informanten aus Hitlers Umgebung, wonach Hitler sich bei Göring über dessen Politik beschwert habe. Es wurde offen darüber gesprochen, daß Göring Ende 1938 an Einfluß verloren habe: Burckhardt, S. 160 f.; Henderson, S. 83; Dahlerus, S. 17.
[96] Homze, S. 222; Bagel-Bohlan, S. 170.

Gangart Hitlers. Göring trug dem dadurch Rechnung, daß er auf einer Besprechung am 26. Oktober 1938 die Erfordernisse für einen Krieg gegen Großbritannien erörterte[97]. Gleichzeitig versuchte er, sich an Hitlers Kollisionskurs mit Großbritannien zu orientieren und besann sich nun seiner politischen Alternativkonzeption von 1936/37, bei der er im Falle eines Scheiterns des deutsch-britischen Ausgleichs ein deutsch-italienisches Zusammengehen erwogen hatte. Er beauftragte daher ohne Ribbentrops Wissen, aber anscheinend mit Hitlers Einverständnis, Ende Oktober Philipp von Hessen, in Rom den Abschluß eines deutsch-italienischen Konsultativpaktes vorzuschlagen[98]. Ähnlich wie bei Ribbentrops Projekt eines Dreierbundes zwischen Italien, Deutschland und Japan zeigte man im italienischen Außenministerium jedoch für das Zustandekommen eines Paktes mit Deutschland keine große Eile.

Am 21. Oktober gab Hitler die Weisung zur „Erledigung der Rest-Tschechei"[99]. Der Erste Wiener Schiedsspruch und das deutsch-tschechische Abkommen über den Grenzverlauf waren lediglich Zwischenstationen auf dem Weg zum vorprogrammierten deutschen Einmarsch in Prag.

Der Schlag gegen die Tschechoslowakei verlängerte den deutschen Arm nach Südosteuropa und führte zur Auflösung der Kleinen Entente, die bereits seit dem „Anschluß" Österreichs weitgehend handlungsunfähig geworden war. Trotz seiner geschwächten machtpolitischen Basis kam Göring nun in die Lage, von einer günstigen Ausgangsstellung aus sein wirtschaftspolitisches Konzept in Südosteuropa voranzubringen. Unter dem Eindruck des „Münchener Abkommens" hatte der bis dahin eher zurückhaltende rumänische Wirtschaftsminister bereits am 19. Oktober überraschend Möglichkeiten zur Geschäftsausweitung mit Deutschland in Aussicht gestellt[100]. Von den politischen Voraussetzungen her deutete nun scheinbar alles darauf hin, daß die Verwirklichung der Göringschen Großwirtschaftsraum-Planung nur noch eine Frage der Zeit sei. Auch diese Hoffnung trog aber.

2. Das Scheitern des wirtschaftsimperialistischen Konzepts

Wie schon der „Anschluß" Österreichs gaben das „Münchener Abkommen" und die „Zerschlagung" der Rest-Tschechoslowakei den weitgespannten Erwartungen in bezug auf eine „Grossmachtstellung des Reiches in Ost- und Südosteuropa"[1] neuen Auftrieb. Göring versuchte durch seine Wirtschaftspropaganda den Eindruck zu erwekken, als sei die wirtschaftliche Sicherung des Reiches nun vollkommen abgeschlossen. Schon in Anbetracht der bevorstehenden Münchener Vereinbarungen hatte Göring Ende September 1938 gegenüber ausländischen Journalisten verkündet, daß der Er-

---

[97] Irving, Tragödie, S. 119.

[98] Ciano, Bd. 1, Eintrag vom 28. Okt. 1938, S. 267; vgl. auch die Anmerkung der Hrsg., in: ADAP, D, IV, S. 381, Anmerk. 1.

[99] Teil 2 der Hitler-Weisung vom 21. Okt. 1938, ebd., Nr. 81, S. 90 f.

[100] Telegramm von Fabricius (Bukarest) an das AA vom 19. Okt. 1938 über sein Gespräch mit Wirtschaftsminister Constantinesco, PAB, Abt. Pol. IV/ Po 2 Rumänien, Bd. 2.

[1] Schreiben der Beauftragten der deutschen und slowakischen Volksgruppe im Ostrau-Karwiner Industrierevier an Göring vom 2. Okt. 1938, BAK, NS 10/ 88 Außenpolitische Angelegenheiten, Bd. 1, Bl. 130.

folg des Vierjahresplans von Deutschlands Expansion nach Südosten abhänge, und im Herbst hatte Wirtschaftsminister Funk bei seiner Südosteuropareise offen die Einrichtung eines Großwirtschaftsraumes proklamiert und bei seiner Rückkehr dessen Umfang als von der Nordsee bis zum Schwarzen Meer reichend deklariert[2].

Nach dem „Münchener Abkommen" tauchten auch in deutschen Zeitungen und volkswirtschaftlichen Publikationsorganen zahlreiche Projekte und Zukunftsbilder einer deutschen Großraumwirtschaft auf, die Südosteuropa einbezogen. Die in Teilen der zeitgenössischen Wirtschaftspublizistik einsetzende „Neuordnungs-Phraseologie"[3] entwickelte die unterschiedlichsten Großwirtschaftsraum-Theorien, die mitunter die Gewinnung des neuen „wehrwirtschaftlich autarken, erweiterten Raums" aufgrund des nun bestehenden „Kolonialverhältnisses" zwischen Deutschland und Südosteuropa als ersten Schritt zur Weltherrschaft[4] deklarierten. Einhellig war man der Auffassung, daß jetzt eine Neuregelung der europäischen Wirtschaftsräume anstehe, damit Deutschland auch wirtschaftlich den Status erhalte, den es aufgrund seiner zurückgewonnenen Großmachtstellung inzwischen innehatte[5].

Handelspolitische Hindernisse für die Verwirklichung der „Großraumwirtschaft"

Görings wirtschaftspolitische Planungen strebten über den Weg der wirtschaftlichen Erfassung Südosteuropas die Einrichtung eines Großwirtschaftsraumes unter deutscher Führung an. Aus dem Umfeld der Wirtschaftsstäbe Görings findet sich aber kein Beleg dafür, daß für Südosteuropa dabei nur noch ein kolonialer Status vorgesehen war[6]. Tatsächlich reichte die nach „München" und der Besetzung der „Rest-Tschechei" geschaffene geostrategische Lage allein ebensowenig wie die Handelsbilanzen aus, um eine Hegemonialstellung zu begründen, die die Staaten Südosteuropas auch in ein politisches Abhängigkeitsverhältnis gegenüber dem „Dritten Reich" zwang.

Vielmehr bewirkten die tatsächlichen *Entwicklungen* der Handelsstatistiken von 1938/39 und der Verlauf der bilateralen Wirtschaftsverhandlungen wie die aktuellen Planstudien des Vierjahresplans, des Wehrwirtschaftsstabes und des Mitteleuropäischen Wirtschaftstages von Mitte 1939 über den Stand des Industrialisierungsprozesses und die Entwicklung der Infrastruktur Südosteuropas, daß sich schon im Frühsommer 1939 eine deutliche Desillusionierung in bezug auf die Idee einer Großraumwirtschaft unter Einschluß Südosteuropas in Görings Wirtschaftsstab breitmachte.

Die auch in der Forschung vertretene Ansicht von der 1938/39 erreichten wirtschaftlichen Integration Südosteuropas und der politischen Abhängigkeit der südosteuropäischen Länder von Deutschland stützt sich vor allem auf den gewachsenen Anteil Südosteuropas am deutschen Außenhandel (1938/39: 10–11%) und der deutlichen Verstärkung der Beteiligung Deutschlands am Handel der Südost-Staaten (bis zu 50%)[7]. Hiergegen ist einzuwenden, daß der Anteil Deutschlands am Außenhandel

[2]   Vgl. den Artikel von „Le Temps" vom 20. Sept. 1938, zit. bei Treue, Reich, S. 58 f.
[3]   Broszat, Deutschland, S. 88.
[4]   Mühlen, S. 134, 139; Paul Einzig, Bloodless Invasion. German Economic Penetration Into the Danubien States and the Balkans, London 1938 (2. Aufl. 1939), S. 11.
[5]   Minden, S. 27 f.; Wagemann, S. 136 f.; Hans F. Zeck, Die deutsche Wirtschaft und Südosteuropa, Leipzig 1939, S. 21.
[6]   Dies behauptet Treue, Reich, S. 54.
[7]   Volkmann, Außenhandel, S. 103.

Südosteuropas in den Jahren 1938 und 1939 teilweise die absoluten Zahlen des deutschen Importes aus Südosteuropa übertraf. Der modifizierte Auszug aus der von Alan S. Milward zusammengestellten Statistik[8], die lediglich geringfügige Abweichungen von nach deutschen Unterlagen zusammengestellten Statistiken[9] aufweist, kann dies verdeutlichen:

Tabelle: Anteil Deutschlands am Handel der Donau- und Südoststaaten in %

Länder	Import der Staaten			Export der Staaten		
	1937	1938	1939	1937	1938	1939
Jugoslawien[10]	32,7	32,6	47,6	21,7	35,9	31,8
Ungarn[10]	25,9	30,1	48,4	24,0	27,4	50,4
Rumänien[11]	28,7	36,6	39,2	18,9	26,5	32,3
Bulgarien[11]	58,6	52,0	65,5	43,1	58,9	67,8
Griechenland[10]	27,2	28,8	29,9	31,0	38,5	27,5

Der deutsch-südosteuropäische Handel bewegte sich somit in Relationen, die zwar nicht überall ausgeglichen waren, jedoch keine bedrohlichen Clearingspitzen aufwiesen[12]. Eine erfolgreiche deutsche wirtschaftliche Pressionspolitik gegenüber den Staaten Südosteuropas, wie Göring sie Ende 1937/Anfang 1938 gegenüber Österreich betrieben hatte, war angesichts dieser Außenhandelskonstellation schwerlich möglich, worauf bereits im Sommer 1938 die Handelspolitische Abteilung des Auswärtigen Amtes hingewiesen hatte[13]. Die bilateralen Außenhandelsbilanzen verdeutlichen, daß die Staaten Südosteuropas darauf achteten, daß die Kompensationspraktiken keine allzu großen Ungleichgewichtigkeiten hervorriefen[14]. Seit Ende 1938 zeigten sich außerdem, bedingt durch die politischen Ereignisse, vermehrte Unlusterscheinungen im Handels- und Konsortialverhalten der Südoststaaten mit einer gleichzeitig zunehmenden Tendenz zur Förderung des Handels mit Nicht-Clearingländern. Die Importrate aus Deutschland wies eine teilweise sprunghafte Progression auf, während insbesondere Jugoslawien und Griechenland im Exportverhalten deutlich Zurückhaltung übten.

Splittet man die Import- und Exportraten des deutschen Anteils am südosteuropäischen Außenhandel nach den territorialen Zugewinnen des Jahres 1938, vermindert

---

[8] Milward, Reichsmark, Statistical Appendix, Table 4: The Percentage of Imports from and Exports to Germany in the Trade of the Reichsmark Bloc Countries, S.404. Milward stützt sich hierbei auf die statistischen Jahrbücher der betreffenden Länder und verwendet keine deutschen Statistiken.

[9] Im Vergleich mit deutschen Statistiken wurden keine Manipulationen an deren Zahlenmaterial festgestellt. Vgl. die Statistiken bei Huhle, Tabelle 5, S.226; Minden, S.150f.; Fröhlich, S.1343; Krugmann, Anhang, S.IVff.

[10] In den Zahlen für 1939 ist der Anteil Österreichs enthalten.

[11] In den Zahlen für 1938 und 1939 ist der Anteil Österreichs enthalten.

[12] Durch den hohen Agrarprodukteanteil gab es eine saisonbedingte Clearingspitze zugunsten der Südostländer, die sich jedoch im Verlauf des Jahres wieder ausglich. Zu den monetären Gesichtspunkten dieser Kompensationspraxis vgl. Herbert Flaig, Untersuchung über den Einfluß des „neuen Planes" auf den deutschen Außenhandel und die deutsche Außenhandelspolitik, Diss. phil. Freiburg 1941, S.72ff.

[13] Aufzeichnung von Wiehl vom 3.Sept. 1938, in: ADAP, D, II, Nr.427, S.550ff.

[14] Weber, Stadien, S.34f., der bereits nachwies, daß die südosteuropäischen Länder seit 1936 versuchten, ihren Handel von Deutschland abzuwenden.

sich der Größenanteil am Gesamthandel des „Altreiches" deutlich. Die Überhangrate im Handel mit den fünf Kernländern betrug zwar trotzdem noch 5%, das Handelsvolumen der „Ostmark" führte jedoch zu einer letztlich ausgeglichenen Handelsbilanz, wie aus den folgenden Tabellen hervorgeht:

Tabelle: Anteil „Großdeutschlands" am Außenhandel Südosteuropas im Jahre 1938[15]

a) Anteil an der *Ausfuhr* des Südostens in %

Land	„Groß-deutschland"	Davon		
		„Altreich"	„Ostmark"	„Sudeten-land"
Jugoslawien	49,9	35,9	6,1	7,9
Ungarn	50,1	27,7	18,2	4,2
Rumänien	35,8	20,8	5,5	9,5
Bulgarien	63,4	51,8	7,0	4,6
Griechenland	43,1	38,5	1,7	2,9
5 Südostländer zusammen	46,6	32,1	8,4	6,1

b) Anteil an der *Einfuhr* des Südostens in %

Land	„Groß-deutschland"	Davon		
		„Altreich"	„Ostmark"	„Sudeten-land"
Jugoslawien	50,1	32,5	6,9	10,7
Ungarn	48,3	29,8	11,2	7,3
Rumänien	48,3	35,2	4,7	8,4
Bulgarien	57,8	47,6	4,3	5,9
Griechenland	31,9	28,8	1,5	1,6
5 Südostländer zusammen	45,9	27,3	11,2	7,4

Eine Betrachtung der Bilanzen der bilateralen Handelsverhältnisse zwischen Deutschland und den Ländern Südosteuropas führt zu dem Schluß, daß die gegebenen handelspolitischen Relationen keineswegs *zwangsläufig* ein politisches Abhängigkeitsverhältnis implizierten. Die Verlagerung des deutschen Außenhandels nach Südosteuropa zeigte seit 1929 eine deutliche Steigerung[16]. Im Rahmen der deutschen

---

[15] Angaben nach: Minden, S. 150.
[16] Statistiken bei Fröhlich, S. 1343.

Auslandsabhängigkeit im Roh- und Grundstoffbereich ergab sich daraus 1938/39[17] aber nur ein geringer Spielraum für einen extensiven Einsatz der Handelswaffe gegenüber Südosteuropa. Aus den Handelsbilanzen und der nach „München" und der Besetzung des „Sudetenlandes" geschaffenen geostrategischen Lage kann deshalb nicht schon auf die Verwirklichung eines hegemonialen Großwirtschaftsraumes in Südosteuropa geschlossen werden.

Eher deuten die politischen und ökonomischen Implikationen des deutsch-südosteuropäischen Verhältnisses im Jahre 1939 darauf hin, daß die von Göring und seinen Wirtschaftsberatern angestrebte Großraumwirtschaft vor dem Krieg nie verwirklicht wurde und ein programmatischer Wunschtraum blieb, der allerdings im Ausland zu einem Schreckgespenst wurde. Dabei zeigte sich Ende 1938 angesichts der von Hitler befohlenen Steigerung der Aufrüstung, daß ein allumfassender Außenhandel für das „Dritte Reich" in dieser Situation unentbehrlich und damit gleichzeitig das Ziel einer Autarkie im Großwirtschaftsraum nicht zu erreichen war.

Die Münchener Vereinbarungen weckten bei Görings Wirtschaftsstab zunächst die Hoffnung, daß die „Eingliederung Sudetendeutschlands in die reichsdeutsche Wirtschaft"[18] zu einer Entlastung des angespannten Arbeits- und Rohstoffmarktes führen würde. Schon im September hatte Göring organisatorische Vorbereitungen für die Verwendung der sudetendeutschen Arbeitskräfte in Gang gesetzt[19] und bereits am 3. Oktober 1938 persönlich eine Besprechung über die Einführung des Vierjahresplans im „Sudetenland" abgehalten[20]. Die ersten Produktionsstatistiken und wirtschaftlichen Bedarfsplanungen für das „Sudetenland" führten jedoch schnell zu einer Desillusionierung. Eine Studie des Wehrwirtschaftsstabes faßte diese Ergebnisse nüchtern zusammen: „Die Eingliederung Österreichs und Sudetenlands in das deutsche Wirtschaftsgebiet bedeutet für die gesamtdeutsche wehrwirtschaftliche Lage auf dem Gebiet der Nahrungsmittel- und Rohstoffversorgung zunächst eine Verschlechterung, ungeachtet der Möglichkeiten einer erhöhten Belieferung Deutschlands aus einigen österreichischen und sudetendeutschen Überschußgebieten"[21]. Auf längere Sicht könne sich „bei erhöhter Nutzbarmachung des Bodens sowie der Bodenschätze die Lage allerdings etwas bessern".

Der Weg in die totale Aufrüstung (Ende 1938)

Görings Rüstungswirtschaftspolitik war mithin im Herbst 1938 erneut auf erhebliche Schwierigkeiten gestoßen. Nicht nur, daß sich die von Göring mit Nachdruck betriebenen territorialen Zugewinne als zusätzliche wirtschaftliche Belastung erwiesen, die damit verbundene Ausweitung des Vierjahresplans führte auch zu planungstechnischen und organisatorischen Komplikationen. Auf der Sitzung des Kleinen Generalrats am 13. Oktober 1938 unter dem Vorsitz von Staatssekretär Körner wurde ab-

---

[17] Ausführlich: Jäger, S. 130 ff., 166.
[18] Etikett der Besprechung unter Görings Vorsitz am 3. Okt. 1938, BAK, R 26 IV/ 4 Sitzungen Kleiner Generalrat, Bl. 34.
[19] Schreiben von Reichsarbeitsminister Syrup an das OKH vom 10. März 1939, BA-MA, Wi I F 5/ 673 Erfahrungsberichte Sudeteneinmarsch 1938.
[20] Ergebnisprotokoll von Gramsch (VJP), BAK, R 26 IV/ 4, Bl. 34–37.
[21] „Geheime Kommandosache" des WStb („Wehrwirtschaftliche Erfolge des Jahres 1938"), BA-MA, Wi I F 5/ 115, Teil 2, S. 3.

schließend „von allen Sitzungsteilnehmern festgestellt, dass die derzeitige Häufung von Aufgaben nicht mehr tragbar ist, und dass sofort eine planmässige Sichtung der Aufgaben nach dem Grade der Vordringlichkeit stattfinden muss. Die Häufung sich widersprechender Befehle bringt für die Wirtschaft Leerlauf mit sich, der die Situation nur noch verschärft."[22] Die von Hitler damals angeordnete Verfünffachung der Luftwaffenrüstung[23] fiel nicht nur in den denkbar schlechtesten Zeitpunkt, auch ihre Verwirklichung mußte angesichts der bestehenden wirtschaftlichen Schwierigkeiten bei realistischer Beurteilung als unmöglich erscheinen.

Göring geriet damit in den Zwiespalt, als Luftwaffenchef eine enorme Aufrüstung anordnen zu müssen, deren Undurchführbarkeit er sich als staatlicher Wirtschaftsbeauftragter bewußt sein mußte. Görings Ehrgeiz im Konkurrenzkampf der Wehrmachtsteile ließ es jedoch nicht zu, das Luftrüstungsprogramm auf eine realisierbare Steigerungsrate zurückzuschneiden. Er griff daher erneut zu dem wirtschaftspolitischen Instrument, von dem er sich eine kurzfristig wirksam werdende Entlastung auf dem angespannten Devisenmarkt versprach, der Exportsteigerung mit allen Mitteln. Die Besprechung des Generalrats am 14. Oktober 1938 im Reichsluftfahrtministerium eröffnete Göring mit der Mitteilung, daß er von Hitler den Auftrag habe, „die Rüstung abnorm zu steigern, wobei in 1. Linie die Luftwaffe stände. Die Luftwaffe sei schnellstens zu verfünffachen; auch die Marine müsse schneller rüsten und das Heer müsse schneller grosse Mengen von Angriffswaffen schaffen, in Sonderheit schwere Artillerie und schwere Tanks." Unverblümt gestand er hierauf das Scheitern der bisherigen Vierjahresplan-Politik ein: „Er ständе vor ungeahnten Schwierigkeiten. Die Kassen seien leer, die fabrikatorischen Kapazitäten für Jahre hinaus mit Aufträgen vollgestopft." Um trotzdem dem Rüstungsziel näherzukommen, ordnete Göring die totale Mobilmachung der Binnenwirtschaft an. Jugend- und Frauenarbeit müsse eingeführt werden, achtstündige Arbeitszeit dürfe es nun nicht mehr geben.

Hingegen war sein Angriff auf die Privatwirtschaft, angesichts des Scheiterns der Lenkungs- und Planungsinstrumente des Vierjahresplans, kaum mehr als ein verbaler Kraftakt: „Er werde die Wirtschaft, wenn es notwendig ist, mit brutalen Mitteln umdrehen, um dieses Ziel zu erreichen. Es sei jetzt der Moment da, wo die Privatwirtschaft zeigen könne, ob sie noch eine Daseinsberechtigung hätte. Wenn sie versagt, ginge er rücksichtslos zur Staatswirtschaft über." Daß Göring die Produktionskrise der Aufrüstung nicht mit wirtschaftlichem Sachverstand, sondern mit aggressiven Antreibermethoden anging, zeigen seine Worte: „Tatsache ist, dass unsere Generation die Karre in den Dreck gefahren habe, indem die Arbeiter gemeutert haben, und indem wir die Schuld auf uns geladen haben, dass wir diese Arbeiter nicht sofort zusammengeschossen haben".

Durch die Anordnung der totalen Rüstungswirtschaft, die für weltanschauliche Fragen keine Zeit habe, glaubte Göring die binnenwirtschaftlichen Schwierigkeiten meistern zu können. Darüber hinaus spornte er im Außenhandelsbereich zu einer sofortigen Exportsteigerung an, da dringend Devisen benötigt würden, um die Versorgung mit Rohstoffen sicherzustellen. „Der Devisenbestand sei durch die Vorbereitung für

---

[22] Sitzungsprotokoll des „Kleinen Generalrats" vom 13. Okt. 1938 unter dem Vorsitz von Körner, BAK, R 26 IV/4, Bl. 10.
[23] Deist, S. 492.

das tschechische Unternehmen völlig abgesunken und bedürfe einer sofortigen starken Erhöhung. Auch habe man die Auslandskonten schon stark überzogen, so dass größte Exporttätigkeit – mehr als bisher – im Vordergrund stände. An 1. Stelle stünde für die nächsten Wochen Erhöhung des Exports zur Besserung der Devisenlage."[24] Gramschs Sitzungsprotokoll hob hervor, daß es nunmehr notwendig sei, „der Ausfuhr wieder den unbedingten Vorrang einzuräumen, damit wieder Devisen beschafft und die Einfuhrmöglichkeiten erhalten, ja – entsprechend der Vergrößerung der Aufgaben – gesteigert werden können"[25]. Ob Göring wirklich binnen einiger Wochen eine merkliche Besserung der Devisenlage erwartete oder ob er hier lediglich Zweckoptimismus an den Tag legte, ist kaum zu beantworten. Sicher ist hingegen, daß sich die nationalsozialistische Wirtschaftsführung darüber im klaren war, daß angesichts der angeordneten Rüstungswirtschaft Autarkiekonzepte Wunschträume blieben und daß die Ausbeutung von angeblich nun erschlossenen Großwirtschaftsräumen noch immer Zukunftsmusik war. Auch davon, daß Göring das Gebiet der „Tschechen und Slowaken" als zukünftige „deutsche Dominions"[26] definierte, konnte keine entscheidende Verbesserung der Rohstoff- und Devisenlage erwartet werden.

Einen Tag nach dieser richtungsweisenden Besprechung, die den offiziellen Übergang zur Rüstungswirtschaft markierte, traf Göring die schriftlichen Anordnungen für die weiteren Arbeiten. Als „Zusatzplan zum wehrwirtschaftlich *neuen* Erzeugungsplan" verkündete er den „Ausbauplan Sudetendeutschland (Bereich Nordwestböhmen und Egerland)"[27] und verschickte als „Geheime Reichssache" ein achtseitiges Rundschreiben, betreffend „Sicherung und Ausbau der Reichsverteidigung", das seine Appelle zur Exportsteigerung wiederholte und mit dirigistischen Methoden Ausfuhrgeschäften eine unbedingte Priorität einräumte. Von nun an sollten nur noch drei Punkte im Mittelpunkt der wirtschaftlichen Anstrengungen stehen: 1. Die sofortige erhebliche Steigerung der Ausfuhr; 2. die Verstärkung der Rüstung; und 3. die beschleunigte Ausweitung rüstungswichtiger Industriekapazitäten. Für alle anderen wirtschaftlichen Bereiche seien keine Devisen, Rohstoffe und Arbeitskräfte mehr zur Verfügung zu stellen. Auch die Kapitalbewirtschaftung sollte so gehandhabt werden, daß hierfür keine Mittel bewilligt würden. Durch die von Göring oktroyierten Maßnahmen kamen die deutschen Unternehmen in die Zwangslage, einerseits alle Kräfte für den Ausbau der „Reichsverteidigung" zu mobilisieren, sich aber gleichzeitig auf Ausfuhrgeschäfte zu konzentrieren und sogar „Inlandsaufträge abzulehnen, wenn dadurch die Hereinnahme von erreichbaren Ausfuhraufträgen … beeinträchtigt"[28] würde. Angesichts des unbedingten Willens zur totalen Aufrüstung mußte dies von Göring als eine unerquickliche Lösung angesehen werden.

[24]   WStb-Aufzeichnung über „Besprechung bei Gfm. Göring am 14.10.38", BA-MA, Wi I F 5/ 3607, S. 1 ff. Wesentlich anschaulicher als das offizielle Protokoll (BAK, R 26 IV/ 5, Bl. 180–185) ist eine Mitschrift von Generalmajor Thomas (WStb), die Görings drastische Ausführungen teilweise wörtlich wiedergibt und somit ungefiltert Aufschluß über Görings simplifizierenden wirtschaftspolitischen Argumentationsstil und seine Ausdrucksweise bei internen Besprechungen gibt.
[25]   Gramsch-Protokoll der 31. Sitzung des Generalrates vom 14. Okt. 1938, BAK, R 26 IV/ 5, Bl. 181.
[26]   Besprechungsprotokoll von Thomas, BA-MA, Wi I F 5/ 3607, S. 4.
[27]   „Ausbauplan Sudetendeutschland" vom 15. Okt. 1938, BAK, R 25/ 47.
[28]   Göring-Rundschreiben vom 15. Okt. 1938 an alle Reichsministerien und VJP-Geschäftsgruppen, Preußisches Finanzministerium, Stellvertreter des Führers, Generalinspektor für das deutsche Straßenwesen, Reichsstelle für Raumordnung, BA-MA, Wi I F 5/ 560, Bd. 1, Bl. 184–191.

Die Besprechungen der folgenden Wochen und Krauchs regelmäßige Arbeitsberichte für Göring[29] zeigen, daß gegen Ende des Jahres 1938 die Rohstoff- und Devisenprobleme nicht geringer geworden waren. Görings dreistündige Rede am 18. November 1938 vor dem Reichsverteidigungsrat, der mit Ausnahme von Hitler die gesamte Führung des „Dritten Reiches" versammelte, markierte einen weiteren Schritt der Anstrengungen Görings zur Überwindung der Produktionsengpässe auf dem Rüstungssektor. Während Göring noch vor einem Monat die Luftwaffe verfünffachen wollte, definierte er nun etwas bescheidener als Aufgabe, „das Rüstungsniveau von einem Stand von 100 auf einen Stand von 300 zu bringen"[30]. Göring, der sich bei seinen Ausführungen auf eine zuvor erfolgte Aussprache mit Hitler berief, schob alle vergangenen Kontroversen um die Zuständigkeit in der Rüstungswirtschaft beiseite und betonte, daß der Vierjahresplan für seine Generation aufrecht erhalten bleiben würde. Als Vorsitzender des Reichsverteidigungsrates und durch Hitlers erneuten Auftrag gestärkt, stellte er klar, daß seine wirtschaftliche Vollmacht unumschränkt sei und daß er rücksichtslos davon Gebrauch machen würde.

Göring suchte dabei offenbar auch Gelegenheit, seine nach „München" lädierte Stellung als zweiter Mann des Staates erneut zu untermauern. Er gefiel sich in der Rolle des Vorsitzenden, der mit kernigen und teilweise ironisierenden Worten die versammelten Spitzen des Reiches anherrschte und zurechtwies, um sie schließlich nach drei Stunden ohne Aussprache nach Hause zu schicken.

In wirtschaftspolitischer Hinsicht griff Göring immer stärker zum letzten und problematischsten Mittel der Ausfuhrsteigerung, dem Rüstungsexport. Wörtlich stellte er fest: „Ich muss einen Devisenvorrat schaffen, und es muss jetzt auch ein Exportanteil bei den Rüstungsfirmen festgestellt werden ... Es hilft hier nichts. Ich muss jetzt durch diesen Engpass durch. Und leider Gottes – es ist ja schlimm – sind das, was immer verlangt wird, unsere hochwertigen Waffen. Aber wir müssen hier einen gewissen Prozentsatz absolut hergeben ..." Entgegen früheren Praktiken sollte nun die Lieferung von Waffen ins Ausland nicht mehr gegen politische Kredite erfolgen, sondern nur gegen Devisenzahlung oder ausnahmsweise unter Berücksichtigung der politischen Situation mit dem einzelnen Lande, wenn lebenswichtige Rohstoffe hereinkämen. Göring behielt sich selbst im Einzelfall die Entscheidung darüber vor, ob eine Rüstungsaufgabe oder die Exportförderung wichtiger sei. Er warnte vor Rüstungsgeschäften auf eigene Faust, die „dann nicht in die Landschaft"[31] paßten.

Göring war sich der Problematik seiner neuen Marschroute, die die totale Aufrüstung bei gleichzeitigem verstärkten Rüstungsexport anordnete, bewußt. Er glaubte, dies vertreten zu können, wenn die K.G.-Exportgeschäfte nur im Kompensationsverfahren gegen wertvolle Rohstoffe abgeschlossen würden. Politische Kredite seien bei einer Reihe von Staaten ohnehin nicht mehr nötig. Die Länder Südosteuropas bei-

---

[29] Die äußerst aufschlußreichen monatlichen Arbeitsberichte von Carl Krauch über den Fortgang und die Planerfüllung des WNE geben ein genaues Bild über die Versorgungsengpässe der einzelnen Rohstoffsparten. Die Arbeitsberichte erhielten Görings Staatssekretär Körner, Neumann (VJP) und Ritter (RWA), BAK, R 25/101 Staatssekretär Berichte.

[30] „Anwesend sämtliche Reichsminister und Staatssekretäre mit wenigen Ausnahmen". ObdH, ObdM, Generalstabschefs der drei Wehrmachtteile, Reichsleiter Bormann, Daluege, Heydrich u.a., nach: Vermerk von Woermann (AA) über die Sitzung des Reichsverteidigungsrates am 18. Nov. 1938, IfZ, Dok. PS-3575, S. 1 ff.

[31] „Stenographischer Bericht über die 1. Sitzung des Reichsverteidigungsrates am 18.11.38", BA-MA, Wi I F 5/3452 Menschenbewirtschaftung, S. 10 a ff.

spielsweise und diese „ganzen Krauterstaaten" könnten nach Görings Meinung sowieso nicht mehr von Deutschland los. Hieraus sprach die allgemein verbreitete Auffassung von einer gleichsam natürlichen deutschen Hegemonialstellung aufgrund der „Zerschlagung" der Tschechoslowakei. Göring und die staatliche Wirtschaftsführung waren um den Jahreswechsel 1938/39 der trügerischen Meinung, daß man den Ländern Südosteuropas nur noch die deutschen Wirtschaftsforderungen zu präsentieren brauche, um die dringend benötigten Lieferungen im Gegenzug nach Deutschland einzufahren.

Ende November/Anfang Dezember 1938 wurde die Rohstofflage im Rüstungssektor dermaßen prekär[32], daß allenthalben Zweifel geäußert wurden, ob man so überhaupt aufrüsten könne[33]. Anfang Dezember zwang die angespannte Finanzlage des Reiches Hitler zu der Anordnung, „daß für den Rest des laufenden Rechnungsjahres 38/39 die Ausgaben der Wehrmacht, die in den letzten Monaten unter dem Zwang außergewöhnlicher Umstände eine sehr erhebliche Steigerung erfahren haben, auf ein für die Dauer tragbares Maß wieder gesenkt werden"[34]. Die nach wie vor bestehende enorme Auslandsabhängigkeit im Rohstoffsektor und der damit verbundene chronische Devisenmangel ließen für einen Fortgang der Aufrüstung nur geringen Spielraum. Ende 1938 wurde deutlich, daß die Durchführung der gewaltigen Aufrüstungspläne auch den Einsatz politischer Mittel im Außenhandelsbereich erforderlich machte.

Neben umfangreichen Plänen zur Anwerbung deutschstämmiger Ausländer als Arbeitskräfte[35] verfolgte Göring zunächst vor allem den Ausbau bestehender Handelsbeziehungen, die bislang aus politischen Gründen auf kleiner Flamme kochten. So gab Göring die Weisung, mit Nachdruck das „Rußlandgeschäft insbesondere soweit die Einfuhr russischer Rohstoffe in Frage steht, wieder zu beleben"[36]. Gegenüber Franco ging Göring zu einer offenen Pressionspolitik über, um eine Steigerung des Rohstoffbezuges durchzusetzen[37].

Die Großwirtschaftsraum-Planungen und der deutsch-rumänische Wirtschaftsvertrag

Im Mittelpunkt der deutschen Erwartungen stand jedoch die Ausweitung des deutschen Rohstoffbezuges aus Südosteuropa, gerade auch, weil man sich hiervon, wie eine geheime Vortragsnotiz des Wehrwirtschaftsstabes von Ende 1938 zeigt, eine Behebung rüstungswirtschaftlich besonders empfindlicher Engpässe der Rohstoffversorgung (Kupfer, Zinn) erwartete[38]. War man sich auch über die Zielsetzung weitgehend

---

[32] Vgl. hierzu im einzelnen das ausführliche statistische Material in den Handakten Dittebrands, auf das hier aus Beschränkungsgründen nicht eingegangen werden kann. BAK, R 25/ 27 („Wehrwirtschaftliche Planung und Entwicklung im Rahmen des Vierjahresplans").

[33] Milchs Tagebucheintrag vom 13. Dez. 1938 über die „Eisensitzung" bei Göring, BA-MA, Nachlaß Milch N 179/ Nr. 36, Tagebuch 1938. Vgl. auch das Ergebnisprotokoll der „Besprechung über die Durchführung des Schnellplans" vom 9. Feb. 1939, BAK, R 25/ 111 Berichte über Göring-Besprechungen 1939.

[34] Schreiben Keitels (OKW) an die drei Oberbefehlshaber vom 7. Dez. 1938 im Auftrage Hitlers, BA-MA, Wi I F 5/ 203.

[35] Zahlreiches Material in: ADAP, D, IV, Nr. 500–525, S. 560 ff.

[36] Aufzeichnung von Wiehl vom 4. Nov. 1938, PAB, HaPol/ Handakten Wiehl, Rußland, Bd. 12; Aufzeichnung von Schnurre (AA) vom 1. Dez. 1938, in: ADAP, D, IV, Nr. 481, S. 538 f.; Aufzeichnung von Wiehl vom 6. Feb. 1939, ebd., Nr. 488, S. 547.

[37] Jodls Tagebucheintrag vom 28. Sept. 1938, IfZ, Dok. 1780-PS, S. 72.

[38] WStb-Vortragsnotiz („66 s 1010"), BA-MA, Wi I F 5/ 115, Teil 2, S. 2.

einig, so gingen doch die Auffassungen über die Mittel und Wege, mit der man zu einer Intensivierung der deutsch-südosteuropäischen Zusammenarbeit kommen könne, doch erheblich auseinander. Sowohl im Mitteleuropäischen Wirtschaftstag als auch im Reichskriegsministerium bezeichnete man Südosteuropa als zukünftigen „Lebensraum"[39]. Aber während Seyß-Inquart als Reichsstatthalter für Österreich unter der Erweiterung des Reiches nach Südosten eine territoriale Expansion verstand, definierte Max Ilgner als Vizepräsident des MWT „Lebensraum" als „gegenseitigen wirtschaftlichen Ergänzungsraum"[40]. In Görings Zeitschrift „Der Vierjahresplan" erschien hingegen im Februar 1939 ein anonymer Artikel, der sich mit der wehrwirtschaftlichen Bedeutung des Südostens beschäftigte und Südosteuropa vage als „natürlichen Versorgungsraum" und als „natürliches wehrwirtschaftliches Hinterland"[41] Deutschlands umschrieb, ohne nähere Angaben über die politischen Mittel und Wege zu machen.

Ähnlich unbestimmt waren Görings Äußerungen zur deutsch-südosteuropäischen Zukunft. Den neuen französischen Botschafter Coulondre suchte er damit zu beruhigen, daß er erklärte, es handele sich im wesentlichen nur um eine „wirtschaftliche Durchdringung des Südostens" ohne territoriale Ansprüche[42]. Görings Ziel war es, auf dem Verhandlungsweg Deutschland zu einer marktbeherrschenden Stellung in Südosteuropa zu verhelfen. Jede Pressionspolitik mußte die Neigungen der Staaten Südosteuropas verstärken, sich wirtschaftspolitisch zum Weltmarkt hin zu reorientieren und damit Görings Absicht ins Gegenteil verkehren.

Auch gegenüber Großbritannien versuchte Göring Ende 1938 durch entsprechende Beteuerungen eine internationale Anerkennung der deutschen wirtschaftlichen Vorherrschaft auf dem Balkan herbeizuführen. Gleichzeitig betrieb er durch Keppler und Wohlthat intensive Verhandlungen mit slowakischen Delegierten mit dem Ziel einer Wirtschafts- und Zollunion mit „Großdeutschland"[43]. Die enge Zusammenarbeit zwischen Göring und Wohlthat läßt darauf schließen, daß beide ähnliche Vorstellungen verfolgten. Der Beginn des Vertrauensverhältnisses zwischen Göring und seinem neuen Chef-Sonderbeauftragten scheint durch eine Denkschrift Wohlthats für Göring entstanden zu sein, in der Wohlthat Pläne für eine deutsch-südosteuropäische Zollunion unter deutscher Initiative bei gleichzeitiger Wahrung der Selbständigkeit der Südoststaaten entwickelte[44]. Göring war von Wohlthats Darlegungen so angetan, daß er ihn zu seinem wichtigsten Sonderemissär in südosteuropäischen Wirtschaftsfragen bestellte.

Durch Hitlers Entschluß zur Besetzung Prags und die Errichtung des Protektorats wurden Görings Zollunionsverhandlungen Mitte März 1939 jedoch mit einem Schlag überholt. Göring wurde von dieser Absicht erst kurzfristig ins Bild gesetzt und über-

[39] Vortrag von Max Ilgner (MWT) vom 2. Sept. 1940 über die Arbeit des Jahres 1939, in: Hass/Schumann, Nr. 16, S. 92; Rede von Seyß-Inquart im RKM vom 23. Jan. 1939, in: Schumann/Nestler, Nr. 99, S. 252.

[40] Vortrag von Max Ilgner, in: Hass/Schumann, Nr. 16, S. 92. Daß bei den Zeitgenossen vielfach Unklarheit darüber herrschte, was Hitler unter „Lebensraum" verstand, zeigen die Beiträge: Heinrich Schmitthenner, Zum Begriff „Lebensraum", in: Geographische Zeitschrift 48 (1942), S. 405–417 u. Hans Schrepfer, Was heißt Lebensraum? Eine notwendige begriffliche Klärung, ebd., S. 417–424.

[41] „Die wehrwirtschaftliche Bedeutung der neuen deutschen Grenzen im Südosten", in: Der Vierjahresplan, Folge 3, Februar 1939, S. 327.

[42] Bericht von Coulondre (Berlin) an Bonnet vom 15. Dez. 1938, in: Ursachen, Bd. XII, S. 637.

[43] Umbreit, S. 49.

[44] Hillgruber, Hitler, S. 42 f.

stürzt aus dem Urlaub herbeizitiert[45]. Vor vollendete Tatsachen gestellt, leistete er Hitler und Ribbentrop bei deren Gewaltpolitik lediglich Handlangerdienste und setzte großtönend den verängstigten tschechischen Staatspräsidenten Hácha mit militärischen Drohungen unter Druck[46]. Die neuen machtpolitischen Verhältnisse schufen für die deutsche Südosteuropapolitik eine gänzlich veränderte Ausgangsposition. Sichtbares Zeugnis der Anerkennung der deutschen Vormachtstellung in Südosteuropa war der Abschluß des deutsch-rumänischen Wirtschaftsvertrages am 23. März 1939[47], der als „neuer Abschnitt in den Wirtschaftsbeziehungen mit dem Südosten"[48] gefeiert wurde.

Einige Historiker haben diesen Vertrag als Indiz des Überganges von der Weltwirtschaft zur Großraumwirtschaft und gleichzeitig als Musterbeispiel für die Beherrschung ausländischer Staaten auf wirtschaftlichem Wege bezeichnet[49]. Orientiert man sich weniger an dem Vertragswortlaut als vielmehr an der politischen und wirtschaftlichen Realität, so kommt man jedoch zu einem anderen Ergebnis: Die deutsche militärische Aggression gegen Prag entzog den Plänen zur Errichtung einer Großraumwirtschaft unter deutscher Führung die Verhandlungsgrundlage. Dadurch wurde nicht nur neues Mißtrauen der südosteuropäischen Staaten gegenüber der vorwärtsdrängenden deutschen Militärmaschine geweckt, sie wurden auch in ihren Bestrebungen bestärkt, durch dilatorische Verhandlungsführungen die deutschen Wünsche und Hoffnungen auf engere Handelsverflechtungen zu zermürben. Ein Blick auf die deutsch-rumänischen Verhandlungen bis zum Kriegsbeginn im Sommer 1939 kann dies verdeutlichen.

Bereits seit dem Sommer 1938 bemühte sich Görings Wirtschaftsstab, die wirtschaftlichen Beziehungen zu Rumänien auszubauen[50], ohne hierbei größere Erfolge verbuchen zu können. Die Kriegsfurcht im September 1938 bewirkte eine vorübergehende Lähmung der rumänischen Außenhandelswirtschaft[51], auf die im Oktober eine vorsichtige Umorientierung der Außenpolitik erfolgte. Das „Münchener Abkommen" bedeutete für die Staaten Südosteuropas eine offensichtliche Machtverschiebung im Kräfteverhältnis der Großmächte in Mitteleuropa und wurde vielfach als Bankrotterklärung der britischen und französischen Mitteleuropa-Politik interpretiert[52]. Der deutsche Keil im ehemaligen Bündnis der Kleinen Entente ließ es geraten erscheinen, zwar einerseits den deutschen Wirtschaftsofferten Entgegenkommen zu signalisieren[53], aber andererseits bei den Westmächten um verstärkte Unterstützung anzuhalten. König Carols Europareise im Herbst 1938 war ein auffälliges Beispiel der rumäni-

[45] Stehlin, S. 166.
[46] Rönnefarth, S. 743 ff.
[47] „Vertrag über die Förderung der wirtschaftlichen Beziehungen zwischen dem Deutschen Reich und dem Königreich Rumänien" vom 23. März 1939, BAK, R 2/ 30936 Reichswerke AG für Erzbergbau und Eisenhütten Hermann Göring: Beteiligung an der Rumänisch-deutschen Eisenindustrie und Handels AG.
[48] Krugmann, S. 18; ähnlich auch Wagemann, S. 132 ff.
[49] Schröder, Deutschland, S. 271; Volkmann, NS-Wirtschaft, S. 177; Schwabe, S. 100 f.
[50] Bericht des ungarischen Gesandten in Berlin an sein Außenministerium vom 9. Juli 1938, in: Ádám, München, Nr. 262, S. 971.
[51] „Wirtschaftlicher Jahresbericht 1938" der deutschen Gesandtschaft in Bukarest vom 24. Jan. 1939, BAK, R 2/ 30936.
[52] Hillgruber, Hitler, S. 23 ff.
[53] Telegramm von Fabricius (Bukarest) an das AA vom 19. Okt. 1938, PAB, Abt. Pol. IV/ Po 2 Rumänien, Bd. 2.

schen Schaukelpolitik, die ihre politischen und wirtschaftlichen Begünstigungen meistbietend feilbot. Nachdem Carol in London und Paris mit dilatorischen Stellungnahmen abgefunden worden war[54], sondierte er umgehend, ob sein Besuch in Berlin willkommen sei.

Bereits im Oktober 1938 hatte sich Göring persönlich in die deutsch-rumänischen Verhandlungen eingeschaltet. Mit dem rumänischen Oppositionspolitiker Georg Bratianu erörterte er mehrmals das Problem der ungarischen Revisionsansprüche in Südosteuropa und den Ausbau der deutsch-rumänischen Wirtschaftsbeziehungen[55].

Ende November traf Göring in Leipzig mit König Carol zusammen, um die Möglichkeiten und Bedingungen einer deutsch-rumänischen Annäherung zu diskutieren. Neben Fragen der europäischen Politik sprach Göring den Wunsch nach einer Intensivierung des deutsch-rumänischen Außenhandels an. „Rumänische Oellieferungen grössten Umfangs"[56] und die „Erschließung rumänischer Erzvorkommen" standen dabei im Mittelpunkt. Carol erklärte sich grundsätzlich bereit, „eine planmäßige Zusammenarbeit für die Ausgestaltung der wirtschaftlichen Beziehungen zu unterstützen"[57]. Als deutsche wirtschaftliche Gegenleistungen forderte er allerdings verstärkte Kriegsmateriallieferungen, die auch Werkzeugmaschinen zur eigenen rüstungswirtschaftlichen Fabrikation einschließen sollten. Auf politischem Gebiet erwartete er „Zusicherungen, die sich auf den Verzicht auf jede direkte oder indirekte Unterstützung der Eisernen Garde seitens Deutschlands beziehen"[58]. Während Göring Carol zu diesem Punkt leicht sein Einverständnis erklären konnte, stieß dieses Entgegenkommen später „auf starke Widerstände beim Stellvertreter des Führers und einigen interessierten Dienststellen".

Das Gespräch machte deutlich, daß Carol keineswegs als Bittsteller nach Deutschland gekommen war. Der in Deutschland propagierte und von England befürchtete Großwirtschaftsraum Südosteuropa wurde zwar in Mittel- und Westeuropa bereits als Realität angesehen – nur in Südosteuropa selbst hatte man anscheinend noch keine Notiz davon genommen. Man fürchtete zwar den deutschen Expansionsdrang, aber weder wirtschaftlich noch politisch war man willens, sich einem deutschen Diktat zu ergeben. Obwohl Göring noch am 26. November bei Carol sein Interesse am Schicksal des Führers der „Eisernen Garde", Codreanu, bekundet hatte, wurde dieser bereits am 30. November ermordet. Die deutsch-rumänischen Beziehungen sanken daraufhin vorübergehend auf einen Tiefpunkt, wobei Göring durch eine Verordnung Hitlers auch gezwungen wurde, seine rumänischen Orden zurückzugeben[59].

Nach dieser temporären Verstimmung nahm Göring Anfang Februar 1939 seine Wirtschafts- und Kriegsmaterialverhandlungen mit Bratianu wieder auf[60] und schickte gleichzeitig Wohlthat als seinen Sonderbeauftragten nach Bukarest, um die „Besprechungen fortzusetzen, die der König mit dem Herrn Generalfeldmarschall Ende No-

[54] Wendt, England, S. 504.
[55] Aufzeichnung von Busse vom 10. Nov. 1938, PAB, Abt. Pol. IV/ Po 2 Rumänien, Bd. 2, Pag. 435 553 f.; Fabricius an das AA vom 28. Okt. 1939, in: ADAP, D, V, Nr. 239, S. 270 f.
[56] DNB-Rohmaterial vom 29. Nov. 1938, PAB, Büro St.S./ Rumänien, Bd. 1.
[57] Vermerk von Wohlthat über die Unterredung Göring-Carol am 26. Nov. 1938 in Leipzig, in: ADAP, D, V, Nr. 257 (Anlage), S. 289.
[58] Bericht vom 4. März 1939, PAB, Dienststelle Ribbentrop/ Vertrauliche Berichte, Bd. 1, 2.
[59] Hillgruber, Hitler, S. 29.
[60] Aufzeichnung von Heinburg (AA) vom 3. Feb. 1939, in: ADAP, D, V, Nr. 282, S. 318 f.

vember 1938 in Leipzig hatte"[61]. Die Aufgabe, die Göring Wohlthat stellte, „war die weitere Bindung der rumänischen Wirtschaft an Deutschland, wobei versucht werden sollte, die Versorgung Deutschlands mit rumänischen Petroleumerzeugnissen durch Beteiligung an der Mineralölindustrie zu verbessern und zu sichern". Das rumänische Taktieren machte Anfang März jedoch eine weitere Mission Wohlthats erforderlich[62], ehe dann endlich unter dem Druck der Prager Ereignisse am 23. März der „Vertrag über die Förderung der wirtschaftlichen Beziehungen zwischen dem Deutschen Reich und dem Königreich Rumänien" und ein vertrauliches Zeichnungsprotokoll in Bukarest unterzeichnet wurden.

Die deutsche Propaganda feierte den Vertrag einhellig als „neuen Meilenstein in der Entwicklung der deutsch-rumänischen Wirtschaftsbeziehungen"[63]. Wohlthat selbst propagierte ihn in Görings Zeitschrift als deutliche Abkehr „von den Wirtschaftsformen der früheren Weltwirtschaft", da nun „zwei unabhängige Staaten im beiderseitigen Interesse eine einheitliche und zentrale Durchführung eines Wirtschaftsplanes"[64] anstrebten. In seinem vertraulichen Bericht für Göring würdigte er hingegen vor allem die politischen Implikationen des Abkommens, da nun alle südosteuropäischen Länder sehen könnten, „wer die wahre, auf wirtschaftliche Tatsachen gestützte Vormachtstellung an der Donau"[65] innehabe. In der Tat stellte der Wortlaut des Vertrages und insbesondere der des ergänzenden Zusatzprotokolls, das Auslegungsvereinbarungen zu einzelnen Vertragspunkten enthielt, die rumänische Wirtschaft weitgehend auf die deutschen Einfuhrbedürfnisse um. Das eigentlich Bedeutsame ist hierbei jedoch, daß es sich zunächst nur um einen Rahmenvertrag handelte, dessen Konkretisierung weiterer Verhandlungen bedurfte. Tatsächlich gelang es Görings Wirtschaftsstab nicht, den Vertrag in die Praxis umzusetzen. Die deutschen Großwirtschaftsraum-Pläne hatten auch im März 1939 ihr Ziel noch keineswegs erreicht.

Nicht erst durch den Kriegsbeginn im September 1939, wie Hillgruber vermutet[66], wurde der Vollzug des deutsch-rumänischen Wirtschaftsvertrages verhindert. Eher läßt die dilatorische Verhandlungsführung Rumäniens darauf schließen, daß man in Bukarest von Anfang an beabsichtigte, mit Hilfe fester deutscher Abnahmegarantien die seit Ende 1938 schwer angeschlagene rumänische Außenhandelsbilanz zu sanieren. Die rumänische Ausfuhr war wertmäßig von Februar 1938 bis Januar 1939 um 31% gesunken, während der Außenhandelsüberschuß im gleichen Zeitraum einen Verfall um 67% auf 3,6 Millionen Lei zu verzeichnen hatte[67]. Der rapide Rückgang setzte sich vor allem aus dem Nachlassen der Erdölproduktion, dem fehlenden Mais

[61] Bericht von Wohlthat für Göring über seine Besprechungen mit der rumänischen Regierung vom 13.–22. Feb. 1939 in Bukarest, in: ADAP, D, V, Nr. 306 (Anlage), S. 336.

[62] Bericht vom 4. März 1939, PAB, Dienststelle Ribbentrop/ Vertrauliche Berichte, Bd. 1, 2; Aufzeichnung von Wiehl vom 6. März 1939, PAB, Handakten Wiehl/ Rumänien, Bd. 11, Pag. 455 806.

[63] „Der deutsch-rumänische Wirtschaftsvertrag", in: Schriften des Instituts für Konjunkturforschung, Wochenbericht, hrsg. v. Prof. Dr. Ernst Wagemann, 12. Jg., 30. März 1939, S. 79.

[64] Helmuth Wohlthat, Der neue deutsch-rumänische Wirtschaftsvertrag, in: Der Vierjahresplan, Folge 8, April 1939, S. 562.

[65] Wohlthat-Bericht für Göring über seine Verhandlungen in Bukarest vom 10.–23. März 1939, in: ADAP, D, VI, Nr. 131 (Anlage), S. 135.

[66] Hillgruber, Hitler, S. 47.

[67] „Wirtschaftlicher Jahresbericht 1938" der deutschen Gesandtschaft in Bukarest vom 24. Jan. 1939, BAK, R 2/ 30936.

aus dem Vorjahre und Absatzschwierigkeiten bei Weizen zusammen. Rumänischerseits war man daher primär daran interessiert, vor allem die Agrarüberschüsse im Rahmen langfristiger Abnahmegarantien devisenbringend abzusetzen, während man auf deutscher Seite vorwiegend industrielle Rohstoffe, insbesondere Erdöl, zu importieren gedachte[68].

Das rumänische Feilschen um die bestmöglichsten Geschäftsabschlüsse erfuhr eine unerwartete Hilfestellung durch die im April 1939 erneut einsetzenden britischen Bemühungen, den Staaten Südosteuropas gegen Deutschlands Expansionspolitik den Rücken zu stärken. Die britischen und französischen Garantieerklärungen für Rumänien[69] erstaunten Göring aufs höchste[70] und stärkten die rumänische Position in den Wirtschaftsverhandlungen mit Deutschland, zumal Rumänien im Gegenzug mit Frankreich und Großbritannien ähnlich weitgehende Wirtschaftsvereinbarungen abschloß[71]. Bereits im Mai stellte sich auf deutscher Seite die Ernüchterung über den zuvor so gelobten deutsch-rumänischen Wirtschaftsvertrag ein. Eine geheime Stellungnahme der Auslandsabteilung des OKW faßte die neue Situation folgendermaßen zusammen: „Es ist also damit zu rechnen, dass schon jetzt und in viel stärkerem Masse natürlich im Kriegsfall rumänische Erzeugnisse auf dem Seewege durch die Dardanellen ins Ausland abwandern und auf dem gleichen Wege der Importbedarf Rumäniens gedeckt wird ... Sowohl die Aufnahmefähigkeit für deutsche Waren als auch die Ausfuhrmöglichkeiten nach Deutschland sind durch die Vertragsabschlüsse mit England und Frankreich so erheblich vermindert worden, dass Rumänien nicht in dem gewünschten Umfang als deutsches Versorgungsgebiet angesehen werden kann."[72]

Görings Mißtrauen gegen die rumänische Schaukelpolitik war geweckt. Obwohl Krauch in seinen Arbeitsberichten für Göring im Frühsommer und Sommer 1939 darauf hinwies, daß „auf allen Gebieten *Verzögerungen* in der Fertigstellung bzw. in der Fortführung der planmäßigen Ausbauten"[73] des „Schnellplanes" zu verzeichnen waren und sich insbesondere die Treibstoffmangellage nicht gebessert habe, war Göring nicht mehr bereit, Geschäftsabschlüsse mit Rumänien um jeden Preis herbeizuführen. Es gelang zwar Görings Verhandlungsführer Gerstenberg, am 8. Juli 1939 ein deutsch-rumänisches Protokoll über die Lieferung von Luftwaffengerät gegen zusätzliche Mineralöle[74] zustande zu bringen, entgegen allen diplomatischen Gepflogenheiten versagte Göring jedoch dem Protokoll im nachhinein die Zustimmung und verweigerte trotz des Drucks von seiten des Auswärtigen Amtes die Durchführung der Luftrüstungslieferungen[75]. Göring zog damit die Konsequenzen aus der rumänischen Taktik, die einerseits die Forderungen nach hochwertigen deutschen Rüstungsgütern

---

[68] Zu den zähen Verhandlungen um die Getreidefrage vgl. auch den Vermerk ohne Unterschrift vom 13. Juni 1939, PAB, Handakten Wiehl/ Rumänien, Bd. 2, Pag. D 515 078 f.

[69] Gundelach, S. 38; Broszat, Deutschland, S. 73; Hillgruber, Hitler, S. 34 ff.

[70] Mitteilung von Gafencu nach der britischen Aufzeichnung über die Gespräche vom 23.–26. April 1939, in: DBFP, 3/5, Nr. 278, S. 301 f.

[71] Hillgruber, Hitler, S. 48.

[72] Geheime „Außenpolitische Mitteilung" des OKW vom 27. Mai 1939, BA-MA, RW 5/ v. 350.

[73] Krauch-Arbeitsbericht vom 16. Aug. 1939, BAK, R 25/ 101 Staatssekretär Berichte, Bl. 2.

[74] Telegramm von Fabricius (Bukarest) an das AA vom 8. Juli 1939, PAB, Handakten Wiehl/ Rumänien, Bd. 1, Pag. 455 667.

[75] Vermerk von Junker (HaPol) vom 14. Juli 1939, PAB, HaPol/ Kriegsgerät Rumänien, Bd. 1, Pag. E 395 383; „Schnellbrief" von Clodius an das RLM vom 25. Aug. 1939, ebd., Bd. 2, Pag. E 573 210.

immer weiter in die Höhe schraubte[76], andererseits aber mit Großbritannien über größere Erdöllieferungen verhandelte[77].

Die Konstituierung der vielgepriesenen Großraumwirtschaft blieb mithin in ihren Anfängen stecken. Die rumänische Schaukelpolitik und die politischen Vorbehalte dieses Kernlandes des projektierten deutschen Versorgungsraumes in Südosteuropa waren mit dafür verantwortlich, daß das deutsche Großwirtschaftsraum-Konzept nicht aufging. Der Kriegsbeginn gegen Polen im September 1939 sorgte schließlich dafür, daß die deutsch-rumänischen Wirtschaftsverhandlungen in den gemeinsamen Regierungsausschüssen gänzlich blockiert wurden und somit die Sicherstellung der deutschen Rohstoffeinfuhren ausblieb[78].

Rumänien war dabei kein Ausnahmefall. Sicherlich war hier die dilatorische Verhandlungstaktik, die den deutschen Rohstoffwünschen immer neue Hindernisse in den Weg legte, am ausgeprägtesten. Aber auch Jugoslawien, Bulgarien und Ungarn wußten sich der deutschen Grund- und Rohstoffexploitation durch erhöhte Rüstungswünsche im Kompensationsverfahren zu entziehen. Darüber hinaus waren sie ohnehin nur beschränkt in der Lage, ein entscheidendes Kontingent an wehrwirtschaftlich nutzbaren Grundstoffen zu liefern.

Das größte Entgegenkommen zeigte Göring in den deutsch-jugoslawischen Wirtschaftsverhandlungen[79], da man auf deutscher Seite zunächst davon ausging, daß man auf dem Wege der Kreditgewährung im Kompensationsverfahren gegen deutsche Rüstungsgüter Erdöllieferungen in Gang bringen und womöglich den deutschen Einfluß im Bereich der Erdölkonzessionen ausdehnen könnte[80]. Nach zähen Verhandlungen, die Göring immer wieder von der politischen Haltung Jugoslawiens abhängig zu machen versuchte, wurden schließlich im Juni 1939 gleichzeitig ein Kreditvertrag und ein Vertrag über die Vergebung einer Ölkonzession an Deutschland abgeschlossen[81]. Beide Verträge kamen jedoch nicht zum Tragen, zumal der Kreditvertrag keine Summen aufführte und Göring sich die Überprüfung der jugoslawischen Rüstungswünsche weiterhin vorbehielt. Mitte August hatte Göring die Frage des Rüstungskredits ziffernmäßig immer noch nicht geklärt[82]. Die deutsche Offensive zur Intensivierung des Außenhandels kam auch hier zum Erliegen und erfüllte keineswegs die in sie gesetzten Erwartungen.

Verhinderten im Falle Jugoslawiens und Rumäniens vor allem politische Gründe die Großraumwirtschaft, so waren bei den revisionistischen Staaten Bulgarien und Un-

---

[76] Chiffretelegramm Gerstenbergs an das RLM vom 30. Aug. 1939, PAB, Büro St.S./ Rumänien, Bd. 1, Pag. 82 697 f.

[77] Telegramm von Fabricius an das AA vom 3. Sept. 1939, PAB, HaPol/ Kriegsgerät Rumänien, Bd. 2, Pag. E 573 255 f.

[78] Vgl. beispielsweise das „Vertrauliche Protokoll über das Ergebnis der Siebenten Gemeinsamen Tagung des Deutschen und Rumänischen Regierungsausschusses" vom 21. Dez. 1939, in dem die deutschen Beschwerden zur Sprache kommen, BAK, R 2/ 30936.

[79] Göring erteilte bereits im Januar 1939 seinem Sonderbeauftragten Neuhausen besondere Weisungen bzgl. der Einräumung eines Kredits. Vgl. den „Schnellbrief" von Schlotterer (RWiM) an Moraht (AA) vom 17. Jan. 1939, PAB, HaPol/ Kriegsgerät, Handel mit Kg. Jugoslawien, Bd. 1.

[80] Zum Ringen um deutsche Erdölkonzessionen in Jugoslawien vgl. auch den Vermerk von Clodius vom 29. April 1939, PAB, Handakten Clodius/ Jugoslawien, Bd. 3, Pag. H 007 110 f.

[81] Aufzeichnung von Clodius vom 24. Juni 1939, ebd., Pag. H 007 133.

[82] Aufzeichnung von Wiehl vom 27. Juni 1939, PAB, HaPol/ Kriegsgerät Jugoslawien, Bd. 1; Aufzeichnung von Wiehl vom 29. Juni 1939, in: ADAP, D, VI, Nr. 738, S. 856 f.; Aufzeichnung von Kalisch (HaPol) für Wiehl vom 17. Aug. 1939, PAB, Büro St.S./ Jugoslawien, Bd. 1, Pag. 152 006 f.

garn auch strukturelle Gründe hierfür ausschlaggebend. Der wenig entwickelte Stand
der Industrialisierung und die vorwiegende Agrarwirtschaft boten wenig Perspektiven
zur Besserung der deutschen Rohstoffmangellage[83]. Darüber hinaus zeigten sich auch
Bulgarien und Ungarn 1939 zunehmend am deutschen Rüstungsexport interessiert
und gewährten wirtschaftliche Bezugsrechte nur gegen deutsche Kreditgewährung im
Kriegsgerätebereich[84]. Im Sommer 1939 wurden die zahlreichen Verhandlungen über
Kriegsgerätelieferungen mit den Südostländern immer unübersichtlicher und überdi-
mensionierter, so daß Göring am 25. Juli anordnete, die Waffenlieferungen an die
Balkanländer generell einzuschränken, zumal sich die politische Lage erheblich geändert habe[85]. Damit kam ein wichtiges politisches Lockmittel in den deutsch-südosteuropäischen Verhandlungen über einen sich ergänzenden Güteraustausch im Rahmen eines Großwirtschaftsraumes zum Wegfall.

Abgesehen von diesen Problemen bei den bilateralen Verhandlungen, erschwerte
Italiens Außenpolitik in Südosteuropa die ungehinderte Ausbreitung der deutschen
Wirtschaftsoffensive. Neben dem hartnäckigen Ringen um die Devisenspitze in den
deutsch-italienischen Wirtschaftsbeziehungen, lebte seit Anfang 1939 die machtpolitische Rivalität der Achsenpartner in Südosteuropa wieder auf. Die deutsch-rumänischen Wirtschaftsvereinbarungen vom März 1939 beschworen aus italienischer Sicht
den Ausschluß Italiens aus dem Balkanraum herauf und beschleunigten die seit langem geplanten Vorbereitungen zur Besetzung Albaniens[86]. Während sich Göring und
Mussolini offiziell und scheinbar einmütig über die Aufteilung der Interessengebiete
in Südosteuropa verständigten[87], hatten die deutschen Wirtschaftsunterhändler speziell in Jugoslawien, Bulgarien und Griechenland heftig gegen die italienische Konkurrenz anzukämpfen[88]. Da Italien mit den gleichen Kompensationsmethoden wie
Deutschland Geschäftsabschlüsse in Südosteuropa anstrebte, profitierten die Balkanländer nicht selten von diesen konkurrierenden Angeboten[89]. Angesichts dieser
deutsch-italienischen Konfrontation war Göring im Sommer 1939 um so weniger bereit, ausgerechnet nach Italien Rüstungsgüter zu exportieren[90]. Italien hatte den Balkanraum keineswegs dem deutschen wirtschaftspolitischen Einfluß überlassen und

[83] Aufzeichnung ohne Unterschrift vom 3. Juli 1939 zur Entwicklung und zum Gegenstand des deutsch-bulgarischen Handels, PAB, Büro St.S./ Bulgarien, Bd. 1 (Anlage 4 zu den Gesprächen mit dem bulgarischen
Ministerpräsidenten).

[84] Ein mageres Ergebnis der deutsch-bulgarischen Rüstungskreditverhandlungen war der „Pirin"-Vertrag vom
26. Feb. 1939, der zwischen Felten & Guilleaume, Carlswerk A.G. und Otto Wolff, Köln, und der bulgarischen „Granitoid" abgeschlossen wurde. Vgl. dazu den ausführlichen „Bericht über die Reise einer deutschen Delegation des RWiM nach Bulgarien vom 6.–18. Januar 1939", PAB, HaPol/ IVa Bulgarien Industrie
6, Bergbau und Hüttenindustrie in Bulgarien, Bd. 1, insbes. S. 14 ff. des Berichts.

[85] „Vermerk über eine Besprechung am 25. 7. 1939 beim Herrn Generalfeldmarschall (Göring) in Westerland",
in: IMG, Bd. 38, Dok. 133-R, S. 367 ff.

[86] Zamboni, S. 482 ff.

[87] Aufzeichnung über die Unterredung zwischen Generalfeldmarschall Göring und dem Duce in Anwesenheit von Graf Ciano vom 15. April 1939, in: ADAP, D, VI, Nr. 205, S. 207 ff.

[88] Beschwerde der IG-Farbenindustrie AG beim AA vom 21. Juli 1939, PAB, Deutsche Gesandtschaft Sofia/
Nr. 65 H 1, Deutsch-bulgarischer Außenhandel, Bd. 4.

[89] Zur deutsch-italienischen Konkurrenz in Jugoslawien vgl. z. B. die Aufzeichnung von Bisse vom
15. Feb. 1939, PAB, HaPol/ Kriegsgerät Jugoslawien, Bd. 1, Pag. E 398 806 f.; Schreiben von Wiehl an die
deutsche Gesandtschaft Belgrad vom 27. Feb. 1939, ebd., Pag. E 398 784 ff.; Heeren an das AA vom 2. März
1939, ebd., Pag. E 398 813 f.

[90] Aufzeichnung von Weizsäcker vom 15. Juli 1939, PAB, Büro St.S./ Aufzeichnungen über Diplomatenbesuche, Bd. 5, Pag. 467 415.

verhinderte nach Kräften die Etablierung einer von Deutschland dominierten Groß-raumwirtschaft.

Grundlagenstudien zur deutschen Großraumwirtschaft

Aber auch Grundlagenstudien der deutschen Wirtschaftsbehörden über die Möglich-keiten und Perspektiven des deutsch-südosteuropäischen Warenaustauschs und die Leistungsfähigkeit der südosteuropäischen Industrien und Landwirtschaften, die im Frühjahr 1939 erstellt wurden, bewirkten eine deutliche Abkühlung der deutschen Großwirtschaftsraum-Euphorie. Die erste Stufe in dieser Entwicklung markierte Carl Krauchs fünfundsechzigseitiger Arbeitsbericht, den er im Generalrat des Vierjahres-plans Ende April Göring vorlegte. Zum ersten Mal wurde dabei ein umfassendes und in sich geschlossenes Konzept zur Schaffung eines Großwirtschaftsraumes von Gö-rings Wirtschaftsstab ausgearbeitet und diskutiert. Ausgehend von einer detaillierten Analyse der Rohstoff- und wehrwirtschaftlichen Situation Deutschlands im Frühjahr 1939 kam Krauch zu dem Schluß, daß der Wirtschaftsraum in „Großdeutschland" zu klein für eine volle Befriedigung der wehrwirtschaftlichen Ansprüche, insbesondere auf dem Mineralölsektor, sei. Die „einzige und hoffnungsfreudige Möglichkeit", die Mineralölwirtschaft auf Jahre hinaus völlig zu sichern, sei die „Einbeziehung eines wehrmachtmäßig zu sichernden Raumes". Als „oberstes und wichtigstes Arbeitspro-gramm" gelte hier die Förderung der Bohrprogramme in Ungarn, Rumänien und Jugoslawien und die Einflußnahme auf die dortige Erdölwirtschaft.

Krauch forderte in seiner Schlußbetrachtung die „Schaffung eines einheitlichen Großwirtschaftsblocks der 4 europäischen Antikomintern-Partner, zu denen bald Ju-goslawien und Bulgarien hinzutreten" sollten. Der Block müsse dann seinen Einfluß ausdehnen auf Rumänien, die Türkei und den Iran. Auch Spanien müsse in diese „Wehrwirtschaft" mit einbezogen werden, doch läge der Schwerpunkt des Ausbaus zunächst in Südosteuropa. Als Ziel der „zunächst friedliche(n) Ausweitung des Groß-wirtschaftsraumes" formulierte Krauch, Deutschland müsse „das eigene Kriegspoten-tial und das seiner Verbündeten so stärken, daß die Koalition den Anstrengungen fast der ganzen übrigen Welt gewachsen" sei[91].

Krauchs Konzept hatte eindeutig langfristigen Charakter und markierte keineswegs den aktuellen Einstieg in die Großraumwirtschaft. Krauch wies unmißverständlich darauf hin, daß sich selbst die Nahziele, zu denen er die Erleichterungen aus dem Süd-ostraum zählte, nicht sofort, sondern erst in einigen Jahren auswirken würden. Von daher war Krauchs Großwirtschaftsraum-Konzept eher Zukunftsmusik, die sich als untauglich erwies, die aktuellen Probleme der Gegenwart zu lösen. Das im April im Generalrat mit Göring diskutierte Projekt hatte als unabdingbare Voraussetzung seiner Realisierung eine langjährige Friedensperiode. Krauch betonte in seinem Schlußwort die Notwendigkeit des von ihm vorgeschlagenen wirtschaftspolitischen Weges. Ein unvorbereiteter und durch einen Großwirtschaftsraum nicht wehrwirtschaftlich abge-

---

[91] „Arbeitsbericht des Generalbevollmächtigten des Ministerpräsidenten Generalfeldmarschall Göring für Sonderfragen der chemischen Erzeugung Dr. C. Krauch vor dem Generalrat" vom 20./21. April 1939, BAK, R 25/ 14 Berichterstattung: Durchführung der wehrwirtschaftlichen Ausbau- und Erzeugungspläne, Bl. 28, 61, 62, 65.

sicherter Krieg müsse zu einem „schon einmal selbst verschuldeten bitteren Ende" führen.

Nachdem man sich solchermaßen über das langfristige wirtschaftspolitische Ziel verständigt hatte, folgten in den nächsten Wochen Untersuchungen zu den kurzfristig wirksam werdenden Möglichkeiten einer grund- und rohstoffmäßigen Exploitation der südosteuropäischen Großwirtschaftsraum-Länder. In diesem Zusammenhang legte das Institut für Weltwirtschaft an der Universität Kiel bereits Ende April 1939 eine geheime Studie über die „Bedeutung der südosteuropäischen Getreidewirtschaft und ihre wehrwirtschaftliche Beurteilung" vor, in der insbesondere auf die politischen Implikationen der deutschen Ziele in Südosteuropa hingewiesen wurde.

Das Institut für Weltwirtschaft warnte vor übertriebenen Hoffnungen auf die „wehrwirtschaftlichen Reserven" der Balkanländer, da man davon ausgehen müsse, „daß die südosteuropäischen Staaten Widerstand gegen eine vollständige Einstellung auf den Markt der Achsenmächte, vor allem Großdeutschlands", leisten würden. Südosteuropa wünsche „aus politischen und außenhandelsmäßigen Gründen eine möglichst vielseitige Ausfuhr, die durch den hohen Anteil Großdeutschlands bereits stark eingeschränkt ist". Als Alternative empfahlen die Kieler Wirtschaftswissenschaftler eine Vorratsbildung aus überseeischen Getreideausfuhrländern, die billiger seien und größere Mengen liefern könnten, da darüber hinaus die südosteuropäische Getreidewirtschaft lediglich auf die Produktion von Weizen und Mais eingestellt sei[92]. Weitere Kieler Studien zur Frage der Ausfuhr und Produktionsleistung der Balkanländer in den verschiedenen Grundstoffsparten kamen zu ähnlichen Ergebnissen[93].

Ungeachtet dieser Warnungen vor den politischen Hindernissen und strukturellen Unzulänglichkeiten einer projektierten südosteuropäischen Großraumwirtschaft hielt die Vierjahresplan-Maschinerie noch bis zum Sommer 1939 an diesem wirtschaftspolitischen Ziel fest und produzierte eine Vielzahl optimistisch gestimmter Publikationen[94]. Insgeheim gab Göring jedoch seinen Wirtschaftsberatern den Auftrag, weitere Sachverständigengutachten über die Versorgungsmöglichkeiten eines wirtschaftlichen Ergänzungsraumes einzuholen, wobei insbesondere die veränderte Lage im Kriegsfall mit in die Betrachtung einbezogen werden sollte. Krauchs Reichsstelle für Wirtschaftsausbau legte im Juli die Erstfassung einer Denkschrift über die „Möglichkeiten einer Großraumwehrwirtschaft unter deutscher Führung" vor, die konzeptionell an Krauchs Arbeitsbericht vom April anknüpfte und dementsprechend den Großwirtschaftsraum mit „Großdeutschland einschl. Slowakei, Italien, Spanien, Ungarn, Jugoslawien, Rumänien und Bulgarien" definierte[95].

Die mehr als siebzig Seiten umfassende Denkschrift kam zu der Schlußfolgerung, daß der ursprünglich konzipierte Großwirtschaftsraum nicht in der Lage sei, die

---

[92] „Bedeutung der südosteuropäischen Getreidewirtschaft und ihre wehrwirtschaftliche Beurteilung (Zusammenfassender Bericht zu den Sonderberichten über die einzelnen südosteuropäischen Staaten). Bearbeitet im Institut für Weltwirtschaft an der Universität Kiel, April 1939, Geheim!", BA-MA, Wi I C/ 78, Bl. 28, 30, 32, 37.

[93] „Die Bedeutung Südosteuropas für die Fettversorgung Großdeutschlands (Zur Frage der Ausfuhr und Produktionsleistung von Butter- und Schweinefett). Bearbeitet im Institut für Weltwirtschaft, Kiel, Mai 1939, Geheim!", BA-MA, Wi I C/ 79.

[94] So vor allem in der Zeitschrift „Der Vierjahresplan", beispielsweise in Jg. 3 (1939): Werner Daitz, Die europäische Großraumwirtschaft. Geschichtliche Grundlagen und natürliche Voraussetzungen, S. 1278 f.

[95] RWA-Denkschrift „Möglichkeiten einer Großraumwehrwirtschaft unter deutscher Führung, I. Teil", BAK, R 25/ 53, Bl. 1, 74.

„wehrwirtschaftliche Blockadesicherheit auch bei den größten Anstrengungen und unter den günstigsten Voraussetzungen" zu sichern. Der Anschluß des „Nordraums" (die drei skandinavischen Länder) sei daher „für den Großwirtschaftsraum unentbehrlich"; „völlige Blockade-Sicherheit des Großwirtschaftsraumes ist nur durch engen wirtschaftlichen Zusammenschluß mit Rußland zu erzielen". Die organisatorische Durchführung der Großwirtschaftsraum-Idee dachte man sich in Form eines dritten Vierjahresplans, der als Zentralstelle unter Heranziehung von Experten der beteiligten Länder die Aufgabenverteilung vornimmt und die Durchführung überwacht.

Nicht verschwiegen wurde, daß die Realisierung wesentlich von den politischen Voraussetzungen abhänge. Die „gigantische Aufgabe" erschien in einer Zeitspanne von wenigen Jahren nur lösbar, sofern es gelänge, „auch die Führung Italiens und Spaniens davon zu überzeugen, daß die Erfüllung dieser Aufgabe die unbedingte Voraussetzung für die Durchführung ihrer großen politischen Pläne ist". Bei den „Außenseitern" des Großwirtschaftsraumes sei es hingegen von entscheidender Bedeutung, daß man bei ihnen nicht das Gefühl aufkommen lasse, „daß sie den politischen Interessen der anderen geopfert werden sollen". Dieser Eindruck werde am besten verhindert, wenn „als Stoßtrupp die Wirtschaft eingesetzt" werde, deren Aufgabe es sei, „im Auftrag und im Sinne der politischen und militärischen Führung enge, auf wahrer Interessengemeinschaft beruhende Verbindungen mit der Wirtschaft der umworbenen Länder herzustellen".

Spätestens diese Charakterisierung der politischen Voraussetzungen zur Schaffung des Großwirtschaftsraumes entlarvte das gesamte Projekt als rosige Zukunftsvision. Die macht- und wirtschaftspolitische Rivalität mit Italien in Südosteuropa, die zunehmende Verschlechterung der politischen Beziehungen zu Franco und die politische und wirtschaftliche Hinhaltetaktik der südosteuropäischen Kernländer des Großwirtschaftsraumes waren alles andere als geeignete Bedingungen zu dessen Realisierung. Krauch projektierte seine Planungen außerdem auf einen mehrjährigen „Friedensfall", was offenbart, daß bei Görings Großwirtschaftsraum-Chefexperten politisches Einschätzungsvermögen und planerische Vorstellungskraft weit auseinanderklafften[96]. Daß Göring zum gleichen Zeitpunkt unter dem Eindruck, daß sich „die politische Lage erheblich geändert habe"[97], die Bemühungen zur Exportförderung mit den Balkanländern generell einschränkte, zeigt, daß die politische Realität schon zum Entstehungszeitpunkt der Denkschrift deren Projektion eingeholt und grundsätzlich in Frage gestellt hatte.

Am 12. August 1939 wurde Görings Staatssekretär Neumann eine weitere Denkschrift zugestellt, die auch Görings ursprünglichem Plan eines kleinen, südosteuropäischen Großwirtschaftsraums die theoretische Grundlage entzog. Von Neumann in Auftrag gegeben[98] und „unter Heranziehung erster Fachleute angefertigt", legte der Mitteleuropäische Wirtschaftstag als kompetentestes Wirtschaftsgremium in südosteuropäischen Fragen eine ausführliche Stellungnahme über „Südosteuropa als wirtschaftlicher Ergänzungsraum für Deutschland" vor[99]. Die Untersuchung erstreckte

[96] Ebd., Bl. 10, 14, 11, 15, 12, 2.
[97] „Vermerk über eine Besprechung am 25. 7. 1939 beim Herrn Generalfeldmarschall (Göring) in Westerland", in: IMG, Bd. 38, Dok. 133-R, S. 367.
[98] Schreiben von Wilmowsky (MWT) an Thomas (WStb) vom 18. Aug. 1939, BA-MA, Wi I C/ 7 Verschiedene Länder (1939).
[99] Wilmowsky an Thomas vom 16. Dez. 1939, ebd.

sich auf die Donauländer Ungarn, Slowakei, Jugoslawien, Bulgarien und Rumänien. Grundsätzlich ging man davon aus, daß der Anteil des Südostens an der deutschen Versorgung noch beträchtlich gesteigert werden könne, zum gegenwärtigen Zeitpunkt jedoch die Erzeugung der Balkanländer als völlig unzureichend bezeichnet werden müsse. Darüber hinaus sei aber „seit etwa Mitte 1938 die seit 1933/34 beobachtete deutsche Wirtschaftsexpansion auf dem Balkan (nicht ‚Exportoffensive', sondern ‚Einfuhrkampagne'!) zum Stillstand gekommen" und weise neuerdings sogar eine „schrumpfende Tendenz" auf[100].

Nach Auffassung des Mitteleuropäischen Wirtschaftstages müsse man davon ausgehen, daß sich in naher Zukunft die mangelnde Eignung Südosteuropas als wirtschaftlicher Ergänzungsraum Deutschlands nicht ändern lasse. Im einzelnen wurden hierfür verantwortlich gemacht:
1. Technische Gründe (schlechte Böden, ungünstige klimatische Verhältnisse, Rückständigkeit der Bewirtschaftungsmethoden und der Ausbeutung der Bodenschätze);
2. soziologische Gründe (die soziale Lage des Südostbauern durch die Mißerfolge der Agrarreformen, Zwergbesitz, unzureichende Fachkräfte im industriellen Sektor, geringe Risikobereitschaft im Unternehmertum, Überwiegen des „Händlergeistes" gegenüber dem „gewerblichen oder industriellen Unternehmergeist");
3. wirtschaftliche Gründe (Kapitalmangel, Kapitalabfluß ins Ausland, Rückständigkeit der Infrastrukturen, Fehlen eines gesicherten Binnenmarktes, periphere Lage zum Weltmarkt).

Aufgrund dieser Erhebungen zog der MWT die Schlußfolgerung, daß „die völlige wirtschaftspolitische Beherrschung dieser Länder durch Deutschland – etwa in der Form einer Zoll- und Währungsunion, die den noch verbliebenen Handel der anderen Wettbewerber ausschlösse – allein keinen wesentlichen weiteren Gewinn bringen kann". Momentan könne man nur empfehlen, den erreichten Stand zu halten beziehungsweise auszubauen. Schon dies sei eine außerordentlich wichtige und keineswegs leichte Aufgabe. Die Erfahrungen des Verrechnungsverkehrs hätten gezeigt, „daß einseitige deutsche Käufe sehr schnell zu einer Verstopfung des Clearings und damit zu einer Lähmung des Handels" führten. Nach Ansicht des MWT sei ein Ausbau der deutschen Versorgungsmöglichkeiten in Südosteuropa zukünftig nur über den Weg einer verstärkten Industrialisierung der südosteuropäischen Staaten mit deutscher Hilfe möglich[101].

Die Denkschrift des Mitteleuropäischen Wirtschaftstages modifizierte nicht nur die optimistische Erwartungshaltung dieser Organisation aus den Jahren 1933/35, sondern lieferte sachlich fundiert die Bestätigung, daß Görings wirtschaftsimperialistische Vierjahresplan-Politik in Südosteuropa an die Grenzen des Erreichbaren gelangt war. Der enorme Aufschwung im deutsch-südosteuropäischen Handel seit Ende 1934 hatte ältere Mitteleuropa-Konzepte und Großwirtschaftsraum-Theorien wiederbelebt. Nachdem mit der Zerschlagung der südosteuropäischen Staatenbündnisse durch den „Anschluß" Österreichs und die Besetzung der Tschechoslowakei der geopolitische Weg zur wirtschaftlichen Durchdringung Südosteuropas endlich frei geworden war, hatte auch Göring verstärkt auf eine außenpolitische Konzeption des Vierjahresplans gesetzt, die die Schaffung einer länderübergreifenden Großraumwirtschaft anstrebte.

---

[100] Ebd., S. 2 der Denkschrift.
[101] Ebd., S. 3 ff., 15, 16.

Wenn auch 1939 allenthalben das Gespenst des von Deutschland beherrschten Großwirtschaftsraumes in Europa umging, so war dieses Konzept doch nicht mehr als ein
Wunschtraum der deutschen Wirtschaftsplaner, die von binnenwirtschaftlichen Problemen motiviert, eine großmachtmäßige Lösung der wirtschaftlichen Versorgungs-
schwierigkeiten der Aufrüstung suchten. Außen- und Wirtschaftspolitik griffen hier
ineinander und formierten sich zu einem relativ geschlossenen politischen Konzept.

Seit Ende 1938 bemühte sich Göring mit politischen und wirtschaftlichen Mitteln
verstärkt um die Verwirklichung dieses Konzeptes, nicht zuletzt angespornt durch die
zunehmende außenpolitische Radikalisierung des „Dritten Reiches", das seit Juni
1939 offiziell nicht mehr als solches bezeichnet werden durfte[102]. Die Vorkehrungen
zur Schaffung einer Großraumwirtschaft waren auch Vorkehrungen zur Sicherung der
Blockadefreiheit in einem bevorstehenden Krieg.

Unter diesem speziellen Gesichtspunkt mußte aber im Sommer 1939 die wirtschaftliche Vorbereitung des Krieges als gescheitert angesehen werden, da sich die
Großwirtschaftsraum-Planungen als kurzfristig unrealisierbar herausstellten. Nicht zuletzt von daher werden Görings außenpolitische Bemühungen vom Sommer 1939 verständlich, mit denen er einen europäischen Krieg zu verhindern gedachte. Wollte er
überhaupt dem Ausbau der externen Versorgungsmöglichkeiten der deutschen Rüstungswirtschaft näher kommen, benötigte er unbedingt eine weitere Friedensperiode
zur Sicherung der wirtschaftlichen Integration der in die Großwirtschaftsraum-Planung einbezogenen Länder.

Mitte 1939 scheiterte hingegen die Verwirklichung von Görings wirtschaftsimperialistischem Konzept sowohl aus wirtschaftlichen wie aus politischen Gründen. Zusammengefaßt waren dafür verantwortlich:

1. Machtpolitische Gründe: Sowohl die Westmächte wie insbesondere Italien waren
nicht bereit, Deutschland Südosteuropa als hegemoniales Interessengebiet zu überlassen. Gerade der „Achsenpartner" Italien erwies sich auch auf wirtschaftspolitischem Gebiet hier als harter Konkurrent.

2. Außenpolitische Gründe: Die Haltung der Westmächte, sowie die Uneinigkeit der
„Achse" bestärkten die Staaten Südosteuropas in ihrer lavierenden Außenpolitik gegenüber Deutschland. Dies wirkte sich insbesondere dadurch auf die bilateralen
Wirtschaftsverhandlungen aus, daß die Balkanländer bestrebt waren, nur dann zu
liefern, wenn Deutschland wünschenswerte Waren, vor allem Kriegsgerät, zur Ver-
rechnung bereitstellte[103].

3. Handelspolitische Gründe: Aufgrund der relativ ausgewogenen Außenhandelskonstellation im deutsch-südosteuropäischen Verhältnis und aufgrund der seit Mitte
1938 sich vermehrt bemerkbar machenden Unlusterscheinungen im Handels- und
Konsortialverhalten der Südoststaaten gelang es Göring nicht, eine erfolgreiche
handelspolitische Pressionspolitik gegenüber den Balkanländern zu verfolgen[104].

---

[102] Vgl. Bormanns nicht zur Veröffentlichung bestimmtes Parteirundschreiben Nr. 127/39 vom 13.Juni 1939,
in dem mitgeteilt wurde: „Der Führer wünscht, dass die Bezeichnung und der Begriff „Drittes Reich" nicht
mehr verwendet werden", BAK NS 6/ 329 Rundschreiben Juni-Dezember 1939.

[103] Dies wurde am Beispiel der deutsch-rumänischen Erdölverhandlungen bereits ausführlich nachgewiesen
von Marguerat, bes. S. 149 ff.

[104] Broszat, Deutschland, S. 70, spricht für die Zeit von März 1939 bis Mai 1940 nicht zu Unrecht von einer
„Phase retardierter deutscher Hegemonie" in Südosteuropa, da alle deutschen Versuche scheiterten, eine
engere Kooperation mit den südosteuropäischen Staaten herzustellen.

4. Wirtschaftsstrukturelle Gründe: Aktuelle Erhebungen über den Stand des Industrialisierungsprozesses und die Entwicklung der Infrastruktur Südosteuropas kamen 1939 zu dem Schluß, daß unter den gegenwärtigen Bedingungen eine wirtschaftspolitische Erfassung Südosteuropas zu einem Großwirtschaftsraum für Deutschland keinen wesentlichen Gewinn bringen könnte. Insgesamt bewirkten diese Faktoren eine Desillusionierung der Großwirtschaftsraum-Planungen des Vierjahresplans. Der Kriegsbeginn im September 1939 stellte schließlich die gesamte Konzeption in Frage, da er in Europa ungewisse außenpolitische Verhältnisse schuf und die deutsche Handelspolitik in Zugzwang setzte. Hitler und Ribbentrop nahmen keine Rücksicht auf die Realisierung von Görings politischem Konzept. Das zeigt, daß Göring 1939 an politischem Einfluß und Durchsetzungsvermögen stark verloren hatte. Ribbentrop hatte Göring endgültig aus seiner Stellung verdrängt und dafür gesorgt, daß dessen wirtschaftsimperialistisches Konzept zu einer der zahlreichen, politisch einflußlosen, außenpolitischen Neben-Konzeptionen des „Dritten Reiches" degradiert wurde. Damit scheiterte gleichzeitig der bisherige politische Kompromiß zwischen eher traditioneller nationalkonservativer Großmachtpolitik und nationalsozialistischer Raum- und Rassenpolitik.

3. Verdrängung aus dem außenpolitischen Entscheidungszentrum, Flucht aus der Verantwortung

Seit Anfang 1939 zog sich Göring allmählich aus der Außenpolitik zurück. Die aufgezeigten außenwirtschaftlichen und außenpolitischen Umstände waren dafür ebenso verantwortlich wie interne Ursachen, die sich aus personellen und konzeptionellen Veränderungen im nationalsozialistischen Machtzentrum ergaben. Vordergründig bedeutet dies, daß Göring, der bisher in einigen Teilbereichen die Außenpolitik des „Dritten Reiches" mitbestimmt hatte und dem es in Konfliktsituationen auch gelungen war, Hitlers Entscheidungen zu beeinflussen, diese bevorzugte Stellung nun Ribbentrop überlassen mußte, der von jetzt an Hitlers wichtigster außenpolitischer Berater wurde. Dies war nicht nur auf Ribbentrops Ehrgeiz und seine blinde Ergebenheit gegenüber Hitler zurückzuführen, sondern vor allem auch darauf, daß Ribbentrops aggressiver Kurs jetzt besser zu Hitlers auf den Krieg hintreibender Außenpolitik paßte[1].

Machtkämpfe mit Ribbentrop Ende 1938/Anfang 1939

Mit dem „Münchener Abkommen" und der damit zum Abschluß gelangenden Phase nicht-kriegerischer nationalsozialistischer Revisionspolitik war die Identität beziehungsweise Scheinidentität Hitlerscher und Göringscher Außenpolitik im Grunde erschöpft. Für die neue Phase der territorialen Eroberungs- und Expansionspolitik, die mit der Besetzung Böhmens und Mährens im März 1939 einsetzte und sich auch deutlich von Görings, kurzfristig nicht durchsetzbarer, hegemonialer Großwirtschaftsraumpolitik unterschied, war Göring nicht mehr der richtige Mann. Es wäre gleich-

---

[1] Bezeichnenderweise verbot Hitler Ende 1938/Anfang 1939 Görings formlose Ministerbesprechungen im Preußischen Staatsministerium. Aussage von Lammers vom 8. April 1946, in: IMG, Bd. 11, S. 77.

wohl irrig und einseitig, den Personalwechsel Göring-Ribbentrop nur unter dem Gesichtspunkt der Brauchbarkeit und Unbrauchbarkeit für die sich jetzt radikalisierenden Zielsetzungen Hitlers und mithin als seine pure Willensentscheidung zu verstehen. Für die künftige Radikalisierung der Hitlerschen Außen- und Kriegspolitik war das Ausscheiden Görings (wie vorher Neuraths, der Heeresführung und Schachts), mit der Folge eines fast totalen Verlusts kritischer Reflexion und Kontrolle der Außenpolitik, auch selbst eine wesentliche Ursache. So sah es auch Göring damals.

Wenn sich bei ihm Anfang 1939 resignierend die Erkenntnis durchsetzte, daß Hitler es außenpolitisch allzu eilig hatte und zu riskante Wege einschlug, so führte er dies in erster Linie auf Ribbentrop zurück. Vom Naturell her grundsätzlich verschieden, konnte Göring Ribbentrop zeitlebens „nicht ausstehen"[2]. Wenig diplomatisch gab Göring diese Abneigung zu erkennen und bezeichnete Hitlers Außenminister auch halb öffentlich als „Idiot", „kriminellen Narren", „ersten Papagei Deutschlands" oder geringschätzig als „Sektvertreter"[3]. Görings Meinung über Ribbentrop war den Berliner Diplomaten allgemein bekannt[4]. Später, vor dem Nürnberger Militärtribunal, versuchte Göring diese alte Rivalität beiseite zu wischen. Im vertraulichen Gespräch gestand er jedoch auch damals diese Konflikte mit Ribbentrop ein und kam rückblickend zu dem Ergebnis, daß sie nur Hitler zugute gekommen seien[5]. In der Rückschau ließ er beachtliche Einsicht in die verhängnisvollen Machtstrukturen und den Herrschaftsmechanismus des „Dritten Reiches" erkennen.

Neben Neurath hatte Göring lange Zeit fast nach Belieben in der Außenpolitik des „Dritten Reiches" schalten und walten können. Wenn auch Kompetenzreibereien mit Neurath notorisch waren, so hatte sich doch bezeichnenderweise zwischen beiden seit 1937 immer stärker eine Gesinnungsverwandtschaft entwickelt. Sie basierte nicht nur auf der gemeinsamen Ablehnung der Partei als Vehikel nationalsozialistischer Außenpolitik[6], sondern auch in der Übereinstimmung in bezug auf eine in ihren Zielsetzungen begrenzte Revisions- und Großmachtpolitik[7]. Die Zusammenarbeit im Frühjahr und Herbst 1938 beim „Anschluß" und den Münchener Vereinbarungen unterstrich dies. Mit Ribbentrop kam jedoch, wie ein Beteiligter dies formulierte, „das Chaos ins Auswärtige Amt"[8]. Ribbentrop vermochte den Apparat des Auswärtigen Amtes nicht auf sich umzustimmen, sondern pflanzte, vor allem mit Hilfe der ehemaligen Mitglieder des „Büro Ribbentrop", dem übernommenen Beamtenkorps und diplomatischen Dienst mehr und mehr Elemente seiner persönlichen Klientel ein und suchte diese mit außenpolitischen Sonderaufträgen zu betrauen. Göring, der bei Neurath in Einzelfällen mit Beamten des Auswärtigen Dienstes eng kooperiert hatte, versuchte erst gar nicht, zu Ribbentrops „Büro"-Mitarbeitern in Verbindung zu treten. Von daher änderten sich mit Ribbentrop als neuem Außenminister auch Apparate und Kanäle der offiziellen deutschen Außenpolitik. Der Zugang zur außenpolitischen Zentrale war Göring dabei weitgehend verwehrt.

---

[2] Nach Görings Stiefsohn Thomas von Kantzow, zit. bei Mosley, S. 252.

[3] Henderson, S. 163 f.; Speer, Tagebücher, S. 220; Ciano, Bd 2, Eintrag vom 13. Mai 1941, S. 321; Toland, S. 996.

[4] Coulondre, S. 316, 325; Wiedemann, S. 181.

[5] Bross, S. 118 f.

[6] Neurath stimmte mit Göring auch in der Ablehnung Ribbentrops überein. Bericht über die Unterredung zwischen Neurath, Darányi und Kánya vom 13. Juni 1937, in: Kerekes, Allianz, Nr. 18, S. 150.

[7] Kordt, S. 269.

[8] Erklärung von Friedrich Gaus vom 24. Juli 1946, IfZ, ZS 705 Friedrich Gaus, S. 43.

Mit Ribbentrops Einzug in das Auswärtige Amt verschwanden aber auch die konzeptionellen Voraussetzungen einer stillschweigenden Duldung der Göringschen Außenpolitik. Ribbentrop unterschied sich von Göring nicht nur durch größere und leichtfertigere Konfliktbereitschaft, sondern vor allem konkret durch seine antibritische Einstellung[9] und der sträflichen Geringschätzung des britischen Willens zur Abwehr einer aggressiven deutschen Fait-accompli-Politik. Trotz zeitweiliger Abschreckungs- und Drohmanöver, kam Göring jedoch gegenüber britischen Gesprächspartnern immer wieder auf seine Verhandlungsbereitschaft zurück, die mitunter sogar Frankreich einschloß[10]. Während Göring 1938/39 auf der Basis eines Interessenausgleichs und der Anerkennung der deutschen Vorherrschaft in Südosteuropa zu einer Übereinkunft mit den Westmächten bereit war, suchte Ribbentrop nach Kräften, Görings Kontakte zu den Westmächten zu unterbinden[11].

Görings politischer Machtverlust vollzog sich nicht abrupt, sondern allmählich und in einzelnen Etappen. Der Zeitabschnitt von Ribbentrops Amtsantritt bis zum „Münchener Abkommen" war vor allem gekennzeichnet von Angriffen Ribbentrops auf Görings Führung der Außenhandelspolitik[12]. Göring betrachtete den Außenhandel vorwiegend unter dem Aspekt der Wirtschaftlichkeit, Ribbentrop versuchte hingegen die Handelspolitik politischen Gesichtspunkten unterzuordnen. Erster Konfliktpunkt war der Fernosthandel. Während Göring die traditionelle Reichswehrpolitik fortführte und umfangreiche Kompensationsgeschäfte mit China über deutsches Kriegsgerät gegen chinesische Rohstoffe abwickelte[13], bemühte sich Ribbentrop, den deutschen Fernosthandel auf Japan umzupolen[14], mit dem Deutschland durch den Antikominternpakt verbunden war. Die Angelegenheit wurde um so delikater, seitdem sich Japan mit China im Krieg befand und somit deutsche Waffen gegen den deutschen Antikominternpakt-Partner eingesetzt wurden. Göring genehmigte noch im August 1938 die Lieferung von 20 Junkers 86-Flugzeugen an China[15], wogegen Ribbentrop heftig protestierte[16]. Der Außenminister beabsichtigte, über diese Frage einen „Führer-Entscheid" herbeizuführen, der aber, wie so oft bei ähnlichen Situationen, auf sich warten ließ. Noch im April 1939 bereitete Görings Staatssekretär Neumann deutsche Flugzeuglieferungen an China vor, da man dringend die zu erwartenden Devisen benötigte[17].

Während Göring bis zum Herbst 1938 Ribbentrops Angriffe noch einigermaßen gelassen abwehren konnte, wendete sich in der zweiten Phase vom Oktober 1938 bis zur Besetzung Prags im März 1939 das Blatt deutlich gegen ihn. Die anläßlich der

---

[9] Michalka, Ribbentrop, S. 149 ff.; Henke, S. 99 ff.; Hildebrand, S. 521.
[10] Vgl. die Wohlthat-Mission in Görings Auftrag im Januar 1939, in: ADAP, D, V, Nr. 663, S. 780 u. Anmerk. 1, ebd. Vgl. auch Kehrl, S. 164; Coulondre, S. 315.
[11] Weizsäcker-Papiere, S. 176.
[12] Vgl. die eidesstattliche Erklärung von Emil von Rintelen vom 4. Juni 1947, IfZ, NG-3622; Aufzeichnung von Weizsäcker vom 17. Okt. 1938, PAB, Büro St.S./ Tschechoslowakei, Bd. 6, Pag. 75 901 f.; Schreiben von Weizsäcker an Heeren (Belgrad) vom 22. Feb. 1939, in: ADAP, D, V, Nr. 300, S: 332 f.
[13] „Schnellbrief" von Görings Staatssekretär Neumann (Geschäftsgruppe „Devisen") an den WStb vom 5. April 1938, PAB, HaPol/ Kriegsgerät Allgemein, Bd. 3.
[14] Aufzeichnung von Wiehl (AA) „Betr.: Deutsch-japanische Wirtschaftsverhandlungen" vom 9. März 1938, PAB, Büro St.S./ Aufzeichnungen über Nicht-Diplomatenbesuche, Bd. 1, Pag 36 264–266.
[15] Aufzeichnung Weizsäckers vom 20. Aug. 1938 über sein Gespräch mit Neumann (VJP), ebd., Pag. 36 317.
[16] Aufzeichnung von Weizsäcker vom 27. Aug. 1938, ebd., Pag. 36 320.
[17] Aufzeichnung von Weizsäcker vom 21. April 1939, PAB, Büro St.S./ Aufzeichnungen über interne Angelegenheiten, Bd. 1, Pag. D 547 975.

Tschechoslowakei-Krise deutlich werdende Spaltung in der Führung des NS-Regimes zwischen einem vorsichtigen und einem aggressiven Lager brachte Ribbentrop schließlich gegenüber Göring den entscheidenden Vorteil, da dieser, ähnlich wie Neurath und die nationalkonservative Heeresleitung, sich in Opposition zu Hitlers kriegslüsterner Politik gestellt hatte. Gerade diese relative Nähe Görings zur damaligen Opposition im Auswärtigen Amt und OKH dürfte zu dem persönlichen Vertrauensverlust Görings bei Hitler entscheidend beigetragen haben und Ribbentrop gleicherweise zugutegekommen sein.

Ribbentrop wußte diesen Vertrauensschwund richtig zu interpretieren und eröffnete einen Generalangriff auf Görings außenpolitische Positionen[18]. Die Attacken gipfelten in der Forderung, daß Göring seinen Abhördienst, das berüchtigte Forschungsamt der Luftwaffe, das die „Braunen Blätter" produzierte, an Ribbentrop abtreten solle[19]. Weiterhin versuchte er dem Reichsluftfahrtministerium zur Auflage zu machen, sich bei allen Fragen, die außenpolitische Belange berührten, erst an das Auswärtige Amt zu wenden[20]. Der Kompetenzkampf zwischen Göring und Ribbentrop wurde in diplomatischen Kreisen mit Spannung und nicht ohne Sorge mitverfolgt[21].

Anfang 1939 stellten sich erste Erfolge Ribbentrops ein. Bezeichnend war der Ausgang des Streits um die Führung des Südost-Instituts. Göring hatte Seyß-Inquarts Anregung zur Gründung eines solchen Instituts mit dem Sitz in Wien aufgegriffen und sich bereit erklärt, die Schirmherrschaft zu übernehmen[22]. Das Institut sollte mit zunächst zwei Abteilungen vor allem im wirtschaftlichen und wissenschaftlichen Bereich tätig werden. Seyß-Inquart hatte zur Mitarbeit die Wirtschafts- und Südost-Experten Norbert Gürke, Globocnik, Neubacher, Plattner, Keppler und Veesenmayer gewonnen. Die Aufbauarbeit stockte jedoch, da Seyß-Inquart darauf warten mußte, bis Ribbentrop und Göring „über die Führung dieser Angelegenheit vollkommen ins Reine gekommen"[23] waren. Schließlich wurde Göring zwar als Vorsitzender des Kuratoriums vorgesehen, auf Wunsch Ribbentrops wurde das Projekt aber so beschnitten, daß die Arbeit „vorerst nicht in der umfangreichen und gesammelten Form eines Süd-Ostinstituts"[24] erfolgen konnte. Göring und Seyß-Inquart mußten sich statt dessen auf einen eingetragenen Verein beschränken, der sich mit der Herausgabe von Zeitschriften und mit Universitätsarbeit begnügte.

Ribbentrops Intervention bedeutete nicht, daß er an Südosteuropa kein Interesse gehabt hätte. Der Kompetenzstreit um das Südost-Institut stand vielmehr im Zusammenhang mit Ribbentrops allgemeinem Zugriff auf Görings bisherige Zuständigkeit in der Südosteuropapolitik. Seit Januar 1939 suchte Ribbentrop auch in Außenhandelsfragen Terrain zu gewinnen. Vereinbarungen, die Görings Wirtschaftsstab mit den südosteuropäischen Verhandlungsbeauftragten getroffen hatte, wurden vom Auswärtigen Amt kurzerhand für ungültig erklärt, mit der Begründung, „daß politische Erörte-

[18] Weizsäcker-Papiere, S. 176; Wiedemann, S. 182.
[19] Donald C. Watt, Introduction, in: Irving, Breach, S. 20, 37.
[20] Vermerk U.St.S. vom 5. Dez. 1938, PAB, Abt. Pol. II/ Po g Tschechoslowakei, Bd. 12.
[21] Szembek, Einträge vom 22. Nov. u. 7. Dez. 1938, S. 380, 384; Coulondre an Bonnet vom 15. Dez. 1938, in: Ursachen, Bd. XII, S. 636 ff.; Kerckove (Belgischer Botschafter in Rom) an Van Langenhove (Brüssel) vom 15. Jan. 1939, in: DDB, 5, Nr. 46, S. 140; Comnène, S. 147 f.
[22] Körners Schreiben an Seyß-Inquart vom 6. Aug. 1938, BAK, Nachlaß Seyß-Inquart NL 180/ 23.
[23] Schreiben von Seyß-Inquart an Göring vom 17. Aug. 1938, ebd.
[24] Schreiben von Seyß-Inquart an Heydrich vom 18. Nov. 1938, ebd.

rungen mit Stellen außerhalb des Auswärtigen Amtes ... nicht in Betracht kämen, und daß auch für Wirtschaftsabkommen das Auswärtige Amt federführend sei"[25]. Ribbentrop scheute sich auch nicht davor, Görings persönliche Absprachen mit südosteuropäischen Gesandten zu desavouieren und dessen politische Empfehlungen den Südoststaaten als schädlich darzustellen[26]. Wiederholt betonte er in Gesprächen mit auswärtigen Gesandten und Verhandlungsführern, daß die Federführung der Außenpolitik und Außenhandelspolitik bei ihm liege. Wo sich die Möglichkeit bot, versuchte er, ihren Umgang mit Göring zu unterbinden[27].

Eine Folge der Attacken Ribbentrops gegen Görings Position in der Ost- und Südosteuropapolitik war eine Verunsicherung der ausländischen Verhandlungspartner[28]. Die Gerüchte von Görings Machtverlust wurden für sie erfahrbare Wirklichkeit. Ribbentrops Eingriff blockierte vielfach die wirtschaftspolitischen Verhandlungen, da er politische Bedingungen an die Wirtschaftsvereinbarungen knüpfte, wie beispielsweise den Beitritt zum Antikominternpakt[29]. Die härtere Gangart in den Wirtschaftsverhandlungen verstärkte bei den südosteuropäischen Staaten zusätzlich die politische Zurückhaltung gegenüber Deutschland und trug mit dazu bei, daß die deutschen wirtschaftspolitischen Ziele in Südosteuropa nicht erreicht wurden. Göring mußte wütend registrieren, daß ohne Ribbentrops Mitsprache globale Abmachungen und Rüstungskredite nicht mehr zu erlangen waren[30].

Persönlich-politische Krise und Mittelmeerreisen März–Mai 1939

Daß es Ribbentrop so relativ schnell gelang, in der Südosteuropapolitik Fuß zu fassen, von der das Auswärtige Amt bislang weitgehend ausgeschlossen war, hatte seinen Grund eben auch darin, daß Göring Ribbentrop weitgehend kampflos das Feld überließ. Ursache dafür war offensichtlich weniger Ribbentrops Kampagne gegen Görings Kompetenzanmaßung als eine politische Identitätskrise Görings, hervorgerufen durch die persönlichen und politischen Spannungen mit Hitler seit dem „Münchener Abkommen". Seit Ende 1938 galt Göring allgemein als krank. Beobachter bezeugten übereinstimmend, daß er gesundheitlich angeschlagen war, an Nervosität litt und einen enormen Gewichtsverlust zu verzeichnen hatte[31]. Henderson berichtete, er habe von Göring erfahren, daß dieser von einer Art Diabetes heimgesucht wurde[32]. Vieles

---

[25] Aufzeichnung Weizsäckers vom 24. Feb. 1939 über sein Gespräch mit dem bulgarischen Gesandten, PAB, Büro St.S./ Aufzeichnungen über Diplomatenbesuche, Bd. 4, Pag. 231 332.

[26] Aufzeichnung von Erdmannsdorff (AA) vom 1. Mai 1939 über Ribbentrops Gespräch mit dem ungarischen Ministerpräsidenten und Außenminister am gleichen Tag, in: ADAP, D, VI, Nr. 300, S. 321 ff.

[27] Aufzeichnung von Altenburg (AA) vom 10. Feb. 1939, PAB, Abt. Pol. II/ Po g Tschechoslowakei, Bd. 12, Pag. 489 622.

[28] Vgl. die bezeichnende Beschwerde Szembeks über das „grand Chaos" in der deutschen Außenpolitik, in: Szembek, Eintrag vom 17. Nov. 1938, S. 378.

[29] Weizsäckers Telegrammentwurf an die Gesandtschaft Belgrad vom 16. Feb. 1939, PAB, HaPol/ Kriegsgerät Jugoslawien, Handel mit KG, Bd. 1; Schreiben von Wiehl an die Gesandtschaft Belgrad vom 27. Feb. 1939, ebd., Pag. E 398 784 ff.

[30] Aufzeichnung von Clodius (AA) vom 24. April 1939, PAB, Büro St.S./ Jugoslawien, Bd. 1, Pag. 151 909 ff.

[31] Lipski an Beck vom 2. März 1939, in: Lipski, Nr. 135, S. 499; Henderson an Halifax vom 18. Feb. 1939, in: DBFP, 3/4, Nr. 118, S. 120; Henderson an Halifax vom 15. Feb. 1939, ebd., Appendix I, (i), S. 589; Aufzeichnung von Ashton-Gwatkin über sein Gespräch mit Göring am 26. Feb. 1939, ebd., Appendix II, S. 606 f.; Henderson an Halifax vom 5. Mai 1939, ebd., 3/5, Nr. 377, S. 433.
Zu Görings zunehmender Paracodein-Sucht vgl. auch Kelley, S. 70 ff.

[32] Henderson an Cadogan vom 12. Mai 1939, in: DBFP, 3/5, Nr. 510, S. 546.

spricht dafür, daß die gesundheitliche und persönlich-politische Krise Görings nicht nur gleichzeitig auftraten, sondern sich gegenseitig bedingten und in dieser Phase eine nie wieder ganz überwundene Veränderung des persönlichen und politischen Verhaltens einleiteten. Aus dem energischen, „eisernen" Hermann Göring wurde zunehmend ein geschwächter, depressiver, sich durch Äußerlichkeiten und privaten Lebensgenuß betäubender Mann, der nur noch sporadisch zu der alten politischen Energie, aber kaum mehr zu der früheren Zielstrebigkeit zurückfand. Entscheidendes Moment des Persönlichkeitsbruches war offenbar, daß Göring zum ersten Mal in einen umfassenden politischen Gegensatz zu Hitler geraten war und von diesem im Zusammenhang mit dem „Münchener Abkommen" vor anderen Spitzen des NS-Regimes nachträglich sogar gerügt worden war[33].

Diese Erfahrung scheint für Göring eine ähnliche Bedeutung gehabt zu haben wie vor 15 Jahren die subjektive Empfindung des Fallengelassenwerdens nach dem gescheiterten Novemberputsch in München, als er ebenfalls in eine verzweifelte Stimmung verfiel, erst durch mehrere Länder irrte und dann, von den politischen Kampfgenossen verlassen, von Schweden aus in einem depressiven Zustand seine bitteren Klagen über die politische Treulosigkeit der Nationalsozialisten und fehlende Kameradschaft Hitlers äußerte. Damals folgten der persönlichen Enttäuschung Jahre der politischen Untätigkeit, ehe Göring diese Niederlage überwinden konnte und nach seiner Rückkehr nach Deutschland erneut unter den Bann Hitlers geriet, jetzt aber aus einer selbständigen Existenz heraus. Man geht jedoch nicht fehl, wenn man Görings Verhalten seit dem Herbst 1938 als eine Art Regression in bezug auf dieses 15 Jahre zurückliegende Schlüsselerlebnis aus der Frühzeit der Bewegung interpretiert. Göring reagierte jetzt in auffallend ähnlicher Weise. Enttäuscht, geradezu beleidigt, zog er sich Anfang 1939 aus der vordersten Reihe der nationalsozialistischen Politiker zurück, nicht heimlich, sondern bemerkenswert demonstrativ. Offensichtlich hoffte er, damit Hitler zu einem Einlenken und zu einer Art Wiedergutmachung veranlassen zu können, da Ribbentrops Angriffe seinem politischen Ansehen erheblichen Schaden zugefügt hatten. Auch das Scheitern seiner ehrgeizigen wirtschaftlichen Pläne und die daraus folgende Desillusionierung trugen sicher zur psychischen und physischen Labilität Görings in dieser Phase bei.

Erst das Zusammentreffen all dieser Umstände erklärt Görings Machtverlust. In für ihn sonst ganz untypischer Art gab er Machtpositionen auf, die er jahrelang souverän gegen jede Einmischung verteidigt hatte. Bei ausländischen Gesprächspartnern versuchte er den Eindruck zu erwecken, als habe Deutschland nun eine Konsolidierung seiner Stellung erreicht, in der er sich beruhigt von der Außenpolitik zurückziehen könne[34]. Gleichzeitig sprach er aber in düsteren Visionen über die Zukunft Europas und überraschte Henderson mit dem Ausspruch: „Tyrannen, die gegen den Willen ihres Volkes handeln, finden immer ein schlimmes Ende"[35]. Mehrmals versicherte er dem britischen Botschafter, „daß Krieg in Deutschland schrecklich unpopulär sei und immer sein würde", woraus Henderson den Schluß zog, daß Hitler wohl genötigt sein würde, dies zu respektieren[36]. Bei Henderson überwog diese Interpretation, während

[33] Vgl. auch Hassells Tagebucheintrag vom 23. Okt. 1938, in: Hassell, S. 24.
[34] Aufzeichnung von Ashton-Gwatkin über sein Gespräch mit Göring am 26. Feb. 1939, in: DBFP, 3/4, Appendix II, S. 606 ff.
[35] Henderson an Halifax vom 18. Feb. 1939, ebd., Nr. 118, S. 120 ff.
[36] Henderson an Halifax vom 22. Feb. 1939, ebd., Appendix I, (v), S. 592.

er Görings Resignation nur am Rande zur Kenntnis nahm und auf Görings Krankheit zurückführte. Dabei hatte Göring deutliche Hinweise gegeben, daß mit Ribbentrop nun ein schärferer Wind in der Außenpolitik zu erwarten sei und mehreren Gesprächspartnern Mitte Februar 1939 angekündigt, daß er im März nach San Remo zur Kur fahren und sich damit gänzlich von der Politik zurückziehen werde: „Man kann, sagte er, so viele Fehler machen wie man will, während ich weg bin; ich werde mich nicht drum kümmern". Auf britischer Seite registrierte man, daß Göring offenbar beabsichtigte, „in der Außenpolitik einen hinteren Platz einzunehmen und Ribbentrop den Vortritt zu lassen"[37], ohne daß man sich der Tragweite voll bewußt war.

Einige zeitgenössische Beobachter vermuteten, daß Görings damaliger Rückzug aus der Politik nicht nur durch die Machtkämpfe mit Ribbentrop und den Vertrauensverlust bei Hitler ausgelöst wurde, sondern auch mit verursacht wurde durch Görings Neigung, angesichts einer von ihm als unheilvoll angesehenen Zukunftsentwicklung, sich der Last politischer Verantwortung zu entziehen und diese auf andere abzuwälzen[38]. Während sich in Berlin die Anzeichen mehrten, daß Hitler nun entschlossen war, die Frage der „Rest-Tschechei" mit Gewalt zu einem Ende zu bringen[39], weilte Görings Pressechef Gritzbach in Italien, um einen mehr als fünfwöchigen Italienaufenthalt seines Chefs organisatorisch vorzubereiten. Das bis in den April reichende Programm sah ausgedehnte Reisen bis nach Sizilien und Libyen vor[40]. Ribbentrop verfügte, daß Görings Reise als völlig privat zu betrachten sei und die deutschen Missionen ihr keine offizielle Aufmerksamkeit widmen sollten[41]. Am 4. März 1939 traf Göring mit vierzig Personen in einem Sonderzug, der zehn Salon-, Schlaf- und Gepäckwagen umfaßte, in San Remo ein. Obwohl sich zahlreiche Gerüchte über angebliche politische Missionen Görings in Italien verbreiteten[42], wußte das Deutsche Konsulat in San Remo nichts Aufregenderes zu berichten, als mit welcher Garderobe Göring zu welchem Essen erschienen sei[43].

Während Göring in San Remo die erste Sonne genoß, teilte Hitler am 8. März in Berlin seinen Entschluß mit, Prag zu besetzen und bei nächster Gelegenheit die polnische Frage zu lösen. Göring versicherte im nachhinein, daß er stets über die Entwicklung in Berlin auf dem laufenden gewesen sei[44] und gab in Nürnberg zu Protokoll,

[37] Schreiben Hendersons vom 18. Feb. 1939, ebd., Nr. 118, S. 120; Henderson an Halifax vom 15. Feb. 1939, ebd., Appendix I, (i), S. 589.
[38] Stehlin, S. 162; Burckhardt, S. 303, 315; Biddle Jr., S. 44; Kerckove (Rom) an Van Langenhove (Brüssel) vom 15. Jan. 1939, in: DDB, 5, Nr. 46, S. 140.
[39] Rönnefarth, S. 725 ff.; Hoensch, Slowakei, S. 254 f.
[40] Bericht des Büros Ribbentrop vom 1. März 1939, PAB, Dienststelle Ribbentrop/ Vertrauliche Berichte, Bd. 1,2; AA-Schreiben an Mackensen (Rom) vom 7. März 1939, PAB, Nachlaß Botschafter von Mackensen/ Handakten, Bd. 2 (1939), Pag. 164 436 f.
[41] Weizsäcker an Mackensen vom 5. März 1939, in: ADAP, D, IV, Nr. 456, S. 509; Mackensen an das Konsulat in San Remo, PAB, Deutsche Botschaft Rom/ Paket Nr. 696a, Pol 2a 1, Besuche deutscher Politiker: Göring.
[42] Aufzeichnung von Wiehl (AA) vom 27. Feb. 1939, in: ADAP, D, V, Nr. 308, S. 340; Henderson an Cadogan vom 9. März 1939, in: DBFP, 3/7, Appendix I, (ix), S. 662; Bericht des Büros Ribbentrop vom 7. März 1939, PAB, Dienststelle Ribbentrop/ Vertrauliche Berichte, Bd. 1,2; Aufzeichnung Weizsäckers vom 2. März 1939, PAB, Büro St.S/ Aufzeichnungen über interne Angelegenheiten, Bd. 1; Presse-Informationsbericht Nr. 15 vom 27 Feb. 1939, BAK, ZSg. 101/ 34, Bl. 71.
[43] Schreiben des Konsulats San Remo an die Deutsche Botschaft Rom vom 13. März 1939, PAB, Deutsche Botschaft Rom/ Paket Nr. 696a, Pol 2a 1.
[44] Hassell, Eintrag vom 3. April 1939, S. 48; vgl. auch Görings Äußerungen zu Mussolini am 15. April 1939 nach der Aufzeichnung ohne Unterschrift, in: ADAP, D, VI, Nr. 205, S. 209.

Hitler habe ihm sogar schriftlich durch einen Kurier seine Entscheidung zur Besetzung der „Rest-Tschechei" mitgeteilt. Nach Görings Aussage gab er dem Kurier einen
Brief mit, in dem er Hitler vor diesem Vorgehen warnte: „Ich glaubte, daß das, was er
jetzt durch Besetzung und Gefahrenmomente ausschalten wollte, auf etwas längerem
Wege gehen könnte, unter völliger Schonung all der Momente, die sowohl die Tschechoslowakei als auch die anderen in Erregung bringen könnte; nämlich ich war davon
überzeugt, daß, nachdem das Sudetenland abgetrennt war, und Österreich auch ein
Bestandteil Deutschlands war, eine wirtschaftliche Durchdringung der Tschechoslowakei nur ein Problem der Zeit sein würde, das heißt, meine Hoffnung ging dahin,
durch stärkere Bindung der wirtschaftlichen Interessen schließlich zu einer Verkehrs-,
Zoll- und Währungsunion und zwar aus gegenseitigem Interesse der Wirtschaft heraus zu gelangen"[45].

Für die Existenz dieses Briefes, der niemals aufgefunden wurde, spricht lediglich
Görings nachträgliche Aussage. Ob Görings Kurier-Version stimmt oder nicht, mag
offenbleiben, sie gibt aber Aufschluß über seine abweichenden Vorstellungen zur Lösung des Tschechoslowakei-Problems. Was Göring in Nürnberg als Inhalt des Briefes
referierte, war in den Grundzügen auch sein Konzept bei seinen Slowakeiverhandlun-
gen, die er bereits im Sommer 1938 zu realisieren versucht hatte, ein Konzept, das
eine Neuauflage seiner Politik gegenüber Österreich Ende 1937/Anfang 1938 darstellte. Hitlers und Görings Auffassungen über die Wege und Methoden zur Erreichung der außenpolitischen Ziele gingen mehr und mehr auseinander[46]. Krieg als
Mittel der Politik wurde von Göring keineswegs grundsätzlich abgelehnt, in der Situation der Jahre 1938/39 aber für viel zu riskant angesehen.

Sicher scheint zu sein, daß Göring über den Zeitpunkt von Hitlers Aktion gegen
die „Rest-Tschechei" überrascht wurde[47]. Nach Aussage seiner Schwester erfolgte Görings Abreise aus San Remo am 13. März überstürzt[48], nachdem Hitler Göring telegrafisch zurückgerufen hatte[49]. Anders als beim „Anschluß" und bei der Vorbereitung
des „Münchener Abkommens" spielte Göring nun lediglich eine Statistenrolle bei der
von Ribbentrop und Hitler inszenierten Aktion. Die Version, daß Hácha sich unter
dem maßgeblichen Druck von Göring Hitlers Ultimatum gebeugt habe, täuscht darüber hinweg, daß der Luftwaffenchef bei dem nächtlichen Erpressungscoup nur als
Komparse tätig war[50]. Göring gab nachträglich zu, daß die Angelegenheit über seinen
Kopf hinweg arrangiert worden war[51]. Seine Abwesenheit von Berlin hätte ihm ohnehin keine Einflußmöglichkeit gegeben. Auch Paul Körner bezeugte nach dem Krieg,
daß Göring zu denjenigen gehört habe, die vor einer gewaltsamen Aktion gegen die

[45] Görings Aussage vom 14. März 1946, in: IMG, Bd. 9, S. 339 f.
[46] Görings Aussage zu seinen sich häufenden „Streitigkeiten mit Hitler" bei Kelley, S. 88.
[47] Nach Below, S. 151, wollte Hitler Göring „nicht beunruhigen, da er gerade erst seinen Urlaub angetreten
    hatte. Er setzte hinzu, daß Görings Aufenthalt in San Remo zur Beruhigung der aufgeregten Gemüter in
    Italien und anderen Ländern beitragen könnte."
[48] Stehlin, S. 166.
[49] Vermerk Weizsäckers, in: ADAP, D, IV, Nr. 205, S. 215 f.
[50] Der Dolmetscher Schmidt bestätigte, daß Görings Gespräch mit Hácha äußerst ruhig und ohne Erregung
    verlief. Schmidt, Statist, S. 430 f.
    Vgl. auch die Aufzeichnung von Hewel (Stab RAM) über die Besprechung in der Reichskanzlei am 15. März
    1939, 1 Uhr 25 bis 2 Uhr 15, in: ADAP, D, IV, Nr. 228, S. 229 ff.
[51] Aussage Görings am 14. März 1946, in: IMG, Bd. 9, S. 341. Göring gab weiterhin zu, daß er nicht mit Hitler
    nach Prag gefahren sei, weil er „etwas verstimmt" gewesen sei, da die Sache über seinen Kopf „hinweg ge-
    macht worden ist".

Tschechoslowakei gewarnt hätten, weniger aus Furcht vor einer militärischen Verwicklung, als aus der Überzeugung, daß damit jede Möglichkeit vertan würde, mit Großbritannien doch noch zu einer Übereinkunft zu kommen[52]. Dies stimmt mit dem überein, was Göring als den Inhalt seines Warnbriefes an Hitler umschrieb. Charakteristisch an diesem Vorgang vom 15. März 1939 war aber, daß Göring trotz seiner starken Bedenken sich schließlich doch in Hitlers Pläne fügte und diese Aktion auch mittrug. Wie dies zu erklären ist, läßt sich schwer deuten. Wahrscheinlich wird man hierbei auch eine gewisse Zwiespältigkeit Görings veranschlagen müssen. Für Göring, der in den entscheidenden Stunden beim „Anschluß" Österreichs bedenkenloser als Hitler den erfolgreichen Coup zu Wege gebracht hatte, war es offenbar schwer zu verkraften, daß Hitler nun radikaler als er auftrat, und er ihm schon deswegen nicht in den Arm fallen mochte. Die alte Komplizenschaft bei zahlreichen brutalen oder erpresserischen Aktionen in der Innen- und Außenpolitik stand der besseren Einsicht im Wege. Auch deswegen siegte dann schließlich die Gefolgschaftstreue gegenüber dem „Führer" und Görings Grundüberzeugung von der soldatischen Pflichterfüllung gegenüber Hitler. Diesem Loyalitätszwang vermochte sich Göring durch seine Flucht aus der Außenpolitik nicht zu entziehen. Von Hitler herbeizitiert, fand er sich nicht zuletzt aus Furcht, sein Ansehen bei Hitler ganz zu verlieren, dazu bereit, seinem „Führer" soldatisch zur Seite zu stehen.

Göring kämpfte jetzt auch nicht mehr für sein Konzept zur Verwirklichung der außenpolitischen Ziele auf dem Wege wirtschaftspolitischer Hegemonie. Er hatte erkannt, daß eine wirtschaftsimperialistische Politik bei Hitler nicht gefragt war. Um sich abzeichnende außenpolitische Konflikte vielleicht doch noch zu entschärfen, warnte er Anfang 1939 die britischen Geschäftsträger und unmittelbar nach der Besetzung Prags auch den polnischen Botschafter Lipski vor Hitlers gereizter Stimmung. Hitler selbst hatte erkannt, daß es seinem Nachfolger an kriegerischer Entschlossenheit mangelte. Er entschloß sich daher zu einem ungewöhnlichen Eingriff in Görings wirtschaftspolitischen Kompetenzbereich und verhinderte höchstpersönlich, daß Göring im „Reichsprotektorat" die gleiche wirtschaftspolitische Ausnahmestellung wie im Reich erhielt, indem er Göring mitteilen ließ, daß die jeweils beabsichtigten wirtschaftspolitischen Maßnahmen dem „Führer" vorzuschlagen seien, „der seinerseits dem Reichsprotektor die erforderlichen Weisungen erteilen" könne[53]. Diese Beschränkung der unmittelbaren Anordnungsbefugnis Görings war ein deutliches Zeichen, daß Hitler Görings Politik stärker zu kontrollieren suchte.

Göring selbst zeigte sich an dem neuen territorialen Zuwachs nicht interessiert. Anders als nach dem „Anschluß" und der Besetzung des „Sudetenlandes" kümmerte er sich weder um die zu ergreifenden wirtschaftspolitischen Maßnahmen noch um die außenpolitische Absicherung des Beutezuges. Während Milch das „schiere Durcheinander" in der Außenpolitik beklagte, reiste Göring bereits am 21. März 1939 mittags erneut nach San Remo, um seinen Urlaub fortzusetzen[54]. Am gleichen Tag ließ Hitler durch Ribbentrop dem polnischen Botschafter die deutschen Forderungen in bezug auf Danzig und die Einräumung einer exterritorialen Verbindung durch den „Korridor" vortragen

[52] Erklärung unter Eid von Paul Körner vom 4. Okt. 1945, IfZ, Dok. NG-2918.
[53] Lammers (Reichskanzlei) an Körner vom 29. März 1939, BAK, R 43 II/353, Bl. 101.
[54] Milchs Tagebucheintrag vom 25. März 1939, BA-MA, Nachlaß Milch N 179/ Nr. 36, Tagebuch 1939.

Erst in der damit beginnenden dritten Phase der Außenpolitik zwischen der Besetzung Prags und dem Sommer 1939 gelangte Ribbentrop zum vollen Triumph über seinen bisherigen Kontrahenten. Göring war von Ende März bis Anfang August fast permanent von Berlin abwesend und zeigte sich in politischen Dingen äußerst phlegmatisch. Die früher von Göring souverän arrangierten Auslandsreisen wurden nun von Ribbentrop kontrolliert und reglementiert, sobald er ihre mögliche politische Bedeutung erkannte. So ließ er zwar Göring gewähren, als dieser von San Remo über Sizilien nach Libyen zu Balbo reiste, die Programmgestaltung des Romaufenthaltes von Mitte April lag hingegen in den Händen des Auswärtigen Dienstes[55]. Durch Intervention bei Hitler unterband Ribbentrop auch einen geplanten Papstbesuch Görings[56] und legte „allergrössten Wert darauf, dass die Einschaltung der Botschaft in vollem Umfange" bei jedem Schritt und Tritt Görings erfolgte[57]. Görings Zutun zur Programmgestaltung beschränkte sich auf die Wünsche, daß „bei gesellschaftlichen Veranstaltungen Bier gereicht" werde, der Besuch der NSDAP-Landesgruppe nicht erwünscht sei und die von ihm niedergelegten Kränze groß genug sein sollten[58].

Am 15. und 16. April 1939 traf Göring mit Mussolini und Ciano zusammen, was Ribbentrops erhöhte Aufmerksamkeit weckte und dazu führte, daß Ribbentrop noch am 15. April Ciano sein eigenes Kommen ankündigte[59]. Die Unterredungen, die Göring in Rom führte, beleuchten die zwiespältige Situation, in der sich Göring befand. In dem ersten Gespräch mit Mussolini und Ciano am 15. April beglückwünschte Göring den „Duce" zu der Albanien-Aktion, gab nachträglich Erklärungen zu den Vorgängen, die zur Besetzung Prags geführt hatten und erläuterte umständlich die deutsche Rüstung, die jedoch erst im Anlaufen sei: „Auf Grund dieser Überlegungen komme er zu dem Schluß, daß in 9 Monaten oder einem Jahr die Situation für die Achse, militärisch gesehen, günstiger würde. Andererseits sei die Aufrüstung in England und Frankreich noch nicht sehr weit vorgeschritten." In dieser ersten Unterredung schlug Göring offenbar einen aggressiven, großsprecherischen Ton an, schloß einen naheliegenden Krieg nicht aus und erklärte sogar, daß die gegenwärtige „Situation der Achse sehr stark sei, und daß sie bei einem allgemeinen Konflikt die möglichen Gegner schlagen könnte"[60].

---

[55] Vgl. die Aktenvorgänge, PAB, Deutsche Botschaft Rom/ Paket Nr.696a, Pol 2a 1. Zum genauen Programm von Görings Romaufenthalt vom 14.–17.April 1939 vgl. PAB, Büro St.S./ Aufzeichnungen über interne Angelegenheiten, Bd. 1.

[56] Der Plan des Papstbesuches war von Mussolini und Ciano an Göring herangetragen worden. Nach kurzem diplomatischem Verwirrspiel teilte Ribbentrop Mackensen mit, er möge „dem Prinzen Philipp von Hessen die Bitte des Führers ... übermitteln, alsbald dem Generalfeldmarschall Göring mitzuteilen, daß der Führer ihn ‚nach Lage der Dinge' bitten lasse, von einem Besuch im Vatikan Abstand zu nehmen". Aufzeichnung von Mackensen vom 11.April 1939, PAB, Nachlaß Mackensen/ Handakten, Bd.3, Pag. D 576 560.

[57] Aufzeichnung von Mackensen vom 14.April 1939, PAB, Deutsche Botschaft Rom/ Paket 696a, Pol 2a 1. Mackensen berichtete rückblickend am 22.April 1939 vertraulich Weizsäcker, daß für ihn die „Rolle zwischen diesen beiden Mühlsteinen", womit er Ribbentrop und Göring meinte, „nicht gerade erfreulich" gewesen sei. PAB, Nachlaß Mackensen/ Handakten, Bd. 2 (1939), Pag. 64 437 ff.

[58] Aktennotiz der Deutschen Botschaft Rom vom 3.April 1939, PAB, Deutsche Botschaft Rom/ Paket Nr.696a, Pol 2a 1.

[59] Weizsäckers Schreiben an Mackensen vom 15.April 1939, in: ADAP, D, VI, Nr.208, S.213.

[60] Aufzeichnung (von Schmidt) vom 15.April 1939, in: ADAP, D, VI, Nr.205, S.207 ff. Bezeichnenderweise versuchte Göring nachträglich zu verhindern, daß Schmidts Niederschriften der Gespräche dem Auswärtigen Amt ausgehändigt wurden. Weizsäcker an Mackensen vom 28.April 1939, PAB, Büro St.S./ Schriftwechsel Beamte, Bd. 4, Pag. 228 551.

Anders verlief das Gespräch am folgenden Tage. Als Mussolini „in präziser Form die Frage des günstigsten Zeitpunktes für einen ... Konflikt" stellte, reagierte Göring sehr viel vorsichtiger und beteuerte, daß erst „in den Jahren 1942/43 das Rüstungsverhältnis zwischen Deutschland und England besonders auf dem Flottengebiet erheblich günstiger sein würde". Das war gerade das Gegenteil von dem, was er am Tag zuvor erklärt hatte. Mussolini stellte daraufhin beruhigt nochmals fest, „daß die Achsenmächte noch 2–3 Jahre brauchten, um in einen allgemeinen Konflikt gut gerüstet und mit Aussicht auf einen Sieg eintreten zu können".

Auch Mussolini hielt „einen allgemeinen Krieg für unvermeidlich", sprach sich jedoch dafür aus, daß für die nächsten zwei bis drei Jahre „das Motto des Handelns" lauten solle: „Vom Frieden sprechen und den Krieg, d.h. den Sieg vorbereiten". Um seine letzten Bedenken auszuräumen, sprach Mussolini Göring auf Polen als möglichen Konfliktfall an. Göring versicherte, „daß nur im Falle sehr schlechter Behandlung der deutschen Minderheit in Polen, die das außenpolitische Prestige des Dritten Reichs in Mitleidenschaft zöge, ernstere Schwierigkeiten entstehen könnten" und schloß seine Ausführungen damit, daß Hitler ihm habe „sagen lassen, daß er gegen Polen nichts plane"[61]. Objektiv gesehen, war das zu diesem Zeitpunkt längst eine Unwahrheit, wobei man allerdings in Rechnung stellen muß, daß Göring in den entscheidenden Tagen am 8. und 21. März, die die Wende gegen Polen brachten, nicht in Berlin anwesend war[62]. Offen bleibt die Frage, wie ernst er die von Hitler angeordneten generalstabsmäßigen Planungen der Luftwaffe gegen Polen nahm. Auf italienischer Seite gewann man den Eindruck, daß Görings Versicherungen glaubhaft seien[63]. Nach dem Zeugnis von Milch erfuhr Göring erst nach seiner Rückkehr nach Berlin von Hitlers Entschlossenheit, das Danzig-Problem nun zu lösen. Görings Einwände wischte Hitler mit dem Hinweis beiseite, „daß er schon ganz andere Situationen geschickt vorbereitet habe, und daß er es in diesem Falle ebensogut schaffen werde. Göring mahnte ihn, noch zu warten."[64]

In den darauffolgenden Tagen ordnete Göring eine beschleunigte Luftrüstung und die Erstellung weiterer operativer Studien für den Fall eines europäischen Krieges an. Den Sieg Francos in Spanien nahm Göring zum Anlaß einer am 3. Mai 1939 beginnenden Mittelmeerkreuzfahrt, aus der sich für den reiselustigen Luftwaffenchef eine der politisch peinlichsten Unternehmungen entwickeln sollte.

Auch diese dritte Mittelmeerreise Görings binnen zweier Monate diente weniger politischen Zwecken, sondern kam eher einer Flucht aus Berlin gleich. Besonders bemerkenswert ist dabei folgender Vorgang: Unmittelbar vor Görings Abreise warnte dessen persönlicher Adjutant und Vertrauter, Karl Bodenschatz, offenbar auf Weisung Görings, den polnischen Militärattaché vor bevorstehenden deutschen Aktionen gegen Polen. „Er bemerkte, daß in diesem Jahr Krieg unvermeidlich sei und bemühte sich, den polnischen Militärattaché davon zu überzeugen, daß England und Frankreich nicht in der Lage seien, Deutschland daran zu hindern, Polen schnell zu überren-

---

[61] Aufzeichnung (von Schmidt) vom 18. April 1939, in: ADAP, D, VI, Nr. 211, S. 215 ff.

[62] Nach Below, S. 157, verfügte Hitler ausdrücklich, daß Göring nicht aus dem Urlaub zurückgerufen werden sollte.

[63] Ciano, Bd. 2, Eintrag vom 17. April 1939, S. 76: „Im allgemeinen ist der Eindruck der, daß auch Deutschland friedliche Absichten hat".

[64] Vernehmung Görings vom 6. u. 7. Nov. 1945, zit. nach Irving, Tragödie, S. 123.

nen"[65]. Bodenschatz kündigte schon zu diesem Zeitpunkt eine deutsch-russische Übereinkunft an und gab zu verstehen, daß in den deutsch-polnischen Beziehungen auch dadurch eine entscheidende Wende eingetreten sei, daß Görings langjährige Tätigkeit als Beauftragter für die deutsch-polnischen Beziehungen nun keinen Bestand mehr habe. Bodenschatz begründete dies damit, „daß es keine Hoffnung gäbe, General Görings Gesundheit wiederherzustellen und daß seine politische Abdankung zugunsten von Herrn von Ribbentrop nun vollzogen sei". Deutlicher konnte eine Drohung kaum ausgesprochen werden. Da Göring keine Möglichkeit sah, Hitler umzustimmen, zog er sich lieber ganz aus der Außenpolitik zurück, als eine Politik mit vorwärts zu treiben, die ihm zu risikoreich erschien.

Zur Kompensation seines außenpolitischen Machtverlusts ergriff Göring die Gelegenheit zu einer spektakulären Zusammenkunft mit Franco anläßlich der Madrider Siegesparaden Anfang Mai. Einige Tage vor Görings Abreise am 3. Mai hatte sein Vierjahresplan-Beauftragter in Spanien, Johannes Bernhardt, „wegen einer Zusammenkunft zwischen Generalfeldmarschall Göring und (dem) Generalissimus vorgefühlt"[66]. Obwohl auf spanischer Seite nur geringes Interesse an einem solchen Treffen bestand, schiffte sich Göring in San Remo ein und fuhr in Richtung spanische Küste, da die Paraden bereits am 12. Mai stattfinden sollten. Während Göring in Warteposition in spanischen Gewässern kreuzte[67], versuchte das Auswärtige Amt, das zunächst von Görings Absicht nicht in Kenntnis gesetzt worden war, den Plan der Zusammenkunft nachträglich zu unterminieren. Nach allerlei diplomatischem Gerangel, das einer gewissen Komik nicht entbehrte[68] und im Auswärtigen Amt eine eigene Akte mit Notizen, Aufzeichnungen und Schriftwechseln anschwellen ließ[69], platzten schließlich Görings Besuchstermine. Franco wollte den Triumph nicht mit Göring teilen, so daß dieser unverrichteter Dinge wieder nach Deutschland zurückkehren mußte, lediglich mit einem Telegramm Francos getröstet, das aus einem einzigen Satz bestand[70].

Göring brachte dadurch nicht nur seinen Beauftragten Bernhardt in politischen Mißkredit, sondern mußte auch noch Ribbentrops Schelte über sich ergehen lassen, der in einem offiziellen Schreiben Görings „Indiszplin" anprangerte[71]. Göring fand sich in der Rolle desjenigen wieder, der sich vor Ribbentrop für sein Verhalten auf außenpolitischen Terrain zu rechtfertigen hatte[72].

---

[65] Henderson an Halifax vom 5. Mai 1939, in: DBFP, 3/5, Nr. 377, S. 433.

[66] Telegramm von Stohrer (San Sebastian) an das AA vom 3. Mai 1939, PAB, Büro St.S./ Spanien c) Spanienreise Görings, Pag. D 566 893.

[67] Über Görings Pläne in Spanien gibt die Bestellung auf der Pressekonferenz vom 10. Mai 1939 Auskunft, die sich auf eine Mitteilung des „Büro Görings" stützt. Anweisung Nr. 433, BAK, ZSg. 101/ 13, Bl. 14 u. 16.
Vgl. hierzu auch die geheimen Informationsberichte Nr. 47 u. 49 vom 10. u. 16. Mai 1939, die erstaunlich gut über die Hintergründe des Scheiterns von Görings Projekt im Bilde waren. BAK, ZSg. 101/ 34, Bl. 229 f., 253 f.

[68] Peinlich wurde die Angelegenheit besonders dadurch, daß ausgerechnet in diesem Fall die deutsche Presselenkung versagt hatte und das Verbot der Berichterstattung zu spät kam. Vgl. das vertrauliche Schreiben von Sänger an Stark vom 11. Mai 1939, BAK, ZSg. 102/ 15, Bl. 42.

[69] PAB, Büro St.S./ Spanien c) Spanienreise Görings.

[70] Das Telegramm kam erst auf deutschen Druck hin zustande. Heberlein (San Sebastian) an das AA vom 11. Mai 1939, ebd., Pag. E 307 040; Abschrift des Franco-Telegramms ebd., Pag. E 307 041.

[71] Ribbentrop an Göring vom 23. Mai 1939 (Datum handschriftlich; in: ADAP, D, III, Nr. 802, S. 780: „ohne Datum, ca. 16. Mai 1939"), PAB, Büro St.S./ Spanien c) Spanienreise Görings.

[72] Göring gab Ribbentrop die Schuld für das Scheitern des Franco-Treffens, der durch das Einschieben Stohrers ein Arrangement unmöglich gemacht habe. Rosenberg, Eintrag vom 20. Mai 1939, S. 86.

Die spanische Episode veranschaulicht nicht nur Görings Machtverlust im außenpolitischen Bereich, sondern auch die offenkundige Labilität und Desorientierung Görings im Frühjahr 1939. Die mißlungene vordergründige Effekthascherei war charakteristisch für die Art und Weise wie der geltungssüchtige bisherige Paladin Hitlers auf die erfahrene Zurücksetzung reagierte. Aus dem bis dahin meist recht effektiven Realpolitiker Göring, der erfolgreich seine politische Linie zu verfolgen wußte, wurde mehr und mehr der geltungsbedürftige, psychisch und damit auch politisch unberechenbare Generalfeldmarschall und spätere „Reichsfeldmarschall"[73].

Beispielhaft für Görings nunmehr dominant werdende Vorliebe für Luxus, Glamour und Spleens ist jene „Halsbandgeschichte", zu der es im Zusammenhang mit dem „Stahlpakt" vom 22. Mai 1939 kam. Als angeblicher Baumeister dieses Bündnisses wurde Ribbentrop der italienische Annunziatenorden verliehen. Bei der Szenerie standen nach Cianos Aussage Göring „die Tränen in den Augen". Der deutsche Botschafter in Rom, Mackensen, erzählte, Göring „habe ihm einen großen Auftritt gemacht und erklärt, der Orden gebühre ihm allein"[74]. Die „Tragikomödie des nicht erhaltenen Annunziatenordens" blieb noch ein Jahr lang ein Thema des deutsch-italienischen Verhältnisses. Noch 1940 grollte Göring deswegen dem faschistischen Bündnispartner.

Gleichzeitig leistete sich Göring zur Zeit des größten Devisenmangels private Ausgaben und fragwürdige Transaktionen in Millionenhöhe. So stellte er für eine antarktische Expedition, die ihm vier lebende Pinguine beschaffen sollte, 2,21 Millionen RM zur Verfügung[75]. Daneben wurde „Carinhall" seit Anfang 1939 für 3,82 Millionen RM ebenfalls auf Kosten des Vierjahresplan-Haushalts ausgebaut[76]. Die Planungen und ersten Bauabschnitte für „Hermann-Göring-Stadt", die gerade anliefen, übertrafen dies alles um ein Vielfaches und konnten sich durchaus mit Hitlers größenwahnsinnigen Bauvorhaben messen. Auch mit diesen enormen Aufwendungen versuchte Göring das politische Machtdefizit zu kompensieren.

Spätestens seit dem Vortrag am 23. Mai 1939, bei dem Hitler seinen Entschluß verkündete, „bei erster passender Gelegenheit Polen anzugreifen"[77], wußte Göring, woran er mit seinem „Führer" war. Er erhielt die Gewißheit, daß zur Verwirklichung seines eigenen Konzeptes keine Zeit mehr blieb. Anders als bei Hitlers Ausführungen in der „Denkschrift zum Vierjahresplan" oder bei der Besprechung am 5. November 1937 in der Reichskanzlei, wo Hitlers Ausführungen noch als ein mehr oder weniger unverbindliches Langzeitprogramm verstanden werden konnten, wie es Göring bereits aus „Mein Kampf" bekannt war, ging es am 23. Mai um keine weltumspannenden Zukunftsperspektiven, sondern um die konkrete politische und militärische Planung der nächsten Wochen. Göring, der Hitlers Ideologie nie ernst genommen hatte, gelangte

---

[73] Eine vorzügliche Sammlung von Berichten und Presseserien aus den Jahren 1933 bis 1967 über Göring findet sich im „Telegraf Archiv", Archiv der Sozialen Demokratie, Bonn-Bad Godesberg.

[74] Ciano, Bd. 2, Eintrag vom 2. Okt. 1939, S. 156; Eintrag vom 23. Mai 1939, S. 93; Eintrag vom 6. Feb. 1940, S. 194.

[75] Vermerk der Reichshauptkasse vom 21. Jan. 1939 und die „Vorläufige Kostenübersicht für die Deutsche Antarktische Expedition 1938/39" vom 10. Aug. 1939, die sich über 2 211 315,42 RM belief. BAK, R 2/ 19509 Beauftragter für den Vierjahresplan: Haushaltsangelegenheiten: Finanzierung der Deutschen Antarktischen Expedition von 1938/39, Bd. 1.

[76] Schreiben von Körner an Ministerialrat von Knorre (RFM) vom 23. Feb. 1939, BAK, R 2/ 19545 Amt für deutsche Roh- und Werkstoffe: Über- und außerplanmäßige Haushaltseinnahmen und -ausgaben 1937–1941.

[77] Schmundt-Aufzeichnung über die Besprechung am 23. Mai 1939, in: ADAP, D, VI, Nr. 433, S. 479.

nun zu der Einsicht, daß Hitlers Politik radikaler war und über seine eigenen Vorstellungen hinausging. Aus der Sicht Görings hatte Hitler vor allem in Ribbentrop ein Werkzeug gefunden, das anscheinend bereit war, Hitler beim Wort zu nehmen und nun direkt das in die Tat umzusetzen, wovon dieser schon jahrelang sprach. Den Diplomaten in Berlin war zu diesem Zeitpunkt klar geworden, daß Göring außenpolitisch nur noch zweite Garnitur und Ribbentrop nun bei Hitler der einflußreichste Mann war[78].

Görings politisches Konzept spielte von jetzt an in der Politik des „Dritten Reiches" keine Rolle mehr. Göring bemühte sich auch nicht, verlorenen Einfluß wieder gutzumachen. Das Trauma, erneut von Hitler verstoßen zu werden, lähmte ihn und machte ihn dadurch zu einem willfährigen Diener seines Herren, der sich zunehmend politischer Passivität hingab. Nicht zufällig begab sich Göring, kaum aus dem Mittelmeer zurückgekehrt, mit seiner Motoryacht „Carin II" auf eine Rundreise durch deutsche und niederländische Binnengewässer, die mit kurzen Unterbrechungen von Mitte Juni bis zum 9. August 1939 dauerte[79]. Als Süßwasserkapitän zeigte sich der deutsche Luftwaffenchef volksverbunden und badete in Menschenmassen bei zahllosen Industriebesichtigungen entlang des Mittellandkanals, des Rheins, am Westwall, in Salzgitter und Hamburg.

Nebenher verhandelte Göring allerdings seit dem Frühsommer erneut mit britischen Regierungsstellen durch diverse Mittelsmänner über die Möglichkeit eines deutsch-englischen Ausgleichs. Zunächst ging hierbei die Initiative von britischer Seite aus, die Göring geschmeichelt zur Kenntnis nahm und die ihm sein politisches Lieblingsprojekt in die Erinnerung zurückrief. Zu keinem Zeitpunkt vermochten Görings Verhandlungen im Sommer 1939 jedoch die Bedeutung eines erfolgversprechenden politischen Alternativkonzeptes gegenüber Hitlers Kurs zu gewinnen, da Göring inzwischen allen wirklich mitbestimmenden Einfluß in der Außenpolitik verloren hatte. Als Göring schließlich begann, ernsthaft über die Konfliktbeilegung nachzudenken, war es zu spät geworden. Die nationalsozialistische Gewaltpolitik hatte schon längst über die eher nationalkonservative Allerweltspolitik wirtschaftsimperialistischen Zuschnitts den Sieg davongetragen. Göring reagierte wie ein Großteil der konservativen Elite in deutschen Führungs- und Spitzenpositionen: Die Treue zum „Führer" und der Mechanismus des nationalsozialistischen Herrschaftssystems überwogen die eigenen politischen Traditionen und konzeptionellen Grundanschauungen.

4. Vergebliche Sondierungen zur Kriegsverhütung

Angesichts der Entschlossenheit Hitlers, die polnische Frage mit rein militärischen Mitteln zu lösen, kann Görings Lavieren zwischen Konfliktlösungsversuchen und

---

[78] Lipski an Beck vom 28. Mai 1939, in: Lipski, Nr. 145, S. 542; Henderson an Halifax vom 28. Mai 1939, in: DBFP, 3/5, Nr. 659, S: 716 f.; Szembek, Eintrag vom 17. Juli 1939, S. 481.

[79] Milchs Tagebucheinträge vom Juni bis August 1939, BA-MA, Nachlaß Milch N 179/ Nr. 36, Tagebuch 1939. Unaufschiebbare Besprechungen hielt Göring bei Schleusen oder während der Fahrt ab. Zu Görings „rein privatem Reisevorhaben" in Holland vgl. den Vermerk von Siegfried (AA) vom 15. Juli 1939, PAB, Büro St.S./ Aufzeichnungen über interne Angelegenheiten, Bd. 1, Pag. D 547 995.
Vgl. weiter die gesammelte Berichterstattung des „VB" über Görings „Rundreise über die Wasserstraßen in Mittel- und Westdeutschland", BAK, Sammlung Schumacher/ 117 Hermann Göring 1938–43.

„Führer"-Gehorsam geradezu als exemplarische Reaktion der mehr nationalkonservativen Führungsfiguren des „Dritten Reiches" angesehen werden.

Nicht zufällig spielte Göring daher auch zeitweise eine Rolle in den Staatsstreichplänen der oppositionellen Politiker um Weizsäcker, Hassell und Kordt. Der Irrtum solcher Spekulationen bestand darin, daß Göring, trotz seiner nicht mehr mit Hitler übereinstimmenden außenpolitischen Auffassungen, nicht fähig oder bereit war, sein Konzept gegen Hitlers Willen durchzusetzen. Das bedeutete jedoch nicht, daß er sich bedenkenlos an der Vorbereitung von Hitlers nächstem außenpolitischem Coup beteiligte. Vielmehr suchte Göring bezeichnenderweise einen Zwischenweg zu gehen. Einerseits trug er Hitlers antibritischem Kollisionskurs dadurch Rechnung, daß er seit Anfang 1939 eine vertragsmäßige Annäherungspolitik an die Sowjetunion propagierte, um dem Trauma des Ersten Weltkrieges, einem möglichen Zweifrontenkrieg, vorzubeugen. Andererseits setzte er gleichzeitig seine Ausgleichsverhandlungen mit Großbritannien fort. Göring verfolgte dabei das Ziel, mit einem hegemonialen Interessenausgleich, der über ein „zweites München" zu erlangen sein müsse, Hitler erneut vor die Möglichkeit eines fait accompli zu stellen und damit einen europäischen Krieg zu verhindern. Görings Bemühungen waren hierbei jedoch von vornherein wenig aussichtsreich, da das Mittel der traditionellen Verhandlungsdiplomatie kaum noch geeignet war, dem manisch gewordenen territorialen Expansionswillen Hitlers zu genügen. Dies um so weniger, als Görings Verhandlungsinitiativen von einer Lethargie geprägt waren, die erkennen läßt, welch geringe Bedeutung Göring selbst seinen deutsch-britischen Ausgleichsbemühungen vom Sommer 1939 noch beimaß.

Die Wohlthat-Verhandlungen

Die entscheidenden Verhandlungsanstöße gingen ohnehin von britischer Seite aus[1]. Einer der wichtigsten Mittelsmänner im deutsch-britischen Dialog war Helmut Wohlthat, Görings Ministerialdirektor „zur besonderen Verwendung", der 1939 viermal zu Gesprächen in London weilte. Görings Urheberschaft an den Wohlthat-Sondierungen ist von Helmut Metzmacher bezweifelt worden[2]. Obgleich nicht zu leugnen ist, daß Wohlthat eine individuelle Verhandlungsstrategie entwickelte, so ist es doch unwahrscheinlich, daß er in dieser wichtigen Angelegenheit nicht mit Göring kooperiert hat. Wohlthat war Görings bedeutendster Sonderemissär in Fragen des südosteuropäischen Großwirtschaftsraums, wo beide ein übereinstimmendes Konzept vertraten. Er hatte sich auch, was Metzmacher entgangen ist, lange vor den Gesprächen in London Anfang Juni und Mitte Juli bereits Anfang Februar in Görings direktem Auftrag in London aufgehalten[3], und Göring selbst hatte seit Ende Mai persönlich die in London angeknüpften Fäden fortgesponnen. Am 25. Mai war Göring zu einem dreistündigen

---

[1] Ein Memorandum aus Cadogans Büro listete bereits Anfang 1939 als vierten Punkt eines außenpolitischen Maßnahmenkatalogs auf: „invitation to Göring to discuss a general agreement on arms limitation and trade liberalization, leaving him to raise the question of colonies". Zit. nach Newman, S.65.

[2] Metzmacher, S.373f., stützt sich hier als einzige Quelle auf ein Nachkriegsinterview mit Wohlthat. Einen Auftrag Görings sieht Hesse, S.142.

[3] Aufzeichnung von Schmidt (Büro RAM) vom 21.Jan.1939, in: ADAP, D, V, Nr.663, S.780 u. Anmerk. 2, ebd.; vgl. weiterhin die Niederschrift über die Besprechung vom 11.Feb.1939 im Gestapa, ebd., Nr.665, S.786 ff., bes. S.788.

Gespräch mit dem Schweden Axel Wenner-Gren zusammengetroffen[4], der bis Mitte Juli als Görings Zwischenträger zu Neville Chamberlain fungierte. Erst auf dieser weiteren Gesprächsebene sind Wohlthats folgende Verhandlungen zu verstehen. Er griff dann lediglich Gesprächspunkte in modifizierter Form auf, die Wenner-Gren Chamberlain bereits am 6. Juni als Görings Forderungskatalog übermittelt hatte[5].

Als wichtigste Grundlage einer Annäherung zwischen England und Deutschland bezeichnete Göring eine Verständigung, die einen Krieg zwischen beiden Staaten ausschließe. Vorbedingung dieses Ausgleichs sei die Anerkennung der „vitalen Interessen" Deutschlands. Dazu gehöre vor allem die Frage Danzigs und des Korridors sowie das Kolonialproblem. Diese Punkte müßten sofort in Angriff genommen werden. In zweiter Linie wären dann internationale Wirtschaftsfragen zu klären, zu denen Göring Außenhandelsfragen, Abgrenzung wirtschaftlicher Einflußzonen und Handelsverträge zählte. Erst wenn diese Voraussetzungen sämtlich zufriedenstellend geklärt wären, könne man an eine kontrollierte Abrüstung denken[6].

Chamberlain beanstandete an Görings Forderungsprogramm grundsätzlich die für Großbritannien „unbefriedigende Verfahrensweise, wonach man alles zu geben habe, aber nichts dafür erhalten würde"[7]. Wie gewöhnlich würden nur Ansprüche angemeldet, ohne daß Lösungsmöglichkeiten angeboten wären. Darüber hinaus sei zu erwarten, daß nach den ersten Zugeständnissen weitere deutsche Forderungen ins Haus stünden. Trotzdem war Chamberlain einer weiteren Kontaktpflege mit Göring nicht abgeneigt, zumal man mit ihm offen sprechen könne und er nicht so wie Hitler sei. Göring drängte seinerseits am 27. Mai 1939 bei Henderson auf eine Beschleunigung der Gespräche, da sich die politische Lage zuspitze und sich mehr denn je die Notwendigkeit einer deutsch-englischen Verständigung zeige[8]. Von daher waren für das Zustandekommen von Wohlthats Gesprächen am 6. und 7. Juni mit Wilson und Ashton-Gwatkin weniger Wohlthats persönliche Kontakte verantwortlich als das britische Bedürfnis, Görings Fühler auf ihre Substanz hin zu überprüfen und konkrete Modalitäten im Rahmen des Vertretbaren ins Auge zu fassen. Wohlthat stellte bei seinen Juni-Gesprächen in London lediglich „den Plan einer wirtschaftlichen Zusammenarbeit zwischen Deutschland und England, der die Anerkennung deutscher Interessensphären in Südost- und Osteuropa durch Großbritannien zur Voraussetzung hatte"[9], zur Diskussion. Erst bei seinem Besuch vom 18. bis 21. Juli erörterte er die gesamte Palette des von Göring zuvor übermittelten Forderungskatalogs.

Bei seiner Rückkehr von London im Juni erstattete Wohlthat einen ausführlichen schriftlichen Bericht. Hingegen findet sich in den Quellen kein Hinweis auf eine Stellungnahme Görings. Da Göring sich anschließend mit seiner Yacht auf Deutschland-Tournee begab, war er für Wohlthat in den Wochen bis zu dessen erneutem London-Besuch anläßlich der Walfang-Konferenz im Juli nicht mehr zu sprechen. Das nur distanzierte Interesse Görings an Wohlthats Verhandlungen lag sicherlich nicht nur an seiner apathischen Grundstimmung, sondern vor allem an dem begrenzten Themen-

---

[4]   Memorandum über das Gespräch vom 25. Mai 1939, in: DBFP, 3/6, Appendix III, (i), S. 738 f.
[5]   Aufzeichnung vom 6. Juni 1939, ebd., S. 736 ff.
[6]   Memorandum über das Gespräch zwischen Göring und Wenner-Gren am 25. Mai 1939, ebd., S. 738 ff.
[7]   Aufzeichnung über das Gespräch zwischen Chamberlain und Wenner-Gren vom 6. Juni 1939, ebd., S. 737.
[8]   Strauch, S. 222 ff.; Wendt, Economic Appeasement, S. 603.
[9]   Metzmacher, S. 374.

katalog, der in London zur Diskussion gestanden hatte[10]. Fragen der wirtschaftlichen Zusammenarbeit waren momentan sekundär. Eine Möglichkeit, erneut in Hitlers Außenpolitik mitbestimmend einzugreifen, hätte sich für Göring höchstens geboten, wenn man auf britischer Seite bereit gewesen wäre, Danzig und das Korridor-Problem in die Gespräche miteinzubeziehen.

Daß die Wohlthat-Gespräche in London Göring keinen Anlaß zu Enthusiasmus boten, wurde nach den Juliverhandlungen am Rande der Walfang-Konferenz offenkundig. In einem Vermerk für Göring formulierte Wohlthat am 24. Juli ein umfassendes Verhandlungsprogramm, das die in seinen Londoner Gesprächen erörterten Vorschläge zusammenfaßte[11]. In seiner ausführlichen Untersuchung der Ausgleichsverhandlungen Wohlthats kommt Metzmacher zu dem Ergebnis, daß dieses Programm Wohlthats ganz persönlicher Erfolg gewesen sei, der wesentliche Teile angeregt habe. Metzmacher ist jedoch entgangen, daß es sich bei dem angeblichen „Wohlthat-Programm" um genau denselben Forderungskatalog handelte, den Göring bereits zwei Monate zuvor durch Wenner-Gren Chamberlain übermittelt hatte[12]. Sogar die Reihenfolge der Verhandlungspunkte, die Göring nach ihrer Bedeutung gestaffelt hatte, wurde in Wohlthats Vorschlag beibehalten[13]. Der Verhandlungsfortschritt war folglich gleich Null. Es hatte zwei Monate gedauert, ehe Chamberlains Verhandlungsführer bereit waren, mit Wohlthat über Görings Forderungskatalog zu sprechen, was nicht gerade zeigte, daß man auf britischer Seite geneigt war, über diese Punkte ernsthaft zu verhandeln.

Gegenüber Görings Mai-Forderungen enthielt das Juli-Programm eine wichtige Änderung: Die Danziger Frage war aus der Liste herausgefallen. Sie sollte nur noch eine Nebenrolle spielen, wenn einmal die „große deutsch-englische Verständigung" erreicht sein würde. Die dilatorische britische Taktik wurde hier deutlich. Die Ausklammerung des wichtigsten und aktuellsten Verhandlungsgegenstandes konnte Göring nicht gerade ermutigen, diesen Weg der halboffiziellen Kontaktpflege weiter zu verfolgen. Von daher erscheint es auch fragwürdig, ob Gritzbachs Aussage zutrifft, der noch 1962 glaubte, sich daran erinnern zu können, daß Göring Wohlthats Vorlage sehr beeindruckt aufgenommen habe[14]. Wohl eher ist der Aufzeichnung von Dahlerus vom 24. Juli 1939 Glauben zu schenken, wonach Göring die von Wohlthat überbrachten Verhandlungsvorschläge in dieser Art als völlig unsinnig bezeichnet haben soll[15].

Noch bevor Ribbentrop von Wohlthats Missionen erfuhr[16], wurde eine erneute deutsch-britische Kontaktaufnahme über diesen halboffiziellen Kanal durch britische

---

[10] Zu Wohlthats Junigesprächen vgl. neben Metzmacher, S.372f., 375f. und den dort zitierten Darstellungen auch Wendt, Economic Appeasement, S.604f.; MacDonald, S.165; vor allem aber den Vermerk von Ashton-Gwatkin vom 7. Juni 1939, in: DBFP, 3/5, Nr.741, S.791ff.

[11] Metzmacher, S.385ff.; vgl. Wohlthats Vermerk für Göring vom 24.Juli 1939, in: ADAP, D, VI, Nr.716, S.823–828.

[12] Memorandum über das Gespräch zwischen Göring und Wenner-Gren am 25.Mai 1939, in: DBFP, 3/6, Appendix III, Annex to Doc. (i), S.738f.

[13] Es rückten lediglich die Abrüstungsfragen vor die internationalen Wirtschaftsfragen. Insbesondere der Punkt „A. Politische Fragen" aus Wohlthats „Programm" ist nahezu identisch mit Görings Punkten (1) bis (3). Wohlthats Punkt „C. Wirtschaftliche Fragen" entspricht Görings Punkt (4).

[14] Zit. bei Metzmacher, S.390.

[15] Aufzeichnung vom 24.Juli 1939, in: DBFP, 3/6, Appendix IV, (ii), S.747ff.

[16] Erst am 31.Juli forderte Ribbentrop Berichte über Wohlthats Verhandlungen an. Ribbentrops Telegramm an Dirksen vom 31.Juli 1939, in: Dokumente und Materialien, Bd.II, Nr.17, S.89; Weizsäcker an Dirksen vom 31.Juli 1939, ebd., Nr.19, S.92f.

Presseindiskretionen unmöglich gemacht. Unter dem Druck deutschfeindlich gestimmter Zeitungsberichte sah sich Chamberlain veranlaßt, auf Anfrage im Unterhaus in brüsker Form von Wohlthats Mission abzurücken[17]. Görings Ziel eines deutschbritischen Ausgleichs auf dem Wege direkter Regierungsvertreterverhandlungen war damit in noch weitere Ferne gerückt. Zwar bemühte sich der deutsche Botschafter in London, von Dirksen, die fallengelassenen Gesprächsfäden wieder anzuknüpfen, auf britischer Seite war man aber noch vorsichtiger geworden. Chamberlain verspürte keine Neigung, sich erneut der Mißbilligung der öffentlichen Meinung auszusetzen.

Enttäuschte Hoffnung auf ein „zweites München"

Nichts war in jenen Tagen in Großbritannien unbeliebter als der Gedanke an ein „zweites München"[18]. Genau hierin sah Göring jedoch die einzige Möglichkeit, die drohende militärische Konfrontation zu vermeiden. Er setzte dazu frühzeitig einerseits auf den Beistand Mussolinis, andererseits auf ein Übereinkommen mit der Sowjetunion. Entgegen der vorherrschenden Forschungsmeinung, wonach Göring die Verbindung mit Moskau nicht gebilligt habe[19], ist festzustellen, daß Göring bereits seit Anfang 1939 eine Annäherung an die Sowjetunion mit dem Ziel eines vertragsmäßigen Abkommens propagierte. Bevor Hitler sich Anfang oder Mitte Mai 1939 entschloß, „das Problem der gespannten deutsch-polnischen Beziehungen nicht mehr ohne die Sowjetunion zu lösen"[20], deutete Göring in seinem Gespräch mit Mussolini am 16. April in Rom bereits an, daß er Hitler fragen wolle, „ob man nicht durch gewisse Mittelsmänner vorsichtig bei Rußland mit dem Ziel einer Annäherung vorfühlen könne, um Polen dann auch mit Rußland zu beunruhigen". Mussolini „begrüßte diesen Gedanken auf das wärmste" und gab Göring den Rat, „im Zusammenhang mit Wirtschaftsverhandlungen einen freundlicheren Ton"[21] anzuschlagen, um auf diesem Wege zu einem politischen Übereinkommen zu gelangen[22]. In Görings Stab wurde bereits im März 1939 eine Einkreisung Polens durch Rußland erwogen[23]. Göring selbst bezeichnete gegenüber Rosenberg ein zeitweiliges Zusammengehen mit Moskau als eine notwendige Eventualität, um eine neue Teilung Polens zu erreichen[24].

Trotz Görings antikommunistischer Grundhaltung und trotz permanenter sowjetischer Pressekampagnen gegen ihn, in denen er stets als der Prototyp des korrupten und gewalttätigen Kapitalisten dargestellt wurde, zeigte Göring gegenüber der Sowjetunion stets ein hohes Maß an zweckgerichtetem Opportunismus. Anders als Rosen-

---

[17] Metzmacher, S. 392 f.

[18] Lothar Kettenacker, Die Diplomatie der Ohnmacht. Die gescheiterte Friedensstrategie der britischen Regierung vor Ausbruch des Zweiten Weltkrieges, in: Benz/Graml, S. 223–279, bes. S. 268 ff.

[19] Michalka, Ribbentrop, S. 288, Anmerk. 48. Lediglich Watt, S. 434, vermutete, „daß es zwischen den Sowjets und Göring vor allem in der zweiten Aprilhälfte Kontakte gegeben haben muß, über die wir bisher nichts wissen".

[20] Fabry, S. 22.

[21] Schmidt-Aufzeichnung vom 18. April 1939 über Görings Gespräch mit Mussolini, in: ADAP, D, IV, Nr. 211, S. 215 f.

[22] Beim Abschluß des deutsch-sowjetischen Nichtangriffspaktes äußerte sich Mussolini gegenüber Mackensen, daß er es selbst gewesen sei, der „ja schon im Frühjahr dem Generalfeldmarschall Göring gegenüber eine solche Anregung gegeben" habe. Telegramm von Mackensen (Rom) an das AA vom 25. Aug. 1939, PAB, Büro St.S./ Polen, Bd. 2.

[23] Äußerung von Bodenschatz zu dem polnischen Militärattaché Szymanski, nach: Szymanski, S. 184 f.

[24] Rosenberg, S. 89, 90.

berg, der die Umorientierung in der Rußlandpolitik „mehr als peinlich" empfand, hatte Göring schon 1933 gegenüber Moskau einen anderen Kurs als Hitler verfolgt und seit 1936 durch persönliche Initiativen einen Ausbau der eingefrorenen deutsch-sowjetischen Handelsbeziehungen betrieben. Von daher war für Göring auf der Suche nach einer politischen Alternativkonzeption zu einem Ausgleich mit Großbritannien der Weg zu einer politischen Annäherung an die Sowjetunion weniger weit als für Hitler und Ribbentrop[25]. Wenn Göring auch bereits frühzeitig eine Umorientierung in der Rußlandpolitik befürwortete und propagierte, so war er doch an den konkreten Verhandlungen, die dazu führten, nicht beteiligt[26].

Nachdem Göring über die sich anbahnende Veränderung in den deutsch-sowjetischen Beziehungen ins Bild gesetzt war, versuchte er sogleich, dies als neues politisches Druckmittel einzusetzen. Görings Adjutant Bodenschatz teilte bereits am 30. April dem französischen Militärattaché mit, daß deutsche Verhandlungen mit Moskau im Gang seien[27]. Drei Tage später wurde – wie an anderer Stelle bereits ausgeführt – auch der polnische Militärattaché hierüber vertraulich ins Bild gesetzt[28]. Göring behielt es sich selber vor, das Schreckgespenst der deutsch-sowjetischen Verständigung gegenüber Großbritannien in Szene zu setzen. Am 7. Juni wies er Henderson darauf hin, daß Deutschland und Rußland wohl nicht immer in unfreundlichen Beziehungen leben würden, eine Bemerkung, der Henderson aber keine Bedeutung beimaß[29].

Im Juli 1939 waren Görings Hoffnungen auf ein „zweites München" stark abgeschwächt. Die britische Reaktion auf das Bekanntwerden der Wohlthat-Verhandlungen und der Abschluß der französisch-englisch-sowjetischen Übereinkunft vom 24. Juli 1939 entzogen weiteren Verhandlungen erst recht die Grundlage. Großbritannien hatte weder auf die Drohung mit einem deutsch-sowjetischen Übereinkommen reagiert noch war man bereit, an der vierten Teilung Polens mitzuwirken. Mehr denn je war Göring davon überzeugt, daß eine militärische Aktion gegen Polen nicht zu lokalisieren sei. Im Gegensatz zu Hitler nahm Göring die britische Garantieerklärung an Polen ernst[30]. Durch seinen Abhördienst und die Kontakte durch Mittelsmänner nach London verfügte er über direkte Informationen über die britische Entschlossenheit, keine neue Aggression Hitlers mehr zu dulden[31].

Abgesehen von dieser ungünstigen europäischen Mächtekonstellation, war Deutschland aus Görings Sicht auf einen umfassenden Krieg keineswegs genügend vorbereitet. Mitte 1939 hatte sich in Görings Wirtschaftsstab eine bemerkenswerte Ernüchterung breitgemacht, da man zu der Erkenntnis gelangt war, daß sich kurzfristig die Wirtschafts- und Rohstoffversorgungslage nicht entscheidend verbessern ließe.

[25] Ribbentrop bekannte in seinen Erinnerungen, daß er 1939 gegenüber Hitler die Auffassung vertreten habe, daß Göring aufgrund seiner bisherigen Politik besser geeignet sei, einen Rußland-Pakt vorzubereiten. Dies sei von Hitler jedoch abgelehnt worden. Ribbentrop, S. 177.
[26] Watt, S. 414 ff.; Weber, Entstehungsgeschichte, S. 188 ff.
[27] Stehlin, S. 180 f.
[28] Hendersons Telegramm an Halifax vom 5. Mai 1939, in: DBFP, 3/5, Nr. 377, S. 433.
[29] Henderson an Halifax vom 8. Juni 1939, in: DBFP, 3/6, Nr. 9, S. 14; vgl. auch Strauch, Henderson, S. 228 f.
[30] Fidesstattliche Erklärung von Paul Körner vom 4. Okt. 1945, IfZ, Dok. NG-2918; Görings Aussage von 1946, nach: Bross, S. 3.
   Vgl. hierzu auch die operativen Planungen der Luftwaffe, die seit Anfang 1939 Göring vorgelegt wurden, nach Gemzell, S. 178 ff., 188 ff.
[31] Irving, Breach, S. 38 f., 91 ff.

Erst für frühestens Ende 1940 erwartete man Verbesserungen in Bereichen der Energieversorgung und Produktionskapazitäten[32]. Hingegen vermehrten sich ausgerechnet im Sommer 1939 die Engpässe bei der Betriebsstoffversorgung, was die Wehrmacht zu Beschwerden veranlaßte[33]. Dabei war gerade bei diesem kriegswichtigen Bedarf die Nachschublage völlig unübersichtlich, da vor allem die Wirtschaftsverhandlungen mit den südosteuropäischen Ländern noch nicht abgeschlossen waren[34].

Obwohl Göring im Sommer 1939 Hitler diese schwierigen wirtschaftlichen Verhältnisse wiederholt vortrug[35], zeigte sich dieser in seiner Außenpolitik nach wie vor von wirtschaftlichen Erwägungen wenig berührt. Mitte August teilte er Göring auf dem Obersalzberg mit, daß er die Absicht habe, die polnische Frage mit militärischen Mitteln zu lösen[36]. In seinen zwei berühmten Ansprachen am 22. August vor den Oberbefehlshabern gab Hitler seine „eiserne Entschlossenheit"[37] zur „völligen Vernichtung" Polens bekannt. Er sei davon überzeugt, „daß die deutsche Wehrmacht den Anforderungen gewachsen"[38] sei. Als Angriffstermin wurde Ende August ins Auge gefaßt. Obwohl man auch bei der Wehrmacht starke Bedenken vor einem möglichen Zweifrontenkrieg hatte[39], verzeichnen die Protokolle der Zusammenkünfte keine Diskussionen, keine Widerreden. Lediglich Göring schloß Hitlers ersten Monolog mit „der Versicherung, daß die Wehrmacht ihre Pflicht tun wird"[40].

Nach dem unmittelbar darauf erfolgenden Abschluß des deutsch-sowjetischen Nichtangriffspaktes hoffte Göring erneut, daß Großbritannien doch noch auf die deutschen Forderungen eingehen würde[41]. Nach Mussolinis Brief vom 25. August schwand aber auch die Aussicht auf eine von Mussolini mitgetragene und initiierte Verhandlungslösung[42]. Erst jetzt bemühte sich Göring überstürzt, zusammen mit seinem Luftwaffen-Staatssekretär Milch in Besprechungen vom 26. bis 31. August die Luftwaffe auf den Angriffskrieg planungstechnisch und operativ vorzubereiten.

Die Zeugnisse dafür, daß Göring in diesen Augusttagen einer der eifrigsten Fürsprecher einer friedlichen Beilegung des deutsch-polnischen Konfliktes war, sind ein-

---

[32] Krauch-Notiz vom 29. April 1939 „für den Vortrag im Generalrat", BAK, R 25/ 14. Ebenso wurden erst 1940 beim Luftwaffenprogramm erste Planerfüllungen erwartet. Vgl. Gemzell, Raeder, S. 208.

[33] Wagner, Generalquartiermeister, Tagebucheintrag vom 30. Aug. 1939, S. 105 u. Eintrag vom 25. Aug. 1939, S. 94.

[34] GBW-Memorandum vom 13. Dez. 1939 „Warenaustausch Deutschlands mit den Balkanländern", BA-MA, Wi I C/ 7.

[35] Wagner, Generalquartiermeister, Eintrag vom 29. Aug. 1939, S. 102. Dies stimmt mit Erich Kordts Aussage in Nürnberg überein, IfZ, MA-1300/2, Microcopy 679, Roll 2, Pag. 413.

[36] Milchs Tagebucheintrag vom 15. Aug. 1939, BA-MA, Nachlaß Milch N 179/ Nr. 36, Tagebuch 1939.

[37] Aufzeichnung ohne Unterschrift über die „Ansprache des Führers vor den Oberbefehlshabern am 22. August 1939", in: ADAP, D, VII, Nr. 192, S. 169.

[38] Aufzeichnung ohne Unterschrift über die „Zweite Ansprache des Führers am 22. August 1939", ebd., Nr. 193, S. 172.

[39] Wagner, Generalquartiermeister, Eintrag vom 24. Aug. 1939, S. 93.

[40] Aufzeichnung der ersten Hitler-Ansprache am 22. Aug. 1939, in: ADAP, D, VII, Nr. 192, S. 170. Die häufig zitierte Version, daß Göring mit „blutrünstigem Dank" „wie ein Wilder" auf dem Tisch herumgetanzt sei, entsprang einer britischen Propagandalegende. Die Version geht zurück auf einen Lochner-Bericht von „Associated Press of America". abgedruckt in der Anlage zum Schreiben von Ogilvie-Forbes an Kirkpatrick vom 25. Aug. 1939, in: DBFP, 3/7, Nr. 314, S. 257 ff.; Übersetzung dieses Traktats in: ADAP, D, VII, S. 171 f., Anmerk. 1.

[41] Görings Äußerungen zu Dahlerus, nach: Dahlerus, S. 57 ff.

[42] Zu Görings Reaktion vgl. Milchs Tagebucheintrag vom 26. Aug. 1939, BA-MA, Nachlaß Milch N 179/ Nr. 36, Tagebuch 1939.

deutig[43]. Göring fehlte es im Gegensatz zu Hitler an unbedingtem Kriegswillen und Hitlers irrationalem Sendungsbewußtsein. Er war sich über die Probleme der Wirtschafts- und Rüstungslage im klaren, und was noch viel wichtiger war, er teilte Hitlers Optimismus im Hinblick auf die Lokalisierbarkeit einer militärischen Aggression gegen Polen nicht. In dieser Hinsicht schätzte Göring die außenpolitische Lage wesentlich realistischer ein als Hitler. Daneben trugen ohne Zweifel auch persönliche Gründe dazu bei, daß Göring ein Krieg äußerst ungelegen kam[44]. Trotz seiner entschieden antikriegerischen Grundeinstellung im Sommer 1939 wagte er es aber nicht, offen Front gegen Hitlers Kriegstreiberei zu machen. Seine Einwürfe hinsichtlich der Wirtschafts- und Rüstungslage waren milde Mahnungen. Lediglich am 29. August soll er zu Hitler gesagt haben: „Wir wollen doch das va banque Spiel lassen", worauf Hitler entgegnet haben soll: „Ich habe in meinem Leben immer va banque gespielt"[45].

Hitlers Angriffsentschluß und die Dahlerus-Verhandlungen

Von Zeitgenossen wie Historikern ist Göring als der große Versager bezeichnet worden, der alle diejenigen enttäuscht habe, die ihre Hoffnung auf ihn gesetzt hatten[46]. Daß Göring Hitler nicht in den Arm fiel, sondern schließlich doch dessen Krieg mitanführte, war jedoch nicht einfach auf Feigheit zurückzuführen, sondern auch auf jene eingeübte Perversion von „Treue", bei der die persönliche Gefolgschaft im Zweifelsfall höher rangierte als die individuelle politische Verantwortlichkeit. Die politischen Freiräume, die Göring bis 1939 für seine eigene Politik nutzen konnte, hatten sich ihm nur eröffnet, solange er Hitlers Vertrauen besaß und solange sich Hitler zurückhielt oder unentschlossen war. Nur unter diesen Voraussetzungen war es Göring auf der Höhe der Macht mitunter gelungen, Hitler für seine Pläne zu gewinnen oder Wege ganz ohne diesen zu gehen. Infolge des weltanschaulichen Sendungsbewußtseins, mit dem Hitler seit 1938/39, getrieben durch einen fiktiven Zeitdruck[47], zu den eigentlichen Zielen seines Weltanschauungsdenkens vorzustoßen entschlossen war, wobei er auch die Ebene bisher noch kontrollierter, versuchter Realpolitik verließ, entschwanden diese Voraussetzungen und außenpolitischen Freiräume. Das relative Gleichgewicht zwischen zahlreichen Fraktionen, die sich Anfang der dreißiger Jahre zu einer politischen Allianz auf der Basis einer vermeintlichen Interessenkongruenz im „Dritten Reich" zusammengefunden hatten, war der zunehmenden Dominanz des führerstaatlichen Absolutismus gewichen. Andere außenpolitische Konzeptionen außer denen Hitlers vermochten sich keine Geltung mehr zu verschaffen und erschienen jetzt als gefährliche Opposition. Für alle Beteiligten wurde offensichtlich, daß es nur noch eine maßgebende außenpolitische Richtung gab, diejenige Hitlers.

[43] Hammerstein, S. 169; Hassell, Eintrag vom 31. Aug. 1939, S. 72 ff.; Gisevius, Bd. II, S. 95; Bonnet, S. 238; Ribbentrop, S. 199; Henderson, S. 78, 83, 275 f.; Dahlerus, S. 76; Weizsäcker-Papiere, S. 214; Dirksen, S. 252; Aussage Milchs in Nürnberg, in: IMG, Bd. 9, S. 69; Groscurth, Eintrag vom 24. Aug. 1939, S. 180.
[44] Hammerstein, S. 169.
[45] Weizsäcker-Papiere, Eintrag vom 29. Aug. 1939, S. 162. Übereinstimmend hiermit: Groscurth, Eintrag vom 29. Aug. 1939, S. 193.
[46] Schwerin von Krosigk, Staats-Bankrott, S. 239.
[47] Am 22. Aug. 1939 äußerte sich Hitler: „Wesentlich hängt es von mir ab, von meinem Dasein, wegen meiner politischen Fähigkeiten ... Mein Dasein ist also ein großer Wert-Faktor. Ich kann aber jederzeit von einem Verbrecher, von einem Idioten beseitigt werden." ADAP, D, VII, Nr. 192, S. 168.

Für Göring stellte sich aufgrunddessen erst gar nicht die Frage, ob er in offener Konfrontation Hitler umzustimmen versuchen sollte[48]. Er war sich bewußt, daß in dieser Situation, in der Hitler definitiv die außenpolitische Marschrichtung und das Ziel vorgegeben hatte, der Spielraum für alternative Konzeptionen minimal war. Bislang hatte zwar Hitler in der Regel über den Weg mit sich reden lassen, mit dem fortschreitenden Sommer 1939 war sein Ziel, das „Vernichtung Polens" hieß, jedoch unabänderlich geworden. Aus dem politischen Entscheidungszentrum ausgeschieden, sah Göring keine andere Möglichkeit, Hitler mit einer kleineren Lösung zufriedenzustellen[49]. Deshalb war es nur ein sehr halbherziger Versuch, wenn er, gleichsam wider besseren Wissens, 1939 noch versuchte, Großbritannien von der polnischen Frage abzukoppeln.

In diesem Licht sind auch die späten Verhandlungsbemühungen Görings über den schwedischen Industriellen Birger Dahlerus zu sehen. Von Dahlerus selbst als „letzter Versuch zur Rettung des Friedens" stilisiert, kam diesen Bemühungen tatsächlich weit weniger Bedeutung zu. Es bestand kaum irgendwelche Aussicht, daß man auf britischer Seite die von Dahlerus übermittelten Forderungen Görings als Diskussionsgrundlage anerkennen würde[50]. Ebensowenig zeigte sich Hitler ernsthaft bereit, Görings dubiose Kanäle nach London in seine eigene Rechnung einzusetzen. Es muß sogar bezweifelt werden, ob Hitler sie überhaupt für erforderlich hielt, um Großbritannien aus dem deutsch-polnischen Konflikt herauszuhalten, da er fest davon überzeugt war, daß die Briten nichts unternehmen würden[51]. Die nachträglich veröffentlichten Erinnerungen von Dahlerus überzeichnen die Bedeutung seiner Mission bei weitem. In Wirklichkeit spielte er eine reine Statistenrolle. Göring verschaffte ihm zwar Zutritt zu Hitler, doch dabei beschränkte sich der Schwede darauf, teilnahmslos Hitlers ausufernden Monologen beizuwohnen[52].

Inhaltlich stellte der Themenkatalog, der von Dahlerus in London verhandelt wurde, nichts Neues dar. Es handelte sich um dasselbe Forderungsprogramm, das Göring bereits im Mai über Wenner-Gren Chamberlain übermittelt hatte[53]. Darüber hinaus hielt Göring weiterhin an seinem bekannten Plan fest, persönlich nach London zu kommen, um direkte Verhandlungen mit der Regierungsspitze zu führen, die in eine Viermächtekonferenz münden sollten. Dieses Vorhaben hatte zu diesem Zeitpunkt aufgrund der verhärteten Fronten aber keinerlei Aussicht auf Erfolg. Die Dahlerus-Aktion blieb ein halbherziges Privatunternehmen. Tatkraft hatte dabei einzig Dahlerus aufzubringen. Göring zeigte weder Energie noch Flexibilität. Bemerkenswert war allein das Treffen am 7. August im Sönke-Nissen-Koog in Schleswig-Holstein, wobei Göring dieses Treffen bequem mit seinem Fahrplan auf Deutschlands Wasserstraßen in Einklang bringen konnte.

[48] Vgl. Groscurth, Eintrag vom 10. Dez. 1939, S. 237: „Göring will nicht selbst handeln, will aber nichts machen, wenn ein anderer handelt".

[49] Görings Pressereferent Gritzbach gab 1962 die Auskunft, Göring habe ihm etwa acht Tage vor dem Einmarsch in Polen „in deprimierter Stimmung" gesagt, Hitler habe seine „wiederholten warnenden Vorstellungen", England werde sich im Falle eines kriegerischen Konflikts mit Polen keinesfalls neutral verhalten, „scharf" zurückgewiesen. Zit. bei Metzmacher, S. 400.

[50] Vgl. hierzu auch die „Braunen Blätter" in: Irving, Breach, S. 38 f., 91 ff.; vgl. weiter Cadogans Tagebucheinträge von Ende August 1939, in: Cadogan, S. 201 ff.

[51] Henke, S. 295; Eubank, S. 275 f.; Fest, Hitler, S. 815; Ribbentrop, S. 198. Völlig unzutreffend ist die Ansicht, Hitler habe Göring zu den Dahlerus-Verhandlungen beauftragt. Vgl. so Domarus, Bd. II, S. 1224 f.

[52] Dahlerus, S. 64 ff., 135; dazu auch Dahlerus' Aussage in: IMG, Bd. 9, S. 514 f.

[53] Dahlerus, S. 25 ff.

Bezeichnenderweise waren hier Görings Gesprächspartner nicht Beamte des Foreign Office, sondern lediglich britische Industrielle[54], die auch nicht von der britischen Regierung, sondern von Dahlerus nominiert worden waren[55]. Die Briten händigten Göring ein Memorandum aus, das „ein möglichst wahrheitsgetreues Bild der öffentlichen Meinung in Großbritannien geben"[56] sollte. Auf neun Seiten versuchte man Göring eindringlich klarzumachen, daß nicht nur in der britischen Regierung, sondern im ganzen Volk eine antideutsche Stimmung herrsche, die begleitet sei von tiefem Mißtrauen gegen deutsche Zusicherungen und Erklärungen. Göring versuchte langatmig, diese Vorwürfe dadurch zurückzuweisen, daß er das deutsch-britische Verhältnis seit „München" als ein einziges „Mißverständnis" bezeichnete[57]. Deutschland sei von einer britischen Einkreisungspolitik konfrontiert, die sich überall gegen deutsche Interessen richte. Bei Danzig handele es sich um Deutschlands „Lebensinteressen"[58], die von Großbritannien anerkannt werden müßten, zumal „Danzig definitiv Deutschlands letzter territorialer Anspruch in Europa" sei. Er könne nicht verstehen, „warum (Großbritannien) also für Danzig (einen) solchen Krieg" riskiere. Göring machte deutlich, daß er über Danzig nicht mit sich reden lasse. Wenn sich „England überall gegen deutsche Lebensinteressen" stellen würde, wünsche er „dann lieber (eine) klare Auseinandersetzung". Als Möglichkeit zur Konfliktlösung bezeichnete Göring Verhandlungen der „Vier Mächte von München"[59]. Danzig, eingebunden in die Forderungen nach einem wirtschaftlichen Interessenausgleich, sollte dabei Verhandlungsgegenstand sein.

Göring zeigte keinerlei Entgegenkommen, sondern unterstrich, daß er als „zweiter Mann in Deutschland" nicht nur Hitler die Treue halte, sondern auch „der einzige Freund des Führers" sei. Dies war gleichzeitig sein Eingeständnis, daß er außenpolitisch als selbständiger Faktor bedeutungslos geworden war[60]. Seine außenpolitische Aufgabe konnte höchstens noch darin bestehen, das Ziel, das Hitler vorgegeben hatte, auf einem Weg zu erreichen, der Göring weniger riskant erschien. Das Treffen im Sönke-Nissen-Koog bestärkte Göring in der Auffassung, daß nirgends die Bereitschaft zu einer Verhandlungslösung vorhanden war[61]. Es blieb ihm die Hoffnung, daß Hitler nur bluffte und fünf Minuten vor zwölf sich doch noch an den von Göring vorbereiteten Verhandlungstisch setzte[62].

[54] Strauch, S. 280.
[55] Spencers Aufzeichnung vom 10. Aug. 1939, in: DBFP, 3/6, Appendix IV, (iii), S. 751, Punkt 1.
[56] Undatiertes und unsigniertes „Memorandum", NAW, T-120, Roll 2621/ Serial 5482 H, Stabsamt Göring, Pag. E 382 013 (Das Memorandum ist auch abgedruckt in: ADAP, D, VI, Nr. 783, S. 915 ff. Da die handschriftlichen Notizen Görings hier nur unvollständig wiedergegeben sind (vgl. ebd., Anmerk. 1 ff.), wird im folgenden nach dem Original zitiert).
[57] Aufzeichnung vom 10. Aug. 1939, in: DBFP, 3/6, Appendix IV, (III), S. 751, Punkt 2.
[58] Handschriftlicher Notizzettel Görings, NAW, T-120, Roll 2621/ Serial 5482 H, Stabsamt Göring, Pag. E 382 012.
[59] Aufzeichnung vom 10. Aug. 1939, in: DBFP, 3/6, Appendix IV, (iii), S. 756 ff., Punkt 26 ff.
[60] Unverblümt äußerte sich Göring am 22. Juli 1939 gegenüber Dahlerus. In Dahlerus' Worten: „Mr. Göring was not in full agreement with Mr. Hitler. Mr. Göring strongly emphasised that he would never go behind the Führer's back or take any official action which went against the Führer's instructions." Aufzeichnung von Dahlerus vom 24. Juli 1939, ebd., Appendix IV, (ii), S. 748.
[61] Aufzeichnung von Ashton-Gwatkin vom 15. Aug. 1939 über das Gespräch zwischen Göring und Runciman am 12. Aug.: „Göring, however, says, and apparently believes, that he knows that Great Britain will fight; Ribbentrop, however, continues to insist that Great Britain will not fight". In: DBFP, 3/7, Appendix I, (i), S. 547.
[62] Dafür spricht zu diesem Zeitpunkt auch, daß Göring noch am 11. Aug. Lipski und Henderson zur Jagd im September einlud. Lipski an Beck vom 17. Aug. 1939, in: Lipski, Nr. 150, S. 561. Die Einladung vgl. ebd.,

Mitte August erhielt Göring die Gewißheit, daß Hitlers Entschluß zur Vernichtung Polens unabänderlich war. Der Abschluß des deutsch-sowjetischen Nichtangriffspaktes bestärkte Hitler in seiner Entschlossenheit, während sich Göring erst jetzt alarmiert zeigte[63]. Nun davon überzeugt, daß Hitler es ernst meinte, legte er in seinen Aufträgen für Dahlerus weniger Gewicht auf einen globalen deutsch-britischen Ausgleich als auf das begrenzte Ziel, Großbritannien durch Drohungen aus dem deutschpolnischen Konflikt herauszuhalten[64]. Hierin traf er sich mit Hitlers Planungen, so daß in den letzten Augusttagen in dieser Frage eine Art von Kooperation zwischen Hitler und Göring stattfand. Göring hatte Hitlers Vorgehen zu akzeptieren gelernt. Seine einzige Sorge war, die westlichen Demokratien aus dem Krieg mit Polen herauszuhalten. Zu einer regelrechten Verhandlungsoffensive kam es jedoch nicht mehr. Hitler nahm auf Görings Bemühungen über Henderson und Dahlerus keine Rücksicht[65] und legte selbstsicher den Angriffstermin auf die Morgenstunden des 1. September fest. Bezeichnenderweise sah Göring in Ribbentrop den Übeltäter für diese gefährliche Voreiligkeit[66]. Hitler sparte er noch immer von grundsätzlicher Kritik aus.

Das Empfinden der absoluten Loyalität, das Hitler aus solchem Verhalten Görings ableiten konnte, war wohl auch eine Voraussetzung dafür, daß Göring trotz seines gesunkenen Einflusses von Hitler mit Erlaß vom 30. August 1939 zum Vorsitzenden des neugebildeten „Ministerrates für die Reichsverteidigung" ernannt[67] und durch Hitlers Reichstagsrede in der Kroloper am 1. September öffentlich zu seinem Nachfolger bestellt wurde[68]. Göring war sichtlich geschmeichelt und bekundete überschwenglich seine Treue[69].

Trotz aller Veränderungen der Beziehungen zu Göring seit dem Herbst 1938 war für Hitler schon aus propagandistischen Gründen eine Änderung der schon seit 1934 insgeheim getroffenen Nachfolgeregelung zu diesem Zeitpunkt schwerlich möglich, wenn Hitler nicht den Eindruck aufkommen lassen wollte, daß es zwischen ihm und dem nach ihm populärsten Repräsentanten des „Dritten Reiches" deutliche Meinungsverschiedenheiten gab[70]. Aus innenpolitischen Gründen war es sogar wichtig, die Popularität Görings zu nutzen[71], um Geschlossenheit zu demonstrieren. Außer-

Nr. 148, S. 556. Henderson an Halifax vom 21. Aug. 1939, in: DBFP, 3/7, Nr. 112, S. 104; Kennard (Warschau) an Halifax vom 19. Aug. 1939, ebd., Nr. 89, S. 86.

[63] Dahlerus, S. 53; Below, S. 185.

[64] F.O.-Aufzeichnung vom 24. Aug. 1939 und Vermerk von Roberts vom gleichen Tag, in: DBFP, 3/7, Nr. 236, S. 194f.; Memorandum von Dahlerus über sein Gespräch mit Göring am 24. Aug. 1939, ebd., Nr. 285, S. 231 ff.; Kennard an Halifax vom 25. Aug. 1939, ebd., Nr. 263, S. 216f.; vgl. auch Dahlerus, S. 54ff.

[65] Henderson an Halifax vom 31. Aug. 1939, ebd., Nr. 613, 614, S. 453f.; Henderson, S. 88; Dahlerus, S. 128f.; Strauch, S. 311 ff.

[66] Halders Tagebucheintrag vom 31. Aug. 1939, in: ADAP, D, VII, Anhang I, S. 479.

[67] Pfeifer, S. 648 f.; Domarus, Bd. II, S. 1289 f.

[68] Dok. NG-1206(2), IfZ, Ma-5(2). Zur verfassungsrechtlichen Seite von Hitlers Nachfolgeregelung vgl. Ernst Rudolf Huber, Reichsgewalt und Reichsführung im Kriege, in: Zeitschrift für die gesamte Staatswissenschaft 101 (1941), S. 530–579, bes. S. 542 f.

[69] Dahlerus, S. 133 f.; Domarus, Bd. II, S. 1318.

[70] Zu Hitlers Auffassung über das Bild der „deutschen Führung" in der Öffentlichkeit vgl. seine Rede vor der deutschen Presse am 10. Nov. 1938. Hier heißt es: „Und die Menschen fühlen sich so geborgen bei dem Gedanken: die halten alle zusammen, die folgen alle dem Führer, und der Führer hält zu all diesen Männern, das sind unsere Idole ... Das Volk ist immer glücklich, wenn einige so zusammenhalten oben, das erleichtert auch dem Volk unten das Zusammenhalten ... Was auch vielleicht unterein besprochen wird, vor dem Volk ist diese Führung ein einziger Block ..." Dokumentation in: VfZG 6 (1958), S. 175–191, hier: S. 190.

[71] Bereits Zeitgenossen fiel auf, daß Hitler die Bekanntgabe unpopulärer Maßnahmen stets Göring übertrug. Wagner, Generalquartiermeister, Eintrag vom 26. Aug. 1939, S. 97 f.; Davignon, S. 83.

dem wurde Göring durch die öffentliche Bestellung zum Nachfolger erneut in die Verantwortung Hitler gegenüber gezwungen.

Übereinstimmend bezeugt ist Görings bestürzte Reaktion auf die Kriegserklärungen Frankreichs und Großbritanniens an Deutschland am 3. September 1939[72]. Seiner Enttäuschung machte er auch dadurch Luft, daß er Ribbentrop heftig angriff und ihn bezichtigte, Hitler falsch informiert zu haben[73]. In Gegenwart von Paul Otto Schmidt und Halder stammelte Göring die Worte: „Wenn wir den Krieg verlieren, dann möge uns der Himmel gnädig sein"[74]. In öffentlichen Reden verbreitete Göring hingegen unerschütterliche Zuversicht und gab die Parole aus, Deutschland sei als der „best gerüstete Staat der Welt" gegen alles gefeit[75].

Die Entfesselung des Zweiten Weltkrieges stellte in gewisser Hinsicht die dritte Stufe der „Machtergreifung" dar. Am 30. Januar 1933 trat Hitler mit nur zwei Parteigenossen in die Reichsregierung ein und öffnete dem Nationalsozialismus die politische Bühne der deutschen Geschichte. Mit dem Ermächtigungsgesetz und den Röhm-Morden gelang Hitler 1934 die „Machtergreifung" im Staate, über dessen Organe und Verwaltung. Von Ende 1938 bis zum Sommer 1939 vollzog sich die dritte „Machtergreifung", die tiefgehender und folgenreicher war: Mit ihr setzte sich die nationalsozialistische Raum- und Rassenpolitik als allein maßgebliche politische Konzeption durch.

Nach sechs Jahren Herrschaft machten Hitler und seine nationalsozialistischen Gefolgsleute mit der Errichtung des neuen „Herrenstaates" ernst. Zu diesem Zeitpunkt war es völlig unerheblich geworden, daß der zweite Mann des Staates oder auch andere Funktionsträger der Staatsverwaltung Hitlers Kriegs- und Gewaltpolitik nicht gewollt hatten. Mit der dritten „Machtergreifung" war das „Dritte Reich" in der Tat zum absoluten „Führerstaat" geworden. Dies bedeutete auch, daß die Kompetenzstreitigkeiten auf zahlreichen Ebenen zugunsten der radikaleren nationalsozialistischen Elemente entschieden wurden, die nun ihre Machtkämpfe unter sich austragen konnten. Eher alldeutsch-nationalkonservative Politiker mit wirtschaftsimperialistischen Ambitionen wie Göring hatten lediglich noch als Integrationsfiguren staatspolitische Bedeutung.

Der nun in der Innen- und Außenpolitik einsetzende „Akzelerationsprozeß politischer Aggressivität und Radikalisierung", „der eng mit einer beschleunigten Umschichtung der inneren Macht- und Kompetenzverhältnisse, vor allem mit der progressiven Entmachtung der konservativ-autoritären Staatsstützen verbunden war"[76], beendete auch die politische Konzeptionenvielfalt der ersten Hälfte des „Dritten Reiches". Die wahnwitzige „Weltanschauung" Hitlers wurde erst jetzt zum entscheidenden Bestimmungsfaktor einer intentional unbegrenzten Eroberungspolitik und rassistischen Ausmerzungspolitik.

---

[72] Bor, S. 136; Meissner, S. 524; Below, S. 192; Schmidt, Statist, S 464; Dahlerus, S. 148.

[73] Rosenberg, S. 94; Meissner, S. 524; Tagebucheintrag Halders vom 31. Aug. 1939, in: Halder, Bd. I, S. 49.

[74] Übereinstimmend: Schmidt, Statist, S. 464; Bor, S. 136; Lahr, S. 48 f. (Brief vom 1. Sept. 1939).
Vgl. auch Schmidts Aussage am 28. März 1946, in: IMG, Bd. 10, S. 227 f., die die Spekulationen von Ernst Meyer-Hermann, Göring und die englische Kriegserklärung am 3. September 1939, in: GWU 9 (1958), S. 375 f., entkräftet.

[75] Görings Rede in den Rheinmetall-Borsig-Werken in Berlin-Tegel am 9. Sept. 1939, abgedruckt in: Der Vierjahresplan, 3. Jg., Folge 18 (Sept. 1939), Titelblatt.

[76] Broszat, Staat, S. 432.

VIII. Epilog: Der Verfall der Machtposition Görings im Zweiten Weltkrieg

Während in der historischen Forschung überwiegend der Standpunkt vertreten wird, der Machtverfall Görings habe erst 1941 eingesetzt[1], ist im Vorstehenden dargelegt worden, daß es zu der entscheidenden Wende schon 1938/39 kam.

Da für die Kriegszeit über Görings Tätigkeit mehr Quellenmaterial zur Verfügung steht als für die Jahre bis 1939, ließe sich die politische Biographie Görings für diese Zeit relativ leicht fortsetzen. Infolge des weiteren während des Zweiten Weltkrieges, vor allem seit 1940/41, sich rasch fortsetzenden Machtverfalls Görings kann eine solche Darstellung für die politische Geschichte und die Erklärung des politischen Entscheidungshandelns an der Spitze des NS-Regimes aber nur noch wenig beitragen. Dieses Schlußkapitel beschränkt sich deshalb darauf, die Tätigkeit und den politischen Abstieg Görings, auch zur biographischen Abrundung unserer Darstellung, anhand einiger wichtiger Etappen und Ereignisfelder zu skizzieren.

Friedenssondierungen und „Germanisierungspolitik" 1939/40

Solange noch nicht definitiv entschieden war, ob es nach dem Kriegseintritt Englands und Frankreichs auch zu einer tatsächlichen Kriegführung im Westen kam, setzte Göring einige Monate lang, wenn auch nur noch schwächliche, Friedenssondierungen fort, in der Hoffnung, daß eine Ausweitung des Polenkrieges zu einem europäischen oder gar einem neuen Weltkrieg doch noch vermieden werden könne.

Bereits am 1. September hatte die britische Regierung den Entschluß gefaßt, die Verhandlungen mit Deutschland nur dann fortzusetzen, wenn die deutschen Truppen aus Polen zurückgezogen würden[2]. Görings Rundfunkrede am 9. September, die man in Deutschland als „Friedensangebot" verstand, garantierte jedoch lediglich die französischen und britischen Grenzen, nicht die polnischen[3].

Man kann davon ausgehen, daß Göring auch nach dem schnellen militärischen Erfolg über Polen an einem Stillhalteabkommen mit Großbritannien interessiert war. Bezeichnenderweise wagte er jedoch nicht den Schritt zu ernsthaften und offenen Verhandlungen. Obwohl Dahlerus bereits am 18. September 1939 bei Göring weitere Verhandlungen angeregt hatte[4], dauerte es noch bis zum 26. September, ehe Göring

---

[1] Erstmals wurde diese Auffassung vertreten von Hugh Redwald Trevor-Roper, Hitlers letzte Tage, Frankfurt a. M. 1965, S. 50 f. Die Belege hierfür werden von der Forschung insbesondere Speers „Erinnerungen" entnommen.

[2] Henke, S. 297.

[3] Martin, Friedensinitiativen, S. 51 f.

[4] Brügel, S. 75. Es scheint eindeutig, daß Dahlerus den Kontakt zu Göring auf eigene Initiative wieder herstellte.

sich vorsichtig bei Hitler nach dessen Einverständnis erkundigte. Dieser äußerte zwar Zweifel am britischen Verständigungswillen, erhob jedoch keine direkten Einwände gegen Dahlerus' Londonreise. Dabei betonte Hitler jedoch, daß er eine Einmischung von dritter Seite in das deutsch-polnische Verhältnis nicht dulden würde[5]. Aufgrund dieser entscheidenden Einschränkung machte der Verhandlungskatalog, den Dahlerus am 29. September in London vorlegte, wenig Eindruck. Der auf britischer Seite mit den Verhandlungen beauftragte Unterstaatssekretär Cadogan übte an den zwölf Punkten, die Dahlerus zur Debatte stellte, vernichtende Kritik. Dieser Verhandlungsrahmen, der auch bei Dahlerus' späteren Gesprächen nicht erweitert wurde, zeigt, daß die Besprechungsgegenstände genau mit Hitler abgestimmt waren. Göring legte weder ein eigenes Verhandlungsprogramm vor noch handelte er ohne Wissen Hitlers.

Am 27. September 1939 erhielt Göring die Gewißheit, daß Hitler zum Handeln und nicht zum Verhandeln entschlossen war. Warlimont berichtet, daß Göring von Hitlers Entschluß, bei passender Gelegenheit gegen den Westen loszuschlagen, „stark betroffen" gewesen sei[6]. Wieder war er vorher weder konsultiert noch in Kenntnis gesetzt worden. Aber selbst diese entscheidende Wende gegen die Taktik des lokalisierten Krieges rief bei Göring kein verstärktes Bemühen um Verhandlungen mit den Westmächten hervor. Zwar empfing er Anfang Oktober Sven Hedin und am 19. Oktober den Direktor von General Motors, James D. Mooney, aber er unterbreitete dabei keine konkreten Verständigungsangebote[7]. Gegenüber diesen Gesprächspartnern betonte Göring zwar offen die Sinnlosigkeit des Krieges und beteuerte seinen Wunsch, mit Großbritannien und Frankreich zu einem friedlichen Übereinkommen zu gelangen, signalisierte aber keinerlei Entgegenkommen und ging nicht über das hinaus, was Hitler in seiner sogenannten „Friedensrede" im Reichstag am 6. Oktober 1939 bereits verkündet hatte[8].

Göring war sich gleichwohl der einschneidenden Bedeutung von Hitlers Wendung gegen den Westen bewußt. Bereits am 10. Oktober 1939 übermittelte er Dahlerus einen Brief, in dem er diesem für seine Vermittlerrolle dankte[9]. Dahlerus bemühte sich daraufhin erneut um ein Gespräch mit Göring, fand diesen jedoch auffallend verschlossen und an weiteren Verhandlungen uninteressiert[10]. In oppositionellen Kreisen um den ehemaligen Botschafter von Hassell ging zur gleichen Zeit das Gerücht um, daß Göring „den Ernst der Lage erfaßt" habe und über die politische Entwicklung „in schwerster Sorge" sei[11]. Gegenüber Papen gab Göring unumwunden zu, er sei „persönlich für eine schnelle Kriegsbeendigung, aber Hitler und Ribbentrop wollten ihren Krieg mit England haben, und er könne das nicht verhindern"[12]. Anders als Hitler nahm Göring die Gefahr eines Mehrfrontenkrieges ernst und rechnete mit einer lang-

[5]   Aufzeichnung von Schmidt vom 26. Sept. 1939, in: ADAP, D, VIII, Nr. 138, S. 109–112.
[6]   Warlimont, S. 51.
[7]   Martin, Friedensinitiativen, S. 156 f.; Groscurth, S. 212 f., Anmerk. 530; Hedin, S. 44–49; Mooney-Aufzeichnung in: State Historical Society of Wisconsin, Madison, Memoirs of James D. Mooney in the Louis P. Lochner Papers, S. 33 ff.
[8]   Brügel, S 85. Zum Wortlaut vgl. Domarus, Bd. II, S. 1377–1393.
[9]   Martin, Friedenskontakte, Dok. 2, S. 215 f.
[10] Brügel, S. 84 f.
[11] Hassell, Eintrag vom 11. Okt. 1939, S. 89.
[12] Papen, S. 518.

andauernden kriegerischen Verwicklung. In einer Rede vor den Wehrersatzinspekteuren äußerte er sich am 24. Oktober 1939, daß das Ende dieses Krieges „niemand auch nur annähernd bestimmen" könne[13].

Seit Kriegsbeginn war bei Göring eine pessimistische Grundeinstellung unübersehbar. Das Trauma des verlorenen Ersten Weltkrieges stand ihm noch deutlich vor Augen. Göring wagte es aber nicht, diese Sorgen seinem Oberbefehlshaber Hitler unumwunden vorzutragen, sondern versuchte alles zu vermeiden, was ihn beim „Führer" erneut in Mißkredit bringen könnte.

Göring bereitete es deshalb auch kaum Skrupel, die territoriale und „rassische" Umgestaltung Europas im nationalsozialistischen Sinne administrativ mitzutragen. Er unterzeichnete mitverantwortlich Hitlers „Germanisierungserlaß" vom 7. Oktober 1939, mit dem Himmler die sogenannte „Sonderbehandlung" der besetzten Gebiete übertragen wurde[14], und erließ am 19. Oktober höchstpersönlich die Richtlinien, nach denen Polen wirtschaftlich ausgeplündert werden sollte[15]. Nach der Beendigung des „Blitzkrieges" gegen Polen widmete er sich verstärkt wirtschaftlichen Fragen, da er sich von den territorialen Zugewinnen eine Entlastung der deutschen Wirtschaft versprach.

Die ungeordneten und unübersichtlichen Verhältnisse in der rüstungswirtschaftlichen Organisation und Kompetenzverteilung versuchte Hitler dadurch zu beseitigen, daß er Görings Drängen nachgab und ihm mit Erlaß vom 7. Dezember 1939 Funks Amt als „Generalbevollmächtigter der Kriegswirtschaft" übertrug[16]. Damit verteidigte Göring noch einmal erfolgreich seinen Anspruch auf die höchste Kompetenz für die Kriegswirtschaft. Dieser formalen Befugnis entsprach aber immer weniger der tatsächlich bestimmende Einfluß auf wirtschaftlichem Gebiet[17]. In der Realität blieb das Neben- und Gegeneinander der Dienststellen und Bevollmächtigten weiterhin bestehen.

Ende Oktober 1939 machte Hitler mit seinen Angriffsplanungen für den Westfeldzug ernst. Göring nahm daraufhin erneut den Kontakt zu seinem schwedischen Mittelsmann Dahlerus auf und bat diesen, nochmals „zu versuchen, die Verhandlungen mit der englischen Seite in Gang zu bringen"[18]. Gleichzeitig bemühte sich Göring in einer Unterredung mit Ribbentrop, diesen „umzustimmen, um mit ihm gemeinsam in mäßigendem Sinne auf den Führer einzuwirken"[19]. Diese Bemühungen scheiterten ebenso wie Dahlerus' Vorstoß in London[20]. Als Hitler am 22. Oktober 1939 den Angriffstermin für den Westfeldzug auf den 12. November festlegte, gab Göring seine Versuche auf. Hitlers entschiedene Aussage, „jede Hoffnung auf Kompromisse ist

[13] Zit. in: Klaus A. Maier u. a., Die Errichtung der Hegemonie auf dem europäischen Kontinent (Das Deutsche Reich und der Zweite Weltkrieg, Bd. 2), Stuttgart 1979, S. 337.
[14] IMG, Bd. 4, S. 608; IMG, Bd. 9, S. 350 f.
[15] Insgeheim beobachtete Göring die deutschen Ausplünderungsmaßnahmen gegenüber der polnischen Bevölkerung mit anfänglicher Skepsis. Am 13. Jan. 1940 unterbreitete er Himmler zahlreiche Beschwerden, da „ungeheure Mißstände in den bezeichneten Gebieten" vorlägen. Martin Broszat, Nationalsozialistische Polenpolitik 1939–1945, Stuttgart 1965, S. 180, Anmerk. 80.
[16] Bagel-Bohlan, S. 219; Petzina, Vierjahresplan, S. 164 ff.
[17] Thomas, S. 175; Kehrl, S. 202, 215. Zu Görings freiwilligem Kompetenzverzicht zugunsten von Thomas und Todt vgl. Ludwig, Technik, S. 350, 370 f., 383.
[18] Vortragsnotiz vom 26. 10. 1939, in: Groscurth, Nr. 28, S. 387–389, hier: S. 388.
[19] Aktennotiz vom 4. 11. 1939, ebd., Nr. 33, S. 403.
[20] Martin, Friedensinitiativen, S. 107.

kindisch: Sieg oder Niederlage"[21], verdeutlichte Göring die Unumgänglichkeit der Kriegsausweitung nach Westen. Anfang November verständigte Göring Dahlerus, daß die „Deutsche Regierung kein Interesse mehr an dessen Fühlungsnahme in England" habe[22].

Zwar traf Göring noch einige Male mit Dahlerus zusammen[23], nutzte diesen jedoch ebenso wie seinen schwedischen Schwager Erik von Rosen vorwiegend nur noch als Beauftragten für Kriegsgeräte-Kompensationsgeschäfte mit Schweden[24]. Dahlerus' erstaunliche Flexibilität im Verhandlungsgegenstand beweist, daß ihm beinahe jeder Auftrag recht war, solange er sich weiterhin international als Amateurdiplomat betätigen konnte.

Kriegsausweitung und Ernennung zum „Reichsmarschall"

Ende November 1939 bezeichnete sich Hitler unumwunden „als zur Zeit unersetzlich, da niemand in Deutschland die gleiche Autorität besitze wie er"[25]. Göring, der bei dieser Äußerung zugegen war, fühlte sich sicherlich wenig geschmeichelt. Um so mehr versuchte er in der folgenden Zeit wiederholt, seine unverbrüchliche Treue gegenüber dem „Führer" zu beweisen. Da seine Mäßigungsversuche gescheitert waren, war er „nunmehr entschlossen, als Soldat zu gehorchen"[26]. Am 7. Dezember 1939 erließ er die „Weisung Nr. 5" für die Vorbereitung des Einsatzes der Luftwaffe im Westfeldzug und rechtfertigte nun auch gegenüber Schwerin von Krosigk den Angriffskrieg gegen Frankreich mit dem Ziel, Großbritannien niederzuwerfen[27]. Internen Beobachtern fiel gleichwohl Görings Unentschlossenheit auf, mit der er den Angriffstermin aus wetterbedingten Gründen wiederholt aufschob[28]. Während Hitler darauf drängte, noch im Januar 1940 den Angriff zu beginnen, flüsterte man sich im Generalstab des Heeres zu, „daß aber Göring angeblich bremse. Vielleicht will er den Angriff überhaupt nicht"[29].

Schon die Verzögerung des Angriffstermins durch die Wettermeldungen der Luftwaffe und die schlechte Versorgungslage im Winter 1939/40 setzten Göring der Kritik aus[30]. Besonders erschüttert wurde seine Autorität durch den „Fall Mechelen". Am 10. Januar 1940 hatte Hitler den Angriffstermin auf Belgien, Holland und Frankreich auf den 17. Januar festgelegt. Eine erneute Verschiebung wurde jedoch erforderlich, als am 10. Januar durch einen unglücklichen Umstand eine Kuriermaschine der Luft-

---

[21] Aufzeichnung über die Besprechung des Führers mit den obersten militärischen Befehlshabern am 23. Nov. 1939, in: ADAP, D, VIII, Nr. 384, S. 345–350, hier: S. 349.
[22] Ribbentrop an die Gesandtschaft Stockholm vom 11. Nov. 1939, in: ADAP, D, VIII, Nr. 346, S. 316.
[23] Brügel, S. 92 ff.; Ludlow, S. 36 ff.
[24] Dies ist erst neuerdings im vollen Umfang erkannt worden von Wittmann, S. 178, 247, 289, 294, 302–312. Zu Görings Besprechung mit Erik von Rosen vgl. auch Martin, Friedensinitiativen, S. 112.
[25] Meier-Welcker, Aufzeichnungen, Tagebucheintrag vom 26. Nov. 1939, S. 37.
[26] Aktennotiz vom 4. 11. 1939, in: Groscurth, Nr. 33, S. 403.
[27] Schwerin von Krosigk, Memoiren, S. 198.
[28] Hassell, Eintrag vom 5. Dez. 1939, S. 104. Dieser Umstand sollte jedoch nicht überinterpretiert werden, da in der Tat starke Niederschläge in den Benelux-Staaten zu riesigen Überschwemmungen geführt hatten.
[29] Meier-Welcker, Aufzeichnungen, Tagebucheintrag vom 11. Jan. 1940, S. 47. Hierzu ist einschränkend anzumerken, daß aber Hitlers Angriffsentschluß vom 10. Jan. 1940 durch Görings nunmehr optimistische Wettervorhersage beeinflußt wurde. Groscurth, S. 240, Anmerk. 660. Auch Jacobsen glaubt nicht, daß Göring jemals mit Nachdruck seine Vorbehalte vor dem Westfeldzug Hitler vorgetragen hat. Jacobsen, Fall, S. 12.
[30] Irving, Tragödie, S. 143 f.; Riedel, Eisen, S. 216 f.

flotte 2 bei dem Ort Mechelen in Belgien notlanden mußte. Die Maschine hatte geheime Einsatzbefehle für den Angriff auf Belgien an Bord[31]. Hitler machte Göring für diesen Zwischenfall verantwortlich. Nach dem Krieg gab Göring in Nürnberg zu, daß Hitler ihm „furchtbare Vorwürfe" gemacht habe[32]: „Das Bewußtsein, durch Angehörige der Luftwaffe den Schicksalskampf des deutschen Volkes gefährdet zu haben, bedeutete für ihn (Göring) stärkste Beanspruchung seiner Nerven." Mehr als je zuvor fühlte sich Göring durch diesen Vorfall „dem Führer gegenüber innerlich belastet"[33]. Ilse Göring berichtete, daß ihr Bruder daraufhin „mehrere Tage völlig auseinander gewesen sei"[34].

Hitler forderte die sofortige Entlassung des verantwortlichen Luftflottenchefs General Felmy. Mit Felmy verlor die Luftwaffe denjenigen Befehlshaber, der am hartnäckigsten vor einer Luftoffensive gegen Großbritannien gewarnt hatte. Dieser Nebeneffekt des „Falles Mechelen" stärkte die Stellung des Luftwaffengeneralstabschefs Jeschonnek, der schon 1938 die optimistische Auffassung vertreten hatte, „die Luftwaffe könne England in wenigen Monaten allein, ohne Unterstützung der Marine, niederzwingen".[35]

Hitlers wütende Reaktion auf die Mechelen-Affäre trug sicher dazu bei, daß Göring nun vorbehaltlos auf Hitlers Kriegskurs gegen den Westen einschwenkte. Offensichtlich war Göring aber nicht davon überzeugt, daß es erneut zu einem Blitzkrieg kommen würde, der in wenigen Wochen zu Ende sei. Auch er scheint aber damals mit einer höchstens noch einjährigen Kriegsdauer gerechnet zu haben. Am 3. Februar 1940 gab er Wirtschaftsminister Funk den Auftrag, „daß die Rüstung im Jahre 1940 zur größtmöglichen Höhe gebracht wird. Es müssen daher mit allen Mitteln alle die Vorhaben gefördert werden, die im Jahre 1940 bzw. bis zum Frühjahr 1941 zur Auswirkung kommen können. Alle anderen Programme, die sich erst später auswirken, müssen, falls es die Belegung der Wirtschaft erfordert, zu Gunsten der obigen Vorhaben zurückgestellt werden"[36]. Für den Bereich der Luftrüstung präzisierte er seine Anordnung mit dem Befehl vom 9. Februar 1940, wonach nur noch solche Entwicklungsvorhaben voranzutreiben seien, „die im Jahre 1940 fertig werden oder spätestens 1941 Erträge abzuwerfen versprechen"[37]. Dieser sogenannte „Entwicklungsstop" mit dem Ziel einer schnelleren Serienproduktion von Flugzeugen hatte in den folgenden Jahren für die technische Weiterentwicklung der Luftwaffe fatale Auswirkungen. Die neue Rüstungsrichtlinie führte nicht nur zu Konstruktionsmängeln in der Flugzeugproduktion, sondern blockierte auch technische Innovationen, was sich mit fortschreitender Kriegsdauer als irreparabel erweisen sollte.

Um unautorisierten Friedenssondierungen einen Riegel vorzuschieben, ordnete Hitler am 29. Februar 1940 hinsichtlich des bevorstehenden Besuches des amerikani-

[31] Hans-Adolf Jacobsen, 10. Januar 1940 – Die Affäre Mechelen, in: Wehrwissenschaftliche Rundschau 4 (1954), S. 497–513.
[32] Bross, S. 130.
[33] Boog, S. 515.
[34] Hassell, Eintrag vom 28. Jan. 1940, S. 119.
[35] Zit. bei Boog, S. 95.
[36] Schreiben Görings an Funk vom 3. Feb. 1940, in: Kriegstagebuch des Oberkommandos der Wehrmacht (Wehrmachtführungsstab), hrsg. v. Percy E. Schramm, 4 Bde., Frankfurt a. M. 1961–65, Bd. I, Dokumenten-Anhang, Nr. 13, S. 962.
[37] Zit. in: Horst Boog u. a., Der Angriff auf die Sowjetunion (Das Deutsche Reich und der Zweite Weltkrieg, Bd. 4), Stuttgart 1983, S. 708.

schen Unterstaatssekretärs Welles an, alle Wendungen zu vermeiden, „die auf der Gegenseite so ausgelegt werden könnten, als ob Deutschland zur Zeit an der Erörterung von Friedensmöglichkeiten irgendein Interesse hätte". Vielmehr solle nicht der geringste Zweifel darüber gelassen werden, „daß Deutschland entschlossen ist, diesen Krieg siegreich zu beenden"[38]. Unmittelbar vor dem Eintreffen von Welles in Berlin billigte Hitler den Operationsplan zur Besetzung von Dänemark und Norwegen und erließ am 1. März 1940 die diesbezügliche Weisung für den „Fall Weserübung". Göring war konsterniert. Wieder einmal hatte ihn Hitler zuvor weder konsultiert noch rechtzeitig über seine Absichten ins Bild gesetzt[39]. In seiner Besprechung mit Welles am 3. März in „Carinhall" kam Görings Skepsis über die bevorstehende Kriegsausweitung nach Norden deutlich zum Ausdruck. Pessimistisch äußerte er sich über die ungewisse Zukunft Europas. Er ließ zwar keinen Zweifel daran, daß der Krieg unvermeidlich sei; gleichzeitig gab er jedoch seiner Hoffnung Ausdruck, daß es der amerikanischen Regierung gelingen möge, das Schlimmste zu verhindern[40].

Görings Befürchtungen bestätigten sich zunächst nicht. Am 9. April 1940 trat für die deutsche Marine und Luftwaffe der „Fall Weserübung" ein. In einem Blitzunternehmen wurden Dänemark und Norwegen besetzt. Einen Monat später begann Hitler den mehrfach verschobenen Feldzug gegen den Westen. Der überraschend schnelle und für die deutsche Wehrmacht günstige Verlauf des Feldzuges gegen die Niederlande, Belgien und Frankreich versetzte die deutsche Führung in Hochstimmung. Am 14. Juni 1940 wurde Paris kampflos eingenommen, am 30. Juni besetzten deutsche Truppen die britischen Kanalinseln. Bereits am 20. Mai stimmte Göring ein Loblied auf Hitler an. Vor Vertretern der deutschen Presse erklärte er, es sei „selten in der deutschen Geschichte, daß sich in einer Person die Weisheit des Staatsmannes und das Genie des Feldherrn so paaren. In Friedrich dem Großen hatte Deutschland eine solche Persönlichkeit. In Adolf Hitler hat die Vorsehung uns wieder ein solches Genie beschert"[41].

Im Westfeldzug äußerte sich Görings Geltungsbedürfnis zum ersten Mal auch auf militärischem Gebiet auf fatale Weise. Um Hitler zu beweisen, daß auf die deutsche Luftwaffe Verlaß sei und daß sie nicht nur zur Heeresunterstützung aus der Luft eingesetzt werden könne[42], machte er sich am 23. Mai 1940 bei Hitler gegen den Einspruch der Flotten- und Korpschefs dafür stark, „die geschlagenen Briten und Franzosen in Dünkirchen allein mit der Luftwaffe zur Kapitulation zu zwingen"[43]. Dieses großsprecherische und allen strategischen Voraussetzungen widersprechende Vorhaben scheiterte vollständig. Nicht nur das schlechte Wetter verhinderte wirksame Luftangriffe, Göring gelang es auch nicht, in der Kürze der Zeit genügend Bomber für diesen Einsatz bereitzustellen. Bei dem Debakel bei Dünkirchen verlor die deutsche

---

[38] „Aufzeichnung des Führers" vom 29. Feb. 1940, in: ADAP, D, VIII, Nr. 637, S. 644–645.

[39] Görings Aussage in: IMG, Bd. 9, S. 354. Vgl. auch Domarus, Bd. II, S. 1474; Below, S. 225.

[40] Bericht von Welles vom 3. März 1940, in: Foreign Relations of the United States. Diplomatic Papers, hrsg. v. U.S. Departement of State, Washington 1947 ff., Vol. 1940/I, S. 51–56; Aufzeichnung von Schmidt vom 4. März 1940, in: ADAP. D, VIII, Nr. 653, S. 669–678.

[41] Göring-Rede vom 20. Mai 1940, in: Ursachen, Bd. XV, S. 198–200, hier: S. 199.

[42] Die deutsche Propaganda betonte, daß der Einsatz der Luftwaffe im Westen „unter dem persönlichen Oberbefehl des Generalfeldmarschalls Göring" stünde. Schulthess, N.F. 56 (1940), S. 150.

[43] Deichmann, S. 101.

Luftwaffe durch die massierte Abwehr britischer Jäger mehr Flugzeuge als im ganzen bisherigen Frankreichfeldzug[44].

Die deutsche Führung einschließlich Görings erkannte die Bedeutung dieser Lehre nicht[45]. Statt dessen berauschte man sich an der Version, die deutsche Luftwaffe habe „das britische Expeditionskorps ins Meer geworfen". Als dann am 24. Juni Frankreich kapitulierte, war die Erfahrung von Dünkirchen vollends vergessen[46]. Auch Hitler nahm den Fehlschlag der Luftwaffe bei der Dünkirchen-Aktion angesichts der deutschen Erfolge im Westfeldzug nicht tragisch. Angeblich sei es ihm absichtlich darum gegangen, den Briten eine „blamable Niederlage" zu ersparen[47].

Gegen Ende des Frankreichfeldzuges glaubte Göring, daß die Gefahr eines Mehrfrontenkrieges gebannt sei. Als sich Hitler und Göring am 18. Juni 1940 in Frankfurt trafen, gab Hitler seiner Überzeugung Ausdruck, daß er nun mit England zu einem Übereinkommen gelangen werde. Göring stimmte dem zu und stellte erleichtert fest, daß es jetzt „endlich Frieden geben werde"[48]. Die Westoffensive war für die deutsche Führung glänzend verlaufen. In einem Blitzkrieg hatte man die überschätzten Franzosen niedergeworfen. Die Stunde des Triumphes ließ den Mechelen-Vorfall und das Debakel bei Dünkirchen vergessen machen. In einer großen Feierstunde ehrte Hitler am 19. Juli 1940 die militärischen Führer der deutschen Streitkräfte. Göring wurde mit dem neuen Rang eines „Reichsmarschalls des Großdeutschen Reiches" ausgezeichnet[49]. Er bedankte sich überschwenglich bei Hitler und schwor ewige Treue.[50] Görings Vertrauensverhältnis zu Hitler war dem äußeren Anschein nach wiederhergestellt.

Europäische Wirtschaftsplanung und Luftwaffenführung

Mit dem erfolgreichen Abschluß des Westfeldzuges hatte Göring seinen Optimismus wiedergefunden. Am 16. Juni 1940 übertrug ihm Hitler die einheitliche Planung der Wirtschaft in den Westgebieten[51]. Am 22. Juni, dem Tag des Abschlusses des deutschfranzösischen Waffenstillstandes, erteilte Göring durch einen Erlaß Wirtschaftsminister Funk den Auftrag zur sofortigen Inangriffnahme des Aufbaus der europäischen Wirtschaft. Die Aufgabe umfaßte zwei Schwerpunkte: 1. „Einbau der in das Reich eingegliederten und der besetzten Gebiete in die Großdeutsche Wirtschaft"; 2. „Neuaufbau der von Deutschland geführten kontinentalen Wirtschaft und ihre(r) Beziehungen zu der Weltwirtschaft"[52].

---

[44] Hans Umbreit, Der Kampf um die Vormachtstellung in Westeuropa, in: Maier u.a., Errichtung, S. 294 ff.
[45] Bei einer Besprechung in der Reichskanzlei am 4. Nov. 1940 beschuldigte Göring das „Heer des Zauderns im Fall Dünkirchen. Niemand sagt, woran es wirklich lag. Auch Keitel läßt ObdH im Stich, der der ganzen Diskussion nicht gewachsen ist. Zum Schluß schiebt alles Schuld auf Marine, die erklärt habe, den vom Heer verlangten Landungsstreifen nicht wirksam schützen zu können. Von Marine niemand anwesend!" Engel, Eintrag vom 4. Nov. 1940, S. 90.
[46] Deichmann, S. 102.
[47] Boog, S. 99; Umbreit, Kampf, S. 297.
[48] Zit. bei Ansel, S. 93.
[49] Domarus, Bd. II, S. 1551.
[50] Görings Rede vom 19. Juli 1940, in: Schulthess, N.F. 56 (1940), S. 158.
[51] Thomas, S. 223.
[52] Göring an Funk vom 22. Juni 1940, in: ADAP, D, X, Nr. 103 Anlage, S. 96.

Durch diesen Erlaß erfuhren Görings Großwirtschaftsraum-Planungen des Jahres 1939 eine Neuauflage. Funk entwickelte im Auftrag Görings eine rege planerische Tätigkeit zur Vorbereitung der zukünftigen europäischen Großraumwirtschaft[53]. Die territoriale Ausweitung nach Westeuropa, die in den ursprünglichen Großwirtschaftsraum-Konzepten nicht vorgesehen war, nötigte den Planungen von 1938/39 Änderungen ab, die noch längst nicht vollzogen waren, ehe die Überfälle auf Griechenland und Jugoslawien im Frühjahr 1941 und auf die Sowjetunion im Juni 1941 die gesamte Großwirtschaftsraum-Planung erneut überholte. Die deutschen Wirtschaftskonzepte beschränkten sich in der Zukunft mehr und mehr auf eine Rohstoffausbeutungspolitik in den besetzten Ländern[54]. Zukunftsplanungen für einen von Deutschland beherrschten Großwirtschaftsraum fielen schließlich wieder ganz in die Hände jener zurück, die sie bereits 1933 maßgeblich betrieben hatten. Hier wurde vor allem der Cheftheoretiker der NSDAP Werner Daitz mit seiner „Gesellschaft für europäische Wirtschaftsplanung und Großraumwirtschaft e. V." tätig[55]. Den Strategien wirtschaftlicher Integration kam im Zustand fortwährender territorialer Umwälzungen in Europa aber vorerst nur akademische Bedeutung zu.

Obwohl Göring in dem Zeitraum von 1940 bis 1942 eine Fülle von wirtschaftspolitischen Kompetenzen in seiner Person vereinte, fiel er als effektive Planungs- und Führungsinstanz nahezu völlig aus[56]. Lediglich in der Öffentlichkeit trat er gerne als der große „Wirtschaftsdiktator" auf, der auch die Funktion hatte, der Bevölkerung Sparappelle und Rationierungsmaßnahmen zu verkünden[57]. Göring versuchte zwar weiterhin, seine Machtstellung im wirtschaftspolitischen Bereich zu behaupten und zu festigen, kümmerte sich aber wenig um die konkreten wirtschaftspolitischen Aufgaben. Seine großsprecherischen Erlasse zur Errichtung einer kontinentaleuropäischen Großraumwirtschaft unter deutscher Führung zeugen davon, daß er nun die wirtschaftliche Versorgung Deutschlands als gesichert ansah. Göring erlag erneut dem Trugbild seiner ursprünglichen Großwirtschaftsraum-Planungen der Jahre 1938/39, wonach er nur an den Hähnen zu drehen brauche, um die benötigten Roh- und Grundstoffe hervorsprudeln zu lassen.

Zum anderen ging Göring davon aus, daß der europäische Krieg kurz vor seiner Beendigung stünde und daher die Fragen der Rohstoffversorgung für die Rüstungswirtschaft weniger dringlich seien. Dieser Optimismus äußerte sich nicht nur in seinen „Entwicklungsstop"-Befehlen, sondern auch in der Herabsetzung der Dringlichkeiten in der Luftwaffenfertigung[58]. Um so mehr kam es Göring jetzt darauf an, Großbritannien zu veranlassen, einer europäischen Waffenruhe zuzustimmen. Nach dem Frankreich-Feldzug scheint auch Göring zunehmend einer unkritisch-euphorischen Siegstimmung anheimgefallen zu sein. Nach seiner Auffassung bedurfte es jetzt nur einiger gezielter Luftwaffenangriffe auf die britischen Inseln, um die britische Regierung zur Verhandlungsbereitschaft zu zwingen. Das war eine Fehleinschätzung in

[53] Boelcke, Wirtschaft, S. 265 ff.; Freymond, S. 124–172.
[54] Milward, Weltkrieg, S. 134 ff.; Sundhaussen, Wirtschaftsgeschichte, S. 119 ff.
[55] Für die Zusammensetzung von Vorstand u. wissenschaftlichem Beirat der Gesellschaft vgl. Reinhard Opitz (Hrsg.), Europastrategien des deutschen Kapitals 1900–1945, Köln 1977, Nr. 140, S. 930 ff.
[56] Boog u. a., Angriff, S. 119.
[57] Schulthess, N.F. 56 (1940), S. 26 ff., 47.
[58] Boog, S. 66.

doppelter Hinsicht: Göring verkannte, daß die englische Strategie auf der Annahme eines langen Krieges basierte[59], und er überschätzte maßlos die Möglichkeiten und die Verwendungsfähigkeit der deutschen Luftwaffe.

Bei dieser Überschätzung spielte eine Luftwaffendemonstration auf der Erprobungsstelle Rechlin am 3. Juli 1939 eine wesentliche Rolle. Diese „Zaubervorstellung" mit modernsten Fabrikationen hatte damals sowohl Göring wie Hitler fasziniert[60]. Beide übersahen jedoch, daß es sich hierbei um Versuchsmodelle handelte, die teilweise mehr als fünf Jahre benötigten, um in die Serienproduktion zu gehen. Welchen nachhaltigen, aber falschen Eindruck die Demonstration auf Göring gemacht hatte, gab er später nach zahlreichen Enttäuschungen mit der Luftwaffe im März 1942 zu, als er vor den versammelten Offizieren und Ingenieuren der Erprobungsstelle schimpfte: „Eigentlich habe ich die E-Stelle Rechlin nie mehr betreten wollen, nachdem die Ingenieure den Führer und mich so furchtbar bei der Besichtigung im Sommer 1939 belogen und uns einen solchen Türken vorgemacht haben. Der Führer hat auf Grund dieser Besichtigung schwerste Entschlüsse gefaßt"[61]. Bezeichnenderweise gab Göring hier den Ingenieuren die Schuld an dieser Fehleinschätzung. In der Folgezeit verstärkte sich Görings Abneigung gegen diese „Zauberer und Illusionisten", die er am liebsten durch fronterfahrene Offiziere ersetzt wissen wollte.

Dabei lag die Schuld der Fehleinschätzung nicht zuletzt bei Göring, dem es an genügendem technischen Verständnis fehlte und der deshalb zum Teil auch falsche Personalentscheidungen traf[62]. Dies hatte sich schon darin geäußert, daß Göring seinen Bekannten aus dem Ersten Weltkrieg, Ernst Udet, mit dem wichtigen Amt des Generalluftzeugmeisters betraut hatte, obwohl dieser sich selbst als ungeeignet für diese Aufgabe bezeichnete[63]. Personelle und technische Fehlentscheidungen begleiteten Udets Amtsweg. Sein bohemienhafter Lebensstil kollidierte in zunehmendem Maße mit den Erfordernissen seiner Stellung und trieb Udet schließlich am 17. November 1941 in den Selbstmord.

Aus Görings mangelhaftem technischen Verständnis erklären sich auch manche Fehleinschätzungen der gegnerischen Luftstreitkräfte. Bereits im September 1938 prahlte er öffentlich, daß seine Luftwaffe „sich ohne Übertreibung und ohne Anmaßung die technisch modernste, einsatzbereiteste, zahlenmäßig stärkste der Welt nennen darf"[64]. Diesen Nimbus der eigenen Überlegenheit pflegte Göring auf schon beinahe pathologische Weise. Nachweislich interessierte er sich kaum für solche Berichte seiner Luftattachés, die vor einer zu optimistischen Einschätzung der Gegner warnten. Dieser Optimismus wurde allerdings nicht nur von Göring, sondern auch von jüngeren Generalstabsmitgliedern wie Jeschonnek geteilt. Selbst Goebbels fiel auf, daß sich der Luftwaffengeneralstab „etwas übermütig in der Beurteilung europäischer Großmächte als Gegner" zeigte[65].

Diese Fehleinschätzung des Leistungsvermögens und des Rüstungsniveaus der alliierten Luftstreitkräfte offenbarte sich bereits beim Dünkirchen-Debakel und in weit-

[59] Maier u. a., Errichtung, S. 203 ff.
[60] Boog, S. 44 ff.; Irving, Tragödie, S. 127 ff.
[61] Zit. bei Boog, S. 44.
[62] Volkmann, Luftverteidigung, S. 142, 172; Homze, S. 247, 249, 265.
[63] Boog, S. 37 f., 237 ff.
[64] Göring-Rede vor der DAF am 10. Sept. 1938, in: Schulthess, N.F. 54 (1938), S. 135.
[65] Zit. bei Boog, S. 97.

aus größerem Maße bei der Luftschlacht um England. In völliger Verkennung der gegnerischen Stärke ging man davon aus, daß man die britische Luftwaffe in zwei bis vier Wochen besiegen könne[66].

Die ersten größeren Luftwaffenoperationen bei Dünkirchen und bei der Luftschlacht um England zeigten deutlich, daß aufgrund der mangelnden Voraussicht Görings auch grundlegende Absprachen über taktisch-technische Fragen nahezu völlig fehlten[67]. Die Diskussion über die Produktionspräferenzen eines bestimmten taktischen Bombertyps blieb ebenso in der Schwebe wie die Einrichtung einer Lufttransportwaffe, für die Göring nie Verständnis zeigte[68]. Dabei behielt er sich alle Entscheidungen selbst vor und ließ sich während seiner gesamten Amtszeit nur ein einziges Mal für wenige Tage kurzfristig von Milch vertreten[69]. Er gab vor, immer im Amt zu sein, war aber oft wochenlang nicht zu erreichen und weigerte sich gelegentlich, Luftwaffenuntergebene zum Vortrag zu empfangen[70]. Ähnlich wie im wirtschaftlichen Bereich schuf sich Göring zahlreiche Sonderdienststellen und führte mehrmals Umorganisationen der Luftwaffenspitzenführung durch. Die Befehlsstruktur wurde dadurch immer unübersichtlicher, Anweisungen blieben nicht selten irgendwo hängen oder widersprachen sich mit anderslautenden Erlassen[71].

Nach dem Krieg äußerte sich General Koller anschaulich über Görings Luftwaffenführungsstil: „Der Reichsmarschall spielte immer den einen gegen den anderen aus und freute sich diebisch, wenn sie sich dann die Meinung sagten und machte mit kindlich lachendem Gesicht spöttische Bemerkungen zu den anderen Anwesenden. Er hat mir und anderen oft den Eindruck gemacht, daß ihm Zwietracht zwischen maßgebenden mitarbeitenden Personen erwünscht und reibungsloses Zusammenarbeiten unerwünscht war, so als ob er Angst davor hätte, daß die Männer eine geschlossene Phalanx gegen ihn bilden könnten"[72].

Fünf Tage nach Abschluß des Waffenstillstandes mit Frankreich erließ Göring am 30. Juni 1940 seine erste „Allgemeine Weisung für den Kampf der Luftwaffe gegen England"[73]. Erst am 21. Juli 1940 präzisierte Göring diese Anweisung und legte die Hauptangriffsziele fest. Neben britischen Geleitzügen und Seestreitkräften sollten bei jeder sich bietenden Gelegenheit Angriffe auf britische Flughäfen und Zentren der Luftrüstungsindustrie geflogen werden[74]. Bereits nach den ersten drei Wochen der Luftangriffe bemerkte Göring, daß sich die Luftüberlegenheit über England nicht so schnell und einfach erreichen ließ, wie er dies zuvor angenommen hatte. Dennoch erwartete er zuversichtlich rasche Erfolge seiner Luftwaffe und sah keine Veranlassung, in erneuten Besprechungen mit Dahlerus und Plesman[75] im Juli und August 1940 Verständigungsbereitschaft in Richtung England zu signalisieren. Der „organisierte

---

[66] Halder, Eintrag vom 11.Juli 1940, S.18: „Dauer für das Niederschlagen der (britischen) Luftwaffe 14 bis 28 Tage".
[67] Vgl. hierzu ausführlich Boog, S.46ff.; Overy, Air War, S.130.
[68] Boog, S.26.
[69] Irving, Tragödie, S.173.
[70] Guderian, S.277.
[71] Zahlreiche Belege bei Boog, S.242ff.; Volkmann, Luftverteidigung, S.168; Deichmann, S.117.
[72] Zit. bei Boog, S.243, Anmerk.195.
[73] Volkmann, Luftverteidigung, S.141f.
[74] Maier u.a., Errichtung, S.379f.
[75] IMG, Bd.9, S.526; Vgl. Bernd Martin, Das „Dritte Reich" und die „Friedens"-Frage im Zweiten Weltkrieg, in: Michalka, Außenpolitik, S.526–549, hier. S.529; ders., Friedensinitiativen, S.325ff.

Antagonismus" in der Luftwaffenführungsspitze[76] verhinderte jedoch für die Führung der Luftschlacht um England eine klare Konzeption mit Erfolgsaussichten.

Im Sommer und Herbst 1940 hielten bei der Luftwaffe die Unklarheiten und wechselnden Präferenzen bei der Auswahl der Ziele in Großbritannien an. Görings Hoffnung auf eine englische Massenhysterie erfüllte sich nicht[77]. Das auf Mitte August festgesetzte Unternehmen „Adlertag" brachte ebensowenig die ungeduldig erwartete Entscheidung wie die ersten Luftangriffe auf das Stadtgebiet von London[78]. Statt dessen schlug die vermeintlich gering gerüstete britische Luftwaffe zurück. Nachdem man bisher lediglich Hamburg und Bremen angegriffen hatte, entledigten sich Anfang September 1940 britische Bomber erstmals über Berlin ihrer Last. Am 15. September, dem „Battle of Britain", verlor die deutsche Luftwaffe an einem Tag 56 Maschinen, gegenüber nur 26 gegnerischen Verlusten. Ende Oktober 1940 belief sich die Verlustbilanz auf deutscher Seite auf 1733 Flugzeuge, denen 915 britische Verluste gegenüberstanden[79].

Nach dem „Battle of Britain" äußerte sich Göring erstmals skeptisch über den Erfolg der geplanten kriegsentscheidenden Luftschlacht[80]. Bereits einige Tage zuvor hatte er sein Desinteresse an den Vorbereitungen zum Landeunternehmen „Seelöwe" bekundet, „da er nicht an die Durchführung des Unternehmens glaubt"[81]. Im Herbst 1940 ging der Luftkrieg gegen England in einen Terror- und Ermattungskrieg über, der mittlerweile eine Eigendynamik entwickelt hatte[82]. Zu diesem Zeitpunkt bestand keine Aussicht mehr auf eine baldige Erringung der Luftherrschaft über den britischen Inseln, die die Voraussetzung sein sollte, um Großbritannien zur Friedensbereitschaft zu zwingen.

Die Luftschlacht um England trug entscheidend zu dem dann in der Folgezeit rasch fortschreitenden Kompetenz- und Prestigeverlust Görings bei. Göring hatte gehofft, die Luftoffensive würde nicht nur kriegsentscheidend sein, sondern auch seine angeschlagene Stellung in der nationalsozialistischen Führung wieder stärken. Vom Beginn der Luftschlacht an bemühte er sich, die Erfolge der Luftwaffe in den Wehrmachtsberichten besonders hervorzuheben. So hieß es im Wehrmachtsbericht vom 8. September 1940 ausdrücklich, daß Göring „persönlich den Einsatz von Nordfrankreich aus" leite. Im Gegensatz zur Kriegsmarine machte die Luftwaffe jedoch selten genaue Verlustangaben. Offensichtlich jonglierten die Wehrmachtsberichte mit „reichlich übertriebenen Angaben über den Abschuß oder die Vernichtung feindlicher Flugzeuge"[83]. Am 4. November 1940 stellte Hitler erstmals aufgrund anderslautender Meldungen Görings Zahlenakrobatik in Frage[84]. Er durchschaute die Propagandamanöver und falschen Feindstärkemeldungen seines Luftwaffenoberbefehlshabers und

[76] Boog, S. 227.
[77] Ansel, S. 296.
[78] Deichmann, S. 113 f., 116 ff.; Maier u. a., Errichtung, S. 386 f.
[79] Zahlenmaterial bei Hans-Adolf Jacobsen, Der Weg zur Teilung der Welt. Politik und Strategie 1939–1945, 2. Aufl. Koblenz 1979, S. 530 f.
[80] Ansel, S. 254 f.
[81] Aufzeichnung über die Lagebesprechungen im OKW/Wehrmachtführungsstab/Abt. Landesverteidigung vom 5. Sept. 1940, in: Karl Klee (Hrsg.), Dokumente zum Unternehmen „Seelöwe". Die geplante deutsche Landung in England 1940, Göttingen 1959, S. 106.
[82] Hillgruber, Strategie, S. 164.
[83] Wehrmachtbericht vom 8. Sept. 1940, in: Erich Murawski, Der deutsche Wehrmachtbericht 1939–1945. Ein Beitrag zur Untersuchung der geistigen Kriegführung, 2. Aufl. Boppard 1962, S. 82 f.
[84] Engel, Eintrag vom 4. Nov. 1940, S. 89 f.

machte seiner Wut dadurch Luft, daß er deswegen Göring nachts telefonisch aus dem Bett holen ließ[85].

Seit der mißlungenen Luftschlacht um England zweifelte Hitler zunehmend an Görings Fähigkeiten als Luftwaffenchef[86]. Damit vergrößerte sich nicht nur Görings Prestigeverlust bei Hitler, sondern Göring wurde von nun an auch in der Militärpolitik zunehmend in eine Nebenrolle gedrängt. Bereits am 2. September 1940 hatte Hitler mit seinem Befehl zum Bombenangriff auf London in die operative Luftkriegsführung eingegriffen. Seit Herbst 1940 mehrten sich Hitlers direkte Anweisungen für den Einsatz der Luftwaffe. Seit 1941 richtete Hitler seine Befehle oft direkt an Milch, so daß Göring nur noch nachrichtlich in Kenntnis gesetzt wurde. Boogs Untersuchungen zeigen, daß ab 1942 alle wichtigen Entscheidungen über die Luftkriegsführung auf Hitler zurückgingen.

Angriff auf die Sowjetunion und Weisungen zur Vernichtungspolitik 1941

Am 15. September 1940 teilte Hitler Göring erstmals seine Absicht mit, bei passender Gelegenheit die Sowjetunion anzugreifen[87]. Neuere Forschungen bestätigen, daß „Göring Hitlers Ostkriegserwägungen offenbar lange Zeit für unverbindlich gehalten und erst zu einer späteren Zeit, beginnend mit dem Molotov-Besuch am 12. und 13. November 1940, kritisch darauf reagiert hat"[88]. Göring lehnte den Angriff auf die Sowjetunion nicht grundsätzlich ab, hielt ihn aber zum damaligen Zeitpunkt für verfrüht. Nach wie vor sah Göring in England den Hauptgegner, der erst einmal niedergerungen werden mußte, bevor man sich der Gefahr eines Mehrfrontenkrieges aussetzte. Hitler „beschwichtigte Göring, der auf die für die Luftwaffe negativen Auswirkungen ihres seit Kriegsbeginn ununterbrochenen Einsatzes hingewiesen hatte, mit dem Versprechen, nach sechs Wochen könne er den Luftkrieg gegen England weiterführen und nach dem schnellen Abschluß des Ostfeldzuges würden ihm einige hunderttausend Soldaten für die Luftrüstungsindustrie zur Verfügung gestellt"[89].

Nach dem Krieg gab Göring 1946 zu Protokoll, daß er Hitler „dringend und inständigst" gebeten habe, nicht „in absehbarer Zeit den Krieg gegen Rußland zu beginnen"[90]. Er habe darauf hingewiesen, daß dadurch auch die USA gezwungen würden, in den Krieg einzutreten: „Damit ständen wir wiederum allein gegen praktisch die Welt, und zwar wiederum an zwei Fronten."[91] Wie bereits Hillgruber mit Recht betont hat, gibt es für Görings warnenden Vorstoß bei Hitler aber keine weiteren Quellen[92]. Im Gegenteil, Göring äußerte sich 1940 und 1941 sehr verächtlich über die amerikanische

[85] Angaben bei Boog, S. 524.
[86] Diese Ansicht äußerte bereits Hillgruber, Strategie, S. 456, Anmerk. 60. Bereits am 19. Aug. 1940 kam es nach dem Bericht von Engel zu einem „Wutausbruch" Hitlers über Göring. Vgl. Engel, Heeresadjutant, Eintrag vom 19. Aug. 1940, S. 87.
[87] Hillgruber, Strategie, S. 227.
[88] Boog u. a., Angriff, S. 283.
[89] Ebd., S. 284. Ebenfalls zit. bei Suchenwirth, Command, S. 170. Quelle ist eine Aussage Körners vom 19. Sept. 1955.
[90] Göring-Aussage vom 15. März 1946, in: IMG, Bd. 9, S. 385. Zu Bross äußerte sich Göring: „Drei Stunden lang habe ich im August 1940 (sic!) versucht, dem Führer den Angriff auf Rußland auszureden – leider vergebens!" Zit. bei Bross, S. 16. Ähnlich ebd., S. 26.
[91] IMG, Bd. 9, S. 386. Vgl. auch Bross, S. 78 ff.
[92] Hillgruber, Strategie, S. 396.

Luftrüstung und bezeichnete Berichte, die dieser Einschätzung widersprachen, in seiner gewohnten Manier als „gemeingefährlich" und „Quatsch": „Wer so etwas schreibe, solle sich auf seinen Geisteszustand untersuchen lassen."[93] Gleichzeitig schätzte er die sowjetische Flugzeugkapazität und militärische Leistungsfähigkeit sehr gering ein, was sich als folgenschwerer Irrtum herausstellen sollte[94]. Anderslautende Berichte riefen bei Göring Wutausbrüche hervor, wobei er den Verfassern sogar mit der Einweisung in Konzentrationslager drohte[95].

Hier wird ein zunehmend pathologischer Grundzug in Görings Verhalten deutlich. Geradezu von Panik wurde er erfaßt, wenn er fürchten mußte, daß aus dem Bereich der Luftwaffe pessimistische Meldungen zu Hitler drangen, die sein Prestige weiter schmälern könnten. Unbestreitbar ist hingegen, daß Göring voller Pessimismus und Besorgnis angesichts der bevorstehenden Kriegsausweitung war[96]. Am 6. November 1940 teilte er General Thomas mit, daß „man sich auf lange Kriegsdauer einstellen müsse und demgemäß die Rohstoffplanungen weitsichtig vorzunehmen seien"[97].

Wie vor dem Westfeldzug fand sich Göring aber trotz seiner grundsätzlichen Skepsis schnell mit Hitlers Entscheidung für einen Angriff auf die Sowjetunion ab[98]. Aus Furcht vor weiterem Vertrauensverlust bei Hitler überwand er seine Bedenken und gab sich den Anschein, als sehe er die Lage so wie Hitler. Die Angst vor weiteren Demütigungen durch Hitler bewogen Göring, sich widerspruchslos dessen Richtlinien zu fügen. Wie bereits bei seiner außenpolitischen Entmachtung Anfang 1939 reagierte Göring dabei jedoch nervös und deprimiert. Ebenso wie er sich in der ersten Jahreshälfte von 1939 dreimal nach Italien und auf eine mehrmonatige Rundreise auf Deutschlands Wasserstraßen begeben hatte, suchte er auch jetzt die Distanz zu Hitler. Anfang November 1940 fuhr Göring nach Frankreich[99], und von Mitte November bis Ende Januar 1941 war er auf Urlaub in seinem Jagdrevier in der Rominter Heide verschwunden[100]. Hitler leitete unterdessen die Planungen für den Angriff auf Rußland ein und unterzeichnete am 18. Dezember 1940 die „Weisung Nr. 21" für das „Unternehmen Barbarossa".

Zum Jahreswechsel 1940/41 hatte Görings Machtverfall eine neue Stufe erreicht. Während er sich 1939 nach seiner Verdrängung aus dem politischen Entscheidungszentrum noch einige Male ergebnislos in die Außen- und Militärpolitik einzuschalten versucht hatte, mußte er nun registrieren, daß er faktisch keinen Einfluß mehr auf die politischen und militärischen Entscheidungen Hitlers besaß. Die Angst vor dem Sturz in die völlige Bedeutungslosigkeit und die Furcht vor dem Verlust der Nachfolger-Würde zwangen ihn aber weiterhin auf Hitlers Weg in den Weltkrieg.

---

[93] Zit. bei Boog, S. 121.

[94] Gleichzeitig vertrat Göring jedoch auch den entgegengesetzten Standpunkt, daß die „Leistung der russischen Rüstungsindustrie über der der deutschen" läge. Klaus Reinhardt, Die Wende vor Moskau. Das Scheitern der Strategie Hitlers im Winter 1941/42, Stuttgart 1972, S. 104.

[95] Boog, S. 117.

[96] Nachkriegsschrift deutscher Luftwaffenoffiziere über „Europäische Beiträge zur Geschichte des Weltkrieges II-Luftkrieg" aus der sog. „Rhodan-Collection", S. 15, IfZ, MA-54/1, 2, 3. Vgl. auch übereinstimmend damit: Meissner, S. 570; Bräutigam, S. 296; Schwerin von Krosigk, Memoiren. S. 206 f.

[97] Thomas, S. 235.

[98] Dies bestätigt Galland, S. 122 ff.

[99] AA-Schreiben an Abetz vom 9. Nov. 1940, in: ADAP, D, XI/1, Nr. 306, S. 422–425.

[100] Irving, Tragödie, S. 173 f.; Görings Terminkalender von 1941, IfZ. Anfang März begab sich Göring nach Österreich. Vgl. die Aufzeichnung von Schmidt vom 8. März 1941, in: ADAP, D, XII/1, Nr. 126, S. 182–187.

Der Beginn des Jahres 1941 stand im Zeichen großer wirtschaftlicher Planungen für die erwartete Besetzung ganz Osteuropas. Görings Vierjahresplan-Behörden rechneten als Folge des Angriffs auf die Sowjetunion mit einer erheblichen Verbesserung der Rohstoffversorgung Deutschlands[101]. Schon Ende Februar 1941 bildete sich aus dem Vierjahresplan-Amt und dem Wehrwirtschafts- und Rüstungsamt unter General Thomas der sogenannte „Wirtschaftsstab z. b. V. Oldenburg", der eine Ausplünderung der Wirtschaftsressourcen der Sowjetunion in phantastischen Ausmaßen plante und bereits jetzt administrative Weichenstellungen und langfristige Wirtschaftpläne erarbeitete. Bedeutendstes Ergebnis dieser Vorarbeiten waren die „Richtlinien·für die Führung der Wirtschaft in den neubesetzten Ostgebieten", die nach der Farbe des Einbandes später als die berüchtigte „Grüne Mappe" bekannt wurden. Neuere Forschungen haben freilich erbracht, daß diese Planungen nicht auf Göring, sondern vor allem auf General Thomas zurückgingen[102]. Sowohl Göring wie auch Hitler bestätigten kurz nach Beginn des deutsch-sowjetischen Krieges lediglich die Entwürfe von Thomas. Göring trug allerdings Sorge, daß seine Führungsstellung im wirtschaftlichen Bereich gewahrt blieb. Er selbst zeigte aber weder bei der Planung noch bei der Durchführung sonderliches Interesse und ließ sich im neugebildeten „Führungsstab der Wirtschaftsorganisation Ost" ständig durch seinen Staatssekretär Körner vertreten. Zu kontinuierlicher und zielgerichteter Arbeit war Göring immer weniger fähig. Sein Rückzug ins Privatleben hatte bereits begonnen.

Auch der England-Flug von Rudolf Heß am 10. Mai 1941 scheint das Klima zwischen Hitler und Göring verschlechtert zu haben. Angeblich machte Hitler die Luftwaffe dafür verantwortlich, daß sie den Flug nicht verhindert habe[103]. Auffallend ist zumindest, daß Göring in den darauffolgenden Wochen Hitlers Angriffspläne auf die Sowjetunion plötzlich lebhaft unterstützte und ausdrücklich auch den weltanschaulichen Charakter des Ostkrieges unterstrich. Für den Fall der Gefangennahme von Russen gab er die Anweisung, „daß jeder bolschewistische Hoheitsträger ohne jedes gerichtliche Verfahren sofort zu erschießen" sei[104]. Göring erreichte es auch, daß der Luftwaffe bei der Kriegführung gegen die Sowjetunion eine besondere Rolle zugedacht wurde. Das sogenannte „Göring-Programm" sah eine Steigerung der Stärke der Luftwaffe um das Vierfache vor. Damit verlagerte sich der bisherige Schwerpunkt der Rüstung entscheidend.

Bei Beginn des Angriffs auf die Sowjetunion am 22. Juni 1941 schien somit nochmals, wenigstens nach außen, eine einmütige Geschlossenheit zwischen Hitler und Göring zu bestehen. Vor allem die offizielle Erneuerung der Nachfolge-Regelung am 29. Juni 1941[105] sollte der Öffentlichkeit demonstrieren, daß die Kriegspolitik in voller Übereinstimmung betrieben wurde. Hitler wollte Göring damit aber auch, wie schon im September 1939, erneut in die Pflicht nehmen. Internen Beobachtern blieb allerdings nicht verborgen, daß sich Görings Interesse für die Kriegsausweitung nach Osten in Grenzen hielt. Am Tage nach dem Angriffsbeginn fand Göring genügend

[101] Boog u. a., Angriff, S 126 f.
[102] Ebd., S. 146 ff.
[103] Belege bei Boog, S. 524.
[104] Zit. bei Boog u. a., Angriff, S. 142 f.
[105] „Führer-Erlaß" vom 29. Juni 1941, IfZ, MA 5(2), Dok. NG-1206.

Muße, um in voller Uniform zusammen mit Speer „die naturgroßen Modelle seines Reichsmarschallamtes zu besichtigen, die in Treptow aufgestellt waren"[106].

Die beträchtlichen deutschen Anfangserfolge in den ersten Wochen des Ostkrieges schienen die optimistischen Kriegserwartungen zu bestätigen. Durch den Überraschungsschlag und ihre qualitative Überlegenheit errang die deutsche Luftwaffe zunächst eine eindeutige Luftherrschaft. Dieser für die deutsche Seite günstige Kriegsbeginn löste im Hochsommer 1941 eine hektische Betriebsamkeit bei den deutschen Planungsstellen des „Wirtschaftsstabs Ost" aus. Man glaubte an den bevorstehenden militärischen Zusammenbruch der Sowjetunion und verfaßte eine Vielzahl von Richtlinien zur Behandlung der sowjetischen Bevölkerung, Wirtschaft und Verwaltung. Auch Göring wurde für wenige Wochen von dieser Planungswelle erfaßt und bemühte sich noch einmal um die Sicherung seiner obersten Richtlinienkompetenz. Seine Weisungen verdeutlichten den Willen zur Vernichtung der „bolschewistischen Gefahr" und mißachteten in eklatanter Weise alle humanitären Grundprinzipien der internationalen Vereinbarungen über die Kriegsführung[107]. Görings Richtlinien zur erbarmungslosen Ausbeutungspolitik in den Ostgebieten nahmen bewußt in Kauf, daß diese unter der sowjetischen Bevölkerung „das größte Sterben seit dem dreißigjährigen Kriege" auslösen konnten[108]. Beispielhaft für das maßlose und rücksichtslose Wüten im besetzten Territorium steht auch jene Anweisung vom Juli 1941, mit der Göring persönlich anordnete, die Dörfer im „Bialowiezer Forst" einzuebnen, da er hier ein privates Jagdrevier einzurichten gedenke. Dieser aufwendigen Maßnahme fielen bis Ende 1941 mehr als einhundert Siedlungen zum Opfer[109].

Während dieser Planungswelle des Hochsommers 1941 verfaßte Göring auch sein berüchtigtes Schreiben an Heydrich, mit dem er diesen am 31. Juli 1941 beauftragte, „alle erforderlichen Vorbereitungen in organisatorischer, sachlicher und materieller Hinsicht zu treffen für eine Gesamtlösung der Judenfrage im deutschen Einflußgebiet in Europa. Soferne (sic!) hierbei die Zuständigkeiten anderer Zentralinstanzen berührt werden, sind diese zu beteiligen. Ich beauftrage Sie weiter, mir in Bälde einen Gesamtentwurf über die organisatorischen, sachlichen und materiellen Vorausmaßnahmen zur Durchführung der angestrebten Endlösung der Judenfrage vorzulegen."[110] Die Vorgeschichte und Bedeutung dieser Anordnung ist noch nicht völlig geklärt. Ungewiß ist, ob Göring, der seit 1938 offiziell Hitlers „Beauftragter zur Regelung der Judenfrage" war, hier auf eine direkte Anweisung Hitlers handelte[111], und ob sie der, die technische Organisation einleitende, „formal-bürokratische Nachgang" der von Hitler

[106] Speer, Erinnerungen, S. 198.
[107] Görings Weisungen nach der Aufzeichnung von Nagel vom 16. Sept. 1941, in: IMG, Bd. 36, Dok. 003-EC, S. 105–109.
[108] Aktennotiz über eine Besprechung bei Göring am 8. Nov. 1941, zit. bei Boog u. a., Angriff, S. 1007. Vgl. auch Dietrich Eichholtz, Die Richtlinien Görings für die Wirtschaftspolitik auf dem besetzten sowjetischen Territorium vom 8. November 1941, in: Bulletin des Arbeitskreises „Zweiter Weltkrieg", Heft 1/2 (1977), S. 73–111.
[109] Vgl. hierzu den Schriftverkehr von Juli bis Ende 1941, IfZ, Gs 05.08.
[110] Schreiben Görings an Heydrich „Berlin, den 7.1941", in: IMG, Bd. 26, Dok. 710-PS, S. 267. Das genaue Datum ergibt sich aus dem Schreiben von Luther an Rintelen vom 21. Aug. 1942, in: ADAP, E, III, Nr. 209, S. 353–360.
[111] Auf der Sitzung am 20. Jan. 1942 erklärte Heydrich, „daß der Auftrag Reichsmarschalls Göring an ihn auf Weisung des Führers erfolgt sei und daß der Führer anstelle der Auswanderung nunmehr die Evakuierung der Juden nach dem Osten als Lösung genehmigt habe". Schreiben Luthers an Rintelen vom 21. Aug. 1942, ebd., S. 355.

schon einige Zeit zuvor an Himmler ergangenen mündlichen Weisung zur zweiten Phase der „Endlösung" darstellte[112]. Wahrscheinlich war Görings Ermächtigung noch nicht der schriftliche Auftrag „zur Durchführung dessen, was nach Kriegsende pauschal mit dem Begriff ‚Endlösung' umschrieben wurde. Seiner urspünglichen Absicht nach bildete die Weisung Görings in erster Linie eine erweiterte Rechtsgrundlage für die Zuständigkeit Heydrichs, über den Rahmen Deutschlands hinaus die Judenfrage federführend zu bearbeiten, die nächsten Schritte in der Judenpolitik festzulegen und die Arbeit der beteiligten Ressorts zu koordinieren."[113] Görings Auftrag stellte damit vor allem die Weichen zur berüchtigten „Wannsee-Konferenz" am 20. Januar 1942, die die Ermordung von Millionen deportierter Menschen initiierte[114].

Das Schreiben an Heydrich ist die letzte bekannte Weisung Görings zur „Judenfrage". Im Zusammenhang mit der Judenpolitik taucht Görings Name später nicht mehr auf.[115] Aber auch in militär- und wirtschaftspolitischen Bereichen spielte er von nun an eine zunehmend bedeutungslose Rolle. Im Verlauf des Rußlandfeldzuges griff Hitler in immer stärkerem Maße persönlich in die Kriegsführung ein. Im Rahmen der Operationen zum Vorstoß auf Leningrad im Spätsommer 1941 gab er selbst die Anweisungen für die operative und auch die taktische Führung der Luftwaffe[116]. Ungeduldig verfolgte er die Luftoffensive auf Moskau, die aufgrund der Schwäche der deutschen Angriffskräfte keinerlei operative Auswirkungen auf das Gesamtkriegsgeschehen an der Ostfront zeigte: „Es waren Prestigeangriffe, wie Göring später erklärte, die schnell auf Hitlers sarkastische Frage durchgeführt worden seien, ob er, Göring, glaube, daß es in der deutschen Luftwaffe noch ein Geschwader gebe, das den Mut habe, nach Moskau zu fliegen."[117] Die zum Teil recht planlosen Operationen der deutschen Luftwaffe im Herbst und Winter 1941 verdeutlichten die Führungsschwäche und das gestörte Befehls- und Zuständigkeitsverhältnis in der obersten Luftwaffenführung.

Flucht ins Privatleben und offener Konflikt mit Hitler 1942–1945

Noch vor der sowjetischen Gegenoffensive im Dezember 1941, die die deutschen Operationen völlig überraschend traf, kam es bereits Anfang November zu einigen Zornesausbrüchen Hitlers gegenüber Göring wegen des angeblichen Versagens der Luftwaffe[118]. Die Übernahme des Oberbefehls über das Heer durch Hitler am 19. De-

[112] Hillgruber, Strategie, S. 525. Zur wissenschaftlichen Kontroverse über diese Frage vgl. Hans Mommsen, Die Realisierung des Utopischen: Die „Endlösung der Judenfrage" im „Dritten Reich", in: GG 9 (1983), S. 381–420.
[113] Adam, S. 309, der in diesem Punkt die bislang differenzierteste Betrachtungsweise vertritt. In Nürnberg behauptete Göring, es habe sich bei dieser Anordnung keinesfalls „um die Ausrottung der Juden, sondern nur um ihre Evakuierung" gehandelt. Vgl. Bross, S. 236.
[114] Protokoll der „Wannsee-Konferenz", in: ADAP, E, I, Nr. 150, S. 267–275.
[115] Mangels eindeutiger Quellenbelege bleibt Görings Haltung zur „Judenfrage" zwiespältig. Noch im Mai 1941 vertrat er eine „Auswanderungs-Lösung". Vgl. Adam, Judenpolitik, S. 306.
In Nürnberg behauptete Göring, „„von den furchtbaren Vorfällen' in den Konzentrationslagern keine Ahnung gehabt und ‚den Ausmaßen des in Deutschland ausgeübten Antisemitismus' nie zugestimmt zu haben. Er erwähnt Namen jüdischer Künstler, denen er geholfen habe, und verteidigt sich: ‚Ich habe nach Möglichkeit versucht, arge Ungerechtigkeiten zu verhindern'". Gründler/von Manikowsky, S. 111. Vgl. auch Bross, S. 144 ff.
[116] Overy, Air War, S. 58 f.; Boog u. a., Angriff. S. 664 f.
[117] Ebd., S. 693.
[118] Boog, S. 524.

zember 1941 war auch eine Folge von Hitlers Vertrauensverlust gegenüber der Luftwaffe. Entgegen den ursprünglichen Planungen des Ostfeldzuges richtete Hitler sein militärisches Hauptinteresse nun auf die Landkriegsführung. Die Luftwaffe verlor ihren gleichberechtigten Status und wurde zum Hilfsinstrument des Heeres degradiert[119]. Göring reagierte auf seinen Prestige- und Autoritätsverlust und auf Hitlers Vorwürfe gegen ihn in gewohnter Weise. Er trat die Flucht vor Hitler an und begab sich im Dezember 1941 nach Frankreich[120] und im Januar/Februar 1942 nach Italien[121].

In Rom begrüßte Göring Mussolini mit den Worten: „Harte Zeiten."[122] Pessimistisch äußerte er sich über die zu erwartende lange Kriegsdauer: Man müsse „damit rechnen, daß die Achse von den Flugzeugen, die Amerika herstelle, einiges zu spüren bekomme". Im Rußlandfeldzug sei in absehbarer Zeit jedenfalls kein Erfolg zu erwarten, da man „angesichts der weiten Räume, um die es sich in Rußland handele", „auch 1942 noch nicht bis an den Ural vordringen" könne[123]. Görings Desinteresse am Ostfeldzug äußerte sich in der Folgezeit auch in dem langen Fernbleiben vom Führerhauptquartier und Hauptquartier der Luftwaffe[124].

Mit dem Jahre 1942 verlor Göring den maßgeblichen Führungsanspruch auch in der letzten ihm noch verbliebenen Domäne, der Wirtschaftspolitik. Am 8. Februar 1942 wurde auf Hitlers Anordnung Albert Speer zum Reichsminister für Bewaffnung und Munition ernannt und Göring dabei vor vollendete Tatsachen gestellt[125]. Anders als sein Vorgänger Todt, der sich auf die Zuständigkeit für die Heeresrüstung beschränkt hatte, arbeitete Speer von Anfang an auf eine planmäßige Ausdehnung seiner Befugnisse auf den gesamten Bereich der Rüstungswirtschaft hin. Speer sorgte dabei zunächst geschickt dafür, daß Görings nominelle Befugnisse nicht beeinträchtigt erschienen[126]. Da Göring längst nicht mehr fähig und willens war, seine formale Kompetenz auf dem Gebiet der Wirtschaftspolitik auszufüllen[127], usurpierte Speer unter dem Firmenetikett Görings nach und nach dessen wirtschaftspolitische Zuständigkeiten[128].

Göring setzte dem kaum Widerstand entgegen. Übereinstimmend registrierte man in der Umgebung Görings seit 1942 eine zunehmende Lethargie und Arbeitsunlust des Reichsmarschalls[129]. Seine Anordnungen waren oft auffallend sprunghaft und un-

---

[119] Boog u. a., Angriff, S. 703. Gleichzeitig nahm Hitler eine Umorganisation der Rüstungspräferenzen vor, bei der die Luftwaffe am schlechtesten abschnitt. Vgl. Wolfgang Vorwald, Die deutsche Luftrüstung im Rahmen der Gesamtrüstung, in: Wehrtechnische Hefte 50 (1953), S. 8–19, hier: S. 14.

[120] Aufzeichnung von Schmidt vom 3. Dez. 1941, in: ADAP, D, XIII/2, Nr. 529, S. 744–754.

[121] Domarus, Bd. II, S. 1834; Deichmann, S. 142; Ciano, Eintrag vom 4. Feb. 1942, S. 401: Göring sprach bei Ciano „ausschließlich von den Juwelen, die er besitzt".

[122] Ebd., Eintrag vom 28. Jan. 1942, S. 399.

[123] Aufzeichnung Schmidts vom 29. Jan. 1942, in: ADAP, E, I, Nr. 181, S. 335, 330.

[124] Boog u. a., Angriff, S. 698.

[125] Janssen, S. 39.

[126] Petzina, Vierjahresplan, S. 163 f.

[127] So trat beispielsweise der am 6. Juni 1942 auf Speers Initiative gebildete „Reichsforschungsrat", dessen Vorsitzender Göring war, nie zusammen. Boog, S. 75; Speer, Erinnerungen, S. 239.

[128] Bei einer Besprechung am 2. März 1942 umriß Speer die Situation: „Er habe die Durchschlagskraft beim Führer, ich (i. e. Thomas – der Verf.) die großen Erfahrungen und den Apparat und der Reichsmarschall müsse dazu seinen Namen geben". Aktennotiz von Thomas vom 3. März 1942, in: Thomas, Dok. Nr. 7, S. 537.

[129] Speer, Erinnerungen, S. 220. Vgl. auch die Belege bei Boog, S. 525. Ende 1942 klagte Göring resignierend, „Hitler mache alles selbst". Hassell, Deutschland, Eintrag vom 20. Dez. 1942, S. 283. 1946 gab Göring zu, daß er ab 1942 sich überhaupt nur noch um „Luftwaffensachen" gekümmert habe. Vgl. Bross, S. 18.

realistisch. Görings Kompetenzverlust im wirtschaftspolitischen Bereich war daher weniger eine Ursache als bereits eine Folge seines allgemeinen Macht- und Persönlichkeitsverfalls. Göring hatte sich in der Rüstungswirtschaft als Leitfigur lediglich so lange behaupten können, weil Hitler für diesen Bereich das geringste Interesse zeigte. Es bedurfte nur eines ehrgeizigen Aufsteigers wie Speer, der noch nicht einmal über einen Parteirückhalt verfügte, um Göring auch hier zu verdrängen.

Die britischen Luftangriffe auf Lübeck und Rostock im März und April und vor allem auf Köln am 30./31. Mai 1942 verschlechterten das Verhältnis zwischen Hitler und Göring weiter sprunghaft. Göring, über den erzählt wurde, er habe vor dem Krieg erklärt, er wolle „Meier heißen, wenn auch nur ein einziges feindliches Flugzeug die deutsche Grenze überfliegen" werde[130], zog sich den Zorn Hitlers zu, der ihn für die britischen Angriffe verantwortlich machte[131]. In Nürnberg bestätigte Göring nach dem Krieg, daß er für Hitler seit 1942 der Sündenbock gewesen sei[132]. Die alliierten Luftangriffe schwächten aber nicht nur Görings Stellung, sondern wirkten auf ihn gänzlich desillusionierend. Im September 1942 beklagte er die „qualitative Überlegenheit der Alliierten"[133] und äußerte sich Ende 1942 bedrückt: „Wir müssen froh sein, wenn Deutschland nach diesem Kriege die Grenzen von 1933 erhalten bleiben."[134] Jetzt erteilte er auch seinem Stab die Weisung, „daß Benennungen irgendwelcher Gebäude, Schulen, Straßen usw. mit seinem Namen bis nach dem Kriege zurückgestellt werden" sollten[135].

Spätestens seit Mitte 1942 hatte Göring keinerlei entscheidenden Einfluß mehr auf die deutsche Politik und Kriegsführung[136]. Seine fatale Zusage vom 24. November 1942, die eingeschlossene 6. Armee in Stalingrad aus der Luft zu versorgen[137], war ein erneuter Ausdruck jenes völlig irrationalen Verhaltens wider besseren Wissens, das Göring seit 1939 gegenüber Hitler immer dann an den Tag legte, wenn sein Verhältnis zum „Führer" einer besonders negativen Belastung ausgesetzt war[138]. Großsprecherisch hatte Göring bereits zuvor bei Hitler geäußert, daß man eigentlich einmal in den Vereinigten Staaten von Amerika landen müßte, um „solch einem ‚Mischvolk' unsere Faust unter die Nase zu halten"[139]. In Hitlers Anwesenheit überkam ihn immer wieder die Manie, seine Leistungen herauszustreichen, beispielsweise, „wie er

[130] Zit. bei Domarus, Bd. II, S. 1350, Anmerk. 1001. Görings angebliche Äußerung läßt sich jedoch nicht nachweisen. Vgl. auch Hassell, Eintrag vom 2. März 1941, S. 184.
[131] Boog, S. 524; Irving, Tragödie, S. 232; Tagebucheintrag Weizsäckers vom 14. Juni 1942, in: Weizsäcker-Papiere, S. 293.
[132] Bross, S. 16; Görings Aussage am 18. März 1946, in: IMG, Bd. 9, S. 490.
[133] Ludwig, Technik, S. 443.
[134] Zit. bei Speer, Erinnerungen, S. 259.
[135] Schreiben von Görnnert (Stab Göring) an Heinrich Wolf vom 17. Sept. 1942, IfZ, MA-144/4, Pag. 7539.
[136] Görings Aussage zu Bross: „Ich bin überhaupt von 1942 ab immer mehr beiseite geschoben worden, desgleichen mein Generalstabschef Jeschonnek. Generalfeldmarschall Milch ist dem Führer später unter Umgehung meiner Person direkt unterstellt worden." Zit. bei Bross, S. 16.
[137] Johannes Fischer, Über den Entschluß zur Luftverteidigung Stalingrads. Ein Beitrag zur militärischen Führung im Dritten Reich, in: Militärgeschichtliche Mitteilungen 6 (1969), S. 7–67, hier: S. 13–15; Albert Seaton, The Russo-German War 1941–1945, New York 1970, S. 321 f.; Below, S. 324 f.; Deichmann, S. 166. Nach seiner Zusage reiste Göring „in dringenden Geschäften nach Paris". Irving, Tragödie, S. 250.
[138] Görings optimistische Zusagen zur Versorgung der 6. Armee verfehlten nicht ihre Wirkung auf Hitler: „F(ührer) begeistert über Reichsmarschall, der schaffe das wie in früheren Zeiten. Dort sei nicht der Kleinmut wie bei vielen Stellen des Heeres." Engel, Eintrag vom 25. Nov. 1942, S. 139; vgl. auch ebd., Eintrag vom 26. Nov. 1942, S. 140.
[139] Picker, Eintrag vom 4. Juli 1942, S. 411.

Deutschlands Nahrungsmittelvorräte teils weiß, teils schwarz in der ganzen Welt zusammengehamstert habe und dabei oft seine Rechte nicht habe wissen dürfen, was seine Linke tat"[140]. Diese Prahlereien hatten jetzt aber auch bei Hitler keine Wirkung mehr.

Es fällt schwer, die Frage zu beantworten, womit sich Göring seit Anfang 1943 überhaupt noch ernsthaft beschäftigte[141]. Er suchte Ablenkung auf zahlreichen Urlaubsfahrten[142] und betätigte sich auf Kosten ausländischer Museen und Galerien als größter Kunstsammler Europas[143]. Göring haßte den Krieg jetzt auch, weil er seine Lebensordnung störte und er ihm Unannehmlichkeiten bereitete[144]. Seit dem Jahreswechsel 1942/43 war Göring offenbar davon überzeugt, daß der Krieg nicht mehr zu gewinnen sei. Vom Herbst 1942 bis zum Frühjahr 1943 begab er sich mehrmals nach Italien[145]. Mit Mussolini teilte er die Einschätzung, daß ein Ende des Krieges nicht absehbar sei. Sarkastisch äußerte er, „daß man sich theoretisch auf 30 Jahre einrichten soll, um den Kampf in kürzerer Zeit zu gewinnen"[146].

So oft wie möglich floh Göring in der Folgezeit in seinen „stille(n) Waldfrieden"[147] nach „Carinhall" oder lebte auf Burg Veldenstein die Romantik seiner Jugendzeit nach[148]. Pferdeschlittenfahrten waren ihm nun wichtiger als Arbeitssitzungen. Nahm er gelegentlich Besprechungstermine wahr, scheute er sich nicht, vor allen Anwesenden zu schlafen[149]. Der Ausbau seines Landsitzes „Carinhall" um mehr als das Doppelte der ursprünglichen Größe lag ihm mehr am Herzen als die Nachrüstung der Luftwaffe[150]. Görings Standpunkt zum Krieg verdeutlichte seine Äußerung zu einem Bekannten am 15. Februar 1943: Er „sehe die Lage mit Ruhe an; wie wir den Krieg aber beenden wollten, sei ihm auch ganz unklar"[151].

Anfang 1943 kam es zwischen Hitler und Göring zum offenen Bruch[152]. Die britische Luftoffensive im März auf das Ruhrgebiet lenkte Hitlers volle Wut auf Göring.

---

[140] Ebd., S. 409.

[141] Vgl. hierzu auch Kehrl, S. 223; Speer, Erinnerungen, S. 222, 335; Guderian, S. 404.

[142] Lee, S. 90; Irving, Tragödie, S. 281

[143] Speer, Erinnerungen, S. 193 f., 334 f.; ders., Tagebücher, S. 170 f.; Hassell, Eintrag vom 22. Jan. 1943, S. 289 f. Zu Görings Plänen von 1943, „die schweren Porphyrsärge der Stauferkaiser aus dem Dom zu Palermo auf das Festland zu verbringen", vgl. Luise Jodl, Jenseits des Endes. Leben und Sterben des Generaloberst Alfred Jodl, Wien 1976, S. 71. Vgl. auch Haensel, S. 209 f.; Bross, S. 54 ff.

[144] Vgl. aus nächster Anschauung Hammerstein, S. 169. Göring besuchte mehr als drei Jahre lang nicht das Oberkommando der Luftwaffe. Warlimont, S. 188.

[145] Italienischen Offizieren fiel dabei Görings „eitle Unwissenheit" auf. Ciano, Tagebücher 1939–1943, Eintrag vom 3. Dez. 1942, S. 496. Zu Görings März-Aufenthalt vgl. auch das Schreiben von Mackensen (Rom) an das AA vom 5. März 1943, in: ADAP, E, V, Nr. 181, S. 347 f.

[146] Aufzeichnung Schmidts vom 26. Okt. 1942 über das Gespräch zwischen Göring und Mussolini am 23. Okt., in: ADAP, E, IV, Nr. 98, S. 162–177, hier: S. 176 f.

[147] Weizsäcker-Papiere, Eintrag vom 14. Juli 1940, S. 241.

[148] Zu Görings wiederauflebender Kostümierungssucht vgl. Hassell, Eintrag vom 6. März 1943, S. 294: Göring „bot ein groteskes Bild. Morgens im ,Wams' mit bauschigen, weißen Hemdärmeln, am Tage mehrfach das Gewand wechselnd, abends bei Tisch im blauen oder violetten seidenen Kimono mit pelzbesetzten Schlafschuhen. Schon morgens einen goldenen Dolch an der Seite, der mehrfach gewechselt wurde, am Hals eine Agraffe mit ebenfalls wechselndem Edelsteinen, um den dicken breiten, gleichfalls mit vielen Steinen besetzten Gurt, ganz zu schweigen von Pracht und Zahl der Ringe."

[149] Boog, S. 244. Zu Görings körperlicher Verfassung vgl. Cooper, S. 9.

[150] Speer, Erinnerungen, S. 335.

[151] Weizsäcker-Papiere, Eintrag vom 17. Feb. 1943, S. 324.

[152] Rückblickend äußerte sich Göring hierzu in Nürnberg: „Kurzum, aus dem Bruch wurde ein Riß. Ich hatte in den letzten Jahren keinen inneren Zugang mehr zu ihm (i. e. Hitler – der Verf.) und er hörte auf niemanden mehr, selbst auf mich nicht mehr." Zit. bei Haensel, S. 63.

Wiederholt hielt Hitler General Koller vor: „Wozu braucht man Flieger als Luftwaffenführer! Die Luftwaffe kann jeder andere genau so führen. Im Weltkrieg 1914–18 hat sie auch ein Infanterist geführt."[153] Die frostige Atmosphäre zwischen dem „Führer" und seinem Nachfolger blieb auch Goebbels nicht verborgen. Am 9. März 1943 vertraute Goebbels seinem Tagebuch an, daß „das Prestige Görings beim Führer kolossal gelitten" habe[154]. Die amerikanische Bomberoffensive auf Deutschland im Sommer 1943 verstärkte die heftigen Auseinandersetzungen zwischen Hitler und Göring[155]. Der Selbstmord des Chefs des Generalstabs und Luftwaffenführungsstabs, Jeschonnek, charakterisierte den enormen psychischen Druck, dem die Luftwaffe durch Hitlers Vorhaltungen und Anschuldigungen ausgesetzt war. Das Führungsdefizit der Luftwaffe äußerte sich in fortlaufenden Umorganisationen der Spitzengliederung, die das Chaos der Zuständigkeiten und Befehlshierarchien nur noch vergrößerten[156].

Während Hitler sich nicht scheute, andere Offiziere wegen angeblicher Unfähigkeit reihenweise zu entlassen, hielt er an Göring aber weiterhin fest. Gegenüber Guderian, der ihn aufforderte, Göring durch einen fähigeren Fliegergeneral zu ersetzen, begründete Hitler dies mit den Worten: „Das kann ich aus staatspolitischen Erwägungen nicht tun. Die Partei würde mich nicht verstehen."[157] Hitler fürchtete bei einer Amtsenthebung Görings auch die negativen Folgen für das Ansehen seiner Führungsmannschaft in der Weltmeinung. „Rücksichtnahme auf Görings Popularität und Autorität im Volke, die auch Goebbels nicht zerstören wollte, und Einsicht in die Notwendigkeit der Erhaltung der Autorität seines designierten Nachfolgers spielten ebenso eine Rolle wie ein gewisses Loyalitätsgefühl gegenüber einem alten Getreuen und die Furcht vor dem Vorwurf, die Unzulänglichkeiten Görings viel zu lange geduldet zu haben."[158] Daneben scheint es Hitler auch an jüngeren personellen Alternativen gefehlt zu haben[159], zumal Görings noch immer starke Beliebtheit in der Bevölkerung dem NS-Regime weiterhin zugute kam[160]. Nicht zufällig wurden von Göring und nicht von Hitler alle öffentlichen Sparappelle und Rationierungsmaßnahmen verkündet.

[153] Koller, S. 104.

[154] Goebbels, 1942–43, Eintrag vom 9. März 1943, S. 254. Vgl. auch Below, S. 311, 322, 336, 369 f.

[155] Boog, S. 525; Speer, Erinnerungen, S. 274; Meissner, S. 581. Die Auswirkungen hiervon beschreibt Hassell, Eintrag vom 28. März 1943, S. 301: „Göring spreche, wenn wenig Abschüsse zu melden seien, sofort vom ‚schwärzesten Tag seines Lebens'".

[156] Boog, Luftwaffenführung, S. 260, 282 ff.

[157] Guderian, S. 405. Göring erzählte Bross 1946 in Nürnberg: „Ich habe später erfahren, daß ich Nachfolger des Führers nur geblieben bin, weil mir der Führer aus Gründen meiner Autorität beim deutschen Volk diese einmal verkündete Stellung nicht wieder entziehen wollte. Hitler war wohl der Ansicht, daß niemand so wie ich das deutsche Volk hinter sich versammeln könne, wenn ihm etwas zustoßen würde. Mir wurde erzählt, daß der Führer diese Gedanken bei einer Beratung im Jahre 1943 einmal geäußert hat. Also das Vertrauen des Führers ist es nicht gewesen, was mich in dieser Stellung beließ: Es waren nur politische Erwägungen." Zit. bei Bross, S. 187.

[158] Boog, S. 243. Am 20. April 1943 notierte Goebbels: „Mit Göring ist der Führer nicht so sehr zufrieden. Trotzdem vertritt er auch wie ich den Standpunkt, daß die Autorität Görings für die allgemeine Reichsführung auch nicht entbehrt werden kann. Wir müssen sie stützen, so schwer uns das im einzelnen auch fallen mag. Sie ist reichs- und kriegswichtig im ausgesprochensten Sinne des Wortes." Goebbels, 1942–43, S. 307. Noch im März 1945 betonte Hitler gegenüber Goebbels, „daß er sich in der gegenwärtigen Kriegsphase eine so weitgehende Personalveränderung nicht leisten könnte. Außerdem habe er niemanden zur Verfügung, der Göring zu ersetzen in der Lage wäre." Goebbels Tagebucheintrag vom 22. März 1945, in: Goebbels, Tagebücher 1945, S. 345.

[159] Boelcke, Rüstung, Eintrag vom 24. Mai 1942, S. 130.

[160] Koller berichtet, daß Göring noch in den letzten Kriegsmonaten über Sympathien bei der Bevölkerung verfügt habe. Koller, S. 19; vgl. auch Irving, Tragödie, S. 322 f.

Obwohl Göring in seinen depressiven Phasen erkennen ließ, daß er Hitler seit 1943 für verrückt hielt[161], wagte er nicht den offenen Widerspruch. Gegenüber Hitlers Günstling Speer erklärte er dies mit den Worten: „Er sei viel enger (als Speer) an Hitler gebunden, viele Jahre gemeinsamer Erlebnisse und Sorgen hätten sie aneinandergekettet – er käme nicht mehr los"[162].

Göring litt außerdem offenbar an dem Nachfolger-Komplex. Was ihm bei allem Machtverlust letztlich blieb, war das Bewußtsein des designierten „Nachfolgers". Als solcher aber war er weiterhin ausschließlich von der Gunst Hitlers abhängig und diesem auch zu Treue verpflichtet. Das machte Göring immer wieder zum gefügigen Gefolgsmann. Je mehr Hitler Göring kritisierte, desto mehr unsinnige und großtönende Versprechungen gab dieser ab, um seinem „Führer" zu beweisen, daß auf ihn Verlaß sei[163].

Die letzten Kriegsmonate waren von Auseinandersetzungen zwischen Hitler und Göring übersät. Bei internen Besprechungen ließ Hitler seiner Wut über die angeblich unfähige Luftwaffe freien Lauf. Guderian berichtet, daß Hitler im August 1944 Göring mit den Worten anfuhr: „Göring! Die Luftwaffe taugt nichts. Sie ist nicht mehr wert, ein selbständiger Wehrmachtteil zu sein. Das ist Ihre Schuld. Sie sind faul!"[164] Unter dem Eindruck des Vormarsches der Alliierten und Hitlers immer heftiger werdenden Vorwürfen zeigte Göring Anfang 1945 einen letzten Anflug von Betriebsamkeit. Ende März nahm er eine Neugliederung der „Ersatzluftwaffe" vor. Bezeichnenderweise hieß es in dem Erlaß, daß in den Spitzendienststellen nur noch die Ressorts zu bearbeiten seien, „die zur Kriegsentscheidung erforderlich sind"[165].

Pflichtbewußt fand sich Göring noch einmal am 20. April 1945 in Berlin im Bunker der Reichskanzlei ein, um an Hitlers Geburtstagsempfang teilzunehmen. Am späten Abend verließ er die in Trümmern liegende und fast eingeschlossene Reichshauptstadt in Richtung Süddeutschland[166]. Der Rest des Generalstabes der Luftwaffe folgte Göring am nächsten Tag nach Berchtesgaden. Der am 23. April dort eintreffende Generalstabschef Koller berichtete Göring, daß nach seinen Informationen Hitler am 22. April einen Nervenzusammenbruch erlitten habe. Göring vertrat daraufhin die Auffassung, daß Hitler damit wohl für die Staats- und oberste Wehrmachtführung ausgefallen sei. Noch am gleichen Tag sandte Göring folgendes Funktelegramm in mehrfacher Ausfertigung zu dem in Berlin eingeschlossenen Hitler:

> „Mein Führer, sind Sie einverstanden, dass ich nach Ihrem
> Entschluss, im Gefechtsstand der Festung Berlin zu verblei-
> ben, gemäss Ihres Erlasses vom 29.6.1941 als Ihr Stellver-
> treter sofort die Gesamtführung des Reiches übernehme
> mit voller Handlungsfreiheit nach Innen und Aussen.

---

[161] Aussage von General Kammhuber, zit. bei Boog, S. 526. Vgl. auch Speer, Erinnerungen, S. 360.
[162] Ebd., S. 434f.
[163] Vgl. beispielsweise Görings völlig unzutreffende Aussagen über den Zustand der Luftwaffe auf der Lagebesprechung vom 26. Juli 1943, BA-MA, RW 47/25, Heft 15. Vgl. auch Assmann, S. 502.
[164] Guderian, S. 404. Göring fand hierauf „kein Wort der Erwiderung". Vgl. ähnlich Ribbentrop, S. 270; Goebbels, Tagebücher 1945, S. 153, 202, 246, 344, 414.
[165] Zit. bei Boog, S. 335. Zu den personellen Umbesetzungen vgl. auch Suchenwirth, Command, S. 205 ff.
[166] Speer, Erinnerungen, S. 477; Koller, S. 19 ff.

Falls bis 22.00 Uhr keine Antwort erfolgt, nehme ich an,
dass Sie Ihrer Handlungsfreiheit beraubt sind. Ich werde
dann die Voraussetzungen Ihres Erlasses als gegeben ansehen und zum Wohl von Volk und Vaterland handeln. Was
ich in diesen schwersten Stunden meines Lebens für Sie
empfinde, wissen Sie, und kann ich durch Worte nicht aus-
drücken.
Gott schütze Sie und lasse Sie trotz allem baldmöglichst
hierherkommen.
Ihr getreuer Hermann Göring."[167]

In einem Telegramm an Generaloberst Jodl, der für den Fall von Hitlers Handlungsunfähigkeit nach Berchtesgaden bestellt wurde, vertrat Göring die Ansicht, es
müsse „eine Staatsführung vorhanden sein, soll das Reich nicht zerfallen".[168] Ebenso
wurden Oberst von Below und Ribbentrop von Görings Initiative durch Funksprüche
unterrichtet. Um 19.50 Uhr traf Hitlers Antwort bei Görings Funkbetriebsstelle ein.

„Funkspruch
g. Kdos. – Chefsache – nur durch Offizier!
Der Erlass vom 29.6.41 tritt erst nach meiner besonderen
Genehmigung in Kraft. Von einer Handlungsfreiheitsbe-
raubung kann keine Rede sein.
Ich verbiete daher jeden Schritt in der von Ihnen angedeu-
teten Richtung.
Adolf Hitler."

Umgehend widerrief Göring in Funksprüchen an Himmler, Jodl und Ribbentrop
seinen Funkspruch vom Mittag. Gleichzeitig ordnete Hitler, vermutlich unter dem
Einfluß von Bormann[169], Görings Inhaftierung durch die SS an. Das allgemeine
Durcheinander während des Zusammenbruchs der Führung des Reiches verhinderte,
daß Göring mit seinem Gefolge erschossen wurde[170]. Eine zufällig in der Nähe von
Görings Inhaftierungsort Schloß Mauterndorf anwesende Luftwaffeneinheit befreite
ungewollt Göring von den Resten seiner SS-Bewachung.

Im „Politischen Testament" Hitlers vom 29. April 1945 erhielt Göring die Quittung
für seine letzte Eigenmächtigkeit. Hitler verfügte[171]:

---

[167] Görings Telegramm an Hitler vom 23. April 1945, BDC, Personalakte Hermann Göring.
[168] Göring-Telegramm an das OKW, Generaloberst Jodl, vom 23. April 1945, BA-MA, RL 1/ 5 (Abschriften-
sammlungen zu den Vorgängen April/Mai 1945).
[169] Zur Rolle Bormanns vgl. Hugh Redwald Trevor-Roper, Einleitung zu: Ders. (Hrsg.), The Bormann Letters.
The Private Correspondence Between Martin Bormann and His Wife from January 1943 to April 1945,
London 1954. S. XI.
[170] Zu den Gerüchten über Hitlers angeblichen Befehl, Göring zu erschießen, vgl. Koller, S. 70 ff.; Deichmann,
S. 204 ff.; Dönitz, S. 439 ff. Görings eigene Version zit. bei Bross, S. 127.
[171] Original-Kopie des im Imperial War Museum in London vorhandenen Exemplars, „Zweiter Teil des politischen Testaments", S. 7 f., BAK, NS 20/ 129.

„Ich stosse vor meinem Tode den früheren Reichsmarschall
Hermann G ö r i n g aus der Partei aus und entziehe ihm
alle Rechte, die sich aus dem Erlass vom 29. Juni 1941 sowie aus meiner Reichstagserklärung vom 1. September
1939 ergeben könnten ...
Göring und Himmler haben durch geheime Verhandlungen mit dem Feinde, die sie ohne mein Wissen und gegen
meinen Willen abhielten, sowie durch den Versuch, entgegen dem Gesetz, die Macht im Staate an sich zu reissen,
dem Lande und dem gesamten Volk unabsehbaren Schaden zugefügt, gänzlich abgesehen von der Treulosigkeit gegenüber meiner Person."

Damit wurde Göring nach der Zeit seines schwedischen Exils Mitte der zwanziger
Jahre nun zum zweiten Mal aus einer Partei ausgeschlossen, die für ihn eine Art natio-
nalistische Ersatzpartei, aber nie seine eigentliche politische Heimat gewesen war.

Die Etappen des Verfalls von Görings Machtposition im Zweiten Weltkrieg bestätigen das Urteil des ehemaligen Generalstabschefs der Luftwaffe, Albert Kesselring:
„Der Göring von 1934/35 und der von 1942/43 sind sehr verschiedene Erscheinun-
gen. In den 30er Jahren eine energiegeladene, selbstbewußte und kämpferische Persönlichkeit, in den 40er Jahren ein müder, cholerischer Mann, der sich von der vater-
ländischen Aufgabe weit absetzte und sich auch nicht mehr durchsetzen konnte."[172]

---

[172] Albert Kesselring, Gedanken zum Zweiten Weltkrieg, Bonn 1955, S. 175.

IX. Nachwort

1. Forschungsstand und Quellenlage

Görings schillernder Lebenswandel und erstaunliche Popularität erregten bereits die Gemüter der zeitgenössischen Beobachter. Stets war das Interesse der Öffentlichkeit an Görings Person und Karriere groß, zumal sein prunkhaftes Auftreten und seine leutselige Art um so mehr aus dem Rahmen fielen, als sie geradezu das Gegenteil von Hitlers Lebensstil darstellten. Zahlreiche Veröffentlichungen versuchten, dieses vorherrschende Interesse an einem der führenden Nationalsozialisten zu befriedigen und seiner Bedeutung im „Dritten Reich" gerecht zu werden. Schon in den dreißiger Jahren verfaßten Görings Pressechefs die ersten Lebensbeschreibungen, die bis heute noch eine Fundgrube für Görings frühe politische Tätigkeiten darstellen[1]. Grundlegend für spätere Göring-Biographien wurde die Charakterstudie des Psychiaters Gilbert, die während der Nürnberger Kriegsverbrecherprozesse entstand. Gilbert beschrieb Göring als einen „liebenswerten", aber „wurzellosen Psychopathen", der durchaus sympathische Züge gehabt habe[2]. Eigene Äußerungen Görings über seinen Lebensweg wurden in dieser Darstellung verarbeitet und lieferten die Grundlage für ein einseitig positives Bild.

Anfang der fünfziger Jahre erschien eine Reihe von Veröffentlichungen, die vorwiegend Görings Rolle im Zweiten Weltkrieg untersuchten[3]. Am ehesten erwähnenswert von diesen journalistischen Darstellungen ist die Arbeit von Charles Bewley, der sich als ehemaliger irischer Gesandter in Berlin auf eigene Erinnerungen der NS-Zeit stützen und einige Dokumente zur Politik Görings auswerten konnte, die im Nürnberger Prozeß vorgelegt worden waren. Um eine politische Biographie bemühten sich erstmals Heinrich Fraenkel und Roger Manvell. Aufgrund ihrer zahlreichen Fehler muß dieser Versuch, Görings Politik in die Charakterdarstellung mit einzubeziehen, als gescheitert angesehen werden. Die auflagenstärkste und bekannteste Biographie stammt von Leonard Mosley. Mosley war in den dreißiger Jahren Journalist in Berlin. Görings politischen Ämtern und Tätigkeiten widmete er wenig Aufmerksamkeit, dafür um so mehr den vielfältigen Gerüchten über Görings Lebensstil. 1983 legte der Journalist Wolfgang Paul eine weitere Göring-Biographie vor, deren populärwissenschaftlicher Zuschnitt und kompilatorische Form aber keine neuen Erkenntnisse zu liefern vermochten[4].

[1] Gritzbach; Sommerfeldt, Goering; in estnischer Sprache: P. Palgi, Göring, Rakvere 1939.
[2] Gilbert, S. 211–229. Gilberts Unterlagen wurden ausgewertet von Miale/Selzer, S. 83–99.
[3] So vor allem Fnschauer; Eitel Lange, Der Reichsmarschall im Kriege. Ein Bericht in Wort und Bild, Stuttgart 1950; Ewan Butler u. Gordon Young, Marshal Without Glory. The Troubled Life of Hermann Goering, London 1951.
[4] Zu den Arbeiten von Bewley, Fraenkel/Manvell, Mosley und Paul vgl. das Literaturverzeichnis.

Keine dieser Veröffentlichungen über Göring genügt wissenschaftlichen Ansprüchen. Dies gilt sowohl für die Darstellung von Görings Charakter als auch für die Beschreibung und Interpretation seiner Karriere und politischen Rolle im „Dritten Reich". Auch Joachim C. Fests Studie von 1964, die als Grundlage des wissenschaftlichen Urteils über Göring angesehen wird, bietet nicht mehr als eine, allerdings brilliante, Neuformulierung bekannter Interpretationen[5]. Fest konzentriert sich vor allem auf Görings Persönlichkeit und Stellung zu Hitler. Eine Studie, die Göring gänzlich vom politisch-weltanschaulichen Hintergrund isoliert, muß zwangsläufig zu dem Schluß kommen, daß Görings Eitelkeit, Verschlagenheit und Brutalität ihn als geborenen Nationalsozialisten charakterisieren.

Zu einem ähnlichen Urteil gelangt auch Richard J. Overy in seiner 1984 vorgelegten Göring-Biographie. Overy beschreibt Görings Rolle im „Dritten Reich" als die des „wahren Faschisten", dessen politische Hauptaufgabe darin bestanden habe, die deutsche Industrie dem Nationalsozialismus dienstbar zu machen[6]. Unter dem Diktum der politischen und weltanschaulichen Gebundenheit an Hitler erscheint Göring in Overys Arbeit als ein willenloser Diener seines Herrn, jener „eiserne Mann", der Hitlers Pläne in die Tat umgesetzt habe.

Drei grundsätzliche Einwände können gegen Overys Studie geltend gemacht werden. Erstens bemüht sich Overy nicht um eine differenzierende Betrachtung der spezifischen Rolle Görings in der nationalsozialistischen Bewegung. Unbedenklich wird Göring in eine Reihe mit Hitler, Himmler oder Goebbels gestellt. Wichtige weltanschauliche und politische Unterschiede zwischen Göring und anderen Nationalsozialisten bleiben unerkannt. Zweitens interpretiert Overy Görings Rolle im „Dritten Reich" weitgehend aus der Perspektive des Weltkriegsgeschehens. In den Kriegsjahren war Görings politischer Aktionsradius aber bereits eingeschränkt, seine politische Bedeutung stetig im Abnehmen begriffen. Görings zum Teil durchaus eigenständige Politik vor 1939 bleibt daher stark unterbelichtet. Dies hängt mit dem dritten Kritikpunkt zusammen: Overys Quellengrundlage ist zu schmal, er vermag deshalb nicht allen Aspekten der Politik Görings gerecht zu werden. So blieben insbesondere wichtige Quellen über die außen-, innen- und militärpolitischen Aktivitäten Görings unberücksichtigt. Görings Rolle im „Dritten Reich" erschöpfte sich gerade nicht darin, daß er „erster Paladin des Führers" war.

Gleichermaßen eingeschränkt auf einen Teilbereich von Görings Politik ist eine weitere wissenschaftliche Studie, die gleichzeitig mit der vorliegenden Arbeit, aber unabhängig von ihr, entstand. In Münster fertigte Stefan Martens eine Dissertation über Görings Rolle in der deutschen Außenpolitik an, deren Ergebnisse in die vorliegende Darstellung noch nicht einbezogen werden konnten[7]. In einem 1984 vorab veröffent-

---

[5]   Joachim C. Fest, Das Gesicht des Dritten Reiches. Profile einer totalitären Herrschaft, München 1964, S. 103–118.
[6]   Overy, Goering, S. 231–241.
[7]   Stefan Martens, „Erster Paladin des Führers" und „zweiter Mann im Reich". Die Rolle Hermann Görings in der Außenpolitik des Dritten Reiches, Diss. phil. Münster 1983. Die Arbeit ist unter dem Titel angekündigt: Hermann Göring. „Erster Paladin des Führers" und „Zweiter Mann im Reich".

lichten Aufsatz hob Martens Görings besondere Rolle in der nationalsozialistischen Außenpolitik in den Jahren 1937/38 hervor[8].

Keine der bislang vorliegenden Arbeiten untersuchte Görings politische Karriere und seine Rolle im „Dritten Reich" in einem umfassenden Rahmen und auf einer breiten Quellengrundlage. Dabei ist Görings weit ausgreifendes Handeln der historischen Forschung nicht verborgen geblieben. Eine ganze Reihe von Spuren in der Außen-, Innen-, Wirtschafts- und Militärpolitik sind bekannt. Man bemühte sich bisher jedoch nicht um eine übergreifende Interpretation dieser Aktivitäten. Unter dem verengten Blickwinkel des jeweiligen Untersuchungsrahmens konnten die Triebkräfte von Görings politischem Handeln nur bruchstückhaft erkannt und unzureichend interpretiert werden. Ein skizzenhafter Überblick über die bisher vorliegenden Erkenntnisse vermag dies zu verdeutlichen.

Am meisten erforscht ist bislang Görings Aktivität im Bereich der nationalsozialistischen *Außenpolitik*. Bereits in den fünfziger Jahren vertrat D. C. Watt die Auffassung, daß Göring von allen Nazi-Führern am meisten im außenpolitischen Bereich tätig gewesen sei[9]. In den sechziger Jahren lieferten Klaus Hildebrand und Hans-Adolf Jacobsen in ihren Standardwerken zur NS-Außenpolitik erste differenzierende Interpretationen. Sie fanden heraus, daß Göring eine der „wichtigsten Schlüsselfiguren" in der Außenpolitik war, der dabei „nebeneinander Hitlers doktrinäre Anschauungen und die Forderungen der Tradition" vertreten habe[10]. Allerdings ging Jacobsen davon aus, daß Görings Politik nicht weiter ins Gewicht gefallen sei. Bracher zog hieraus den Schluß, daß man Görings Handeln stets als Hitlers Handeln betrachten könne[11].

Andreas Hillgruber forderte hingegen umfassend angelegte Spezialstudien zu Görings „zum Teil recht eigenwilligen Kurs neben Hitler"[12], und Bernd Martin warf die Frage auf, inwieweit Göring gelegentlich mit einem „Alternativkonzept" zu Hitler in Erscheinung getreten sei[13]. Noch vor einigen Jahren stellte Wolfgang Michalka fest, daß „Görings Machtpolitik bisher erst unbefriedigend untersucht" worden sei, „denkt man zum Beispiel an seinen bestimmenden Einfluß in der Polen-, Balkan-, Österreich- und Italienpolitik des Dritten Reiches". Hildebrands Bemerkungen aufgreifend, kam er zu dem Ergebnis, daß Göring niemals ein geschlossenes außenpolitisches Konzept vorgetragen habe, zumal seine Politik durchaus „widersprüchlich" gewesen sei. Mit seiner Charakterisierung von Görings politischem Handeln als einer „wilhelminischen Allerweltspolitik"[14] akzentuierte Michalka die Auffassung, daß Göring als „Sprachrohr der wilhelminischen Imperialisten" im „Dritten Reich" bezeichnet werden könne und ein „Welt- und Großmachtdenken wilhelminischer Prägung" vertreten habe[15].

[8] Stefan Martens, Die Rolle Hermann Görings in der deutschen Außenpolitik 1937/38, in: Franz Knipping u. Klaus-Jürgen Müller (Hrsg.), Machtbewußtsein in Deutschland am Vorabend des Zweiten Weltkrieges, Paderborn 1984, S. 74–92.
[9] Donald C. Watt, The German Diplomats and the Nazi Leaders, 1933–1939, in: Journal of Central European Affairs 15 (1955/56), S. 148–160, hier: S. 154, Anmerk. 28a.
[10] Jacobsen, Außenpolitik, S. 359; Hildebrand, Reich, S. 233 f.
[11] Vgl. z. B. Bracher, Stufen, S. 135.
[12] Hillgruber, Forschungsstand, S. 342.
[13] Martin, Friedensinitiativen, S. 29, Anmerk. 53 u. S. 91, Anmerk. 41.
[14] Michalka, Ribbentrop, S. 205, 207, 210.
[15] Martin, Friedensinitiativen, S. 525, Anmerk. 15. So auch Messerschmidt, Außenpolitik, S. 546; Wollstein, S. 14.

Nur einzelne Historiker bemühten sich bisher um eine genauere Untersuchung der Rolle Görings in der außenpolitischen Entscheidungsfindung. Bei der Beurteilung der Frage nach den Handlungsträgern der deutschen Politik im Spanischen Bürgerkrieg kam Wolfgang Schieder zu dem Ergebnis, daß Göring in diesem Fall letzten Endes seine „Kriegszielvorstellungen" sogar gegenüber Hitler durchzusetzen vermochte[16]. Die älteren Arbeiten von Eichstädt zur Geschichte des „Anschlusses" Österreichs und von Rönnefarth zur Sudetenkrise lieferten bereits vor Jahren reichhaltige Belege, daß Göring in diesen Fragen ein von Hitler abweichendes Konzept verfolgte und unabhängig von dessen Strategie mit Erfolg eigene Wege beschreiten konnte. Diese verstreuten Hinweise zu Görings außenpolitischen Tätigkeiten erfuhren jedoch noch keine zusammenfassende Darstellung und Interpretation. Vor allem wurde nur unzureichend der Zusammenhang mit Görings innen-, militär- und wirtschaftspolitischen Aktivitäten erkannt.

Auch den Forschungen zur nationalsozialistischen *Innenpolitik* entging diese Verknüpfung der verschiedenen Tätigkeitsbereiche. Görings Beitrag zur innenpolitischen Durchsetzung des Nationalsozialismus wurde bereits Anfang der sechziger Jahre von Karl Dietrich Bracher beschrieben. Er bezeichnete Göring als wichtigsten Mann der frühen Machtergreifungs- und Terrorphase[17].

Görings Stellung als eines „sekundären Führers" wurde über die innenpolitische Tragweite hinaus erstmals von Martin Broszat erkannt. In seiner Darstellung des Hitler-Staates ordnete er Göring unter diejenigen Nationalsozialisten ein, die ihren Aufstieg fast ausschließlich der persönlichen Patronage durch Hitler und den Diensten, die sie Hitler und nicht der Partei leisteten, zu verdanken hatten. Broszat sah in Görings Karriere „schon symbolisch das Prinzip und Instrument der persönlichen Herrschaft und persönlichen Machtdelegation vorweggenommen"[18]. Dieser wegweisende Interpretationsansatz zu Görings Rolle im „Dritten Reich" wurde von neueren Forschungen nicht weiterverfolgt. Görings beamtenpolitische und polizeiliche Maßnahmen wurden ebenso isoliert interpretiert wie seine Stellung innerhalb der Partei.[19] Über Broszats Deutung hinaus unternahm die Forschung bislang keine Versuche, Görings Verhältnis zu Hitler zu erklären: Handelte Göring aus eigenem Antrieb, und verfolgte er dabei eigene Ziele oder sind seine innenpolitischen Initiativen auf Hitlers Weisungen zurückzuführen?

Während die Forschung zur nationalsozialistischen Innenpolitik Göring eine Schlüsselrolle bei der „Machtergreifung" im Staate zuschreibt, messen einige Untersuchungen zur *Militärgeschichte* des „Dritten Reiches" Görings Rolle beim Aufbau der Luftwaffe nur geringe Bedeutung bei. Unter dem lange vorherrschenden Blickwinkel der Kriegsberichterstattung warf man Göring schwere Führungs- und Planungsfehler vor[20]. Andere Militärhistoriker gelangten allerdings zu differenzierteren Urteilen und bemühten sich, den organisatorischen und rüstungstechnischen Aufbaubedingungen gerecht zu werden[21]. Inzwischen ist unbestritten, daß der schnelle Aufbau der Luft-

---

[16] Schieder, S. 170.
[17] Bracher, Stufen (Erstveröffentlichung: Köln 1960), S. 213.
[18] Broszat, Staat, S. 81, 348.
[19] Vgl. die Arbeiten von Graf, Höner u. Kater.
[20] Vgl. die Arbeiten von Völker, Luftwaffe; Cooper; Overy, Air War; Suchenwirth, Command; Suchenwirth, Development.
[21] Vgl. vor allem die Arbeiten von Homze u. Boog.

waffe im starken Maße auf Görings politische Durchsetzungskraft zurückzuführen war. Görings Lethargie der späteren Jahre, in denen er sich wenig um seinen Wehrmachtsteil kümmerte, wird mit dem Persönlichkeitsverfall des Oberbefehlshabers der Luftwaffe in Verbindung gebracht. Infolge der isolierten Betrachtung der militärpolitischen Vorgänge verkennt man hierbei den Zusammenhang mit Görings anderen politischen Tätigkeiten, die in bestimmten Phasen einen großen Einfluß auf Görings Engagement in der Militärpolitik ausübten.

So fällt es der militärgeschichtlichen Forschung schwer, Görings Stellung zur Wehrmacht zu bestimmen. In älteren Darstellungen wurde Göring als Parteiführer charakterisiert, der die traditionellen Repräsentanten der Reichswehr beiseite schieben oder für seine politischen Ziele nutzen wollte[22]. Andere Untersuchungen kamen dagegen zu dem Ergebnis, daß Blombergs und Görings politische Grundauffassungen nicht so weit voneinander entfernt waren, wie dies Görings Einschätzung als Parteimann vermuten ließ[23]. Erst eine umfassende Untersuchung von Görings politischem Handeln kann daher Aufschluß darüber geben, inwieweit seine Militärpolitik von seinen politischen Grundauffassungen einerseits und von seinen außen- und innenpolitischen Zielen andererseits motiviert und geprägt wurde. Eine auf den militärpolitischen Bereich beschränkte Betrachtungsweise wird Görings politischem Handeln im „Dritten Reich" nicht gerecht.

Görings militärpolitische Aktivitäten waren im hohen Maße verknüpft mit seinem Eindringen in wirtschaftspolitische Entscheidungsbereiche. Die Forschung zur nationalsozialistischen *Wirtschaftspolitik* betonte bereits Ende der fünfziger Jahre den engen Zusammenhang zwischen Aufrüstung und Wirtschafts- und Finanzpolitik[24]. Eine besondere Rolle spielt dabei die Interpretation des nationalsozialistischen „Vierjahresplans" von 1936, dessen Durchführungsbeauftragter Göring war. In seinen wegweisenden Forschungen hob Dietmar Petzina die Bedeutung dieser Generalvollmacht hervor, mit der Göring „praktisch zum Diktator auf dem Gebiet der Wirtschaft" wurde[25]. Umstritten blieb dabei, inwieweit Göring mit dem Vierjahresplan ein Autarkiekonzept zu verwirklichen suchte[26] oder ob er der Exportwirtschaft gleiche Prioritäten einräumte[27]. Daher wurden auch Görings Engagement für die „Reichswerke-Hermann-Göring"[28] und seine Pläne zur Verwirklichung eines kontinentaleuropäischen „Großwirtschaftsraumes" in ihren Auswirkungen unterschiedlich beurteilt[29].

Während man in der DDR-Forschung einhellig davon ausgeht, daß Göring als Handlanger des deutschen Großkapitals zu charakterisieren sei[30], äußern sich westliche Forschungen hinsichtlich Görings Stellung zur Privatwirtschaft wesentlich zurückhaltender. Dabei stellt sich auch neu die Frage, ob Görings Eindringen in wirtschaftspolitische Entscheidungsbereiche mit einem Vormarsch der Partei im Wirtschaftssektor gleichzusetzen ist[31].

---

[22] Vgl. insbesondere die Arbeiten von Wheeler-Bennett u. Müller, Heer.
[23] Vgl. Messerschmidt, Wehrmacht.
[24] Vgl. die Arbeiten von Klein, Kroll u. Bernhardt.
[25] Petzina, Autarkiepolitik, S. 59.
[26] Dies behaupten Birkenfeld u. Schweitzer, Business.
[27] So Doering u. Wittmann.
[28] Vgl. hierzu die Arbeiten von Fiereder u. Riedel, Eisen.
[29] Vgl. Teichert u. Kube.
[30] Vgl. die Arbeiten von Gossweiler u. Eichholtz.
[31] Vgl. hierzu Herbst u. Boelcke, Wirtschaft.

Die wirtschaftsgeschichtlichen Untersuchungen geben bislang aber nur unzureichende Antworten auf die Fragen nach den Ursachen und Zielen von Görings wirtschaftspolitischem Engagement. Allein aus dem Zusammenhang mit der Rüstungspolitik lassen sich seine frühen Initiativen nicht erklären. Durch die Beschränkung auf
die wirtschaftsgeschichtlich bedeutsame Seite von Görings Politik sind zwar beispielsweise die organisatorischen, instrumentellen und planungstechnischen Seiten des
Vierjahresplans bereits mehrfach untersucht worden, die politischen Ursachen, die zu
seiner Einführung führten, sind jedoch weitgehend unbekannt.

Das Vorstehende verdeutlicht, daß mancherlei Aktivitäten Görings in einzelnen Bereichen des politischen Lebens bereits bemerkt und untersucht worden sind. Aus dieser fragmentierten Forschung ergab sich bisher aber noch keine Gesamtinterpretation.
Die unterschiedlichen Blickwinkel erschwerten vielmehr ein in sich schlüssiges Ge-
samtbild von Görings politischem Handeln. So betont die wirtschafts- und innenpolitische Forschung Görings nationalsozialistische Zielsetzungen als Parteipolitiker,
während Militärhistoriker eher dazu neigen, ihm sogar parteifeindliche Tendenzen zu
unterstellen und ihn politisch in die Nähe von Blomberg rücken. Von beiden Sicht-
weisen unterscheiden sich die Ergebnisse der Forschung zur NS-Außenpolitik, die
Göring fast übereinstimmend als wilhelminischen Konservativen einstufen. Widersprüchlich sind auch die Aussagen darüber, ob Göring als Handlanger Hitlers anzusehen ist oder ob er ein eigenes politisches Konzept verfolgte und dieses auf eigene
Faust zu verwirklichen suchte.

Die Untersuchung von Görings politischer Karriere im „Dritten Reich" muß daher
das politische Handeln von Hitlers Stellvertreter und designiertem Nachfolger als Einheit begreifen. Seine Außenpolitik läßt sich in bestimmten Phasen nicht von seiner In-
nen- und Wirtschaftspolitik trennen. Andererseits bedingten sich Wirtschafts- und
Militärpolitik wechselseitig und beeinflußten Görings innerparteiliche Stellung. Auf-
fallendes Merkmal der Politik Görings ist, daß er sich nie auf Dauer in einem politischen Bereich stark engagierte: Sein Eingreifen in die Innenpolitik war von vorübergehender Natur; für die Militärpolitik zeigte er nur sporadisch Interesse; in seiner Wirtschaftspolitik lösten sich Phasen intensiver Arbeit mit Phasen unbekümmerten
Nichtstuns ab; lediglich für die Außenpolitik zeigte er bis zum Kriegsbeginn eine
gleichbleibende Vorliebe. Das verwirrende Geflecht der Handlungsanstöße und die
Vielschichtigkeit der politischen Strategien in Görings Karriere als zweitwichtigstem
Mann des „Dritten Reiches" können nur durch einen umfassenden Zugriff untersucht
werden, der möglichst allen politischen Bereichen gerecht wird.

Diese methodische Einsicht erforderte eine breite *Quellengrundlage* für eine entsprechende Untersuchung. Schon Andreas Hillgruber führte das Fehlen einer umfassenden Göring-Darstellung auf die mangelhafte Quellengrundlage zurück[32]. Eine
wichtige Aufgabe mußte es daher sein, möglichst alle erreichbaren Quellen über Görings politische Tätigkeit ausfindig zu machen. Dieses Ziel ließ sich freilich nicht in
vollem Maße erreichen. Von Görings Machtzentrale als Luftfahrtminister[33] blieb kaum
etwas übrig, da das Archiv der Luftwaffe nach dem Krieg verbrannte und die Restbe-

---

[32] Hillgruber, Forschungsstand, S. 342.
[33] Petersen, S. 51.

stände keine persönlichen Akten Görings enthalten[34]. Einige Koffer mit Görings Nachlaß gelten als vernichtet, andere verschwanden in der Sowjetunion[35]. Hinweise auf den Verbleib von Görings politischem Diensttagebuch, das zweifellos existierte, erwiesen sich bisher als bloße Spekulationen[36].

Es mußte deshalb der Umweg versucht werden, über allgemeine Aktenbestände zur Politik des „Dritten Reiches" Spuren von Görings politischen Aktivitäten ausfindig zu machen[37]. Das Studium der Akten des Auswärtigen Amtes bestätigte die Erkenntnis, daß Görings Außenpolitik oft mit seinen anderen staatspolitischen Tätigkeiten im Zusammenhang stand. Mit Hilfe der wirtschafts- und militärpolitischen Akten des Bundesarchivs und Militärarchivs konnte daher erst ein abgerundetes Bild von Görings politischem Konzept und seinen daraus resultierenden politischen Initiativen entstehen. Es wurde bald deutlich, daß weitaus mehr direkte Anordnungen, Stellungnahmen, Besprechungsmitschriften etc. von Göring überliefert waren, als zunächst erwartet. Eine systematisierte Durchsicht der Korrespondenzen zahlreicher Partei- und Reichsbehörden förderte nicht nur Hintergrundmaterial, sondern oftmals überraschende Spuren von Görings breit angelegter politischer Aktivität zutage. Auf diesem Wege konnte schließlich eine ausreichende Quellengrundlage für eine Untersuchung über Görings Rolle in der Politik des „Dritten Reiches" geschaffen werden.

Die Aktenbestände des Geheimen Staatsarchivs in Berlin erwiesen sich hierbei von besonderer Bedeutung. Görings preußische Machtstellung als Ministerpräsident war in institutioneller Hinsicht besonders wichtig. Hier befand sich das „Stabsamt", die Macht- und Schaltzentrale von Görings vielfältigen politischen Tätigkeiten. In Berlin vorhandene Aktensplitter und eine in den National Archives in Washington aufgefundene Registratur sowie Teile von Görings politischem Archiv boten eine Übersicht über die Organisation und personelle Besetzung dieses politischen Stabes. Dabei zeigte sich auch, daß Görings Machtakkumulation durch einen klar umschreibbaren Apparat unterstützt und getragen wurde. Göring betrieb nicht zufällig hier und da Politik, sondern mit System und in zielgerichteter Absicht.

[34] Gemzell, S. 357 f. Angeblich wurden 97 bis 98% der Luftwaffenakten bei Kriegsende vernichtet. Horst Boog, Generalstabsausbildung und Führungsdenken in der deutschen Luftwaffe 1935–1945, in: Wehrwissenschaftliche Rundschau 29 (1980), S. 23–32, hier: S. 23; Josef Henke, Das Schicksal deutscher zeitgeschichtlicher Quellen in Kriegs- und Nachkriegszeit. Beschlagnahme – Rückführung – Verbleib, in: VfZG 30 (1982), S. 557–620.

[35] Wolfgang A. Mommsen, Verzeichnis der schriftlichen Nachlässe in deutschen Archiven und Bibliotheken, Bd. 1: Die Nachlässe in den deutschen Archiven, Boppard 1971, S. 163 f.

[36] Göring ließ durch seinen Adjutanten Bodenschatz ein Tagebuch führen, das wichtige politische Gespräche und Ereignisse stichwortartig in Kurzform chronologisch sammelte. Vgl. das Schreiben von Bodenschatz an Dieckhoff (AA) vom 25. Feb. 1937, PAB, Büro St.S./ Politischer Schriftwechsel, Bd. 1, Pag. 470 479 und die Rückantwort ebd., Pag. 470 480 f.
Göring bestätigte 1945 die Existenz dieses Tagebuchs und gab die Auskunft, daß es bei Kriegsende in „Carinhall" verbrannt sei. Heydecker/Leeb, S. 80. Einige Seiten dieses maschinenschriftlichen Diensttagebuchs wurden vom Verfasser im Korpus der „Nürnberger Dokumente" wiederaufgefunden. Nicht ganz ausgeschlossen, wenn auch zweifelhaft, erscheint, daß sich das Diensttagebuch noch irgendwo in privatem französischem Besitz befindet.

[37] Der privaten Sammelleidenschaft von Beutestücken ehemaliger NS-Größen entrissen, konnten vor kurzem sechs Kladden von persönlichen Notizen Görings der Forschung zugänglich gemacht werden (Hermann Weiß, Die Aufzeichnungen Hermann Görings im Institut für Zeitgeschichte, in: VfZG 31 (1983), S. 365–368). Hinter dieser Erwartungen weckenden Verkündigung verbergen sich indessen politisch gehaltlose Notizen und Schmierereien Görings, deren wissenschaftlich verwertbare Teile Weiß fast alle in seiner kurzen „Notiz" zitiert. Allenfalls ein Graphologe würde seine Freude daran haben.
Als ähnlich belanglos erweisen sich auch Görings Jagd- u. Notizbücher, die in der Library of Congress, Washington, aufbewahrt werden.

2. Fragestellung und Ergebnisse

Die vorliegende Arbeit versteht sich als ein Beitrag zu dem „Problem aller Probleme" in der Geschichtswissenschaft: Es geht um die Frage, inwieweit das handelnde Individuum als Träger der Geschichte beschrieben werden kann und welchen Einfluß die gesellschaftlichen Strukturen und sozialen Handlungsbedingungen hierauf haben[1]. Görings politische Karriere im „Dritten Reich" kann nur im Rahmen einer kombinierten personen- und strukturgeschichtlichen Fragestellung angemessen interpretiert werden: Görings persönliche Veranlagung übte einen starken Einfluß auf seinen politischen Werdegang aus. Ohne brutalen Ehrgeiz und rücksichtslosen Machtwillen wäre Göring nie zweiter Mann im „Staate Hitlers" geworden. Andererseits konditionierte die nationalsozialistische Herrschaftsstruktur in vielfältiger Weise Görings Aufstieg und Niedergang im „Dritten Reich".

Die Untersuchung erhebt nicht den Anspruch einer umfassenden politischen Biographie. Görings anlagebedingten Persönlichkeitsmerkmale werden nur soweit in die Darstellung einbezogen, als ihre Bedeutung zur Interpretation seines politischen Handelns ins Gewicht fällt. Im Vordergrund der Arbeit steht vielmehr Görings historisch beschreibbare Rolle als zweitwichtigster Mann im NS-Staat. Die unbestreitbare Tatsache der zentralen Rolle Hitlers im nationalsozialistischen Herrschaftssystem hat dazu geführt, daß anderen Herrschaftsträgern weit weniger Beachtung geschenkt wurde. Dabei geriet oft auch aus dem Blick, daß in den verschiedenen Phasen der Politik des NS-Regimes wechselnde Personengruppen als primäre Machtträger neben oder im Auftrag Hitlers an der Spitze standen und daß es mithin durchaus sinnvoll ist, die Phasenverschiebung und unterschiedliche Qualität der Politik und Struktur des „Dritten Reiches" unter dem Gesichtspunkt des Einflusses und Gewichts der einander ablösenden primären Berater und Bevollmächtigten Hitlers zu betrachten. In diesem Zusammenhang kommt der Untersuchung von Görings Rolle in der politischen Geschichte des „Dritten Reiches" eine wichtige Bedeutung zu.

Die Fragestellung der vorliegenden Arbeit ist daher auch auf dem Hintergrund der Hitlerdebatte zu sehen, die nunmehr seit fast dreißig Jahren in der historischen Forschung geführt wird. Diese Kontroverse ist durch zwei wissenschaftliche Richtungen gekennzeichnet[2]. Nach der älteren dieser beiden Schulen, die etwa durch die Forschungsarbeiten von Bracher, Hillgruber und Hildebrand vertreten wird, ist die Politik des „Dritten Reiches" letztlich allein aus Hitlers omnipotenter Schlüsselstellung zu erklären[3]. Diese Historiker übersehen nicht, daß auch andere nationalsozialistische Politiker eigene politische Konzepte entwickelten, die sich durchaus von Hitlers politischen Zielsetzungen unterschieden. Nach dieser Auffassung war jedoch Hitler allein

---

[1] Theodor Schieder, Der Mensch in der Geschichte, in: Ders., Geschichte als Wissenschaft, 2. überarb. Aufl. München 1968, S. 91.

[2] Zur Hitlerdebatte vgl. die Forschungsüberblicke bei Klaus Hildebrand, Das Dritte Reich, 2. Aufl. München 1980, S. 117–194; Andreas Hillgruber, Endlich genug über Nationalsozialismus und Zweiter Weltkrieg? Forschungsstand und Literatur, Düsseldorf 1982, S. 9–56. Einen erweiterten Interpretationsansatz faßt zusammen: Hüttenberger, S. 417–442.

[3] Als repräsentative Darstellungen vgl. Bracher, Diktatur; Andreas Hillgruber, Tendenzen, Ergebnisse und Perspektiven der gegenwärtigen Hitler-Forschung, in: HZ 226 (1978), S. 600–621; Klaus Hildebrand, Monokratie oder Polykratie? Hitlers Herrschaft und das Dritte Reich, in: Hirschfeld/Kettenacker, S. 73–97.

die ausschlaggebende Instanz im Neben- und Gegeneinander der Machtträger und deren politischer Konzepte.

Dieser sogenannten monokratischen Interpretationsrichtung steht eine andere Historikerschule gegenüber, die insbesondere von Martin Broszat und Hans Mommsen vertreten wird[4]. Ihr Erklärungsansatz deutet das „Dritte Reich" als ein polykratisches Gebilde von sich widersprechenden Zielsetzungen, neben- und gegeneinander handelnden Akteuren. Sie betonen, daß Hitler nur ein, aber keineswegs immer der ausschlaggebende Faktor in den sehr komplexen Entscheidungs- und Herrschaftszusammenhängen gewesen sei. Daher räumt dieser Forschungsansatz den anderen nationalsozialistischen Machtträgern neben Hitler eine höhere Bedeutung ein.

Wie ist Görings Rolle angesichts dieser gegensätzlichen Auffassungen über Politik und Herrschaftsstruktur im „Dritten Reich" zu interpretieren? War er lediglich Hitlers ausführendes Organ oder entwickelte er eigenständige politische Zielsetzungen, die er auch verwirklichen konnte? Göring war ein wichtiger Handlungsträger in der Innen-, Außen-, Militär- und Wirtschaftspolitik. Geschah dies aus eigenem Antrieb oder handelte er auf Hitlers Weisung? Bekanntlich war Göring mit zahlreichen Sonderaufträgen Hitlers versehen. Hielt er sich dabei loyal an Hitlers Weisungen oder versuchte er, sich auf eigene Faust über dessen Richtlinien hinwegzusetzen? Beide Forschungsrichtungen geben hierauf konträre Antworten.

Ebenso unterschiedlich deutet die Forschung Görings politische Grundauffassungen. Bekanntlich waren Hitlers Vorstellungen von einer künftigen nationalsozialistischen Politik von Anfang an in ein Weltbild eingebettet, dessen Konstanten eine universell gültige Kampfideologie und das Postulat der Verschiedenwertigkeit der Rassen bildeten. In seiner Schrift „Mein Kampf" leitete Hitler aus der angeblichen Überlegenheit der deutschen Rasse und der Raumnot der Deutschen die Forderung nach Vergrößerung des „Lebensraumes" ab. Dieser neu zu erwerbende „Lebensraum" lag für Hitler im Osten. Er betonte ausdrücklich, daß es ihm nicht auf die Wiederherstellung der Grenzen des Jahres 1914 ankomme[5].

Die Frage der Verbindlichkeit dieses politischen Programms bildet einen Hauptgegenstand der Auseinandersetzung zwischen den beiden Historikerschulen. Nach der monokratischen Interpretation ist die Politik des „Dritten Reiches" vor allem durch Hitlers Programm zu erklären, das dieser vor 1933 formuliert und in der Zeit seiner Diktatur zwar modifiziert, aber im grundsätzlichen unverändert gelassen habe. Die polykratische Erklärungsversion bestreitet zwar nicht die programmatischen Fixpunkte in Hitlers politischem Denken, deutet diese jedoch eher als metapolitische Weltanschauungselemente, nicht als konkrete politische Handlungsanweisungen. Die Untersuchung von Görings politischen Grundauffassungen, die sein Handeln motivierten und prägten, vermag somit auch einen Beitrag zur Forschungsdiskussion um die Verbindlichkeit von Hitlers weltanschaulich begründetem Programm zu liefern.

Görings funktionaler Stellenwert im nationalsozialistischen Herrschaftssystem ist damit aber noch nicht erklärt. Theorien zur nationalsozialistischen Polykratie bleiben beispielsweise für den wichtigen Bereich der Außenpolitik ebenso umstritten wie das

---

[4] Vgl. z. B. Martin Broszat, Soziale Motivation und Führerbindung des Nationalsozialismus, in: VfZG 18 (1970), S. 392–409; Hans Mommsen, Hitlers Stellung im nationalsozialistischen Herrschaftssystem, in: Hirschfeld/Kettenacker, S. 43–72.
[5] Hitler, Mein Kampf, S. 741, 736.

monokratische Erklärungsmodell, das insbesondere bei der Analyse konkreter Entscheidungsprozesse im innenpolitischen Bereich oft nur unbefriedigende Antworten liefert. Daß diese beiden Forschungsrichtungen bisher nur schwer miteinander vereinbar schienen, liegt wohl auch an ihren unterschiedlichen Forschungsbereichen. Von polykratischen Herrschaftsstrukturen sprechen diejenigen, die sich überwiegend mit der Innenpolitik des „Dritten Reiches" befassen. Hitlers Omnipotenz wird auf der anderen Seite von denen hervorgehoben, die vorwiegend die nationalsozialistische Außenpolitik untersuchen. Görings politisches Handeln umgreift aber beide Teilbereiche. Schon von daher muß die Fragestellung der Arbeit beide gegensätzlichen Forschungsansätze berücksichtigen und miteinander zu verknüpfen suchen.

Die *Ergebnisse* der Untersuchung zeigen, daß beide Forschungsrichtungen der Rolle Görings im „Dritten Reich" nicht völlig gerecht werden.

Bereits Ende 1934 wurde Göring durch einen Geheimerlaß zu Hitlers Stellvertreter und Nachfolger bestellt. Görings Beziehung zu Hitler wurde weniger durch ein gemeinsames politisches Programm als vielmehr durch das persönliche Treueverhältnis zu seinem „Führer" bestimmt. Die Interessenidentität mit dem Nationalsozialismus bezog sich beim „zweiten Mann" im „Dritten Reich" vor allem auf die großmachtpolitischen und autoritären Grundmuster, kaum auf die weltanschauliche Ideologie des spezifisch nationalsozialistischen Sozialdarwinismus rassistischer Prägung.

Eine Folge davon war, daß Görings politische Karriere von zahlreichen Konflikten mit der NSDAP begleitet wurde. Er war sich dieses Spannungsverhältnisses durchaus bewußt und betrieb die politische und personelle Abgrenzung zu den „Parteihorden", wie er sie bezeichnete, mit System und Überlegung. Frühzeitig schuf er sich einen eigenen Kreis von Mitarbeitern, die nicht das nationalsozialistische Parteibuch, sondern das persönliche Treuebekenntnis zu Göring zusammenführte. Es gelang ihm, bis Ende der dreißiger Jahre viele parteipolitische Unterwanderungsversuche in seinen eigenen Machtbereichen abzuwehren und sie weitgehend von Parteieinflüssen freizuhalten. Die Preußische Staatsregierung, die wirtschaftspolitischen Führungsgremien des Vierjahresplans und seiner Vorläufer und das Oberkommando der Luftwaffe blieben Görings persönliche Herrschaftsdomänen.

Görings Kompetenz- und Herrschaftskämpfe mit der Partei prägten seinen politischen Werdegang. Seine scheinbar unersättliche Gier nach Ämtern und Würden stand in engem Zusammenhang mit den permanenten Angriffen der Partei auf seine Machtstellung. Zur Selbstbehauptung und Machtkonsolidierung stürzte sich Göring in immer neue Aufgaben, die ihm politische Freiheiten gewährten. Er hatte im System des Ämterdarwinismus nur eine Überlebenschance, wenn er über eine ausreichende persönliche Machtbasis verfügte und wenn er sich Hitler unentbehrlich machen konnte. Aktion als Mittel der Integration hatte für Göring nicht nur systemstabilisierende Bedeutung, sondern hieß für ihn gleichzeitig vor allem persönliche Herrschaftsabsicherung.

Göring schloß sich nicht der NSDAP an, weil er von deren ideologischem Konzept überzeugt war. Wie viele politisch heimatlos gewordene Frontsoldaten des Ersten Weltkrieges suchte der Offizier Göring, der in einem monarchistisch geprägten Umfeld aufgewachsen war und eine an militant-autoritären Grundauffassungen orientierte Ausbildung erfahren hatte, nach dem Krieg ein neues Betätigungsfeld, das ihm persönliche Möglichkeiten und vielleicht politische Perspektiven eröffnete. Durch seine

Auszeichnung mit dem „Pour-le-mérite" erregte er das Interesse Hitlers, der ihn zum Organisator und Führer der „Sturmabteilungen" seiner Partei machte, eine Aufgabe, die Görings soldatischen Fähigkeiten entsprechen sollte. Feders „Parteiprogramm" spielte für Göring nie eine Rolle; Hitlers „Mein Kampf" war zu diesem Zeitpunkt noch nicht geschrieben; an Straßers und Rosenbergs Flügelkämpfen interessierte Göring lediglich die machtpolitische, nicht die ideologische Komponente.

Görings Weltbild wurde nicht durch die nationalsozialistische Ideologie geformt. Er gab zu, daß er von den rassistisch-sozialdarwinistischen Begründungen der Parteipolitik wenig hielt. War er gezwungen, zu Propagandazwecken eine ideologische Untermauerung der NS-Wirtschaftspolitik zu leisten, beauftragte er damit insgeheim Rosenberg, da er, wie er bemerkte, selbst von diesen philosophischen Dingen wenig verstehe. Göring nahm Hitlers „Mein Kampf" zwar frühzeitig zur Kenntnis, zeigte jedoch nie, daß er davon beeindruckt war. Noch vor dem Nürnberger Militärgericht hielt er Hitlers Schrift zur Erklärung der nationalsozialistischen Politik für irrelevant. Bezeichnenderweise existierte der Terminus „Lebensraum" nicht in Görings Vokabular. Er sprach lieber über den „starken Staat", die „Volksgemeinschaft" und die „preußischen Tugenden der Deutschen".

Entsprechend Görings gespanntem Verhältnis zur Partei brachte ihn auch seine von den meisten NS-Aktivisten abweichende Auffassung vom Verhältnis von Staat und NSDAP in Widerspruch zur offiziellen Parteiauffassung. Entgegen Hitler, der in Nürnberg 1934 verkündete, daß nicht der Staat der Partei, sondern die Partei dem Staat zu befehlen habe, gab Göring getreu seiner mehr konservativ-autoritären Grundauffassung die Losung aus: „Alle Macht dem Staate!" Daß es ihm damit ernst war, zeigten sein Eingreifen in die Diskussion um die Reichsreform, seine Auseinandersetzungen mit Frick und Hitler um die Erhaltung seiner preußischen Machtstellung und seine Anweisungen in der Judenpolitik, die Sache des Staates und nicht der Partei sei. Bis zum Jahre 1938 bemühte Göring sich mit Erfolg, gegen diese Parteiansprüche Front zu machen.

Görings Rolle im Herrschaftssystem des „Dritten Reiches" war dadurch gekennzeichnet, daß er auf dem Höhepunkt seiner Macht in den Jahren 1935 bis 1938 über einen Apparat verfügte, der ihm eine unabhängige Stellung sicherte. Durch eigene Presse, eigene Polizei, eigene Spitzeldienste, eigenen Behördenapparat, eigenen Wehrmachtsteil und vor allem durch eine Personalpolitik, die nicht das Parteibuch, sondern das persönliche Untergebenen- und Treueverhältnis zur Maxime erhob, war Göring zum Staat im Staate geworden. Görings Herrschaftsbereich war zwischen den vier staatstragenden Säulen von Partei, Wehrmacht, Wirtschaft und Ministerialbürokratie angesiedelt. Überzeugten Nationalsozialisten waren seine undogmatische Gesinnung und sein kritisches Verhältnis zu den Parteiorganen suspekt. Gleichermaßen mißtraute ihm die traditionelle Reichswehrführung, die ihn des Versuchs verdächtigte, die Reichswehr für seine politischen Zwecke einzuspannen. Neid und Ressortpartikularismus verstärkten die ablehnende Haltung der militärischen Führung, da Heer und Marine um ihre Selbständigkeit bangten und sich mit dem aufstrebenden neuen dritten Wehrmachtsteil bald in Kompetenzrangeleien verwickelt sahen.

Ebenso sahen sich die traditionellen wie die nationalsozialistisch unterwanderten Reichsministerien durch Görings scheinbar unersättlichen Ämterhunger bedroht. Seine ungehemmte Art, sich ebensowenig an Zuständigkeitsbereiche wie an Kompetenzabsprachen zu halten, verstärkte den latenten Widerspruch zu den Herrschaftsansprüchen der Staatsorgane. Görings Verhältnis zur Wirtschaftsführung war gleichermaßen zwiespältig. Die deutsche Industrie konnte sich Görings prokapitalistischer Einstellung sicher sein und kam seinen Unternehmungen zur staatlichen Investitionslenkung weitgehend kooperativ entgegen. Die Errichtung der „Reichswerke" brachte Göring jedoch in den Verdacht staatskapitalistischer Bestrebungen und signalisierte ein weniger ungetrübtes Verhältnis des „Wirtschaftsdiktators" zur Privatindustrie.

Görings Ausnahmeposition im „Dritten Reich" gründete sich auf den Umstand, daß er sowohl dem Militär und der Partei, der Wirtschaftsführung wie auch der Bürokratie angehörte und gleichzeitig doch kein Prototyp dieser einzelnen Machtträger war, sondern von allem etwas in sich vereinigte. Er stand gleichsam grenzgängerisch zwischen den Fronten und konnte nicht eindeutig zugeordnet werden. Der Antagonismus der Machtträger charakterisierte Görings spezifische Stellung im Regime.

Während Göring in der Anfangsphase seiner Zusammenarbeit mit Hitler für diesen durch seine Verbindungen und seine gewandte Verhandlungsführung ein nützliches Werkzeug auf dem Wege zur „Machtergreifung" war, wurde Göring später durch seine unabhängige Stellung zwischen den Fronten für Hitler zu einem wichtigen Herrschafts- und Integrationsinstrument. Er konnte als direkter Arm Hitlers in allen Bereichen gleichzeitig eingesetzt werden und je nach Bedarf und Aufgabe Entscheidungen herbeiführen, die Hitler selbst bei seiner ‚divide et impera'-Praxis zu vermeiden suchte. Hitler griff selten persönlich in schwebende Machtkämpfe ein, sondern delegierte Entscheidungsbefugnisse an Göring, der sich dadurch immer mehr in Ämteranarchie und Zuständigkeitschaos verstrickte, während Hitler von den Macht- und Rivalenkämpfen unversehrt blieb und sich die unparteiische Reinheit und den Mythos der höchsten Appellationsinstanz bewahrte.

Göring erfüllte für Hitler auch Repräsentationspflichten, stellte mit seiner Frau die First Lady des Reiches, führte bald für Hitler Kabinettsgeschäfte, ordnete Reichswehr und Wirtschaftsführung dem neuen Aufrüstungskurs ein und war auf dem Höhepunkt seiner Macht Hitlers beauftragter Stellvertreter in Berlin, während dieser als Staatsoberhaupt auf dem Obersalzberg thronte. Hitler war sich Görings Bedeutung bewußt, traute ihm eine Menge zu und bestellte ihn mehrmals zu seinem Nachfolger. Er sah aber auch die Gefahr, die von Göring ausgehen konnte, und achtete genau darauf, daß keine seiner Machtpositionen so groß wurde, daß daraus für Hitler eine potentielle Bedrohung entstehen könnte. Göring griff mehrmals nach Ämtern und Rängen, die ihm Hitler aus solchen Gründen verwehrte.

So wurde Göring nicht unangefochten Preußischer Ministerpräsident, sondern kämpfte über ein Jahr um dieses Amt und zeitweise auch gegen Hitlers Pläne. Hitler unterband erfolgreich Görings Bestrebungen, Reichsaußenminister und Reichskriegsminister zu werden. Auch die Einrichtung einer Reichsnachrichtenzentrale bei Göring scheiterte an Hitlers Widerspruch, der gleichfalls dafür sorgte, daß die Führung der Gestapo schon bald von Göring auf Himmler delegiert wurde. Hitler verbot schließlich auch Görings preußische Ministerratssitzungen unter Beteiligung der Reichsminister, um den Ansätzen einer beratenden und zentralisierten Führung der Reichsregierung zu wehren. Görings umfassender Angriff auf die Wirtschaftsführung war von Hitler nicht geplant worden, sondern entwickelte in charakteristischer Weise eine ungestüme Eigendynamik. Die organisatorischen Startschwierigkeiten des Vierjahresplans und die Beibehaltung von Schacht als Reichswirtschaftsminister bis Ende 1937 sind auf Hitlers vorsichtiges Taktieren zurückzuführen, der auch nicht daran dachte, nach Schachts Entlassung Göring zum Wirtschaftsminister zu bestellen.

Hitler achtete stets auf Distanz zu Göring. Der kollegiale Umgang gedieh nicht zu persönlicher Intimität, wie etwa Hitlers späteres Verhältnis zu Speer. Zwischen den beiden Männern, die zweiundzwanzig Jahre zusammenarbeiteten, stand die unpersönliche Anrede mit „Sie". Obwohl auch Göring letzten Endes von Hitler abhängig war und er die Gefolgschaftstreue gegenüber dem „Führer" niemals aufzukündigen vermochte, war doch das Verhältnis zwischen Hitler und Göring vor allem bis 1938 mehr als Hitlers Beziehung zu irgendeinem anderen führenden Exponenten der NS-Bewegung gekennzeichnet durch das ungewöhnlich hohe Maß an Handlungsfreiheit, das Hitler seinem Statthalter Göring immer wieder einräumte. Wie zum Teil schon in den letzten Jahren vor 1933 konnte sich der Gefolgsmann Göring gleichzeitig als ein handlungsbevollmächtigter Verbündeter Hitlers kraft eigener Fähigkeiten und eigener Machtbasis fühlen. Hitler tolerierte diese besondere Stellung Görings bis 1938 in hohem Maße und unternahm nur vorsichtige Versuche ihrer Begrenzung.

Daß sich daraus später kein ähnlicher Konflikt ergab wie 1934 zwischen Hitler und Röhm, lag letzten Endes wohl vor allem daran, daß in den gleichen Jahren, in denen Göring seine Machtstellung als zweiter Mann des „Dritten Reiches" durch die Fülle seiner Kompetenzen und institutionellen Apparate ausbauen konnte, auch Hitlers Nimbus und Stellung als plebiszitärer Staats-, Partei- und Volksführer zunehmend an Bedeutung gewonnen und 1938 schließlich zu einem gar nicht mehr verzichtbaren Integrationsfaktor des NS-Regimes geworden war.

Das weit verbreitete Klischee, daß Göring nur ein willenloses Vollzugsorgan Hitlers gewesen sei, läßt sich nicht aufrechterhalten. Bis Ende 1938 ging Göring in mancher Hinsicht andere Wege als sein „Führer". Görings preußische Machtstellung, die Reichsreform, die Organisation der Wirtschaft und einige Bereiche der Außenpolitik wurden zu Konfliktfeldern zwischen der Partei einerseits und Göring andererseits. Bis Ende 1938 gelang es Göring überraschend oft, sich mit seiner eigenen politischen Linie durchzusetzen: Die Reichsreform wurde abgewehrt, Preußen blieb weiterhin die größte territoriale und bürokratische Machtbastion im Reich, in der Wirtschaftsführung konnte die Allianz Göring–IG Farben die Angriffe der Partei erfolgreich zurückweisen, und im Außenhandel pflegte Göring unbeirrt Wirtschaftsbeziehungen zu Ländern, die außenpolitisch aufgrund von Hitlers programmatischen Richtlinien eigentlich tabu waren.

Insbesondere im letztgenannten Bereich zeigte es sich, daß Hitlers ideologisches Langzeitprogramm für Göring weitgehend irrelevant war. Übereinstimmende Äußerungen Görings belegen, daß er Hitlers außenpolitische Ideologie für etwas Philosophisches hielt, das seiner Meinung nach hauptsächlich taktisch-persuasiven Zwecken diente. Görings eigene, eher alldeutsch-nationalistische Außenpolitik mit wirtschaftsimperialistischen Ambitionen umfaßte einige Grundpositionen, in denen er sich in Übereinstimmung mit Hitler befindlich glaubte. Der Antikommunismus, der „Anschluß" Österreichs, das weltpolitische Bündnis mit Großbritannien und die völkischen Revisionen des Versailler Vertrages waren für Göring eine scheinbar ausreichende Basis der Übereinstimmung mit Hitler. Diese Ziele standen unverrückbar im Zentrum von Görings außenpolitischer Tätigkeit. Für manche Winkelzüge Hitlers, den Ohne-England-Kurs seit 1937 und der Zurückstellung des „Anschluß"-Programms aus Rücksicht auf Mussolini, brachte Göring kaum Verständnis auf. Anders als Hitler hielt er stets am Ziel des Bündnisses mit England fest und verfocht die „Anschluß"-Idee offener und unnachgiebiger trotz Mussolinis drohender Haltung.

Im wechselvollen Verhältnis zu Italien zeigte sich Hitlers und Görings unterschiedliche außenpolitische Konzeption besonders klar. Für Hitler stand die ideologisch begründete Bündnispartnerschaft mit dem faschistischen Italien im Vordergrund, der er zeitweise auch die eigenen deutschen außenpolitischen Interessen unterordnete. In der österreichischen und südosteuropäischen Frage verbot sich ihm deshalb eine offene machtpolitische Frontstellung gegen Mussolini.

Auch Göring hielt die Annäherung an den zweiten faschistischen Staat in Europa für wünschenswert, doch weniger aus grundsätzlichen als aus zweckgerichteten Erwägungen. Er dachte nie daran, aus außenpolitischer Rücksichtnahme auf die „miesen Italiener" den „Anschluß" Österreichs aufzuschieben. In seiner Südosteuropapolitik provozierte er die Rivalität Italiens oft bis an die Grenze der Belastbarkeit der faschistischen „Achsenpartner". Früher als Hitler gelangte Göring zu der Einsicht, daß Deutschland Italiens hegemoniale Stellung in Süd- und Südosteuropa überflügelt hatte und er sich daher trotz der propagandistisch gefeierten „Achse" eine interessenpolitische Konfliktstrategie leisten konnte.

Zeigten sich bereits im Verhältnis zu Italien außenpolitische Akzentunterschiede zwischen Hitler und Göring, so wurden sie in geographischen Randbereichen noch augenscheinlicher. In der Fernost- und Spanienpolitik steuerte Göring entgegen Hitlers offizieller Marschroute einen eigenen Kurs. Südosteuropa, das traditionelle Feld des deutschen Wirtschaftsimperialismus, wurde Görings persönliche außenpolitische Domäne. In der Politik mit diesen Staaten, die an der Peripherie von Hitlers raumpolitischem Konzept lagen und daher für ihn nur eine zweitrangige Rolle spielten, schuf sich Göring Freiräume, die er für die politische Einkreisung Österreichs zu nutzen verstand. Nach dem „Anschluß" Österreichs versuchte Göring, aus dem politischen Übergewicht in Südosteuropa im Stile wirtschaftsimperialistischer Großraumpolitik Kapital zu schlagen. Das, was Hitler unter „Lebensraum" verstand, glaubte Göring in Südosteuropa in Form eines „Großwirtschaftsraumes" verwirklichen zu können, durch den Deutschland seine Roh- und Grundstoffprobleme und die Arbeitskräftefrage lösen könne.

Hier offenbarte sich am deutlichsten das elementare Mißverständnis, das der politischen Allianz zwischen dem revisionistischen, dann auch wirtschaftsimperialistisch motivierten Allerweltspolitiker Göring und dem Raum- und Rassenfanatiker Hitler zugrunde lag. Der Großwirtschaftsraum spielte für Göring nie aus rassistisch-sozialdarwinistischen Gründen eine Rolle, sondern diente der Abrundung und Untermauerung von Deutschlands zurückgewonnener Großmachtstellung. Deutschland sollte bei der Aufteilung der Welt in Interessensphären den ihm gebührenden Status erhalten. Unter diesem Blickwinkel müssen auch Görings Forderungen nach der Rückerstattung der deutschen Kolonien interpretiert werden. Durch ein weltpolitisches Bündnis mit Großbritannien sollte diese hegemoniale Stellung abgesichert werden, um dem Vordringen des Kommunismus in Europa keine Chance zu bieten. Hitlers „Lebensraum"-Konzept war hingegen offensiver, gründete sich nicht auf wirtschaftsimperialistische Politik, sondern schloß als unverzichtbaren Bestandteil eine rassendoktrinäre Komponente mit ein.

Als sich 1939 das Scheitern von Görings Großwirtschaftsraum-Plänen abzeichnete, bewirkte dies bei ihm eine politische Ernüchterung. Mehr denn je schien es geraten, einen Krieg aus wirtschaftlichen und bündnispolitischen Gründen noch um einige Jahre zu verschieben, bis sich die wehrwirtschaftliche Situation für Deutschland gebessert habe. Hitler zeigte sich davon unbeeindruckt. Für ihn ging es nicht um den Großwirtschaftsraum, sein „Lebensraum" war sowohl geographisch als auch politisch anders gelagert. Wirtschaftsimperialistische Vorstellungen und revisionspolitische Überlegungen waren nicht seine letzten Ziele. Seine Pläne gingen weiter, die Konzepte zur Neugestaltung Europas und der Welt waren radikaler, allem lag der unbedingte Wille des Besessenen zugrunde.

Görings politische Rolle im „Dritten Reich" und seine in einzelnen Bereichen dominante Stellung im nationalsozialistischen Herrschaftssystem zeigen, daß bis 1938 ältere imperialistische oder zumindest revisionistische Politik und radikale, sozialdarwinistisch begründete Expansionspolitik durchaus vereinbar waren. Das „Dritte Reich" brachte im Übergang von Weimar zu Hitler zunächst weniger radikal Neues als man aus retrospektiver Sicht unter dem Eindruck der Vernichtungs- und Eroberungspolitik der vierziger Jahre zu sehen geneigt ist. Bis 1938/39 trug die Politik des „Dritten Reiches" die Charakterzüge einer imperialistischen Revisionspolitik und täuschte diese nicht nur vor.

Man muß vielmehr davon ausgehen, daß bis zu diesem Zeitpunkt der Nationalsozialismus sich noch nicht in allen Bereichen voll durchgesetzt hatte. Dies manifestierte sich sowohl auf personalpolitischer, konzeptioneller wie auch politischer Ebene.

In *personalpolitischer* Hinsicht ist festzustellen, daß Teile der traditionellen nationalkonservativen politischen Eliten in Politik und Herrschaft des „Dritten Reiches" eingebunden waren und hier eine durchaus gewichtige Rolle zu spielen vermochten. Es tat ihrer Politik und Machtstellung zunächst keinen Abbruch, daß sich Schacht, Papen, Neurath, Göring und Ribbentrop teilweise im Widerspruch zur Parteilinie befanden. Hitler stärkte ihnen sogar zeitweise den Rücken gegen Parteiangriffe und beauftragte sie mit wichtigen Sonderaufgaben. Aus der Sicht der nationalkonservativen Eliten bestätigte und verstärkte dies die vermeintliche politische Interessenallianz zwischen ihnen und dem Nationalsozialismus. Offenkundig waren bis 1938/39 die radikalen Parteielemente von der Außen-, Wirtschafts- und Militärpolitik ausgeschlossen. Hitler war zur Systemstabilisierung auf die revisionistischen Politiker angewiesen. Insbesondere Göring fungierte hier für viele als nationalkonservative Leitfigur mit Integrationsfunktion und signalisierte die Vereinbarkeit von revisionistischer und nationalsozialistischer Politik. Hitler trug Görings ausgleichender Rolle frühzeitig dadurch Rechnung, daß er ihn bereits 1934 zu seinem Nachfolger bestellte.

In *konzeptioneller* Hinsicht zeigte sich, daß Hitlers außenpolitisches Programm zunächst kaum verbindlich war. Für die Zeit vor der Entfesselung des Zweiten Weltkrieges kann es nicht als alleiniger Schlüssel zur Erklärung der Außen- und Wirtschaftspolitik des „Dritten Reiches" herangezogen werden. Außenpolitische Handlungsträger wie Neurath, Göring und auch Ribbentrop waren keineswegs vollständig Hitlers außenpolitischer Richtlinienkompetenz unterworfen. Nicht zufällig gehörten sie alle nicht zum radikalen nationalsozialistischen Kern der Staatsführung und zeigten sich mehr im nationalistisch-imperialistischen als im rassistisch-sozialdarwinistischen Denken verwurzelt. Gerade die Tatsache, daß ihnen Hitlers „Lebensraum"-Ideologie aus zahlreichen „Führer"-Monologen bekannt war, sie aber in ihrer Politik an anderen Leitwerten orientiert waren, beweist, wie wenig im Anfangsstadium des „Dritten Reiches" Hitlers Weltanschauungs-Wille schon die allein bestimmende Kraft war.

Zur Interpretation des „Dritten Reiches" muß vielmehr in *politischer* Hinsicht von einer Überlagerung und Gleichzeitigkeit revisionistischer und nationalsozialistischer Expansionspolitik bis zum Jahre 1938 ausgegangen werden. Die Politik der traditionellen nationalkonservativen Eliten äußerte sich in drei Erscheinungsformen.

Erstens befand sie sich im Zustand partieller Übereinstimmung mit Hitlers Nahzielen. So wurde beispielsweise die Annäherung an Großbritannien als wünschenswert erachtet; der „Anschluß" Österreichs war eine gemeinsame zentrale Forderung; Antikommunismus stellte für alle Regierungsmitglieder den gemeinsamen Nenner dar; auch Frankreich wurde im Rücken stets als Bedrohung angesehen; letztlich: Versailles wurde als eine nationalpolitische Schmach empfunden und rechtfertigte insbesondere unter völkischen Gesichtspunkten jedes Mittel revisionistischer Politik. In diesen Punkten war man sich einig. Über die Wege bestand vielfach Unklarheit, und hier war vieles offen. Hitler wirkte zunächst weder determinierend noch regulierend. Das Gegen- und Nebeneinander der Wege und Akteure beweist, daß Flexibilität und Experimentierkunst Trumpf waren, wenn nur das politische Nahziel, über das Übereinstimmung bestand, erreicht wurde.

Zweitens bestanden auf außenpolitischem Terrain vielfältige Freiräume in bezug auf Staaten, die an der Peripherie von Hitlers globalstrategischem Denken lagen und zunächst nicht stärker in seinen Gesichtskreis rückten. Insbesondere die ost- und südosteuropäische Staatenwelt wurde zu einer Domäne traditioneller Revisionspolitiker wie vor allem Göring, die hier frei von „Führerweisungen" ihre wirtschaftsimperialistischen Konzepte zu verwirklichen suchten. Als Hitler selbst ab 1939 außenpolitisch in die Offensive ging, machte sich in diesen Ländern Irritierung bemerkbar, wie man diesen Kurswechsel nun zu beurteilen habe. Gerade in diesen außenpolitischen Bereichen zeigt sich, daß das Bild eines allgegenwärtigen und alles beherrschenden „Führerwillens" für die „Machtergreifungs"- und Durchsetzungsphase bis 1938/39 nicht zur Interpretation komplexer politischer Entscheidungsprozesse ausreicht.

Dieser Zusammenhang äußert sich *drittens* in den von der Forschung vielfach vernachlässigten Bereichen, in denen sich Außenpolitik im Widerspruch zu Hitlers ideologisierter Langzeitprogrammatik vollzog. Das Bündnis mit Japan beispielsweise, das gar nicht in Hitlers rassistisches Konzept paßte, verlangte den nationalsozialistischen Propagandisten stets neue ideologische Klimmzüge ab. Göring umging Hitlers außenpolitische Marschroute dadurch, daß er weiterhin auf gute Beziehungen zu China baute und entgegen Hitlers Willen China mit Waffen gegen Japan versorgte. Auch in der Österreich-Politik vermochte sich Göring gegen Hitlers Weisung zu behaupten. Mit der Inszenierung des „Münchener Abkommens" setzte sich dann Görings Pressionspolitik zum letzten Mal gegen Hitlers kriegerische Expansionspolitik durch.

In der Außenpolitik äußerten sich somit Widersprüche zweierlei Art. Erstens standen bestimmte politische Vorgänge, wie die Bündnisse mit Japan und Stalin oder die Wende gegen England, im Gegensatz zu Hitlers außenpolitischem Langzeitprogramm. Zweitens war es für einzelne politische Handlungsträger durchaus möglich, Hitlers Weisung bewußt zu unterlaufen und sich schließlich auch gegen Hitler durchzusetzen. Göring gelang dies bis Ende 1938 nicht nur auf außenpolitischem, sondern auch auf wirtschafts- und innenpolitischem Gebiet. Entscheidendes Faktum in der Herrschaftsphänomenologie des „Dritten Reiches" ist, daß Hitlers eigentliche „Machtergreifung", die volle Durchsetzung seines Führerabsolutismus, erst Ende 1938/Anfang 1939 abgeschlossen war.

Es soll nicht bestritten werden, daß Hitler stets der erste Mann des „Dritten Reiches" war. Es herrschte weder autoritäre Anarchie noch kann behauptet werden, daß Hitler jemals seine rassenideologischen Ziele aus den Augen verloren habe. Zur Durchsetzung seiner politischen Ziele stützte er sich jedoch auf wechselnde Strategien, so daß der Diktator Hitler insbesondere in der revisionistisch-expansionistischen Anfangsphase des „Dritten Reiches" auch auf eher nationalkonservative Politiker angewiesen war.

Die sich 1936/37 nach innen und außen allgemein bemerkbar machende Systemstabilisierung leitete den verstärkten Vormarsch der nationalsozialistischen Gewalt- und Kriegspolitik ein. Zunächst im innenpolitischen Bereich, aber seit Anfang 1938 auch in der Außenpolitik, gelangte Hitler zu der Auffassung, daß die nationalsozialistische Herrschaft soweit gefestigt sei, daß mit der Verwirklichung seiner Raum- und Rassenpolitik nun begonnen werden konnte. Die Konzentration der Politik des „Dritten Reiches" auf Hitlers programmatische Ziele war daher kein punktueller „Machtergreifungs"-Vorgang, sondern ein allmählich einsetzender „Akzelerationsprozeß politischer Aggressivität und Radikalisierung", wie es Broszat treffend formuliert hat.

Ende 1938/Anfang 1939 machte sich in konzeptioneller Hinsicht etwas radikal Neues in der Politik des „Dritten Reiches" breit. Die von Hitler vielfach monologisierend und programmatisch vorgetragenen Endziele des Nationalsozialismus schienen nun greifbare Wirklichkeit. Die Durchsetzung von Hitlers sozialdarwinistischer Expansionspolitik ging einher mit einem langwierigen Prozeß zur Entmachtung der nationalkonservativen Eliten, der von Papen über Hugenberg, Schmitt, Schacht, Neurath, Blomberg und Fritsch zu Göring und zuletzt auch Ribbentrop führte. Göring fiel als letzter bedeutender Repräsentant der spätimperialistischen Revisionspolitiker Anfang 1939 in die politische Bedeutungslosigkeit.

Am augenscheinlichsten vollzog sich dieser Vorgang im Bereich der Außenpolitik. Die in München getroffenen Vereinbarungen befriedigten Hitler weder vom Stil noch vom Ausmaß her. Im Selbstbewußtsein der eigenen Stärke machte er Revisionspolitiker wie Göring für diesen „Mißerfolg" verantwortlich. Von nun an bestimmte Hitler selbst die außenpolitische Gangart und fand vorübergehend in Ribbentrop ein nützliches Werkzeug, der Görings politische und rüstungswirtschaftliche Vorbehalte gegenüber einem bevorstehenden Krieg nicht teilte. 1938 hatte sich somit ein grundlegender Wandel in der Außenpolitik vollzogen. Während Hitler im März 1938 im Vorfeld des „Anschlusses" zögerte und Göring die treibende Kraft war, versuchte Göring seinerseits im September 1938 Hitlers vorwärtstreibenden Kriegskurs zu bremsen. Im März 1939 war Göring am außenpolitischen Entscheidungsprozeß schon gar nicht mehr beteiligt.

Die Radikalisierung der nationalsozialistischen Politik und die damit einhergehende totale Ausrichtung des Staates auf die Verwirklichung von Hitlers Endzielen beschränkte sich nicht nur auf den außenpolitischen Bereich, sondern erfaßte nach und nach fast sämtliche staatspolitischen Sektoren. Ende 1938 wurde erstmals mit der Organisation der Rüstungswirtschaft ernst gemacht, von der man bereits seit einigen

Jahren sprach. Umstrukturierungen im Wehrmachtführungsstab und die militärischen Planungen seit Ende 1938 wiesen auf die Konkretisierung von Hitlers Kriegszielen hin. Die Einführung der Frauen- und Kinderarbeit war mit die herausragendste Veränderung im sozialpolitischen Bereich. Dies alles wurde von der nun einsetzenden antisemitischen Verfolgungswelle übertroffen, die mit den Pogromen im November 1938 in der Innenpolitik ein mörderisches Zeichen setzte. Hierin äußerte sich am deutlichsten die veränderte programmatische Zielsetzung des Regimes: Hitler steuerte unabdingbar und unbeirrt auf Kriegskurs zu.

Krieg war für Hitler nicht nur Lebensphilosophie und Mittel zur Erreichung der politischen und weltanschaulichen Ziele. Erst die Entfesselung des Krieges gegen Polen gab Hitler die Möglichkeit zur Vereinheitlichung des außenpolitischen Zielwillens auf die von ihm vorgegebene Linie. Der Krieg forderte die gemeinsame Kraftanstrengung aller Führungskräfte und wirkte daher im hohen Maße als Mittel der Disziplinierung und Integration. Loyalitätskonflikte brachen bei der alten Elite nur wenige auf. Sie wurden von den meisten schnell überwunden, da Herrschaftszwänge und gruppendynamische Prozesse eine funktionale Einbettung in das Regime gewährleisteten.

Diese ‚perfekte‘ Form nationalsozialistischer Herrschaft trat nicht urplötzlich und revolutionsartig auf den Plan, sondern ergriff sukzessiv über Jahre hin Besitz von allen staatspolitischen Bereichen. Dieser langwierige Prozeß der Entmachtung der nationalkonservativen Eliten führte erst 1939 zur Durchsetzung von Hitlers sozialdarwinistischer Expansions- und Vernichtungspolitik. Eher alldeutsch-nationalistische Politiker mit wirtschaftsimperialistischen Ambitionen wie Göring hatten von nun an lediglich noch als Integrationsfigur im propagandistischen Bereich staatspolitische Bedeutung. Im politischen Entscheidungs- und Herrschaftszentrum hatte Göring wie andere aufgehört, eine Rolle zu spielen.

3. Schlußbemerkung

Die vorliegende Arbeit ist die überarbeitete Fassung meiner im Wintersemester 1983/84 vom Fachbereich III – Fach Geschichte – der Universität Trier angenommenen Dissertation über das Thema „Zweiter Mann des Dritten Reiches. Hermann Görings Rolle in der deutschen Außen- und Wirtschaftspolitik von 1933 bis 1939".

Mein Dank gilt Herrn Professor Dr. Wolfgang Schieder (Trier), der die Dissertation wissenschaftlich betreute.

Bei der Überarbeitung der Dissertationsfassung vermittelten mir Herr Professor Schieder und Herr Professor Dr. Kurt Düwell (Trier) nützliche Anregungen. Weiterführende Hinweise und hilfreiche Kritik erteilten mir Herr Hermann Graml (München) und vor allem Herr Professor Dr. Martin Broszat (München), dem ich für seine wertvolle und umfangreiche Mithilfe ganz besonders danken möchte.

Den von mir benutzten Archiven und Dokumentationsstellen habe ich zu danken, da sie mir Zugang zu ihren Materialien gewährt haben. Dem Freundeskreis der Universität Trier gilt mein Dank für die Auszeichnung der Arbeit mit seinem Förderpreis. Dem Beirat des Instituts für Zeitgeschichte (München) bin ich für die Aufnahme der Arbeit in die Reihe der „Quellen und Darstellungen zur Zeitgeschichte" zu großem Dank verpflichtet.

Trier, im Sommer 1985   Alfred Kube

X. Anhang

1. Abkürzungsverzeichnis

AA	– Auswärtiges Amt
ADAP	– Akten zur deutschen auswärtigen Politik
AGK	– Ausfuhrgemeinschaft für Kriegsgerät
A.O.	– Auslandsorganisation der NSDAP
APA	– Außenpolitisches Amt der NSDAP
Ausl. Abw.	– Amt Ausland/Abwehr im OKW
BAK	– Bundesarchiv Koblenz
BA-MA	– Bundesarchiv-Militärarchiv, Freiburg/Br.
BDC	– Berlin Document Center
DAF	– Deutsche Arbeitsfront
DBFP	– Documents on British Foreign Policy
DDB	– Documents diplomatiques Belges
DDF	– Documents diplomatiques Français
DDI	– I Documenti Diplomatici Italiani
DNB	– Deutsches Nachrichten-Büro
DNVP	– Deutschnationale Volkspartei
DRTH	– Deutsche Revisions- und Treuhand-Aktiengesellschaft, Berlin
DVFP	– Deutsch-Völkische Freiheitspartei
DZA	– Deutsches Zentralarchiv, Potsdam
F.A.	– Forschungsamt der Luftwaffe
F.H.Qu.	– Führerhauptquartier
F.O.	– Foreign Office, London
FRUS	– Foreign Relations of the United States
GBKW	– Generalbevollmächtigter für die Kriegswirtschaft
GBW	– Generalbevollmächtigter für die Wirtschaft
Gestapa	– Geheimes Staatspolizeiamt
Gestapo	– Geheime Staatspolizei
Gfm	– Generalfeldmarschall
GG	– Geschichte und Gesellschaft
GStA	– Geheimes Preußisches Staatsarchiv, Stiftung Preußischer Kulturbesitz, Berlin-Dahlem
GWU	– Geschichte in Wissenschaft und Unterricht
HaPol	– Handelspolitische Abteilung (im AA)
HAPRO	– Handelsgesellschaft für industrielle Produkte m.b.H.
HISMA	– Compania Hispano-Marroqui de Transportes
HPA	– Handespolitischer Ausschuß
HWaA	– Heereswaffenamt
HZ	– Historische Zeitschrift
IfZ	– Institut für Zeitgeschichte, München
IMG	– Der Prozeß gegen die Hauptkriegsverbrecher vor dem Internationalen Militärgerichtshof, Nürnberg

KG	– Kriegsgerät
KPA	– Kolonialpolitisches Amt
KTB	– Kriegstagebuch
MGM	– Militärgeschichtliche Mitteilungen
MWT	– Mitteleuropäischer Wirtschaftstag
NAW	– National Archives and Records Service, Washington
ObdH	– Oberbefehlshaber des Heeres
ObdL	– Oberbefehlshaber der Luftwaffe
ObdM	– Oberbefehlshaber der Marine
ObdW	– Oberbefehlshaber der Wehrmacht
OKH	– Oberkommando des Heeres
OKL	– Oberkommando der Luftwaffe
OKM	– Oberkommando der Marine
OKW	– Oberkommando der Wehrmacht
OUN	– Organisation Ukrainischer Nationalisten
PAB	– Politisches Archiv des Auswärtigen Amtes, Bonn
PFM	– Preußisches Finanzministerium
pm	– Pressemitteilung
PStM	– Preußisches Staatsministerium
RAM	– Reichsaußenminister
RdL	– Reichsminister der Luftwaffe
RFA	– Reichsstelle für den Außenhandel
RfD	– Reichsstelle für Devisenbewirtschaftung
RGBl	– Reichsgesetzblatt
RJM	– Reichsjustizministerium
RK	– Reichskanzler
RKM	– Reichskriegsministerium
RLM	– Reichsluftfahrtministerium
RM	– Reichsmark
Rm	– Reichsminister
RMF	– Reichsministerium der Finanzen
RMI	– Reichsministerium des Inneren
RMVP	– Reichsministerium für Volksaufklärung und Propaganda
ROWAK	– Rohstoff- und Waren-Kompensation-Handelsgesellschaft m. b. H.
R.P.T.	– Reichsparteitag
RSHA	– Reichssicherheitshauptamt
RVA	– Reichsverteidigungsausschuß
RVR	– Reichsverteidigungsrat
RWA	– Reichsstelle für Wirtschaftsausbau
RWiM	– Reichswirtschaftsministerium
RWM	– Reichswehrministerium
SA	– Sturmabteilung
Sopade	– Sozialdemokratische Partei Deutschlands
SS	– Schutzstaffel
StAM	– Staatsarchiv München
St.S.	– Staatssekretär
TA	– Truppenamt
TU	– Technische Union-Aufbaugruppe in Jugoslawien A.G.
U.St.S.	– Unterstaatssekretär
VB	– Völkischer Beobachter
VDM	– Volksdeutsche Mittelstelle
VfZG	– Vierteljahrshefte für Zeitgeschichte

VJP	– Vierjahresplan
VLR	– Vortragender Legationsrat
V-Mann	– Verbindungsmann
VSWG	– Vierteljahrsschrift für Sozial- und Wirtschaftsgeschichte
WA	– Wehrmachtsamt
WNE	– Wehrwirtschaftlicher Neuer Erzeugungsplan
WStb	– Wehrwirtschaftsstab im OKW
W.T.B.	– Wolff's Telegraphisches Büro
Zentrum	– Deutsche Zentrumspartei
ZfG	– Zeitschrift für Geschichtswissenschaft

2. Quellen- und Literaturverzeichnis

Aus Gründen der Platzersparnis und Übersichtlichkeit enthält das Verzeichnis der veröffentlichten Quellen und Darstellungen nur Titel, die wiederholt in den Anmerkungen in abgekürzter Form zitiert werden. Nur einmal zitierte Veröffentlichungen werden hingegen in den Anmerkungen mit vollen bibliographischen Angaben angeführt und sind nicht im Quellen- und Literaturverzeichnis enthalten.

a) Unveröffentlichte Quellen

Politisches Archiv des Auswärtigen Amtes, Bonn

Bestände:
Büro des Reichsministers, Büro des Staatssekretärs (Akten: St.S. von Bülow), Politische Abteilung II (Akten: Allg. ausw. Politik, Länderakten), Abteilung II Besetzte Gebiete (Akten: Besetztes Rheinland, Saargebiet), Abteilung II F-Luft/F-Abrüstung/F-M (Militär und Marine)/Wirtschaft/ Verträge, Geheimakten 1920–1936 (Akten: Länder II–IV), Abteilung III England-Amerika-Türkei, Abteilung IV Osteuropa und Ostasien, Abteilung IV Wirtschaft, Direktoren (Akten: Meyer, K. Ritter), Büro des Reichsaußenministers, Büro des Staatssekretärs, Büro Unterstaatssekretär, Abteilung Pol. I (Akten: Pol. I Luft, Pol. I Völkerbund, Pol. I M), Abteilung Pol. II–V, Abteilung Pol. VII, Handelspolitische Abteilung (Akten: Kriegsgerät-Geheim, III Spanien, IVa Südosteuropa, IVb Italien, Handakten Wiehl, Handakten Clodius), Büro des Chefs der Auslandsorganisation, Dienststelle Ribbentrop

Handakten:
Botschafter Walter Hewel, Dr. Karl Megerle, U.St.S. Andor Hencke, St.S. Wilhelm Keppler, Gesandter Paul Otto Schmidt

Nachlaß Botschafter Hans Georg von Mackensen

Abt. Inland:
Referat Deutschland, Inland I Partei, Inland II Geheim, Inland II A/B, Inland II D

Akten: Botschaften, Gesandtschaften, Konsulate
Athen, Belgrad, Budapest, Bukarest, Madrid, Prag, Rom (Quirinal), Heiliger Stuhl, Sofia, Warschau, Wien, Zagreb

Bundesarchiv Koblenz

Bestände:
R 2 Reichsfinanzministerium, R 3 Reichsministerium für Rüstung und Kriegsproduktion, R 7 Reichswirtschaftsministerium, R 9 I Reichsstelle für den Außenhandel, R 13 I Verein deutscher Eisen- und Stahlindustrieller/Wirtschaftsgruppe Eisenschaffende Industrie, R 18 Reichsministerium des Inneren, R 25 Reichsamt für Wirtschaftsausbau, R 26 Der Beauftragte für den Vierjahresplan, R 26 I Der Beauftragte für den Vierjahresplan – Zentrale, R 26 II Reichskommissar für

die Preisbildung, R 26 IV Der Beauftragte für den Vierjahresplan – Geschäftsgruppe Ernährung, R 34 Deutsches Nachrichtenbüro, R 41 Reichsarbeitsministerium, R 43 I Alte Reichskanzlei, R 43 II Neue Reichskanzlei, R 55 Reichsministerium für Volksaufklärung und Propaganda, R 58 Reichssicherheitshauptamt, R 104 F Reichskommissar für die Wiedervereinigung Österreichs mit dem Deutschen Reich

NS 6 Stellvertreter des Führers/Parteikanzlei, NS 8 Kanzlei Rosenberg, NS 9 Auslandsorganisation der NSDAP, NS 10 Persönliche Adjutantur des Führers und Reichskanzlers, NS 20 Kleine Erwerbungen, NS 22 Der Reichsorganisationsleiter der NSDAP, NS 26 NSDAP Hauptarchiv, NS 43 Außenpolitisches Amt der NSDAP

Nachlässe:
NL 110 Hans Frank I, NL 118 Joseph Goebbels, NL 122 Karl Haushofer, NL 126 Heinrich Himmler, NL 180 Seyss-Inquart

Sammlungen:
ZSg. 101 Karl Brammer, ZSg. 102 Sänger, ZSg. 110 Traub, ZSg. 133 Jacobsen, Sammlung Schumacher

Bundesarchiv-Militärarchiv, Freiburg/Br.

Bestände:
RL 1 Reichsminister der Luftfahrt und Oberbefehlshaber der Luftwaffe, RM 6 Oberbefehlshaber der Kriegsmarine, RM 7 Seekriegsleitung, Bd. 1, RM 8 Kriegswissenschaftliche Abteilung der Marine, RM 20 Marinekommandoamt, RW 5 OKW/Amt Ausland/Abwehr, RW 8 Adjutantur der Wehrmacht beim Führer und Reichskanzler, RW 47 Kommandoamt des Führerhauptquartiers, Wi I WiRü-Bestand, Wi I F 5 OKW/Wehrwirtschafts- und Rüstungsamt

Nachlässe:
N 26 Kurt Frhr. von Hammerstein, N 28 Ludwig Beck, N 42 Kurt von Schleicher, N 54 Wilhelm Keitel, N 97 Ferdinand von Bredow, N 104 Helmuth Groscurth, N 115 Moritz von Faber du Faur, N 176 Karl Drum, N 179 Erhard Milch, N 254 Leo Frhr. Geyr von Schweppenburg, N 433 Enno von Rintelen

Geheimes Preußisches Staatsarchiv, Stiftung Preußischer Kulturbesitz, Berlin-Dahlem

Reposituren:
77 Preußisches Ministerium des Innern, Staatssekretariat Grauert
90 Preußisches Staatsministerium
90 Annex B Preußischer Ministerpräsident

Berlin Document Center

Personalakten und Vorgänge der NSDAP-Parteikanzlei

Archiv des Instituts für Zeitgeschichte, München

Notiz- und Terminkalender Hermann Görings

Serien:
MA gefilmte Akten, Fa fotokopierte Akten, Fg Headquarters United States Forces/European Theater, Ms Manuskripte, ED Tagebücher/Aufzeichnungen, Mc Spruchkammer-Akten, ZS Zeugenschrifttum, Z Zeitschriften, Nürnberger Dokumente

Staatsarchiv München

Polizeidirektion München

National Archives and Records Service, Washington

Stabsamt des Ministerpräsidenten Generalfeldmarschall Göring

Library of Congress, Washington

Persönliche Notizbücher und Kladden Görings

Graduate School and University Center of the City University of New York, New York

Briefwechsel Göring-Negrelli 1924/25

State Historical Society of Wisconsin, Madison

Memoirs of James D. Mooney

Archiv der sozialen Demokratie, Bonn-Bad Godesberg

Telegraf-Archiv: Pressenotizen und Meldungen aus den Jahren 1939–1967: Hermann Göring

b) Gedruckte Quellen und Dokumentationen

Akten zur deutschen auswärtigen Politik 1918–1945. Aus dem Archiv des Auswärtigen Amtes.
Serie B: 1925–1933, Göttingen 1966 ff.
Serie C: 1933–1937, Göttingen 1971 ff.
Serie D: 1937–1941, Baden-Baden u. Göttingen 1950 ff.
Serie E: 1941–1945, Göttingen 1969 ff.
Arenz, Wilhelm: Die Vernehmung des Reichsmarschalls Göring durch die Sowjets am 17. Juni 1945. Übersetzt und kommentiert von Wilhelm Arenz, in: Wehrwissenschaftliche Rundschau 17 (1967), S. 523–534
Boelcke, Willi A. (Hrsg.): Deutschlands Rüstung im Zweiten Weltkrieg. Hitlers Konferenzen mit Albert Speer 1942–1945, Frankfurt a. M. 1969
Ciano's Diplomatic Papers, hrsg. v. Malcolm Muggeridge, London 1948
Deuerlein, Ernst (Hrsg.): Der Aufstieg der NSDAP in Augenzeugenberichten, 2. Aufl. München 1976
Deutschlandberichte der Sozialdemokratischen Partei 1934–1940, 7 Bde., Frankfurt a. M. 1980
Diplomáciai Iratok Magyarország Külpolitikájához 1936–1945, hrsg. v. Lászlo Zsigmond, Bd. I: Kerekes, Lajos (Hrsg.): A Berlin-Róma tengely kialakulása és Ausztria Annexiója 1936–1938, Budapest 1962, Bd. II: Ádám, Magda (Hrsg.): A Müncheni egyezmény létrejötte és Magyarország külpolitikája 1936–1938, Budapest 1965, Bd. III: Ádám, Magda (Hrsg.): Magyarország Külpolitikája 1938–1939, Budapest 1970, Bd. IV: Juhász, Gyula (Hrsg.): Magyarország Külpolitikája a II. Világháború Kitörésének Idöszakában 1939–1940, Budapest 1962
Dokumente und Materialien aus der Vorgeschichte des zweiten Weltkrieges. Hg. Ministerium für Ausw. Angelegenheiten der UdSSR, Bd. I: November 1937–1938, Bd. II: Das Archiv Dirksens (1938–1939), Moskau 1948–1949
I documenti diplomatici italiani. Hg. Ministero degli affari esteri. Commissione per la pubblicazione dei documenti diplomatici, Ser. 7: 1922–1935, Vol. I–IX, Ser. 8: 1935–1939, Vol. XIII, Rom 1953 ff.
Documents Diplomatiques Belges, 1920–1940. La Politique de sécurité extérieure, hrsg. v. Charles de Visscher u. F. Vanlangenhove, Bd. 1–5, Brüssel 1964.
Documents Diplomatiques Français 1932–1939. Hg. Ministère des Affaires Étrangères, 1re Série (1932–1935), 2e Série (1936–1939), Paris 1964 ff.
Documents on British Foreign Policy 1919–1939, hrsg. v. E. L. Woodward u. Rohan Butler, II. Series, Bd. IV–XVIII, III. Series, Bd. I–VII, London 1951 ff.
Domarus, Max: Hitler. Reden und Proklamationen 1932–45. Kommentiert von einem deutschen Zeitgenossen, 2 Bde., Würzburg 1962/1963
Eichholtz, Dietrich, u. Wolfgang Schumann (Hrsg.): Anatomie des Krieges. Neue Dokumente über die Rolle des deutschen Monopolkapitals bei der Vorbereitung und Durchführung des Zweiten Weltkrieges, Berlin (Ost) 1969
Emessen, Theodor R. (Hrsg.): Aus Görings Schreibtisch. Ein Dokumentenfund, Berlin 1947
De Felice, Renzo (Hrsg.): Mussolini e Hitler. I rapporti segreti (1922–1933), seconda edizione accresciuta, con nuovi documenti, Firenze 1983

Göring, Hermann: Aufbau einer Nation, 2. Aufl. Berlin 1934

Ders.: Aus dem Tagebuch eines Jagdfliegers, in: Georg Paul Neumann (Hrsg.), In der Luft unbesiegt. Erlebnisse im Weltkrieg erzählt von Luftkämpfern, München 1923, S. 209–214

Ders.: Der Kampf gegen Marxismus und Separatismus, in: Wilhelm Kube (Hrsg.), Almanach der nationalsozialistischen Revolution, Berlin 1934, S. 155–160

Ders: Political Testament of Hermann Göring. A Selection of Important Speeches and Articles, translated by H. W. Blood-Ryan, London 1939

Ders.: Die Rechtssicherheit als Grundlage der Volksgemeinschaft, Hamburg 1935

Ders.: Reden und Aufsätze, hrsg. v. Erich Gritzbach, München 1938

Handbuch über den Preußischen Staat für das Jahr 1938. Hg. Preußisches Staatsministerium, 140. Jahrgang, Berlin o. J.

Hass, Gerhart, u. Wolfgang Schumann (Hrsg.): Anatomie der Aggression. Neue Dokumente zu den Kriegszielen des faschistischen deutschen Imperialismus im zweiten Weltkrieg, Berlin (Ost) 1972

Hitler, Adolf: Mein Kampf. Zwei Bände in einem Band, 651./655. Auflage München 1941

Reden des Führers am Parteitag der Ehre 1936, München 1936

Hitlers Denkschrift zum Vierjahresplan 1936, hrsg. u. kommentiert v. Wilhelm Treue, in: VfZG 3 (1955), S. 184–210

Hitlers Zweites Buch. Ein Dokument aus dem Jahre 1928, eingeleitet u. kommentiert v. Gerhard L. Weinberg, Stuttgart 1961

Der Hochverratsprozeß gegen Dr. Guido Schmidt vor dem Wiener Volksgericht. Die gerichtlichen Protokolle mit den Zeugenaussagen, unveröffentlichten Dokumenten, sämtlichen Geheimbriefen und Geheimakten, Wien 1947

Irving, David (Hrsg.): Breach of Security. The German Secret Intelligence File in Events Leading to the Second World War. With an Introduction by Donald C. Watt, London 1968

Jochmann, Werner (Hrsg.): Adolf Hitler: Monologe im Führerhauptquartier 1941–1944. Die Aufzeichnungen Heinrich Heims, Hamburg 1980

Keesings Archiv der Gegenwart 1931–1945, Wien, Essen 1932–1949

Kerekes, Lajos (Hrsg.): Allianz Hitler-Horthy-Mussolini. Dokumente zur ungarischen Außenpolitik (1933–1944), Budapest 1966

Konferenzen und Verträge (Vertrags-Ploetz), Teil II, 4. Bd.: Neueste Zeit 1914–1959, bearbeitet v. Helmuth K. G. Rönnefarth u. Heinrich Euler, 2. erw. Auflage Würzburg 1959

Kral, Václav (Hrsg.): Das Abkommen von München 1938. Tschechoslowakische diplomatische Dokumente 1937–1939, Prag 1968

Kupper, Alfons (Hrsg.): Staatliche Akten über die Reichskonkordatsverhandlungen 1933, Mainz 1969

Martin, Bernd: Britisch-deutsche Friedenskontakte in den ersten Monaten des Zweiten Weltkrieges. Eine Dokumentation über die Vermittlungsversuche von Birger Dahlerus, in: Zeitschrift für Politik N.F. 19 (1972), S. 206–221

Maurer, Ilse, u. Udo Wengst (Hrsg.): Staat und NSDAP 1930–1932. Quellen zur Ära Brüning, Düsseldorf 1977

Pfeifer, Helfried: Die Ostmark. Eingliederung und Neugestaltung. Historisch-systematische Gesetzessammlung nach dem Stande vom 16. April 1941, Wien 1941

Picker, Henry: Hitlers Tischgespräche im Führerhauptquartier. Dritte, vollständig überarbeitete u. erw. Neuausgabe mit bisher unbekannten Selbstzeugnissen Adolf Hitlers, Stuttgart 1976

Der Prozeß gegen die Hauptkriegsverbrecher vor dem Internationalen Militärgerichtshof Nürnberg. 14. November 1945 bis 1. Oktober 1946, 42 Bde., Nürnberg 1947–1949

Reichsgesetzblatt. Jahrgang 1933–1940, hrsg. v. Reichsministerium des Innern, Berlin 1933–1940

Reichstags-Handbuch. IV. Wahlperiode 1928, hrsg. v. Bureau des Reichstags, Berlin 1928

Schulthess' Europäischer Geschichtskalender, hrsg. v. Ulrich Thürauf, Neue Folge 1934–1941, München 1935 ff.

Schumann, Wolfgang (Hrsg.): Griff nach Südosteuropa. Neue Dokumente über die Politik des deutschen Imperialismus und Militarismus gegenüber Südosteuropa im zweiten Weltkrieg, Berlin (Ost) 1973

Ders. u. Ludwig Nestler (Hrsg.): Weltherrschaft im Visier. Dokumente zu den Europa- und Weltherrschaftsplänen des deutschen Imperialismus von der Jahrhundertwende bis Mai 1945, Berlin (Ost) 1975

Ursachen und Folgen. Vom deutschen Zusammenbruch 1918 und 1945 bis zur staatlichen Neuordnung Deutschlands in der Gegenwart. Eine Urkunden- und Dokumentensammlung zur Zeitgeschichte, hrsg. v. Herbert Michaelis, Ernst Schraepfler u. Günter Scheel, Bd. V–XIII, Berlin 1964–1968

Völker, Karl-Heinz (Hrsg.): Dokumente und Dokumentarfotos zur Geschichte der deutschen Luftwaffe. Aus den Geheimakten des Reichswehrministeriums 1919–1933 und des Reichsluftfahrtministeriums 1933–1939, Stuttgart 1968

Vogelsang, Thilo: Neue Dokumente zur Geschichte der Reichswehr 1930–1933. Dokumentation, in: VfZG 2 (1954), S. 397–436

Volk, Ludwig (Hrsg.): Kirchliche Akten über die Reichskonkordatsverhandlungen 1933, Mainz 1969

c) Tagebuchaufzeichnungen und Erinnerungen

Abendroth, Hans-Henning: Mittelsmann zwischen Franco und Hitler: Johannes Bernhardt erinnert 1936, Marktheidenfeld 1978

Aloisi, Pompeo: Journal (25 Juillet 1932 – 14 Juin 1936). Traduit de l'italien par Maurice Vaussard. Introduction et notes par Mario Toscano, Paris 1957

Anfuso, Filippo: Rom-Berlin in diplomatischem Spiegel, München 1951

Assmann, Kurt: Deutsche Schicksalsjahre. Historische Bilder aus dem Zweiten Weltkrieg und seiner Vorgeschichte, Wiesbaden 1950

Baur, Hans: Ich flog Mächtige der Erde, Kempten 1956

Below, Nicolaus von: Als Hitlers Adjutant 1937–45, Mainz 1980

Biddle Jr., Anthony Joseph Drexel: Poland and the Coming of the Second World War. The Diplomatic Papers of A. J. Drexel Biddle, Jr., United States Ambassador to Poland 1937–1939, hrsg. v. Philip V. Cannistraro, Edward D. Wynot, Jr., Theodore P. Kovaleff, Columbus 1976

Bleibtreu, Peter Martin: Hermann Goering: Ich werde nichts verschweigen ..., Wien 1950

Bonnet, Georges: Vor der Katastrophe. Erinnerungen des französischen Außenministers 1938 bis 1939, Köln 1951

Bor, Peter: Gespräche mit Halder, Wiesbaden 1950

Bräutigam, Otto: So hat es sich zugetragen ... Ein Leben als Soldat und Diplomat, Würzburg 1968

Braun, Otto: Von Weimar zu Hitler, Hamburg 1949

Bross, Werner: Gespräche mit Hermann Göring während des Nürnberger Prozesses, Flensburg 1950

Brüning, Heinrich: Memoiren 1918–1934, Stuttgart 1970

Burckhardt, Carl Jacob: Meine Danziger Mission 1937–1939, Bern 1971

The Diaries of Sir Alexander Cadogan O. M. 1938–1945, hrsg. v. David Dilks, London 1971

Ciano, Galeazzo: Tagebücher, Bd. 1: 1937/38, Hamburg 1949, Bd. 2: 1939–1943, 2. Aufl. Bern 1947

Comnène, N. P.: Preludi del grande Dramma. Ricordi e documenti di un diplomatico, Rom 1947

Conwell-Evans, T. P.: None so Blind. A Study of the Crisis Years, 1930–1939, Based on the Private Papers of Group-Captain M. G. Christie, London 1947

Coulondre, Robert: Von Moskau nach Berlin 1936–1939. Erinnerungen des französischen Botschafters, Bonn 1950

Dahlerus, Birger: Der letzte Versuch: London-Berlin. Sommer 1939, München 1973

Davignon, Jacques: Berlin 1936–1940. Souvenirs d'une mission, Paris 1951

Deichmann, Paul: Der Chef im Hintergrund. Ein Leben als Soldat von der preußischen Armee bis zur Bundeswehr, München 1979

Diels, Rudolf: „Lucifer ante portas ... es spricht der erste Chef der Gestapo ...", Stuttgart 1950

Dietrich, Otto: 12 Jahre mit Hitler, München 1955

Dirksen, Herbert von: Moskau, Tokio, London. Erinnerungen und Betrachtungen zu 20 Jahren deutscher Außenpolitik 1919–1939, Stuttgart 1949

Dodd, William E.: Diplomat auf heißem Boden. Tagebuch des US-Botschafters in Berlin 1933–38, hrsg. v. Charles A. Beard, Berlin o. J. (1941)

Dönitz, Karl: Zehn Jahre und zwanzig Tage, Bonn 1958

Eden, Anthony (Earl of Avon): Angesichts der Diktatoren. Memoiren 1923–1938, Köln 1964

Faber du Faur, Moritz von: Macht und Ohnmacht. Erinnerungen eines alten Offiziers, Stuttgart 1953

François-Poncet, André: Als Botschafter in Berlin 1931–1938, Mainz 1949

Ders.: Botschafter in Rom 1938–1940, Mainz 1962

Frauenfeld, Alfred E.: Und trage keine Reu'. Vom Wiener Gauleiter zum Generalkommissar der Krim. Erinnerungen und Aufzeichnungen, Leoni am Starnberger See 1978

Fromm, Bella: Blood and Banquets. A Berlin Social Diary, London 1942

Galland, Adolf: Die Ersten und die Letzten. Jagdflieger im zweiten Weltkrieg, Darmstadt 1953

Der Generalquartiermeister. Briefe und Tagebuchaufzeichnungen des Generalquartiermeisters des Heeres General der Artillerie Eduard Wagner, hrsg. v. Elisabeth Wagner, München 1963

Geyr von Schweppenburg, Leo Frhr.: Erinnerungen eines Militärattachés. London 1933–1937, Stuttgart 1949

Gisevius, Hans Bernd: Bis zum bittern Ende. Bd. I: Vom Reichstagsbrand zur Fritsch-Krise. Bd. II: Vom Münchner Abkommen zum 20. Juli 1944, Zürich 1946

Goebbels, Joseph: Das Tagebuch von Joseph Goebbels 1925/26. Mit weiteren Dokumenten, hrsg. v. Helmut Heiber, Stuttgart 1960

Ders.: Tagebücher aus den Jahren 1942–43. Mit andern Dokumenten hrsg. v. Louis P. Lochner, Zürich 1948

Ders.: Tagebücher 1945. Die letzten Aufzeichnungen. Einführung von Rolf Hochhuth, Hamburg 1977

Ders.: Vom Kaiserhof zur Reichskanzlei. Eine historische Darstellung in Tagebuchblättern (vom 1. Januar 1932 bis zum 1. Mai 1933), München 1934

Göring, Emmy: An der Seite meines Mannes. Begebenheiten und Bekenntnisse, Göttingen 1967

Görlitz, Walter (Hrsg.), Generalfeldmarschall Keitel. Verbrecher oder Offizier? Erinnerungen, Briefe, Dokumente des Chefs OKW, Göttingen 1961

Groscurth, Helmuth: Tagebücher eines Abwehroffiziers 1938–1940. Mit weiteren Dokumenten zur Militäropposition gegen Hitler, hrsg. v. Helmut Krausnick u. Harold C. Deutsch, Stuttgart 1970

Guderian, Heinz: Erinnerungen eines Soldaten, Heidelberg 1951

Haensel, Carl: Das Gericht vertagt sich. Tagebuch eines Verteidigers bei den Nürnberger Prozessen, 2. Auflage Hamburg 1980

Halder, Franz: Kriegstagebuch. Tägliche Aufzeichnungen des Chefs des Generalstabes des Heeres 1939–42. Bearbeitet von Hans-Adolf Jacobsen, 3 Bde., Stuttgart 1962–64

Hanfstaengl, Ernst: Hitler. The Missing Years, London 1957

Ders.: 15 Jahre mit Hitler. Zwischen Weißem und Braunem Haus, 2. Auflage München 1980

Hassell, Ulrich von: Vom Andern Deutschland. Aus den nachgelassenen Tagebüchern 1938–1944, Frankfurt a. M. 1964

Hedin, Sven: Ohne Auftrag in Berlin, Stuttgart 1950

Heeresadjutant bei Hitler 1938–43. Aufzeichnungen des Majors Engel, hrsg. u. kommentiert von Hildegard von Kotze, Stuttgart 1974

Helfferich, Emil: 1932–1946. Tatsachen. Ein Beitrag zur Wahrheitsfindung, Jever 1968

Hencke, Andor: Augenzeuge einer Tragödie. Diplomatenjahre in Prag 1936–1939, München 1977

Henderson, Sir Nevile: Failure of a Mission, London 1940

Hesse, Fritz: Das Vorspiel zum Kriege. Englandberichte und Erlebnisse eines Tatzeugen 1935–1945, Leoni am Starnberger See 1979

Heydecker, Joe Julius, u. Johannes Leeb: Der Nürnberger Prozeß. Bilanz der Tausend Jahre, Köln o. J. (1958)

Hoffmann, Heinrich: Hitler wie ich ihn sah. Aufzeichnungen seines Leibfotografen, München 1974

Hoßbach, Friedrich: Zwischen Wehrmacht und Hitler 1934–38, 2. Aufl. Göttingen 1965

Kehrl, Hans: Krisenmanager im Dritten Reich. 6 Jahre Frieden – 6 Jahre Krieg. Erinnerungen. Mit kritischen Anmerkungen und einem Nachwort von Erwin Viefhaus, Düsseldorf 1973

Kelley, Douglas M.: 22 Männer um Hitler. Erinnerungen des amerikanischen Armeearztes und Psychiaters am Nürnberger Gefängnis, Bern 1947

Kirkpatrick, Ivone: The Inner Circle. Memoirs, London 1959

Koller, Karl: Der letzte Monat. Die Tagebuchaufzeichnungen des ehemaligen Chefs des Generalstabes der deutschen Luftwaffe vom 14. April bis zum 27. Mai 1945, Mannheim 1949

Kordt, Erich: Nicht aus den Akten ... Die Wilhelmstraße in Frieden und Krieg. Erlebnisse, Begegnungen und Eindrücke 1928–1945, Stuttgart 1950

Krogmann, Carl Vincent: Es ging um Deutschlands Zukunft 1932–1939. Erlebtes täglich diktiert
von dem früheren Regierenden Bürgermeister von Hamburg, Leoni am Starnberger See 1976

Lahr, Rolf: Zeuge von Fall und Aufstieg. Private Briefe 1934–1974, Hamburg 1981

Lipski, Józef: Diplomat in Berlin 1933–1939. Papers and Memoirs of Józef Lipski, Ambassador of
Poland, hrsg. v. Wacław Jędrzejewicz, New York 1968

Ludecke, Kurt: I Knew Hitler. The Story of a Nazi Who Escaped the Blood-Purge, London 1938

Luther, Hans: Vor dem Abgrund. 1930–1933. Reichsbankpräsident in Krisenzeiten, Berlin 1965

Malzacher, Hans: Begegnungen auf meinem Lebensweg, 3 Teile, Villach 1968, 1971, 1974

Meier-Welcker, Hans: Aufzeichnungen eines Generalstabsoffiziers, 1939–1942, Freiburg 1982

Meissner, Otto: Staatssekretär unter Ebert, Hindenburg, Hitler. Der Schicksalsweg des deutschen
Volkes von 1918–1945, wie ich ihn erlebte, Hamburg 1950

Nadolny, Rudolf: Mein Beitrag, Wiesbaden 1955

Papen, Franz von: Der Wahrheit eine Gasse, München 1952

Piłsudski, Josef: Erinnerungen und Dokumente. Von Josef Piłsudski dem Ersten Marschall von
Polen, persönlich autorisierte deutsche Gesamtausgabe. Ausgewählt, bearbeitet u. redigiert v.
Wacław Lipiński u. J. P. Kaczkowski. Mit einem Geleitwort von Ministerpräsident General
Hermann Göring, Bd. I, Meine ersten Kämpfe, Essen 1935

Raeder, Erich: Mein Leben. Bd. 1: Bis zum Flottenabkommen mit England 1935, Tübingen 1956,
Bd. 2: Von 1935 bis Spandau 1955, Tübingen 1957

Ribbentrop, Joachim von: Zwischen London und Moskau. Erinnerungen und letzte Aufzeichnungen. Aus dem Nachlaß hrsg. v. Annelies von Ribbentrop, Leoni am Starnberger See 1954

Rintelen, Enno von: Mussolini als Bundesgenosse. Erinnerungen des deutschen Militärattachés
in Rom 1936–43, Tübingen 1951

Röhm, Ernst: Die Geschichte eines Hochverräters, München 1928

Rosenberg, Alfred: Das politische Tagebuch Alfred Rosenbergs aus den Jahren 1934/35 und
1939/40, hrsg. u. erl. v. Hans-Günther Seraphim, München 1964

Schacht, Hjalmar: 76 Jahre meines Lebens, Bad Wörishofen 1953

Schellenberg, Walter: Memoiren, Köln 1956

Schmidt, Paul: Statist auf diplomatischer Bühne 1923–45. Erlebnisse des Chefdolmetschers im
Auswärtigen Amt mit den Staatsmännern Europas, Bonn 1949

Schwerin von Krosigk, Lutz von: Memoiren, Stuttgart 1977

Ders.: Staats-Bankrott. Die Geschichte der Finanzpolitik des Deutschen Reiches von 1920–1945,
Göttingen 1974

Sohn-Rethel, Alfred: Ökonomie und Klassenstruktur des deutschen Faschismus. Aufzeichnungen und Analysen, hrsg. u. eingel. v. Johannes Agnoli, Bernhard Blanke u. Niels Kadritzke,
Frankfurt a. M. 1973

Sommerfeldt, Martin Henry: Ich war dabei. Die Verschwörung der Dämonen 1933–1939, Darmstadt 1949

Speer, Albert: Erinnerungen, Frankfurt a. M. 1969

Ders.: Spandauer Tagebücher, Frankfurt a. M. 1975

Starhemberg, Ernst Rüdiger: Between Hitler and Mussolini. Memoirs of Ernst Rüdiger Prince
Starhemberg, London 1942

Ders.: Memoiren. Mit einer Einleitung von Heinrich Drimmel, Wien 1971

Stehlin, Paul: Auftrag in Berlin, Berlin 1964

Strasser, Otto: Hitler und ich, Konstanz 1948

Sturdza, Michael: The Suicide of Europe. Memoirs of Prince Michael Sturdza, Former Foreign
Minister of Rumania, Boston 1968

Szembek, Jean: Journal 1933–1939. Traduit du polonais par J. Rzewuska et T. Zaleski, Paris 1952

Szymański, Antoni: Das deutsch-polnische Verhältnis vor dem Kriege, in: Politische Studien 13
(1962), S. 176–185

Thomas, Georg: Geschichte der deutschen Wehr- und Rüstungswirtschaft (1918–1943/45), hrsg.
v. Wolfgang Birkenfeld, Boppard 1966

Thyssen, Fritz: I Paid Hitler, London 1972

Wagener, Otto: Hitler aus nächster Nähe. Aufzeichnungen eines Vertrauten 1929–1932, hrsg. v. Henry A. Turner, Jr., Frankfurt a. M. 1978

Warlimont, Walter: Im Hauptquartier der deutschen Wehrmacht 1939–1945. Grundlagen, Formen, Gestalten, Frankfurt a. M. 1964

Die Weizsäcker-Papiere 1933–1950, hrsg. v. Leonidas E. Hill, Frankfurt a. M. 1974

Wiedemann, Fritz: Der Mann der Feldherr werden wollte. Erlebnisse und Erfahrungen des Vorgesetzten Hitlers im 1. Weltkrieg und seines späteren Persönlichen Adjutanten, Velbert 1964

d) Zeitgenössische Darstellungen

Benning, Bernhard: Der „Neue Plan" und die Neuordnung der deutschen Außenwirtschaft, in: Jahrbücher für Nationalökonomie und Statistik 142 (1935), S. 35–62

Coppola, Francesco: La politique danubienne de l'Italie, in: L'Esprit International 31 (1934), S. 535–545

Daitz, Werner: Der Weg zur völkischen Wirtschaft und zur europäischen Großraumwirtschaft. Ausgewählte Reden und Aufsätze. In zwei Teilen, Dresden 1938

Frangeš, Otto von: Die Donaustaaten Südosteuropas und der deutsche Großwirtschaftsraum, in: Weltwirtschaftliches Archiv 53 (1941), S. 284–320

Friedrichs, Karlernst: Der zweite Vierjahresplan, ein Weg zur Weltwirtschaft oder Autarkie? (Idee und Verwirklichungen), Bottrop 1938

Fröhlich, Otfried: Grundlagen der deutsch-südosteuropäischen Zusammenarbeit, in: Wirtschaftsdienst 23 (1938), S. 1343–1347

Gritzbach, Erich: Hermann Göring. Werk und Mensch, München 1937

Gross, Hermann: Südosteuropa. Bau und Entwicklung der Wirtschaft, Leipzig 1937

Heiden, Konrad: Adolf Hitler. Das Zeitalter der Verantwortungslosigkeit. Eine Biographie, Zürich 1936

Huhle, Fritz: Die Meistbegünstigung in der Außenhandelspolitik der deutschen Nationalwirtschaft, in: Jahrbücher für Nationalökonomie und Statistik 148 (1938), S. 202 ff.

Krugmann, Robert-Werner: Südosteuropa und Großdeutschland. Entwicklung und Zukunftsmöglichkeiten der Wirtschaftsbeziehungen, Breslau 1939

Machray, Robert: The Struggle for the Danube and the Little Entente, 1929–1938, London 1938

Mackenroth, Gerhard: Bericht über den Vierjahresplan, in: Jahrbücher für Nationalökonomie und Statistik 148 (1938), S. 697 ff.

Matthias, Joachim: Der Flieger Hermann Göring, in: Unter Flatternden Fahnen, Bd. 4, Berlin 1935, S. 55–90

Minden, Gerold von: Wirtschaftsführung im Großdeutschen Reich. Politische Aufgaben und wirtschaftliche Möglichkeiten, Berlin 1939

Mühlen, Norbert: Der Zauberer. Leben und Anleihen des Dr. Hjalmar Horace Greeley Schacht. Vorwort von Konrad Heiden, 2. Aufl. Zürich 1938

Rauschning, Hermann: Gespräche mit Hitler, Zürich 1940

Schacht, Hjalmar: Grundsätze deutscher Wirtschaftspolitik, Oldenburg 1932

Siebert, Ludwig: Die neuen Wege in der deutschen Wirtschaft, 2., neubearb. u. vermehrte Aufl. München 1938

Sommerfeldt, Martin H.: Goering, was fällt Ihnen ein! Eine Lebensskizze, Berlin 1932

Wagemann, Ernst: Der Neue Balkan. Altes Land – Junge Wirtschaft, Hamburg 1939

Wilamowitz-Moellendorff, Fanny Gräfin von: Carin Göring, Berlin 1934

Zuerl, Walter: Pour le mérite-Flieger. Heldentaten und Erlebnisse unserer Kriegsflieger, München 1938

e) Darstellungen

Abendroth, Hans-Henning: Die deutsche Intervention im Spanischen Bürgerkrieg. Ein Diskussionsbeitrag, in: VfZG 30 (1982), S. 117–129

Ders.: Deutschlands Rolle im Spanischen Bürgerkrieg, in: Funke, Hitler, S. 471–488

Ders.: Hitler in der spanischen Arena. Die deutsch-spanischen Beziehungen im Spannungsfeld der europäischen Interessenpolitik vom Ausbruch des Bürgerkrieges bis zum Ausbruch des Weltkrieges 1936–1939, Diss. phil. Erlangen 1970

Absolon, Rudolf: Die Wehrmacht im Dritten Reich, Bd. I–IV, Boppard 1969–1979

Ackermann, Konrad: Bilateralismus oder freier Warenverkehr. Ein Beitrag zur Auseinandersetzung um die deutsch-brasilianischen, brasilianisch-amerikanischen Handelsbeziehungen 1934/35, in: Zeitschrift für bayerische Landesgeschichte 41 (1978), S. 959–975

Ádám, Magda: Les pays danubiens et Hitler (1933–1936), in: Revue d'Histoire de la deuxième Guerre mondiale 25 (1975) H. 98, S. 1–26

Adam, Uwe Dietrich: Judenpolitik im Dritten Reich, Düsseldorf 1979

Anschluß 1938. Protokoll des Symposiums in Wien am 14. und 15. März 1978, München 1981

Ansel, Walter: Hitler Confronts England, Durham 1960

Asendorf, Manfred: Ulrich von Hassells Europakonzeption und der Mitteleuropäische Wirtschaftstag, in: Jahrbuch des Instituts für deutsche Geschichte 7 (1978), S. 387–419

Bagel-Bohlan, Elke Anja: Hitlers industrielle Kriegsvorbereitung in Deutschland von 1936 bis 1939, Diss. phil. Bonn 1973

Bahne, Siegfried: Die Kommunistische Partei Deutschlands, in: Matthias/Morsey, S. 655–793

Barkai, Avraham: Das Wirtschaftssystem des Nationalsozialismus. Der historische und ideologische Hintergrund 1933–1936, Köln 1977

Baum, Walter: Die „Reichsreform" im Dritten Reich, in: VfZG 3 (1955), S. 36–56

Bay, Achim: Der nationalsozialistische Gedanke der Großraumwirtschaft und seine ideologischen Grundlagen. Darstellung und Kritik, Diss. rer. oec. Erlangen-Nürnberg 1962

Bay, Jürgen: Der Preußenkonflikt 1932/33. Ein Kapitel aus der Verfassungsgeschichte der Weimarer Republik, Diss. jur. Erlangen-Nürnberg 1965

Beck, Earl Ray: The Death of the Prussian Republic. A Study of Reich-Prussian Relations, 1932–1934, Tallahassee 1959

Ders.: Verdict on Schacht: A Study in the Problem of Political „Guilt", Tallahassee 1955

Becker, Josef, u. Klaus Hildebrand (Hrsg.): Internationale Beziehungen in der Weltwirtschaftskrise 1929–1933, München 1980

Ben Elissar, Eliahu: La diplomatie du IIIe Reich et les juifs (1933–1939), Paris 1981

Benz, Wolfgang, u. Hermann Graml (Hrsg.): Sommer 1939. Die Großmächte und der Europäische Krieg, Stuttgart 1979

Berend, I., u. Gy. Ránki: German-Hungarian Relations Following Hitler's Rise to Power (1933–34), in: Acta Historica 8 (1961), S. 313–346

Bernhardt, Walter: Die deutsche Aufrüstung 1934–1939. Militärische und politische Konzeptionen und ihre Einschätzung durch die Alliierten, Frankfurt a. M. 1969

Bewley, Charles: Hermann Göring, Göttingen 1956

Binder, Dieter Anton: Dollfuß und Hitler. Über die Außenpolitik des autoritären Ständestaates in den Jahren 1933/34, Graz 1979

Birkenfeld, Wolfgang: Der synthetische Treibstoff 1933–1945. Ein Beitrag zur nationalsozialistischen Wirtschafts- und Rüstungspolitik, Göttingen 1964

Blasius, Rainer A.: Für Großdeutschland – gegen den großen Krieg. Ernst von Weizsäcker in den Krisen um die Tschechoslowakei und Polen, Köln 1981

Bloch, Charles: Die SA und die Krise des NS-Regimes 1934, Frankfurt a. M. 1970

Bloß, Hartmut: Deutsche Chinapolitik im Dritten Reich, in: Funke, Hitler, S. 407–429

Ders.: Die Zweigleisigkeit der deutschen Fernostpolitik und Hitlers Option für Japan 1938, in: MGM 20 (1980), S. 55–92

Boelcke, Willi A.: Die deutsche Wirtschaft 1930–1945. Interna des Reichswirtschaftsministeriums, Düsseldorf 1983

Bollmus, Reinhard: Das Amt Rosenberg und seine Gegner. Zum Machtkampf im nationalsozialistischen Herrschaftssystem, Stuttgart 1970

Boog, Horst: Die deutsche Luftwaffenführung 1935–1945. Führungsprobleme, Spitzengliederung, Generalstabsausbildung, Stuttgart 1982

Ders. u. a.: Der Angriff auf die Sowjetunion (Das Deutsche Reich und der Zweite Weltkrieg, Bd. IV), Stuttgart 1983

Borejsza, Jerzy W.: Die Rivalität zwischen Faschismus und Nationalsozialismus in Ostmitteleuropa, in: VfZG 29 (1981), S. 579–614

Botz, Gerhard: Die Eingliederung Österreichs in das Deutsche Reich. Planung und Verwirklichung des politisch-administrativen Anschlusses (1938–1940), 2. Aufl. Wien 1976

Ders.: Wien vom „Anschluß" zum Krieg. Nationalsozialistische Machtübernahme und politisch-soziale Umgestaltung am Beispiel der Stadt Wien 1938/39, Wien 1978

Bracher, Karl Dietrich: Die deutsche Diktatur. Entstehung, Struktur, Folgen des Nationalsozialismus, 2. Aufl. Köln 1969

Ders.: Stufen der Machtergreifung, Frankfurt a. M. 1974

Breyer, Richard: Das Deutsche Reich und Polen 1932–1937. Außenpolitik und Volksgruppenfragen, Würzburg 1955

Brook-Shepherd, Gordon: Der Anschluß, Graz 1963

Broszat, Martin: Deutschland-Ungarn-Rumänien. Entwicklung und Grundfaktoren nationalsozialistischer Hegemonial- und Bündnispolitik 1938–1941, in: HZ 206 (1968), S. 45–96

Ders.: Der Staat Hitlers, 5. Aufl. München 1975

Broucek, Peter: Edmund Glaise-Horstenau und das Juliabkommen 1936, in: Das Juliabkommen, S. 119–135

Brügel, Johann Wolfgang: Dahlerus als Zwischenträger nach Kriegsausbruch, in: HZ 228 (1979), S. 70–97

Bruhn, Wolfgang: Die NSDAP im Reichstag 1930–1933. Eine Studie zur parlamentarischen Wirksamkeit einer politischen Partei, Diss. phil. Berlin 1953

Budurowycz, Bohdan B.: Polish-Soviet Relations 1932–1939, New York 1963

Butschek, Felix: Die österreichische Wirtschaft 1938 bis 1945, Wien 1978

Carmi, Ozer: La Grande-Bretagne et la Petite Entente, Genf 1972

Carr, William: Arms, Autarky and Aggression: A Study in German Foreign Policy, 1933–1939, London 1972

Celovsky, Boris: Das Münchener Abkommen 1938, Stuttgart 1958

Collotti, Enzo: Il fascismo e la questione Austriaca, in: Movimento di Liberazione in Italia (1965) H. 81, S. 3–25

Conway, John S.: The Organisation of the Anschluss. Hitler's Strategy for the Seizure of Austria, in: World Affairs Quarterly 30 (1959/60), S. 122–133

Cooper, Matthew: The German Air Force, 1933–1945. An Anatomy of Failure, London 1981

Deist, Wilhelm: Die Aufrüstung der Wehrmacht, in: Das Deutsche Reich und der Zweite Weltkrieg, Bd. I, S. 371–532

Denne, Ludwig: Das Danzig-Problem in der deutschen Außenpolitik 1934–1939, Bonn 1959

Deuerlein, Ernst: Der deutsche Katholizismus 1933, Osnabrück 1963

Das Deutsche Reich und der Zweite Weltkrieg. Bd. I: Deist, Wilhelm u. a., Ursachen und Voraussetzungen der deutschen Kriegspolitik, Stuttgart 1979, Bd. II: Maier, Klaus A. u. a., Die Errichtung der Hegemonie auf dem europäischen Kontinent, Stuttgart 1979, Bd. IV: Boog, Horst u. a., Der Angriff auf die Sowjetunion, Stuttgart 1983

Doering, Dörte: Deutsche Außenwirtschaftspolitik 1933–35. Die Gleichschaltung der Außenwirtschaft in der Frühphase des nationalsozialistischen Regimes, Diss. phil. Berlin 1969

Dülffer, Jost: Weimar, Hitler und die Marine. Reichspolitik und Flottenbau 1920 bis 1939, Düsseldorf 1973

Edmondson, Clifton Earl: The Heimwehr and Austrian Politics, 1918–1936, Athens/Georgia 1978

Ehni, Hans-Peter: Bollwerk Preußen? Preußen-Regierung, Reich-Länder-Problem und Sozialdemokratie 1928–1932, Bonn-Bad Godesberg 1975

Eichholtz, Dietrich: Geschichte der deutschen Kriegswirtschaft 1939–1945, Bd. 1: 1939–1941, 2. Aufl. Berlin (Ost) 1971

Eichstädt, Ulrich: Von Dollfuß zu Hitler. Geschichte des Anschlusses Österreichs 1933–1938, Wiesbaden 1955

Einhorn, Marion: Die ökonomischen Hintergründe der faschistischen deutschen Intervention in Spanien 1936–1939, Berlin 1962

Emmerson, James Thomas: The Rhineland Crisis, 7 March 1936. A Study in Multilateral Diplomacy, London 1977

Erbe, René: Die nationalsozialistische Wirtschaftspolitik 1933–1939 im Lichte der modernen Theorie, Zürich 1958

Eubank, Keith: Munich, Norman 1963

Fabry, Philipp W.: Balkan-Wirren 1940–41. Diplomatische und militärische Vorbereitung des deutschen Donauüberganges, Darmstadt 1966

Ders.: Der Hitler-Stalin-Pakt 1939–1941. Ein Beitrag zur Methode sowjetischer Außenpolitik, Darmstadt 1962

Facius, Friedrich: Wirtschaft und Staat. Die Entwicklung der staatlichen Wirtschaftsverwaltung in Deutschland vom 17. Jahrhundert bis 1945, Boppard 1959

Fest, Joachim C.: Hitler. Eine Biographie, Frankfurt a. M. 1973

Fiereder, Helmut: Reichswerke „Hermann Göring" in Österreich (1938–1945), Wien 1983

Figge, Reinhard: Die Opposition der NSDAP im Reichstag, Diss. phil. Köln 1963

Fischer, Wolfram: Deutsche Wirtschaftspolitik 1918–1945, 3., verb. Aufl. Opladen 1968

Ders.: Die Wirtschaftspolitik des Nationalsozialismus, Hannover 1961

Foertsch, Hermann: Schuld und Verhängnis. Die Fritsch-Krise im Frühjahr 1938 als Wendepunkt in der Geschichte der nationalsozialistischen Zeit, Stuttgart 1951

Forndran, Erhard, Frank Golczewski u. Dieter Riesenberger (Hrsg.): Innen- und Außenpolitik unter nationalsozialistischer Bedrohung. Determinanten internationaler Beziehungen in historischen Fallstudien, Opladen 1977

Forstmeier, Friedrich, u. Hans-Erich Volkmann (Hrsg.), Wirtschaft und Rüstung vom Vorabend des Zweiten Weltkrieges, Düsseldorf 1975

Fox, John P.: Germany and the Far Eastern Crisis 1931–1938. A Study in Diplomacy and Ideology, Oxford 1982

Fraenkel, Heinrich, u. Roger Manvell: Hermann Göring, Hannover 1964

Franke, Reiner: London und Prag. Materialien zum Problem eines multinationalen Nationalstaates 1919–1938, München 1981

Franz-Willing, Georg: Die Hitlerbewegung. Bd. I: Der Ursprung 1919–1923, Hamburg 1962

Ders.: Die Hitlerbewegung. Bd. II: Krisenjahr der Hitlerbewegung 1923, Oldendorf 1975

Ders.: Die Hitlerbewegung. Bd. III: Putsch und Verbotszeit der Hitlerbewegung November 1923–Februar 1925, Oldendorf 1977

Freymond, Jean: Le IIIᵉ Reich et la réorganisation économique de l'Europe, 1940–1942. Origines et Projets, Leiden 1974

Frischauer, Willi: Göring. Ein Marschallstab zerbrach, Ulm 1951

Fritz, Friedrich: Der deutsche Einmarsch in Österreich 1938, Wien 1967

Funke, Manfred (Hrsg.): Hitler, Deutschland und die Mächte. Materialien zur Außenpolitik des Dritten Reiches, Kronberg/Ts. 1978

Ders.: Sanktionen und Kanonen. Hitler, Mussolini und der internationale Abessinienkonflikt 1934–38, Düsseldorf 1971

Gamm, Hans-Jochen: Der Flüsterwitz im Dritten Reich, München 1963

Gehl, Juergen: Austria, Germany and the Anschluss 1931–1938, London 1963

Gehrisch, Wolfgang: Die Entwicklung der Luftfahrtindustrie im imperialistischen Deutschland bis 1945, Diss. rer. oec. Berlin (Ost) 1974

Gemzell, Carl-Axel: Raeder, Hitler und Skandinavien. Der Kampf für einen maritimen Operationsplan, Lund 1965

Genschel, Helmut: Die Verdrängung der Juden aus der Wirtschaft im Dritten Reich, Göttingen 1966

Geyer, Michael: Aufrüstung oder Sicherheit. Die Reichswehr in der Krise der Machtpolitik 1924–1936, Wiesbaden 1980

Gilbert, Gustave Mark: Hermann Goering. Amiable Psychopath, in: Journal of Abnormal and Social Psychology 43 (1948), S. 211–229

Gittler, Dieter: Der „Neue Plan" und seine Auswirkungen auf die ökonomische Aufrüstung in Deutschland 1934 bis 1936, Diss. phil. Berlin (Ost) 1970

Glenthøj, Jørgen: Hindenburg, Göring und die evangelischen Kirchenführer. Ein Beitrag zur Beleuchtung des staatspolitischen Hintergrundes der Kanzleraudienz am 25. Januar 1934, in: Zur Geschichte des Kirchenkampfes. Gesammelte Aufsätze (Arbeiten zur Geschichte des Kirchenkampfes, hrsg. v. Kurt Dietrich Schmidt, Bd. 15), Göttingen 1965, S. 45–91

Goronzy, Kriemhild: Vorgeschichte und Durchführung der Vereinigung Österreichs mit Deutschland 1933–1938, Diss. phil. Bonn 1957

Gossweiler, Kurt: Die Rolle des deutschen Monopolkapitals bei der Herbeiführung der Röhm-Affäre, Diss. phil. Berlin (Ost) 1963

Graf, Christoph: Politische Polizei zwischen Demokratie und Diktatur. Die Entwicklung der preußischen Politischen Polizei vom Staatsschutzorgan der Weimarer Republik zum Geheimen Staatspolizeiamt des Dritten Reiches, Berlin 1983

Granier, Gerhard: Magnus von Levetzow. Seeoffizier, Monarchist und Wegbereiter Hitlers. Lebensweg und ausgewählte Dokumente, Boppard 1982

Gründler, Gerhard E., u. Arnim von Manikowsky: Das Gericht der Sieger. Der Prozeß gegen Göring, Heß, Ribbentrop, Keitel, Kaltenbrunner u. a., Oldenburg 1967

Gundelach, Karl: Gedanken über die Führung eines Luftkrieges gegen England bei der Luftflotte 2 in den Jahren 1938/39, in: Wehrwissenschaftliche Rundschau 10 (1960), S. 33–46.

Gutkas, Karl: Österreichs außen- und innenpolitische Situation 1935–1937, in: Österreich 1918–1938, hrsg. v. Institut für Österreichkunde, Wien 1970, S. 115–139

Hallgarten, George W. F.: Hitler, Reichswehr und Industrie. Zur Geschichte der Jahre 1918–1933, Frankfurt a. M. 1955

Harper, Glenn T.: German Economic Policy in Spain During the Spanish Civil War 1936–1939, Den Haag 1967

Hauser, Oswald: England und das Dritte Reich. Eine dokumentierte Geschichte der englisch-deutschen Beziehungen von 1933 bis 1939 auf Grund unveröffentlichter Akten aus dem britischen Staatsarchiv, Bd. 1: 1933 bis 1936, Stuttgart 1972, Bd. 2: 1936 bis 1938, Göttingen 1982

Hayes, Peter Francis: The Gleichschaltung of IG Farben, Diss. phil. Yale University 1982

Heineman, John L.: Hitler's First Foreign Minister. Constantin Freiherr von Neurath, Diplomat and Statesman, London 1979

Helander, Sven: Das Autarkieproblem in der Weltwirtschaft, Berlin 1955

Henke, Josef: England in Hitlers politischem Kalkül 1935–1939, Boppard 1973

Herbst, Ludolf: Der Totale Krieg und die Ordnung der Wirtschaft im Spannungsfeld von Politik, Ideologie und Propaganda 1939–1945, Stuttgart 1982

Hildebrand, Klaus: Vom Reich zum Weltreich. Hitler, NSDAP und koloniale Frage. 1919–45, München 1962

Hiller von Gaertringen, Friedrich Frhr. von: Die Deutschnationale Volkspartei, in: Matthias/Morsey, S. 543–652

Hillgruber, Andreas: Forschungsstand und Literatur zum Ausbruch des Zweiten Weltkrieges, in: Benz/Graml, S. 337–364

Ders.: Hitler, König Carol und Marschall Antonescu. Die deutsch-rumänischen Beziehungen 1938–1944, Wiesbaden 1954

Ders.: Hitlers Strategie. Politik und Kriegführung 1940/41, Frankfurt a. M. 1965

Hirschfeld, Gerhard, u. Lothar Kettenacker (Hrsg.): Der „Führerstaat": Mythos und Realität. Studien zur Struktur und Politik des Dritten Reiches. Mit einer Einleitung von Wolfgang J. Mommsen, Stuttgart 1981

Höner, Sabine: Der nationalsozialistische Zugriff auf Preußen. Preußischer Staat – und nationalsozialistische Machteroberungsstrategie 1928–1934, Bochum 1984

Hoensch, Joerg K.: Die Slowakei und Hitlers Ostpolitik. Hlinkas Slowakische Volkspartei zwischen Autonomie und Separation 1938/1939, Köln 1965

Ders.: Der ungarische Revisionismus und die Zerschlagung der Tschechoslowakei, Tübingen 1967

Hoepke, Klaus-Peter: Die deutsche Rechte und der italienische Faschismus. Ein Beitrag zum Selbstverständnis und zur Politik von Gruppen und Verbänden der deutschen Rechten, Düsseldorf 1968

Hoffmann, Peter: Widerstand, Staatsstreich, Attentat. Der Kampf der Opposition gegen Hitler, 3., neu überarb. u. erw. Auflage München 1979

Homze, Edward L.: Arming the Luftwaffe. The Reich Air Ministry and the German Aircraft Industry 1919–39, Lincoln 1976

Hoppe, Hans Joachim: Bulgarien – Hitlers eigenwilliger Verbündeter. Eine Fallstudie zur nationalsozialistischen Südosteuropapolitik, Stuttgart 1979

Horn, Wolfgang: Der Marsch zur Machtergreifung. Die NSDAP bis 1933, Kronstein/Ts. 1980

Hüttenberger, Peter: Nationalsozialistische Polykratie, in: GG 2 (1976), S. 417–442

Irving, David: Die Tragödie der Deutschen Luftwaffe. Aus den Akten und Erinnerungen von Feldmarschall Erhard Milch, Frankfurt a. M. 1970

Jacobsen, Hans-Adolf: Fall „Gelb". Der Kampf um den deutschen Operationsplan zur West-offensive 1940, Wiesbaden 1957

Ders.: Nationalsozialistische Außenpolitik 1933–1938, Frankfurt a. M. 1968

Jäger, Jörg-Johannes: Die wirtschaftliche Abhängigkeit des Dritten Reiches vom Ausland darge-stellt am Beispiel der Stahlindustrie, Köln 1969

Das Jahr 1934: 25. Juli. Protokoll eines Symposiums in Wien am 8. Oktober 1974, München 1975

Janssen, Gregor: Das Ministerium Speer. Deutschlands Rüstung im Krieg, Frankfurt a. M. 1968

Jarausch, Konrad Hugo: The Four Power Pact 1933, New York 1966

Das Juliabkommen von 1936. Vorgeschichte, Hintergründe und Folgen. Protokoll des Sympo-siums in Wien am 10. und 11. Juni 1976, München 1977

Kater, Michael H.: The Nazi Party. A Social Profile of Members and Leaders, 1919–1945, Cam-bridge/Mass. 1983

Kissenkoetter, Udo: Gregor Straßer und die NSDAP, Stuttgart 1978

Kiszling, Rudolf: Die militärischen Vereinbarungen der Kleinen Entente 1929–1937. 1. Teil, in: Südostforschungen 17 (1958), S. 333–376, 2. Teil, in: Südostforschungen 18 (1959), S. 122–169

Klein, Burton H.: Germany's Economic Preparations for War, Cambridge/Mass. 1968

Köhler, Karl, u. Karl-Heinz Hummel: Die Organisation der Luftwaffe 1933–1939, in: Wehr-macht und Nationalsozialismus, S. 501–580

Komjathy, Anthony Tihamer: The Crises of France's East Central European Diplomacy, 1933–1938, New York 1976

Kónya, S.: To the Attempt to Establish Totalitarian Fascism in Hungary, 1934–35, in: Acta Hi-storica 15 (1969), S. 299–334.

Kroll, Gerhard: Von der Weltwirtschaftskrise zur Staatskonjunktur, Berlin 1958

Kube, Alfred: Außenpolitik und „Großraumwirtschaft". Die deutsche Politik zur wirtschaftlichen Integration Südosteuropas 1933 bis 1939, in: Helmut Berding (Hrsg.), Wirtschaftliche und politische Integration in Europa im 19. und 20. Jahrhundert, Göttingen 1984, S. 185–211

Lee, Asher: Goering. Air Leader, London 1972

Leslie, R. F. (Hrsg.): The History of Poland since 1863, Cambridge 1980

Levine, Herbert S.: Hitler's Free City. A History of the Nazi Party in Danzig, 1925–39, Chicago 1970

Ludlow, Peter W.: Scandinavia Between the Great Powers. Attempts at Mediation in the First Year of the Second World War, in: Historisk Tidskrift (1974), S. 1–58

Ludwig, Karl-Heinz: Strukturmerkmale nationalsozialistischer Aufrüstung bis 1935, in: Forst-meier/Volkmann, Wirtschaft, S. 39–64

Ders.: Technik und Ingenieure im Dritten Reich, Düsseldorf 1974

Luža, Radomir: Österreich und die großdeutsche Idee in der NS-Zeit, Wien 1977

MacDonald, C. A.: The United States, Britain and Appeasement, 1936–1939, Oxford 1981

Maier, Klaus A. u. a.: Die Errichtung der Hegemonie auf dem europäischen Kontinent (Das Deutsche Reich und der Zweite Weltkrieg, Bd. II), Stuttgart 1979

Majer, Diemut: „Fremdvölkische" im Dritten Reich. Ein Beitrag zur nationalsozialistischen Rechtssetzung und Rechtspraxis in Verwaltung und Justiz unter besonderer Berücksichtigung der eingegliederten Ostgebiete und des Generalgouvernements, Boppard 1981

Marguerat, Philippe: Le IIIᵉ Reich et le pétrole roumain 1938–1940. Contribution à l'étude de la pénétration économique allemande dans les Balkans à la veille et au début de la Seconde Guerre Mondiale, Leiden 1977

Martin, Bernd: Friedensinitiativen und Machtpolitik im Zweiten Weltkrieg 1939–1942, Düssel-dorf 1974

Mason, Timothy W.: Innere Krise und Angriffskrieg 1938/1939, in: Forstmeier/Volkmann, Wirt-schaft, S. 158–188

Matthias, Erich, u. Rudolf Morsey (Hrsg.): Das Ende der Parteien 1933. Darstellungen und Do-kumente, Düsseldorf 1979

McMurry, Dean Scott: Deutschland und die Sowjetunion 1933–1936. Ideologie, Machtpolitik und Wirtschaftsbeziehungen, Köln 1979

Meinck, Gerhard: Hitler und die deutsche Aufrüstung 1933–1937, Wiesbaden 1959

Meiß, Klaus-Dietrich: Die deutsch-jugoslawischen Beziehungen von Hitlers Regierungsantritt bis zum Ausbruch des 2. Weltkrieges, Diss. phil. Göttingen 1955

Merkes, Manfred: Die deutsche Politik im spanischen Bürgerkrieg. 1936–1939, 2. Aufl. Bonn 1969

Messerschmidt, Manfred: Außenpolitik und Kriegsvorbereitung, in: Das Deutsche Reich und der Zweite Weltkrieg, Bd. I, S. 535–701

Ders.: Die Wehrmacht im NS-Staat. Zeit der Indoktrination, Hamburg 1969

Metzmacher, Helmut: Deutsch-englische Ausgleichsbemühungen im Sommer 1939, in: VfZG 14 (1966), S. 369–412

Miale, Florence R., u. Michael Selzer: The Nuremberg Mind. The Psychology of the Nazi Leaders, New York 1975

Michalka, Wolfgang (Hrsg.): Nationalsozialistische Außenpolitik, Darmstadt 1978

Ders.: Ribbentrop und die deutsche Weltpolitik 1933–1940. Außenpolitische Konzeptionen und Entscheidungsprozesse im Dritten Reich, München 1980

Milward, Alan S.: The Reichsmark Bloc and the International Economy, in: Hirschfeld/Kettenacker, S. 377–413

Ders.: Der Zweite Weltkrieg. Krieg, Wirtschaft und Gesellschaft 1939–1945, München 1977

Moisuc, Viorica: The Offensive of Hitlerite Germany for Seizing Romania's Economy (January 1938–May 1940), in: Revue Roumaine d'Etudes Internationales 5 (1971), S. 117–140

Mommsen, Hans: Beamtentum im Dritten Reich. Mit ausgesuchten Quellen zur nationalsozialistischen Beamtenpolitik, Stuttgart 1966

Morsey, Rudolf: Der Beginn der „Gleichschaltung" in Preußen. Adenauers Haltung in der Sitzung des „Dreimännerkollegiums" am 6. Februar 1933, in: VfZG 11 (1963), S. 85–97

Ders.: Die deutsche Zentrumspartei, in: Matthias/Morsey, S. 281–453

Mosley, Leonard: Göring. Eine Biographie. Mit einer Einführung von Wolfgang Jacobmeyer, München 1975

Müller, Klaus-Jürgen: General Ludwig Beck. Studien und Dokumente zur politisch-militärischen Vorstellungswelt und Tätigkeit des Generalstabschefs des deutschen Heeres 1933–1938, Boppard 1980

Ders.: Das Heer und Hitler. Armee und nationalsozialistisches Regime 1933–1940, Stuttgart 1969

Müller, Rolf-Dieter: Die Sowjetunion im wirtschaftspolitischen Kalkül des Deutschen Reiches von Compiègne bis zum Hitler-Stalin-Pakt (1919–1939), Diss. phil. Mainz 1980

Neebe, Reinhard: Großindustrie, Staat und NSDAP 1930–1933. Paul Silverberg und der Reichsverband der Deutschen Industrie in der Krise der Weimarer Republik, Göttingen 1981

Neumann, Hendricus Johannes: Arthur Seyß-Inquart, Graz 1970

Newman, Simon: March 1939: the British Guarantee to Poland. A Study in the Continuity of British Foreign Policy, Oxford 1976

Di Nolfo, Ennio: I rapporti austro-italiani dall'avvento del fascismo all' Anschluss (1922–1938), in: Storia e Politica 8 (1974), S. 33–81

Orlow, Dietrich: The Nazis in the Balkans. A Case Study of Totalitarian Politics, Pittsburgh 1968

Ormos, M. Sz.: Sur les causes de l'échec du pacte Danubien (1934–35), in: Acta Historica 14 (1968), S. 21–83

Overy, Richard J.: The Air War 1933–1945, London 1981

Ders.: Goering, The ‚Iron Man', London 1984

Palumbo, Michael: Goering's Italian Exile 1924–1925, in: Journal of Modern History 50 (1978), S. 1035–1051 (Demand Article)

Pentzlin, Heinz: Hjalmar Schacht. Leben und Wirken einer umstrittenen Persönlichkeit, Frankfurt a. M. 1980

Petersen, Jens: Hitler-Mussolini. Die Entstehung der Achse Berlin-Rom 1933–36, Tübingen 1973

Peterson, Edward Norman: Hjalmar Schacht. For and Against Hitler. A Political-Economic Study of Germany, 1923–1945, Boston 1954

Petzina, Dieter: Autarkiepolitik im Dritten Reich. Der nationalsozialistische Vierjahresplan, Stuttgart 1968

Petzina, Dietmar: Die deutsche Wirtschaft in der Zwischenkriegszeit, Wiesbaden 1977

Petzina, Heinz Dietmar: Der nationalsozialistische Vierjahresplan von 1936. Entstehung, Verlauf, Wirkungen, Diss. rer. oec. Mannheim 1965

Poulain, Marc: Außenpolitik zwischen Machtpolitik und Dogma. Die deutsch-italienischen Beziehungen von der Jahreswende 1932/33 bis zur Stresa-Konferenz, Diss. phil. Frankfurt a. M. 1971

Ders.: Deutschlands Drang nach Südosten contra Mussolinis Hinterlandpolitik 1931–1934, in: Der Donauraum 22 (1977), S. 129–153

Radandt, Hans: Die IG Farbenindustrie AG und Südosteuropa bis 1938, in: Jahrbuch für Wirtschaftsgeschichte (1966) Teil III, S. 146–195

Radkau, Joachim: Entscheidungsprozesse und Entscheidungsdefizite in der deutschen Außenwirtschaftspolitik 1933–1940, in: GG 2 (1976), S. 33–65

Ramonat, Wolfgang: Der Völkerbund und die Freie Stadt Danzig 1920–1934, Osnabrück 1979

Recker, Marie-Luise: England und der Donauraum 1919–1929. Probleme einer europäischen Nachkriegsordnung, Stuttgart 1976

Reichert, Günter: Das Scheitern der Kleinen Entente. Internationale Beziehungen im Donauraum von 1933–1938, München 1971

Riedel, Matthias: Eisen und Kohle für das Dritte Reich. Paul Pleigers Stellung in der NS-Wirtschaft, Göttingen 1973

Ders.: Görings Griff nach dem steirischen Erzberg, in: Tradition 15 (1970), S. 311–315

Riesenberger, Dieter: Österreich – Von der innenpolitischen Deformation zur außenpolitischen Handlungsunfähigkeit, in: Forndran/Golczewski/Riesenberger, S. 239–256

Robertson, Esmonde M.: Hitler und die Sanktionen des Völkerbunds – Mussolini und die Besetzung des Rheinlands, in: VfZG 26 (1978), S. 237–264

Ders.: Mussolini as Empire-Builder. Europe and Africa, 1932–1936, London 1977

Rönnefarth, Helmuth K. G.: Die Sudetenkrise in der internationalen Politik. Entstehung, Verlauf, Auswirkung, 2 Teile, Wiesbaden 1961

Roos, Hans: Polen und Europa. Studien zur polnischen Außenpolitik 1931–1939, 2. Aufl. Tübingen 1965

Rosar, Wolfgang: Deutsche Gemeinschaft. Seyß-Inquart und der Anschluß, Wien 1971

Ross, Dieter: Hitler und Dollfuß. Die deutsche Österreich-Politik 1933 bis 1934, Hamburg 1966

Sakmyster, Thomas L.: Hungary, the Great Powers, and the Danubian Crisis 1936–1939, Athens/Georgia 1980

Sauer, Wolfgang: Die Mobilmachung der Gewalt, Frankfurt a. M. 1974

Schausberger, Norbert: Die Bedeutung Österreichs für die deutsche Rüstung während des Zweiten Weltkrieges, in: MGM 11 (1972), S. 57–84

Ders.: Der Griff nach Österreich. Der Anschluß, Wien 1978

Ders.: Rüstung in Österreich 1938–1945. Eine Studie über die Wechselwirkung von Wirtschaft, Politik und Kriegführung, Wien 1970

Ders.: Wirtschaftliche Aspekte des Anschlusses Österreichs an das Deutsche Reich, in: MGM 13 (1970), S. 133–146

Ders.: Wirtschaftliche Motive für den Anschluß, in: Österreich in Geschichte und Literatur 13 (1969), S. 57–69

Schieder, Wolfgang: Spanischer Bürgerkrieg und Vierjahresplan. Zur Struktur nationalsozialistischer Außenpolitik, in: Schieder/Dipper, S. 162–190

Ders. u. Christof Dipper (Hrsg.): Der Spanische Bürgerkrieg in der internationalen Politik (1936–1939), München 1976

Schmidt, Gustav: England in der Krise. Grundzüge und Grundlagen der britischen Appeasement-Politik (1930–1937), Opladen 1981

Scholder, Klaus: Altes und Neues zur Vorgeschichte des Reichskonkordats. Erwiderung auf Konrad Repgen, in: VfZG 26 (1978), S. 535–570

Schreiber, Gerhard: Revisionismus und Weltmachtstreben. Marineführung und deutsch-italienische Beziehungen 1919 bis 1944, Stuttgart 1978

Schröder, Hans-Jürgen: Deutsche Südosteuropapolitik 1929–1936. Zur Kontinuität deutscher Außenpolitik in der Weltwirtschaftskrise, in: GG 2 (1976), S. 5–32

Ders.: Die deutsche Südosteuropapolitik und die Reaktion der angelsächsischen Mächte 1929–1933/34, in: Becker/Hildebrand, S. 343–360

Ders.: Deutschland und die Vereinigten Staaten 1933–1939. Wirtschaft und Politik in der Entwicklung des deutsch-amerikanischen Gegensatzes, Wiesbaden 1970

Ders.: Südosteuropa als „Informal Empire" Deutschlands 1933–1939. Das Beispiel Jugoslawien, in: Jahrbücher für Geschichte Osteuropas N.F. 23 (1975), S. 70–96

Schulz, Gerhard: Die Anfänge des totalitären Maßnahmenstaates, Frankfurt a. M. 1974

Schulze, Hagen: Otto Braun oder Preußens demokratische Sendung. Eine Biographie, Frankfurt a. M. 1977

Schwabe, Gerda: Der Deutsch-Rumänische Wirtschaftsvertrag vom 23. März 1939, Diss. phil. Berlin (Ost) 1968

Schwarzenau, Kurt: Der Mitteleuropäische Wirtschaftstag – Geschichte und Konzeption einer Monopolorganisation von ihren Anfängen bis 1945, Diss. phil. Leipzig 1974

Schweitzer, Arthur: Big Business in the Third Reich, 2. Aufl. Bloomington 1965

Ders.: Foreign Exchange Crisis of 1936, in: Zeitschrift für die gesamte Staatswissenschaft 118 (1962), S. 243–277

Ders.: Organisierter Kapitalismus und Parteidiktatur 1933 bis 1936, in: Schmollers Jahrbuch 79 (1959), S. 37–79

Ders.: Die wirtschaftliche Wiederaufrüstung Deutschlands von 1934–1936, in: Zeitschrift für die gesamte Staatswissenschaft 114 (1958), S. 594–637

Ders.: Der ursprüngliche Vierjahresplan, in: Jahrbücher für Nationalökonomie und Statistik 168 (1956), S. 348–396

Siebert, Ferdinand: Italiens Weg in den Zweiten Weltkrieg, Frankfurt a. M. 1962

Simpson, Amos E.: Hjalmar Schacht in Perspective, Den Haag 1969

Sommer, Theo: Deutschland und Japan zwischen den Mächten 1935–1940. Vom Antikominternpakt zum Dreimächtepakt. Eine Studie zur diplomatischen Vorgeschichte des Zweiten Weltkrieges, Tübingen 1962

Stachura, Peter D.: Gregor Strasser and the Rise of Nazism, London 1983

Ders.: Der kritische Wendepunkt? Die NSDAP und die Reichstagswahlen vom 20. Mai 1928, in: VfZG 26 (1978), S. 68–99

Stegmann, Dirk: „Mitteleuropa" 1925–1934. Zum Problem der Kontinuität deutscher Außenhandelspolitik von Stresemann bis Hitler, in: Ders., Bernd-Jürgen Wendt u. Peter-Christian Witt (Hrsg.), Industrielle Gesellschaft und politisches System. Festschrift für Fritz Fischer, Bonn 1978, S. 203–221

Strauch, Rudi: Sir Nevile Henderson. Britischer Botschafter in Berlin von 1937 bis 1939. Ein Beitrag zur diplomatischen Vorgeschichte des Zweiten Weltkrieges, Bonn 1959

Stuhlpfarrer, Karl: Der deutsche Plan einer Währungsunion mit Österreich, in: Anschluß 1938, S. 271–294

Suchenwirth, Richard: Command and Leadership in the German Air Force (USAF Historical Studies, No. 174), Air University New York 1969

Ders.: The Development of the German Air Force, 1919–1939 (USAF Historical Studies, No. 160), Air University New York 1968

Sundhaußen, Holm: Südosteuropa in der nationalsozialistischen Kriegswirtschaft am Beispiel des „Unabhängigen Staates Kroatien", in: Südost-Forschungen 32 (1973), S. 233–266.

Ders.: Wirtschaftsgeschichte Kroatiens im nationalsozialistischen Großraum 1941–1945. Das Scheitern einer Ausbeutungsstrategie, Stuttgart 1983

Suppan, Arnold: Anschluß und Anschlußfrage in Politik und öffentlicher Meinung Jugoslawiens, in: Anschluß 1938, S. 68–85

Taylor, Telford: Munich. The Price of Peace, London 1979

Teichert, Eckart: Autarkie und Großraumwirtschaft in Deutschland 1930–1939. Außenwirtschaftspolitische Konzeptionen zwischen Wirtschaftskrise und Zweitem Weltkrieg, München 1984

Teichova, Alice: Besonderheiten im Strukturwandel der mittelost- und südosteuropäischen Industrie in der Zwischenkriegszeit, in: Dirk Stegmann, Bernd-Jürgen Wendt u. Peter-Christian Witt (Hrsg.), Industrielle Gesellschaft und politisches System. Beiträge zur politischen Sozialgeschichte. Festschrift für Fritz Fischer, Bonn 1978, S. 131–150

Dies.: Die deutsch-britischen Wirtschaftsinteressen in Mittelost- und Südosteuropa am Vorabend des Zweiten Weltkrieges, in: Forstmeier/Volkmann, S. 275–295

Dies.: An Economic Background to Munich. International Business and Czechoslovakia 1918–38, Cambridge 1974

Thoss, Bruno: Der Ludendorff-Kreis 1919–1923. München als Zentrum der mitteleuropäischen Gegenrevolution zwischen Revolution und Hitler-Putsch, München 1978

Toland, John: Adolf Hitler, Bergisch Gladbach 1977

Treue, Wilhelm: Das dritte Reich und die Westmächte auf dem Balkan. Zur Struktur der Außenhandelspolitik Deutschlands, Großbritanniens und Frankreichs 1933–1939, in: VfZG 1 (1953), S. 45–64

Ders.: Die Einstellung einiger deutscher Großindustrieller zu Hitlers Außenpolitik, in: GWU 17 (1966), S. 491–507

Trumpp, Thomas: Franz von Papen, der preußisch-deutsche Dualismus und die NSDAP in Preußen. Ein Beitrag zur Vorgeschichte des 20. Juli 1932, Diss. phil. Tübingen 1963

Umbreit, Hans: Deutsche Militärverwaltungen 1938/39. Die militärische Besetzung der Tschechoslowakei und Polens, Stuttgart 1977

Völker, Karl-Heinz: Die deutsche Luftwaffe 1933–1939. Aufbau, Führung und Rüstung der Luftwaffe sowie die Entwicklung der deutschen Luftkriegstheorie, Stuttgart 1967

Ders.: Die geheimen deutschen Luftstreitkräfte und Luftschutztruppen von der Befehlsübernahme des Reichsminister der Luftfahrt am 15. Mai bis zum Ende des Jahres 1933, in: Wehrwissenschaftliche Rundschau 17 (1967), S. 199–213

Vogelsang, Thilo: Reichswehr, Staat und NSDAP. Beiträge zur deutschen Geschichte 1930–1932, Stuttgart 1962

Volk, Ludwig: Das Reichskonkordat vom 20. Juli 1933. Von den Ansätzen in der Weimarer Republik bis zur Ratifizierung am 10. September 1933, Mainz 1972

Volkmann, Hans-Erich: Außenhandel und Aufrüstung in Deutschland 1933 bis 1939, in: Forstmeier/Volkmann, S. 81–131

Ders.: Die NS-Wirtschaft in Vorbereitung des Krieges, in: Das Deutsche Reich und der Zweite Weltkrieg, Bd. I, S. 177–368

Ders.: Ökonomie und Machtpolitik. Lettland und Estland im politisch-ökonomischen Kalkül des Dritten Reiches (1933–1940), in: GG 2 (1976), S. 471–500

Ders.: Zum Verhältnis von Großwirtschaft und NS-Regime im Zweiten Weltkrieg, in: Wacław Długoborski (Hrsg.), Zweiter Weltkrieg und sozialer Wandel. Achsenmächte und besetzte Länder, Göttingen 1981, S. 87–116

Volkmann, Udo: Die britische Luftverteidigung und die Abwehr der deutschen Luftangriffe während der „Luftschlacht um England" bis zum Juni 1941, Osnabrück 1982

Wagner, Dieter, u. Gerhard Tomkowitz: „Ein Volk, ein Reich, ein Führer". Der Anschluß Österreichs 1938, München 1968

Watt, Donald C.: Die Verhandlungsinitiativen zum deutsch-sowjetischen Nichtangriffspakt vom 24. August 1939: Ein historisches Problem, in: Michalka, Außenpolitik, S. 414–436

Weber, Eckhard: Stadien der Außenhandelsverflechtung Ostmittel- und Südosteuropas, Stuttgart 1971

Weber, Erwin: Hitler und seine Paladine, Calw 1946

Weber, Reinhold W.: Die Entstehungsgeschichte des Hitler-Stalin-Paktes 1939, Frankfurt a. M. 1980

Wehrmacht und Nationalsozialismus 1933–1939, bearb. v. Michael Salewski u. a. (Handbuch zur deutschen Militärgeschichte 1648–1939, Bd. 4, Abschnitt VII), München 1979

Weinberg, Gerhard L.: The Foreign Policy of Hitler's Germany. Bd. I: Diplomatic Revolution in Europe 1933–36, Chicago 1970

Ders.: The Foreign Policy of Hitler's Germany. Bd. II: Starting World War II, 1937–1939, Chicago 1980

Wendt, Bernd-Jürgen: Appeasement 1938. Wirtschaftliche Rezession und Mitteleuropa, Frankfurt a. M. 1966

Ders.: Economic Appeasement. Handel und Finanz in der britischen Deutschlandpolitik 1933–1939, Düsseldorf 1971

Ders.: England und der deutsche „Drang nach Südosten". Kapitalbeziehungen und Warenverkehr in Südosteuropa zwischen den Weltkriegen, in: Imanuel Geiss u. Bernd-Jürgen Wendt (Hrsg.), Deutschland in der Weltpolitik des 19. und 20. Jahrhunderts, Düsseldorf 1973, S. 483–512

Ders.: München 1938, Frankfurt a. M. 1965

Ders.: Südosteuropa in der nationalsozialistischen Großraumwirtschaft. Eine Antwort auf Alan S. Milward, in: Hirschfeld/Kettenacker, S. 414–428

Werner, Andreas: SA und NSDAP. SA: „Wehrverband", „Parteitruppe" oder „Revolutionsarmee"? Studien zur Geschichte der SA und der NSDAP 1920–1933, Diss. phil. Erlangen 1964

Wheeler-Bennett, John W.: Die Nemesis der Macht. Die deutsche Armee in der Politik 1918–1945, Düsseldorf 1954

Wittek-Saltzberg, Liselotte: Die wirtschaftspolitischen Auswirkungen der Okkupation Österreichs, Diss. phil. Wien 1970

Wittmann, Klaus: Schwedens Wirtschaftsbeziehungen zum Dritten Reich 1933–1945, München 1978

Wojciechowski, Marian: Die polnisch-deutschen Beziehungen 1933–1938, Leiden 1971

Wollstein, Günter: Vom Weimarer Revisionismus zu Hitler. Das Deutsche Reich und die Großmächte in der Anfangsphase der nationalsozialistischen Herrschaft in Deutschland, Bonn-Bad Godesberg 1973

Wood, John Edwin: The Luftwaffe as a Factor in British Policy, 1935–1939, Diss. phil. Tulane University 1965

Wuescht, Johann: Jugoslawien und das Dritte Reich. Eine dokumentierte Geschichte der deutsch-jugoslawischen Beziehungen von 1933 bis 1945, Stuttgart 1969

Zamboni, Giovanni: Mussolinis Expansionspolitik auf dem Balkan. Italiens Albanienpolitik vom I. bis zum II. Tiranapakt im Rahmen des italienisch-jugoslawischen Interessenkonflikts und den italienischen „imperialen" Bestrebungen in Südosteuropa, Hamburg 1970

Zumpe, Lotte: Wirtschaft und Staat in Deutschland 1933–1945, Vaduz 1980

3. Bildnachweis

Library of Congress, Washington, D.C.
Tafel 1, 2, 8, 9 links, 10 oben, 11 rechts, 12 oben, 13 unten, 17 unten, 18 oben links, 20 oben.

Bundesarchiv Koblenz
Umschlagfoto (Göring am 12. Januar 1934) und alle Bilder, die nicht oben genannt sind.

4. Personenregister

Zeitgeschichte

Studien zur Zeitgeschichte
Herausgegeben vom Institut für Zeitgeschichte

Band 22
Peter Jakob Kock
**Bayerns Weg in die
Bundesrepublik**
1983. 368 Seiten, DM 45.–

Band 23
Holm Sundhaussen
**Wirtschaftsgeschichte
Kroatiens im national-
sozialistischen Großraum
1941 - 1945**
Das Scheitern einer
Ausbeutungsstrategie
1983. 386 Seiten, DM 58.–

Band 24
Ger van Roon
**Zwischen Neutralismus
und Solidarität**
Die evangelischen Niederlande
und der deutsche Kirchenkampf
1933 - 1942
1983. 294 Seiten, DM 45,–

Band 25
Gerhard Hirschfeld
**Fremdherrschaft und
Kollaboration**
Die Niederlande unter deut-
scher Besatzung 1940 - 1945
1984. 311 Seiten, DM 45,–

Band 26
Leonid Luks
**Entstehung der kommunisti-
schen Faschismustheorie**
Die Auseinandersetzung der
Komintern mit Faschismus
und Nationalsozialismus
1921 - 1935
1985. 310 Seiten, DM 48.–

Band 27
Heinz Dieter Hölsken
Die V-Waffen
Entstehung – Propaganda –
Kriegseinsatz
1984. 272 Seiten, DM 39,80

Band 28
Patrick Moreau
**Nationalsozialismus
von links**
Die „Kampfgemeinschaft
Revolutionärer Nationalso-
zialisten" und die „Schwarze
Front" Otto Straßers
1930 - 1935
1984. 266 Seiten, DM 39.80

Band 29
Marie-Luise Recker
**Nationalsozialistische
Sozialpolitik im
Zweiten Weltkrieg**
1985. 326 Seiten, DM 58.–

Oldenbourg